NOMOSLEHRBUCH

Prof. Dr. Dres. h.c. Urs Kindhäuser,
Rheinische Friedrich-Wilhelms-Universität Bonn

Strafrecht
Allgemeiner Teil

7. Auflage

Die Deutsche Nationalbibliothek verzeichnet diese Publikation in
der Deutschen Nationalbibliografie; detaillierte bibliografische
Daten sind im Internet über http://dnb.d-nb.de abrufbar.

ISBN 978-3-8487-0605-1

7. völlig neu überarbeitete Auflage 2015
© Nomos Verlagsgesellschaft, Baden-Baden 2015. Printed in Germany. Alle
Rechte, auch die des Nachdrucks von Auszügen, der fotomechanischen Wiedergabe und der Übersetzung, vorbehalten.

Vorwort

Dieses Lehrbuch zum Allgemeinen Teil des Strafrechts versteht sich als eine komprimierte, den Examensstoff abdeckende Darstellung der allgemeinen Straftatlehre, die sich gleichermaßen zur Einführung wie auch Wiederholung eignet. Im Vordergrund steht die Erläuterung der strafrechtlichen Fachsprache und der einzelnen Prüfungsschritte nach Maßgabe der Logik des Deliktsaufbaus. Diesem Hauptteil, mit dem das „technische" Studium beginnt, sind Ausführungen zur sozialen Funktion des Strafrechts, zu den (verfassungs-)rechtlichen Prämissen und zur Methodologie vorausgeschickt. Auf solche Vorüberlegungen ist nicht selten zurückzugreifen, wenn es gilt, Argumente zur Entscheidung von Streitfragen zu gewinnen.

Für die 7. Auflage wurde das Lehrbuch durchgehend aktualisiert und völlig überarbeitet. Für ihre Unterstützung bei der Neubearbeitung habe ich Frau Lisa Wüstefeld und Herrn Wahis Afschar, beide wissenschaftliche Mitarbeiter am Strafrechtlichen Institut, herzlich zu danken. Zu danken habe ich ferner für manche Anregung und vor allem für die engagierte Hilfe bei den Korrekturen den Damen und Herren Jennifer Brosch, Leonie Erdmann, Nilani Fernando, Britta Hahn, Geraldine Laux, Eva-Maria Marxen, Dr. Alexandra Pohl, Lukas Schefer, Jan Schlöter, Peter Schneider und Anselm-Leander Wancke. Für die vorzügliche Organisation von Sekretariat und Bibliothek bin ich wie stets Frau Jacqueline Götsche verbunden.

Bonn, im Januar 2015 *Urs Kindhäuser*

Inhalt

Vorwort   5

Abkürzungsverzeichnis   23

A. DAS STRAFGESETZ

Erster Abschnitt: Das Strafrecht im Rechtssystem   29

§ 1 Der strafrechtlich relevante Konflikt   29
- I. Abgrenzungen   29
  1. Definitionen   29
  2. Stellung im Rechtssystem   30
- II. Erfassung des Konflikts   31
- III. Entscheidung des Konflikts   32
  1. Strafverfahren   32
  2. Urteil und Gutachten   32
  3. Zweispurigkeit der Rechtsfolgen   33
  4. Strafen   33
  5. Maßregeln und weitere Maßnahmen   34

Wiederholungs- und Vertiefungsfragen   35

§ 2 Zur Legitimation des Strafrechts   36
- I. Die strafrechtlichen Normen   36
  1. Begriff   36
  2. Verhaltens- und Sanktionsnormen   36
- II. Zur Legitimation der Verhaltensnormen (Rechtsgüterschutz)   37
- III. Zur Legitimation der Sanktionsnormen (Strafe)   38
  1. Absolute Theorien   38
  2. Relative Theorien   39
  3. Vereinigungstheorie   40

Wiederholungs- und Vertiefungsfragen   40

Zweiter Abschnitt: Gesetzlichkeit und Geltung des Strafrechts   41

§ 3 Die Gesetzlichkeit des Strafrechts (Tatbestandsfunktionen)   41
- I. Gesetzlichkeitsprinzip   41
- II. Garantiefunktionen und Auslegung   41
  1. Verbot des Gewohnheitsrechts   41
  2. Das Rückwirkungsverbot   41
  3. Das Bestimmtheitsgebot   42
  4. Analogieverbot und Auslegung   42

Wiederholungs- und Vertiefungsfragen   43

§ 4 Der Geltungsbereich des StGB — 44
    I. Zeitliche Geltung, Tatzeit und Tatort — 44
        1. Grundregel und Modifikationen — 44
        2. Tatzeitpunkt — 44
        3. Tatort — 45
    II. Räumliche und personelle Geltung — 46
        1. Internationales Strafrecht — 46
        2. Geltungsprinzipien — 46
    III. Gutachten — 47
    Wiederholungs- und Vertiefungsfragen — 48

B. ALLGEMEINE STRAFTATLEHRE

§ 5 Die Straftat als Normwiderspruch — 49
    I. Wissenschaftliche Zwecksetzung — 49
    II. Der Normwiderspruch — 49
        1. Begriff und Deliktsaufbau — 49
        2. Handlungs- und Antriebssteuerung — 50
    III. Handlungstheorien — 51
        1. Finale Lehre — 51
        2. Soziale und personale Lehre — 52
        3. Intentionale Normbefolgungsfähigkeit — 52
        4. Kausale Lehre — 53
    IV. Gutachten — 53
    Wiederholungs- und Vertiefungsfragen — 54

§ 6 Der Deliktsaufbau — 55
    I. Die rechtswidrige und schuldhafte Tat — 55
        1. Unrecht und Schuld — 55
        2. Feststellung des Unrechts — 55
        3. Feststellung der Schuld — 56
        4. Zwei- oder dreistufiger Deliktsaufbau — 57
    II. Objektive Strafbarkeitsbedingungen — 59
    III. Persönliche Strafausschließungs-, Strafaufhebungs- und Strafeinschränkungsgründe — 59
        1. Persönliche Strafausschließungs- und Strafaufhebungsgründe — 59
        2. Persönliche Strafeinschränkungsgründe — 60
    IV. Prozessvoraussetzungen, insbesondere Strafantrag — 61
        1. Prozessvoraussetzungen — 61
        2. Antragsdelikte — 61
    V. Gutachten — 62
    Wiederholungs- und Vertiefungsfragen — 62

§ 7 Handeln für einen anderen — 63
    Wiederholungs- und Vertiefungsfragen — 64

C. Das vorsätzliche Begehungsdelikt

Erster Abschnitt: Grundlagen der Tatbestandslehre — 65

§ 8 Begriff und Formen des Deliktstatbestands — 65
- I. Begriff und Abgrenzung — 65
  1. Funktion und Herkunft — 65
  2. Gesamttatbewertende Merkmale — 65
  3. Tatbestand und Rechtswidrigkeit — 66
  4. Weitere Begriffsverwendungen — 66
- II. Tatbestandsabwandlungen — 67
  1. Grundtatbestand, Qualifikation und Privilegierung — 67
  2. Regelbeispiele — 67
  3. Delictum sui generis — 68
- III. Deliktstypen — 68
  1. Begehungsdelikte — 68
  2. Allgemeindelikte — 69
  3. Erfolgs- und Tätigkeitsdelikte — 69
  4. Verletzungs- und Gefährdungsdelikte — 70
  5. Eigenhändige Delikte — 71
  6. Dauerdelikte — 71
  7. Zustandsdelikte — 71
  8. Unternehmensdelikte — 71
  9. Antragsdelikte — 72
- IV. Verbrechen und Vergehen — 72

Wiederholungs- und Vertiefungsfragen — 72

§ 9 Der Inhalt des Deliktstatbestands — 73
- I. Objektiver und subjektiver Deliktstatbestand — 73
  1. Begriff und Funktion — 73
  2. Handlungs- und Erfolgsunrecht — 74
- II. Typen von Tatbestandsmerkmalen — 74
  1. Deskriptive und normative Tatbestandsmerkmale — 74
  2. Blankettmerkmale — 75
- III. Vollendung, Versuch, Beendigung — 76
  1. Definitionen — 76
  2. Gutachten — 76

Wiederholungs- und Vertiefungsfragen — 76

Zweiter Abschnitt: Der objektive Deliktstatbestand — 77

§ 10 Erfolg, Handlung und Kausalität — 77
- I. Die strafrechtliche Funktion der Kausalität — 77
  1. Funktionaler Kausalbegriff — 77
  2. Rechtsgüterschutz — 77
  3. Begriff des Erfolgs — 78
  4. Zeitliche Perspektive — 78

Inhalt

	II.	Der Kausalitätsnachweis	80
		1. Äquivalenz- oder Bedingungstheorie	80
		2. Lehre von der gesetzmäßigen Bedingung	81
		3. Modifizierte condicio-sine-qua-non-Formel	82
	III.	Einzelfragen	82
		1. Konkreter Erfolg und hypothetische Kausalverläufe	82
		2. Äquivalenz und atypische Verläufe	83
		3. Überholende und abgebrochene Kausalverläufe	84
		4. Kumulative Kausalität	85
		5. Alternative Kausalität (Doppelkausalität)	85
		6. Abbruch rettender Kausalverläufe	87
		7. Gremienentscheidungen	87
		Wiederholungs- und Vertiefungsfragen	88
§ 11	**Objektive Zurechnung beim Erfolgsdelikt**		89
	I.	Kausalität und objektive Zurechnung	89
	II.	Gegenstand der objektiven Zurechnung	90
	III.	Ursache und Risiko	91
		1. Risikobegriff	91
		2. Konkrete Risiken und übliches Sozialverhalten	92
		3. Hypothetische Schadensverläufe	93
		4. Risikoverringerung	94
		5. Schutzzweck der Norm	96
	IV.	Risikozuständigkeit	97
		1. Grundsatz	97
		2. Eigenverantwortlichkeitsprinzip	98
		3. Voraussetzungen	98
		4. Phase der Gefahrrealisierung	100
		5. Verbotene Mitwirkung	101
	V.	Eingreifen Dritter	101
		1. Regressverbot	102
		2. Folgerisiken	104
		3. Retterfälle	106
	VI.	Gutachten	108
		Wiederholungs- und Vertiefungsfragen	108
§ 12	**Einwilligung**		110
	I.	Allgemeines	110
		1. Begriff	110
		2. Deliktssystematische Einordnung	110
		3. Bezug	112
	II.	Wirksamkeit	112
		1. Voraussetzungen	112
		2. Bedingungen	113
		3. Stellvertretung	113
		4. Widerruf	114
		5. Willensmängel	114

Inhalt

	III.	Abgrenzung: Einverständnis	116
		1. Begriff	116
		2. Voraussetzungen	117
	IV.	Einverständliche Fremdgefährdung	122
		1. Begriff	122
		2. Einordnung	123
		Wiederholungs- und Vertiefungsfragen	124

Dritter Abschnitt: Der subjektive Deliktstatbestand 125

§ 13 Der Vorsatz 125
  I. Allgemeines 125
   1. Elemente des Vorsatzes 125
   2. Deliktssystematische Einordnung 126
  II. Zeitpunkt und Gegenstand der Vorsatzzurechnung 127
   1. Zeitpunkt 127
   2. Gegenstand 127

  Wiederholungs- und Vertiefungsfragen 128

§ 14 Arten des Vorsatzes 129
  I. Absicht und direkter Vorsatz 129
   1. Absicht 129
   2. Direkter Vorsatz (dolus directus) 130
  II. Bedingter Vorsatz 131
   1. Grundlagen 131
   2. Zum Meinungsstand 131
   3. Folgerungen und Definition 135
  III. Verbindung mehrerer Vorsätze und dolus generalis 136
   1. Dolus cumulativus und alternativus 136
   2. Dolus generalis 137

  Wiederholungs- und Vertiefungsfragen 138

Vierter Abschnitt: Rechtswidrigkeit 139

§ 15 Grundlagen 139
  I. Allgemeines 139
   1. Begriff 139
   2. Begründung und Geltungsbereich 139
   3. Gutachten 140
  II. Der Erlaubnistatbestand 141
  III. Wichtige Rechtfertigungsgründe 141
   1. Grundsatz 141
   2. Überblick 142

  Wiederholungs- und Vertiefungsfragen 143

§ 16 Notwehr — 144
I. Allgemeines — 144
1. Begriff — 144
2. Voraussetzungen und Gutachtenaufbau — 144
II. Notwehrlage — 145
1. Angriff — 145
2. Gegenstand — 146
3. Gegenwärtigkeit — 147
4. Rechtswidrigkeit — 148
III. Notwehrhandlung — 150
1. Verteidigung — 150
2. Erforderlichkeit — 150
3. Gebotenheit — 152
IV. Subjektive Rechtfertigung — 153
V. Einschränkungen der Notwehrbefugnis — 153
1. Fallgruppen — 153
2. Bagatellangriffe — 154
3. Krasses Missverhältnis — 154
4. Angriffe Schuldloser — 155
5. Angriffe innerhalb von Garantenstellungen — 156
6. Provozierte oder sonst verschuldete Notwehrlage — 156

Wiederholungs- und Vertiefungsfragen — 159

§ 17 Rechtfertigender Notstand — 160
I. Begriff und Systematik — 160
1. Begriff — 160
2. Systematik — 160
3. Rechtfertigender und entschuldigender Notstand — 160
II. Der rechtfertigende Notstand (§ 34) — 161
1. Allgemeines — 161
2. Notstandslage — 162
3. Notstandshandlung — 163
4. Subjektive Rechtfertigung — 167
5. Gutachtenaufbau — 167
III. Der zivilrechtliche aggressive Notstand (§ 904 BGB) — 167
IV. Der defensive Notstand (§ 228 BGB, § 34) — 168
1. Begriff und Voraussetzungen — 168
2. Rechtsgrundlage — 169
3. Gutachtenaufbau — 169

Wiederholungs- und Vertiefungsfragen — 170

§ 18 Rechtfertigende Pflichtenkollision — 171
I. Allgemeines — 171
II. Voraussetzungen — 171
III. Pflichtverletzung — 172

Wiederholungs- und Vertiefungsfragen — 172

§ 19 Mutmaßliche Einwilligung — 173
    I. Allgemeines — 173
   II. Anwendungsbereich — 173
        1. Voraussetzungen — 173
        2. Fallgruppen — 174
        3. Ermittlung des mutmaßlichen Willens — 175
  III. Abgrenzung zur hypothetischen Einwilligung — 175
        Wiederholungs- und Vertiefungsfragen — 177

§ 20 Sonstige Rechtfertigungsgründe — 178
    I. Vorläufige Festnahme (§ 127 Abs. 1 StPO) — 178
        1. Tat — 178
        2. Tatfrische — 179
        3. Mittel der Festnahme — 179
        4. Subjektive Rechtfertigung — 180
   II. Zivilrechtliche Selbsthilfe — 180
        1. §§ 229, 230 BGB — 180
        2. Weitere Selbsthilferegelungen — 180
  III. Zusendung unbestellter Leistungen (§ 241a BGB) — 180
  IV. Züchtigungs- und Erziehungsrecht — 181
        1. Erziehungs- und Sorgerecht — 181
        2. Schule und Berufsausbildung — 182
        Wiederholungs- und Vertiefungsfragen — 183

Fünfter Abschnitt: Schuld — 184

§ 21 Grundlagen — 184
    I. Das Schuldprinzip — 184
   II. Der Schuldbegriff — 184
        1. Schuld im formellen Sinne — 184
        2. Schuld im materiellen Sinne — 185
  III. Der Schuldtatbestand — 186
  IV. Unzumutbarkeit und übergesetzlicher Notstand — 187
        1. Unzumutbarkeit normgemäßen Handelns — 187
        2. Übergesetzlicher Notstand — 187
        3. Religiöse Gewissenskonflikte — 188
        Wiederholungs- und Vertiefungsfragen — 188

§ 22 Schuldfähigkeit — 189
    I. Allgemeines — 189
   II. Schuldunfähigkeit nach § 20 — 189
        1. Zweistufige Merkmalsanordnung — 189
        2. Rauschzustände — 190
  III. Einschränkungen — 191
  IV. Anwendung — 191
        Wiederholungs- und Vertiefungsfragen — 192

Inhalt

§ 23	**Actio libera in causa**	193
I.	Allgemeines	193
	1. Grundsätze	193
	2. Koinzidenzprinzip	193
II.	Das Ausnahmemodell	194
	1. Konstruktion	194
	2. Einwände	194
III.	Das Tatbestandsmodell	195
	1. Konstruktionen	195
	2. Einwände	196
IV.	Folgerungen	197
	1. Verfassungswidrigkeit?	197
	2. Differenzierende Betrachtung	197
	3. Rückgriff auf § 323a	197
V.	Gutachten	198
	1. Aufbauprobleme	198
	2. Gutachtenaufbau	198
VI.	Actio libera in causa beim Fahrlässigkeitsdelikt	200
	Wiederholungs- und Vertiefungsfragen	200
§ 24	**Entschuldigender Notstand**	201
I.	Allgemeines	201
II.	Voraussetzungen	201
	1. Notstandslage	201
	2. Notstandshandlung	202
	3. Rettungswille	202
	4. Keine Zumutbarkeit	203
III.	Anwendung	204
	Wiederholungs- und Vertiefungsfragen	204
§ 25	**Notwehrexzess**	205
I.	Allgemeines	205
II.	Der intensive Notwehrexzess	205
III.	Der extensive Notwehrexzess	207
IV.	Subjektive Tatseite	208
V.	Putativnotwehrexzess	208
VI.	Anwendung	209
	Wiederholungs- und Vertiefungsfragen	210

Sechster Abschnitt: Irrtumslehre — 211

§ 26	**Grundlagen**	211
I.	Allgemeines	211
	1. Irrtumsformen	211
	2. Gegenstand des Irrtums	212
	3. Rechtsfolgen des Irrtums	212
II.	Irrtümer über sonstige Strafbarkeitsvoraussetzungen	213

III.	Schematischer Überblick	214
IV.	Gutachten	216
	Wiederholungs- und Vertiefungsfragen	216

§ 27 Tatbestandsirrtum 217
- I. Gesetzliche Regelung 217
  1. § 16 Abs. 1 217
  2. § 16 Abs. 2 217
- II. Gegenstand des Irrtums 218
  1. Begriff des Tatumstands 218
  2. Abgrenzung zum Subsumtionsirrtum 218
  3. Normative Tatumstände 222
  4. Tatbestandsalternativen 224
  5. Tatbestands- und Verbotsirrtum im Gutachten 225
- III. Einzelfragen 226
  1. Error in persona vel objecto 226
  2. Irrtum über den Kausalverlauf 226
  3. Irrtum über den Vollendungszeitpunkt 228
  4. Aberratio ictus 229
  5. Irrtum bei der actio libera in causa 232
- Wiederholungs- und Vertiefungsfragen 233

§ 28 Verbotsirrtum und Irrtum über Entschuldigungsgründe 234
- I. Der Verbotsirrtum 234
  1. Schuld- und Vorsatztheorie 234
  2. Unrechtsbewusstsein 235
- II. Vermeidbarkeit des Verbotsirrtums 236
- III. Der Irrtum über Entschuldigungsgründe 237
- Wiederholungs- und Vertiefungsfragen 238

§ 29 Irrtum über Rechtfertigungsvoraussetzungen 239
- I. Systematik 239
- II. Verkennung einer Rechtfertigungslage 240
- III. Der Erlaubnistatbestandsirrtum 241
  1. Begriff 241
  2. Deliktssystematische Einordnung 241
  3. Folgerungen 244
  4. Gutachten 245
  5. Irrtümer über die Eigenschaften normativer Erlaubnistatbestandsmerkmale 245
- Wiederholungs- und Vertiefungsfragen 246

Siebter Abschnitt: Versuch 247

§ 30 Grundlagen 247
- I. Allgemeines 247
  1. Begriff 247

	2.	Gutachtenaufbau	247
	3.	Strafwürdigkeit	248
II.	Formen des Versuchs		249
	1.	Tauglicher und untauglicher Versuch	249
	2.	Versuch beim erfolgsqualifizierten Delikt	250
	3.	Fahrlässiger Versuch	251
III.	Versuch und Wahndelikt		251
	1.	Abgrenzung	251
	2.	Normative Tatbestandsmerkmale	252
	3.	Sonderdelikte	253

Wiederholungs- und Vertiefungsfragen 254

§ 31 Vorbereitung und Versuch 255
- I. Allgemeines 255
- II. Tatentschluss 255
  1. Begriff 255
  2. Unbedingtheit 256
  3. Vorsatzform 256
- III. Unmittelbares Ansetzen 257
  1. Voraussetzungen 257
  2. Abgrenzung 258
- IV. Versuchsbeginn bei der actio libera in causa 259
  1. Ausnahmemodell 259
  2. Tatbestandsmodell 260

Wiederholungs- und Vertiefungsfragen 260

§ 32 Rücktritt vom Versuch 261
- I. Allgemeines 261
  1. Grundlagen 261
  2. Normzweck 261
  3. Tätige Reue 262
- II. Rücktrittsrelevante Versuchsformen 262
  1. Fehlgeschlagener Versuch 262
  2. Unbeendeter und beendeter Versuch 263
  3. Überblick 264
- III. Rücktritt vom unbeendeten Versuch 264
  1. Zum unbeendeten Versuch 264
  2. Aufgeben der Tat 268
  3. Freiwilligkeit 269
- IV. Rücktritt vom beendeten Versuch 271
  1. Beendeter und nicht fehlgeschlagener Versuch 271
  2. Verhindern der Vollendung 271
  3. Einzelaktstheorie 272
- V. Rücktritt bei ernsthaftem Bemühen 272
- VI. Rücktritt bei mehreren Tatbeteiligten 273
  1. Fallgruppen 273
  2. Voraussetzungen 273

Inhalt

VII.	Einzelfragen	275
	1. Rücktritt bei objektiv nicht zurechenbarem Erfolg	275
	2. Rücktritt vom qualifizierten Versuch	275
	3. Erfolgsqualifizierte Delikte	276
	4. Unternehmensdelikte	276
	Wiederholungs- und Vertiefungsfragen	277

D. Das fahrlässige Begehungsdelikt

§ 33	**Fahrlässigkeit**	**278**
I.	Allgemeines	278
	1. Strafbarkeit	278
	2. Funktion der Fahrlässigkeitshaftung	278
	3. Begriff und historische Entwicklung	279
II.	Die Merkmale der Fahrlässigkeitstat	280
	1. Überblick	280
	2. Gliederung	281
III.	Das zweistufige Fahrlässigkeitsmodell	282
	1. Tatbestandsmerkmale	282
	2. Sorgfaltsgemäße Vorhersehbarkeit	283
	3. Sorgfaltsgemäße Vermeidbarkeit	285
	4. Erlaubte Risiken und Vertrauensgrundsatz	286
	5. Erlaubt riskantes Alternativverhalten	288
	6. Die subjektiven Handlungselemente der Fahrlässigkeit	291
IV.	Das einstufige Fahrlässigkeitsmodell	291
	1. Kritik des zweistufigen Modells	291
	2. Individuelle Vermeidbarkeit	292
V.	Rechtswidrigkeit	294
VI.	Schuld	295
	1. Zumutbarkeit	295
	2. Allgemeine Schulderfordernisse	295
	3. Notwehrexzess	295
VII.	Fahrlässigkeitsformen	296
	1. Bewusste und unbewusste Fahrlässigkeit	296
	2. Leichtfertigkeit	297
VIII.	Gutachten: Der Aufbau des Fahrlässigkeitsdelikts	297
	1. Das zweistufige Fahrlässigkeitsmodell	297
	2. Das einstufige Fahrlässigkeitsmodell	298
	Wiederholungs- und Vertiefungsfragen	298
§ 34	**Vorsatz-Fahrlässigkeits-Kombinationen**	**299**
I.	Allgemeines	299
	1. Systematik	299
	2. Konkrete Gefährdungen	299
II.	Erfolgsqualifizierte Delikte	300
	1. Problem	300
	2. Restriktive Auslegung	300

Inhalt

	3. Beteiligung	301
III.	Gutachtenaufbau	301
	Wiederholungs- und Vertiefungsfragen	302

E. Unterlassungsdelikte

§ 35 Grundlagen   303
    I. Echte und unechte Unterlassungsdelikte   303
    II. Zur Abgrenzung von Tun und Unterlassen   303
        1. Verhältnis von Tun und Unterlassen   303
        2. Einzelfragen   305
    Wiederholungs- und Vertiefungsfragen   307

§ 36 Unechte Unterlassungsdelikte   308
    I. Allgemeines   308
        1. Äquivalenz   308
        2. Deliktsaufbau (Überblick)   308
    II. Deliktsmerkmale   309
        1. Erfolgseintritt   309
        2. Unterlassen   309
        3. Kausalität   310
        4. Garantenstellung   313
        5. Objektive Zurechnung   314
        6. Vorsatz und Irrtum   314
        7. Fahrlässigkeit   315
        8. Schuld   315
    III. Versuch und Rücktritt   316
        1. Versuchsbeginn   316
        2. Rücktritt   317
    IV. Zur Begründung von Garantenstellungen   318
        1. Verpflichtungsgründe   318
        2. Überwachergarantenstellung kraft Risikoherrschaft   320
        3. Beschützergarantenstellung kraft institutioneller Fürsorge   323
    Wiederholungs- und Vertiefungsfragen   326

§ 37 Echte Unterlassungsdelikte   328
    I. Allgemeines   328
    II. Deliktsmerkmale   328
        1. Objektiver Tatbestand   328
        2. Sonstige Deliktsmerkmale   329
    Wiederholungs- und Vertiefungsfragen   329

Inhalt

F. BETEILIGUNG

§ 38 Grundlagen — 330
- I. Allgemeines — 330
  1. Begriffe — 330
  2. Strafgrund der Teilnahme — 331
- II. Akzessorietät — 332
  1. Schuldunabhängigkeit der Beteiligung — 332
  2. Akzessorietät der Teilnahme — 333
  3. Akzessorietätslockerung — 333
- III. Zur Abgrenzung von Täterschaft und Teilnahme — 335
  1. Überblick — 335
  2. Subjektive Theorie — 336
  3. Materiell-objektive Theorie — 337
  4. Anwesenheit am Tatort — 338
  5. Sonderdelikte und eigenhändige Delikte — 339
  6. Beweisfragen — 339
- IV. Beteiligung bei Fahrlässigkeit — 339
  1. Fahrlässige Beteiligung an vorsätzlicher Tat — 339
  2. Vorsätzliche Beteiligung an fahrlässiger Tat — 340
  3. Fahrlässige Beteiligung an fahrlässiger Tat — 340
- V. Beteiligung beim Unterlassungsdelikt — 341
  1. Aktive Teilnahme am Unterlassungsdelikt — 341
  2. Beteiligung durch Unterlassen — 341

Wiederholungs- und Vertiefungsfragen — 344

§ 39 Alleintäterschaft — 345
- I. Begriffe — 345
  1. Unmittelbarer Täter — 345
  2. Mittelbarer Täter — 345
  3. Nebentäter — 345
- II. Mittelbare Täterschaft — 346
  1. Zurechnungsprinzip — 346
  2. Exzess des Tatmittlers — 346
  3. Gutachten — 346
- III. Wichtige Fallgruppen mittelbarer Täterschaft — 346
  1. Defizite auf Tatbestandsebene — 346
  2. Defizite auf Rechtfertigungsebene — 349
  3. Defizite auf Schuldebene — 349
  4. Organisatorische Machtapparate — 351
  5. Unterlassen — 352
  6. Selbstverletzungen — 353
- IV. Versuchsbeginn bei mittelbarer Täterschaft — 355
  1. Grundsatz — 355
  2. Stellen von Fallen — 357

	V.	Irrtumsprobleme	358
		1. Irrtum über die Tatherrschaft	358
		2. Objektverwechslung beim Vordermann	360
		Wiederholungs- und Vertiefungsfragen	361
§ 40	**Mittäterschaft**		**362**
	I.	Allgemeines	362
		1. Begriff	362
		2. Zurechnungsprinzip	362
	II.	Voraussetzungen	362
		1. Gemeinschaftliche Tatbegehung	362
		2. Gemeinsamer Tatentschluss	363
		3. Sondermerkmale	364
		4. Sukzessive Mittäterschaft	364
	III.	Versuchsbeginn	365
		1. Grundsatz	365
		2. Schein-Mittäterschaft	366
	IV.	Exzess und Irrtum	366
		1. Exzess eines Mittäters	367
		2. Objektverwechslung	367
		3. Irrtum über Verfolger	367
	V.	Anwendung	367
		Wiederholungs- und Vertiefungsfragen	368
§ 41	**Anstiftung**		**370**
	I.	Voraussetzungen	370
	II.	Haupttat	370
	III.	Bestimmen	370
		1. Definition	370
		2. Anstiftung bei bereits gefasstem Tatentschluss	371
		3. Zeitpunkt der Anstiftung	373
		4. Anstiftung durch Unterlassen	373
		5. Adressat	373
	IV.	Anstiftervorsatz	374
	V.	Irrtumsprobleme	375
		1. Anstiftung zur Verletzung eigener Güter	375
		2. Objektverwechslung des Haupttäters	376
		Wiederholungs- und Vertiefungsfragen	378
§ 42	**Beihilfe**		**379**
	I.	Voraussetzungen	379
	II.	Hilfeleistung	379
		1. Formen der Beihilfe	379
		2. Kausalität	380
		3. Alltägliche Handlungen	382
		4. Beihilfe durch und zu Unterlassungen	385
		5. Sukzessive Beihilfe	385
	III.	Gehilfenvorsatz	386

	IV.	Verhältnis zur Anstiftung	387
		Wiederholungs- und Vertiefungsfragen	387
§ 43	**Versuchte Beteiligung**		388
	I.	Allgemeines	388
	II.	Versuchte Anstiftung (§ 30 Abs. 1)	388
		1. Der Versuch	389
		2. Verbrechenscharakter der Haupttat	390
		3. Vorsatz	391
	III.	Strafbare Vorbereitungen (§ 30 Abs. 2)	391
		1. Überblick	391
		2. Sich-Bereiterklären	391
		3. Annahme des Erbietens	392
		4. Verabredung	392
	IV.	Verhältnis zum vollendeten Delikt	393
	V.	Rücktritt vom Versuch der Beteiligung (§ 31)	393
		1. Überblick	393
		2. Verhältnis zu § 24	394
		Wiederholungs- und Vertiefungsfragen	394

G. Konkurrenzen

§ 44	**Grundlagen**		395
	I.	Gutachten	395
		1. Problemstellung	395
		2. Prüfungsreihenfolge	395
		3. Überblick	396
	II.	Begriffe	397
		Wiederholungs- und Vertiefungsfragen	397
§ 45	**Kriterien der Handlungseinheit**		398
	I.	Überblick	398
	II.	Handlung im „natürlichen" Sinne	398
	III.	Natürliche Handlungseinheit	398
		1. Voraussetzungen	398
		2. Iterative und sukzessive natürliche Handlungseinheit	400
	IV.	Tatbestandliche Handlungseinheit	400
	V.	Fortgesetzte Handlung	401
		Wiederholungs- und Vertiefungsfragen	401
§ 46	**Gesetzeskonkurrenz**		402
	I.	Allgemeines	402
		1. Begriff und Formen	402
		2. Relevanz des zurücktretenden Gesetzes	402
	II.	Spezialität	402
	III.	Subsidiarität	403

Inhalt

IV.	Konsumtion	403
	1. Abgrenzung	403
	2. Bei unechter Tateinheit	404
	3. Bei unechter Tatmehrheit	404
	4. Straflosigkeit der Begleittat	404
V.	Gutachten	405
	Wiederholungs- und Vertiefungsfragen	405

§ 47 Tateinheit und Tatmehrheit — 406

- I. Grundlagen der Tateinheit — 406
  1. Begriff — 406
  2. Festsetzung des Strafrahmens — 406
  3. Funktion — 406
- II. Voraussetzungen der Tateinheit — 407
  1. Überblick — 407
  2. Tateinheit durch identische und teilidentische Handlungen — 407
  3. Tateinheit durch Klammerwirkung — 408
  4. Tateinheit aufgrund natürlicher Handlungseinheit — 409
  5. Tateinheit beim Unterlassen — 411
  6. Tateinheit und Beteiligung — 411
- III. Tatmehrheit — 412
  1. Voraussetzungen — 412
  2. Prinzipien der Gesamtstrafenbildung — 412

Wiederholungs- und Vertiefungsfragen — 413

§ 48 In dubio pro reo, Wahl- und Postpendenzfeststellung — 414

- I. Der Grundsatz „in dubio pro reo" — 414
  1. Begriff und Anwendungsbereich — 414
  2. Gutachten — 415
- II. Wahlfeststellung — 415
  1. Entscheidungssituation — 415
  2. Gleichartige Wahlfeststellung — 415
  3. Ungleichartige Wahlfeststellung — 416
- III. Postpendenz und Praependenz — 418
  1. Postpendenz — 418
  2. Praependenz — 418

Wiederholungs- und Vertiefungsfragen — 418

Definitionen — 419

Stichwortverzeichnis — 439

Abkürzungsverzeichnis

Paragraphen ohne Gesetzesangabe sind solche des StGB; Absätze werden mit römischen Zahlen beziffert.

aA	anderer Ansicht
abl.	ablehnend
Abs.	Absatz
abw.	abweichend
Achenbach-FS	Hellmann, Schröder (Hrsg.), Festschrift für Hans Achenbach, 2011
aF	alte Fassung
AG	Amtsgericht, Aktiengesellschaft
allg.	allgemein
Alt.	Alternative
Amelung-FS	Böse, Sternberg-Lieben (Hrsg.), Festschrift für Knut Amelung, 2009
Anm.	Anmerkung
AnwK-Bearbeiter	Leipold, Tsambikakis, Zöller (Hrsg.), AnwaltKommentar Strafgesetzbuch, 2. Aufl. 2015
ARSP	Archiv für Rechts- und Sozialphilosophie (Zeitschrift)
Art.	Artikel
AT	Allgemeiner Teil
Aufl.	Auflage
ausf.	ausführlich
Baumann-FS	Arzt u.a. (Hrsg.), Festschrift für Jürgen Baumann, 1992
Baumann/Weber/Mitsch	Baumann, Weber, Mitsch, Strafrecht Allgemeiner Teil, 11. Aufl. 2003
BayObLG	Bayerisches Oberstes Landesgericht
Bd.	Band
Bemmann-FS	Schulz, Vormbaum (Hrsg.), Festschrift für Günter Bemmann, 1997
BGB	Bürgerliches Gesetzbuch
BGBl.	Bundesgesetzblatt (Teil, Seite)
BGH	Bundesgerichtshof
BGH-FS	Krüger-Nieland (Hrsg.), 25 Jahre Bundesgerichtshof, 1975
BGH-FS II	Geiß u.a. (Hrsg.), 50 Jahre Bundesgerichtshof, 2000
BGH-FS IV	Canaris u.a. (Hrsg.), 50 Jahre Bundesgerichtshof. Festgabe aus der Wissenschaft, Bd. IV. Strafrecht, Strafprozessrecht, 2000
BGHR	Rechtsprechung des Bundesgerichtshofs in Strafsachen
BGHSt	Entscheidungen des Bundesgerichtshofs in Strafsachen
Bockelmann-FS	Kaufmann, Arthur u.a. (Hrsg.), Festschrift für Paul Bockelmann, 1979
Bringewat	Bringewat, Grundbegriffe des Strafrechts, 2. Aufl. 2008
Bruns-FS	Frisch u.a. (Hrsg.), Festschrift für Hans-Jürgen Bruns, 1978
Bspr	Besprechung
BT	Besonderer Teil
BT-Drucks.	Bundestagsdrucksache (Wahlperiode/Nummer)
BtMG	Gesetz über den Verkehr mit Betäubungsmitteln (Betäubungsmittelgesetz)
BVerfG	Bundesverfassungsgericht
BVerfGE	Entscheidungen des Bundesverfassungsgerichts
bzgl	bezüglich
bzw	beziehungsweise
Dencker-FS	Degener, Heghmanns (Hrsg.), Festschrift für Friedrich Dencker, 2012
ders.	derselbe
dh	das heißt
dies.	dieselbe(n)
diff.	differenzierend
Dreher-FS	Jescheck u.a. (Hrsg.), Festschrift für Eduard Dreher, 1977
Ebert	Ebert, Strafrecht Allgemeiner Teil, 3. Aufl. 2001 (zitiert nach Seiten)
Einl.	Einleitung

einschr.	einschränkend
Eisenberg	Eisenberg, Kriminologie, 6. Aufl. 2005
Eisenberg-FS	Müller, Sander, Válková (Hrsg.), Festschrift für Ulrich Eisenberg zum 70. Geburtstag, 2009
EMRK	Europäische Konvention zum Schutze der Menschenrechte und Grundfreiheiten
Engisch	Engisch, Einführung in das juristische Denken, 11. Aufl. 2010 (zitiert nach Seiten)
Engisch-FS	Bockelmann u.a. (Hrsg.), Festschrift für Karl Engisch, 1969
EU	Europäische Union
f	folgende (Seite, Paragraph)
ff	folgende (Seiten, Paragraphen)
Fischer	Fischer, Strafgesetzbuch und Nebengesetze, 61. Aufl. 2014
Fn	Fußnote
Frank	Frank, Das Strafrecht für das Deutsche Reich, 18. Aufl. 1931
Frank-FG	Hegler (Hrsg.), Festgabe für Reinhard von Frank, Bd. I, II, 1930
Freund	Freund, Strafrecht Allgemeiner Teil. Personale Straftatlehre, 2. Aufl. 2009
Frisch-FS	Freund u.a. (Hrsg.), Festschrift für Wolfgang Frisch, 2013
Frister	Frister, Strafrecht Allgemeiner Teil, 6. Aufl. 2013
GA	Archiv für Strafrecht und Strafprozeß, begründet von Th. Goltdammer; (später:) Goltdammer's Archiv für Strafrecht
Gallas-FS	Lackner u.a. (Hrsg.), Festschrift für Wilhelm Gallas, 1973
Geerds-FS	Schlüchter (Hrsg.), Festschrift für Friedrich Geerds, 1995
gem.	gemäß
Geppert-FS	Geisler, Kraatz, Kretschmer u.a. (Hrsg.), Festschrift für Klaus Geppert zum 70. Geburtstag, 2011
GG	Grundgesetz für die Bundesrepublik Deutschland
ggf	gegebenenfalls
GmbH	Gesellschaft mit beschränkter Haftung
GmbHG	Gesetz betreffend die Gesellschaften mit beschränkter Haftung
Göppinger	Bock (Hrsg.), Göppinger, Kriminologie, 6. Aufl. 2008
Gössel-FS	Dölling, Erb (Hrsg.), Festschrift für Karl Heinz Gössel, 2002
grds	grundsätzlich
Gropp	Gropp, Strafrecht Allgemeiner Teil, 3. Aufl. 2005
GVG	Gerichtsverfassungsgesetz
Haft	Haft, Strafrecht Allgemeiner Teil, 9. Aufl. 2004 (zitiert nach Seiten)
Hanack-FS	Ebert u.a. (Hrsg.), Festschrift für Ernst-Walter Hanack, 1999
HansOLG	Hanseatisches Oberlandesgericht
Hauf	Hauf, Strafrecht Allgemeiner Teil, 2. Aufl. 2001 (zitiert nach Seiten)
Heinitz-FS	Lüttger (Hrsg.), Festschrift für Ernst Heinitz, 1972
Heinrich	Heinrich, Strafrecht Allgemeiner Teil, 3. Aufl. 2012
v. Heintschel-Heinegg	v. Heintschel-Heinegg, Prüfungstraining Strafrecht, Bd. I, Methodik der Fallbearbeitung, 1992
Heinz-FS	Hilgendorf, Rengier (Hrsg.), Festschrift für Wolfgang Heinz, 2012
Henkel-FS	Roxin u.a. (Hrsg.), Festschrift für Heinrich Henkel, 1974
Herzberg-FS	Putzke u.a. (Hrsg.), Festschrift für Rolf Dietrich Herzberg, 2008
Hillenkamp AT	Hillenkamp, 32 Probleme aus dem Strafrecht Allgemeiner Teil, 14. Aufl. 2012 (zitiert nach Seiten)
Hirsch-FS	Weigend u.a. (Hrsg.), Festschrift für Hans Joachim Hirsch, 1999
HKGS-Bearbeiter	Dölling, Duttge, Rössner (Hrsg.), Gesamtes Strafrecht. Handkommentar, 3. Aufl. 2013
hL	herrschende Lehre
hM	herrschende Meinung
Hoffmann-Holland	Hoffmann-Holland, Strafrecht Allgemeiner Teil, 2. Aufl. 2011
Hollerbach-FS	Bohnert u.a. (Hrsg.), Festschrift für Alexander Hollerbach, 2001
Honig-FS	Barth u.a. (Hrsg.), Festschrift für Richard M. Honig, 1970
HRRS	Höchstrichterliche Rechtsprechung im Strafrecht (Onlinezeitschrift)
Hrsg.	Herausgeber

Abkürzungsverzeichnis

Hruschka	Hruschka, Strafrecht nach logisch-analytischer Methode, 2. Aufl. 1988
Hruschka-FS	Joerden u.a. (Hrsg.), Philosophia Practica Universalis. Festschrift für Joachim Hruschka, 2005
iE	im Ergebnis
iSd	im Sinne des/der
iSe	im Sinne eines/einer
iSv	im Sinne von
iVm	in Verbindung mit
JA	Juristische Arbeitsblätter (Zeitschrift)
Jäger	Jäger, Examens-Repetitorium Strafrecht Allgemeiner Teil, 6. Aufl. 2013
Jakobs	Jakobs, Strafrecht Allgemeiner Teil, 2. Aufl. 1991
Jakobs-FS	Pawlik u.a. (Hrsg.), Festschrift für Günther Jakobs, 2007
Jescheck-FS	Vogler u.a. (Hrsg.), Festschrift für Hans-Heinrich Jescheck, 1985
Jescheck/Weigend	Jescheck, Weigend, Lehrbuch des Strafrechts Allgemeiner Teil, 5. Aufl. 1996
jew.	jeweils
JGG	Jugendgerichtsgesetz
Joecks	Joecks, Studienkommentar StGB, 10. Aufl. 2012
JR	Juristische Rundschau (Zeitschrift)
Jung-FS	Müller-Dietz u.a. (Hrsg.), Festschrift für Heike Jung, 2007
Jura	Juristische Ausbildung (Zeitschrift)
JuS	Juristische Schulung (Zeitschrift)
JZ	Juristenzeitung (Zeitschrift)
Kargl-FS	Hamm u.a. (Hrsg.), Festschrift für Walter Kargl, 2015
Kaufmann, A.-GS	Dornseifer u.a. (Hrsg.), Gedächtnisschrift für Armin Kaufmann, 1989
Kaufmann, Arth.-FS	Haft u.a. (Hrsg.), Strafgerechtigkeit. Festschrift für Arthur Kaufmann, 1993
Kaufmann, H.-GS	Hirsch u.a. (Hrsg.), Gedächtnisschrift für Hilde Kaufmann, 1986
KG	Kammergericht
Kindhäuser BT I, II	Kindhäuser, Lehrbuch des Strafrechts Besonderer Teil I, Straftaten gegen Persönlichkeitsrechte, Staat und Gesellschaft, 6. Aufl. 2014; Lehrbuch des Strafrechts Besonderer Teil II, Straftaten gegen Vermögensrechte, 8. Aufl. 2014
Kindhäuser LPK	Kindhäuser, Strafgesetzbuch. Lehr- und Praxiskommentar, 6. Aufl. 2015
Kindhäuser StPR	Kindhäuser, Strafprozessrecht, 3. Aufl. 2013
Kindhäuser/Schumann/ Lubig	Kindhäuser, Schumann, Lubig, Klausurtraining Strafrecht, 2. Aufl. 2012 (zitiert nach Seiten)
KJ	Kritische Justiz (Zeitschrift)
Kleinknecht-FS	Gössel u.a. (Hrsg.), Strafverfahren im Rechtsstaat. Festschrift für Theodor Kleinknecht, 1985
Klug-FS	Kohlmann (Hrsg.), Festschrift für Ulrich Klug zum 70. Geburtstag, Bd. II, Strafrecht, Prozeßrecht, Kriminologie, Strafvollzugsrecht, 1983
Köhler	Köhler, Strafrecht Allgemeiner Teil, 1997 (zitiert nach Seiten)
Kohlmann-FS	Hirsch u.a. (Hrsg.), Festschrift für Günter Kohlmann, 2003
Krey/Esser	Krey, Esser, Deutsches Strafrecht Allgemeiner Teil, 5. Aufl. 2012
Krey-FS	Amelung u.a. (Hrsg.), Festschrift für Volker Krey, 2010
krit.	kritisch
Kudlich	Kudlich, Strafrecht Allgemeiner Teil (Prüfe dein Wissen), 4. Aufl. 2013
Kühl	Kühl, Strafrecht Allgemeiner Teil, 7. Aufl. 2012
Küper-FS	Hettinger u.a. (Hrsg.), Festschrift für Wilfried Küper, 2007
L-Kühl-Bearbeiter	Lackner, Kühl, Strafgesetzbuch mit Erläuterungen, 28. Aufl. 2014
Lackner-FS	Küper u.a. (Hrsg.), Festschrift für Karl Lackner, 1987
Lampe-FS	Dölling (Hrsg.), Festschrift für Ernst-Joachim Lampe, 2003
Lange-FS	Warda u.a. (Hrsg.), Festschrift für Richard Lange, 1976
Larenz-FS	Canaris u.a. (Hrsg.), Festschrift für Karl Larenz zum 80. Geburtstag, 1983
Laubenthal	Laubenthal, Strafvollzug, 6. Aufl. 2011

Abkürzungsverzeichnis

Leferenz-FS	Kerner u.a. (Hrsg.), Festschrift für Heinz Leferenz, 1983
Lenckner-FS	Eser u.a. (Hrsg.), Festschrift für Theodor Lenckner, 1998
LG	Landgericht
v. Liszt	v. Liszt, Lehrbuch des Deutschen Strafrechts, 22. Aufl. 1919
LK-Bearbeiter	Laufhütte, Rissing-van Saan, Tiedemann (Hrsg.), Leipziger Kommentar zum Strafgesetzbuch, 12. Aufl. seit 2007; Jähnke, Laufhütte, Odersky (Hrsg.), Leipziger Kommentar zum Strafgesetzbuch, 11. Aufl. seit 1992; Jescheck, Ruß, Willms (Hrsg.), Leipziger Kommentar zum Strafgesetzbuch, 10. Aufl. seit 1985
LR-Bearbeiter	Erb u.a. (Hrsg.), Löwe-Rosenberg, Die Strafprozeßordnung und das Gerichtsverfassungsgesetz, 26. Aufl. seit 2006
m.	mit
M-Gössel/Zipf[7]	Maurach, Gössel, Zipf, Strafrecht Allgemeiner Teil, Teilbd. II, Erscheinungsformen und Rechtsfolgen der Straftat, 7. Aufl. 1989
M-Gössel/Zipf	Maurach, Gössel, Zipf, Strafrecht Allgemeiner Teil, Teilbd. II, Erscheinungsformen und Rechtsfolgen der Straftat, 8. Aufl. 2014
M-Zipf	Maurach, Zipf, Strafrecht Allgemeiner Teil, Teilbd. I, Grundlehren des Strafrechts und Aufbau der Straftat, 8. Aufl. 1992
Maihofer-FS	Kaufmann u.a. (Hrsg.), Festschrift für Werner Maihofer, 1988
Maiwald-FS	Bloy u.a. (Hrsg.), Festschrift für Manfred Maiwald, 2010
Marxen	Marxen, Kompaktkurs Strafrecht Allgemeiner Teil, 2003
Matt	Matt, Strafrecht Allgemeiner Teil I, 1996
Maurach-FS	Schroeder u.a. (Hrsg.), Festschrift für Reinhart Maurach, 1972
Maurer	Maurer, Allgemeines Verwaltungsrecht, 18. Aufl. 2011
maW	mit anderen Worten
Mayer-FS	Geerds u.a. (Hrsg.), Festschrift für Hellmuth Mayer, 1966
MDR	Monatsschrift für Deutsches Recht
Meurer-GS	Graul, Wolf (Hrsg.), Gedächtnisschrift für Dieter Meurer, 2002
Mitsch	Mitsch, Recht der Ordnungswidrigkeiten, 2. Aufl. 2005
Miyazawa-FS	Kühne u.a. (Hrsg.), Festschrift für Koichi Miyazawa, 1995
MK-Bearbeiter	Joecks, Miebach (Hrsg.), Münchener Kommentar zum Strafgesetzbuch, 2. Aufl. ab 2011
M/R-Bearbeiter	Matt, Renzikowski, Kommentar zum Strafgesetzbuch, 1. Aufl. 2013
mwN	mit weiteren Nachweisen
Naucke	Naucke, Strafrecht. Eine Einführung, 10. Aufl. 2002
Nishihara-FS	Eser (Hrsg.), Festschrift für Haruo Nishihara zum 70. Geburtstag, 1998
NJ	Neue Justiz (Zeitschrift)
NJOZ	Neue Juristische Online-Zeitschrift (Internet-Zeitschrift)
NJW	Neue Juristische Wochenschrift
NJW-Spezial	Neue Juristische Wochenschrift-Spezial
NK-Bearbeiter	Kindhäuser, Neumann, Paeffgen (Hrsg.), Nomos-Kommentar zum Strafgesetzbuch, 4. Aufl. 2013
Noll-GS	Hauser u.a. (Hrsg.), Gedächtnisschrift für Peter Noll, 1984
Nr.	Nummer(n)
NStZ	Neue Zeitschrift für Strafrecht
NStZ-RR	NStZ-Rechtsprechungs-Report Strafrecht (Zeitschrift)
NZV	Neue Zeitschrift für Verkehrsrecht
o.ä.	oder ähnlich
o.Ä.	oder Ähnliche(s)
obj.	objektiv
Oehler-FS	Herzberg (Hrsg.), Festschrift für Dietrich Oehler, 1985
OGHSt	Entscheidungen des Obersten Gerichtshofes für die Britische Zone in Strafsachen
OLG	Oberlandesgericht
OLGSt	Entscheidungen der Oberlandesgerichte zum Straf- und Strafverfahrensrecht
Otto	Otto, Grundkurs Strafrecht, Allgemeine Strafrechtslehre, 7. Aufl. 2004

Abkürzungsverzeichnis

Otto-FS	Dannecker u.a. (Hrsg.), Festschrift für Harro Otto, 2007
OWiG	Gesetz über Ordnungswidrigkeiten
Palandt-Bearbeiter	Palandt, Bürgerliches Gesetzbuch, 73. Aufl. 2014
Peters-FS	Baumann u.a. (Hrsg.), Einheit und Vielfalt des Strafrechts. Festschrift für Karl Peters, 1974
Puppe	Puppe, Strafrecht Allgemeiner Teil im Spiegel der Rechtsprechung, 2. Aufl. 2011
Puppe-FS	Paeffgen u.a. (Hrsg.), Festschrift für Ingeborg Puppe, 2011
Rengier	Rengier, Strafrecht Allgemeiner Teil, 6. Aufl. 2014
RG	Reichsgericht
RGSt	Entscheidungen des Reichsgerichts in Strafsachen
Rittler-FS	Hohenleiter u.a. (Hrsg.), Festschrift für Theodor Rittler, 1957
Rn	Randnummer
Roxin I, II	Roxin, Strafrecht Allgemeiner Teil, Bd. I, Grundlagen. Der Aufbau der Verbrechenslehre, 4. Aufl. 2006; Bd. II, Besondere Erscheinungsformen der Straftat, 2003
Roxin TuT	Roxin, Täterschaft und Tatherrschaft, 8. Aufl. 2006
Roxin-FS I	Achenbach u.a. (Hrsg.), Festschrift für Claus Roxin, 2001
Roxin-FS II	Heinrich u.a. (Hrsg.), Strafrecht als Scientia Universalis, Festschrift für Claus Roxin, Bd. 1 und 2, 2011
Roxin, Imme -FS	Schulz u.a. (Hrsg.), Festschrift für Imme Roxin, 2012
Roxin/Schünemann	Roxin, Schünemann, Strafverfahrensrecht, 28. Aufl. 2014
Rspr	Rechtsprechung
RStGB	Reichsstrafgesetzbuch
Rudolphi-FS	Rogall u.a. (Hrsg.), Festschrift für Hans-Joachim Rudolphi, 2004
S.	Satz, Seite
s.	siehe
S/S-Bearbeiter	Schönke, Schröder, Strafgesetzbuch. Kommentar, 29. Aufl. 2014
S/S/W-Bearbeiter	Satzer, Schmitt, Widmaier (Hrsg.), StGB - Strafgesetzbuch, Kommentar, 2. Aufl. 2014
Salger-FS	Eser u.a. (Hrsg.), Festschrift für Hannskarl Salger, 1995
Samson-FS	Joecks u.a. (Hrsg.), Festschrift für Erich Samson, 2010
Schaffstein/Beulke	Schaffstein, Beulke, Jugendstrafrecht, 14. Aufl. 2002 (zitiert nach Seiten)
Schaffstein-FS	Grünwald u.a. (Hrsg.), Festschrift für Friedrich Schaffstein, 1975
Schlüchter-GS	Duttge u.a. (Hrsg.), Gedächtnisschrift für Ellen Schlüchter, 2002
Schmidhäuser	Schmidhäuser, Strafrecht Allgemeiner Teil, Lehrbuch, 2. Aufl. 1975
Schmidhäuser StuB	Schmidhäuser, Strafrecht Allgemeiner Teil, Studienbuch, unter Mitarbeit von Heiner Alwart, 2. Auf. 1984
Schmidt, Eb.-FS	Bockelmann, Gallas (Hrsg.), Festschrift für Eberhard Schmidt, 1961
Schroeder-FS	Hoyer u.a. (Hrsg.), Festschrift für Friedrich-Christian Schroeder, 2006
Schröder-GS	Stree, Cramer, Eser (Hrsg.), Gedächtnisschrift für Horst Schröder, 1978
SK-Bearbeiter	Rudolphi, Horn, Hoyer, Günther, Samson, Wolters (Hrsg.), Systematischer Kommentar zum Strafgesetzbuch, 8. Aufl., Stand Juli 2014
sog.	sogenannt(e, er)
Spendel-FS	Seebode (Hrsg.), Festschrift für Günter Spendel, 1992
Spinellis-FS	Courakis (Hrsg.), Festschrift für Dionysios Spinellis, 2001
StGB	Strafgesetzbuch
StPO	Strafprozessordnung
str.	streitig
StraFo	Strafverteidiger Forum (Zeitschrift)
Stratenwerth/Kuhlen	Stratenwerth, Kuhlen, Strafrecht Allgemeiner Teil. Die Straftat, 6. Aufl. 2011
Stree/Wessels-FS	Küper u.a. (Hrsg.), Festschrift für Walter Stree und Johannes Wessels, 1993
Streng	Streng, Strafrechtliche Sanktionen. Grundlagen und Anwendung, 3. Aufl. 2012
StV	Strafverteidiger (Zeitschrift)

Abkürzungsverzeichnis

StVG	Straßenverkehrsgesetz
StVO	Straßenverkehrsordnung
StVollzG	Gesetz über den Vollzug der Freiheitsstrafe und der freiheitsentziehenden Maßregeln der Besserung und Sicherung (Strafvollzugsgesetz)
subj.	subjektiv
Szwarc-FS	Joerden u.a. (Hrsg.), Frankfurter Festschrift für Andrzej J. Szwarc, 2009
Tbm	Tatbestandsmerkmal
Tiedemann-FS	Sieber u.a. (Hrsg.), Festschrift für Klaus Tiedemann, 2008
Triffterer-FS	Schmoller (Hrsg.), Festschrift für Otto Triffterer, 1996
Tröndle-FS	Jescheck u.a. (Hrsg.), Festschrift für Herbert Tröndle, 1988
u.a.	und andere; unter anderem
umf.	umfassende
umstr.	umstritten
unstr.	unstrittig
usw	und so weiter
uU	unter Umständen
Var.	Variante
vgl	vergleiche
VO	Verordnung
Vor	Vorbemerkung(en)
VRS	Verkehrsrechts-Sammlung (Zeitschrift)
W-Beulke/Satzger	Wessels, Beulke, Satzger, Strafrecht Allgemeiner Teil. Die Straftat und ihr Aufbau, 44. Aufl. 2014
WaffG	Waffengesetz
Welzel	Welzel, Das Deutsche Strafrecht, 11. Aufl. 1969
Welzel-FS	Stratenwerth u.a. (Hrsg.), Festschrift für Hans Welzel, 1974
wistra	Zeitschrift für Wirtschafts- und Steuerstrafrecht
Wolf/Neuner	Wolf, Neuner, Allgemeiner Teil des Bürgerlichen Rechts, 10. Auflage 2012
Würtenberger-FS	Herren u.a. (Hrsg.), Festschrift für Thomas Würtenberger, 1977
zB	zum Beispiel
Zieschang	Zieschang, Strafrecht Allgemeiner Teil, 2. Aufl. 2009 (zitiert nach Seiten)
ZIS	Zeitschrift für Internationale Strafrechtsdogmatik (Internet-Zeitschrift)
ZJS	Zeitschrift für das Juristische Studium (Internet-Zeitschrift)
ZPO	Zivilprozessordnung
ZStW	Zeitschrift für die gesamte Strafrechtswissenschaft
zusf.	zusammenfassend
zust.	zustimmend
zutr.	zutreffend

A. Das Strafgesetz

Erster Abschnitt: Das Strafrecht im Rechtssystem

§ 1 Der strafrechtlich relevante Konflikt

▶ **FALL 1:** Wirt W beachtet hygienische Vorschriften nicht und setzt seinen Gästen ein Gericht aus verdorbenen Lebensmitteln vor; ein Gast stirbt, drei Gäste werden durch Intensivmaßnahmen gerettet. ◀

I. Abgrenzungen

1. Definitionen

a) **Strafrecht und Ordnungswidrigkeit:** Das Strafrecht ist der Teil der Rechtsordnung, der die Voraussetzungen und Folgen der mit einer Strafe oder Maßregel der Sicherung und Besserung bedrohten Verhaltensweisen regelt.[1] Das Strafrecht ist also durch seine Sanktion definiert. Eine dem Strafrecht ähnliche Zwecksetzung verfolgt das Recht der Ordnungswidrigkeiten, das jedoch als Sanktion keine Strafe, sondern nur eine Geldbuße vorsieht.[2] Auch durch diese Geldbuße wird ein rechtlich verbotenes Verhalten sanktioniert; ihre Verhängung ist jedoch im Gegensatz zur Strafe nicht mit einem sozialethischen Tadel verbunden.[3]

b) **Kern- und Nebenstrafrecht:** Die rechtlichen Regelungen, welche die Voraussetzungen strafbaren Handelns sowie die Art und Höhe der Rechtsfolgen festlegen, werden als materielles Strafrecht bezeichnet. Diese Regelungen sind nur zum Teil in dem am 15.5.1871 als Reichsstrafgesetzbuch (RStGB) verkündeten Strafgesetzbuch (StGB) enthalten. Hier sind vielmehr lediglich besonders bedeutsame Delikte, das sog. Kernstrafrecht, und die allgemeinen Vorschriften normiert. Dagegen sind vor allem solche Delikte, die in einem engen sachlichen Zusammenhang mit besonderen Rechtsgebieten stehen, in den einschlägigen Gesetzen selbst aufgeführt; man spricht insoweit vom Nebenstrafrecht.[4] So stellt zB § 21 StVG das Führen eines Kraftfahrzeugs ohne Fahrerlaubnis oder trotz Fahrverbots unter Strafe.

c) **Aufbau des StGB:** Die Vorschriften des StGB sind in einen **Allgemeinen Teil** (AT) und einen **Besonderen Teil** (BT) untergliedert. Der BT (§§ 80–358) umfasst die einzelnen Deliktstatbestände mit den spezifischen Rechtsfolgenanordnungen; der AT (§§ 1–79b) enthält dagegen die – gewissermaßen „vor die Klammer gezogenen" – Bestimmungen, die grds für alle Straftaten gelten. Der AT ist seinerseits unterteilt in Regelungen, welche die Voraussetzungen einer Straftat (1. und 2. Abschnitt) betreffen, und Re-

---

[1] *Baumann/Weber/Mitsch* § 3/2; *W-Beulke/Satzger* Rn 10; *Haft* 6.
[2] Näher zur Abgrenzung BVerfGE 22, 49 (79); *Bohnert* Jura 1984, 11 ff; *Mitsch* § 3/1 ff; hierzu sowie zum Disziplinarrecht vgl ferner NK-*Hassemer/Neumann* Vor § 1 Rn 218 ff; zur Strafrechtsgeschichte *Jescheck/Weigend* §§ 10 f.
[3] Dementsprechend ist ein „Parksünder", obgleich er rechtlich falsch handelt, kein Straftäter bzw „Verbrecher"; näher zur Funktion der Strafe § 2 Rn 8 ff.
[4] Eingehend zur Differenzierung von Kern- und Nebenstrafrecht NK-*Hassemer/Neumann* Vor § 1 Rn 206 ff mwN.

gelungen, die sich auf die Rechtsfolgen einer Straftat beziehen (3. bis 5. Abschnitt). Die Delikte des BT sind dagegen nach ihrer Schutzrichtung in Gruppen geordnet; so sind zB die Straftaten gegen die Landesverteidigung im 5. Abschnitt, die Straftaten gegen die sexuelle Selbstbestimmung im 13. Abschnitt und die Straftaten gegen das Leben im 16. Abschnitt zusammengefasst.

4 d) **Materielles und formelles Strafrecht:** Während das materielle Strafrecht festlegt, unter welchen Voraussetzungen ein Verhalten als Straftat anzusehen ist, regelt das formelle Strafrecht das Verfahren des Nachweises (Erkenntnisverfahren) und der Vollstreckung sowie des Vollzugs einer nachgewiesenen Straftat.[5] Rechtsquellen des formellen Strafrechts sind die Strafprozessordnung (StPO), das Gerichtsverfassungsgesetz (GVG) und das Strafvollzugsgesetz (StVollzG) bzw die Vollzugsgesetze der Länder.

2. Stellung im Rechtssystem

5 Kommt es – wie in **Fall 1** – zu einem sozialen Konflikt, so reagiert das Recht in ganz unterschiedlicher Weise und mit differierender Zwecksetzung:

- Das **Zivilrecht** dient dem privaten Interessenausgleich;[6] es gibt den betroffenen Gästen u.a. einen Anspruch auf Schadensersatz wegen der erlittenen Gesundheitsbeeinträchtigung.
- Das **Verwaltungsrecht** hat die Gefahrenabwehr und Gefahrenvorsorge zum Gegenstand.[7] Es hat die Bürger davor zu schützen, sich erneut durch die von dem Gastwirt angebotenen Speisen Vergiftungen zuzuziehen. So wird zB von der zuständigen Ordnungsbehörde zu prüfen sein, ob dem Gastwirt die Konzession zu entziehen ist oder Auflagen zur Hygiene zu machen sind.
- Das **Strafrecht** bezweckt den Schutz von Gütern durch die Garantie der Geltung – also der allgemeinen Befolgung – von Normen:[8] Es soll sicherstellen, dass das Verbot, die Gesundheit anderer zu schädigen, eingehalten wird; wird gegen das Verbot verstoßen, so wird durch die Bestrafung des Täters verdeutlicht, dass es falsch ist, Normen nicht zu beachten.

6 Demnach sind Zivilrecht und Strafrecht gleichermaßen retrospektiv ausgerichtet; jeweils ist rückblickend zu fragen, wie auf bereits Geschehenes zu reagieren ist. Anders als das Strafrecht greift das Zivilrecht aber nicht im Allgemeininteresse, sondern nur im Interesse der konkret Betroffenen ein. Das Strafrecht ist wie das Verwaltungsrecht ein Teilgebiet des öffentlichen Rechts; beide betreffen das Rechtsverhältnis zwischen Staat und Bürger.[9] Im Gegensatz zum retrospektiven Strafrecht ist das Verwaltungsrecht aber prospektiv orientiert; es schaut nach vorn und ist – im Bereich der Gefahrenabwehr – um die Verhinderung möglicher künftiger Schäden bemüht.[10]

---

5 Zum Verhältnis von materiellem und formellem Strafrecht vgl NK-*Hassemer/Neumann* Vor § 1 Rn 198 ff; LK-*Weigend* Einl. Rn 10 ff, jew. mwN; zur Unterscheidung zwischen Strafvollstreckung und Strafvollzug etwa *Laubenthal* Rn 10 ff.
6 Vgl *Wolf/Neuner* § 2/17.
7 *Maurer* § 1/15, bezogen auf die Ordnungsverwaltung als Teilbereich der Verwaltung.
8 Näher § 2.
9 W-*Beulke/Satzger* Rn 4; *Gropp* § 1/29 ff; *Maurer* § 3/5.
10 Vgl *Maurer* § 1/11, 15.

Schematischer Überblick:

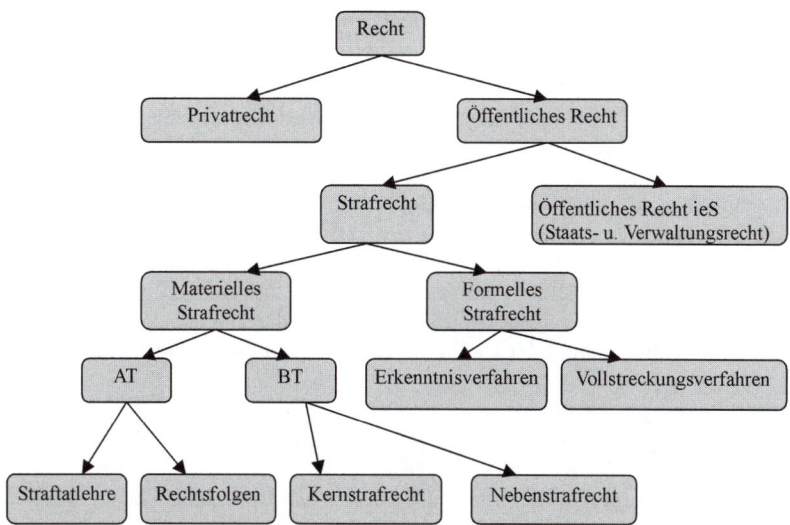

II. Erfassung des Konflikts

Die Frage, wann ein sozialer Konflikt (auch) mit den Mitteln des Strafrechts zu erfassen ist, hat in einer demokratisch verfassten Gesellschaft der Gesetzgeber verbindlich zu beantworten. Der Bereich der Politik, der sich mit dem Schutz der Gesellschaft vor Delinquenz beschäftigt, wird als Kriminalpolitik bezeichnet. Allerdings sind die Entscheidungen des Gesetzgebers eher auf Randbereiche bezogen, und zwar einerseits unter dem Aspekt, inwieweit tradierte Strafvorschriften zur Lösung eines sozialen Konflikts noch angemessen sind.[11] Andererseits ist auf gesellschaftliche Entwicklungen zu reagieren, so etwa im Bereich der Wirtschaft oder des Umweltschutzes. Die zentralen Delikte gegen höchstpersönliche Güter (zB Totschlag, Körperverletzung und Vergewaltigung), das Vermögen (zB Diebstahl, Betrug und Erpressung) und die Allgemeinheit (zB Landesverrat und Rechtspflegedelikte) sehen dagegen auf eine lange historische Entwicklung bis zum römischen oder germanischen Recht zurück. Die von solchen Delikten geschützten Güter gehören gewissermaßen zum Bestand einer Gesellschaft. Überhaupt ist das Strafrecht ein Spiegelbild des jeweiligen gesellschaftlichen Selbstverständnisses.

Die empirische Wissenschaft, die sich mit strafrechtlich relevantem Verhalten befasst, ist die Kriminologie. Sie ist die geordnete Gesamtheit des Erfahrungswissens über das Verbrechen, den Rechtsbrecher, die negativ-soziale Auffälligkeit und die Kontrolle dieses Verhaltens.[12] Ohne kriminologische Erkenntnisse lässt sich weder eine an den realen Gegebenheiten orientierte Kriminalpolitik betreiben noch zwecksprechend

---

11 So wurde etwa im Rahmen des 6. StrRG (1998) der Privilegierungstatbestand der Kindstötung (§ 217) gestrichen.
12 Vgl *Bock* in: Göppinger § 1/1; ausf. *Eisenberg* § 1/1 ff.

Strafrecht anwenden. Strafwürdigem Verhalten kann nur wirksam begegnet werden, wenn seine Bedingungen hinreichend bekannt sind.

10 Das wissenschaftliche Instrumentarium zur Aufdeckung von Straftaten liefert die **Kriminalistik**.[13] Die Kriminalistik gehört zur polizeilichen Ausbildung und wird im Rahmen des juristischen Studiums nicht unterrichtet.

11 Die geisteswissenschaftlich ausgerichtete Auslegung strafrechtlicher Gesetze ist Gegenstand der **Strafrechtsdogmatik**. Sie bedient sich u.a. logischer, historischer, philologischer, soziologischer und philosophischer Methoden, um den Sinn und Zweck von Gesetzen zu klären, systematische Regelungszusammenhänge darzulegen und mithilfe von sachlich begründeten Lehrsätzen eine überprüfbare Rechtsanwendung zu gewährleisten. Als Normwissenschaft kann die Strafrechtsdogmatik keine empirisch beweisbaren Ergebnisse erzielen, sondern ist um eine möglichst plausible und überzeugende Begründung bemüht. Die Strafrechtsdogmatik unterfällt in die Teilbereiche der **Dogmatik des materiellen Strafrechts** und der **Dogmatik des formellen Strafrechts**.

III. Entscheidung des Konflikts

1. Strafverfahren

12 Die Verhängung einer strafrechtlichen Sanktion als Antwort auf einen sozialen Konflikt ist nur im Rahmen eines Strafverfahrens möglich. Ein solches Verfahren beginnt mit dem **Ermittlungsverfahren**, das von der Staatsanwaltschaft unter der Fragestellung betrieben wird, ob gegen den Beschuldigten hinreichender Tatverdacht besteht.[14] Hierbei ist die Staatsanwaltschaft nach § 152 Abs. 2 StPO verpflichtet, im Falle des Vorliegens zureichender Anhaltspunkte wegen aller verfolgbarer Straftaten einzuschreiten (sog. **Legalitätsprinzip**). Bei hinreichendem Tatverdacht ist Anklage zu erheben (§§ 170 Abs. 1, 203 StPO) oder ein Strafbefehl (§§ 407 ff StPO) zu beantragen.

13 Ob sich der Angeklagte strafbar gemacht hat, muss das Gericht dann im sog. **Hauptverfahren** befinden.[15] Dem Hauptverfahren kann sich ein **Rechtsmittelverfahren** vor einem höheren Gericht anschließen.[16] Im Falle einer Berufung, die nur gegen das Urteil eines Amtsgerichts eingelegt werden kann, werden die Tatsachen- und Rechtsfragen neu behandelt (§§ 312 ff StPO), während mit dem Mittel der Revision Urteile allein in rechtlicher Hinsicht angefochten werden können (§§ 333 ff StPO). Auf die rechtskräftige – dh nicht mehr durch Rechtsmittel angreifbare – Verurteilung folgt das sog. **Vollstreckungsverfahren**.[17] Dieses ist wiederum von der Staatsanwaltschaft einzuleiten und zu überwachen.[18]

2. Urteil und Gutachten

14 Die abschließende Entscheidung des Gerichts über die Sach- und Rechtslage, mit der das Strafverfahren beendet wird, ist das **Urteil**.[19] Das Urteil hat eine bestimmte Form;

---

[13] Näher *Geerds*, Kriminalistik, 1980, 3 ff.
[14] Näher *Kindhäuser* StPR § 3/4 f, § 4/1 ff mwN.
[15] Näher *Kindhäuser* StPR § 3/8 ff, § 17/1 ff mwN.
[16] Näher *Kindhäuser* StPR § 3/11 ff, § 28/1 ff mwN.
[17] Näher *Kindhäuser* StPR § 3/14 ff, § 27/1 ff mwN.
[18] § 451 StPO.
[19] § 260 Abs. 1 StPO.

es wird zunächst das Ergebnis der Entscheidung mitgeteilt und sodann begründet.[20] Für diesen sog. **Urteilsstil** sind im Indikativ formulierte „weil"-Sätze charakteristisch.

Eine strafprozessuale Entscheidung wird durch ein **Gutachten** vorbereitet, in dem die für die Entscheidung einschlägigen Sach- und Rechtsfragen umfassend und klärend erörtert werden. Gegenstand der Klausuren und Hausarbeiten in den Übungen der universitären Ausbildung und im ersten juristischen Staatsexamen ist regelmäßig ein bestimmter Lebenssachverhalt, der hinsichtlich der möglichen Strafbarkeit der Beteiligten in Form eines Rechtsgutachtens zu würdigen ist. In einem solchen Gutachten wird das Für und Wider möglicher unterschiedlicher Antworten auf die einschlägigen Rechtsfragen argumentativ abgewogen. Charakteristisch für den sog. **Gutachtenstil** ist die einleitende Problemstellung im Konjunktiv. Das Ergebnis steht hier, anders als beim Urteil, am Ende; es muss eindeutig formuliert sein und darf keine entscheidungsrelevante Frage offen lassen.

3. Zweispurigkeit der Rechtsfolgen

Das StGB kennt zwei Arten von Rechtsfolgen (sog. **duales System**): Es sind dies zum einen die **Strafe** (einschließlich der Nebenfolgen), zum anderen die **Maßregeln der Besserung und Sicherung**.

Die Strafe setzt Schuld im Rechtssinne voraus. Hierbei darf die konkret verhängte Strafe das Maß der Schuld nicht übersteigen.[21] Demgegenüber orientieren sich die Maßregeln der Besserung und Sicherung nicht an der Schuld, sondern an der besonderen Gefährlichkeit des Täters.[22] Sie haben eine – dem Polizeirecht verwandte – präventive Funktion und können auch bei fehlender Schuld angeordnet werden (§§ 20, 63 ff); erforderlich ist aber stets die Begehung einer rechtswidrigen Tat (sog. **Anlasstat**).[23] Durch die Zweispurigkeit der Rechtsfolgen wird vermieden, dass die am Schuldprinzip ausgerichtete Strafe mit Präventionsaufgaben belastet wird, die das schuldangemessene Maß überschreiten können.

4. Strafen

a) **Haupt- und Nebenstrafe:** Das Strafgesetz sieht als sog. Hauptstrafen die **Freiheitsstrafe** (§§ 38, 39) und die **Geldstrafe** (§§ 40–43) vor. Als sog. Nebenstrafe kommt in bestimmten Fällen ein **Fahrverbot** (§ 44) in Betracht. Die ebenfalls als Nebenstrafe in § 43a vorgesehene Vermögensstrafe wurde vom BVerfG für verfassungswidrig erklärt.[24] Die Verhängung einer Strafe kann ferner mit den Nebenfolgen des **Verlusts der Amtsfähigkeit**, der **Wählbarkeit** und des **Stimmrechts** verbunden sein (§§ 45–45b).

b) **Freiheitsstrafe:** Die Freiheitsstrafe kann zeitig oder – wie bei Mord (§ 211 Abs. 1) – lebenslang (§ 38 Abs. 1) sein. Die zeitige Freiheitsstrafe beträgt – ungeachtet der Strafandrohungen der einzelnen Delikte – im Mindestmaß einen Monat und im Höchstmaß 15 Jahre (§ 38 Abs. 2). Die Freiheitsstrafe kann bei günstiger Sozialprognose zur **Bewährung** ausgesetzt werden (§§ 56–58).[25] Eine kurzfristige Freiheitsstrafe unter sechs Monaten soll nur ausnahmsweise verhängt werden, wenn besondere Umstände, die in

---

20 Vgl §§ 260, 267, 268 StPO.
21 Näher § 21; vgl ferner BVerfGE 20, 323 (335); 50, 125 (133); 95, 96 (131).
22 L-Kühl-*Heger* § 61 Rn 2; *Jescheck/Weigend* § 9 I.
23 § 66 setzt allerdings die Verurteilung zu einer Freiheitsstrafe und damit eine schuldhafte Tat voraus.
24 BVerfGE 105, 135 (136).
25 Näher hierzu *Kindhäuser* LPK §§ 56 ff mwN.

der Tat oder der Persönlichkeit des Täters liegen, die Verhängung einer Freiheitsstrafe zur Einwirkung auf den Täter oder zur Verteidigung der Rechtsordnung unerlässlich machen (§ 47 Abs. 1).

20 c) **Geldstrafe:** Die Geldstrafe wird nach „Tagessätzen" berechnet (§ 40). Die Anzahl der Tagessätze richtet sich nach der Schuld und beläuft sich mindestens auf fünf, höchstens auf 360 volle Tagessätze. Die Höhe des einzelnen Tagessatzes hängt vom jeweiligen (möglichen oder tatsächlichen) Tageseinkommen des Täters ab, also im Regelfall von seinem durchschnittlichen Nettoeinkommen pro Tag. Jedoch muss sich der festzusetzende Tagessatz zwischen einem Euro und 30.000 Euro bewegen. Demnach beläuft sich die Geldstrafe mindestens auf fünf Euro, höchstens auf 10.800.000 Euro. Ist die Geldstrafe uneinbringlich, tritt Ersatzfreiheitsstrafe an ihre Stelle (§ 43). Bei Geldstrafen bis zu 180 Tagessätzen kann auch eine **Verwarnung mit Strafvorbehalt** ausgesprochen werden (§§ 59 ff). Dies ist ein Ersatz für die fehlende Möglichkeit einer Aussetzung der Geldstrafe zur Bewährung.

21 d) **Strafzumessung:** Bei der Strafzumessung setzt das Gericht die gegen den Straftäter zu verhängende Strafe nach Art und Höhe auf der Grundlage der Tatschuld und unter Berücksichtigung der zu erwartenden Wirkung der Strafe für das künftige Leben des Täters in der Gesellschaft fest.[26]

5. Maßregeln und weitere Maßnahmen

22 a) **Maßregeln:** Maßregeln der Besserung und Sicherung können allein oder neben einer Strafe verhängt werden.[27] Das StGB sieht folgende Maßregeln vor:[28]

- als freiheitsentziehende Maßregeln die Unterbringung in einem psychiatrischen Krankenhaus (§ 63), in einer Entziehungsanstalt (§ 64) oder in der Sicherungsverwahrung (§§ 66–66c);
- Führungsaufsicht (§§ 68–68g);
- Entziehung der Fahrerlaubnis (§§ 69–69b);
- Berufsverbot (§§ 70–70b).

23 b) **Maßnahmen:** Um die durch die Tat erlangten Vermögensvorteile abzuschöpfen bzw dem Täter die Tatwerkzeuge und Tatprodukte zu entziehen,[29] sieht das StGB neben den Maßregeln der Besserung und Sicherung noch weitere schuldindifferente Maßnahmen[30] vor, nämlich

- Verfall (§§ 73 ff);
- Einziehung (§§ 74 ff);
- Unbrauchbarmachung (§ 74d Abs. 1 S. 2).

---

26 Näher zu den einzelnen Kriterien *Kindhäuser* LPK § 46 Rn 1 ff; *Streng* Rn 479 ff mwN.
27 Näher hierzu *Streng* Rn 334 ff; zu den Voraussetzungen und zur Verhältnismäßigkeit vgl *Kindhäuser* LPK § 61 Rn 3 ff; § 62 Rn 1 ff.
28 Weitere Maßregeln enthalten §§ 41 f BJagdG (Entziehung des Jagdscheins und Verbot der Jagdausübung), § 20 TierSchG (Verbot der Tierhaltung).
29 *Kindhäuser* LPK Vor §§ 73–76a Rn 1 ff; *Streng* Rn 366 ff mwN.
30 Vgl die Definition in § 11 Abs. 1 Nr. 8.

§ 1 Der strafrechtlich relevante Konflikt

WIEDERHOLUNGS- UND VERTIEFUNGSFRAGEN

> Worin liegen die wesentlichen Unterschiede, worin die wesentlichen Gemeinsamkeiten von Zivil- und Verwaltungsrecht im Verhältnis zum Strafrecht? (Rn 5 ff)
> Welche Funktionen haben Urteil und Gutachten? (Rn 14 f)
> Welche Rechtsfolgen kennt das Strafrecht? (Rn 16 f) Strafen u. Maßregeln

§ 2 Zur Legitimation des Strafrechts

I. Die strafrechtlichen Normen

1. Begriff

1 In einem der freien Entfaltung des Einzelnen dienenden demokratischen Gemeinwesen hat das Recht die Aufgabe, soziale Integration durch eine gewaltlose Verständigung darüber zu leisten, wie die unterschiedlichen Interessen der Bürger miteinander in Einklang zu bringen sind.[1] Die Interessenkoordination erfolgt im Recht durch Normen. Normen sind (gesetzliche) Regeln, die sagen, welche Verhaltensweisen von Rechts wegen erlaubt (rechtmäßig) oder verboten (rechtswidrig) sind. Die Strafgesetze lassen sich in zweierlei Weise als Normen interpretieren, und zwar als Verhaltensnormen und als Sanktionsnormen:[2]

2. Verhaltens- und Sanktionsnormen

2 a) Verhaltensnormen: Dem Umstand, dass § 239 Abs. 1 das Einsperren eines Menschen unter Strafe stellt, lässt sich zunächst entnehmen, dass es verboten ist, einen anderen einzusperren. § 32 Abs. 1 besagt dagegen, dass eine durch Notwehr gebotene Handlung erlaubt ist. Weil in diesen Fällen das im jeweiligen Gesetzestatbestand umschriebene Verhalten verboten oder erlaubt wird, spricht man von sog. strafrechtlichen Verhaltensnormen. Solche Verbote und Erlaubnisse gelten entweder für jedermann – es handelt sich dann um allgemeine Normen – oder nur für bestimmte Personen, zB mit der Errichtung öffentlicher Urkunden befasste Amtsträger in § 348; im letztgenannten Fall handelt es sich um Sondernormen. Jede Straftat setzt einen Verstoß gegen eine Verhaltensnorm voraus.[3]

3 Den Verboten und Erlaubnissen entsprechen Gebote und Freistellungen. Während die strafrechtlichen Verbotsnormen die Verwirklichung des gesetzlich umschriebenen Geschehens untersagen, also ein Unterlassen vorschreiben, ordnen die Gebotsnormen die Verhinderung des gesetzlich umschriebenen Geschehens an, schreiben also ein aktives Tun vor. So gebietet zB § 323c, bei Unglücksfällen zumutbare Hilfe zu leisten. Während Erlaubnisse von Verboten befreien – man darf in Notwehr einen anderen verletzen –, befreien Freistellungen von Geboten. So kann man zB von einer gebotenen Rettung freigestellt sein, wenn man sich selbst in einer Notstandssituation nach § 34 befindet. Auch bei den strafrechtlichen Gebotsnormen gibt es solche, die sich an jedermann richten, und solche, die nur bestimmte Personen, sog. Garanten, verpflichten.[4]

4 b) Sanktionsnormen: Die Strafgesetze lassen sich ferner als Normen interpretieren, die sich an den sog. Rechtsstab – Staatsanwaltschaft und Gerichte – wenden und vorschreiben, dass jemand unter bestimmten Bedingungen in einer bestimmten Weise

---

1 Näher hierzu *Kindhäuser* ZStW 107 (1995), 701 (711 ff); Grundlegendes zu den einschlägigen Begriffen bei *Hollerbach*, Selbstbestimmung im Recht, 1996, 6 ff, 15 ff.
2 Näher zur strafrechtlichen Normentheorie *Kindhäuser*, Gefährdung als Straftat, 1989, 29 ff mwN; Überblick bei LK-*Walter* Vor § 13 Rn 17.
3 Demgemäß werden strafbare Verstöße gegen allgemeine Normen „Allgemeindelikte" und strafbare Verstöße gegen Sondernormen „Sonderdelikte" genannt, vgl § 8 Rn 15.
4 Strafbare Verstöße gegen Jedermann-Gebote werden „echte Unterlassungsdelikte" genannt, während Pflichtverletzungen von Garanten Sonderdelikte sind, die als „unechte Unterlassungsdelikte" bezeichnet werden; näher § 8 Rn 13 f.

strafrechtlich zu verfolgen und zu bestrafen ist. So ordnet § 239 Abs. 1 zB an, dass der Täter einer Freiheitsberaubung mit Freiheitsstrafe bis zu fünf Jahren oder mit Geldstrafe zu bestrafen ist. Da diese an den Rechtsstab adressierten Normen die Verhängung einer Sanktion zum Gegenstand haben, werden sie als **Sanktionsnormen** bezeichnet. Sanktionsnormen sind maW spezifische Verhaltensnormen (Sondernormen) für den Rechtsstab. Ein Verstoß gegen diese Verhaltensnormen ist im Übrigen seinerseits durch weitere Sanktionsnormen abgesichert, zB durch die Verbote der Strafvereitelung im Amt (§ 258a) und der Rechtsbeugung (§ 339).

c) **Legitimationsbedarf:** Da die Verhängung von Kriminalstrafe das schärfste staatliche Reaktionsmittel ist und am intensivsten in die (grundrechtlich geschützte) Freiheitssphäre des Bürgers eingreift, steht das Strafrecht unter einem besonders hohen Legitimationsdruck. Hierbei sind die Verhaltens- wie auch die Sanktionsnormen zu rechtfertigen. Es ist also einerseits zu begründen, welche Verhaltensnormen überhaupt in den Kreis der strafrechtlich sanktionierten Normen aufgenommen werden dürfen. Andererseits bedarf es des Nachweises, dass die Kriminalstrafe ein gerechtes und sachdienliches Sanktionsmittel zur Ahndung von Verstößen gegen Verhaltensnormen ist.

II. Zur Legitimation der Verhaltensnormen (Rechtsgüterschutz)

Die strafrechtlichen Verhaltensnormen dienen nach heute ganz hM dem Schutz von Rechtsgütern.[5] **Rechtsgüter** sind solche Eigenschaften von Personen, Sachen oder Institutionen, die – wie zB Leib, Leben, Freiheit, Eigentum, Rechtspflege – der freien Entfaltung des Einzelnen in einer rechts- und sozialstaatlich verfassten demokratischen Gesellschaft dienen.[6] Das Strafrecht schützt diese Güter durch Normen, indem es Verhaltensweisen, durch die sie gefährdet oder verletzt werden, untersagt oder Verhaltensweisen, die ihrer Sicherung oder Erhaltung dienen, vorschreibt.[7] Je nachdem, ob das geschützte Gut dem Einzelnen oder im Allgemeininteresse einer Institution – zB Verfassungsorganen (§ 105) oder dem Beweisverkehr (§ 267) – rechtlich zugeordnet ist, spricht man von **Individual- oder Kollektivrechtsgütern.**[8] Allerdings untersagt das Strafrecht nicht jede Beeinträchtigung von Rechtsgütern, sondern hebt bestimmte Verhaltensweisen hervor, die – unter Berücksichtigung der verfassungsrechtlichen Wertentscheidungen – vom Gesetzgeber als besonders sozialschädlich angesehen werden. Daher werden Schutzlücken durchaus in Kauf genommen; man spricht insoweit vom **fragmentarischen Charakter** des Strafrechts.[9] So ist etwa der bloße Entzug einer fremden Sache grds[10] nicht strafbar. Bei einzelnen Verhaltensnormen kann außerdem problematisch sein, ob sie überhaupt ein (legitimes) Rechtsgut schützen.[11]

---

5 *Bottke* Volk-FS 93 ff; *Gimbernat Ordeig* GA 2011, 284 ff; zu Aufgaben und Grenzen des Strafrechts zuletzt *Schünemann* Herzberg-FS 39 ff.
6 Im Einzelnen ist die Rechtsgutsbestimmung umstritten; häufig werden Rechtsgüter – ohne dass hierin ein sachlicher Unterschied liegt – auch als rechtlich positiv bewertete Interessen, Zustände o.Ä. definiert, vgl *Jescheck/Weigend* § 26 I; *Köhler* 24 f; *Roxin* I § 2/7; ausf. *Amelung*, Rechtsgüterschutz und Schutz der Gesellschaft, 1972, 38 ff; NK-*Hassemer/Neumann* Vor § 1 Rn 108 ff.
7 Zu Inhalt und Grenzen der Kriminalpolitik vgl NK-*Hassemer/Neumann* Vor § 1 Rn 49 ff.
8 W-*Beulke/Satzger* Rn 7; *Otto* § 1/32; eingehend *Hefendehl*, Kollektive Rechtsgüter im Strafrecht, 2002; Kollektivrechtsgüter werden teils auch (gleichbedeutend) als Universalrechtsgüter bezeichnet.
9 Vgl hierzu *Hefendehl* JA 2011, 401 ff; *Kühl* Tiedemann-FS 29 (35 ff); *Prittwitz* in: Koch (Hrsg.), Herausforderungen an das Recht, 1997, 145 ff; *Vogel* StV 1996, 110 ff.
10 Ausnahmen sind zB §§ 248b und 274 Abs. 1 Nr. 1.
11 Vgl etwa für das Verbot des Beischlafs zwischen Verwandten nach § 173 *Schubarth* Dencker-FS 273 ff; allgemein zu den verfassungsrechtlichen Grenzen bei der Bestimmung von Rechtsgütern NK-*Paeffgen* Vor § 32 Rn 11 ff mwN.

7   Rechtsgut ist die rechtlich positiv bewertete Eigenschaft als solche, also zB das Lebendig- und Gesundsein eines Menschen oder die Funktionsfähigkeit der Verwaltung. Der konkrete Mensch oder das konkrete Objekt, dessen positiv bewertete Eigenschaft negativ verändert wird, wird demgegenüber als **Tat- oder Handlungsobjekt** bezeichnet.[12] Exemplarisch: Tötet A den B durch einen Gewehrschuss, so ist B das Handlungsobjekt eines Totschlags iSv § 212. Dass A zugleich die Eigenschaft des B, lebendig zu sein, zerstört, ist die Verletzung des von der Norm des § 212 geschützten Rechtsguts. Denn das Tötungsverbot schützt das Rechtsgut Leben.

III. Zur Legitimation der Sanktionsnormen (Strafe)

8   Die für das Strafrecht grundlegende Frage, woher der Staat das Recht nimmt, seine Bürger – mit ggf existenzbedrohenden Auswirkungen – zu bestrafen, wird seit Jahrhunderten im Grundsatz wie im Detail unterschiedlich beantwortet.[13] Weitgehend außer Streit ist heute lediglich, dass der Staat berechtigt sein muss, zur Gewährleistung einer friedlichen Koexistenz seiner Bürger besonders sozialschädliche Verhaltensweisen mit Strafe zu bedrohen. Hierbei ist das Strafrecht als *ultima ratio* zu verstehen,[14] das subsidiär nur eingreifen darf, wenn keine milderen Mittel ausreichen. Umstritten ist dagegen vor allem, ob mit der Androhung und Verhängung von Strafe bestimmte Zwecke verfolgt werden dürfen oder nicht.

1. Absolute Theorien

9   Die sog. absoluten Straftheorien gehen davon aus, dass Strafe keinen anderen Zweck verfolgen darf als denjenigen, Antwort auf ein Fehlverhalten zu sein: *„punitur, quia peccatum est"*.[15] Die maßgebliche absolute Straftheorie[16] ist die in ihrer heutigen Fassung insbesondere durch *Kant* und *Hegel* geprägte Vergeltungstheorie.[17]

10 Nach *Kant* besteht die Aufgabe von Strafe in der Durchsetzung von Gerechtigkeit. Strafe darf immer nur gegen den Täter verhängt werden, weil er verbrochen hat; denn ansonsten – bei zweckhafter Strafe – werde der Mensch bloß als Mittel zu den Absichten eines anderen gehandhabt und unter die Gegenstände des Sachenrechts gemengt. Des Weiteren müsse Gerechtigkeit verwirklicht werden, weil die Verwirklichung von Gerechtigkeit ein kategorischer Imperativ sei. Gehe die Gerechtigkeit unter, so habe es keinen Wert mehr, dass Menschen auf Erden lebten.[18] Demgegenüber begreift *Hegel* die Straftat als Verletzung des Rechts iSe Negierung des Rechts: Die Rechtsverletzung erhebe einen Anspruch auf Geltung, dem die Strafe als „Verletzung der Verletzung" und somit als „Wiederherstellung des Rechts" begegne: Strafe sei Negation der Negation des Rechts.[19]

---

12 *Baumann/Weber/Mitsch* § 3/18; *Krey/Esser* Rn 10; LK-*Walter* Vor § 13 Rn 14.
13 Vgl nur NK-*Hassemer/Neumann* Vor § 1 Rn 263 ff; *Hörnle*, Straftheorien, 2011; *Jakobs* ZStW 107 (1995), 843 ff; *Kindhäuser* ZStW 107 (1995), 701 ff; *Köhler* 37–46; *Lesch* JA 1994, 510 ff, 590 ff; *Naucke* § 1 Rn 138; *Neumann/ Schroth*, Neuere Theorien von Kriminalität und Strafe, 1980; *Streng* Rn 5 ff.
14 Vgl nur die Beiträge in Lüderssen u.a. (Hrsg.), Modernes Strafrecht und ultima-ratio-Prinzip, 1990.
15 So die auf *Protagoras* und *Seneca* zurückgehende Formel.
16 Zur (bedeutungslosen) sog. Sühnetheorie vgl *Haft*, Der Schulddialog, 1978.
17 Vgl auch *Zaczyk*, Das Strafrecht in der Rechtslehre J. G. Fichtes, 1981; *ders*. Otto-FS, 191 ff.
18 Metaphysik der Sitten, Erster Teil, II. Teil, 1. Abschnitt, Allgemeine Anmerkung E; zu *Kants* Strafrechtslehre *Byrd/Hruschka* JZ 2007, 957; *Hruschka* Puppe-FS 17; *Küper* Jung-FS 485.
19 Grundlinien der Philosophie des Rechts, §§ 99 ff; vgl auch *Seelmann* Jakobs-FS 635 ff.

2. Relative Theorien

Die sog. relativen Straftheorien sehen die Strafe dagegen als gerechtfertigt an, wenn sie einen bestimmten (legitimen) Zweck erreicht: *„punitur, ne peccetur"*. Relative Straftheorien sind die Spezial- und die Generalprävention, wobei letztere wiederum in den beiden Varianten einer negativen und einer positiven Generalprävention vertreten wird.

a) **Spezialprävention:** Adressat der Spezialprävention ist der konkrete Täter, der durch die Bestrafung von künftigen Taten abzuhalten sei. Dies geschieht nach *Franz v. Liszt*, der mit seinem sog. Marburger Programm das moderne Verständnis der Spezialprävention entscheidend geprägt hat,[20] durch

- **Besserung** (Resozialisierung) des besserungsfähigen und besserungsbedürftigen Verbrechers (Erziehung, Kastration usw);
- **Abschreckung** des nicht besserungsbedürftigen Verbrechers (Abschreckung durch warnend gemeinte Strafen);
- **Unschädlichmachung** (zB Sicherungsverwahrung) des nicht besserungsfähigen Verbrechers.

b) **Negative Generalprävention:** Adressat der negativen Generalprävention ist die Allgemeinheit. Die Strafe soll verhindern, dass (noch) andere als der konkrete Täter Straftaten begehen. Sie soll also einen psychologischen Zwang auf potenzielle Täter ausüben und sie durch das angedrohte Strafübel in den Bahnen des Rechts halten.[21] Eine so verstandene Generalprävention ist negativ bezeichnet, weil sie die Strafe als Mittel der Abschreckung begreift:

- Durch die **Androhung der Strafe** sollen alle Normadressaten von der Begehung der betreffenden Straftat abgehalten werden;
- durch die **Vollstreckung des Strafurteils** wird der Ernst der Androhung verdeutlicht.

c) **Positive Generalprävention:** Auch nach der Lehre von der positiven Generalprävention wendet sich die Strafe an die Allgemeinheit, soll jedoch nicht abschrecken, sondern – positiv – Rechtstreue und Vertrauen in die Rechtsordnung bestärken.[22] Nach diesem Ansatz ist Zweck der Androhung und Verhängung von Strafe die Sicherung der Geltung elementarer Normen freiheitlicher sozialer Integration.[23] Es geht im Strafrecht nicht – wie im Polizeirecht – um Gefahrenabwehr, sondern um die Garantie der Erwartung in die wechselseitige Einhaltung der sanktionierten Verhaltensnormen. Jeder Bürger soll davon ausgehen können und dürfen, dass (möglichst) alle anderen die Norm zur Entscheidungsrichtlinie ihres Handelns machen. Das Strafrecht hat zu zeigen, dass diese wechselseitigen Erwartungen berechtigt und verlässlich sind, dass also derjenige, der sein eigenes Handeln an dieser Erwartung ausrichtet, nicht (dauerhaft) enttäuscht wird und umlernen muss.

---

20 ZStW 3 (1883), 1 ff; ihren gesetzlichen Niederschlag hat die Spezialprävention u.a. in §§ 46, 47 gefunden.
21 So insbesondere die sog. psychologische Zwangstheorie *Feuerbachs*, Lehrbuch des gemeinen in Deutschland gültigen peinlichen Rechts, 11. Aufl. 1832, §§ 13 ff; näher und grundlegend hierzu *Naucke*, Kant und die psychologische Zwangstheorie Feuerbachs, 1962.
22 Zur historischen Entwicklung von der Spezialprävention hin zur positiven Generalprävention in der zweiten Hälfte des 20. Jahrhunderts vgl *Terlinden*, Von der Spezial- zur positiven Generalprävention, 2009.
23 Daher wird die positive Generalprävention auch als „Integrationsprävention" verstanden; zu den im Detail differenzierten Varianten der positiven Generalprävention vgl nur NK-*Hassemer/Neumann* Vor § 1 Rn 288 ff; *Jakobs* 1/4 ff; *Kargl* Rechtstheorie 1999, 371 ff; *Kindhäuser* Schroeder-FS 81 ff; *Neumann* Jakobs-FS 435 ff, jew. mwN.

15 Wird die Erwartung nicht erfüllt, so wird mit der Verhängung von Strafe reagiert: Mit der Zufügung der Strafe wird ausgedrückt, dass dem Täter die Nichtbefolgung der Norm „verübelt" wird, weil er die in ihn gesetzten Erwartungen an Loyalität gegenüber dem Recht enttäuscht hat. Die Verhängung von Strafe verdeutlicht demnach, dass die Normverletzung durch den Täter unmaßgeblich ist und die Norm weiterhin als verbindliches Verhaltensmuster gilt. Je bedeutsamer die Norm für die rechtliche Ordnung der Gesellschaft nach deren Selbstverständnis ist, desto schwerer wiegt der (zu verantwortende) Normwiderspruch; kennzeichnend hierfür ist die Höhe der für das Delikt angedrohten Strafe. Zugleich wird dem Täter angetragen, das Strafübel als symbolische Reaktion der Enttäuschung über den durch sein Verhalten ausgedrückten Mangel an Rechtstreue anzunehmen: Betrachtete er seine Tat aus der Perspektive der anderen, müsste er von sich selbst enttäuscht sein und die Strafe als Vergeltung akzeptieren.

3. Vereinigungstheorie

16 Die in der Rechtsprechung und großen Teilen der Lehre vertretene Vereinigungstheorie kombiniert Elemente der absoluten und relativen Straftheorien. Die Strafe soll grds zweckhaft sein, jedoch durch das Schuldprinzip iSd Vergeltungstheorie begrenzt werden.[24] Vom Ansatz einer positiven Generalprävention her bedarf es jedoch einer solchen Begrenzung nicht, da eine der Verantwortlichkeit des Täters für den Normbruch nicht mehr angemessene Strafe keine soziale Integration leistet; eine überharte Strafe ist kein gerechter Ausgleich einer enttäuschten Erwartung.

17 Teils werden die Elemente der Vereinigungstheorie auch auf einzelne Aspekte der Strafe bezogen;[25] so soll
- die Strafandrohung abschreckend generalpräventiv,
- die Strafverhängung vergeltend (schuldangemessen) und
- die Strafvollstreckung spezialpräventiv ausgerichtet sein.

18 **WIEDERHOLUNGS- UND VERTIEFUNGSFRAGEN**

> Was ist unter Verhaltensnormen, was unter Sanktionsnormen zu verstehen und wer ist ihr jeweiliger Adressat? (Rn 1 ff)
> Welchem Zweck dienen die strafrechtlichen Verhaltensnormen? (Rn 6 f)
> Was ist unter absoluten, was unter relativen Straftheorien zu verstehen? (Rn 8 ff)

---

[24] Vgl BVerfGE 21, 391 (403 f); 54, 100 (108); *Jescheck/Weigend* § 8 V; zur Rechtsprechung des BVerfG, welches bislang die positive Formulierung einer eigenen Straftheorie abgelehnt hat, ausf. *Roxin* Volk-FS 602 ff.
[25] Vgl NK-*Hassemer/Neumann* Vor § 1 Rn 240; *Schroeder* Otto-FS 165 ff, jew. mwN.

Zweiter Abschnitt: Gesetzlichkeit und Geltung des Strafrechts

§ 3 Die Gesetzlichkeit des Strafrechts (Tatbestandsfunktionen)

I. Gesetzlichkeitsprinzip

§ 1 formuliert – in wörtlicher Übereinstimmung mit Art. 103 Abs. 2 GG[1] – das Gesetzlichkeitsprinzip des Strafrechts: Eine Tat kann nur bestraft werden, wenn die Strafbarkeit gesetzlich bestimmt war, bevor die Tat begangen wurde. Strafe und strafbares Verhalten setzen also die Existenz eines vorherigen Gesetzes voraus. Um dieser Bestimmtheitsanforderung zu genügen, muss ein Strafgesetz das strafrechtlich verbotene Verhalten umschreiben und zugleich die Verhängung einer Strafe als Rechtsfolge (Strafdrohung) anordnen.

Durch das Gesetzlichkeitsprinzip wird dem Bürger garantiert, dass sein Verhalten nur dann strafbar ist, wenn es die Merkmale eines vor der Tat gesetzlich normierten Deliktstatbestands verwirklicht. Diese **rechtsstaatliche Garantiefunktion** des Strafrechts,[2] die auch in der lateinischen Formel „*nulla poena, nullum crimen sine lege*" ihren Ausdruck findet, wird durch vier Regeln konkretisiert, nämlich durch das

- **Verbot des Gewohnheitsrechts** („nullum crimen sine lege *scripta*"),
- **Rückwirkungsverbot** („nullum crimen sine lege *praevia*"),
- **Bestimmtheitsgebot** („nullum crimen sine lege *certa*"),
- **Analogieverbot** („nullum crimen sine lege *stricta*").

II. Garantiefunktionen und Auslegung

1. Verbot des Gewohnheitsrechts

Das Verbot des Gewohnheitsrechts folgt aus dem Erfordernis der schriftlichen Fixierung von Strafgesetzen und besagt, dass Straftatbestände durch Gewohnheitsrecht weder gebildet noch zulasten des Täters abgewandelt werden dürfen.[3] Unter Gewohnheitsrecht in diesem Sinne versteht man das „Recht, das nicht durch förmliche Setzung, sondern durch längere tatsächliche Übung entstanden ist, die eine dauernde und ständige, gleichmäßige und allgemeine sein muss und von den beteiligten Rechtsgenossen als verbindliche Rechtsnorm anerkannt wird".[4]

2. Das Rückwirkungsverbot

Das Rückwirkungsverbot untersagt die zeitlich rückwirkende Begründung und Verschärfung von Strafe.[5] Dagegen sind nachträgliche Gesetzesänderungen, die sich zugunsten des Täters auswirken, mit Ausnahme sog. Zeitgesetze zu berücksichtigen.[6]

---

1 Vgl auch Art. 7 Abs. 1 EMRK; hierzu LK-*Dannecker* § 1 Rn 6 ff; zum Gesetzlichkeitsprinzip im Recht der Europäischen Union vgl außerdem *Schuhr* in: Kudlich u.a. (Hrsg.), Gesetzlichkeit und Strafrecht, 2012, 255 ff.
2 Vgl BVerfGE 45, 363 (370 f); 95, 96 (130 ff); 105, 135 (152 ff); näher *Dannecker* Otto-FS 25 ff; *Kuhlen* Otto-FS 89 ff.
3 BVerfGE 71, 108 (115); 73, 206 (235); 92, 1 (12); NK-*Hassemer/Kargl* § 1 Rn 64 ff; *Stratenwerth/Kuhlen* § 3/25 ff.
4 BVerfGE 22, 114 (121).
5 BVerfGE 95, 96 (131); BGH NJW 1993, 141 (147); NK-*Hassemer/Kargl* § 1 Rn 42; *Roxin* I § 5/51.
6 Näher § 4 Rn 3.

Das Rückwirkungsverbot gilt grds **nicht für prozessuale Regelungen**,[7] also zB nicht für eine rückwirkende Aufhebung des Strafantragserfordernisses[8] oder für Verjährungsvorschriften.[9] Ferner betrifft das Rückwirkungsverbot **nur die Strafsanktion**, nicht aber gem. § 2 VI Maßregeln der Besserung und Sicherung.[10] Schließlich erfasst das Rückwirkungsverbot auch nicht die Änderung einer (bislang) feststehenden Rechtsprechung.[11]

3. Das Bestimmtheitsgebot

5 Das Bestimmtheitsgebot fordert eine möglichst exakte und eindeutige Umschreibung des jeweils verbotenen Verhaltens, um den Bürger vor Willkür zu schützen.[12] Der Gesetzgeber muss die Deliktstatbestände so eindeutig wie möglich abfassen.[13] Da sich begriffliche Unschärfen nicht vermeiden lassen, ist das Bestimmtheitsgebot jedoch nur verletzt, wenn die Grenze des Vertretbaren überschritten ist.[14] Auch die Verwendung von Generalklauseln ist nicht grds untersagt.[15] Ein fragwürdiges Beispiel ist das Mordmerkmal der „niedrigen Beweggründe" in § 211 Abs. 2.[16]

4. Analogieverbot und Auslegung

6 Das (sich **an den Richter wendende**) Analogieverbot schließlich untersagt es, ein Strafgesetz über seinen durch Auslegung ermittelten Wortsinn hinaus **zulasten des Täters** anzuwenden.[17] Damit ist die verbotene Analogie von der stets erforderlichen Auslegung eines Deliktstatbestands abzugrenzen. Durch Auslegung wird der Anwendungsbereich eines Strafgesetzes festgelegt, indem dessen sprachliche Bedeutung ermittelt wird.[18] Demgegenüber dient die Analogie, die insbesondere im Zivilrecht eine wichtige Methode der Rechtsanwendung ist, der Ausdehnung der Reichweite eines Gesetzes auf nicht mehr von seinem Wortsinn erfasste Fälle, um damit Regelungslücken zu schließen.[19] Im Strafrecht ist die Anwendung dieser Methode stets dann **unzulässig, wenn sie sich zulasten des Täters auswirkt**.[20] Zugunsten des Täters ist eine Analogie dagegen möglich, sofern die Regelungslücke nicht eindeutig gesetzlich vorgesehen ist.

---

7 Näher – auch zu umstr. Details – NK-*Hassemer/Kargl* § 1 Rn 60 ff.
8 Krit. *Pieroth* Jura 1983, 122 (124); *Roxin* I § 5/59.
9 BVerfGE 25, 269 (284 f); 46, 188 (193).
10 Vgl auch BGHSt 5, 168 (173 f); 24, 103 ff.
11 BVerfG NStZ 1990, 537; *Jescheck/Weigend* § 15 IV 3; *Roxin* I § 5/61; SK-*Rudolphi* § 1 Rn 8; einschr. bzw krit. NK-*Hassemer/Kargl* § 1 Rn 51 ff; *Neumann* ZStW 103 (1991), 331 ff; diff. *Leite* GA 2014, 220 ff.
12 Nach *v. Liszt* (Strafrechtliche Aufsätze und Vorträge, Bd. 2, 1905, 80) ist das Strafgesetz die „magna charta des Verbrechers"; es stellt klar, was verboten und – damit gerade auch – was (strafrechtlich) erlaubt ist.
13 Vgl BVerfGE 26, 41 (42 f); 92, 1 (12); 127, 170 (194 ff) m. Bspr *Schulz* Roxin-FS II 305 ff; BGHSt 30, 285 (287); 42, 79 (83); *Roxin* I § 5/67 ff; ferner *Kühl* Seebode-FS 61 ff; *Otto* Seebode-FS 81 ff; *Paeffgen* StraFo 2007, 442 ff; zur Problematik der sog. Blankettmerkmale BVerfG NJW 2010, 754 (hinsichtlich eines Ordnungswidrigkeitentatbestands) sowie der Verweisungen auf EU-Recht *Böse* Krey-FS 7; S/S/W-*Satzger* § 1 Rn 57 f.
14 Exemplarisch: BVerfGE 105, 135 (152 f); BVerfG NStZ 1989, 229; BayVerfGH BayGVBl. 1952, 6 (8 f).
15 Eingehend hierzu NK-*Hassemer/Kargl* § 1 Rn 16 f; *Satzger* JuS 2004, 943 ff.
16 Näher hierzu *Kindhäuser* BT I § 2/15 ff.
17 BVerfGE 73, 206 (235 f); 92, 1 (12); BVerfG NStZ 2009, 83 ff m. Anm. *Foth* NStZ-RR 2009, 138 f und *Kudlich* JR 2009, 210 ff; NK-*Hassemer/Kargl* § 1 Rn 70; hierzu auch *Marinucci* Tiedemann-FS 189 ff.
18 W-*Beulke/Satzger* Rn 56; NK-*Hassemer/Kargl* § 1 Rn 72, 75 ff; *Roxin* I § 5/26 ff.
19 Vgl *Engisch* 286 ff.
20 BVerfGE 105, 135 (153 ff); BGHSt 18, 136 (139 f).

§ 3 Die Gesetzlichkeit des Strafrechts (Tatbestandsfunktionen)

Bei der Auslegung eines Gesetzes darf **nie** der von der Verfassung vorgegebene Rahmen verlassen werden (sog. **verfassungskonforme Auslegung**).[21] Ansonsten ist ein Gesetz nach der überkommenen Methodenlehre[22] unter vier Aspekten auszulegen:

- Durch die (grundlegende) **grammatikalische Auslegung** wird zunächst der juristische bzw umgangssprachliche **Wortsinn** ermittelt.[23] Exemplarisch: Elektrische Energie ist keine „Sache" iSd Diebstahlstatbestands (§ 242);[24]

- die **systematische Auslegung** dient der Herstellung des **Sinnzusammenhangs**, der sich aus der Stellung einer Vorschrift im **gesetzlichen Kontext** ergibt;[25] so ergibt sich zB aus der Stellung des § 266 im 22. Abschnitt, dass der dort genannte „Nachteil" ein Vermögensschaden sein muss;

- durch die **historische** (oder subjektive) **Auslegung** wird eine Vorschrift im Lichte der legislatorischen Motive und Regelungsziele betrachtet;[26] mit der Ersetzung des Ausdrucks „Fernmeldenetz" durch „Telekommunikationsnetz" wollte der Gesetzgeber zB den Anwendungsbereich von § 265a auch auf Telex- und Rundfunkkabelnetze erstrecken;[27]

- mit der (besonders wichtigen und in Zweifelsfragen zumeist entscheidenden) **teleologischen** (oder objektiven) **Auslegung** sollen **Sinn** und **Zweck** des Gesetzes – namentlich der Schutzzweck der Norm – bestimmt und die Bedeutung der einzelnen Tatbestandsmerkmale hieran ausgerichtet werden.[28]

WIEDERHOLUNGS- UND VERTIEFUNGSFRAGEN

> Was besagt das Gesetzlichkeitsprinzip? (Rn 1)
> Durch welche vier Prinzipien wird das Gesetzlichkeitsprinzip konkretisiert? (Rn 2)
> Welches sind die Grenzen strafrechtlicher Auslegung? (Rn 7)

---

21 Vgl BVerfGE 17, 155 (163 ff); 45, 187 (259 ff); BGHSt 19, 325 (330); 30, 105 (118); *Jescheck/Weigend* § 17 IV 1b; SK-*Rudolphi* § 1 Rn 33.
22 Insbesondere auf *v. Savigny* zurückgehend; vgl *Engisch* 138 ff; NK-*Hassemer/Kargl* § 1 Rn 104 ff mwN; näher zur Auslegung im Gutachten: *Kindhäuser/Schumann/Lubig* 49 ff.
23 BGHSt 22, 235 (236 f); 23, 267 (268); SK-*Rudolphi* § 1 Rn 29 f; eingehend *Kudlich* Puppe-FS 123 ff.
24 Daher wird nach den entsprechenden Entscheidung des RG (RGSt 29, 111 ff; 32, 165 ff) die Entziehung elektrischer Energie durch den hierfür geschaffenen § 248c unter Strafe gestellt.
25 Vgl BGHSt 5, 263 (266); 15, 28 (32 ff); 24, 222 (227); *Jescheck/Weigend* § 17 IV 1a.
26 Vgl BVerfGE 48, 246 (257 ff); BGHSt 11, 47 (49); 28, 224 (230); BGH NStZ 1996, 135; *Baumann/Weber/Mitsch* § 9/74 ff.
27 Vgl BT-Drucks. 7/3441, 30.
28 Vgl BVerfGE 11, 126 (130); 64, 389 (396); BGHSt 17, 21 (23); 24, 40 f.

§ 4 Der Geltungsbereich des StGB

I. Zeitliche Geltung, Tatzeit und Tatort

1. Grundregel und Modifikationen

1 Die **zeitliche Geltung** von Strafgesetzen richtet sich nach § 2.[1] Diese Vorschrift konkretisiert das in § 1 und Art. 103 Abs. 2 GG enthaltene Rückwirkungsverbot.[2] Die in § 2 Abs. 1 formulierte **Grundregel** besagt, dass sich die Strafbarkeit nach dem zur Zeit der Tat geltenden[3] Strafgesetz richtet, also nach den gesetzlichen Bestimmungen des AT und BT.

2 a) **Gesetzesänderungen:** Diese Grundregel wird in § 2 Abs. 2 und 3 für den Fall einer Gesetzesänderung modifiziert:

- Wird eine schon bestehende Strafandrohung **während der Begehungszeit** geändert, so ist nach § 2 Abs. 2 das bei der Beendigung der Tat geltende Gesetz anzuwenden.
- Wird das Gesetz, das bei Beendigung der Tat gilt, **vor der Entscheidung** geändert, so ist nach § 2 Abs. 3 das mildeste Gesetz anzuwenden, mag dieses auch nur vorübergehend gegolten haben.[4] Als mildestes Gesetz ist dasjenige anzusehen, das für den Täter hinsichtlich des konkreten Strafmaßes am günstigsten ist.[5] Bei gleichmilden Gesetzen ist dasjenige anzuwenden, das im Tatzeitpunkt gilt.[6] Bei Aufhebung des einschlägigen Gesetzes entfällt die Strafbarkeit ganz.[7]

3 b) **Zeitgesetze:** § 2 Abs. 4 trifft die Sonderregelung, dass Verstöße gegen Zeitgesetze auch nach deren Ablauf geahndet werden können. Ein Zeitgesetz ist ein Gesetz, das ausdrücklich oder erkennbar nur zeitbedingte (insbesondere wirtschaftliche) Verhältnisse regelt.[8] Beispielhaft sind Ergänzungen zu Preisstrafrechtsvorschriften[9] und Steuergesetze.[10]

2. Tatzeitpunkt

4 § 8 bestimmt als maßgeblichen **Tatzeitpunkt** den Zeitpunkt der Handlung bzw – beim Unterlassen – den Zeitpunkt, in dem der Täter hätte handeln müssen; der Erfolgseintritt ist irrelevant.[11] Dieser Zeitpunkt ist nicht nur für die Feststellung des zur Tatzeit geltenden Rechts, sondern auch für das Vorhandensein bestimmter Täterqualitäten (zB §§ 5 Nr. 9, 7 Abs. 2), für das Vorliegen von Rechtfertigungs- und Schuldausschließungsgründen oder für die Bestimmung von Fristen und Zeitabläufen (zB § 66 Abs. 4) maßgeblich.

---

1 Näher zu dieser Regelung *Dannecker*, Das intertemporale Strafrecht, 1993, 226 ff, 289 ff.
2 Hierzu § 3 Rn 2, 4.
3 Vgl Art. 82 GG.
4 Zur Änderung von Rechtsnormen, die Blankettstrafgesetze ausfüllen vgl SK-*Rudolphi* § 2 Rn 8a ff mwN; zur Bedeutung des europäischen Rechts für § 2 Abs. 3 vgl *Gleß* GA 2000, 224 ff.
5 BGHSt 20, 22 (29 f); BGH NJW 2005, 2566 (2567).
6 BGH JR 1953, 109 (110); *Fischer* § 2 Rn 8 ff, 10a.
7 BGH NStZ 1992, 535 (536).
8 BGHSt 6, 30 (36 f); *Jescheck/Weigend* § 15 IV 6; *Roxin* I § 5/66; SK-*Rudolphi* § 2 Rn 15; für eine engere Auslegung im Hinblick auf Art. 49 Abs. 1 S. 3 EU-GRCharta *Gaede* wistra 2011, 365 ff.
9 BGH NJW 1952, 72 f.
10 AG Köln NJW 1985, 1037 (1040); AG Düsseldorf NJW 1985, 1971; *Franzheim* NStZ 1982, 137 (138); diff. *Dannecker*, Das intertemporale Strafrecht, 1993, 443; *Tiedemann*, Die gesetzliche Milderung im Steuerstrafrecht, 1985, 35 ff; vgl auch BGHSt 34, 272 (283).
11 Näher zu den einzelnen Deliktsarten *Kindhäuser* LPK § 8 Rn 3 ff.

3. Tatort

a) Einheitstheorie: § 9 nennt die Kriterien, nach denen der Begehungsort einer Straftat festzustellen ist.[12] Dieser Tatort ist zum einen für die Frage von Bedeutung, ob das deutsche Strafrecht anwendbar ist. Zum anderen richtet sich nach ihm der Gerichtsstand gem. §§ 7 ff StPO zur Durchführung des Strafverfahrens. Begehungsort ist sowohl der Ort, an dem die Handlung begangen bzw. unterlassen wurde, als auch der Ort, an dem ein tatbestandsmäßiger Erfolg eingetreten ist oder nach dem Vorstellungsbild der Beteiligten hätte eintreten sollen. Handlung und Erfolg werden also zu einer Einheit verbunden (sog. Ubiquitäts- oder Einheitstheorie).[13]

b) Tätigkeits- und Erfolgsort: Tätigkeitsort iSv § 9 Abs. 1 Alt. 1 ist der Ort, an dem der Täter (allein oder als Mittäter) eine auf die Tatbestandsverwirklichung gerichtete und wenigstens bis ins Versuchsstadium gelangte Tätigkeit vorgenommen hat.[14] Bei Unterlassungsdelikten ist der Tatort nach § 9 Abs. 1 Alt. 2 der Ort, an dem der Täter zur Abwendung des tatbestandlichen Erfolgs hätte handeln können und sollen, sowie der Ort, zu dem sich der Unterlassende zur Abwendung des Erfolgs hätte begeben müssen.[15] Erfolgsort ist gem. § 9 Abs. 1 Alt. 3 der Ort, an dem der zum Tatbestand gehörende Erfolg eingetreten ist.[16] Beim Versuch ist der Tatort der Ort, an dem der – tatsächlich ausgebliebene – Erfolg nach der Vorstellung des Täters hätte eintreten sollen (§ 9 Abs. 1 Alt. 4).[17]

c) Teilnahme: Tatort der Teilnahme (§ 9 Abs. 2) ist zum einen der Tatort der Haupttat, zum anderen der Teilnahmeort, also der Ort, an dem der Teilnehmer gehandelt hat bzw an dem er im Falle pflichtwidrigen Unterlassens hätte handeln müssen.

d) Distanzdelikte: Bei internationalen Distanzdelikten, bei denen der Ort der Handlung und der Ort des Erfolgseintrittes in verschiedenen Staaten liegen, ist die Tat als Inlandstat zu behandeln, wenn auch nur ein Teilakt im Inland begangen wurde oder beabsichtigt war oder ein (Teil-)Erfolg im Inland eingetreten ist oder beabsichtigt war.[18]

e) Internet: Bei Delikten, die durch das Internet vermittelt werden,[19] ist der Erfolgsort der Ort, an dem sich das inkriminierte Verhalten auswirkt: Ein „Erfolg" iSv § 9 Abs. 1 Alt. 3 wird dann – aber auch nur dann – verwirklicht, wenn im Inland ein Zustand herbeigeführt wird, welcher vom Tatbestand und vom Schutzzweck des betreffenden Gesetzes erfasst wird.[20] Entsprechendes gilt für Presse- und Rundfunkdelikte.

---

12   Für Ordnungswidrigkeiten gilt § 7 OWiG.
13   Vgl BGHSt 44, 52 (55 f); S/S-*Eser* § 9 Rn 3; zu einer Ausnahme für bestimmte Staatsschutzdelikte vgl § 91.
14   BGHSt 34, 101 (106); BGH NJW 1975, 1610 (1611).
15   S/S-*Eser* § 9 Rn 5; LK-*Werle/Jeßberger* § 9 Rn 19; nach teilweise vertretener Meinung kommt zudem jeder auf dem Weg zum Ort der Erfolgsabwendung zu passierender Durchgangsort als Tatort in Betracht (SK-*Hoyer* § 9 Rn 4).
16   ZB ist bei einer Verleumdung, die durch Übersendung eines Telefaxschreibens verübt wird, Erfolgsort der Ort, an dem das Schreiben dem Adressaten zugeht, vgl OLG Jena NStZ 2005, 272; bzgl § 164 vgl LG Osnabrück NStZ-RR 2007, 136.
17   BGHSt 44, 52 (54 f).
18   Vgl BGH NStZ 1986, 415; StraFo 2009, 161 f; NK-*Böse* § 9 Rn 6.
19   Ergibt sich die Anwendbarkeit deutschen Strafrechts bereits aus den §§ 5, 6, so kommt es auf die Bestimmung des Tatortes nicht mehr an; vgl aber auch BGH NStZ 1986, 415.
20   Zu den umstrittenen Einzelheiten vgl *Kindhäuser* LPK § 9 Rn 22 ff; eingehend HKGS-*Hartmann* § 9 Rn 5 ff; S/S/W-*Satzger* § 9 Rn 14 ff.

II. Räumliche und personelle Geltung

1. Internationales Strafrecht

10 Der räumliche und personelle Geltungsbereich des deutschen Strafrechts wird in den §§ 3–7 geregelt.[21] Diese Regelung wird auch als Internationales Strafrecht bezeichnet.[22] Jedoch geht es hierbei im Unterschied zum Völkerrecht nur um nationales Recht.[23] Ferner handelt es sich nicht, wie beim Internationalen Privatrecht (Art. 3 ff EGBGB) um echtes, sondern nur um einseitiges Kollisionsrecht, also um den Umfang der innerstaatlichen Strafgewalt. Die mangelnde Anwendbarkeit des deutschen Strafrechts ist ein Prozesshindernis und erfordert die Einstellung des Verfahrens.[24] Nicht in den §§ 3 ff geregelt ist das sog. interlokale Strafrecht. Hiervon spricht man, wenn in Teilgebieten des Inlandes verschiedenes Strafrecht gilt, also namentlich bei unterschiedlichem Landesstrafrecht.[25] In diesem Fall ist das Recht des Tatorts anzuwenden, und zwar von jedem zuständigen inländischen Gericht, auch wenn es am Gerichtsort nicht gilt.[26]

11 Für die räumliche und personelle Geltung sind folgende **Definitionen** von Bedeutung:

- **Inland** ist das Gebiet, in dem das deutsche Strafrecht aufgrund hoheitlicher Staatsgewalt seine Ordnungsfunktion geltend macht.[27] Dieser sog. funktionelle Inlandsbegriff deckt sich mit dem staatsrechtlichen Begriff und umfasst die in der Präambel des GG genannten Länder.
- **Deutscher** ist, wer nach Art. 116 GG die deutsche Staatsangehörigkeit besitzt.[28]
- **Ausland** ist das Gebiet, das nicht Inland ist, eingeschlossen das offene Meer und Gebiete ohne Staatshoheit.[29]
- **Ausländer** ist, wer nicht Deutscher im Sinne von Art. 116 Abs. 1 GG ist, also auch ein Staatenloser (§ 2 Abs. 1 AufenthG).

2. Geltungsprinzipien

12 Maßgeblich für die Bestimmung des Geltungsbereichs ist zunächst das Territorialitätsprinzip, dem zufolge das deutsche Strafrecht anwendbar ist, wenn die Tat in Deutschland begangen wurde. Dieses Prinzip wird ergänzt durch das Schutzprinzip, das (passive und aktive) Personalitätsprinzip, das Universalitäts- oder Weltrechtsprinzip sowie das Prinzip der stellvertretenden Strafrechtspflege.[30]

---

21 Ausf. Darstellungen bei *Hombrecher* JA 2010, 637 ff, 731 ff; *Satzger* Jura 2010, 108 ff, 190 ff.
22 *Fischer* Vor § 3 Rn 1; L-Kühl-*Heger* Vor § 3 Rn 1; näher zum Begriff *Gardocki* ZStW 98 (1986), 703 ff; krit. *Frister* 5/9; LK-*Werle/Jeßberger* Vor § 3 Rn 1 f.
23 Vgl auch *Frister* 5/9; zu den Bestrebungen der Europäisierung des Strafrechts vgl *Beukelmann* NJW 2010, 2081; *Hecker* JA 2007, 561 ff; *Meyer* NStZ 2009, 657 ff; *Pastor Munoz* GA 2010, 84 ff; *Schünemann* Szwarc-FS 109 ff; *Sieber* ZStW 121 (2009), 1 ff; LK-*Weigend* Einl. Rn 84 ff; *Zimmermann* Jura 2009, 844.
24 BGHSt 34, 1 (3); OLG Saarbrücken NJW 1975, 506 (509).
25 Hierzu *Frister* 5/21 f; zu der durch den Beitritt der DDR vorübergehend bestehenden Problematik vgl L-Kühl-*Heger* § 3 Rn 3, 10.
26 BGHSt 11, 365 (366); *Frister* 5/21.
27 Vgl BGHSt 30, 1 (4); 32, 293 (297); zur Geltung des Strafrechts bei Straftaten „auf See" vgl *Wamser* StraFo 2010, 279.
28 Und damit auch der deutsche Volkszugehörige, vgl BVerfGE 36, 1 (30 f); BGHSt 11, 63 f.
29 NK-*Böse* Vor § 5 Rn 2.
30 Näher zu den einzelnen Prinzipien und verfahrensrechtlichen Regeln *Kindhäuser* LPK Vor §§ 3–7 Rn 2 ff; *Rath* JA 2007, 26 ff.

Die Geltungsprinzipien im Überblick: 13

Inlandstaten	Auslandstaten				
	Unabhängig von der Strafbarkeit am Tatort		Wenn die Tat am Tatort mit Strafe bedroht ist		
Territorialitätsprinzip (§§ 3 und 4).	Schutzprinzip Rechtsgüter gem. § 5 sind betroffen.	Weltrechtsprinzip International geschützte Rechtsgüter sind betroffen (§ 6).	Passives Personalitätsprinzip Tat richtet sich gegen einen Deutschen (§ 7 Abs. 1).	Aktives Personalitätsprinzip Täter war Deutscher oder wurde es nach der Tat (§ 7 Abs. 2 Nr. 1).	Prinzip der stellvertretenden Strafrechtspflege Täter war Ausländer, wurde im Inland betroffen und wird nicht ausgeliefert (§ 7 Abs. 2 Nr. 2).

Vor dem Beitritt der neuen Bundesländer zur Bundesrepublik Deutschland gem. Art. 23 GG aF galten gegenüber der **ehemaligen DDR** die Regeln der §§ 3 ff.[31] Der funktionelle Inlandsbegriff umfasste nur das Gebiet der Bundesrepublik Deutschland und Westberlin.[32] Demnach unterfielen DDR-Bürger (trotz deutscher Staatsangehörigkeit) nicht dem Schutz des StGB bei Taten, die in der DDR gegen sie begangen worden waren.[33] Heute findet auf Straftaten, die in der ehemaligen DDR begangen wurden (sog. „Alttaten"), grds das zur Tatzeit geltende DDR-Strafrecht Anwendung, falls nicht das Strafrecht der Bundesrepublik Deutschland milder ist (Art. 315 Abs. 1 EGStGB iVm § 2 StGB).[34] 14

Im Rahmen des für die EU geltenden SDÜ[35] haben sich die Vertragsparteien in Art. 54 untereinander zur Anwendung des Grundsatzes *ne bis in idem* (Art. 103 Abs. 3 GG) verpflichtet.[36] Ansonsten gilt für einen im Ausland verurteilten Deutschen der Grundsatz *ne bis in idem* nicht; bei der Verurteilung im Inland ist jedoch die (vollstreckte) ausländische Strafe anzurechnen (§ 51 Abs. 3). Allerdings wird der Verfolgungszwang von Auslandssachen durch § 153c StPO erheblich eingeschränkt. 15

III. Gutachten

Auf die Anwendbarkeit deutschen Strafrechts ist im universitären Gutachten nur einzugehen, wenn der Sachverhalt im Ausland spielt oder an der Tat ein Ausländer beteiligt ist. In diesem Fall ist vor der Prüfung des eigentlichen Straftatbestandes zu fragen, ob das deutsche Strafrecht Anwendung findet. Denn es handelt sich bei den §§ 3–7 um 16

---

31 Ob unmittelbar oder entsprechend, war umstritten, vgl BGHSt 40, 125 (130).
32 SK-*Hoyer* § 3 Rn 3; diff. BGHSt 30, 1 (4 f); 40, 125 (129).
33 BGHSt 40, 125 (129); wegen § 5 Nr. 6 waren die §§ 234a, 241a ausgenommen (S/S-*Eser* Vor § 3 Rn 85).
34 Vgl L-Kühl-*Kühl* § 2 Rn 11 ff.
35 Übereinkommen vom 19. Oktober 1990 zur Durchführung des Übereinkommens von Schengen vom 14. Juni 1985 zwischen den Regierungen der Benelux-Wirtschaftsunion, der Bundesrepublik Deutschland und der Französischen Republik betreffend den schrittweisen Abbau der Kontrollen an den gemeinsamen Grenzen.
36 Gem. Art. 55 SDÜ sind Vorbehalte möglich, von denen Deutschland Gebrauch gemacht hat, vgl BGBl. II 1994, S. 631.

§ 4 A. Das Strafgesetz

Geltungsvoraussetzungen des deutschen Strafrechts, so dass sich die Prüfung eines Deliktes erübrigt, wenn der betreffende Tatbestand nicht anwendbar ist.[37]

17 **Wiederholungs- und Vertiefungsfragen**

> Welche Regelung trifft § 2 für den Fall der Änderung eines Strafgesetzes? (Rn 1)
> Was besagt die sog. Einheitstheorie hinsichtlich der Bestimmung des Tatorts? (Rn 5)
> Nach welchen Prinzipien richtet sich die räumliche und personelle Geltung deutschen Strafrechts? (Rn 12 f)

---

37 Vgl SK-*Hoyer* § 3 Rn 2; aA *Joecks* Rn 2. Zur Fallbearbeitung bei Auslandsbezug vgl auch *Rath* JA 2006, 435 ff; *Walter* JuS 2006, 870.

B. Allgemeine Straftatlehre

§ 5 Die Straftat als Normwiderspruch

I. Wissenschaftliche Zwecksetzung

Die Frage, ob jemand eine Straftat begangen hat, wird in einer bestimmten Abfolge von Prüfungsschritten beantwortet. Es wäre zwar möglich, die Voraussetzungen der Strafbarkeit eines Verhaltens auch ungeordnet nacheinander zu erörtern, da alle Merkmale eines Delikts, sofern sie die Strafbarkeit begründen, von gleichem logischen Gewicht sind; es gibt keine wichtigeren und unwichtigeren Deliktsmerkmale. Die Strafrechtsdogmatik verfolgt aber das Ziel einer wissenschaftlichen Systematisierung der Voraussetzungen deliktischen Verhaltens und erarbeitet zu diesem Zweck die Lehre vom Deliktsaufbau, die allen konstitutiven Merkmalen einer Straftat einen logischen Ort zuweist. Dieser Deliktsaufbau liefert zugleich den Rahmen für den Aufbau eines strafrechtlichen Gutachtens.

Ein solches Programm für die Feststellung der Strafbarkeit eines Verhaltens in geordneten Prüfungsschritten beruht zunächst auf der Einsicht, dass einige Merkmale einer Straftat voraussetzen, dass bestimmte andere Merkmale erfüllt sind. So hat zB der Schuldvorwurf die Verwirklichung von Unrecht zum Gegenstand, so dass es logisch ist, die Frage der Rechtswidrigkeit eines Verhaltens vor der Frage seiner Schuldhaftigkeit zu beantworten.[1] Ferner ist es wissenschaftstheoretisch sachgemäß, Fragen des Sollens (etwa: „was darf jemand tun?") von Fragen des Seins (etwa: „was kann jemand tun?") abzugrenzen. Ein geordnetes Begriffssystem erleichtert es zudem, Parallelen, Zusammenhänge, Abweichungen und Besonderheiten bei der Anwendung der einzelnen Strafbarkeitsvoraussetzungen zu erkennen und zu berücksichtigen. Nicht zuletzt macht das Einhalten einer logischen Abfolge von Prüfungsschritten auch die Rechtsanwendung sicher und überprüfbar.[2]

II. Der Normwiderspruch

▶ **FALL 1:** A schießt mit einem Gewehr auf B und trifft ihn tödlich. ◀

1. Begriff und Deliktsaufbau

Da die Strafe den Zweck hat, die Befolgung der strafrechtlichen Verhaltensnormen zu sichern,[3] ist eine Straftat, also eine Tat, die zweckentsprechend mit Strafe zu ahnden ist, ein Verhalten, durch das der Täter zum Ausdruck bringt, dass eine Verhaltensnorm für ihn nicht gilt. Die Strafe wiederum ist als tadelnde Antwort auf diesen Normwiderspruch zu verstehen.[4] Sie macht deutlich, dass die Norm gleichwohl gilt und dass es richtig ist, auf ihre Befolgung weiterhin zu vertrauen. Das Strafübel ist hierbei ein Sym-

---

1 *Baumann/Weber/Mitsch* § 12/2.
2 Vgl auch NK-*Puppe* Vor § 13 Rn 1 f; *Salditt* GA 2003, 85 (92).
3 Vgl § 2 Rn 14 f zur positiven Generalprävention.
4 Vgl auch *Freund* § 1/10; *Jakobs* ZStW 107 (1995), 843 (844).

bol dafür, dass der Täter die Kosten des Konflikts zu tragen hat und sein Normwiderspruch unmaßgeblich ist.[5]

4 Im Deliktsaufbau müssen demnach die Voraussetzungen geprüft werden, unter denen ein Verhalten als vom Täter zu verantwortender Normwiderspruch anzusehen ist. Dies ist nach dem Schuldprinzip[6] dann der Fall, wenn dem Täter vorgeworfen werden kann, dass er in der Lage gewesen wäre, die betreffende Norm zu befolgen, sofern er nur in hinreichendem Maße rechtstreu – also zur Befolgung der Norm willens – gewesen wäre.

5 In **Fall 1** ist die relevante Norm das Tötungsverbot. Sie untersagt die Verwirklichung des Tatbestands von § 212, also das Setzen einer Ursache für den Tod eines Menschen. Das zum Tode des B führende Geschehen ist dem A als Normwiderspruch zurechenbar, wenn er es um der Befolgung des Tötungsverbotes willen hätte vermeiden können und müssen. Voraussetzung hierfür ist zunächst, dass A zur Befolgung des Verbots handlungsfähig war, also körperlich und intellektuell das Setzen der Todesursache hätte vermeiden können. Er musste etwa erkennen, dass das Gewehr geladen und auf B gerichtet war. Ferner musste er in der Lage sein, die Bewegung seines Fingers am Abzug zu kontrollieren, und durfte daher zB keinen plötzlichen Krampf erlitten haben.[7]

6 Steht fest, dass A handlungsfähig war, stellt sich sodann die Frage, ob A die fragliche Handlung nicht ausnahmsweise vollziehen durfte. Das Tötungsverbot könnte in der konkreten Situation durch eine bestimmte Erlaubnis aufgehoben sein. A könnte sich zB in einer Notwehrsituation nach § 32 befunden haben. In diesem Fall bestünde rechtlich kein Grund, das Setzen der Todesursache zu unterlassen, so dass dem A auch nicht vorgeworfen werden kann, er habe eine für ihn verbindliche Norm nicht befolgt.

7 Greift in der konkreten Situation keine Erlaubnisnorm ein, so stellt sich die weitere Frage, warum A das Tötungsverbot nicht befolgt hat. Er könnte etwa verkannt haben, dass sein Verhalten rechtlich verboten war. Er kann zB irrig angenommen haben, dass er den B, der ihn bereits öfters geschlagen und gedemütigt hat, auch außerhalb einer Notwehrsituation erschießen dürfe. Möglich ist auch, dass A aufgrund einer Geisteskrankheit nicht in der Lage ist, sich normgemäß zu steuern. Solche und ähnliche Gründe, bei denen gefragt wird, ob der Täter überhaupt motivationsfähig war oder ob er sich in einer konkreten Situation befand – zB in einer Notstandslage nach § 35 –, in der von ihm eine normgemäße Motivation ausnahmsweise nicht erwartet wird, stehen ebenfalls dem Vorwurf mangelnder Rechtstreue entgegen.

2. Handlungs- und Antriebssteuerung

8 An **Fall 1** wird deutlich, dass die strafrechtliche Verantwortlichkeit für ein dem Strafgesetz zuwiderlaufendes Verhalten durch die Bezugnahme auf zwei Fähigkeiten begründet wird: die **Handlungs-** und die **Motivationsfähigkeit**. Zunächst wird dem Täter die Verwirklichung eines Deliktstatbestands als rechtswidrige (normwidrige) Handlung zugerechnet, weil er physisch und intellektuell in der Lage war, sie gezielt zu ver-

---

5 Neben ihrer symbolischen gesellschaftlichen Bedeutung ist die Strafe freilich auch ein dem Verurteilten zugefügtes Übel, dessen grundrechtseinschränkende Wirkung verfassungsrechtlichen Maßstäben genügen muss.
6 Näher hierzu § 21 Rn 1 ff.
7 Soweit A aufgrund mangelnder Sorgfalt die Sachlage verkannt hat, zB das Gewehr für ungeladen hielt, kommt eine fahrlässige Tötung nach § 222 in Betracht. Auf die Besonderheiten dieser Zurechnungsform sei hier der Einfachheit halber noch nicht eingegangen, näher § 33.

meiden, wenn er dies nur gewollt hätte (= Handlungsfähigkeit). Sodann wird dem Täter vorgeworfen, dass er den Willen, die Tatbestandsverwirklichung zu vermeiden, hätte bilden müssen, weil dies rechtlich gesollt war, und auch hätte bilden können, weil keine entgegenstehenden Gründe erkennbar sind (= Motivationsfähigkeit). Insoweit differenziert also das Straftatmodell zwischen der Handlungssteuerung einerseits und der Antriebssteuerung andererseits.

In der heutigen Strafrechtsdogmatik hat sich die Auffassung durchgesetzt, dass sich die Bewertung eines dem Strafgesetz zuwiderlaufenden Verhaltens als Unrecht auf den Teil des Geschehens bezieht, der die Zurechenbarkeit der (nicht gerechtfertigten) Verwirklichung eines Deliktstatbestands als Handlung zum Gegenstand hat.[8] Strafrechtlich relevantes Unrecht ist also die für einen Täter physisch und intellektuell vermeidbare rechtswidrige Tatbestandsverwirklichung.[9] Dagegen wird der gesamte Bereich des Geschehens, der die Fähigkeit zum Erkennen des Gesollten und der normgemäßen Antriebssteuerung betrifft, der Schuld zugeordnet. Dies wirkt sich namentlich dann entscheidend aus, wenn eine strafrechtliche Rechtsfolge nur an das Vorhandensein einer rechtswidrigen – und nicht auch einer schuldhaften – Tat anknüpft. So können etwa Personen unter 14 Jahren zwar rechtswidrig, aber nicht schuldhaft (und damit strafbar) handeln (§ 19).

III. Handlungstheorien

1. Finale Lehre

Entscheidenden Einfluss auf die heutige Auffassung, dass strafrechtlich relevantes Unrecht nur ein gezielt vermeidbares Geschehen sein kann, hatte die sog. finale Handlungslehre. Sie begreift die Handlung als ein vom steuernden Willen beherrschtes, zielgerichtetes menschliches Verhalten.[10] An dieser Auffassung ist zutreffend, dass ein Verhalten überhaupt nur dann als Handeln verstanden werden kann, wenn man es im Lichte einer Absicht (Intention) interpretiert. Mit der Intention wird der Grund für bestimmte Bewegungen oder auch eine bestimmte Passivität genannt. Exemplarisch: A bückt sich, *weil* er einen Geldschein aufheben *will*. Oder: B verharrt regungslos, *weil* er dem Gezwitscher eines Vogels lauschen *will*. Ohne die Angabe der Intention wären das Bücken oder regungslose Verharren unverständliche Bewegungen und damit eben keine Handlungen.

Die finale Lehre wollte auch die Verwirklichung eines Deliktstatbestands als finales Verhalten deuten. Dies musste jedoch scheitern, weil bei den meisten Straftaten und vor allem bei den fahrlässigen Begehungsweisen gerade kein auf die Tatbestandsverwirklichung gerichtetes Verhalten vorliegt. Wenn X etwa zur Erlangung einer Versicherungsleistung ein Haus anzündet und hierbei, womit er rechnete, den Tod des Bewohners Y verursacht, so ist dessen Tötung keine finale Handlung des X. Denn die Verursachung des Todes von Y war nicht der das Verhalten des X erklärende Grund,

---

8 Umstritten ist lediglich, ob das zuzurechnende Geschehen seinerseits noch einmal in die Stufen der Tatbestandsmäßigkeit und Rechtswidrigkeit zu unterteilen ist oder einen Gesamtunrechtstatbestand bildet, näher hierzu § 6 Rn 8 ff.
9 Wobei man hier wiederum zwischen der objektiven und der subjektiven Seite des Unrechts, dem Erfolgs- und dem Handlungsunrecht, unterscheidet, näher § 6 Rn 6.
10 Maßgeblich geprägt wurde diese Lehre von *Welzel*, vgl nur Lehrbuch des Deutschen Strafrechts, 1. Aufl. 1940, § 8; *ders.* JuS 1966, 421 f.

also der das kausale Geschehen lenkende Wille. Vielmehr zündete X das Haus nur wegen der Versicherungsleistung an; allein dies war seine Intention.[11]

2. Soziale und personale Lehre

12 Um auch nicht intendierte kausale (tatbestandsverwirklichende) Folgen von Verhaltensweisen zu integrieren, definiert die sog. soziale Handlungslehre die strafrechtlich relevante Handlung als ein vom Willen beherrschtes oder beherrschbares sozialerhebliches Verhalten.[12] Ähnlich deutet die personale Handlungslehre das Handeln als Persönlichkeitsäußerung.[13] Solche Interpretationen formulieren mehr oder weniger Selbstverständliches und sind daher nicht „falsch".[14] Sie bringen nur den entscheidenden Punkt nicht richtig zum Ausdruck: Der strafrechtliche Handlungsbegriff bezieht sich auf die Befolgung der strafrechtlichen Verhaltensnormen. Demnach kann nur ein solches Verhalten in strafrechtlich relevanter Weise sozial erheblich oder Äußerung von Personalität sein, das als Widerspruch zu einer strafrechtlichen Verhaltensnorm gedeutet werden kann.

3. Intentionale Normbefolgungsfähigkeit

13 Da die strafrechtlichen Normen die Vermeidung der Verwirklichung eines Deliktstatbestands verlangen, ist genau das Verhalten strafrechtlich relevant, das der Täter vornehmen oder unterlassen müsste, um eine Tatbestandsverwirklichung zu vermeiden.[15] Strafrechtlich relevantes Handeln ist maW **auf die Tatbestandsverwirklichung bezogenes vermeidbares Verhalten.**[16] Hierbei ist die Vermeidbarkeit auf die beiden Momente der Handlungsfähigkeit bezogen: Der Handelnde muss physisch und intellektuell in der Lage sein, die Tatbestandsverwirklichung durch sein Verhalten gezielt (intentional) zu vermeiden.[17] Dieser Handlungsbegriff umfasst gleichermaßen aktives Tun und Unterlassen: Der Täter handelt, wenn er die Tatbestandsverwirklichung durch das Ergreifen einer Verhaltensalternative vermeiden kann. Etwa: A hat B aktiv durch einen Gewehrschuss getötet, wenn er es unterlassen konnte, den Abzug des Gewehres zu betätigen, um so den Tod des B zu verhindern. Oder: C hat den D durch Unterlassen getötet, wenn er ihn zur Verhinderung seines Todes aus dem Wasser ziehen konnte.

14 Entgegen der finalen Lehre ist das Ziel, das der Täter mit seinem Verhalten tatsächlich erreichen will, für die strafrechtliche Zurechnung grds ohne Bedeutung: Dieses Ziel ist, was immer es ist, jedenfalls nicht das normgemäße, nämlich die Vermeidung der Tatbestandsverwirklichung. Entscheidend ist vielmehr, dass der Täter das Verhalten, durch das er sein konkretes Ziel verfolgt, vermeiden könnte und müsste, damit der Tatbestand nicht verwirklicht wird. Wenn X ein Haus in Brand setzt, um eine Versicherungsleistung zu erhalten, und hierbei damit rechnet, dass der Bewohner Y zu Tode kommt, dann hat er auch hinsichtlich der Verursachung des Todes von Y in strafrechtlich relevanter Weise gehandelt: Denn X war physisch und intellektuell in der Lage,

---

11 Näher zu den wissenschaftstheoretischen Grundlagen der intentionalen Deutung von Handlungen *Hruschka*, Strukturen der Zurechnung, 1976; *Kindhäuser*, Intentionale Handlung, 1980, 91 ff und passim.
12 Vgl nur W-*Beulke/Satzger* Rn 93; *Hauf* 15, 17; *Maihofer*, Der Handlungsbegriff im Verbrechenssystem, 1953, 4 ff; M-*Zipf* § 16/50 ff.
13 *Roxin* I § 8 Rn 44 ff.
14 Vgl auch *Otto* § 5/36; ausf. zu weiteren Handlungslehren NK-*Puppe* Vor § 13 Rn 41 ff.
15 Eingehend zum strafrechtlichen Handlungsbegriff *Kindhäuser* Puppe-FS 39 ff.
16 Näher hierzu *Jakobs* Welzel-FS 307 ff; *Kindhäuser*, Gefährdung als Straftat, 1989, 41 ff.
17 Vgl oben Rn 5.

den Tod des Y – durch Unterlassen der Inbrandsetzung des Hauses – intentional zu vermeiden.

4. Kausale Lehre

Weitgehend überholt ist die sog. kausale Handlungslehre. Sie definierte die strafrechtlich relevante Handlung als eine durch ein willensgetragenes Verhalten bewirkte Veränderung der Außenwelt.[18] Unrecht ist hiernach (nahezu uferlos) jedes überhaupt auf ein willentliches Verhalten zurückführbares Kausalgeschehen, während alle (intellektuell und motivational) steuernden Fähigkeiten des Täters Kriterien seiner Schuld sind.

Ein Geschehen als Unrecht zu bewerten, setzt nach diesem Modell nicht die Fähigkeit des Verursachers voraus, es um der Normbefolgung willen vermeiden zu können. Exemplarisch: A nimmt ein Getränk zu sich (= willensgetragenes Verhalten), in das ihm unbemerkt eine Halluzinationen auslösende Substanz gemischt wurde. Schlägt er nun wild um sich, so verwirklicht er nach der kausalen Lehre hinsichtlich aller von ihm in diesem Zustand begangenen Tatbestandsverwirklichungen – zB mehrerer Sachbeschädigungen und Körperverletzungen – Unrecht; nur wäre er mangels Schuld nicht zu bestrafen. Oder: B sitzt auf einer Bank an einem Fluss und liest ein Buch, während C ertrinkt. Da das Lesen ein willensgetragenes Verhalten ist und B körperlich in der Lage gewesen wäre, C aus dem Fluss zu ziehen, wäre das Unterlassen auch dann als Unrecht anzusehen, wenn B taub wäre und deshalb die Hilfeschreie des C nicht hören konnte. Denn was B tatsächlich weiß oder wissen kann (= Handlungssteuerung), ist nach der kausalen Lehre eine Frage der Schuld, die für das Unrecht keine Rolle spielt. Fälle dieser Art kann man als Unglück, aber schwerlich als strafrechtlich relevantes Unrecht ansehen, so dass es sachgerechter erscheint, die Handlungssteuerung iSd heute hM dem Unrecht zuzuordnen.

IV. Gutachten

Der – insbesondere in der Mitte des vergangenen Jahrhunderts – heftig geführte Streit um den strafrechtlichen Handlungsbegriff hatte die Einordnung der Handlungssteuerung in den Deliktsaufbau, namentlich den Ort des Vorsatzes, zum Gegenstand. Dieser Streit hat mit der Regelung der Irrtümer in §§ 16 f, der sich indirekt die Stellung des Vorsatzes als subjektives Unrechtselement entnehmen lässt, ein Ende gefunden. Auf diesen Streit ist bei der Fallprüfung daher nicht mehr einzugehen.

Überhaupt kann nur dringend davon abgeraten werden, die Frage, ob der Täter gehandelt hat, im Gutachten gesondert am Anfang der Deliktsprüfung zu erörtern. Diese Frage bezieht sich vielmehr immer auf ein bestimmtes Geschehen und lässt sich daher nicht unabhängig vom konkreten Kontext beantworten. Exemplarisch: Wer umgestoßen wird, handelt zwar nicht hinsichtlich seines Fallens, kann aber vielleicht noch seinen Arm zur Seite ziehen und so das Umwerfen einer Vase vermeiden.

Die Handlung ist keine selbstständige Stufe im Deliktsaufbau, sondern Teil des tatbestandsmäßigen Geschehens.[19] Die Elemente der Handlung sind im Rahmen der objektiven bzw subjektiven Seite der Tatbestandsverwirklichung mitzuprüfen. Zum subjektiven Tatbestand gehört, jedenfalls beim Vorsatzdelikt, das zur Vermeidbarkeit der Tatbestandsverwirklichung erforderliche Wissen. Die physische Vermeidbarkeit ist ein

---

18 Vgl nur *v. Liszt* § 28; *Radbruch*, Der Handlungsbegriff in seiner Bedeutung für das Strafrechtssystem, 1904.
19 Vgl auch *Otto* § 5/40 f mwN.

Element des objektiven Tatbestands, jedoch wird regelmäßig nur beim Unterlassungsdelikt geprüft, ob der Täter körperlich in der Lage war, eine rettende Handlung vorzunehmen. Beim Begehungsdelikt versteht es sich zumeist von selbst, dass der Täter sein tatbestandsverwirklichendes Verhalten auch physisch vermeiden konnte, also etwa in der Lage war, den tödlichen Messerstich zu unterlassen.

20 Nur wenn ersichtlich kein willensgesteuertes Verhalten vorliegt, ist regelmäßig auch die physische Vermeidbarkeit der Tatbestandsverwirklichung zu verneinen,[20] so bei

- Reflexbewegungen, die auf körperlich-physiologische Reize zurückgehen,
- krampfbedingtem Verhalten,
- Bewegungen im Schlaf,
- Bewegungen, die durch absolute Gewalt erzwungen sind.

21 Physisch vermeidbar und damit Handlungen sind dagegen regelmäßig[21]

- Verhaltensweisen im Zustand bloßer Bewusstseinsstörung (zB Trunkenheit),
- Affekttaten[22] (bei Bewusstsein des Agierens),
- automatisierte Verhaltensweisen (zB beim Steuern eines Pkw).[23]

22 WIEDERHOLUNGS- UND VERTIEFUNGSFRAGEN

> Welchen wissenschaftlichen Zweck verfolgt die Lehre vom Deliktsaufbau? (Rn 1 f)
> Auf welche Fähigkeiten bezieht sich die Zurechnung eines Verhaltens als Normwiderspruch? (Rn 8 f)
> Welche Verhaltensweisen sind nicht als strafrechtlich relevante Handlungen anzusehen? (Rn 20)

---

20 Vgl auch OLG Frankfurt/M VRS 28, 364 (365 f); OLG Hamm NJW 1975, 657 f; W-*Beulke/Satzger* Rn 95; *Krey/Esser* Rn 295 ff; *Kühl* § 2/2, 5 ff; LK-*Walter* Vor § 13 Rn 38; M-*Zipf* § 16/16.
21 Vgl auch OLG Frankfurt/M VRS 28, 364 (365 f); OLG Hamm NJW 1975, 657 f; *Jakobs* 6/41; *Krey/Esser* Rn 299; *Roxin* I § 8/69.
22 Zum Begriff des „Affekts" *Sander* Eisenberg-FS 359 ff.
23 Näher *Merkel* ZStW 119 (2007), 214 ff; LK-*Walter* Vor § 13 Rn 37.

§ 6 Der Deliktsaufbau

I. Die rechtswidrige und schuldhafte Tat

1. Unrecht und Schuld

Unrecht und Schuld sind die beiden fundamentalen Elemente der Straftat:

- **Unrecht** ist der Inbegriff aller Voraussetzungen, die das Urteil begründen, der Täter habe sich in strafrechtlich erheblicher Weise rechtswidrig (= „widerrechtlich", „verboten", „pflichtwidrig" oder „normwidrig") verhalten.[1]
- **Schuld** ist der Inbegriff aller Voraussetzungen, die das Urteil begründen, der Täter habe für das von ihm begangene Unrecht in strafbarer Weise einzustehen, so dass ihm das Unrecht mit der Folge seiner Strafbarkeit zum Vorwurf gemacht werden kann.

Hierbei ist das Unrecht der Gegenstand des Schuldvorwurfs. Die Unterscheidung von Unrecht und Schuld beruht nicht nur auf theoretischen Überlegungen,[2] sondern hat auch erhebliche praktische Auswirkungen.[3] Für mehrere Rechtsfolgen setzt das Strafrecht nur Unrecht, aber keine Schuld voraus;[4] in diesem Fall spricht das Gesetz häufig von einer **rechtswidrigen Tat**.[5] Spricht das Gesetz dagegen von einer **Straftat**, so muss diese stets schuldhaft ausgeführt worden sein.[6]

Alle Elemente einer Straftat müssen wenigstens einmal zu einem bestimmten Zeitpunkt zugleich verwirklicht sein (sog. Koinzidenzprinzip).[7] Exemplarisch: Es ist kein strafbarer Totschlag nach § 212, wenn A den B zwar vorsätzlich, aber in einem die Schuldfähigkeit beseitigenden Blutrausch tötet, mag er auch rückblickend und wieder bei Sinnen seine Tat für „richtig" halten.

2. Feststellung des Unrechts

a) **Prüfung:** Das Unrecht – dh die Rechtswidrigkeit einer Tatbestandsverwirklichung durch Handlung – wird in zwei Hauptschritten festgestellt:

- **Tatbestandsmäßigkeit**: Zunächst ist zu prüfen, ob die Voraussetzungen eines bestimmten Deliktstatbestands erfüllt sind. Der Deliktstatbestand enthält diejenigen Merkmale, die das Unrecht einer Tat **positiv begründen**.[8]
- **Rechtswidrigkeit**: Sodann ist zu prüfen, ob (ggf) die Voraussetzungen eines bestimmten Rechtfertigungstatbestands (zB Notwehr nach § 32) erfüllt sind. Rechtfertigungsgründe sind Erlaubnisnormen, die der Bewertung einer Tat als **Unrecht entgegenstehen**. Demnach ist ein tatbestandsmäßiges Verhalten nur rechtswidrig, wenn Rechtfertigungsgründe fehlen.

b) **Aufbau der Deliktstatbestände:** Die Deliktstatbestände wie auch die Rechtfertigungsgründe haben jeweils einen **objektiven** und einen **subjektiven Tatbestand**:

---

1 Eingehend zum Unrechtsbegriff *Loos* Maiwald-FS 469 ff.
2 Zur Differenzierung von Handlungs- und Antriebssteuerung vgl § 5 Rn 8 f.
3 Näher zur Logik des Deliktsaufbaus *Kindhäuser* in Koch (Hrsg.), Herausforderungen an das Recht: Alte Antworten auf neue Fragen?, 1997, 77 ff; *Puppe* Otto-FS 389 ff.
4 Vgl zB §§ 11 Abs. 1 Nr. 5, 63 ff, 73 ff, 74d.
5 So zB in §§ 26 f.
6 Vgl zB §§ 44 Abs. 1 S. 1, 66.
7 *Freund* § 4/34; *Krey/Esser* Rn 405 f; vgl auch die Aufspaltung bei *Hruschka* 4 ff in Simultaneität und Referenz.
8 *Kühl* § 3/1 f.

- Zum **objektiven Tatbestand** gehören jeweils die äußeren Tatumstände, die von den Deliktstatbeständen oder Rechtfertigungsgründen formuliert werden. Exemplarisch: das den Tod eines Menschen verursachende Täterverhalten beim Totschlag (§ 212 Abs. 1) oder die objektiv gebotene und erforderliche Abwehr eines rechtswidrigen Angriffs bei der Notwehr (§ 32).

- Zum **subjektiven Tatbestand** gehören jeweils die tatspezifischen intellektuellen und voluntativen Tatelemente, zB der Vorsatz beim Vorsatzdelikt, Habgier bei § 211 Abs. 2, die Kenntnis der Notwehrlage bei § 32.

6 c) **Handlungs- und Erfolgsunrecht:** Das Unrecht wird häufig auch in Handlungs- und Erfolgsunrecht unterteilt.[9] Zum Handlungsunrecht (auch: Handlungsunwert) werden das Verhalten des Täters und die Elemente des subjektiven Deliktstatbestands bei fehlender subjektiver Rechtfertigung gezählt.[10] Dagegen gehören der Erfolg – zB der Tod oder die Verletzung eines Menschen – sowie alle sonstigen Tatumstände zum Erfolgsunrecht (auch: Erfolgsunwert).[11] Die Differenzierung zwischen Handlungs- und Erfolgsunrecht hat vor allem methodische Gründe, um so etwa zwischen dem, was der Täter (nicht) tun soll, und den Folgen seines Handelns unterscheiden zu können. Für den Deliktsaufbau ist die Differenzierung ohne Belang und bedarf im Gutachten keiner Erwähnung.

3. Feststellung der Schuld

7 Die Schuld ist bei der Prüfung der Strafbarkeit eines Verhaltens **nicht positiv zu begründen**. Das Strafgesetz geht vielmehr davon aus, dass grds jeder Bürger in hinreichendem Maße motivationsfähig ist, um die strafrechtlichen Verhaltensnormen befolgen zu können.[12] Deshalb werden im StGB nur diejenigen Bedingungen genannt, unter denen die Verwirklichung von Unrecht nicht als schuldhaft anzusehen ist.

Zu den Voraussetzungen, unter denen ein rechtswidriges Verhalten nicht zur Schuld zugerechnet wird, gehört zunächst der **unvermeidbare Verbotsirrtum** (§ 17 S. 1). Ferner steht die Unfähigkeit, Unrecht einzusehen oder nach einer solchen Einsicht zu handeln, dem Schuldvorwurf entgegen (§ 20). Bei Kindern unter 14 Jahren wird die Schuldunfähigkeit unwiderleglich vermutet (§ 19). Neben solchen **Schuldausschließungsgründen** gibt es noch sog. **Entschuldigungsgründe**. Hierunter sind (psychische) Ausnahmesituationen zu verstehen, in denen – wie zB beim entschuldigenden Notstand (§ 35) – eine normgemäße Motivation vom Täter nicht erwartet und daher sein rechtswidriges Handeln nicht als Ausdruck mangelnder Rechtstreue angesehen wird. Auch bei den Entschuldigungsgründen wird zwischen einem objektiven und einem subjektiven Entschuldigungstatbestand unterschieden, zB zwischen den objektiven Voraussetzungen einer entschuldigenden Notstandslage nach § 35 und der Kenntnis des Täters hiervon.

---

9 Näher hierzu W-*Beulke/Satzger* Rn 15; *Gallas* Bockelmann-FS 155 ff; *Jescheck/Weigend* § 24 III; *Stratenwerth* Schaffstein-FS 177 ff.
10 *Roxin* I § 10/101; *Stratenwerth/Kuhlen* § 8/60.
11 *Freund* § 2/4; *Stratenwerth/Kuhlen* § 8/60; zum Erfolgsunwert eingehend auch *Jakobs* Samson-FS 43 ff.
12 Zur Legitimation dieser Annahme vgl *Kindhäuser* GA 1989, 493 (499 ff) mwN.

4. Zwei- oder dreistufiger Deliktsaufbau

a) Entwicklung der Strafrechtsdogmatik: Während die heutige Strafrechtsdogmatik (nahezu) einhellig von einer Trennung zwischen Unrecht und Schuld ausgeht,[13] besteht Streit darüber, ob es sich bei den zwei Schritten, mit denen das Unrecht festgestellt wird – nämlich Tatbestandsmäßigkeit (= Verwirklichung eines Deliktstatbestands) und Rechtswidrigkeit (= Nichtverwirklichung eines Rechtfertigungstatbestands) –, nur um eine logische Prüfungsreihenfolge auf derselben Deliktsebene oder um zwei sachlich verschiedene Wertungsstufen der Straftat handelt.[14]

Der sog. **zweistufige Deliktsaufbau** unterscheidet nur zwischen Unrecht und Schuld und deutet die Voraussetzungen des Deliktstatbestands als positive und die Voraussetzungen des Rechtfertigungstatbestands als negative Merkmale eines einheitlichen Unrechtstatbestands; die Voraussetzungen des Rechtfertigungstatbestands sind dann gewissermaßen negative Tatbestandsmerkmale (sog. **Lehre vom Gesamtunrechtstatbestand**).[15]

Dagegen unterscheidet der sog. **dreistufige Deliktsaufbau** zwischen Deliktstatbestandsmäßigkeit, Rechtswidrigkeit (= fehlende Rechtfertigung) und Schuld. Der dreistufige Aufbau geht auf die Lehre *Belings* vom Tatbestand zurück, die im Deliktstatbestand nur eine neutrale Verhaltensbeschreibung sah, deren strafrechtliche Bewertung erst auf der Ebene der Rechtswidrigkeit erfolgt.[16] Diese Auffassung ist jedoch insoweit überholt, als nach heutigem Verständnis der Deliktstatbestand als „Verbotsmaterie" zu begreifen ist und alle das Unrecht einer Tat (positiv) begründenden Merkmale enthält (Rn 5).

Die Befürworter eines dreistufigen Aufbaus halten es gleichwohl für erheblich, ob der Täter „nur" gerechtfertigt sei oder schon gar nicht strafrechtlich relevant handele.[17] Die Tötung einer Mücke sei nicht mit der Tötung eines Menschen in Notwehr zu vergleichen. Diesem Argument wird von den Vertretern eines zweigliedrigen Aufbaus entgegengehalten, dass sich Verbote und Erlaubnisse auf derselben normlogischen Ebene bewegten und daher ein gerechtfertigtes Verhalten für den strafrechtlichen Schuldvorwurf ebenso wenig Unrecht sei wie tatbestandsloses Verhalten. Das Strafrecht knüpfe an die Tötung eines Menschen in Notwehr ebenso wenig einen Schuldvorwurf wie an die Tötung einer Mücke. Daher liege zwischen Tatbestandsmäßigkeit und Rechtswidrigkeit kein strafrechtlich bedeutsamer Unterschied; vielmehr handele es sich nur um zwei Prüfungsschritte einer einheitlichen Wertungsstufe auf derselben Deliktsebene.[18] Im Übrigen werde die Rechtswidrigkeit einer Tat durch das Fehlen von Rechtfertigungsgründen festgestellt. Das Rechtswidrigkeitsurteil füge also dem bereits durch die Tatbestandsmäßigkeit eines Verhaltens begründeten Unrecht sachlich nichts hinzu.

---

[13] Zu einem schuldabhängigen Unrechtsbegriff vgl indessen *Pawlik* Otto-FS 133 ff; s. auch *Walter*, Kern des Strafrechts, 2006, 80, 83 ff: Unrecht und Schuld als „unlösbare Einheit"; dagegen *Greco* GA 2009, 636 ff.
[14] Grundlegende Aufarbeitung des Diskussionsstands bei NK-*Paeffgen* Vor § 32 Rn 16 ff; vgl ferner *Otto* § 5/23 ff; zur historischen Entwicklung *Ambos* JA 2007, 1 ff.
[15] Näher hierzu *Link*, Der zweistufige Deliktsaufbau, 2000, 309 ff; NK-*Puppe* Vor § 13 Rn 12 ff.
[16] Näher § 8 Rn 2.
[17] W-*Beulke/Satzger* Rn 126 ff mwN.
[18] Näher NK-*Puppe* Vor § 13 Rn 8 ff; ferner *Langer* Otto-FS 107 ff, der sich für die Anerkennung der „Strafwürdigkeit" als dritter Kategorie strafbaren Unrechts ausspricht.

10 **b) Zweistufiger Deliktsaufbau:** Unter Zugrundelegung des zweistufigen Deliktsaufbaus ist das Unrecht (= tatbestandsmäßige und rechtswidrige Handlung) beim Vorsatzdelikt[19] in folgenden Schritten zu prüfen:

(1) objektiver Deliktstatbestand;

(2) objektiver Rechtfertigungstatbestand;

(3) Zwischenergebnis: objektiver Unrechtstatbestand ja/nein;

(4) subjektiver Deliktstatbestand;

(5) subjektiver Rechtfertigungstatbestand;

(6) Zwischenergebnis: subjektiver Unrechtstatbestand ja/nein.

11 **c) Dreistufiger Deliktsaufbau:** Unter Zugrundelegung des dreistufigen Deliktsaufbaus ist das Unrecht (= tatbestandsmäßige und rechtswidrige Handlung) beim Vorsatzdelikt in folgenden Schritten zu prüfen:

(1) objektiver Deliktstatbestand;

(2) subjektiver Deliktstatbestand;

(3) objektiver Rechtfertigungstatbestand;

(4) subjektiver Rechtfertigungstatbestand.

12 **d) Vergleich:** Vergleicht man die Prüfungsschritte beider Aufbaumodelle, so zeigt sich, dass in beiden Fällen jeweils im objektiven und im subjektiven Bereich die Voraussetzungen der Unrechtsbegründung (Deliktstatbestand) vor den Voraussetzungen des Unrechtsausschlusses (Rechtfertigungstatbestand) geprüft werden. Lediglich in der Reihenfolge der objektiven und subjektiven Unrechtsmerkmale unterscheiden sich beide Modelle: Beim zweigliedrigen Aufbau werden alle Voraussetzungen des objektiven Unrechts vor allen Voraussetzungen des subjektiven Unrechts geprüft, während im dreigliedrigen Aufbau der subjektive Deliktstatbestand vor dem objektiven Rechtfertigungstatbestand geprüft wird.

Nach dem heutigen Stand der Strafrechtsdogmatik spielt der Unterschied zwischen beiden Modellen **nur in einem Punkt** eine Rolle, nämlich hinsichtlich der Frage, ob der Irrtum über die tatsächlichen Voraussetzungen eines Rechtfertigungstatbestands den Vorsatz entfallen lässt (so der zweigliedrige Aufbau) oder nicht (so der dreigliedrige Aufbau).[20] Doch auch diese Frage ist nur von geringer Bedeutung, da die Rechtsprechung zwar von einem dreigliedrigen Aufbau ausgeht, beim Irrtum über die tatsächlichen Voraussetzungen aber analog § 16 den Vorsatz entfallen lässt und damit im Ergebnis mit dem zweistufigen Aufbau übereinstimmt.

Da sich einerseits der Streit um den Deliktsaufbau praktisch kaum auswirkt und es andererseits didaktisch einfacher ist, die Tatbestandsmäßigkeit insgesamt vor der Rechtswidrigkeit zu prüfen, ist dieses Lehrbuch an dem in der akademischen Lehre vorherrschenden dreigliedrigen Modell ausgerichtet. Diese Ausrichtung ist jedoch nur formal auf die Reihenfolge der Prüfungsschritte bezogen; ein sachlicher Unterschied zwischen Tatbestandsmäßigkeit und Rechtswidrigkeit wird damit nicht behauptet. Im Übrigen sollte man beim strafrechtlichen Gutachten einen Aufbau wählen, *ohne* ihn zu begründen.

---

19 Zum Aufbau des Fahrlässigkeitsdelikts, bei dem die Einordnung der subjektiven Tatseite umstritten ist, vgl § 33 Rn 13 f, 45 ff, 49 ff.
20 Näher zu diesem Problembereich § 29 Rn 11 ff.

II. Objektive Strafbarkeitsbedingungen

Objektive Strafbarkeitsbedingungen werden solche Merkmale eines Strafgesetzes genannt, deren Verwirklichung zwar Voraussetzung der Strafbarkeit eines Verhaltens ist,[21] die aber nicht Gegenstand der subjektiven Zurechnung sind. Auf diese Merkmale müssen sich also weder Vorsatz noch Fahrlässigkeit noch Schuld beziehen.[22] Objektive Strafbarkeitsbedingungen sind damit Voraussetzungen eines schuldunabhängigen Strafbedürfnisses. In der Regel werden sie aus rein kriminalpolitischen Erwägungen aus dem Unrechts- und Schuldzusammenhang ausgegliedert.

Es gibt kein allgemeines Kriterium für die Einordnung eines Gesetzesmerkmals als objektive Strafbarkeitsbedingung. Die Entscheidung ist vielmehr bei jedem Delikt gesondert im Wege der Gesetzesauslegung zu treffen. Häufig werden jedoch objektive Strafbarkeitsbedingungen durch Formulierungen wie „ist nur dann strafbar, wenn"[23] oder „wird bestraft, wenn"[24] indiziert. Als objektive Strafbarkeitsbedingungen werden u.a. eingestuft:

- die Nichterweislichkeit der ehrenrührigen Tatsache in § 186;[25]
- die schwere Folge bei der Beteiligung an einer Schlägerei in § 231;[26]
- die Zahlungseinstellung, Eröffnung des Insolvenzverfahrens oder Abweisung des Eröffnungsantrages mangels Masse in § 283 Abs. 6;[27]
- die Begehung einer rechtswidrigen Tat im Vollrausch in § 323a.[28]

Objektive Strafbarkeitsbedingungen sind hinsichtlich ihrer **Vereinbarkeit mit dem Schuldprinzip** umstritten, sofern sie nicht lediglich strafbegrenzend wirken, sondern in Wirklichkeit das Unrecht einer Tat, wie dies bei der Nichterweislichkeit der ehrenrührigen Tatsache in § 186 oder der Rauschtat in § 323a der Fall ist, (mit-)begründen.[29] Teils wird sogar ihre Existenzberechtigung generell bezweifelt.[30] Sie lassen sich jedenfalls nur dann legitimieren, wenn der der Schuldzurechnung unterliegende Teil des Unrechts noch schwerwiegend genug ist, um die Strafwürdigkeit der Tat hinreichend zu begründen; die Strafwürdigkeit der Tat darf maW nicht maßgeblich von der objektiven Strafbarkeitsbedingung abhängen.

III. Persönliche Strafausschließungs-, Strafaufhebungs- und Strafeinschränkungsgründe

1. Persönliche Strafausschließungs- und Strafaufhebungsgründe

Persönliche Strafausschließungs- und Strafaufhebungsgründe sind Umstände, deren Vorliegen – insbesondere aus kriminalpolitischen Erwägungen – die Verfolgung eines an sich rechtswidrigen und schuldhaften Verhaltens hindern. Sind die Voraussetzungen eines Strafausschließungsgrunds gegeben, so ist die Tat von vornherein nicht straf-

---

21 Auch der Versuch eines solchen Delikts setzt das Vorliegen der objektiven Strafbarkeitsbedingung voraus.
22 Vgl auch *Matt* 5 § 1/1; *Otto* § 7/78; *Rönnau* JuS 2011, 697 ff; *Roxin* I § 23/2.
23 Vgl § 283 Abs. 6.
24 Vgl § 323a Abs. 1.
25 Vgl BGHSt 11, 273 (274); *Kindhäuser* BT I § 23/17 ff mwN auch zur Gegenansicht.
26 Vgl BGHSt 14, 132 (134); 16, 130 (132); *Kindhäuser* BT I § 11/15 ff mwN auch zur Gegenansicht.
27 Vgl BGHSt 28, 231 (234); *Kindhäuser* BT II § 38/26 ff.
28 Vgl BGHSt 16, 124 (127); 20, 284 (285); *Kindhäuser* BT I § 71/20 ff mwN auch zur Gegenansicht.
29 Näher *Geisler* GA 2000, 166 ff; *Jakobs* 10/2 ff; *Jescheck/Weigend* § 53 I 2; *Krause* Jura 1980, 449, jew. mwN.
30 *Bemmann*, Zur Frage der objektiven Bedingungen der Strafbarkeit, 1957, 52 ff.

bar.[31] Im Falle des Eingreifens eines Strafaufhebungsgrunds entfällt dagegen die bereits begründete Strafbarkeit *ex post* wegen des betreffenden Umstands. Die Gründe sind jeweils persönlich, da sie bei mehreren Beteiligten nur für denjenigen gelten, der die jeweiligen Voraussetzungen in seiner Person erfüllt.[32]

15 a) **Persönliche Strafausschließungsgründe:**
- Indemnität von Abgeordneten (Art. 46 Abs. 1 GG; § 36 StGB);
- Altersprivileg (zB § 173 Abs. 3);
- Straffreiheit für Schwangere (§ 218 Abs. 4 S. 2);
- Beteiligung an der Vortat bei Begünstigung (§ 257 Abs. 3) und Strafvereitelung (§ 258 Abs. 1);
- Angehörigenprivileg (zB § 258 Abs. 6);
- Nichtverfolgbarkeit Exterritorialer (§§ 18, 19 GVG).

16 b) **Persönliche Strafaufhebungsgründe:**
- Rücktritt (§§ 24, 31);
- bestimmte Fälle der tätigen Reue (zB §§ 98 Abs. 2 S. 2, 306e Abs. 2, 314a Abs. 3, 320 Abs. 3, 330b Abs. 1 S. 2);
- Straferlass (§ 56g);
- Begnadigung und Amnestie.

2. Persönliche Strafeinschränkungsgründe

17 Von persönlichen Strafeinschränkungsgründen spricht man, wenn eine Vorschrift die Strafe nicht obligatorisch ausschließt, sondern es in das pflichtgemäße Ermessen des Gerichts stellt, ob dieses unter bestimmten Voraussetzungen von Strafe absehen oder die Strafe mildern will. Hierzu gehören u.a.:[33]

- der Täter-Opfer-Ausgleich (§ 46a);
- Hilfe bei der Aufklärung oder Verhinderung von schweren Straftaten (§ 46b);
- bestimmte Fälle der tätigen Reue (§§ 83a; 87 Abs. 3; 98 Abs. 2 S. 1; 142 Abs. 4; 158; 306e Abs. 1; 314a Abs. 1, Abs. 2; 320 Abs. 1, Abs. 2; 330b Abs. 1 S. 1);
- bestimmte Fälle geringer Schuld (§§ 86 Abs. 4; 218a Abs. 4 S. 2);
- der Aussagenotstand (§ 157).

Ferner kann das Gericht – bei einer verwirkten Freiheitsstrafe unter einem Jahr – von Strafe absehen, wenn die Folgen der Tat für den Täter so schwer sind, dass die Verhängung einer Strafe offensichtlich verfehlt wäre (§ 60).[34]

---

31 W-*Beulke/Satzger* Rn 494; *Otto* § 20/1; *Stratenwerth/Kuhlen* § 7/30.
32 § 28 Abs. 2.
33 Vgl ferner § 139 Abs. 1.
34 Vgl BGHSt 27, 298 ff; BGH NStZ 1997, 121 f; OLG Karlsruhe JZ 1974, 772 f.

IV. Prozessvoraussetzungen, insbesondere Strafantrag

1. Prozessvoraussetzungen

Die gesetzlichen Bedingungen der Zulässigkeit eines Strafverfahrens werden Prozessvoraussetzungen genannt.[35] Sie sind in jedem Verfahrensstadium von Amts wegen zu prüfen. Falls sie nicht erfüllt sind, ist das Verfahren nach § 170 Abs. 2 S. 1 StPO einzustellen.

Zu den Prozessvoraussetzungen, die im strafrechtlichen Gutachten zu berücksichtigen sind, gehören:

- Strafantrag bei Antragsdelikten (zB §§ 123 Abs. 2, 194, 230, 247, 248a, 303c);
- keine Verjährung (§§ 78 ff);
- kein Strafklageverbrauch („ne bis in idem");
- keine Immunität (Art. 46 Abs. 2, Abs. 4 GG).[36]

2. Antragsdelikte

Unter den – für die Fallprüfung besonders wichtigen – Antragsdelikten gibt es zunächst solche, bei denen die Strafverfolgung ausschließlich dann möglich ist, wenn ein Antrag gestellt wurde (sog. absolute Antragsdelikte).[37] Ferner gibt es Delikte, die zwar grds ohne Antrag, in bestimmten Fällen aber, vor allem bei besonderen persönlichen Beziehungen, nur mit Strafantrag verfolgbar sind (sog. relative Antragsdelikte).[38] Schließlich gibt es Antragsdelikte, bei welchen der Strafantrag durch die Bejahung eines besonderen öffentlichen Interesses seitens der Staatsanwaltschaft ersetzt werden kann.[39]

Zur Stellung eines Strafantrags ist, soweit das Gesetz[40] nichts anderes bestimmt, der **Verletzte berechtigt** (§ 77 Abs. 1). Dies ist der Träger des in dem vom Täter verwirklichten Tatbestand geschützten Rechtsguts.[41] Bei Geschäftsunfähigkeit oder beschränkter Geschäftsfähigkeit können der gesetzliche Vertreter oder derjenige, dem die Sorge für die Person des Antragsberechtigten zusteht, den Antrag stellen (§ 77 Abs. 3). Stirbt der Verletzte, so geht sein Antragsrecht *nur* in den gesetzlich bestimmten Fällen[42] auf bestimmte Angehörige über (§ 77 Abs. 2).

Der Strafantrag ist innerhalb einer **Frist** von drei Monaten zu stellen (§ 77b Abs. 1). Die Frist beginnt mit Ablauf des Tages, an dem der Antragsberechtigte Kenntnis von Tat und Täter erhält (§ 77b Abs. 2); bei mehreren Antragsberechtigten läuft die Frist für und gegen jeden gesondert (§ 77b Abs. 3). Der Strafantrag muss bei einem Gericht oder der Staatsanwaltschaft schriftlich oder zu Protokoll, bei einer anderen Behörde schriftlich angebracht werden (§ 158 Abs. 2 StPO).

---

35 Näher *Kindhäuser* StPR § 14/1 ff mwN.
36 Näher *Brocker* GA 2002, 44 ff.
37 ZB § 205 Abs. 1; allg. Überblick hierzu bei *Mitsch* JA 2014, 1 ff.
38 ZB §§ 247, 259 Abs. 2.
39 ZB § 303c.
40 ZB in §§ 194 Abs. 3, 230 Abs. 2, 355 Abs. 3.
41 BGHSt 31, 207 (210).
42 ZB §§ 165 Abs. 1 S. 2, 194 Abs. 1 S. 5 und Abs. 2, 205 Abs. 2, 230 Abs. 1 S. 2.

V. Gutachten

20 Im Gutachten sind alle Deliktsmerkmale, welche die Strafbarkeit **positiv begründen**, stets ausdrücklich zu prüfen. Liegen sie nicht vor, ist das Gutachten zu beenden. Ggf ist aber unter anderen Voraussetzungen neu zu beginnen; so kann zB bei fehlender Vollendung Versuch, bei fehlendem Vorsatz Fahrlässigkeit zu untersuchen sein. **Objektive Strafbarkeitsbedingungen** sind entweder als „Tatbestandsannex" im Anschluss an den (objektiven und subjektiven) Deliktstatbestand unter Hinweis auf die Nichterforderlichkeit subjektiver Zurechnung[43] oder nach der Schuld[44] zu prüfen. Vorzugswürdig ist die erste Variante, da sie ggf nutzlose Ausführungen zu Rechtswidrigkeit und Schuld erspart.

Merkmale, welche die Strafbarkeit **entfallen lassen** (Rechtfertigung, Entschuldigung), müssen nur erörtert werden, wenn der Sachverhalt entsprechende Anhaltspunkte enthält. Bejahendenfalls ist das Gutachten zu beenden, ansonsten ist nur das Fehlen solcher Merkmale kurz festzustellen und die Prüfung fortzusetzen.

Sonstige Strafbarkeitsvoraussetzungen sind überhaupt nur bei entsprechenden Anhaltspunkten im Sachverhalt zu erwähnen, sonst zu übergehen.

21 **WIEDERHOLUNGS- UND VERTIEFUNGSFRAGEN**

> In welchen Schritten wird das Unrecht einer Tat festgestellt? (Rn 4 ff)
> Wie wird im Gutachten die Schuld festgestellt? (Rn 7)
> Was ist unter objektiven Bedingungen der Strafbarkeit zu verstehen? (Rn 13)
> Was ist unter persönlichen Strafausschließungs- und Strafaufhebungsgründen zu verstehen? (Rn 14 ff)

---

43 So W-*Beulke/Satzger* Rn 148, 872.
44 So *Arzt*, Die Strafrechtsklausur, 7. Aufl. 2006, 195.

§ 7 Handeln für einen anderen

▶ **FALL 1:** A ist alleiniger Geschäftsführer der Musikalienhandlung „D-GmbH". Als die GmbH aufgrund der schlechten Geschäftslage zahlungsunfähig wird, schenkt A die letzte der verbliebenen wertvollen Geigen dem mit ihm befreundeten Konzertmeister K, um sie so dem Zugriff der Gläubiger im Insolvenzverfahren zu entziehen. ◀

Während das deutsche Ordnungswidrigkeitenrecht die Verhängung einer Geldbuße auch gegen juristische Personen und Personenvereinigungen vorsieht (§ 30 OWiG),[1] können nach deutschem Strafrecht, anders als in mehreren europäischen Staaten,[2] **nur natürliche Personen** mit einer Kriminalstrafe belegt werden.[3] Jedoch ist es im Bereich der Sonderdelikte ohne Weiteres möglich, dass die Strafbarkeit die Innehabung oder Verletzung einer Pflicht voraussetzt, die von einer juristischen Person zu erfüllen ist. So ist der in **Fall 1** relevante Bankrott (§ 283) ein Sonderdelikt, das nur „Schuldner" begehen können.[4] Da die D-GmbH als juristische Person selbst Schuldnerin ist, ist auch nur sie gem. § 283 Abs. 1 Nr. 1 verpflichtet, bei Zahlungsunfähigkeit keine Bestandteile ihres Vermögens beiseite zu schaffen. Jedoch kann sich die D-GmbH mangels Tätereigenschaft nicht selbst strafbar machen.

Die Strafbarkeitslücke, die sich daraus ergibt, dass einerseits eine juristische Person zwar Adressat einer strafrechtlichen Norm, aber nicht strafbar sein kann, und andererseits die handelnde natürliche Person mangels Sonderpflicht nicht als Täter in Betracht kommt, wird von § 14 geschlossen. Diese Vorschrift sieht eine **Überwälzung der strafrechtlichen Haftung** von der juristischen Person auf eine natürliche Person vor, die Organ oder gesetzlicher bzw betrieblicher Vertreter der juristischen Person ist.[5] In **Fall 1** wird A als Geschäftsführer der D-GmbH bestraft, wenn er für diese handelnd Vermögensbestandteile beiseite schafft (§§ 283 Abs. 1 Nr. 1, 14 Abs. 1 Nr. 1). Allerdings sieht § 14 eine Organ- und Vertreterhaftung nicht nur für juristische Personen vor, sondern dehnt allgemein den Anwendungsbereich von Tatbeständen, die für bestimmte Personen Sonderpflichten begründen, auf deren Vertreter aus.[6] Ist der Normadressat jedoch keine juristische, sondern eine natürliche Person, wird deren Haftung nicht aufgehoben; vielmehr kann dann neben dem Vertreter auch die vertretene natürliche Person haften, soweit die sonstigen Strafbarkeitsvoraussetzungen erfüllt sind.[7]

§ 14 setzt stets voraus, dass der betreffende Tatbestand **auf den Vertreter nicht unmittelbar anwendbar** ist, dass es sich also um ein für den Vertreter selbst nicht geltendes Sonderdelikt handelt. Ein Tatbestand greift dann nicht unmittelbar ein, wenn bestimmte persönliche Eigenschaften, Verhältnisse oder Umstände (sog. persönliche

---

1 Im europäischen Kartellrecht können Geldbußen teilweise *nur* gegen Unternehmen (Art. 101 AEUV, Art. 23 VO 1/2003, sog. Kartellverordnung), teilweise gegen Unternehmen und natürliche Personen verhängt werden (Art. 14 FusionskontrollVO).
2 Eine strafrechtliche Haftung von Unternehmen gibt es u.a. in Großbritannien, den Niederlanden und Frankreich (Art. 121-2 des code pénal von 2004).
3 Zur Diskussion um die Einführung einer „Verbandsstrafbarkeit" vgl *Böse* Jakobs-FS 15 ff; *ders.* ZStW 126 (2014), 132 ff; *Dannecker* GA 2001, 101 ff; *Kelker* Krey-FS 2010, 221 ff; *Leipold* Gauweiler-FS 375 ff; *Volk* JZ 1993, 429 ff sowie eingehend *Kindler*, Das Unternehmen als haftender Täter, 2008; *Kirch-Heim*, Sanktionen gegen Unternehmen, 2007. Zum aktuellen Gesetzesentwurf der nordrhein-westfälischen Landesregierung für ein Verbandsstrafgesetzbuch vgl *Hoven* ZIS 2014, 19 ff; *Schünemann* ZIS 2014, 1 ff; *Zieschang* GA 2014, 91 ff.
4 Vgl *Kindhäuser* BT II § 38/4; *Mitsch* BT II/2, 2001, § 5/141; *Weber* StV 1988, 16.
5 Näher zu den einzelnen Vertretungsmöglichkeiten und ihren Voraussetzungen *Kindhäuser* LPK § 14 Rn 19 ff.
6 § 9 OWiG trifft eine entsprechende Regelung für das Ordnungswidrigkeitsrecht.
7 Vgl § 14 Abs. 1 und 2: „auch"; vgl ferner KG JR 1972, 121 m. Anm. *Göhler*; NK-*Marxen/Böse* § 14 Rn 2, 51.

Merkmale),⁸ welche die Strafbarkeit begründen, auf den Vertreter nicht zutreffen.⁹ Diese Merkmale müssen allerdings übertragbar sein, so dass höchstpersönliche Eigenschaften – wie Alter oder Geschlecht – ausscheiden. Übertragbare Verhältnisse und Umstände sind zB bestimmte soziale Rollen, wie die des Schuldners (§§ 283 ff, 288), Pfandleihers (§ 290), Bauleiters (§ 319) oder Arbeitgebers (§ 266a). § 14 gilt im Übrigen für Begehungs- und (unechte) Unterlassungsdelikte¹⁰ gleichermaßen.

4 **WIEDERHOLUNGS- UND VERTIEFUNGSFRAGEN**

> Welche Funktion erfüllt § 14? (Rn 2)

---

8 Der Begriff der persönlichen Merkmale hat in § 14 eine andere Bedeutung als in § 28 Abs. 1. Dies ergibt sich auch aus der Funktion der Merkmale, die den Außenstehenden bei § 28 Abs. 1 entlasten, bei § 14 dagegen belasten. Näher hierzu *Gallas* ZStW 80 (1968), 1 (21 f); *Herzberg* ZStW 88 (1976), 68 (110 ff); NK-*Marxen/Böse* § 14 Rn 12.
9 Näher zu den Kriterien NK-*Marxen/Böse* § 14 Rn 9 ff; LK-*Schünemann* § 14 Rn 20 ff.
10 Näher hierzu NK-*Marxen/Böse* § 14 Rn 15; LK-*Schünemann* § 14 Rn 25 ff.

C. Das vorsätzliche Begehungsdelikt

Erster Abschnitt: Grundlagen der Tatbestandslehre

§ 8 Begriff und Formen des Deliktstatbestands

I. Begriff und Abgrenzung

1. Funktion und Herkunft

Der Deliktstatbestand (kurz: Tatbestand) ist die Zusammenfassung der das strafbare Verhalten kennzeichnenden („typisierenden") Merkmale, die innerhalb des Deliktsaufbaus zur Begründung des Unrechts der Tat notwendig sind.[1] Die Tatbestandsebene ist daher die **unterste Stufe im Deliktsaufbau**.[2] Unter der Fragestellung, ob ein Verhalten „tatbestandsmäßig" ist, wird geprüft, ob dieses Verhalten die im Strafgesetz genannten (positiven) Merkmale einer bestimmten Straftat erfüllt. Exemplarisch: Ob sich der Täter wegen dichten Auffahrens auf der Autobahn wegen Nötigung strafbar gemacht hat, hängt zunächst davon ab, dass dieses Verhalten überhaupt die im Deliktstatbestand des § 240 Abs. 1 genannten Merkmale aufweist. In Abgrenzung zum Begriff des Tatbestands wird mit dem Begriff des **Sachverhalts** das tatsächliche Geschehen – etwa: A schießt auf B – verstanden, das Gegenstand der rechtlichen Bewertung, also der Subsumtion unter einen Tatbestand, ist.

Die Tatbestandslehre ist eine Fortentwicklung der Lehre vom sog. **corpus delicti**. Hierunter wurden die äußeren Zeichen eines Verbrechens, die zu Verfolgungsmaßnahmen berechtigten, verstanden. *Feuerbach* definierte diesen Begriff wie folgt: „Der Inbegriff der Merkmale einer besondern Handlung oder Thatsache, welche in dem gesetzlichen Begriff von einer bestimmten Art rechtswidriger Handlungen enthalten sind, heißt der Thatbestand des Verbrechens (*corpus delicti*)".[3] Die neuere Konzeption des Tatbestands als Basis des Deliktsaufbaus wurde maßgeblich von *Beling* geprägt,[4] der allerdings im Tatbestand noch eine neutrale Verhaltensbeschreibung sah, deren Bewertung erst auf den späteren Deliktsstufen erfolgen sollte. Heute sieht man dagegen im Tatbestand die Verbotsmaterie, also bereits das im Allgemeinen – dh ungeachtet spezifischer Rechtfertigungssituationen – als Unrecht bewertete Geschehen.

2. Gesamttatbewertende Merkmale

Einige Strafgesetze enthalten neben der Umschreibung des tatbestandsmäßigen Verhaltens noch eine gesonderte Regelung zur Feststellung des Unrechts dieses Verhaltens. So sagt etwa § 240 Abs. 2,[5] dass die Nötigung im Allgemeinen – also auch beim Fehlen

---

1 Umfassende Darstellung der Tatbestandslehre bei NK-*Paeffgen* Vor § 32 Rn 7 ff; Überblick bei LK-*Walter* Vor § 13 Rn 40 f.
2 In dieser Funktion nennt man den Deliktstatbestand auch „Systemtatbestand", vgl *Roxin* I § 10/4 ff.
3 *Feuerbach*, Lehrbuch des peinlichen Rechts, 14. Aufl. 1847, § 81; ebenda auch *Mittermaier*, Noten I-VIII zur Herkunft der Lehre vom corpus delicti.
4 *Beling*, Die Lehre vom Verbrechen, 1906; ders., Die Lehre vom Tatbestand, 1930; vgl hierzu und zur weiteren Entwicklung *Jakobs* 6/49 f; *Jescheck/Weigend* § 25 I.
5 Vgl auch § 253 Abs. 2.

spezifischer Rechtfertigungssituationen – nur dann rechtswidrig ist, wenn die Anwendung der Gewalt oder die Androhung des Übels zu dem angestrebten Zweck als verwerflich anzusehen ist. Die Verwerflichkeit ist hierbei kein Merkmal des Tatbestands selbst, sondern ein Hinweis darauf, dass die Tat, um rechtswidrig zu sein, insgesamt noch als verwerflich bewertet werden muss. Insoweit spricht man von einem gesamttatbewertenden Merkmal.[6] Zum Tatbestand gehören jedoch die tatsächlichen Umstände, auf welche sich die Bewertung des Verhaltens als verwerflich und damit rechtswidrig stützt. Deshalb muss sich der Vorsatz auf die tatsächlichen Umstände, welche die Verwerflichkeit der Tat begründen, beziehen, während es für den Vorsatz unmaßgeblich ist, ob der Täter die Tat auch selbst als verwerflich einschätzt.[7]

3. Tatbestand und Rechtswidrigkeit

4 Nach einer gebräuchlichen Formel soll die Tatbestandsmäßigkeit eines Verhaltens dessen Rechtswidrigkeit „indizieren".[8] Doch ist diese Formel in zweierlei Hinsicht verfehlt. Zum einen ist der Umstand, dass ein Verhalten alle Merkmale eines Deliktstatbestands verwirklicht, nicht nur ein „Anzeichen" für die Rechtswidrigkeit. Da der Deliktstatbestand der Inbegriff aller Voraussetzungen ist, durch die das Unrecht einer Straftat (positiv) begründet wird, ist ein tatbestandsmäßiges Verhalten vielmehr der Gegenstand des Rechtswidrigkeitsurteils selbst. Es muss für das abschließende Rechtswidrigkeitsurteil nur noch negativ festgestellt werden, dass dieser allgemeinen Unrechtsbewertung im konkreten Fall nicht das Eingreifen einer Erlaubnisnorm (zB Notwehr nach § 32) entgegensteht. Zum anderen ist aber auch der Umstand, dass ein Verhalten die Voraussetzungen eines Deliktstatbestands verwirklicht, weder logisch noch empirisch ein Indiz dafür, dass im konkreten Fall kein Rechtfertigungsgrund eingreift. Trotz ihrer Gebräuchlichkeit sollte die Formel daher im Gutachten vermieden werden, zumal sie – bei korrektem Einhalten der einzelnen Prüfungsschritte – auch völlig überflüssig ist.[9]

4. Weitere Begriffsverwendungen

5 Der Begriff des Tatbestands wird nicht nur zur Umschreibung der Voraussetzungen eines verbotenen Verhaltens verwendet, sondern auch zur Bezeichnung der tatsächlichen Bedingungen herangezogen, unter denen ein Verhalten erlaubt oder entschuldigt ist. Man spricht dann von einem „**Rechtfertigungs-**" oder „**Erlaubnistatbestand**" (zB den Notwehrvoraussetzungen nach § 32) oder „**Entschuldigungstatbestand**" (zB den Voraussetzungen des entschuldigenden Notstands nach § 35). Teils werden die Voraussetzungen der Rechtfertigungstatbestände nur als negative Merkmale eines Deliktstatbestands gedeutet; die Zusammenfassung der positiven und negativen Voraussetzungen der Rechtswidrigkeit wird dann „**Gesamtunrechtstatbestand**" genannt.[10]

---

[6] HL, vgl nur S/S-*Eisele* Vor § 13 Rn 66 f; *Jescheck/Weigend* § 25 II; *Roxin* I § 10/45 ff; vgl auch NK-*Puppe* Vor § 13 Rn 27 ff; abw. die sog. Lehre von den offenen Tatbeständen, vgl *Welzel* § 14 I 2b mwN.
[7] Vgl *Kindhäuser* BT I § 13/46 mwN; hält der Täter sein Verhalten – trotz zutreffender Kenntnis der Sachlage – für nicht verwerflich, so befindet er sich in einem Verbotsirrtum nach § 17.
[8] Vgl nur W-*Beulke/Satzger* Rn 115; *Kühl* § 6/2.
[9] Vgl auch *Freund* § 3/2; *Otto* § 5/26 ff; NK-*Puppe* Vor § 13 Rn 9.
[10] Näher § 6 Rn 8, 10; § 29 Rn 20 f; vgl ferner *Otto* § 5/24; NK-*Puppe* Vor § 13 Rn 12 mwN.

II. Tatbestandsabwandlungen

1. Grundtatbestand, Qualifikation und Privilegierung

Der BT des StGB enthält zunächst solche Tatbestände, in denen die Grundform eines bestimmten Deliktstyps umschrieben wird. Diese sog. **Grundtatbestände** weisen alle Merkmale auf, die einer Straftat ihr typisches Gepräge geben.[11] Beispiele sind der Totschlag (§ 212), die Körperverletzung (§ 223), die Nötigung (§ 240) oder der Diebstahl (§ 242). Neben diesen Delikten stehen häufig weitere Tatbestände, die höhere oder niedrigere Strafen für den Fall vorsehen, dass neben dem Grundtatbestand noch weitere, das Unrecht der Tat berührende Merkmale erfüllt sind. Im Falle einer höheren Strafandrohung spricht man von einer Qualifizierung (Qualifikation) des Grundtatbestands (zB § 224), im Falle einer Senkung des Strafmaßes von einer Privilegierung (zB § 216).[12]

Qualifikationen und Privilegierungen sind zwar nur Abwandlungen des Grundtatbestands, da sie dessen Unrecht (iSe Stufenverhältnisses) steigern oder reduzieren. Es handelt sich bei ihnen aber insoweit um **abschließende gesetzliche Regelungen**, als sich die Strafe zwingend nach dem vorgesehenen Strafmaß richten muss, wenn die jeweiligen Voraussetzungen erfüllt sind. Zugleich verdrängen privilegierende und qualifizierende Tatbestände im Wege der Gesetzeskonkurrenz den Grundtatbestand; der Täter wird also nur nach dem Spezialtatbestand bestraft, da dieser ohnehin alle Unrechtsmerkmale des Grundtatbestands enthält.[13]

2. Regelbeispiele

Neben den Qualifikationen kennt das StGB noch Strafschärfungsgründe, die **nicht abschließend** sind, sondern **nur im Regelfall** eingreifen; sie werden als „Regelbeispiele" für besonders schwere Fälle bezeichnet. Im Gegensatz zu den Qualifikationen gewähren Regelbeispiele dem Richter bei ihrer Anwendung in zweierlei Hinsicht eine gewisse Freiheit: Zum einen kann der Richter beim Strafmaß des Grundtatbestands bleiben, wenn er bei einer Gesamtwürdigung aller Umstände das Unrecht der Tat trotz der verwirklichten Merkmale des Regelbeispiels für nicht gesteigert hält. Zum anderen ist der Richter befugt, einen schweren Fall auch dann zu bejahen, wenn zwar kein Merkmal eines Regelbeispiels erfüllt ist, das Unrecht der Tat aber bei Gesamtwürdigung aller Umstände in einer den Regelbeispielen vergleichbaren Weise gesteigert erscheint.[14] Regelbeispiele sind unschwer an der in ihnen enthaltenen Formel „in der Regel" zu erkennen (und von echten Qualifikationen abzugrenzen). Exemplarisch sind die Vorschriften der §§ 243 Abs. 1, 263 Abs. 3 und 283a.

Die hM hält die Regelbeispiele für (bloße) **Strafzumessungsregeln**, um so einen Konflikt mit dem Bestimmtheitsgrundsatz des Art. 103 Abs. 2 GG zu vermeiden.[15] Doch sind auch „echte" Qualifikationstatbestände Strafzumessungsregeln, da sie unrechts- oder schuldrelevante Umstände als Voraussetzungen eines bestimmten Strafrahmens formulieren. Der Unterschied zwischen beiden Formen der Strafschärfung liegt viel-

---

11 Vgl auch W-*Beulke/Satzger* Rn 108; *Gropp* § 3/45a; *Kargl* JZ 2003, 1141 (1144).
12 Vgl auch *Baumann/Weber/Mitsch* § 8/60; *Gropp* § 3/45a.
13 Näher zu den Konkurrenzen § 46 Rn 5 ff.
14 Näher *Kindhäuser* BT II § 3/1 ff mwN.
15 BGHSt 26, 104 (105); 33, 370 (373); *Arzt* JuS 1972, 385 ff, 515 ff; *Dölling* JuS 1986, 688 (689); *Sternberg-Lieben* Jura 1986, 183; *Wessels* Maurach-FS 295 (298 f); M-*Zipf* § 20/51.

mehr darin, dass Regelbeispiele offene, Qualifikationen dagegen bindende Strafzumessungsregeln sind. Es spricht daher nichts dagegen, auch Regelbeispiele als „Tatbestände" zu bezeichnen, für welche die Regeln des AT uneingeschränkt gelten.[16] Auch der BGH sieht in der Wertungsoffenheit der Regelbeispiele gegenüber den selbstständigen Qualifikationstatbeständen keinen Wesensunterschied, sondern nur eine formale Differenz in der Gesetzestechnik.[17] Gleichwohl spricht die hM den Regelbeispielen die Tatbestandsqualität ab und will auf sie die Regeln des AT allenfalls analog anwenden.[18]

3. Delictum sui generis

10 Von einem **Delikt eigener Art** (*delictum sui generis*) spricht man, wenn durch Kombination eines Delikts mit weiteren Merkmalen oder zweier Delikte ein neues Delikt gebildet wird, das hinsichtlich der Unrechtsvertypung selbstständig und nicht nur eine (privilegierende oder qualifizierende) Abwandlung des Ausgangstatbestands sein soll.[19] Mit einer solchen Verselbstständigung wird eine Abkoppelung des neuen Delikts vom gesamten Regelungskomplex des Ausgangstatbestands bezweckt. Ein verselbstständigtes Delikt in diesem Sinne ist der Raub (§ 249), der zwar aus Nötigung (§ 240) und Diebstahl (§ 242) zusammengesetzt ist, für den aber, als *delictum sui generis*, die auf die Diebstahlstatbestände anzuwendende Regelung des § 247 nicht gilt; daher wird der Raub gegenüber einem Angehörigen nicht nur auf Antrag verfolgt. Auch ist § 28 Abs. 2 auf Delikte, die im Verhältnis Ausgangstatbestand und *delictum sui generis* stehen, nicht anwendbar. Ob ein Tatbestand einen Ausgangstatbestand nur qualifiziert oder selbstständig iSe *delictum sui generis* abwandelt, ist bei den fraglichen Tatbeständen durch Auslegung zu ermitteln;[20] es gibt keine formalen Kriterien für die Zuordnung.

III. Deliktstypen

11 Die einzelnen Strafgesetze des BT lassen sich in bestimmte Deliktstypen mit jeweils spezifischen Eigenheiten unterteilen,[21] wobei für jeden Tatbestand mehrere Zuordnungen möglich sind.

1. Begehungsdelikte

12 **Begehungsdelikte** sind Straftaten, bei denen der Täter einen Tatbestand durch ein Tun (aktives Verhalten) zurechenbar verwirklicht.[22] Dagegen sind **Unterlassungsdelikte** Straftaten, bei denen der Täter die ihm mögliche Verhinderung einer Tatbestandsverwirklichung zurechenbar unterlässt (§ 13 Abs. 1). Die Unterlassungsdelikte werden ihrerseits in echte und unechte Unterlassungsdelikte unterteilt:

---

16 *Calliess* NJW 1998, 929 (934); *Eisele* JA 2006, 309 ff; *Jakobs* 6/99; *Kindhäuser* Triffterer-FS 123 (124 ff).
17 BGHSt 26, 167 (173 f); vgl auch BayObLG OLGSt § 243 Nr. 3, 2; *Küper* JZ 1986, 518 (526); *Maiwald* Gallas-FS 137 (148 f).
18 BGHSt 23, 254 (256 f); 26, 104 (105); 33, 370 (373); *Maiwald* NStZ 1984, 433 ff; *Sternberg-Lieben* Jura 1986, 183; *Wessels* Maurach-FS 295 (298 f); vgl auch *Baumann/Weber/Mitsch* § 8/91; *Roxin* I § 10/134.
19 *Baumann/Weber/Mitsch* § 8/79; *W-Beulke/Satzger* Rn 111; *Gropp* § 3/45c; *Roxin* I § 10/135.
20 *Roxin* I § 10/135; *M-Zipf* § 20/43; umstritten ist insoweit, ob § 211 im Verhältnis zu § 212 Qualifikation oder delictum sui generis ist, näher hierzu *Kindhäuser* BT I § 1/2 ff, 2/56 ff.
21 Vgl zu den verschiedenen Deliktstypen auch LK-*Walter* Vor § 13 Rn 58 ff.
22 Zum Begriff des „Begehens" *Lampe* GA 2009, 673 ff.

- **Echte Unterlassungsdelikte** sind Straftaten, bei denen (bereits) das vom Deliktstatbestand umschriebene Verhalten ein bestimmtes Unterlassen ist.[23]

- **Unechte Unterlassungsdelikte** sind Straftaten, bei denen der Täter die Verwirklichung eines Tatbestands nicht verhindert, obgleich er iSv § 13 Abs. 1 eine entsprechende Sonderpflicht („Garantenpflicht") hat. Solche Unterlassungsdelikte werden „unecht" genannt, weil der Tatbestand, auf dessen Verwirklichung sie sich beziehen, ein Begehen umschreibt. Grds kann also jedes Begehungsdelikt unter den Voraussetzungen des § 13 Abs. 1 auch als unechtes Unterlassungsdelikt verwirklicht werden.

2. Allgemeindelikte

Ein **Allgemeindelikt** ist eine Straftat, die jedermann verwirklichen kann (= „Jedermann-Delikt"); das tatbestandliche Subjekt wird meist mit dem Ausdruck „wer" bezeichnet.[24] Demgegenüber sind **Sonderdelikte** Straftaten, die nur derjenige verwirklichen kann, der die besonderen personenbezogenen Voraussetzungen erfüllt, unter denen die Verwirklichung des Tatbestands zu vermeiden ist.[25] Das tatbestandliche Subjekt wird hierbei regelmäßig näher beschrieben, zB als Amtsträger in § 331. Die Sonderdelikte werden ihrerseits in echte und unechte Sonderdelikte unterteilt:

- **Echte Sonderdelikte** sind Straftaten, die überhaupt nur ein Sonderpflichtiger verwirklichen kann.[26] Hier wirkt die Sonderpflicht **strafbegründend**.[27]

- **Unechte Sonderdelikte** sind Allgemeindelikte, die für den Fall, dass sie durch einen Sonderpflichtigen verwirklicht werden, besondere Rechtsfolgen vorsehen.[28] Zumeist wird der Strafrahmen erhöht. Hier wirkt die Sonderpflicht **strafschärfend**.[29]

3. Erfolgs- und Tätigkeitsdelikte

Ein **Erfolgsdelikt** ist eine Straftat, dessen Deliktstatbestand den Eintritt eines bestimmten Ereignisses in der Außenwelt, den sog. Taterfolg (oder nur Erfolg), verlangt, zB den Tod des Opfers in § 212 Abs. 1.[30] Dagegen umschreibt der Deliktstatbestand beim (schlichten) **Tätigkeitsdelikt** nur einen Handlungsvollzug ohne Bezugnahme auf einen Erfolg.[31]

Erfolgsdelikte sind auch die sog. **erfolgsqualifizierten Delikte**. Hier wird das Unrecht der Tat durch den Eintritt eines zumindest fahrlässig (§ 18) herbeigeführten (weiteren) Erfolgs gesteigert, wie dies etwa bei der Körperverletzung mit Todesfolge in § 227 der Fall ist.[32]

---

23 So insbesondere §§ 123 Abs. 1 Alt. 2, 138, 323c.
24 ZB §§ 212, 223, 323c.
25 Eingehend zu den Sonderdelikten *Langer*, Die Sonderstraftat, 2007, 206 ff.
26 ZB §§ 331, 339.
27 Vgl auch § 28 Abs. 1.
28 ZB §§ 258a, 340.
29 Vgl auch § 28 Abs. 2.
30 *W-Beulke/Satzger* Rn 23; *Krey/Esser* Rn 218 ff.
31 ZB §§ 153 f, 316; zu Erfolgs- und Tätigkeitsdelikten ferner *Rönnau* JuS 2010, 961 ff.
32 Näher *Kühl* BGH-FS IV 237 ff; allg. *Kudlich* JA 2009, 246 ff.

4. Verletzungs- und Gefährdungsdelikte

20 Beim **Verletzungsdelikt** besteht der tatbestandliche Erfolg in der Beeinträchtigung des von der Norm geschützten Rechtsguts.[33] So liegt zB der Taterfolg des Betrugs (§ 263), der dem Vermögensschutz dient, in der Herbeiführung eines Vermögensschadens. Demgegenüber stellen die **Gefährdungsdelikte** bereits die Beeinträchtigung der Sicherheit des geschützten Rechtsguts unter Strafe; hier setzt die Tatbestandsverwirklichung keine substantielle Beeinträchtigung des geschützten Gutes voraus.[34] Die Gefährdungsdelikte werden ihrerseits in konkrete und abstrakte Gefährdungsdelikte unterteilt:

21 ■ **Konkrete Gefährdungsdelikte** sind Straftaten, bei denen der tatbestandliche Erfolg in der konkreten Gefährdung des Tatobjekts mit den Eigenschaften des geschützten Rechtsguts besteht. Ein solches Handlungsobjekt ist konkret gefährdet, wenn eine Situation eingetreten ist, in der aus der Perspektive eines mit den Umständen vertrauten Beobachters das Ausbleiben einer Verletzung nur vom Zufall abhängt. Exemplarisch: Ein Kraftfahrer verursacht alkoholbedingt einen Verkehrsunfall, bei dem ein Fußgänger nur durch Zufall unverletzt bleibt. Hier befindet sich der Fußgänger in einer konkreten Leibes- und Lebensgefahr, die als Erfolg iSv § 315c Abs. 1 Nr. 1 anzusehen ist. Konkrete Gefährdungsdelikte sind gewöhnlich unschwer daran zu erkennen, dass der Deliktstatbestand das Merkmal der Gefahr oder Gefährdung ausdrücklich erwähnt.[35] Insoweit ist auch die Verursachung der Gefahr objektives Tatbestandsmerkmal und damit Gegenstand von Vorsatz bzw Fahrlässigkeit.

22 ■ **Abstrakte Gefährdungsdelikte** sind entweder Tätigkeitsdelikte[36] oder Delikte, bei denen der Erfolg keine Rechtsgutsverletzung ist.[37] Unter einer abstrakten Gefährdung ist die Beeinträchtigung der zur unbesorgten Verfügung über Güter notwendigen Sicherheitsbedingungen zu verstehen.[38] Sicherheit ist selbst kein Rechtsgut, sondern ein Zustand, in dem das durch die Norm geschützte Rechtsgut keinen besonderen, sondern nur den allgemeinen sozialadäquaten Risiken des betreffenden Verkehrskreises ausgesetzt ist.[39] Exemplarisch: Zur sicheren Teilnahme am Straßenverkehr gehört die objektiv begründete Gewissheit, dass andere Verkehrsteilnehmer nicht alkoholbedingt fahruntüchtig sind. Diese Sicherheit wird durch die von § 316 erfasste abstrakt gefährliche Handlung beeinträchtigt. § 316 verlangt also nicht, dass ein anderer Verkehrsteilnehmer konkret gefährdet oder gar verletzt wird, sondern stellt bereits den Vollzug der Handlung unter Strafe. Bei den abstrakten Gefährdungsdelikten muss der Sachverhalt nur unter den Tatbestand subsumiert werden; es gibt kein Tatbestandsmerkmal der Gefahr, das zu prüfen wäre und subjektiv zurechenbar sein müsste.[40]

---

33 Vgl § 2 Rn 7.
34 Eingehend *Kindhäuser* Krey-FS 249 ff.
35 Vgl zB §§ 315 Abs. 1, 319, 330 Abs. 1 Nr. 2.
36 ZB §§ 153 ff, 173, 177.
37 ZB § 306a Abs. 1.
38 Die abstrakten Gefährdungsdelikte sind kriminalpolitisch wie auch dogmatisch in vielerlei Hinsicht umstritten; näher hierzu *Graul*, Abstrakte Gefährdungsdelikte und Präsumtionen im Strafrecht, 1991; *Jescheck/Weigend* § 26 II 2; *Kindhäuser*, Gefährdung als Straftat, 1989, 225 ff; *Kuhlen* GA 1994, 347 ff.
39 Vgl auch *Kindhäuser* GA 1994, 197 (199 f).
40 Einzelheiten werden im BT behandelt, vgl zB zu § 306a *Kindhäuser* BT I § 65/18.

5. Eigenhändige Delikte

Eigenhändige Delikte sind Straftaten, die der Täter nur in Person begehen kann.[41] So kann sich nur derjenige nach § 316 strafbar machen, der selbst im alkoholbedingt fahruntüchtigen Zustand das Fahrzeug führt. An einem eigenhändigen Delikt können Dritte zwar als Anstifter oder Gehilfen teilnehmen, sie können den Tatbestand aber nicht in mittelbarer Täterschaft (§ 25 Abs. 1 Alt. 2) verwirklichen. Die mittelbare Tatbegehung wird deshalb in einigen Fällen durch eine besondere Vorschrift erfasst.[42]

6. Dauerdelikte

Dauerdelikte sind Straftaten, bei denen der Täter den tatbestandsmäßigen Erfolg herbeiführt und sodann über einen mehr oder weniger langen Zeitraum aufrechterhält. Sie sind bereits mit der Tatbestandsverwirklichung vollendet, die Verjährungsfrist beginnt aber erst mit deren Beendigung (§ 78a). Exemplarisch: Das Dauerdelikt der Freiheitsberaubung (§ 239) ist vollendet, sobald das Opfer eingesperrt ist; die Verjährung setzt jedoch erst mit der Beendigung des Freiheitsentzugs ein.[43]

7. Zustandsdelikte

Zustandsdelikte sind Straftaten, bei denen der tatbestandsmäßige Erfolg in einer mehr oder weniger langen, ggf auch dauerhaften Beeinträchtigung des Rechtsguts besteht; beispielhaft sind die Körperverletzung (§ 223) und die Sachbeschädigung (§ 303). Zustandsdelikte sind mit dem Eintritt des tatbestandsmäßigen Erfolgs zugleich vollendet und beendet.

8. Unternehmensdelikte

Unternehmensdelikte sind Straftaten, bei denen der Deliktstatbestand den Versuch der Vollendung gleichstellt (§ 11 Abs. 1 Nr. 6).[44] Hier ist die Tat mit ihrem Versuch gewissermaßen schon vollendet. Hieraus ergibt sich die Konsequenz, dass ein strafbefreiender Rücktritt vom Versuch (§ 24) beim Unternehmensdelikt nicht möglich ist. Die Unternehmensdelikte werden in echte und unechte Unternehmensdelikte unterteilt:

- **Echte Unternehmensdelikte** sind Straftaten, deren Deliktstatbestand **ausdrücklich** vom „Unternehmen" einer Tat spricht.[45]

- **Unechte Unternehmensdelikte** sind dagegen Straftaten, bei denen das Gesetz den Ausdruck „Unternehmen" zwar nicht erwähnt, nach der Formulierung des Deliktstatbestands die Vollendung aber schon mit der Ausführung der Tathandlung eintreten kann. So ist die in § 292 Abs. 1 Nr. 1 als „dem Wilde nachstellen" umschriebene Tat schon mit dem Versuch des Fangens vollendet.

---

41 Näher *Satzger* Jura 2011, 103 ff.
42 ZB § 160; näher hierzu *Kindhäuser* BT I § 48/7 ff.
43 Vgl auch BGHSt 42, 215 (216).
44 Näher hierzu *Mitsch* Jura 2012, 526 ff.
45 ZB §§ 81 f.

9. Antragsdelikte

29 **Antragsdelikte** sind Straftaten, deren strafrechtliche Verfolgung als Prozessvoraussetzung (ausnahmsweise!) einen Strafantrag verlangt.[46] Das Erfordernis eines Strafantrags ist im BT jeweils ausdrücklich angeordnet.

IV. Verbrechen und Vergehen

30 In der Strafrechtsdogmatik wird der Ausdruck „Verbrechen" – gleichbedeutend mit den Ausdrücken „Delikt" und „Straftat" – als ein Synonym für jede Art von strafbarem Verhalten gebraucht. Daneben gibt es aber noch eine technische Verwendung des Ausdrucks „Verbrechen": Das **„Verbrechen im technischen Sinne"** ist die Kategorie der schwersten rechtswidrigen (Straf-)Taten. Die gesetzlich vorgesehene Mindestfreiheitsstrafe des Verbrechens beträgt ein Jahr (§ 12 Abs. 1). Rechtswidrige Taten, die im Mindestmaß mit einer Freiheitsstrafe von weniger als einem Jahr oder mit Geldstrafe bedroht sind, werden dagegen **„Vergehen"** genannt (§ 12 Abs. 2).

31 Die Unterscheidung von Verbrechen und Vergehen im technischen Sinne ist in mehrfacher Hinsicht von großer praktischer Bedeutung, und zwar u.a. für

- die Strafbarkeit des Versuchs (§ 23);
- die versuchte Anstiftung (§ 30);
- die Gerichtszuständigkeit (§§ 24, 25, 74 GVG);
- das Opportunitätsprinzip (§ 153 StPO);
- das Strafbefehlsverfahren (§§ 407 ff StPO).

32 **WIEDERHOLUNGS- UND VERTIEFUNGSFRAGEN**

> Was ist unter einem (Delikts-)Tatbestand, was unter einem Sachverhalt zu verstehen? (Rn 1)
> Welche Formen der Tatbestandsabwandlungen kennt das StGB? (Rn 6 ff)
> Wie sind Verbrechen und Vergehen voneinander abzugrenzen? (Rn 30)

---

46 Vgl § 6 Rn 19; vgl auch *Jescheck/Weigend* § 85 I; *Mitsch* JA 2014, 1 ff.

§ 9 Der Inhalt des Deliktstatbestands

I. Objektiver und subjektiver Deliktstatbestand

1. Begriff und Funktion

Die gesetzliche Umschreibung der Merkmale eines strafbaren Verhaltens wird Deliktstatbestand (oder verkürzt: Tatbestand) genannt. Der Deliktstatbestand enthält alle Merkmale, die das strafbare **Unrecht** eines Verhaltens **positiv begründen**. Indem der Deliktstatbestand das strafbare Verhalten möglichst genau umschreibt („vertypt"), soll er zugleich dem einzelnen Bürger das jeweilige Unrecht plastisch und verständlich vor Augen führen und ihn so zu rechtstreuem Verhalten auffordern. Insoweit hat der Deliktstatbestand auch eine **Appellfunktion** zu erfüllen. Der Deliktstatbestand wird in einen **objektiven** und einen **subjektiven Tatbestand** unterteilt:[1]   1

a) **Objektive Tatbestandsmerkmale:** Die objektiven Tatbestandsmerkmale umschreiben das äußere Erscheinungsbild der Tat. Je nach Delikt enthalten die objektiven Tatbestände mehr oder weniger viele Details,[2] zu denen – in der üblichen Prüfungsreihenfolge – gehören können: 2

- **Tätermerkmale:** beim Allgemeindelikt „wer", ansonsten die Bezeichnung des Sonderpflichtigen, zB „Amtsträger" (§ 340) oder „Schuldner" (§ 283);   3
- **Tatobjekt** mit näherer Charakterisierung (zB „fremde bewegliche Sache", § 242);
- **Tathandlung** (zB „wegnehmen", § 242), ggf durch Verursachung eines Taterfolgs definiert (zB „töten", § 212);
- **Tatsituation** (zB „aus einer Kirche", § 243 Abs. 1 S. 2 Nr. 4);
- **Tatmodalitäten** (zB „Beisichführen einer Waffe", § 244 Abs. 1 Nr. 1a).

Der Ausdruck „**rechtswidrig**" (gleichbedeutend: „widerrechtlich", „unbefugt" usw) ist bei einigen Delikten objektives Tatbestandsmerkmal, bei anderen nur ein überflüssiger Hinweis auf die Rechtswidrigkeit als allgemeines Verbrechensmerkmal. Um eine Voraussetzung des objektiven Tatbestands handelt es sich, wenn das tatbestandliche Geschehen ohne das Merkmal kein Unrecht ist; so ist es zB beim Führen eines Titels in § 132a. Ein überflüssiger Hinweis auf die Rechtswidrigkeit als allgemeines Verbrechensmerkmal ist das Wort „unbefugt" in § 324, da eine Gewässerverunreinigung bereits als solche rechtswidrig ist, wenn sie nicht aufgrund einer besonderen Erlaubnis gerechtfertigt ist.   4

b) **Subjektive Tatbestandsmerkmale:** Die Merkmale des subjektiven Deliktstatbestands beziehen sich auf solche Umstände aus dem psychisch-seelischen Bereich und der Vorstellungswelt des Täters, welche die subjektive Tatseite des jeweiligen Delikts charakterisieren. Je nach Ausgestaltung des betreffenden Delikts gehören zum subjektiven Tatbestand: 5

- Vorsatz oder subjektive Fahrlässigkeit;[3]   6
- besondere Absichten (zB Zueignungsabsicht, § 242);
- besondere Motive (zB „Habgier", § 211 Abs. 2);

---

[1] Überlegungen zu „subjektiv-objektiven" Tatbestandsmerkmalen bei *Stübinger* Puppe-FS 263 ff.
[2] Zu den nicht zum objektiven Deliktstatbestand zählenden sog. objektiven Strafbarkeitsbedingungen vgl § 6 Rn 13.
[3] Teils wird die subjektive Fahrlässigkeit auch als Schuldmerkmal angesehen; näher § 33 Rn 45 ff, 49 ff.

- besondere Tendenzen (zB „gewerbsmäßig", § 243 Abs. 1 S. 2 Nr. 3);
- Gesinnungsmerkmale („roh" und „böswillig", § 225 Abs. 1; „rücksichtslos", § 315c Abs. 1 Nr. 2).[4]

2. Handlungs- und Erfolgsunrecht

7   Mit der Untergliederung des Deliktstatbestands in einen objektiven und einen subjektiven Teil ist die Differenzierung des Unrechts in Handlungs- und Erfolgsunrecht nicht identisch. Handlungsunrecht ist das Verhalten, das der Täter (objektiv und subjektiv) vornehmen oder unterlassen könnte und müsste, um die Verwirklichung eines Deliktstatbestands zu vermeiden. Erfolgsunrecht ist demgegenüber das durch das betreffende Verhalten realisierte tatbestandsmäßige Geschehen.[5] Exemplarisch: Wenn A den B mit einem Pistolenschuss gezielt tötet, so liegt das Handlungsunrecht dieser Tat in der vorsätzlichen Abgabe des Schusses; denn dieses Verhalten müsste A unterlassen, um die Verwirklichung des Totschlagstatbestands (§ 212) zu vermeiden. Dass B dagegen durch den Schuss kausal zu Tode kommt, ist das Erfolgsunrecht der Tat. Die Abgrenzung des Handlungs- vom Erfolgsunrecht hat nur Bedeutung für die allgemeine Straftatlehre,[6] spielt aber für die Prüfungsschritte im Gutachten keine Rolle und bedarf hier auch keiner Erwähnung.

II. Typen von Tatbestandsmerkmalen

8   Die Tatbestände umschreiben das deliktische Geschehen mit unterschiedlichen Typen von Merkmalen. So nimmt etwa der Diebstahlstatbestand (§ 242) teils auf eine natürliche Eigenschaft Bezug, indem er das Tatobjekt als „beweglich" bezeichnet. Zugleich wird das Tatobjekt aber auch durch die Eigenschaft „fremd" charakterisiert und damit auf die an der Sache bestehende Eigentumslage, also auf ein Rechtsverhältnis, verwiesen. Diese Bezugnahme auf unterschiedliche Eigenschaften eines Geschehens ist insbesondere hinsichtlich der Frage von Bedeutung, welche der zum Tatbestand gehörenden Umstände der Täter kennen muss, um iSv § 16 Abs. 1 S. 1 vorsätzlich zu handeln. An diese Kenntnis werden – je nach Eigenschaft – unterschiedliche Anforderungen gestellt,[7] so dass es einer näheren Bestimmung der Typen von Tatbestandsmerkmalen bedarf.

1. Deskriptive und normative Tatbestandsmerkmale

9   Grundlegend ist dabei die Unterscheidung zwischen sog. deskriptiven und sog. normativen Tatbestandsmerkmalen:

10 - **Deskriptive Tatbestandsmerkmale** beziehen sich auf natürliche Eigenschaften von Personen und Objekten, deren Vorhandensein empirisch oder durch Berechnung festgestellt werden kann;[8] exemplarisch: „Person unter vierzehn Jahren" (§ 176), „Gehör" (§ 226 Abs. 1 Nr. 1) oder „elektrisch" (§ 248c).

---

4   Hierzu eingehend *Kelker*, Zur Legitimität von Gesinnungsmerkmalen im Strafrecht, 2007.
5   Zum Begriff des Erfolgsunrechts eingehend *Lüderssen* Herzberg-FS 109 ff.
6   ZB bei der Einteilung von Deliktstypen (Tätigkeits- und Erfolgsdelikte).
7   Näher zur Irrtumsproblematik § 27 Rn 23 ff.
8   Vgl W-*Beulke/Satzger* Rn 131; *Roxin* I § 10/58 mwN.

■ **Normative Tatbestandsmerkmale** beziehen sich auf Eigenschaften, die auf einer sozialen bzw rechtlichen Regel beruhen;[9] exemplarisch: „Kredit" (§ 187), „Fürsorge" (§ 225 Abs. 1 Nr. 1) oder „geringwertig" (§ 248a). Das Vorhandensein normativer Merkmale kann nur unter Bezugnahme auf die sie konstituierende Regel (Norm) festgestellt werden.

11

Der Unterschied[10] zwischen den beiden Merkmalstypen lässt sich anhand eines Schachspiels verdeutlichen. Bei der Farbe der einzelnen Figuren und der Form des Brettes handelt es sich um die Eigenschaften deskriptiver Merkmale. Dass eine Figur schwarz ist oder dass das Brett eine quadratische Form hat, sind Eigenschaften, die den betreffenden Dingen unmittelbar zukommen; man kann diese Eigenschaften daher durch Betrachten, Messen usw verifizieren. Anders verhält es sich dagegen mit dem Umstand, dass der schwarze König „matt gesetzt" ist. „Matt" ist ein normatives Merkmal, da es sich auf eine bestimmte Anordnung der Figuren bezieht, die erst aufgrund der einschlägigen Spielregeln ihre Bedeutung erlangt. Die durch das Merkmal „matt" bezeichnete Eigenschaft existiert überhaupt nur im Kontext der Regeln des Schachspiels. Ähnlich verhält es sich mit dem Merkmal „fremd" iSv § 242. Die Bezeichnung einer Sache als fremd setzt voraus, dass es rechtliche Regeln gibt, denen zufolge Sachen der umfassenden Verfügungsgewalt (Eigentum)[11] einer Person zugeordnet werden, und dass der Täter kein Alleineigentum in diesem Sinne an der Sache hat.

12

Dass Personen und Sachen durch normative Merkmale bestimmte Eigenschaften zugeschrieben werden, die durch Regeln konstituiert werden, ist in der sozialen Realität nicht weniger eine Tatsache als die Existenz natürlicher Eigenschaften. Der Torschuss in einem Fußballspiel oder der Erwerb von Eigentum an einem Ring sind ebenso Fakten wie der Bau einer Straße oder das Fällen eines Baumes. Nur sind die Eigenschaften, die diese Tatsachen konstituieren, unterschiedlich. Um diese Differenz zu verdeutlichen, kann man die durch normative Eigenschaften gebildeten Tatsachen **institutionelle Tatsachen** nennen und sie den **natürlichen Tatsachen**, die durch natürliche Eigenschaften gebildet werden, gegenüberstellen. Das Strafrecht, das seinerseits regelnd in die soziale Realität eingreift, muss gleichermaßen an institutionellen wie natürlichen Tatsachen anknüpfen, wobei rein natürliche Tatsachen eher eine (seltene) Ausnahme bilden.

13

2. Blankettmerkmale

Einige Tatbestände des StGB enthalten sog. Blankettmerkmale. Dies sind Tatbestandsmerkmale, deren Inhalt von einer anderen rechtlichen Regelung (Gesetz, Rechtsverordnung oder Verwaltungsakt), auf die sie verweisen, bestimmt wird.[12] Hierbei gehören auch die Merkmale der gesetzlichen Regelung, auf die das Blankettmerkmal Bezug nimmt, zum Deliktstatbestand. So ist etwa der Tatbestand des § 315c Abs. 1 Nr. 2 eine Kombination aus den dort genannten Verhaltensweisen und den einschlägigen Merkmalen der StVO, auf die das Merkmal „verkehrswidrig" verweist.[13] Weitere Beispiele

14

---

9 *Kühl* § 5/92; *Roxin* I § 10/60.
10 Zu den umstrittenen Einzelheiten der Abgrenzung und Definition vgl BGHSt 31, 348; *Dopslaff* GA 1987, 1 ff; *Haas* Puppe-FS 93 ff; *Kindhäuser* Jura 1984, 465 ff, 672; *Roxin* I § 10/57 ff; LK-*Walter* Vor § 13 Rn 42.
11 Vgl § 903 BGB.
12 *Krey/Esser* Rn 128; *Stratenwerth/Kuhlen* § 3/8 m. Fn 9.
13 Vgl auch BGHSt 6, 30 (40); 20, 177 (181); 42, 79; *Jescheck/Weigend* § 12 III 2; NK-*Puppe* Vor § 13 Rn 26.

sind § 184e, der auf eine die Ausübung der Prostitution untersagende Rechtsverordnung Bezug nimmt, oder § 292, der eine Verletzung fremden Jagdrechts verlangt.

III. Vollendung, Versuch, Beendigung

1. Definitionen

15 Eine Straftat ist **vollendet**, wenn alle Merkmale des objektiven und subjektiven Deliktstatbestands verwirklicht sind.[14] Dagegen ist eine Straftat **versucht**, wenn der Täter nach seiner Vorstellung von der Tat unmittelbar zur Verwirklichung des objektiven Deliktstatbestands ansetzt (§ 22), ohne dass es zur Vollendung kommt. An der Vollendung kann es fehlen, weil der Deliktstatbestand nicht erfüllt oder nicht objektiv zurechenbar ist oder weil die Tat objektiv gerechtfertigt ist. Der Versuch ist beim Vorsatzdelikt strafbar, wenn die Tat ein Verbrechen oder die Strafbarkeit ausdrücklich angeordnet ist (§ 23 Abs. 1). Das Fahrlässigkeitsdelikt kennt keinen Versuch; die Strafbarkeit setzt hier stets Vollendung voraus.

16 Eine Straftat ist **beendet**, wenn das strafbare Unrecht seinen Abschluss gefunden hat.[15] Dieser Zeitpunkt kann bei manchen Delikten nach dem Vollendungszeitpunkt liegen. Exemplarisch: A fährt mit dem Fahrrad des B weg, um es sich zuzueignen. Nach 200 m gelingt es dem A, den ihn verfolgenden B im Verkehrsgewühl abzuschütteln. Hier hat A in dem Augenblick, in dem er wegfährt, eigenen Gewahrsam an dem Fahrrad erlangt und damit eine vollendete Wegnahme iSv § 242 begangen. Beendet ist der Diebstahl jedoch erst, wenn der neue Gewahrsam gesichert ist und B keine Möglichkeit mehr hat, sich das Fahrrad unmittelbar nach der Tat wieder zu verschaffen.

2. Gutachten

17 Auf den Zeitpunkt der Beendigung ist im Gutachten regelmäßig nicht einzugehen. Allerdings sind vor allem zwei Ausnahmen zu beachten: Zum einen ist die Beendigung zu erörtern, wenn die Tat verjährt sein kann, da die **Verjährungsfrist** mit der Beendigung beginnt (§ 78a); dies ist namentlich bei Dauerdelikten von Belang.[16] Zum anderen befürwortet die Rechtsprechung – entgegen der hL – die Möglichkeit einer **Tatbeteiligung** im Stadium zwischen Vollendung und Beendigung.[17] Soweit der Fall hierzu Anlass bietet, ist diese Frage zu beantworten und damit auch der Beendigungszeitpunkt festzustellen.[18]

18 WIEDERHOLUNGS- UND VERTIEFUNGSFRAGEN

> In welcher Weise wird der Deliktstatbestand unterteilt? (Rn 1 ff)
> Was ist unter deskriptiven, was unter normativen Tatbestandsmerkmalen zu verstehen? (Rn 9 ff)
> Wann ist eine Straftat versucht, wann vollendet, wann beendet? (Rn 15 f)

---

14 Und (nach hL) auch keine objektive Rechtfertigungslage gegeben ist; hierzu § 15 Rn 1 ff.
15 BGHSt 3, 40 (43 f); BayObLG NJW 1980, 412; *Baumann/Weber/Mitsch* § 28/4; näher *Kühl* Roxin-FS I 665 (672 ff).
16 Vgl § 8 Rn 24.
17 Vgl nur BGHSt 4, 132 (133); 28, 224 (229); BGH NJW 1985, 814; abl. *Rudolphi* Jescheck-FS 559 mwN.
18 Zum Hauptfall der möglichen Tatbeteiligung nach vollendetem Diebstahl oder Raub vgl *Kindhäuser* BT II § 2/125; § 13/32.

Zweiter Abschnitt: Der objektive Deliktstatbestand

§ 10 Erfolg, Handlung und Kausalität

I. Die strafrechtliche Funktion der Kausalität

1. Funktionaler Kausalbegriff

Alle Tatbestände, deren Verwirklichung den Eintritt eines Verletzungs- oder konkreten Gefährdungserfolgs voraussetzt, verlangen, dass dieser Erfolg ursächlich (kausal) auf ein Verhalten des Täters zurückzuführen ist. Der Ursachenzusammenhang ist damit ein **tatbestandsmäßiges Bindeglied zwischen Erfolg und Handlung**. Das Kausalitätsmerkmal ist hierbei entweder im Tatbestand ausdrücklich erwähnt – wie zB in § 222 – oder in ein erfolgsbezogenes Verb eingebunden; so bedeutet zB „töten" iSv § 212 Abs. 1 den Tod eines Menschen durch ein Verhalten verursachen.

Der hier relevante Begriff der Kausalität ist, wie jeder strafrechtliche Begriff, von seiner spezifischen strafrechtlichen Funktion her zu bestimmen. Das Strafrecht kann nicht blind einen in der Philosophie, der Wissenschaftstheorie oder den Naturwissenschaften entwickelten Kausalbegriff übernehmen, sondern muss ihn nach Maßgabe der eigenen Zwecke bestimmen. Allerdings darf dieser funktionale Kausalbegriff dem Stand der heutigen Wissenschaftstheorie nicht widersprechen, sondern muss mit den naturwissenschaftlichen Erkenntnissen zu vereinbaren sein. Exemplarisch: Es kann im Strafrecht nicht behauptet werden, der Tod eines Menschen sei durch die Einnahme eines bestimmten Medikaments verursacht worden, wenn der fragliche Todeseintritt durch die Einnahme dieses Medikaments medizinisch nicht erklärt werden kann.

2. Rechtsgüterschutz

Für das strafrechtliche Kausalitätsverständnis ist der Gedanke des Rechtsgüterschutzes maßgeblich: Durch die Befolgung von Normen sollen bestimmte Schäden, die als Rechtsgutsbeeinträchtigungen zu bewerten sind, vermieden oder verhindert werden. Unter dieser Zwecksetzung sind Kausalzusammenhänge gewissermaßen „Handlungsrezepte".[1] Wenn man weiß, dass unter den gegebenen Umständen das Ereignis *u* das weitere Ereignis *w* nach sich zieht, dann muss man, wenn man *w* herbeiführen will, *u* realisieren, oder man muss, wenn man *w* vermeiden will, auch *u* vermeiden. Die Kenntnis von Kausalzusammenhängen liefert also das Wissen, das erforderlich ist, um Schäden gezielt vermeiden oder verhindern zu können, und das heißt auch: um Normen befolgen zu können. Insoweit ist das strafrechtliche Kausalitätsverständnis auf „manipulative Techniken" bezogen. Kausalität interessiert (nur) unter dem Aspekt der Wirkungen tatsächlicher oder möglicher Eingriffe in einen realen Geschehensverlauf. Demnach ist die erste Frage, die sich im Falle des Eintritts eines Schadens stellt, diejenige, ob dieser **Schaden hätte vermieden oder verhindert werden können**, wenn man eine bestimmte Handlung vorgenommen oder eine vorgenommene Handlung unterlassen hätte. Die Antwort auf diese Frage liefert die Kausalitätsprüfung.

---

1 Vgl auch *Douglas Gasking*, Causation and Recipes, Mind LXIV (1955), 479 ff; näher hierzu *Kindhäuser*, Intentionale Handlung, 1980, 74 ff mwN.

3. Begriff des Erfolgs

3   Der zu vermeidende Schaden wird in der strafrechtlichen Terminologie als Erfolg bezeichnet. Der Begriff des Erfolgs bezieht sich auf eine **nachteilige Veränderung** des durch die Norm geschützten Rechtsguts(objekts). Der Schutz der Rechtsgüter des Lebens und der Gesundheit bedeutet somit, dass die Eigenschaften einer Person, lebendig oder gesund zu sein, nicht negativ verändert werden dürfen, dass eine Person also nicht sterben oder krank werden soll. Bei dieser Bestimmung des Erfolgs spielt es grds keine Rolle, ob sich das Gut schon in einem nachteiligen Zustand befindet. Vielmehr bezieht sich der Erfolg nur darauf, dass der Status quo, wie er auch immer beschaffen sein mag, nachteilig verändert wird.[2] Eine solche Veränderung kann auch minimal ausfallen und braucht nicht dauerhaft zu sein; auch die Gesundheit einer kranken Person kann geschädigt werden, nämlich dann, wenn der bereits schlechte Gesundheitszustand noch weiter beeinträchtigt wird.

4   Dem Schutzzweck der Verhaltensnormen entsprechend gehört zum strafrechtlichen Erfolg auch der **Zeitpunkt der Veränderung**. Der geschützte Zustand soll so lange wie möglich vor nachteiligen Veränderungen bewahrt werden. Damit ist auch jeder vorzeitige Eintritt einer nachteiligen Veränderung ein Erfolg. Exemplarisch: Hängt jemand in einer Felsschlucht nur noch an einem dünnen Seil, das langsam reißt, so darf dieses Seil auch dann nicht durchschnitten werden, wenn dadurch der Todeszeitpunkt nur um wenige Sekunden vorverlegt wird. Denn auch hinsichtlich dieser wenigen Sekunden verdient das Leben uneingeschränkten Schutz.

Die Begrenzung des Erfolgs auf nachteilige Veränderungen zu einem bestimmten Zeitpunkt, der sog. **Erfolg in seiner konkreten Gestalt**, besagt zugleich, dass alle sonstigen Umstände des schädigenden Ereignisses unbeachtlich sind. So ist insbesondere der Zustand des Objekts der Veränderung selbst nicht erklärungsbedürftig. Exemplarisch: Stößt A eine von dem Bildhauer B geschaffene Tonplastik um, so ist es für das Zerbrechen der Plastik ohne Bedeutung, dass sie von B gestaltet wurde. A und B haben zwar beide daran mitgewirkt, dass die Scherben einer bestimmten Tonplastik nunmehr auf dem Boden liegen. Bei dem strafrechtlich zu erklärenden Erfolg geht es aber allein um die Veränderung der Plastik zu einem bestimmten Zeitpunkt von einem Zustand, in dem sie unbeschädigt war, in einen Zustand, in dem sie zerbrochen ist. Für die Erklärung dieser Veränderung ist der Umstand, dass die Plastik von B geschaffen wurde, ohne Relevanz.

4. Zeitliche Perspektive

5   An den Kausalitätsnachweis stellen sich unterschiedliche Anforderungen, je nachdem, ob man auf den Zeitpunkt der Vornahme bzw des Unterlassens einer Handlung (sog. *ex ante*-Betrachtung) oder auf den Zeitpunkt des Erfolgseintritts (sog. *ex post*-Betrachtung) abstellt. Eine *ex ante*-Sicht ist notwendig mit mehr oder weniger großen Unsicherheiten belastet. Es können Umstände gegeben sein, die zum Zeitpunkt des (vorzunehmenden) Handelns aus der Perspektive des Täters oder sogar aus der Perspektive eines sachkundigen Beobachters nicht erkennbar waren. Exemplarisch: Ein Verunglückter leidet an einer höchst seltenen und nur schwer identifizierbaren Aller-

---

[2] Näher zur Bestimmung des Erfolgs als tatbestandlich erfasste nachteilige Veränderung *Puppe* ZStW 92 (1980), 863 (878 ff); ferner *Kindhäuser*, Gefährdung als Straftat, 1989, 88 ff; *Walder* SchwZStrR 93 (1977),123; *Wolff*, Kausalität von Tun und Unterlassen, 1965, 21 ff.

gie. Injiziert nun der Unfallarzt – der ärztlichen *lex artis* entsprechend – ein bestimmtes Medikament, das die Allergie auslöst und zum Tode führt, so könnte man bei einer *ex ante*-Betrachtung die Kausalität mit dem Argument verneinen, der Geschehensverlauf sei nicht vorhersehbar und damit nicht vermeidbar gewesen. Und umgekehrt: Stirbt der Verunglückte, weil ihn der Unfallarzt überhaupt nicht behandelt, so könnte man die Ursächlichkeit des Unterlassens für den Todeseintritt mit dem Argument bejahen, dass der Arzt – bei *ex ante*-Betrachtung – im Falle einer Behandlung die Überlebenschance des Patienten erheblich erhöht hätte. Dass sich bei einer Obduktion *ex post* herausstellen mag, dass die Verabreichung des fraglichen Medikaments den Tod nicht verhindert hätte, sondern wegen der allergischen Reaktion ebenfalls zum Tode geführt hätte, spielt bei dieser Sicht keine Rolle.

Im Strafrecht gab und gibt es mehrere Versuche, den Kausalitätsnachweis mit einer *ex ante*-Betrachtung zu verbinden. So will die sog. **Adäquanztheorie** nur solche Kausalverläufe berücksichtigen, die nach einem (optimalen) Erfahrungswissen *ex ante* zu erwarten sind.[3] Ferner wird die Auffassung vertreten, dass es jedenfalls für die Kausalität des Unterlassens ausreicht, wenn bei Vornahme des gebotenen Verhaltens eine reale Chance der Erfolgsvermeidung bestanden hätte.[4]

6

Die hM verlangt demgegenüber aus guten Gründen einen Kausalitätsnachweis *ex post*, also einen Kausalitätsnachweis, bei dem **alle Umstände**, die im Nachhinein bekannt und für den Geschehensverlauf **von kausaler Relevanz** sind, **berücksichtigt** werden. Für diese Auffassung spricht, dass es keinen Sinn macht, einem Täter vorzuwerfen, er sei für einen Erfolg verantwortlich, weil er ein bestimmtes Verhalten nicht unterlassen habe, wenn nicht mit Gewissheit feststeht, dass dieser konkrete Erfolg im Falle des Unterlassens auch ausgeblieben wäre. Und umgekehrt kann jemandem nicht vorgeworfen werden, er sei für einen Erfolgseintritt verantwortlich, weil er ihn nicht durch ein bestimmtes Verhalten verhindert hat, wenn nicht mit an Sicherheit grenzender Wahrscheinlichkeit feststeht, dass der Erfolg bei Vornahme der betreffenden Handlung auch hätte verhindert werden können.

Das Anliegen der Adäquanztheorie, die strafrechtliche Haftung auf vorhersehbare Geschehensverläufe zu beschränken, ist durchaus berechtigt. Nur wird dieses Anliegen im Strafrecht – teils anders als im Zivilrecht[5] – nicht im Bereich der Kausalität, sondern bei der Fahrlässigkeit im Rahmen des der Kausalität nachfolgenden gesonderten Prüfungsschritts der sorgfaltsgemäßen Vorhersehbarkeit[6] verfolgt, also bei der Frage, unter welchen (normativen) Bedingungen jemand in der Situation des Täters die Gefahr einer Erfolgsverursachung als Folge seines Handelns hätte erkennen können. Auf diese Weise werden auch – wissenschaftstheoretisch vorzugswürdig – die empirischen Fragen der Kausalität von den normativen Fragen der Verantwortlichkeit sachgemäß getrennt.

7

---

3 Grundlegend *Kries* ZStW 9 (1889), 525 ff; ferner *Sauer*, Allgemeine Strafrechtslehre, 3. Aufl. 1955, 79; *Traeger*, Der Kausalbegriff im Straf- und Zivilrecht, 1904; maßgebliche Kritik bei *Honig* v. Frank-FG I, 179 ff; vgl auch *Jakobs* 7/30 ff, 35.
4 M-*Gössel/Zipf* § 46/24; *Otto* § 9/98 ff, jew. mwN; näher zur Kausalität des Unterlassens § 36 Rn 12 ff.
5 Vgl hierzu *Rönnau/Faust/Fehling* JuS 2004, 113 (114, 116); *Roxin* I § 11/39 ff; SK-*Rudolphi* Vor § 1 Rn 54 f; ferner *Jäger* Maiwald-FS 345 ff.
6 Näher § 33 Rn 22 f.

II. Der Kausalitätsnachweis

▶ **FALL 1A:** A schüttet ein Pulver in den Kaffee des B; nach dem Genuss des Kaffees stirbt B. ◀

1. Äquivalenz- oder Bedingungstheorie

8   Die Rechtsprechung und Teile der Literatur bedienen sich zum Nachweis der Kausalität der sog. Äquivalenz- oder Bedingungstheorie:[7]

9   Nach dieser Lehre ist ein Verhalten Ursache eines Erfolgs, wenn es nicht hinweggedacht werden kann, ohne dass der Erfolg in seiner konkreten Gestalt entfiele (sog. *condicio-sine-qua-non*-Formel).[8] Als Ursache ist demnach jede notwendige Bedingung eines Erfolgs anzusehen, wobei alle notwendigen als gleichgewichtig (äquivalent) zu bewerten sind.[9]

10 Wenn in **Fall 1a** das Schütten des Pulvers in den Kaffee nicht hinweggedacht werden kann, ohne dass der Tod des B entfiele, ist es nach der Äquivalenztheorie eine Ursache des Todeserfolgs.

11 Gegen die *condicio-sine-qua-non*-Formel in dieser Form ist **einzuwenden**, dass sich mit ihrer Hilfe nur ein bereits nachgewiesener Kausalzusammenhang aufzeigen lässt, dass sie also das **Ergebnis** ihrer Anwendung **als schon bekannt voraussetzt**. So hat es in **Fall 1a** nur Sinn, das Pulver als Bedingung des Todeseintritts anzusehen, wenn seine kausale Wirkung bereits bekannt ist. Kennt man dagegen die chemische Zusammensetzung des Pulvers oder seine Wirkung auf den menschlichen Organismus nicht, so kann man auch nicht durch Wegdenken seiner Einnahme dessen Ursächlichkeit für den Tod feststellen. Es könnte ja ohne Weiteres sein, dass das Pulver keinerlei Schadensrelevanz hat und der Tod auf andere Weise herbeigeführt wurde. Der Kausalitätsnachweis mithilfe der *condicio-sine-qua-non*-Formel ist demnach erst erbracht, wenn der irreale Konditionalsatz, dass der Erfolg (Tod des B) nicht eingetreten wäre, wenn das fragliche Verhalten (Schütten des Pulvers in den Kaffee) nicht gewesen wäre, in **objektiv nachprüfbarer Weise bestätigt** und damit für wahr gehalten werden kann.[10]

---

[7] Nach v. *Buri*, Über Causalität und deren Verantwortung, 1873; vgl ferner RGSt 1, 373 ff; BGHSt 1, 332 ff; 2, 20 (24); 7, 112 (114); 39, 195 (197); *Frister* 9/5 ff; *Schlüchter* JuS 1976, 312; *Toepel*, Kausalität und Pflichtwidrigkeitszusammenhang beim fahrlässigen Erfolgsdelikt, 1992; *Welzel* § 9 II.

[8] Als Alternative zur Äquivalenztheorie wird vorgeschlagen, die Kausalität (jedenfalls bei der Täterschaft) nicht über notwendige, sondern über hinreichende Bedingungen zu bestimmen. Ein Handeln ist dementsprechend ursächlich, wenn sein Vollzug unter den gegebenen Umständen dazu ausreicht, einen Erfolg stattfinden zu lassen (hinreichende Letztbedingung oder *condicio per quam*).
Um herauszufinden, ob ein Verhalten als *condicio per quam* anzusehen ist, muss man nur die *condicio sine qua non*-Formel umdrehen und fragen, welches Verhalten nicht stattgefunden haben könnte, wenn der Erfolg nicht eingetreten wäre. Das heißt: Für einen Erfolg ist jedes Verhalten ursächlich, das unter den gegebenen Umständen entfallen müsste, wenn man den Erfolg wegdenkt. Hierzu *Hart/Honoré*, Causation in the Law, 2. Aufl. 1985, 112 und passim; *Honoré* ZStW 69 (1957), 463 ff; *Richard W. Wright* Iowa Law Review 73 (1988), 1001, (1020); näher *Kindhäuser* Kargl-FS 248 f, 260 ff.

[9] Diese beiden Kernpunkte der Äquivalenztheorie waren von Anfang an Gegenstand heftiger Kritik ausgesetzt, vgl aus neuerer Zeit *Haas*, Kausalität und Rechtsverletzung, 2002, 144 ff; *Hruschka* ZStW 110 (1998), 581 ff; *Kindhäuser* Kargl-FS 245 ff; *Puppe* § 2; *Renzikowski* GA 2007, 561 (574); zur älteren Literatur *Frank* § 1 Anm. III mwN.

[10] Vgl für die maßgeblichen Fälle der „strafrechtlichen Produkthaftung" *Jähnke* Jura 2010, 582 (585 ff).

2. Lehre von der gesetzmäßigen Bedingung

Daher verlangt die im Schrifttum vorherrschende sog. Lehre von der gesetzmäßigen Bedingung eine Bestätigung durch naturwissenschaftliche Gesetze und sieht ein Verhalten dann als Ursache eines Erfolgs an, wenn der Erfolg mit der Handlung **nach den bekannten Naturgesetzen** notwendig verbunden war.[11] Demnach ist in **Fall 1a** das Pulver für den Tod des B ursächlich, wenn seine Einnahme unter den gegebenen Rahmenbedingungen[12] – zB der körperlichen Konstitution des Opfers – zu den Umständen gehört, die den Todeseintritt nach den einschlägigen naturwissenschaftlichen Gesetzen hinreichend erklären. Dies ist der Fall, wenn sich der Todeseintritt nicht mehr erklären ließe, sofern man das Pulver nicht berücksichtigte.

12

Dieser Ansatz ist jedenfalls insoweit überzeugend, als der Rückgriff auf bekannte und gesicherte empirische Gesetze die *condicio-sine-qua-non*-Formel in hohem Maße zu bestätigen vermag. Jedoch kann gerade der zu entscheidende Fall den Anlass dazu bieten, überhaupt nach einem allgemeinen Kausalgesetz zu suchen. Exemplarisch: Viele Benutzer eines bestimmten Lederpflegemittels erkranken an Lungenödemen.[13] Wenn ein naturgesetzlicher Zusammenhang zwischen der Inhalation der fraglichen Substanz und der Erkrankung bislang nicht nachgewiesen war, kann die *condicio-sine-qua-non*-Formel auch nicht unter Rückgriff auf gesicherte medizinische Erkenntnisse bestätigt werden. Die Rechtsprechung behilft sich hier mit der Methode, den Kausalzusammenhang durch das **Ausscheiden von Alternativursachen** zu begründen. Das Lederpflegemittel wäre demnach dann als Ursache der Lungenödeme anzusehen, wenn sich für deren Auftreten keine andere plausible Erklärung finden lässt.[14]

13

Diese durchaus sachgerechte Methode ist zudem dort anzuwenden, wo – wie im **psychischen und sozialen Bereich** – allgemeine deterministische Gesetze kaum zur Verfügung stehen.[15] So wird man zB kein allgemeines empirisches Gesetz zur Begründung der Annahme finden, dass A den Einbruch in die Villa des B nicht begangen hätte, wenn C ihn hierzu nicht angestiftet hätte. Freilich kann auch in solchen Fällen nicht die bloße Überzeugung des Richters den Kausalitätsnachweis ersetzen. Vielmehr ist aufgrund der Lebenserfahrung und des einschlägigen (anerkannten) Fachwissens nach einer Begründung zu suchen, welche die Anwendbarkeit der *condicio-sine-qua-non*-Formel nachprüfbar und in einer vernünftige Zweifel ausschließenden Weise bestätigen kann.

14

---

11 Heute hL, vgl nur S/S-*Eisele* Vor § 13 Rn 75 f; *Jescheck/Weigend* § 28 II 4; *Roxin* I § 11/15; SK-*Rudolphi* Vor § 1 Rn 41, 42; *Schulz* Lackner-FS 39; krit. zu dieser Lehre jüngst *Frister* 9/6 ff.
12 Man kann die gegebenen Rahmenbedingungen das „kausale Feld" für eine Erklärung nennen; zum kausalen Feld der Erklärung einer Brandstiftung gehören zB Sauerstoff in der Luft, brennbare Materialien usw.
13 Vgl BGHSt 37, 106 ff.
14 Zustimmend *Erb* JuS 1994, 449 (453); *Hilgendorf*, Strafrechtliche Produzentenhaftung in der „Risikogesellschaft", 1993, 121 ff; *Kuhlen*, Fragen einer strafrechtlichen Produkthaftung, 1989, 67 ff; *Otto* § 6/35 f; *Roxin* I § 11/17; *Schaal*, Strafrechtliche Verantwortlichkeit bei Gremienentscheidungen in Unternehmen, 2001, 81 ff; abl. *Hassemer*, Produktverantwortung im modernen Strafrecht, 1994, 33 ff; NK-*Puppe* Vor § 13 Rn 83 f. Zur Problematik der Produkthaftung vgl ferner BGHSt 41, 206 ff (Holzschutzmittel); *Otto* Schroeder-FS 339 ff; *Puppe* JZ 1994, 1147 ff.
15 Vgl BGHSt 13, 13 ff; vgl auch *Hilgendorf* Jura 1995, 514 ff; *Kahlo* GA 1987, 69 ff; *Koriath*, Kausalität, Bedingungstheorie und psychische Kausalität, 1988, 142 ff, 224; *Otto* § 6/37 ff; ferner *Bernsmann* ARSP 1982, 536 (545 f); *Puppe* ZStW 95 (1983), 287 (297 ff); *Roxin* Achenbach-FS 409 ff.

3. Modifizierte condicio-sine-qua-non-Formel

15 Hieraus ergibt sich, dass als **Ursache** jeder Umstand anzusehen ist, der in der **gegebenen Situation** berücksichtigt werden muss, um den **Eintritt des Erfolgs** in seiner **konkreten Gestalt** nach Maßgabe der anerkannten Kausalgesetze in gültiger Weise zu erklären.[16] Demnach bedarf die *condicio-sine-qua-non*-Formel folgender Modifikation:

Ein Verhalten ist die Ursache eines Erfolgs, wenn es unter den gegebenen Umständen nicht hinweggedacht werden kann, ohne dass der Eintritt dieses Erfolgs in seiner konkreten Gestalt nach Maßgabe der anerkannten Kausalgesetze entfiele.

16 Dass der Erfolg entfiele, besagt bei dieser Formel, dass sein Eintritt unter den gegebenen Umständen nicht mehr kausal erklärbar wäre. In **Fall 1a** ist das Schütten des Pulvers in den Kaffee als Todesursache anzusehen, wenn es sich bei dem Pulver um eine giftige Substanz handelt, deren Berücksichtigung in der medizinischen Erklärung des Todeseintritts zu dem fraglichen Zeitpunkt notwendig ist. Keine Ursache ist dagegen der Umstand, dass B den Kaffee aus einer Porzellantasse trank, denn dieser Umstand trägt zur kausalen Erklärung des zum Todeseintritt führenden Geschehens nichts bei.

III. Einzelfragen

1. Konkreter Erfolg und hypothetische Kausalverläufe

▶ **FALL 1B:** A schüttet ein Pulver in den Kaffee des B; nach dem Genuss des Kaffees aus einer Porzellantasse stirbt B um 7.30 Uhr in der Küche seiner Wohnung. ◀

▶ **FALL 2:** A wirft einen Stein auf eine im Garten des B stehende Tulpe. Während der Stein auf die Tulpe trifft, wird er zeitgleich von einem Hagelkorn getroffen, das, wenn es nicht abgelenkt worden wäre, seinerseits die Tulpe in gleicher Weise beschädigt hätte. ◀

17 a) **Konkreter Erfolg:** Nach der (modifizierten) Äquivalenztheorie bezieht sich die Kausalität stets auf den konkreten Erfolg (Rn 3 f). Zu fragen ist also nach den Umständen, die den Erfolg in seiner konkreten Gestalt bedingt haben. In **Fall 1b** ist der Erfolg in seiner konkreten Gestalt die tatbestandliche Veränderung des Tatobjekts zu einer bestimmten Zeit, also das Sterben des B um 7.30 Uhr.

18 **Hypothetische Kausalverläufe**, nach denen der gleiche Erfolg in anderer Weise später ebenfalls eingetreten wäre, spielen grds keine Rolle.[17] Zu berücksichtigen sind nur solche Umstände, die tatsächlich gegeben und zur kausalen Erklärung des Erfolgseintritts notwendig sind. Umstände dagegen, die sich (noch) gar nicht realisiert haben, können in der Kausalerklärung auch keine Berücksichtigung finden. Der Ursächlichkeit des vergifteten Kaffees für den Tod des B in **Fall 1b** steht nicht entgegen, dass B als Mensch (hypothetisch) ohnehin einmal gestorben wäre. Der Ursächlichkeit der Gifteinnahme stünde auch nicht entgegen, wenn C dem B vor dessen Haustür aufgelauert und auf diesen geschossen hätte, falls der Giftanschlag des A fehlgeschlagen wäre. Denn die Bereitschaft des C zu schießen, trägt zur kausalen Erklärung des Todes von B um 7.30 Uhr nichts bei.

---

[16] In der wissenschaftstheoretischen Diskussion wird die Ursache auch als notwendiger Teil eines für die Erfolgserklärung hinreichenden Bedingungskomplexes (= hinreichende Minimalbedingung) bezeichnet; näher *Kindhäuser* GA 1982, 477 ff; *ders*., Gefährdung als Straftat, 1989, 84 ff; NK-*Puppe* Vor § 13 Rn 102 f; vertiefend *dies*. GA 2010, 551 ff; *Sofos*, Mehrfachkausalität beim Tun und Unterlassen, 1999, 107 ff; vgl auch *Toepel* Puppe-FS 289 ff.

[17] Vgl BGHSt 2, 20; 10, 369; 13, 13; 45, 270 (294 f); *Kühl* § 4/11 ff.

Schematische Darstellung:

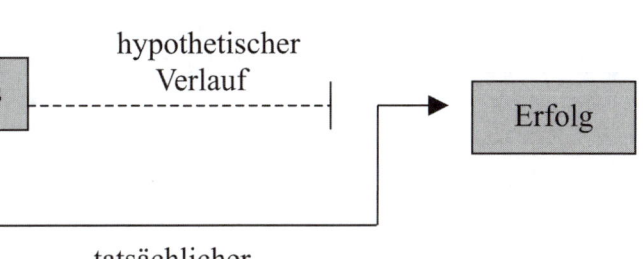

b) Reserveursache: Die Irrelevanz hypothetischer Umstände gilt auch für den denkbaren Fall, dass eine „Reserveursache" den konkreten Erfolg zur selben Zeit und am selben Ort hätte bewirken können. In **Fall 2** müsste eine schlichte Anwendung der *condicio-sine-qua-non*-Formel zum Verneinen der Kausalität führen, da der Steinwurf des A hinweggedacht werden kann, ohne dass der Erfolg entfiele. Doch dieses Ergebnis ist ersichtlich falsch, da das Hagelkorn die Tulpe nicht getroffen hat und damit auch zur Erklärung der konkreten schädigenden Veränderung nicht herangezogen werden kann. Das Hagelkorn scheidet also als reale Ursache aus, so dass, wenn auch der Steinwurf keine Ursache wäre, die Beschädigung der Tulpe überhaupt keine Ursache hätte.

Das Problem erledigt sich, wenn man die *condicio-sine-qua-non*-Formel in der modifizierten Form anwendet: Zu den gegebenen Umständen, durch welche die Beschädigung der Tulpe kausal erklärt werden kann, gehört der Steinwurf. Wenn man diesen Steinwurf hinweg denkt, dann ist die Beschädigung **unter den gegebenen Umständen nicht mehr erklärbar**, so dass der Steinwurf als Ursache anzusehen ist. Dass auch das Hagelkorn die Tulpe getroffen hätte, ist kein realer, sondern nur ein gedachter Umstand und daher für die Kausalerklärung unmaßgeblich.

2. Äquivalenz und atypische Verläufe

▶ **FALL 3:** Arzt A injiziert dem Patienten P ein Medikament, das – nach ärztlicher Voraussicht völlig unerwartet – eine allergische Reaktion mit Todesfolge auslöst. ◀

Für die Äquivalenztheorie sind, wie ihr Name besagt, **alle Bedingungen eines Erfolgs gleichwertig** (äquivalent). Dies gilt auch für die modifizierte Form der *condicio-sine-qua-non*-Formel. Es ist daher für die Ursächlichkeit ohne Bedeutung, ob der Eintritt des Erfolgs durch einen unvorhersehbaren Umstand begünstigt worden ist oder in sonstiger Weise auf einem atypischen Kausalverlauf beruht.[18] Die Feststellung des Ursachenzusammenhangs wird hierdurch nicht berührt; auch höchst unwahrscheinliche Zufälle sind nicht ausgeschlossen. So ist in **Fall 3** die Injektion unabhängig davon als Ursache des Todeserfolgs anzusehen, dass die allergische Reaktion nach ärztlicher Voraussicht völlig unerwartet ausgelöst wurde. Allerdings kann in solchen Fällen die Erfolgs*zurechnung* (mangels Fahrlässigkeit) entfallen.[19]

---

18 Vgl RGSt 54, 349 ff; BGH GA 1960, 111 ff.
19 Vgl § 33 Rn 20 ff.

23 Schematische Darstellung:

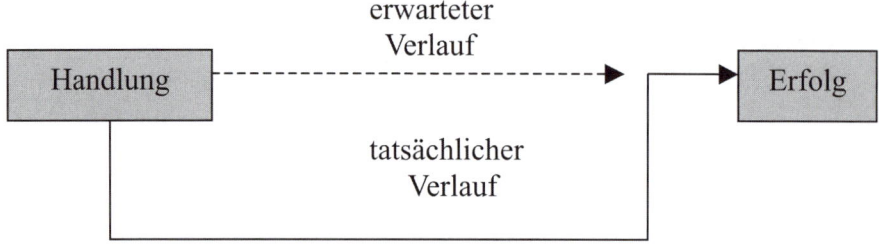

3. Überholende und abgebrochene Kausalverläufe

▶ **FALL 4:** A bringt O eine tödliche Dosis Gift bei; bevor das Gift wirkt, wird O von B erschossen. ◀

▶ **FALL 5:** F bringt Q eine tödliche Dosis Gift bei. Als das Gift erste Wirkungen zeigt, wird Q von D erschossen. Dies gelang D nur, weil Q von dem Gift bereits so geschwächt war, dass er nicht fliehen konnte. ◀

24 a) **Überholende Kausalität:** Ein Verhalten ist dann nicht als ursächlich für einen Erfolg anzusehen, wenn es von einem anderen Geschehensverlauf dergestalt überholt wird, dass es für die Erklärung des Erfolgseintritts keinerlei Bedeutung mehr hat.[20] Man spricht dann von einem **abgebrochenen Kausalverlauf**. So wird in **Fall 4** der von A in Gang gesetzte Kausalverlauf der Giftbeibringung durch den überholenden Kausalverlauf des Erschießens durch B abgebrochen. **Ursächlich** ist **nur der überholende Kausalverlauf** (Erschießen).

25 Schematische Darstellung:

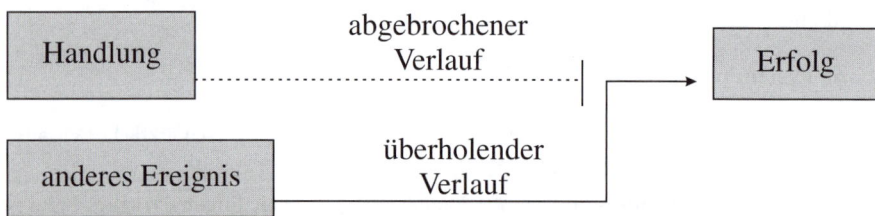

26 Ein Kausalverlauf ist jedoch nicht abgebrochen, wenn die ursprünglich gesetzte Bedingung für die kausale Erklärbarkeit des konkreten Erfolgseintritts noch herangezogen werden muss. So gelingt es in **Fall 5** dem D nur deshalb, den Q zu erschießen, weil dieser infolge der Vergiftung so geschwächt ist, dass er sich nicht durch Flucht vor D in Sicherheit bringen kann. Hier ist der von F initiierte Kausalverlauf nicht abgebrochen, sondern wirkt fort.[21] Denn unter den gegebenen Umständen lässt sich der Tod des Q ohne Berücksichtigung der Vergiftung nicht hinreichend erklären.

27 b) **Kausales Regressverbot:** Ein durch eine Handlung bedingter und den Erfolg erklärender Kausalverlauf wird nicht dadurch unterbrochen, dass ein Dritter oder das Op-

---

20 Vgl RGSt 69, 44 (47); BGHSt 4, 360 ff; BGH NStZ 1989, 431.
21 BGHSt 39, 195 (197 f); BGH NStZ 2001, 29 (30); vgl auch *Frister* 9/15.

fer selbst bewusst und gewollt an der Erfolgsherbeiführung mitwirken.[22] Ein dieser Annahme entgegenstehendes kausales Regressverbot wurde zeitweilig mit der Begründung befürwortet, dass aufgrund der Freiheit der menschlichen Willensentscheidung Kausalverläufe stets neu initiiert würden und daher nicht auf früheres Verhalten bei der Kausalanalyse zurückgegriffen werden könne.[23] Dieser Ansatz ist jedoch nicht haltbar, weil auch ein freier Willensakt erst durch die Einwirkung auf gegebene Umstände kausale Relevanz erlangt und kein Grund ersichtlich ist, diese Umstände für die kausale Erklärung des Erfolgseintritts nicht zu berücksichtigen.

So ist in **Fall 5 auch das Verhalten des F für den Tod des Q ursächlich**. Denn durch das Verhalten des F wurde eine Bedingung gesetzt – körperliche Schwäche des Q –, die zu den Umständen gehört, die den Erfolgseintritt hinreichend erklären. Würde dieses Verhalten hinweggedacht, so wäre der Erfolg in seiner konkreten Gestalt nicht mehr kausal erklärbar, so dass mit Sicherheit von seinem Ausbleiben auszugehen ist.

4. Kumulative Kausalität

▶ **FALL 6:** A und B versetzen unabhängig voneinander die Suppe des O mit einer Dosis Gift, die jeweils noch nicht für sich, wohl aber mit der anderen Dosis zusammen tödlich wirkt. ◀

Von kumulativer Kausalität spricht man, wenn – wie in **Fall 6** – unter den **gegebenen Umständen** (wenigstens) **zwei Verhaltensweisen notwendi**g sind, damit ein **Erfolgseintritt kausal erklärt** werden kann. Im Falle der kumulativen Kausalität ist jede zur Kausalerklärung des Erfolgs nötige Bedingung als Ursache anzusehen.

Schematische Darstellung:

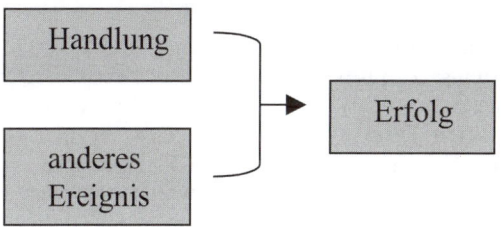

5. Alternative Kausalität (Doppelkausalität)

▶ **FALL 7:** A und B versetzen unabhängig voneinander die Suppe des O mit einer Dosis Gift, die jeweils für sich schon tödlich wirken kann. ◀

▶ **FALL 8A:** C und D schießen unabhängig voneinander zur selben Zeit auf Q. Jeder Schuss ist für sich schon tödlich. ◀

▶ **FALL 8B:** C und D schießen unabhängig voneinander auf Q. Einer von den beiden (jeweils für sich) tödlichen Schüssen wurde zuerst abgegeben. Es lässt sich aber nicht mehr klären, um wessen Schuss es sich handelte. ◀

---

22 Vgl nur RGSt 61, 318 ff; 64, 317 ff; BGH MDR 1994, 82; OLG Stuttgart NStZ 1997, 190; S/S-*Eisele* Vor § 13 Rn 77; *Roxin* Tröndle-FS 177.
23 So insbesondere *Frank* § 1 Anm. III 2a; vgl hierzu § 11 Rn 38; ferner LK-*Jescheck*, 11. Aufl., Vor § 13 Rn 58.

31 a) **Fälle der Doppelkausalität:** Bei der alternativen Kausalität (oder Doppelkausalität) sind, wie in **Fall 7**, unabhängig voneinander mehrere Bedingungen gesetzt, die jeweils unter den gegebenen Umständen den Eintritt eines Erfolgs kausal zu erklären vermögen.

32 Schematische Darstellung:

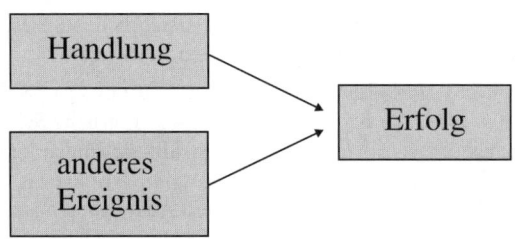

33 Bei einer schlichten Anwendung der *condicio-sine-qua-non*-Formel käme man in **Fall 7** zu dem Ergebnis, dass weder A noch B eine Ursache für den Tod des O gesetzt hätten, da jede Giftbeigabe für sich hinweggedacht werden kann, ohne dass der Erfolg entfiele. Dann gäbe es aber für den Tod des O keine Ursache, weil dieser Erfolg ohne Berücksichtigung wenigstens einer Giftbeigabe nicht hinreichend erklärt werden kann.[24]

34 aa) Um eine solche evident unplausible Folgerung zu vermeiden, ist die *condicio-sine-qua-non*-Formel wie folgt zu modifizieren:

Mehrere Handlungen sind jeweils für sich als Ursache eines Erfolgs anzusehen, wenn sie unter den gegebenen Umständen zwar alternativ, aber nicht kumulativ hinweggedacht werden können, ohne dass der Eintritt dieses Erfolgs in seiner konkreten Gestalt nach Maßgabe der anerkannten Kausalgesetze entfiele.[25]

35 bb) In den Fällen von Nebentäterschaft bei alternativer Kausalität ist hinsichtlich der **Zurechnung** der Grundsatz zu beachten, dass man sich zur Entlastung von Verantwortung für eigenes unerlaubtes Verhalten nicht auf unerlaubtes Alternativverhalten – sei es eigenes, sei es das eines Dritten – berufen darf. Sonst verweigerte das Strafrecht ausgerechnet dann seinen Schutz, wenn das Opfer nicht nur von einem, sondern von zwei oder mehreren Tätern angegriffen wird, ein dem Rechtsgüterschutz evident zuwiderlaufendes Ergebnis. Der Erfolg ist in **Fall 7** ja gerade eingetreten, weil *beide* Täter es nicht unterlassen haben, das Getränk des O zu vergiften. Wird ein Erfolg durch alternativ schädigendes Verhalten mehrerer Personen verursacht, so hat die Zurechnung bei jedem Täter nach Maßgabe einer **normativ geordneten Welt** zu erfolgen, also nach Maßgabe einer Welt, die hinsichtlich der fallrelevanten Umstände den normativen Erwartungen des Rechts entspricht. Für die Beantwortung der Zurechnungsfrage folgt daraus für **Fall 7**: Bei der Zurechnung des Erfolgs zu A ist davon auszugehen, dass sich B rechtmäßig verhalten und die Suppe des O nicht vergiftet hat; bei der Zurechnung des Erfolgs zu B ist umgekehrt zu verfahren.[26]

---

24 Aus diesem Grunde will *Toepel* JuS 1994, 1009 nur Versuch annehmen; dem folgend *Frister* 9/9 ff; *Rotsch* Roxin-FS II 377 (392).
25 Vgl auch BGHSt 39, 195; S/S-*Eisele* Vor § 13 Rn 82; *Hilgendorf* NStZ 1994, 561 ff; *Kindhäuser* GA 2012, 134 ff; *Kühl* § 4/19; SK-*Rudolphi* Vor § 1 Rn 51.
26 Näher hierzu *Kindhäuser* GA 2012, 134 ff; krit. zu diesem Begründungsansatz *Puppe* ZIS 2012, 267 ff.

b) Keine Doppelkausalität: Keine Konstellation der alternativen Kausalität ist der Fall, dass sich nicht aufklären lässt, welche von zwei potenziellen Erfolgsbedingungen tatsächlich als Ursache anzusehen ist. Während **Fall 8a** in jeder Hinsicht **Fall 7** entspricht und nach denselben Grundsätzen zu lösen ist, hat in **Fall 8b** *nur eine* der beiden Kugeln tatsächlich den Tod verursacht; der jeweils andere Kausalverlauf ist abgebrochen. Da sich nicht mehr feststellen lässt, wer den tödlichen Schuss abgegeben hat, gilt der Grundsatz *in dubio pro reo*:[27] Zugunsten beider Täter wird angenommen, dass ihre Kugel jeweils die spätere war. Insoweit werden beide Täter in **Fall 8b** auch nur wegen Versuchs bestraft.[28]

36

6. Abbruch rettender Kausalverläufe

▶ **FALL 9:** A stößt ein Brett weg, das auf den ertrinkenden O zutreibt und an dem sich dieser hätte festhalten und retten können; O ertrinkt. ◀

Unter dem Abbruch eines rettenden Kausalverlaufs ist eine Situation zu verstehen, in der eine Bedingung, die aller Wahrscheinlichkeit nach den Eintritt des Erfolgs verhindert hätte, beseitigt wird; der Erfolg tritt ein.[29] Die Ursächlichkeit des Abbruchs eines (aller Wahrscheinlichkeit nach) rettenden Kausalverlaufs für den Erfolg ist zu bejahen: So kann in **Fall 9** der Eintritt des Todes durch Ertrinken nicht kausal erklärt werden, wenn man den die Rettung hindernden Eingriff hinweg denkt. Diese Kausalanalyse beruht nicht etwa auf einer Fiktion, denn das Brett treibt ja tatsächlich auf O zu.[30]

37

Schematische Darstellung:

38

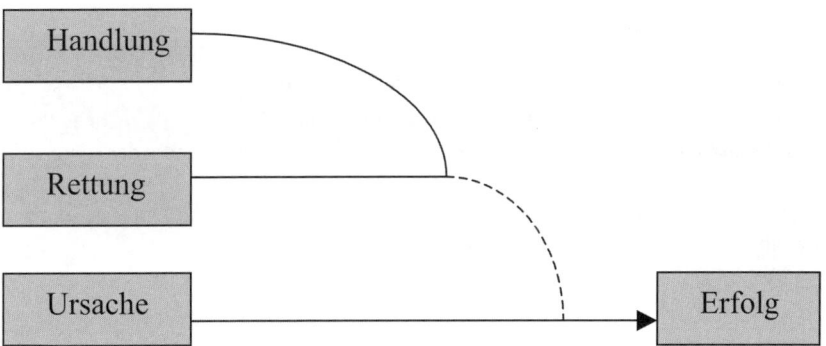

7. Gremienentscheidungen

▶ **FALL 10:** Die Geschäftsführer einer GmbH, deren Entscheidungen mit Mehrheit zu treffen sind, beschließen, weiterhin ein Produkt zu vertreiben, das aller Wahrscheinlichkeit nach zu Gesundheitsschäden bei seiner Verwendung durch Verbraucher führt. ◀

---

27 Näher zu diesem Grundsatz § 48 Rn 1 ff.
28 Vgl BGH NJW 1996, 1823; *Jescheck/Weigend* § 28 II 5; *Kaufmann* Schmidt, Eb.-FS 200 (211).
29 Eingehend zu dieser Fallkonstellation *Reinhold*, Unrechtszurechnung und der Abbruch rettender Verläufe, 2009.
30 Vgl NK-*Puppe* Vor § 13 Rn 111; iE übereinstimmend, aber mit anderer Begründung *Gropp* § 5/32; *Kühl* § 4/17 f; *Roxin* I § 11/33 f.

39 Kausalprobleme[31] können sich ergeben, wenn Erfolge durch Kollektiventscheidungen bedingt werden.[32] Hinsichtlich solcher Entscheidungen ist zwischen zwei Konstellationen zu differenzieren:[33]

40 **a) Kumulative Kausalität:** Die Mehrheitsentscheidung wird von zwei Geschäftsführern getroffen, während der Dritte dagegen stimmt oder sich der Stimme enthält.[34] Dies ist ein Fall der kumulativen Kausalität der konsentierenden Geschäftsführer, da beide Stimmen für das Zustandekommen des Beschlusses notwendig sind.

41 **b) Alternative Kausalität:** Wird die Gremienentscheidung – wie in Fall 10 – einstimmig getroffen, so handelt es sich um einen speziellen Fall der alternativen Kausalität: Die zustimmenden Voten können zwar jeweils für sich, nicht aber kumulativ hinweggedacht werden, ohne dass das Zustandekommen des Beschlusses entfiele. Jede Stimme ist im Verbund mit der/den anderen Stimme(n), die für eine Mehrheitsentscheidung notwendig sind, geeignet, das Zustandekommen des Beschlusses hinreichend zu erklären.[35] Diese Erklärungskraft geht nicht dadurch verloren, dass das Zustandekommen des Beschlusses auch durch eine andere Stimmenkonstellation erklärt werden kann. Da keine einzelne Stimme „überholt" wird, verliert auch keine Stimme ihre kausale Relevanz dadurch, dass im Ergebnis ein Überschuss erzielt wird.

42 Wenig überzeugend ist es, wenn dieses weitgehend anerkannte Ergebnis teils auch mit der Begründung zu erzielen versucht wird, es handele sich um einen Sonderfall der kumulativen Kausalität.[36] Denn hier ist das Ergebnis insoweit „überbedingt", als die einzelne Stimme für das Zustandekommen der Entscheidung gerade nicht notwendig ist.[37]

43 **WIEDERHOLUNGS- UND VERTIEFUNGSFRAGEN**

> Welche Funktion hat die Kausalität im Strafrecht? (Rn 1 ff)
> Zu welchem Zeitpunkt wird das Kausalurteil gefällt? (Rn 5 ff)
> Was besagt die condicio-sine-qua-non-Formel und wie ist sie im Lichte der Lehre von der gesetzmäßigen Bedingung zu modifizieren? (Rn 8 ff, 12 ff, 15 f)
> Welche Situationen werden mit den Stichworten des überholenden Kausalverlaufs und der alternativen Kausalität erfasst? (Rn 24 ff, 31 ff)

---

31 Überblick zur Problematik bei *Satzger* Jura 2014, 186 ff.
32 Das Problem kann – entgegen der Auffassung des BGH (BGHSt 37, 106 [126 ff]) – nicht befriedigend mit der Begründung umgangen werden, die Beteiligten seien ohnehin Mittäter. Denn ungeachtet der auch für Mittäterschaft erforderlichen Kausalität des Einzelbeitrags lässt sich so der wichtige Fall *fahrlässiger* Begehung nicht erfassen; aA – mit der (sachwidrigen) Konstruktion einer fahrlässigen Mittäterschaft – *Knauer*, Die Kollegialentscheidung im Strafrecht, 2001, 133 ff, 181 ff; ferner *Renzikowski*, Restriktiver Täterbegriff und fahrlässige Beteiligung, 1997, 282 f; *Schaal*, Strafrechtliche Verantwortlichkeit bei Gremienentscheidungen in Unternehmen, 2001, 242 ff; treffende Kritik bei *Puppe* GA 2004, 129 ff.
33 Vgl zum Fall des (kumulativen) Unterlassens, eine erfolgsverhindernde Entscheidung des Gremiums herbeizuführen, § 36 Rn 22, ferner BGH NJW 2003, 522 (526) mwN; zur Strafbarkeit bei geheimen Abstimmungen *Correl* Roxin, Imme-FS 117 ff.
34 Ob dieser Geschäftsführer aus anderen Gründen strafbar ist, weil er zB gegen den Beschluss als Garant vorgehen müsste, kann hier dahinstehen.
35 Vgl auch NK-*Puppe* Vor § 13 Rn 108; ferner *Neudecker*, Die strafrechtliche Verantwortlichkeit der Mitglieder von Kollegialorganen, 1995, 224 f; *Röckrath* NStZ 2003, 641 ff; *Weißer*, Kausalitäts- und Täterschaftsprobleme bei der strafrechtlichen Würdigung pflichtwidriger Kollegialentscheidungen, 1996, 113 ff.
36 *Baumann/Weber/Mitsch* § 14/37; *Marxen* 30 f; *Roxin* I § 11/19.
37 Vgl auch *Jakobs* Miyazawa-FS 419 (421 ff); *Knauer*, Die Kollegialentscheidung im Strafrecht, 2001, 93 f.

§ 11 Objektive Zurechnung beim Erfolgsdelikt

I. Kausalität und objektive Zurechnung

▶ **FALL 1:** A leiht seinem ungeschickten Nachbarn N ein Beil aus, mit dem sich dieser beim Holzhacken versehentlich verwundet. ◀

Der Kausalnachweis dient der Feststellung, dass zwischen einem Handeln und einem tatbestandsmäßigen Erfolg ein faktischer Zusammenhang in der Weise besteht, dass bei einem Unterlassen des Handelns der Erfolg in seiner konkreten Gestalt nicht eingetreten wäre. Damit werden jedoch noch nicht alle Verhaltensweisen aus dem objektiven Haftungszusammenhang ausgeschlossen, deren Bestrafung nach den Wertungen des Strafrechts und insbesondere unter Maßgabe seiner generalpräventiven Aufgabe unplausibel wäre.[1] Denn dass ein bestimmter Erfolg im Falle des Unterlassens einer bestimmten Handlung nicht eingetreten wäre, heißt noch nicht, dass die betreffende Handlung auch um der Erfolgsvermeidung willen zu unterlassen war. Wenn aber die Norm die Erfolgsvermeidung vorschreibt, können nur solche Handlungen die strafrechtliche Haftung für einen Erfolg begründen, die um der Erfolgsvermeidung willen zu unterlassen waren.

Vor allem bei den sog. reinen Erfolgsdelikten, bei denen das Gesetz – wie zB bei Totschlag (§ 212) und Körperverletzung (§ 223) – seinem Wortlaut nach nicht mehr als die Verursachung eines Erfolgs verlangt, stellt sich die Frage, welche Anforderungen einerseits an das Handeln zum Tatzeitpunkt und andererseits an den Zusammenhang zwischen Handlung und Erfolg zu stellen sind, damit ein erfolgsverursachendes Verhalten als strafrechtlich relevante Tatbestandsverwirklichung anzusehen ist. Es ist heute nahezu einhellige Ansicht, dass die erforderliche Haftungsbegrenzung nicht mehr, wie dies früher für ausreichend erachtet wurde,[2] allein im Rahmen des subjektiven Tatbestands oder der Schuld, sondern teils schon bei der Prüfung der objektiven Tatbestandsmäßigkeit vorzunehmen ist.[3]

Dieser Prüfungsschritt der tatbestandlichen Haftungsbegrenzung wird **objektive Zurechnung** genannt.[4] Er hat die (normative) Feststellung zum Gegenstand, dass der Er-

---

1 Vgl *Frisch* JuS 2011, 19 ff; *Schumann* Jura 2008, 408 ff.
2 Vgl nur RGSt 29, 218 (220); 56, 343 (348 f); *Baumann/Weber/Mitsch* § 14/100.
3 Vgl W-*Beulke/Satzger* Rn 178; HK-M. *Heinrich* Vor § 13 Rn 71 ff; *Jakobs* 7/35 ff; NK-*Puppe* Vor § 13 Rn 153 ff; *Rönnau/Faust/Fehling* JuS 2004, 113 (114); SK-*Rudolphi* Vor § 1 Rn 57 ff; *Schünemann* GA 1999, 207 (209 ff); grds ablehnend *Kaufmann* Jescheck-FS 251 ff; hiergegen wiederum *Jakobs* Hirsch-FS 45 ff. Konstruktiv teils abweichend, iE aber weitgehend übereinstimmend *Freund* § 2 Rn 46 ff; *Frisch*, Tatbestandsmäßiges Verhalten und Zurechnung des Erfolgs, 1988; hierzu krit. *Roxin* I § 11/51.
4 Zur Begriffsentwicklung vgl *Puppe*, Die Erfolgszurechnung im Strafrecht, 2000, 1 ff; *Roxin* I § 11/44 ff; *Schumann* Jura 2008, 408 ff. Die Lehre von der objektiven Zurechnung ist jedoch nur im Kernbereich dogmatisch gesichert. Die Terminologie ist uneinheitlich; die Kriterien sind im Detail umstritten; vgl nur *Frisch*, Tatbestandsmäßiges Verhalten und Zurechnung des Erfolgs, 1988; *ders.* JuS 2011, 19; *Jakobs* Hirsch-FS 45 ff; NK-*Puppe* Vor § 13 Rn 153 ff; *Radtke* Puppe-FS 831: „gemeinsames begriffliches Dach"; *Roxin* Maiwald-FS 715 ff; SK-*Rudolphi* Vor § 1 Rn 57 ff; *Schünemann* GA 1999, 207 ff; krit. *Kahlo* Küper-FS 249 ff; *Sacher* ZStW 118 (2006), 574 ff; grds abl. *Kaufmann* Jescheck-FS 251 ff.

folg durch einen vom Täter beherrschbaren,⁵ unerlaubt riskanten Kausalverlauf bedingt wurde. Insoweit hat die objektive Zurechnung die negative Aufgabe, irrelevante Kausalverläufe aus dem Bereich strafrechtlicher Folgenverantwortung auszuscheiden.⁶ Objektiv ist diese Zurechnung, weil sie die subjektive Tatseite noch völlig ausblendet. Es geht allein um die Frage, ob die Erfolgsverursachung als Verwirklichung des objektiven Deliktstatbestands angesehen werden kann.

3   Dass dieser Ansatz sachgerecht ist, zeigt **Fall 1**: Hier ist das Ausleihen des Beiles eine Ursache der Körperverletzung, weil das Vorhandensein des Beiles eine Bedingung ist, die unter den gegebenen Umständen berücksichtigt werden muss, um den Erfolgseintritt kausal erklären zu können. Wenn A zudem noch damit rechnete, dass sich sein Nachbar infolge seiner Ungeschicklichkeit verletzt, handelte er auch vorsätzlich. Und da Rechtfertigungs- und Entschuldigungsgründe nicht eingreifen, wäre A wegen vorsätzlicher Körperverletzung zu bestrafen. Ein solches Ergebnis ist aber nicht akzeptabel, da A nicht verpflichtet sein kann, dafür Sorge zu tragen, dass sich sein mit den üblichen Lebensrisiken vertrauter Nachbar nicht mit einem allgemein zugänglichen Gebrauchsgegenstand verletzt. Es ist nicht die Aufgabe des Strafrechts, Schäden um jeden Preis zu vermeiden und dadurch das soziale Leben zu blockieren. Soziale Kontakte müssen unter bestimmten Bedingungen frei von strafrechtlicher Folgenverantwortung ablaufen. Vor allem bei mehreren Personen, die jeweils ursächlich an einem erfolgsverursachenden Geschehen beteiligt sind, ist daher zu prüfen, ob jede von ihnen ihren Beitrag um der Erfolgsvermeidung willen zu unterlassen hatte und daher für den Erfolgseintritt einzustehen hat oder ob sie ggf durch die Zuständigkeit der anderen (ganz oder teilweise)⁷ entlastet wird.⁸

II. Gegenstand der objektiven Zurechnung

4   **Fall 1** verdeutlicht, dass sich die Verwirklichung eines objektiven Deliktstatbestands nicht in der Verursachung eines Erfolgs erschöpfen kann. Denn die strafrechtlichen Tatbestände beinhalten Verhaltensnormen, also Ge- und Verbote, so dass sich die Tatbestandsverwirklichung als Verstoß gegen die jeweilige Verhaltensnorm darstellen muss. Das erfolgsverursachende Verhalten muss also **generell unerlaubt** sein, um als Tatbestandsverwirklichung angesehen werden zu können. Dass ein tatbestandsverwirklichendes Geschehen (nur) generell unerlaubt sein muss, besagt, dass es durchaus im konkreten Fall aufgrund einer Rechtfertigungslage erlaubt sein kann. Exemplarisch: Wer einen anderen mit einer Waffe verletzt, verhält sich in einer Weise, die als Verstoß gegen das Verbot der Körperverletzung im Allgemeinen unerlaubt ist. Gleichwohl

---

5   Überlegungen zum Erfordernis der Beherrschbarkeit des Kausalverlaufs standen am Anfang der Entwicklung der Lehre von der objektiven Zurechnung. Verlangt wurde (und wird), dass das Geschehen von einer objektiven Maßstabsfigur in der Situation des Täters bezweckbar gewesen sein müsse; Grundlagen zunächst zivilrechtlich bei *Larenz*, Hegels Zurechnungslehre und der Begriff der objektiven Zurechnung, 1927; für das Strafrecht sodann einflussreich *Honig* Frank-FG 174 ff (zu diesem ausf. *Weiglin*, Richard Martin Honig [1890–1981] – Leben und Frühwerk eines deutschen Juristen jüdischer Herkunft); gegen eine vom konkreten Täter abstrahierende Bezweckbarkeit der Erfolgsvermeidung *Kindhäuser* Hruschka-FS 527 (529 ff).
6   Versuch einer wissenschaftstheoretischen Präzisierung bei *Dold* ZStW 122 (2010), 785 ff.
7   Eine teilweise Entlastung ist gegeben, wenn der ursächliche Beitrag nur als Teilnahme an der Tat eines anderen einzustufen ist; vgl hierzu § 38 Rn 3.
8   Krit. zur Ausweitung der objektiven Zurechnung zu Lasten der subjektiven Zurechnung *Kahlo* Kuper-FS 249 ff, *Kindhäuser* GA 2007, 447 ff; *Schumann, H./Schumann, A.* Küper-FS 543 (556 ff); *Schumann* Jura 2008, 408 ff; *Weiglin*, Richard Martin Honig (1890–1981) – Leben und Frühwerk eines deutschen Juristen jüdischer Herkunft, 176 ff; vgl ferner *Block*, Atypische Kausalverläufe in objektiver Zurechnung, 2008, 160 ff; *Schroeder* Szwarc-FS 273 ff.

kann dieses Verhalten im konkreten Fall erlaubt sein, weil zB die Voraussetzungen einer Notwehr gegeben sind. Die objektive Zurechnung hat also maW die Feststellung objektiven tatbestandlichen Unrechts ungeachtet spezieller Rechtfertigungslagen zum Gegenstand.

Ein Erfolg ist objektiv zurechenbar, wenn sich in ihm ein vom Täter (allein oder mit anderen) geschaffenes (generell) **unerlaubtes Risiko** realisiert.[9] In dieser üblichen Formel kommt dem Begriff des Risikos keine besondere eigene Bedeutung zu. Denn jedes Verhalten, das einen Erfolg verursacht, ist, wie sogleich zu zeigen sein wird (Rn 6 ff), insoweit auch riskant. Das spezifische Gewicht der objektiven Zurechnung liegt vielmehr in dem Erfordernis, dass das riskante Verhalten (generell) unerlaubt sein muss. Wann ein Risiko unerlaubt – oder wie auch gleichbedeutend gesagt wird: tatbestandsmäßig oder rechtlich missbilligt – ist, wird von der objektiven Zurechnungslehre wiederum **nur negativ begründet**:

Unerlaubt ist ein erfolgsverursachendes Risiko, das keine der Voraussetzungen erfüllt, unter denen es als (generell) erlaubt anzusehen ist.

III. Ursache und Risiko

1. Risikobegriff

▶ **FALL 2:** Auf einer Wanderung durch einen im Hochsommer ausgetrockneten Wald wirft W achtlos eine noch glimmende Zigarette weg und löst so einen verheerenden Brand aus. ◀

a) **Begriff:** Ein Risiko – gleichbedeutend wird auch von einer Gefahr gesprochen – ist eine Situation, in welcher der Eintritt eines Erfolgs (zumindest) mit einer gewissen Wahrscheinlichkeit zu erwarten ist. Ein Risikourteil ist also das (zeitliche) Gegenstück zu einer Kausalanalyse.

Kausalanalyse und Risikourteil beziehen sich gleichermaßen auf die kausale Verknüpfung von Ereignissen unter Heranziehung empirischer Gesetzmäßigkeiten. Unterschiedlich ist nur die **Perspektive**: Die Kausalanalyse wird von einem Standpunkt *ex post* nach Eintritt des Erfolgs vorgenommen. In **Fall 2** ist etwa zu fragen, aufgrund welcher Umstände das Entstehen des Brandes kausal zu erklären ist. Einschlägig ist hier insbesondere das Zusammentreffen der ausgetrockneten Pflanzen mit der noch brennenden Zigarettenkippe. Demgegenüber wird das Risikourteil aus einer Perspektive *ex ante* getroffen. In **Fall 2** könnte aufgrund der allgemeinen Lebenserfahrung und der bekannten Umstände der Ausbruch eines Brandes mit einer gewissen Wahrscheinlichkeit prognostiziert werden. Dass sich die Prognose beim Risikourteil nur mit einer gewissen Wahrscheinlichkeit abgeben lässt, kann zum einen darauf beruhen, dass die Wissenschaft (noch) keine einschlägigen deterministischen Gesetze – zB über einen Krankheitsverlauf – anzubieten vermag. Zum anderen lässt sich eine Prognose regelmäßig nur auf der Basis einer begrenzten Menge an bekannten Bedingungen aufstellen, deren Eintritt zudem noch ungewiss sein oder deren kausale Relevanz durch den möglichen Eintritt weiterer Bedingungen wieder entfallen kann. So wäre es in **Fall 2** etwa möglich, dass der Förster F auf einem Kontrollgang die Brandstelle noch rechtzeitig entdecken und ersticken kann.

---

[9] Vgl *Rengier* § 13/46.

7 **b) Risikofaktoren und Erkennbarkeit:** Wie bei der Kausalität so ist auch bei Risiken exakt zwischen dem Risikourteil und dem Gegenstand dieses Urteils zu differenzieren. Kausalanalyse wie auch Risikoprognose beziehen sich auf reale Gegebenheiten und Ereignisse. Ein Umstand, ohne den sich der Eintritt eines Erfolgs *ex post* nicht kausal erklären lässt, wurde Ursache genannt.[10] Dementsprechend kann ein Umstand, dessen Berücksichtigung die Wahrscheinlichkeit eines Erfolgseintritts *ex ante* erhöht, als **Risikofaktor** bezeichnet werden. In **Fall 2** sind u.a. die Trockenheit des Waldes und das Wegwerfen der noch glimmenden Zigarette die realen Umstände, auf die eine Prognose *ex ante* als Risikofaktoren und eine Kausalanalyse *ex post* als Ursachen Bezug nehmen.

8 Von den Umständen, auf die sich die Begriffe Ursache und Risikofaktor beziehen, ist ihre **Erkennbarkeit** als Ursachen und Risikofaktoren genau zu unterscheiden.[11] In **Fall 2** war die glimmende Zigarette unabhängig davon eine Ursache des Brandes, ob bei den späteren Ermittlungen *ex post* eine exakte Rekonstruktion des Geschehens gelingt oder nicht. Und gleichermaßen war das Wegwerfen der Zigarette unabhängig davon ein objektiver Risikofaktor für den Ausbruch des Brandes, wie der Täter selbst oder ein Dritter die Situation *ex ante* einschätzte; dem äußeren Anschein nach mag es zB kaum erkennbar gewesen sein, dass die Zigarette noch brannte. Ebenso wie man von einer „unbekannten Ursache" sprechen kann, so setzt auch das Vorhandensein eines Risikofaktors keineswegs die Kenntnis seiner kausalen Relevanz begrifflich voraus.

9 Aus dem **Korrespondenzverhältnis** von Kausalanalyse und Risikourteil folgt nun, dass jeder Umstand, der sich *ex post* als Ursache darstellt, zugleich *ex ante* ein Risikofaktor gewesen sein muss. Ergibt sich *ex post* in **Fall 2**, dass das Wegwerfen der Zigarette zum Ausbruch des Brandes geführt hat, so ist damit zugleich gesagt, dass dieses Verhalten ein Risikofaktor für das Entstehen des Waldbrandes war. Insoweit beinhaltet jede (zutreffende) Kausalanalyse *ex post* zugleich die Aufdeckung der relevanten Risikofaktoren eines Erfolgs.[12] Ob – und ggf in welchem Ausmaß – diese Risikofaktoren zum Tatzeitpunkt auch als solche für den Täter oder einen Dritten erkennbar waren, ist dagegen eine andere Frage und betrifft die Zurechenbarkeit des realisierten Risikos zu Vorsatz oder Fahrlässigkeit.[13]

2. Konkrete Risiken und übliches Sozialverhalten

▶ **FALL 3:** Auf einer gemeinsamen Wanderung im Hochsommer veranlasst A seinen Freund F, ein erfrischendes Bad in einem Bergsee zu nehmen. F wird beim Schwimmen plötzlich von einem eiskalten Strudel erfasst und erleidet einen tödlichen Herzschlag. ◀

10 Da die objektive Zurechnung der Feststellung der Kausalität als Prüfungsschritt nachfolgt und jede Ursache eines Erfolgs zugleich als Risikofaktor dieses Erfolgs anzusehen ist, hat derjenige, der einen Erfolg verursacht hat, stets auch das Risiko des Erfolgsein-

---

10 § 10 Rn 15 f.
11 Näher hierzu *Burkhardt* in: Wolter/Freund (Hrsg.), Straftat, Strafzumessung und Strafprozeß im gesamten Strafrechtssystem, 1996, S. 103 ff.
12 Umgekehrt gilt dies ersichtlich nicht: Ein Risikourteil kann auch dann richtig sein, wenn der Erfolg nicht eintritt; der Erfolg wurde ja nicht als sicher, sondern lediglich als wahrscheinlich prognostiziert. Ein Risikofaktor wird im Kontext einer Prognose nur als potenzielle Ursache verstanden.
13 Vgl auch *Kindhäuser* GA 2007, 447 (464); *Schumann, H./Schumann, A.* Küper-FS, 543 (549); *Struensee* JZ 1987, 53 (58); *ders.* GA 1987, 97 (101); *Weiglin*, Richard Martin Honig (1890–1981) – Leben und Frühwerk eines deutschen Juristen jüdischer Herkunft, 179.

tritts erhöht – ohne diese Ursache entfiele ja der Erfolg.[14] Daher führt das bloße Erfordernis, dass der Täter durch die Schaffung eines (objektiven) Risikos den Erfolg verursacht haben muss, noch zu keiner Einschränkung des Tatbestands.[15]

Sozial übliche Verhaltensweisen sind gewöhnlich mangels kausaler Relevanz für Schadensfolgen ungefährlich. Wie **Fall 3** zeigt, stellen sich die Dinge aber mit einem Schlag anders dar, wenn ein solches Verhalten zu einem Erfolg führt. Hier wird man kaum sagen können, dass A den F zu einem ungefährlichen Verhalten veranlasst habe, weil Baden im Allgemeinen eine risikolose Betätigung sei. Vielmehr widerlegt der Erfolgseintritt gerade die Ungefährlichkeit des Badens im konkreten Fall. Das Baden war nicht risikolos, sondern unter den gegebenen Umständen objektiv lebensgefährlich. Offen ist dagegen, ob die relevanten Risikofaktoren den Beteiligten bekannt waren. Von der Beantwortung dieser Frage hängt die weitere strafrechtliche Beurteilung ab, insbesondere ob A ggf vorsätzlich oder fahrlässig gehandelt hat. A könnte den F auch in strafrechtlich irrelevanter Weise zu einem Handeln auf eigene Gefahr veranlasst haben, wenn dieser wusste, dass er sich in einen See mit eiskalten Strömungen begibt.[16]

Es darf also aus dem Umstand, dass alltägliches Sozialverhalten im „Normalfall" (völlig) risikolos ist, keineswegs geschlossen werden, dass es deshalb auch im konkreten Fall ungefährlich war. Erst recht wäre es verfehlt, aus der Gefahrlosigkeit eines Verhaltens im Allgemeinen zu schließen, dass es allein deshalb auch im konkreten Fall (objektiv) erlaubt sei. Es mag zwar im Allgemeinen erlaubt sein, auf einer übersichtlichen Straße mit einem Pkw 100 km/h zu fahren; dies gilt aber nicht mehr, wenn im konkreten Fall ein Fußgänger die Straße überquert oder Glatteis die Fahrbahn bedeckt.

3. Hypothetische Schadensverläufe

▶ **FALL 4A:** A erschießt den Hund des E. Für den Fall, dass dies A nicht gelungen wäre, stand B bereit, um die Tat auszuführen. ◀

▶ **FALL 4B:** A erschießt eigenmächtig den kranken Hund des E, den dieser einschläfern lassen wollte. ◀

▶ **FALL 4C:** Im Gebirge erschießt X den Y, der wenig später von einer herabstürzenden Lawine in den Tod gerissen worden wäre. ◀

Hypothetische Kausalverläufe („Ersatzursachen") stehen weder der Annahme eines Kausalzusammenhangs[17] noch der objektiven Zurechenbarkeit des Erfolgs entgegen:[18]

■ Dies gilt zunächst und vor allem, wenn – wie in **Fall 4a** – für den Täter ein **Ersatztäter** bereitsteht.[19] Praktisch wichtig ist auch folgender Fall:[20] Bei dichtem Nebel

---

14 Hierzu § 10 Rn 15 f.
15 Gleichwohl wird in der Literatur die Auffassung vertreten, es gäbe Verhaltensweisen, die zwar einen Erfolg verursachen könnten, aber mangels Risikoschaffung strafrechtlich irrelevant seien. Hierzu gehörten etwa die Veranlassung zu normalen Lebensbetätigungen wie Treppensteigen, Baden oder Bergwandern (so *Roxin* I § 11/56 mwN). Diese Auffassung verwechselt jedoch Risikofaktoren mit ihrer Erkennbarkeit.
16 Näher unten Rn 22 ff; kannte dagegen nur A das Risiko, so kommt eine vorsätzliche Tötung in mittelbarer Täterschaft in Betracht, hierzu § 39 Rn 7.
17 Vgl § 10 Rn 18.
18 Ganz hM; abw. *Kaufmann* Schmidt, Eb.-FS 200 ff.
19 Vgl BGHSt 30, 228 ff; *Krey/Esser* Rn 308 ff; *Roxin* I § 11/59 mwN; zum Problem der Ersatzkausalität auch eingehend *Puppe* § 2/2 ff.
20 Vgl BGHSt 30, 228 ff.

kommt es zu einer Massenkarambolage auf der Autobahn. Hier hat jeder Fahrer für den von ihm verursachten Auffahrunfall einzustehen und kann sich nicht entlastend darauf berufen, dass er von nachfolgenden Verkehrssündern ebenfalls auf den Pkw des Vordermanns geschoben worden wäre.

- An diesem Ergebnis ändert sich nichts, wenn – wie in **Fall 4b** – der „Ersatztäter" erlaubt gehandelt hätte.
- Schließlich berührt es die objektive Zurechenbarkeit des Erfolgs nicht, wenn – wie in **Fall 4c** – ein **Naturereignis** anstelle des Täters den Erfolg bedingt hätte.[21]

4. Risikoverringerung

▶ **FALL 5:** Infolge einer Überschwemmung des Rheins dringt Wasser in den Keller des am Ufer gelegenen Wohnhauses von E. Nachbar N bemerkt dies und dichtet, da E ortsabwesend ist, selbst die Kellerfenster ab. ◀

▶ **FALL 6A:** R stößt den O zur Seite, so dass nicht dessen Kopf, sondern nur die Schulter von einem herabfallenden Ziegel getroffen wird. ◀

▶ **FALL 6B:** X stößt den Y zur Seite, so dass nicht dessen Kopf, sondern nur die Schulter von einem herabfallenden Ziegel getroffen wird. X hätte jedoch den Y noch kräftiger zur Seite stoßen können, so dass dieser überhaupt nicht getroffen worden wäre. X wollte jedoch, dass der ihm unsympathische Y einen „Dämpfer" erhält. ◀

▶ **FALL 7:** Der Feuerwehrmann F wirft ein im Obergeschoss eines Hauses von Flammen eingeschlossenes Kind, das zu ersticken droht, mangels anderer Rettungsmöglichkeit aus dem Fenster, wodurch es von Helfern lebend, aber mit erheblichen Verletzungen aufgefangen werden kann. ◀

14 a) **Ausnahme:** Eine Ausnahme von der Irrelevanz hypothetischer Kausalverläufe will eine verbreitete Literaturansicht im Falle einer sog. Risikoverringerung machen. Bereits begrifflich sei es nicht als Erhöhung der Wahrscheinlichkeit eines Erfolgseintritts anzusehen, wenn der Täter lediglich **ein bereits bestehendes Risiko verringere**.[22] Von einer Risikoverringerung in diesem Sinne sei auszugehen, wenn der Täter einen Kausalverlauf dergestalt beeinflusst, dass

- die Wahrscheinlichkeit eines Erfolgseintritts sinkt,
- das Ausmaß des Schadens quantitativ vermindert wird oder
- ein weniger gravierender Erfolg (zB Körperverletzung statt Tod) eintritt.

15 b) **Kritik:** Die von der Risikoverringerungslehre erzielten Ergebnisse sind (weitgehend) überzeugend.[23] Dies beruht jedoch nicht auf dem zur Begründung herangezogenen Gedanken der Risikoverringerung, sondern auf höchst unterschiedlichen Überlegungen, die nicht miteinander vermengt werden sollten.[24] Im Wesentlichen sind im Zusammenhang mit dem Begriff „Risikoverringerung" drei Fallgruppen voneinander abzugrenzen und **nach jeweils eigenen Kriterien** zu behandeln.

---

21 S/S-*Eisele* Vor § 13 Rn 98; *Jescheck/Weigend* § 28 IV 5; *Roxin* I § 11/62; *Stratenwerth/Kuhlen* § 8/41 f; aA SK-*Rudolphi* Vor § 1 Rn 59.
22 *Roxin* I § 11/53; ihm u.a. folgend *Gropp* § 5/45; *Heinrich* Rn 246 f.
23 Aus diesem Grund wurde diese Lehre der Vorauflage noch zugrunde gelegt.
24 Zur Kritik an der Lehre von der Risikoverringerung vgl nur *Kindhäuser* Hruschka-FS 527 (533 f); *Maiwald* Miyazawa-FS 465 (468 f); *Schroeder* in: Hefendehl (Hrsg.), Empirische und dogmatische Fundamente, kriminalpolitischer Impetus, 2005, 151 ff mit historischem Abriss.

aa) Echte Risikoverringerung: Da durch eine Erfolgsverursachung nie das Risiko eines Erfolgseintritts objektiv gesenkt werden kann, **fehlt** es in den Fällen einer echten Risikoverringerung **bereits an der Kausalität**. Beispielhaft hierfür ist **Fall 5**, in dem N durch sein Eingreifen nur einen größeren Wasserschaden verhindert. Da der tatsächliche Schaden ohne das Verhalten des N kausal erklärt werden kann, ist dieses auch keine Ursache des konkreten Erfolgs. Zur kausalen Erklärung des Schadens ist vielmehr allein die tatsächlich eingedrungene Wassermenge heranzuziehen. Der objektive Tatbestand ist daher schon mangels Erfolgsverursachung nicht verwirklicht, und nicht etwa, weil N das Risiko eines von ihm verursachten Schadens verringert hätte.[25]

bb) Schadensaustausch: In einer weiteren Fallgruppe, für die **Fall 6a** beispielhaft ist, geht es nicht nur um die Verringerung des Risikos, dass ein bestimmter Schaden eintritt, sondern zugleich auch um die Herbeiführung eines (weiteren) anderen Schadens. Zur Lösung eines solchen Falles ist daher genau zwischen dem ausgebliebenen und dem eingetretenen Schaden zu differenzieren:

- **Ausgebliebener Schaden:** Durch das Eingreifen von R wird das Risiko, dass O von dem Ziegel tödlich am Kopf getroffen wird, nicht nur – wie in **Fall 5** – verringert, sondern sogar beseitigt. Da der Erfolg einer tödlichen Kopfverletzung ausbleibt, ist das Verhalten des R insoweit auch ohne kausale Relevanz und damit tatbestandslos.

- **Eingetretener Schaden:** Den tatsächlich eingetretenen Schaden, die Verletzung der Schulter, hat R dagegen verursacht. Denn der Eintritt dieses Schadens lässt sich ohne das Verhalten des R nicht kausal erklären. Hinsichtlich dieses Schadens liegt auch keine Risikoverringerung vor; R hat im Gegenteil das Risiko einer Schulterverletzung drastisch erhöht. Es gibt also keinen Grund, die Tatbestandsmäßigkeit der Schulterverletzung zu verneinen. Freilich ist das Handeln des R kein Unrecht, da O mit der Rettung gewiss einverstanden ist, so dass der Rechtfertigungsgrund der mutmaßlichen Einwilligung[26] ohne Weiteres eingreift.

Dass in **Fall 6a** bereits an einen Tatbestandsausschluss zu denken ist, hängt mit der Offensichtlichkeit des fehlenden Unrechts in dieser Situation zusammen. Doch ändert dies nichts daran, dass die Lehre von der Risikoverringerung gegen wichtige strafrechtliche Grundsätze verstößt. Insbesondere wird die Autonomie des Opfers ignoriert, wenn schon die objektive Tatbestandsmäßigkeit der Körperverletzung verneint wird. Wäre die Verursachung eines Schadens allein deshalb tatbestandslos, weil auf diese Weise ein zu einem größeren Schaden führender Kausalverlauf abgebrochen würde, so wäre zB auch ein gegen den Willen eines Patienten vorgenommener ärztlicher Heileingriff tatbestandslos.[27] Überhaupt stellte sich die Frage, nach welchen Maßstäben das Ausmaß von Schäden zu bewerten wäre: Wenn schon der objektive Tatbestand ausgeschlossen sein soll, dann müssten objektive Kriterien maßgeblich sein, so dass die Präferenzen des Opfers keine Rolle spielen könnten. Genau dies widerspräche aber den Grundsätzen der mutmaßlichen Einwilligung, denen zufolge für die Bewertung von Gütern der Wille ihres Inhabers verbindlich sein soll.[28]

---

25 Vgl auch *Puppe* ZStW 92 (1980), 883 ff.
26 Näher hierzu § 19.
27 Hiergegen zu Recht die ständige Rechtsprechung seit RGSt 25, 375 (378); näher *Kindhäuser* BT I § 8/22 ff mwN.
28 Vgl § 19 Rn 2.

18 Auch im abgewandelten **Fall 6b** müsste die Risikoverringerungslehre zu dem Ergebnis kommen, dass X den Tatbestand der Körperverletzung nicht verwirklicht hat. Wiederum verdient zwar dieses Ergebnis, nicht aber dessen Begründung hinsichtlich der Risikoverringerung Zustimmung. Hätte X überhaupt nicht eingegriffen und wäre Y durch den Ziegel tödlich verletzt worden, so hätte X den objektiven Tatbestand des Totschlags weder durch Begehen (mangels Kausalität) noch durch Unterlassen (mangels Garantenstellung)[29] verwirklicht. Er hätte sich nur wegen unterlassener Hilfeleistung nach § 323c zu verantworten. An diesem Ergebnis kann sich nichts ändern, wenn X, wie in **Fall 6b**, statt völlig untätig zu bleiben, wenigstens mit halber Kraft eingreift. Denn die eingetretene Körperverletzung ist im Verhältnis zum drohenden Todeserfolg auch hier durch mutmaßliche Einwilligung gerechtfertigt; Y ist vermutlich lieber verletzt als tot. Daher kann dem X nur vorgeworfen werden, er habe es nach § 323c unterlassen, den Y auch vor der Körperverletzung zu bewahren.

19 c) **Neue Risikoschaffung:** In **Fall 7** nimmt auch die Lehre von der Risikoverringerung an, dass F den Tatbestand einer Körperverletzung verwirklicht hat. Denn er hat – nach den Prämissen dieser Lehre – nicht das bestehende Erstickungsrisiko abgeschwächt, sondern das neue Risiko geschaffen, dass das Kind durch den Sturz verletzt wird.[30] Jedoch ist F nicht strafbar, da sein Verhalten nach den Grundsätzen der mutmaßlichen Einwilligung[31] gerechtfertigt ist. In diesem Fall ist dem Ergebnis wie auch der Begründung uneingeschränkt zuzustimmen (Rn 17).

Dass die Lehre von der Risikoverringerung in **Fall 7** zu einer (gerechtfertigten) Tatbestandsverwirklichung kommt, zeigt im Übrigen, wie fragwürdig die Begründung in **Fall 6a** ist. Denn der Unterschied zwischen beiden Fällen soll ja nur darin liegen, dass der Täter in **Fall 6a** in einen riskanten Kausalverlauf modifizierend (Schulterverletzung statt Tod) eingreift, während er in **Fall 7** einen neuen Kausalverlauf (Fenstersturz statt Erstickung) initiiert. Tatsächlich aber bricht der Täter in beiden Fällen einen bestimmten Kausalverlauf ab (Tod) und bewirkt jeweils aktiv ein neues Geschehen (Körperverletzung), so dass die Differenzierung zwischen beiden Fallgruppen auf eine praktisch irrelevante Haarspalterei hinausläuft.

5. Schutzweck der Norm

20 Von sozial üblichen Verhaltensweisen, die – wie in **Fall 3** – im Allgemeinen zwar ungefährlich, im Einzelfall aber durchaus riskant und verboten sein können, sind **normativ** ungefährliche Verhaltensweisen zu unterscheiden. Dies sind Verhaltensweisen, die von vornherein außerhalb des Schutzwecks der Norm liegen. Verhaltensweisen liegen außerhalb des Schutzwecks der Norm, wenn sie ihrer Art nach *per se* ungeeignet sind, das vom Tatbestand **geschützte Rechtsgut zu beeinträchtigen**. So lassen zB Weihnachtsgeschenke an die Fahrer der kommunalen Müllabfuhr[32] keinen Zweifel an der Sachlichkeit der Dienstausübung aufkommen und werden daher nicht als tatbestandsmäßige Vorteile iSv § 331 angesehen.[33]

---

[29] Näher hierzu § 36 Rn 23 ff, 49 ff.
[30] W-*Beulke/Satzger* Rn 195; *Frisch* JuS 2011, 116 (117); *Heinrich* Rn 248; *Jescheck/Weigend* § 28 IV 2; *Kühl* § 4/55; *Roxin* I § 11/54.
[31] Hierzu § 19.
[32] Vgl BGHSt 19, 152 (154); 23, 226 (228); *Eser* Roxin-FS I 199 ff; SK-*Stein/Rudolphi* § 331 Rn 23 mwN.
[33] In der uneinheitlichen Terminologie der Lehre von der objektiven Zurechnung wird dieser Haftungsausschluss auch soziale Adäquanz genannt.

§ 11 Objektive Zurechnung beim Erfolgsdelikt

Anders als bei allgemeinen Lebensbetätigungen, die rein faktisch zumeist ungefährlich sind, wird die mangelnde Eignung zur Rechtsgutsbeeinträchtigung von Verhaltensweisen außerhalb des Schutzzwecks der Norm **durch Tatbestandsauslegung** begründet. Im Beispielsfall wird der Begriff des Vorteils so ausgelegt, dass ein Weihnachtsgeschenk an die Beschäftigten der kommunalen Müllabfuhr nicht unter ihn subsumiert werden kann.

21

IV. Risikozuständigkeit

1. Grundsatz

Wer allein oder unter Mitwirkung anderer eine Situation schafft, durch welche die Wahrscheinlichkeit des Eintritts eines tatbestandsmäßigen Erfolgs gegenüber der Ausgangslage objektiv erhöht wird, hat grds für dieses Risiko und die sich hieraus ergebenden Folgen auch einzustehen. Diese Zuständigkeit kraft Risikoschaffung beruht auf dem Prinzip, dass derjenige, der die Herrschaft über ein Geschehen beansprucht, die Verantwortung dafür trägt, dass niemand hierdurch zu Schaden kommt. Herrschaft hat Verantwortung als Kehrseite. Demnach hat jeder seinen Handlungsspielraum so zu gestalten, dass hieraus keine Gefahren für die Güter anderer entstehen. Ist ein solches Risiko geschaffen, so muss der Betreffende Sorge dafür tragen, dass sich dieses Risiko nicht realisiert.[34]

22

Wie der eingangs erwähnte **Fall 1** jedoch gezeigt hat, ist es sachgemäß, einem Täter unter bestimmten Voraussetzungen den von ihm verursachten Erfolg objektiv nicht zuzurechnen, also auch dann nicht, wenn er subjektiv durchaus das Risiko eines Erfolgseintritts erkennt. Die Produktion von Kraftfahrzeugen oder Medikamenten wäre etwa nicht möglich, wenn die Haftung des Herstellers für die mit diesen Produkten verursachten Schäden nicht ausgeschlossen wäre. Vielmehr muss in solchen Fällen die Zuständigkeit für die mit der Verwendung der Produkte verbundenen Gefahren vom Hersteller auf den Erwerber übergehen. Von fundamentaler Bedeutung ist für den Haftungsausschluss in solchen Fällen der Grundsatz der eigenverantwortlichen Risikoübernahme (Rn 23 ff).

Die Lehre von der objektiven Zurechnung hat eine Reihe von Voraussetzungen entwickelt, unter denen auch ein erfolgsverursachendes Risiko als erlaubt zu bewerten ist. Diese Voraussetzungen sind jedoch weder in der Sache noch in der deliktsspezifischen Zuordnung unumstritten.[35] Sie werden im Folgenden zunächst nur insoweit dargestellt, als sie **für Vorsatz- und Fahrlässigkeitsdelikte gleichermaßen** anwendbar sind. Sofern sie nach vorherrschender Meinung nur dem Ausschluss der Fahrlässigkeitshaftung dienen oder jedenfalls lediglich dort praktisch bedeutsam sind, wird auf sie erst in diesem Rahmen eingegangen.[36]

---

34 Zu der hieraus resultierenden Garantenpflicht kraft Ingerenz bei Unterlassungsdelikten vgl § 36 Rn 64 ff.
35 Ungeklärt ist insbesondere, ob nicht einige Ansätze der objektiven Zurechnungslehre sachwidrig Merkmale des subjektiven Deliktstatbestands und der Rechtfertigung in den objektiven Tatbestand vorverlagern; näher zur Problematik *Kindhäuser* GA 2007, 447 ff mwN.
36 Dies gilt namentlich für die Kriterien der sorgfaltsgemäßen Vorhersehbarkeit des Erfolgs, des erlaubten Risikos und des Pflichtwidrigkeitszusammenhangs, vgl § 33 Rn 20 ff, 26 ff, 34 ff.

2. Eigenverantwortlichkeitsprinzip

▶ **FALL 8:** Polizist P lässt seine Dienstpistole herumliegen und ermöglicht so seiner Freundin F, sich mit ihr selbstverantwortlich das Leben zu nehmen.[37] ◀

23 Das Prinzip, dass derjenige, der ein Risiko (mit-)geschaffen hat, deshalb auch für dieses Risiko und damit für die sich hieraus ergebenden Schädigungen zuständig ist, gilt nicht, wenn das Risiko **vom Opfer selbst zu verantworten** ist. Dies ist der Fall, wenn sich das Opfer in einer allein von ihm zu vertretenden Weise selbst gefährdet (sog. Eigenverantwortlichkeitsprinzip).[38]

Dass die eigenverantwortliche Risikoübernahme des Opfers die Zuständigkeit eines anderen Handelnden sperrt, hat seinen Grund darin, dass der andere in diesem Fall nicht unerlaubt in eine fremde Rechtssphäre eingreift. Reine Selbstverletzungen sind strafrechtlich irrelevant und allein von demjenigen zu vertreten, der sie auf sich nimmt. Insoweit sind auch Handlungen, durch die eigenverantwortliche Selbstverletzungen veranlasst, ermöglicht oder gefördert werden, aus strafrechtlicher Sicht unerheblich.[39] Da die Eigenverantwortlichkeit des Opfers bereits die objektive Zurechnung des erfolgsverursachenden Verhaltens zu einer Person sperrt, macht es auch keinen Unterschied, ob diese ansonsten vorsätzlich oder fahrlässig handeln würde. Da in **Fall 8** der Suizid der F keinen Straftatbestand verwirklicht, ist auch ein ihn förderndes Verhalten straflos, und zwar unabhängig davon, ob P der F die Pistole zum Zweck der Selbsttötung bewusst überlässt oder ihr nur den Zugriff durch unsorgfältige Verwahrung ermöglicht. Praktische Bedeutung hat der Zurechnungsausschluss vor allem im Bereich der Drogendelinquenz[40] und des Sexualverkehrs mit HIV-Trägern.[41]

3. Voraussetzungen

▶ **FALL 9:** A übergibt seinem Nachbarn N ein Beil, dessen Stiel einen für N nicht erkennbaren Riss aufweist. Nach einigen Schlägen geht das Beil zu Bruch, wobei sich N verwundet. ◀

▶ **FALL 10:** A bittet seinen Nachbarn N, dieser möge sich während eines Urlaubs um die Tiere in seinem Terrarium kümmern; beim Füttern wird N von einer neu erworbenen und auch von A leichtfertig für harmlos gehaltenen Giftschlange gebissen und stirbt. ◀

24 Handelt das Opfer nach Maßgabe des Eigenverantwortlichkeitsprinzips auf eigene Gefahr, so entbindet es weitere Handelnde von der Verantwortung für die Folgen ihrer Beiträge zur Risikoschaffung.[42] Dieser Haftungsausschluss hat *zwei* Voraussetzungen:

---

37 Vgl BGHSt 24, 342.
38 HM, vgl BGHSt 32, 262 ff; BGH NStZ 1985, 25; *Esser* Krey-FS 81 (82 ff); *Roxin* Gallas-FS 241 (243 ff); *ders.* NStZ 1984, 411 f; *Rudolphi* JuS 1969, 549 (556 f); anders noch BGHSt 17, 359.
39 W-*Beulke/Satzger* Rn 186; *Freund* § 10/94; *Krey/Esser* Rn 356 ff, 359 ff.
40 Vgl BGH NStZ 2011, 341 ff (Verneinung der Tatherrschaft eines Arztes, der im Rahmen einer „psycholytischen" Behandlung an einen vollverantwortlichen Konsumenten Rauschgift verabreicht) m. Bspr *Jahn* JuS 2011, 372 f; *Puppe* JZ 2011, 911 f.
41 Näher hierzu BGHSt 36, 1 (17 ff); 37, 179; BayObLG NJW 1990, 131 f; *Frisch* JuS 1990, 362 ff; *Hassemer* JuS 1984, 724; *Kienapfel* JZ 1984, 751 f; *Lange/Wagner* NStZ 2011, 67; *Otto* Jura 1984, 536 ff; *Puppe* § 6/13 ff; *Roxin* NStZ 1984, 411 ff; *Seier* JA 1984, 533 f; *Stree* JuS 1985, 179 ff; vgl zur Problematik des „Wetttrinkens" *Krawczyk/Neugebauer* JA 2011, 264 ff.
42 Das Handeln auf eigene Gefahr, bei dem jemand an der Tat eines anderen *mitwirkt*, ist von der einverständlichen Fremdgefährdung, bei welcher der Dritte selbst das Risiko steuernd in der Hand hat, abzugrenzen; vgl hierzu § 12 Rn 61 ff sowie *Eisele* JuS 2012, 577.

§ 11 Objektive Zurechnung beim Erfolgsdelikt § 11

- Das Opfer muss bei der Risikoschaffung maßgeblich mitwirken und
- es muss hierbei eigenverantwortlich handeln.

a) **Mitwirkung:** Eine maßgebliche Mitwirkung des Opfers ist erforderlich, weil sich die Risikoschaffung als Selbstgefährdung des Opfers darstellen muss. Anderenfalls willigt das Opfer nur in eine Fremdgefährdung oder -verletzung ein, die, anders als die Selbstgefährdung oder -verletzung, nicht stets strafrechtlich irrelevant ist. So ist zwar der Suizid und damit auch die Beteiligung an ihm straflos. Das Verlangen des Opfers, durch fremde Hand getötet zu werden, führt dagegen für denjenigen, der die Tat vollzieht, zu einer Strafbarkeit nach § 216.[43] Insoweit entbindet die Selbstgefährdung des Opfers einen anderen nur dann von der Zuständigkeit für das Risiko, wenn dieses vom Opfer allein oder zumindest gleichgewichtig steuernd in Händen gehalten wird. Der Eigenbeitrag des Opfers muss maW die Kriterien der Allein- oder Mittäterschaft erfüllen.[44]

25

b) **Eigenverantwortlichkeit:** Wann das Opfer eigenverantwortlich handelt, ergibt sich nicht unmittelbar aus dem Strafgesetz, da dieses explizit nur die Verantwortlichkeit für die Verletzung anderer, aber nicht die Zuständigkeit für strafrechtlich irrelevante Selbstverletzungen regelt. Daher sind die Kriterien für die Eigenverantwortlichkeit in Analogie zu den allgemeinen Regeln zu gewinnen. Hier bieten sich zwei verschiedene Möglichkeiten an:

26

aa) Zunächst kann man an die Kriterien zur Verantwortlichkeit für *Fremd*verletzungen anknüpfen. Danach wäre die Eigenverantwortlichkeit insbesondere dann auszuschließen, wenn das Opfer, falls es nicht sich, sondern einen anderen verletzte, als schuldunfähig bzw entschuldigt (iSv §§ 19, 20, 35 StGB, § 3 JGG) anzusehen wäre (sog. Exkulpationslösung).[45] Die Verantwortlichkeit für eine Selbstschädigung ist danach also immer dann ausgeschlossen, wenn auch die Verantwortlichkeit für eine Fremdschädigung zu verneinen wäre.

27

bb) Das Kriterium der Eigenverantwortlichkeit kann aber auch entsprechend den Regeln für die Wirksamkeit der Einwilligung definiert werden (sog. Einwilligungslösung):[46] Denn das Opfer kann den von einer anderen Person geleisteten Risikobeitrag nur dann eigenverantwortlich übernehmen, wenn dies seinem tatsächlichen Willen entspricht.[47] Dies ist der Fall, wenn das Opfer die **nötige Einsichtsfähigkeit**[48] besitzt, um die Tragweite des Risikos beurteilen zu können, und sich diesbezüglich in keinem Irrtum befindet.[49] Exemplarisch: Übergibt A seinem Nachbarn N ein Beil, das die übliche Beschaffenheit aufweist, so übernimmt N auch das ihm bekannte übliche Risiko beim Umgang mit diesem Beil. Hat jedoch das Beil, wie in **Fall 9**, einen für N nicht erkenn-

28

---

43 Vgl zu dieser Problematik *Kindhäuser* BT I § 4/7 ff mwN; zu einer vom Opfer arrangierten fahrlässigen Tötung OLG Nürnberg JZ 2003, 745 (746 f) m. Anm. *Engländer*.
44 Näher hierzu § 38 Rn 34 ff.
45 MK-*Schneider* Vor § 211 Rn 54 ff; *Zaczyk*, Strafrechtliches Unrecht und die Selbstverantwortung des Verletzten, 1993, 36, 43 f.
46 MK-*Freund* Vor § 13 Rn 421; L-*Kühl* Vor § 211 Rn 13a; W-*Beulke/Satzger* Rn 189.
47 Insoweit lassen sich die Kriterien einer wirksamen Einwilligung (vgl § 12 Rn 9 ff) heranziehen; zur Bedeutung dieser Kriterien für den wichtigen Fall des eigenverantwortlichen Suizids vgl S/S-*Eser/Sternberg-Lieben* Vor § 211 Rn 36; *Kindhäuser* BT I § 4/12 ff; NK-*Neumann* Vor § 211 Rn 64 ff mwN.
48 Diese bedarf insbesondere bei Jugendlichen besonderer Prüfung und wird regelmäßig zu verneinen sein.
49 Vgl BGHSt 32, 262 (265); 36, 1 (17 ff); BGH NStZ 1985, 25; 1986, 266 (267); *Roxin* I § 11/113.

baren Riss, so greift das Eigenverantwortlichkeitsprinzip mangels hinreichender Risikokenntnis nicht zurechnungsausschließend ein.[50]

29 cc) Richtigerweise schließen sich beide Lösungsvorschläge nicht gegenseitig aus. Sie ergänzen sich vielmehr und geben gemeinsam darüber Aufschluss, welche Aspekte für die Feststellung der Eigenverantwortlichkeit relevant sind.[51]

30 dd) Im **Gutachten** ist zu bedenken, dass der Haftungsausschluss bei Eingreifen des Eigenverantwortlichkeitsprinzips ein Prüfungsschritt im Rahmen der objektiven Zurechnung ist. Die bisweilen anzutreffende Formel, das Opfer handele nicht eigenverantwortlich, wenn es sich hinsichtlich seiner Risikokenntnis in einer gegenüber dem Täter unterlegenen Wissensposition befindet,[52] ist sachwidrig: Das Wissen des Täters ist bei der Prüfung seiner Strafbarkeit erst bei der subjektiven Zurechnung zu Vorsatz und Fahrlässigkeit von Belang. Ob die Risikokenntnis des Opfers zur Annahme von Eigenverantwortlichkeit hinreicht, ist also **unabhängig vom Täterwissen** zu beurteilen. Hat das Opfer hinreichende Risikokenntnis, so ist die objektive Risikozuständigkeit des Täters unabhängig davon gesperrt, ob seine Kenntnisse denjenigen des Opfers überlegen, unterlegen oder gleichgelagert sind. Keinesfalls wird im Übrigen eine Eigenverantwortlichkeit des Opfers dadurch begründet, dass der Täter das Risiko ebenso wenig (oder noch weniger) überblickt, sich also in keiner gegenüber dem Opfer überlegenen Wissensposition befindet. So hat N in **Fall 10** – unabhängig vom Wissensstand des A – mangels Risikokenntnis nicht eigenverantwortlich gehandelt. A hat dagegen objektiv ein tödliches Risiko für N geschaffen, da er veranlasste, dass N mit der Giftschlange in Kontakt kommen konnte. Dass A selbst dieses Risiko verkannt hat, entlastet ihn nicht, da er seine Unkenntnis aufgrund mangelnder Sorgfalt zu vertreten hat, so dass er wegen fahrlässiger Tötung (§ 222) strafbar ist.[53]

4. Phase der Gefahrrealisierung

▶ **FALL 11:** A will eigenverantwortlich Suizid begehen und nimmt zu diesem Zweck eine geeignete Dosis Tabletten, die er von B erhalten hat, zu sich. B ist noch anwesend, als A das Bewusstsein verliert und zu sterben droht; er benachrichtigt jedoch nicht den Rettungsdienst. ◀

▶ **FALL 12:** A unternimmt mit B ein Wettrennen auf dem Fahrrad, wobei eine abschüssige Kurve durchfahren werden muss. A kennt die mit der Fahrt verbundenen Risiken, hofft aber, sie meistern zu können. Er stürzt jedoch und erleidet lebensgefährliche Verletzungen. ◀

31 Umstritten ist, ob – wie in **Fall 11** – die Zuständigkeit einer anderen Person für ihren Beitrag zur Risikoschaffung auch dann ausgeschlossen bleibt, wenn das Opfer das Risiko zunächst eigenverantwortlich übernommen hat, in der Phase der Gefahrrealisierung aber steuerungsunfähig wird.

32 a) **Rechtsprechung:** Nach einer von der Rechtsprechung vertretenen Ansicht soll zwar die aktive Mitwirkung an einer eigenverantwortlichen Selbstgefährdung straflos sein,

---

50 Ob A dann strafbar ist, hängt insbesondere davon ab, ob die Voraussetzungen von Vorsatz oder Fahrlässigkeit erfüllt sind.
51 So auch *Rengier* § 13/80.
52 Vgl nur BGH NStZ 2001, 205; BayObLG NJW 2003, 371 (372); W-*Beulke/Satzger* Rn 190a; *Gropp* § 12/63; *Roxin* I § 11/113; zutr. Kritik bei NK-*Puppe* Vor § 13 Rn 197.
53 Näher zur Fahrlässigkeitshaftung § 33.

das Nichtgreifen von Rettungsmaßnahmen aber zur Strafbarkeit wegen fahrlässiger Tötung durch Unterlassen führen.⁵⁴

b) **Herrschende Lehre:** Dieser Ansatz ist jedoch in sich unschlüssig, da es gerade der Sinn des Zuständigkeitsausschlusses durch das Eigenverantwortlichkeitsprinzip ist, von den Folgen riskanten Handelns entbunden zu sein. Anderenfalls lässt sich der Inhalt der Verhaltensnorm nicht widerspruchsfrei formulieren. In **Fall 11** darf B dem A Tabletten übergeben, um diesem so einen eigenverantwortlich geplanten Suizid zu ermöglichen. Dann ist es aber widersprüchlich, von ihm bei Strafe zu verlangen, sofort nach Wirksamwerden des Medikaments für ein Auspumpen des Magens und weitere Rettungsaktionen zu sorgen. Daher kann mit der hL nur der Grundsatz gelten: Beteiligt sich jemand an der Schaffung eines Risikos, ohne hierfür wegen der eigenverantwortlichen Selbstgefährdung des Opfers zuständig zu sein, so hat er auch nicht aufgrund seiner Beteiligung dafür einzustehen, dass sich das Risiko nicht realisiert.⁵⁵

33

Nicht übersehen werden darf allerdings, dass eine Hilfeleistungspflicht nach § 323c in Betracht kommen kann, sofern das Opfer zwar das Risiko eigenverantwortlich übernimmt, ein **Erfolgseintritt** aber **nicht gewollt** ist. Daher ist in **Fall 12** jedermann – und damit auch der (das Geschehen beobachtende) B – nach § 323c zu zumutbarer Hilfe verpflichtet.

34

5. Verbotene Mitwirkung

▶ **FALL 13:** Dealer D überlässt Heroin an den eigenverantwortlich handelnden Konsumenten K, der sich jedoch versehentlich eine Überdosis mit tödlicher Wirkung spritzt. ◀

Die Eigenverantwortlichkeit führt dann nicht zum Zurechnungsausschluss, wenn gerade die **Art und Weise der Mitwirkung** des Beteiligten an der Risikoschaffung **verboten** ist. In diesem Fall hebt das Gesetz zwar nicht das Eigenverantwortlichkeitsprinzip auf, schränkt es aber dahin gehend ein, dass der Betroffene zu seinem eigenen Schutz nicht in einer bestimmten Art und Weise unterstützt werden darf. Das Verbot hat hier also einen bevormundenden Effekt. Daher macht sich D in **Fall 13** unabhängig davon wegen (leichtfertiger) Tötung nach § 30 Abs. 1 Nr. 3 BtMG strafbar, dass er einem eigenverantwortlich handelnden Konsumenten Drogen verschafft.⁵⁶ Ist aber diese Form der Mitwirkung (und nur diese!)⁵⁷ an fremder Selbstgefährdung verboten, so steht sie auch einem Zurechnungsausschluss im Rahmen der Tötungsdelikte entgegen.

35

V. Eingreifen Dritter

Während es weitgehend geklärt ist, dass eine eigenverantwortliche Selbstgefährdung des Opfers zu einem Zurechnungsausschluss hieran Beteiligter führt, wird die Frage, ob auch das Eingreifen Dritter unter bestimmten Bedingungen von der Zuständigkeit für eine Risikoschaffung entbinden kann, unterschiedlich beantwortet. Hierbei lassen sich drei Fallgruppen unterscheiden: Bei der ersten geht es um die Zuständigkeit für

36

---

54 So jedenfalls BGH NStZ 1984, 452 f; 1985, 319 m. abl. Anm. *Roxin*; abw. auch StA München NStZ 2011, 345 f.
55 Vgl nur *Roxin* I § 11/112 mwN.
56 Vgl *Beulke/Schröder* NStZ 1991, 393; *Otto* Jura 1991, 443 ff; NK-*Puppe* Vor § 13 Rn 189; *Rudolphi* JZ 1991, 572 ff; *Weber* Spendel-FS 371 ff; aA *Hohmann* MDR 1991, 1117 f; *Roxin* I § 11/112. Die neuere Rechtsprechung bezieht den Zurechnungsausschluss nur auf § 30 Abs. 1 Nr. 3 BtMG, nicht aber auch auf § 222 StGB, vgl BGHSt 37, 179 (182); vgl ferner BGH NJW 2000, 2286 (2287); NStZ 2001, 205 (206).
57 Vgl BGHSt 32, 262 f bzgl der straflosen Überlassung einer Spritze; vgl auch BGH NStZ 1985, 25.

die Mitwirkung an einem maßgeblich von einem Dritten gesteuerten Risiko (Stichwort „Regressverbot"). Die zweite Konstellation betrifft die Zuständigkeit für ein weiteres Risiko, das anlässlich des Erstrisikos von einem Dritten geschaffen wird (Stichwort „Folgerisiken"). Zur dritten Gruppe gehören die Fälle, in denen ein Retter bei der Beseitigung eines vom Täter zu vertretenden Risikos zu Schaden kommt (Stichwort „Retterfälle").

1. Regressverbot

▶ **FALL 14:** G besorgt dem D passenden Nachschlüssel, mit dem dieser in die Villa des E einbrechen will. ◀

▶ **FALL 15:** Taxifahrer T bringt die Einbrecher E und F gegen reguläre Bezahlung zum Tatort. ◀

▶ **FALL 16:** Jäger J lässt sein Gewehr herumliegen und gibt dem B so die Möglichkeit, es plötzlich zu ergreifen und auf O, mit dem er in eine tätliche Auseinandersetzung verwickelt ist, einen tödlichen Schuss abzugeben. ◀

37 Die Möglichkeiten und Grenzen eines Zurechnungsausschlusses für die Ingangsetzung eines Kausalverlaufs, der wesentlich durch das Eingreifen eines Dritten zum Erfolg geführt wird, werden unter dem Stichwort „Regressverbot" diskutiert. Das Verbot eines Regresses besagt, dass die zu einem strafbaren Erfolg führende Kausalkette nicht hinter das Verhalten einer bestimmten Person zurückverfolgt werden darf und somit die früheren Kausalbeiträge anderer Personen hinsichtlich der Erfolgszurechnung unbeachtlich sind.[58] Oder anders formuliert: Aufgrund des Regressverbots wird ein Erstverursacher von der Zurechnung der kausalen Folgen seines Verhaltens entbunden, weil das weitere Geschehen vorrangig in den Verantwortungsbereich eines Dritten („Zweitverursachers") fällt.

38 a) **Ältere Lehre vom Regressverbot:** Nach der (von einer Mindermeinung in der Literatur vertretenen) ursprünglichen Version des Regressverbots sollte das **vorsätzliche Handeln eines Dritten** einen vom Erstverursacher initiierten Kausalverlauf unterbrechen.[59] Das Argument lautete: Da eine aus freiem Entschluss vollzogene Handlung ihrerseits keine Ursache haben könne – sie wäre ja sonst nicht frei –, beginne ein Kausalverlauf immer mit dem letzten freien Willensakt. Vorbedingungen einer frei gesetzten Bedingung könnten somit nicht als Ursachen angesehen werden. Gleichwohl soll die Teilnahme (Anstiftung, Beihilfe) an einer vorsätzlichen Tat möglich sein. Diese Ansicht geht von der (zutreffenden) Überlegung aus, dass eine auf einer eigenverantwortlich getroffenen Entscheidung beruhende Handlung nicht durch die Handlung einer anderen Person kausal determiniert sein kann. Auf dieser Überlegung beruht auch der Gedanke des restriktiven Täterbegriffs.[60] Die von der hM heute vertretene Äquivalenztheorie, die auf notwendigen Bedingungen beruht, impliziert jedoch keine Determination, sondern bezieht sich nur auf Umstände, die gegeben sein müssen, damit die Tat so, wie sie begangen wird, begangen werden kann. Mit Blick auf **Fall 14** bedeutet dies: G,

---

58 Vgl auch NK-*Puppe* Vor § 13 Rn 167.
59 Insbesondere *Frank* § 1 Anm. III 2a mwN, der jedoch, im Gegensatz zu anderen Autoren, den Begriff der Unterbrechung hinsichtlich der relevanten notwendigen Bedingungen ablehnt. Eingehend zur Problematik *Ling* Die Unterbrechung des Kausalverlaufs durch willentliches Dazwischentreten eines Dritten, 1996; weiterführend *Hruschka* ZStW 110 (1998), 581 ff; *Renzikowski*, Puppe-FS, S. 201 ff.
60 Unten § 38 Rn 9.

§ 11 Objektive Zurechnung beim Erfolgsdelikt

der dem D die Nachschlüssel besorgt, setzt eine Bedingung dafür, dass D die Tat mit den Schlüsseln begehen konnte, determiniert aber nicht die Entscheidung zu dem Einbruch und schließt damit die Eigenverantwortlichkeit der Handlung des Täters D nicht aus.

b) Neuere Lehren vom Regressverbot: Die neueren Lehren vom Regressverbot beziehen die Haftungssperre nicht auf den Kausalverlauf, sondern auf die objektive Zurechnung des Erfolgs. Eine dieser Lehren bejaht ein Regressverbot, sofern sich der **Erstverursacher seiner sozialen Rolle gemäß** verhalten hat und dieses Verhalten unabhängig von dem (unerlaubt) riskanten Verhalten des Dritten sinnvoll bleibt.[61] Dies soll vor allem gelten, wenn – wie in **Fall 15** – der soziale Kontakt keinen gemeinsamen deliktischen Sinn ergibt, namentlich bei Verkäufen und Dienstleistungen des täglichen Lebens.

Indessen lässt sich schwerlich bestreiten, dass das Geschehen unter der Beschreibung, T fährt E und F zur Durchführung eines Einbruchs zum Tatort, einen deliktischen Sinn hat, so wie im Übrigen jede Einbeziehung eines Verhaltens in einen deliktischen Zusammenhang diesem Verhalten eine deliktische Bedeutung verleiht. Diese Beschreibung wird nicht dadurch falsch, dass die Zusatzinformation, T habe als Taxifahrer gehandelt, gegeben wird. Daher wäre ein Regressverbot hinsichtlich der Hilfeleistung für E und F gerade unter Bezugnahme auf den Umstand, dass T Taxifahrer ist, zu begründen. Doch ein Grund lässt sich hierfür nicht finden, weil es keinen strafrechtlich relevanten Unterschied macht, ob jemand privat oder als Taxifahrer Einbrecher zum Tatort fährt.

Nach einer weiteren Lehrmeinung soll die Zurechenbarkeit des Erfolgs zu einem fahrlässigen Erstverursacher stets dann zu verneinen sein, wenn der **Zweitverursacher vorsätzlich** handelt. In **Fall 16** wäre J demnach nur strafbar, wenn er selbst vorsätzlich handelte – zB das Gewehr in der Annahme herumliegen ließ, B werde es in der Auseinandersetzung mit O ergreifen – oder wenn sich J und B jeweils fahrlässig verhielten; der Schuss löste sich zB versehentlich im Handgemenge. Dagegen wäre J trotz eigener Fahrlässigkeit nicht strafbar, wenn B vorsätzlich schoss.[62]

Die Begründungen für den Zurechnungsausschluss innerhalb dieser Meinung differieren: Teils wird das Geschehen als nicht mehr durch den Erstverursacher (J) steuerbar angesehen, wenn ein vorsätzlich agierender Dritter (B) in das Geschehen eingreift.[63] Teils wird eine nur fahrlässige Beihilfe als nicht strafwürdig angesehen, weil ein erhebliches Verantwortungsgefälle zwischen einem vorsätzlich handelnden Täter (B) und einer fahrlässigen Erstverursachung (durch J) bestehe.[64]

Bei diesem Ansatz ist zunächst unklar, inwieweit die Steuerbarkeit des Geschehens durch J im Falle eigener Fahrlässigkeit davon abhängen soll, ob B vorsätzlich oder fahrlässig handelt. Die Steuerbarkeit bezieht sich allein auf das Herumliegenlassen des

---

61 Hierzu und zu den Beispielen *Jakobs* 24/15 ff; vgl auch *Frisch*, Tatbestandsmäßiges Verhalten und Zurechnung des Erfolgs, 1988, 280 ff, 295 f.
62 Zur vergleichbaren Konstellation eines Amoklaufs vgl BGH JA 2012, 634 m. Bspr *Jäger*; *Berster* ZIS 2012, 722.
63 *Naucke* ZStW 76 (1964), 409 (424 ff); *Otto* Maurach-FS 91 (99 f); vgl auch *Burgstaller*, Das Fahrlässigkeitsdelikt im Strafrecht, 1974, 116 f; M-*Gössel/Zipf* § 43/95; *Welp*, Vorangegangenes Tun als Grundlage einer Handlungsäquivalenz des Unterlassens, 1968, 283 ff, 299 f.
64 *Wehrle*, Fahrlässige Beteiligung am Vorsatzdelikt – Regreßverbot?, 1986, 63 ff, 83 ff. *Schumann*, Strafrechtliches Handlungsunrecht und das Prinzip der Selbstverantwortung der Anderen, 1986, 46 ff, will die Verantwortlichkeit an die letztlich entscheidende Handlung knüpfen, was bei mittelbarer Täterschaft und allseitiger Fahrlässigkeit dann aber nicht gelten soll. Zur Kritik vgl NK-*Puppe* Vor § 13 Rn 178 ff.

Gewehrs: Das Setzen *dieser* erfolgsrelevanten Bedingung kann und soll J mit Blick auf die tätliche Auseinandersetzung zwischen B und O unabhängig davon vermeiden, ob B den Schuss später gezielt oder versehentlich abgibt.

44 Ferner ist nicht einsichtig, warum J bei Vorsatz des B entlastet, bei Fahrlässigkeit aber belastet sein soll. Das Maß der subjektiven Verantwortlichkeit des B hat mit der Frage, inwieweit J das Setzen erfolgsrelevanter Bedingungen unterlassen kann und soll, rein gar nichts zu tun. Das zeigt sich vor allem, wenn man das Geschehen aus der Opferperspektive betrachtet: Das berechtigte Interesse des O, dass J nicht durch das Herumliegenlassen des Gewehrs das Risiko einer lebensbedrohlichen Wendung der tätlichen Auseinandersetzung erhöht, besteht unabhängig davon (und wird unabhängig davon verletzt), ob B dieses Risiko vorsätzlich oder fährlässig zum Erfolg führt. Am Ausbleiben des Risikos hat O im Übrigen auch unabhängig davon ein berechtigtes Interesse, ob J das Gewehr vorsätzlich oder fahrlässig herumliegen lässt.

45 c) **Zusammenfassung:** Es lässt sich festhalten, dass die Regressverbotslehren von einer sachwidrigen Prämisse ausgehen: Sie wollen das Verbot, ein Risiko für die strafrechtlich geschützten Güter anderer zu setzen, dadurch aufheben, dass sie das Risiko *ohne* rechtliche Erlaubnisnorm zu einem erlaubten machen. Indessen ist weder ein rollengemäßes Verhalten als solches – zB das berufsmäßige Fahren eines Taxis – ein Rechtfertigungsgrund,[65] noch kann das verbotene Verhalten Dritter das Unrecht eigenen verbotenen Verhaltens aufheben. Es würde den Opferschutz konterkarieren, wenn sich jemand zur Entlastung von eigenem schädigenden Verhalten auf das von anderen begangene Unrecht berufen könnte.

46 Daher verdient die Rechtsprechung und die ihr folgende Literatur Zustimmung, wenn sie der tradierten Ansicht folgend **kein Regressverbot** als Zurechnungsausschluss anerkennt. Vielmehr führt das Eingreifen eines Dritten zum Vorsatzausschluss, wenn es vom Täter nicht erkannt wurde und sich auch nicht als unwesentliche Abweichung vom vorgestellten Kausalverlauf darstellt.[66] Oder es führt beim Fahrlässigkeitsdelikt zum Ausschluss der Erfolgszurechnung, wenn es vom Täter nicht – bei Aufbietung der zu erwartenden Sorgfalt – vorhersehbar war.[67]

2. Folgerisiken

47 a) **Weitere Erfolgsverursachung:** Von der – für die Frage eines möglichen Regressverbots maßgeblichen – Konstellation, dass sich eine von einer Person gesetzte Bedingung erst infolge des Eingreifens einer weiteren Person in einem Erfolg realisiert, ist der Fall zu unterscheiden, dass ein Dritter anlässlich einer Erfolgsherbeiführung durch einen Ersttäter einen weiteren Erfolg verursacht. Fallbeispiele:

> ▶ **FALL 17:** Der von E verwundete O wird zur Behandlung in ein Krankenhaus eingeliefert. Der Unfallarzt U führt nur eine oberflächliche Untersuchung durch und übersieht schwere innere Verletzungen. Dadurch verstreicht der Zeitraum, in dem eine wirksame und den Todeserfolg verhindernde Behandlung noch möglich gewesen wäre. ◀

---

65 Rollengemäßes Sozialverhalten lässt sich mit keinem Rechtfertigungsprinzip vereinbaren, vgl § 15 Rn 3 ff.
66 Vgl hierzu § 27 Rn 43 ff.
67 Vgl nur BGHSt 4, 360 (362); 7, 268 (269 f); 11, 353 (355); BGH bei *Dallinger* MDR 1956, 525 (526); *Baumann/Weber/Mitsch* § 14/33; *Jescheck/Weigend* § 54 IV 2; zur Erfolgszurechnung bei einem für Dritte tödlich endenden Überholvorgang mit Renncharakter OLG Stuttgart StV 2012, 23 ff m. krit. Anm. *Puppe* JR 2012, 164 ff sowie OLG Celle StV 2013, 27 m. Anm. *Rengier* und Bspr *Mitsch* JuS 2013, 20 ff.

§ 11 Objektive Zurechnung beim Erfolgsdelikt

▶ **FALL 18:** Der von E verwundete O wird zur Behandlung in ein Krankenhaus eingeliefert. Ohne die gebotene Untersuchung wird dem O von Unfallarzt A ein Medikament injiziert, das eine allergische Reaktion mit tödlichem Ausgang auslöst. ◀

▶ **FALL 19:** Der von E durch einen Schuss verwundete O wird in ein Krankenhaus eingeliefert, das in der Nacht von den Terroristen T in Brand gesetzt wird; O erstickt. E wusste von dem Plan der T und hat den O gerade deshalb verwundet, damit er ein Opfer des Brandanschlags wird. ◀

▶ **FALL 20:** Der von T verwundete O widersetzt sich im Krankenhaus aus religiösen Gründen der rettenden Bluttransfusion.[68] ◀

aa) Zunächst ist es möglich, dass der Dritte – wie U in **Fall 17** – lediglich **pflichtwidrig das vom Ersttäter (E) gesetzte Risiko nicht abwendet.** Hier ist der Erfolg dem E ohne Weiteres objektiv zurechenbar, da durch das pflichtwidrige Unterlassen kein Risiko geschaffen, sondern nur die Realisierung des bereits gesetzten Risikos nicht abgewendet wird.[69] Unabhängig davon, dass sich U wegen fahrlässiger Tötung durch Unterlassen (§§ 222, 13) strafbar gemacht hat, ist die Erfolgsverursachung auch dem E (als Begehungsdelikt) objektiv zurechenbar. Denn den E kann es nicht entlasten, wenn das von ihm geschaffene Risiko von anderen nicht pflichtgemäß verringert oder beseitigt wird.[70]

48

bb) Ferner ist es möglich, dass der Dritte – wie A in **Fall 18** – das Erstrisiko durch ein **aktives Verhalten** zum Erfolg führt:

49

■ Die herkömmliche Meinung sieht in dem Fall ein Problem der für die Fahrlässigkeitshaftung[71] erforderlichen Vorhersehbarkeit des Kausalverlaufs. Der Erstschädiger (E) soll haften, wenn die Zweitschädigung (durch A) vorhersehbar war. Hierbei werden nur schwere (bzw. leichtfertig begangene) Kunstfehler als außerhalb des Vorhersehbaren liegend angesehen,[72] da mit solchen – bei üblichem Geschehensverlauf – nicht zu rechnen ist. In **Fall 18** wäre eine fahrlässige Erfolgsherbeiführung durch E zu verneinen, da die Injektion eines Medikaments durch A ohne die vorherige gebotene Untersuchung als grober Fehler angesehen werden kann.

50

■ Nach verbreiteter Lehre soll dagegen der Erfolg objektiv nicht zurechenbar sein, wenn sich in ihm nicht mehr das vom Ersttäter gesetzte Risiko realisiert.[73] In **Fall 18** scheiterte die objektive Zurechenbarkeit demnach daran, dass sich im Todeseintritt (in seiner konkreten Gestalt) nicht das Verwundungsrisiko, sondern das durch die fehlerhafte Injektion geschaffene Risiko einer allergischen Reaktion realisiert.

51

Gegen die neuere Risikolehre ist – wie schon beim Regressverbot – einzuwenden, dass es keinen Grund gibt, einen Ersttäter von der Haftung für einen von ihm verursachten

52

---

68 Nicht von vornherein unvernünftig ist es dagegen, wenn das Opfer eine mehr oder weniger riskante Operation verweigert, vgl auch OLG Celle StV 2002, 366 f m. Anm. *Walther.*
69 Vgl *Kühl* § 4/51.
70 Zum Spezialfall des vorsätzlichen „Dazwischentretens" des Täters in seine eigene (fahrlässige) Tat *Heinrich* Geppert-FS 171 ff.
71 Vorsatzdelikte kommen hier praktisch nicht in Betracht.
72 OLG Celle NJW 1958, 271 f; nach *Burgstaller* Jescheck-FS 357 (364 ff) sollen dem Ersttäter Zweitschädigungen zurechenbar sein, wenn sie auf leichter (oder mittlerer) Fahrlässigkeit des Zweittäters beruhen, nicht aber, wenn sie von diesem vorsätzlich oder grob fahrlässig herbeigeführt wurden.
73 Vgl (mit Abweichungen im Detail) *Frisch,* Tatbestandsmäßiges Verhalten und Zurechnung des Erfolgs, 1988, 436 ff; *Jakobs* ZStW 89 (1977), 1 (29 f); *Roxin* I § 11/142; *ders.* Gallas-FS 241 (257 f); SK-*Rudolphi* Vor § 1 Rn 73; teils einschr. NK-*Puppe* Vor § 13 Rn 240 f.

Erfolg allein wegen des Fehlverhaltens weiterer Personen zu entbinden. Vielmehr kann die Haftung des Ersttäters – iSd Rechtsprechung – nur davon abhängen, inwieweit er das weitere Geschehen vorhersah (Vorsatz) bzw vorhersehen konnte und musste (Fahrlässigkeit). Dass es sich nur um eine Frage der Vorhersehbarkeit handeln kann, zeigt sich an **Fall 19**: Bei oberflächlicher Betrachtung hat E hier das Risiko einer – ggf tödlichen – Schussverletzung geschaffen, das sich im konkreten Erfolg nicht unmittelbar realisiert hat. Es wäre indessen ersichtlich sachwidrig, bereits deshalb die Verwirklichung des objektiven Totschlagstatbestands zu verneinen. Denn O ist zwar nicht unmittelbar an der Schussverletzung gestorben, sondern durch das Ersticken im Krankenhaus. Zu diesem Erstickungsrisiko hat E aber ursächlich dadurch beigetragen, dass er durch die Verwundung einen Aufenthalt des O im Krankenhaus veranlasst hat. Da das Geschehen zudem seiner Planung entsprach, hat sich im Tod des O ein von E bewusst geschaffenes Todesrisiko realisiert.[74]

53 **Fall 19** zeigt erneut, dass genau zwischen den objektiven Risikofaktoren und ihrer Erkennbarkeit zu unterscheiden ist. Da der Todeserfolg nicht kausal erklärbar wäre, wenn O nicht im Krankenhaus gewesen wäre, ist das Verursachen des Krankenhausaufenthalts objektiv ein Faktor des Erstickungsrisikos. Dass E bereits zuvor ein tödliches Schussrisiko gesetzt hat, ändert nichts daran, dass er auch zum Entstehen des Erstickungsrisikos beigetragen hat. Eine ganz andere Frage ist die Vorhersehbarkeit dieses für den Tod maßgeblichen Erstickungsrisikos zum Tatzeitpunkt. Unter gewöhnlichen Umständen wird diese Frage zu verneinen sein, so dass deshalb eine Vorsatz- oder Fahrlässigkeitshaftung des Täters ausscheidet. Weiß der Täter aber um die maßgeblichen Risikofaktoren, so besteht kein Grund zu seiner Entlastung – und schon gar nicht mit dem Argument, es habe sich objektiv nicht das von ihm geschaffene Risiko realisiert.

54 **b) Ausnahme:** Eine Haftung des Erstschädigers ist jedoch zu verneinen, wenn das Opfer – wie in **Fall 20** – das Risiko nach Maßgabe der Grundsätze der eigenverantwortlichen Selbstgefährdung übernimmt.[75] In diesem Fall wird die objektive Erfolgszurechnung zum Täterverhalten unterbrochen. Voraussetzung einer eigenverantwortlichen Risikoübernahme ist hier vor allem, dass O einsichtsfähig ist und die Tragweite seines Entschlusses hinreichend überblickt.[76]

55 In folgendem Fall wird daher die Erfolgszurechnung durch das Opferverhalten nicht berührt: O wird von T verwundet; bevor der herbeigerufene Notarzt eintrifft, hat sich O schockbedingt entfernt und kann nicht mehr rechtzeitig behandelt werden. Hier ist die schockbedingte Fehlreaktion von T (und nicht von O) zu vertreten.

3. Retterfälle

▶ **FALL 21:** A setzt das Haus des B in Brand. Um das vom Erstickungstod bedrohte Kind des B zu retten, dringt Nachbar N in das brennende Haus ein. Er wird hierbei von einem herabfallenden Balken getroffen und erleidet einen Schlüsselbeinbruch. ◀

---

[74] Klärend insoweit auch *Struensee* GA 1987, 97 (98 f).
[75] Vgl *Kühl* § 4/52.
[76] Vgl BGH NStZ 1994, 394; *Burgstaller* Jescheck-FS 357 (363 f); *Jakobs* 7/59; *Jescheck/Weigend* § 28 IV 4; *Roxin* I § 11/118 f.

§ 11 Objektive Zurechnung beim Erfolgsdelikt

a) Grundlagen: Verletzt sich ein Dritter – wie N in **Fall 21** – bei dem freiwilligen Versuch, rettend in einen vom Täter verursachten Geschehensverlauf einzugreifen, so stellt sich die Frage, ob auch diese Verletzungen dem Täter objektiv zurechenbar sind.[77]   56

aa) Teils wird die Auffassung vertreten, dass dem Täter rettungsbedingte Erfolge stets objektiv zurechenbar seien, da die Rettung in seine Risikosphäre falle.[78] Die extreme Gegenansicht lehnt eine Haftung des Täters für solche Schäden grds ab, da der Täter wegen des freiwilligen Eingreifens des Retters nur eine eigenverantwortliche Selbstgefährdung veranlasse.[79]   57

bb) Die hM vertritt eine vermittelnde Position und stellt auf die Plausibilität der Rettung in Anbetracht der mit ihr verbundenen Gefahren ab. Demnach ist dem Täter eine Verletzung zurechenbar, die der Retter bei einer angesichts der erforderlichen Rettungsmaßnahme **vernünftigen Selbstgefährdung** erleidet. Dies wäre in **Fall 21** zu bejahen, da N sein Leben aufs Spiel setzt, um ein Menschenleben zu retten. Dagegen wäre eine Erfolgszurechnung zu verneinen, wenn N zur Verhinderung eines Bagatellschadens eine waghalsige Aktion unternommen und sich hierbei Verletzungen zugezogen hätte.[80]   58

cc) Die Lösung der hM verdient Zustimmung, da derjenige, der ein Risiko setzt, selbst dafür verantwortlich ist, dass es sich nicht in einem Erfolg realisiert. Daher **erfüllt der Retter eine dem Täter selbst obliegende Pflicht**, wenn er Maßnahmen ergreift, die zur Schadensverhinderung oder -minderung geeignet und erforderlich sind. Der Retter handelt also für den Täter, so dass der Täter auch für die Erfolge zuständig ist, die einem in seinem Risikobereich handelnden Retter widerfahren. Der Täter hat maW für die Verletzungen des Retters so einzustehen, wie er sie auch zu tragen hätte, wenn er, wie es seiner Pflicht entspricht, selbst rettend eingegriffen hätte. Wer daher ein Risiko schafft, gibt auch das adäquate Motiv zu vernünftigen Rettungshandlungen. Im Übrigen ist zu sehen, dass es nicht nur einer moralisch begründeten Solidarität, sondern auch einer allgemeinen Rechtspflicht (§ 323c) entspricht, bei erheblichen Gefahren für wertvolle Güter Rettungsmaßnahmen in vertretbarem Umfang zu ergreifen. Unterhalb der Zumutbarkeitsgrenze von § 323c ist es auch sachwidrig, von einer freiwilligen Selbstgefährdung zu sprechen. Denn es geht hier um keine willkürliche, sondern um eine rechtlich vorgegebene Entscheidung.   59

b) Garantenstellung: Diese Überlegungen gelten erst recht, wenn der Retter nicht als beliebige Privatperson, sondern aufgrund einer privaten Garantenstellung – zB als Vater oder Ehemann – oder aufgrund einer öffentlichen Verpflichtung – zB als Feuerwehrmann oder Polizist – eingegriffen hat.[81] Da den Retter in diesen Fällen eine erhöhte Gefahrtragungspflicht trifft, sind von ihm auch riskantere Rettungsmaßnahmen zu erwarten, mit der Folge, dass der Täter auch für die hieraus resultierenden Verletzun-   60

---

77 Näher zu verschiedenen Fallgruppen *Satzger* Jura 2014, 695 (702 ff); *Thier*, Zurechenbarkeit von Retterschäden bei Brandstiftungsdelikten nach dem Sechsten Gesetz zur Reform des Strafrechts, 2008.
78 *Jescheck/Weigend* § 28 IV 4.
79 *Burgstaller* Jescheck-FS 357 (370); *Otto* NJW 1980, 417 (422); *Roxin* I § 11/115; vgl aber nun *Roxin* Puppe-FS 909 ff.
80 BGHSt 39, 322 (325 f); OLG Stuttgart NStZ 2009, 331 ff m. krit. Anm. *Puppe, Furukawa* GA 2010, 169 ff; *Radtke* Puppe-FS 831 (842 ff); *Roxin* Puppe-FS 909 (927 ff) sowie *Jakobs* ZStW 89 (1977), 1 (15 f); NK-*Puppe* Vor § 13 Rn 186 f; SK-*Rudolphi* Vor § 1 Rn 80 f; LK-*Walter* Vor § 13 Rn 116 f; ausf. zur Problematik *Strasser*, Zurechnung von Retter-, Flucht- und Verfolgerverhalten, 2008, 228 ff.
81 Vgl nur SK-*Rudolphi* Vor § 1 Rn 81 mwN.

61 gen einzustehen hat. Vereinzelt wird jedoch auch in diesen Fällen eine freiwillige Selbstgefährdung bejaht und damit eine Haftung des Täters grds verneint.[82]

61 Die den sog. Retterfällen verwandten Fälle, in denen (erst) die Flucht des Opfers den tatbestandlichen Erfolg einer Verletzung oder Tötung desselben herbeiführt, werden von der Rspr entsprechend gelöst: Das Täterverhalten kann hier bereits die Gefahr riskanter Fluchtversuche des Opfers in sich bergen, so dass der Zurechnungszusammenhang zu bejahen ist.[83]

VI. Gutachten

62 Während die Kausalität zwischen Handlung und Erfolg notwendig gegeben sein muss, damit der objektive Tatbestand eines Erfolgsdelikts verwirklicht ist und daher stets einer ausdrücklichen Prüfung bedarf, **begrenzen die Regeln der objektiven Zurechnung nur die Haftung des Täters** für den von ihm verursachten Erfolg, schränken also den Anwendungsbereich des Tatbestands ein. Daher müssen die Kriterien der objektiven Zurechnung – wie dies auch bei der Prüfung der Rechtswidrigkeit und Schuld der Fall ist – nur erörtert werden, wenn der Sachverhalt hierzu genügend Anlass gibt.

Soweit solche Anhaltspunkte gegeben sind, ist wiederum nur die spezifische Fragestellung zu behandeln. So kann etwa das Problem der eigenverantwortlichen Selbstgefährdung im Zentrum des Falles stehen. In diesem Zusammenhang kann eine **Abgrenzung zur einverständlichen Fremdgefährdung** erforderlich werden.[84] Außerdem ist zu beachten, dass eine **mittelbare Täterschaft** desjenigen, der das Risiko schafft, in Betracht kommt, wenn das Opfer nicht auf eigene Gefahr handelt.[85]

63 Stets ist zu bedenken, dass die objektive Zurechnung ein **Prüfungsschritt bei der Feststellung des objektiven Deliktstatbestands** ist. Dies bedeutet zunächst, dass bei der objektiven Zurechnung die subjektive Tatseite, namentlich die Vorstellungen und Ziele des Täters, grds keine Rolle spielen darf. Es wäre ein logischer Fehler, die objektive Zurechenbarkeit eines Erfolgs mit der Überlegung zu begründen, dass ja lediglich eingetreten sei, was der Täter auch gewollt habe. Vielmehr ist bei der objektiven Zurechnung nur darauf abzustellen, ob überhaupt eine beliebige Person in der Situation des Täters für den Erfolgseintritt zuständig sein kann. Ist dies zu verneinen, so ist der Erfolg objektiv nicht zurechenbar; das Delikt ist mangels zurechenbarer Erfüllung des objektiven Tatbestands nicht verwirklicht. Eine sich daran anschließende neue Frage ist es, ob der Täter, falls er vorsätzlich gehandelt hat, die Voraussetzungen eines strafbaren Versuchs erfüllt.

64 **WIEDERHOLUNGS- UND VERTIEFUNGSFRAGEN**

> Welche Funktion hat die objektive Zurechnung im Strafrecht? (Rn 1 ff)
> Was ist unter einem Risiko zu verstehen? (Rn 6)

---

82 Roxin I § 11/139.
83 Vgl BGH NStZ 2008, 278; *Strasser*, Zurechnung von Retter-, Flucht- und Verfolgerverhalten, 2008, 246 ff; vgl auch *Steinberg* JZ 2010, 1053 mit dem Ansatz einer „psychischen Verletzung mit Todesfolge"; ferner zu den „umgekehrten" Fällen, bei denen nach der Verantwortlichkeit des Verfolgten für Schäden/Verletzungen des Verfolgers anlässlich der Verfolgung zu fragen ist, *Roxin* Puppe-FS 909 (926 f); *Strasser*, Zurechnung von Retter-, Flucht- und Verfolgerverhalten, 2008, 256 ff; *Stuckenberg* Puppe-FS 1039 ff.
84 Näher § 12 Rn 61 ff.
85 Vgl § 39 Rn 44 ff.

§ 11 Objektive Zurechnung beim Erfolgsdelikt

> Wie verhalten sich Ursachen und Risikofaktoren zueinander? (Rn 6 ff)
> Was ist unter einer „echten", was unter einer „unechten Risikoverringerung" zu verstehen? (Rn 14 ff)
> Unter welchen Voraussetzungen führt die Selbstgefährdung des Opfers zum Zurechnungsausschluss? (Rn 23 ff)
> Welche Fallgruppen werden diskutiert, in denen das Eingreifen Dritter zum Zurechnungsausschluss führen kann? (Rn 37 ff, 47 ff, 56 ff)

§ 12 Einwilligung

I. Allgemeines

▶ **FALL 1:** Der 17-jährige J lässt sich von Hautarzt H ein Muttermal entfernen, nachdem er von diesem eingehend über die Risiken des Eingriffs aufgeklärt wurde. ◀

1. Begriff

1 Ein Eingriff in die Güter einer Person, der mit deren Willen erfolgt, ist grds kein Unrecht („*volenti non fit iniuria*").[1] Denn individuelle Rechtsgüter werden nicht absolut geschützt, sondern nur zu dem Zweck, der freien Entfaltung des Einzelnen in einer rechts- und sozialstaatlich verfassten demokratischen Gesellschaft zu dienen.[2] Es wäre daher ein Widerspruch, Veränderungen von Gütern auch gegen den Willen ihres Inhabers zu verbieten, es sei denn, eine solche Beschränkung der individuellen Freiheit wird im Allgemeininteresse für zwingend geboten erachtet.[3]

2. Deliktssystematische Einordnung

2 Dass der Täter grds kein Unrecht begeht, wenn er mit Willen des über das tatbestandlich geschützte Rechtsgut Verfügungsberechtigten handelt, steht im Ergebnis außer Streit.[4] Umstritten ist jedoch, wie die Einwilligung deliktssystematisch einzuordnen ist:

- Die herkömmliche und wohl noch vorherrschende Auffassung begreift die Einwilligung als **Rechtfertigungsgrund**.[5]
- Nach einer vordringenden Lehre führt die Einwilligung bereits zum **Ausschluss des objektiven Tatbestands**.[6]

3 a) **Rechtfertigungslehre:** Nach der tradierten Auffassung, die in der Einwilligung nur einen Rechtfertigungsgrund sieht, soll sich eine Rechtsgutsverletzung unabhängig vom Willen des Inhabers des konkreten Rechtsgutsobjekts feststellen lassen.[7] Demnach läge in **Fall 1** ein Eingriff in die körperliche Integrität des J und damit eine als Rechtsgutsverletzung zu bewertende Körperverletzung iSv § 223 vor. In der Einwilligung des Verletzten wird teils ein Verzicht auf Rechtsschutz gesehen,[8] der eine rechtfertigende Wirkung entfalte. Teils wird auch darauf abgestellt, dass bei der Einwilligung im Wege

---

[1] Eine übliche Kurzfassung der von *Ulpian* überlieferten Formel: „nulla iniuria est, quae in volentem fiat" (Digesten 47. 10. 1. 5).

[2] Vgl § 2 Rn 6; zu den konträren Positionen in der historischen Entwicklung der Einwilligungslehre vgl *Honig*, Die Einwilligung des Verletzten, Teil I, 1919, 32 ff, 46 ff, 60 ff; krit. zur heutigen Einwilligungslehre *Arzt* Geppert-FS 1 ff.

[3] Vgl zu den Beschränkungen der Dispositionsbefugnis durch §§ 216 und 228 unten Rn 10, 66 ff.

[4] Insoweit hat § 228, der die mangelnde Rechtswidrigkeit der Einwilligung konstatiert, nur eine deklaratorische Bedeutung; ein Argument für den rechtfertigenden Charakter lässt sich hieraus schwerlich ableiten.

[5] BGHSt 17, 359 (360); 23, 1 (3 f); *Amelung/Eymann* JuS 2001, 937 (938); *Baumann/Weber/Mitsch* § 17/93 ff; *W-Beulke/Satzger* Rn 361, 370; *Fischer* Vor § 32 Rn 3b; *Gropp* § 6/56; *Heinrich* Rn 438; *Jescheck/Weigend* § 34 I 3; *Köhler* 245 f; *Kühl* § 9/22 ff; *Otto* Jura 2004, 679 (680); NK-*Paeffgen* § 228 Rn 8; *Stratenwerth/Kuhlen* § 9/9.

[6] *Roxin* I § 13/12 ff mit eingehender Begründung; *ders.* Amelung-FS 269 ff; vgl ferner SK-*Horn/Wolters* § 228 Rn 2; *Kaufmann* Klug-FS, 277 (282); *Rönnau*, Willensmängel bei der Einwilligung im Strafrecht, 2001, 92, 124; *ders.* Jura 2002, 665 (666); *Rudolphi* ZStW 86 (1974), 68 (87 f); *Schlehofer*, Einwilligung und Einverständnis, 1985, 4 ff; *Weigend* ZStW 98 (1986), 44 (60).

[7] *Kühl* § 9/22; zu einer Variante, die das Individualrechtsgut als Basis personaler Entfaltung schützt, vgl *Rönnau* Jura 2002, 595 (598).

[8] BGHSt 17, 359 (360); W-*Beulke/Satzger* Rn 372; *Geerds* ZStW 72 (1960), 42 (43); *Krey/Esser* Rn 662; L-Kühl-*Kühl* Vor § 32 Rn 10; S/S-*Lenckner/Sternberg-Lieben* Vor § 32 Rn 33; *Otto* Geerds-FS 603 (613).

einer Güterabwägung die Verfügungsfreiheit des Einzelnen als gegenüber dem Wert des Rechtsguts vorrangig angesehen werde.[9]

b) Tatbestandslehre: Vor allem Vertreter der Lehre von der objektiven Zurechnung sehen in der Einwilligung die Übernahme der Verantwortung für einen Eingriff in eigene Güter.[10] Mit der Einwilligung mache sich der Berechtigte das Handeln des Täters zu eigen. Nach diesem Ansatz handelt der Täter **für den Berechtigten** und ist damit **dessen ausführendes Organ**. In Fall 1 ist demnach das Verhalten des H so zu verstehen, als habe sich J das Muttermal selbst entfernt.

Obgleich diese Auffassung im Ergebnis – Aufhebung des tatbestandlichen Unrechts – sachgerecht ist, ist sie jedoch der Schwierigkeit ausgesetzt, den Ausschluss oder die Beschränkung der Möglichkeit einer Einwilligung in den Vorschriften der §§ 216, 228 nicht erklären zu können. Wäre etwa die Tötung eines anderen im Falle einer Einwilligung als eine Selbsttötung des Einwilligenden anzusehen, so müsste sie, da eine Selbsttötung nicht tatbestandsmäßig und verboten ist, ebenfalls als tatbestandslos und erlaubt zu behandeln sein; § 216 sagt jedoch das Gegenteil. Auch eine mit Einwilligung des Verletzten vorgenommene Tatbestandsverwirklichung bleibt daher ein allein vom Täter zu verantwortender Eingriff in fremde Güter.

Im Strafrecht besteht die Pflicht, Güter anderer nicht zu schädigen, nicht (nur) wie im Zivilrecht gegenüber dem jeweiligen Inhaber des Gutes, sondern (auch) gegenüber dem Staat im Allgemeininteresse.[11] Daher ist der Eingriff in fremde Güter zwar zivilrechtlich kein (zu erstattender) Schaden, wenn der Inhaber einwilligt; denn dieser befreit den Handelnden von seiner allein ihm gegenüber bestehenden Pflicht. Über die staatlichen Normen des Strafrechts hat der Gutsinhaber aber keine Verfügungsberechtigung und kann daher auch nicht autonom den Täter von seiner Pflicht, die strafrechtlichen Normen zu befolgen, entbinden. Vielmehr ist die Möglichkeit des Verletzten, durch Einwilligung das Unrecht einer strafrechtlichen Tatbestandsverwirklichung aufzuheben, eine dem Verletzten staatlich eingeräumte Befugnis. Soweit es sich um Güter handelt, an deren Bestand kein über das Integritätsinteresse des Einzelnen hinausgehendes Allgemeininteresse besteht, wie dies etwa beim Eigentum der Fall ist, kann dem Gutsinhaber die volle Dispositionsmöglichkeit über das Gut kraft Einwilligung eingeräumt werden. Daher kann der Eigentümer unbeschränkt durch Einwilligung das Unrecht einer Sachbeschädigung nach § 303 aufheben. Die Tötung eines Menschen oder eine massiv gegen die guten Sitten verstoßende Körperverletzung eines anderen sind dagegen Taten, deren Tabuisierung durch unbedingte staatliche Verbote im Allgemeininteresse liegt und der Verfügungsmöglichkeit des Verletzten entzogen ist.

Insoweit kann man die Einwilligung als eine Befugnis ansehen, die dem Verletzten grds die Möglichkeit einräumt, das Unrecht einer Tatbestandsverwirklichung aufzuheben. Die Einwilligung ist maW ein **tatbestandlicher Unrechtsausschluss eigener Art**, der jedoch – wie im Falle der Tötung auf Verlangen (§ 216) oder der Körperverletzung (§ 228) – im Allgemeininteresse ausgeschlossen bzw beschränkt sein kann.

---

9 *Geppert* ZStW 83 (1971), 952 ff; *Jescheck/Weigend* § 34 II 3; *Noll* ZStW 75 (1965), 1 (15).
10 Vgl nur *Armin Kaufmann* Klug-FS 277 (282); *Rönnau*, Willensmängel bei der Einwilligung im Strafrecht, 2001, 92 f, 124 ff; *Roxin* I § 13/12 ff; *Schlehofer*, Einwilligung und Einverständnis, 1985, 4 ff; *Weigend* ZStW 98 (1986), 44 (60 f).
11 Näher zur Struktur der Einwilligung *Kindhäuser* GA 2010, 490 ff.

6 c) **Folgen der Einordnung:** Die deliktssystematische Einordnung der Einwilligung[12] ist **ohne praktische Relevanz**, wenn man mit der hM Irrtümer über Deliktstatbestände und Rechtfertigungsgründe gleich behandelt, also bei einem Irrtum über die jeweiligen tatsächlichen Voraussetzungen jeweils einen Vorsatzausschluss nach § 16 Abs. 1 bejaht.[13] Im Übrigen sind die Streitfragen über die Voraussetzungen und Mängel einer wirksamen Einwilligung[14] unabhängig von der deliktssystematischen Einordnung. In der **Fallprüfung** entscheidet man sich für eine deliktssystematische Einordnung, ohne sie näher begründen zu müssen.

3. Bezug

7 ▪ Die Einwilligung muss sich stets auf den Erfolg beziehen.

8 ▪ Eine Einwilligung ist gleichermaßen bei Vorsatz- und Fahrlässigkeitstaten möglich.[15]

II. Wirksamkeit

1. Voraussetzungen

9 Eine Einwilligung ist (nur) unter folgenden Voraussetzungen wirksam:

10 ▪ Das geschützte Rechtsgut muss – wie in **Fall 1** – ein grds **disponibles Individualrechtsgut** sein.[16] Zu beachten ist, dass die Disponibilität bei bestimmten Individualrechtsgütern, namentlich Leben (§ 216) und körperliche Integrität (§ 228), eingeschränkt ist. Ferner scheidet eine Einwilligung dann aus, wenn die Vorschrift gerade dem Schutz des an der Tatbestandsverwirklichung notwendig mitwirkenden Opfers dient. Hier wird dem Opfer aufgrund einer unwiderleglichen Vermutung die Fähigkeit zu freier und eigenverantwortlicher Entscheidung abgesprochen. Beispiele sind die sexuellen Missbrauchshandlungen der §§ 174 ff[17] und der Wucher (§ 291).

11 ▪ Der Einwilligende muss – parallel zu den Kriterien des Handelns auf eigene Gefahr[18] – **hinreichend einsichtsfähig** sein, um die **Bedeutung des Rechtsguts und die Schwere des Eingriffs** verständig beurteilen zu können.[19] Er muss vor allem in der Lage sein, Art und Umfang des Rechtsguteingriffs einschließlich der Begleit- und Folgerisiken in etwa zu überblicken. Ob der Einwilligende über die nötige Einsichtsfähigkeit verfügt, ist **unabhängig von seinem Alter** festzustellen. Geschäftsfähigkeit iSd Zivilrechts ist nicht erforderlich,[20] es sei denn, die Einwilligung soll im konkre-

---

12 Vertiefend *Kindhäuser* GA 2010, 490 ff.
13 Vgl § 29 Rn 24 ff.
14 Hierzu unten Rn 9 ff, 21 ff.
15 Vgl BayObLG VRS 53, 349; *Geppert* ZStW 83 (1971), 947 (969 ff); *Heinrich* Rn 473; *Kühl* § 17/82 ff.
16 *Haft* 75; *Jescheck/Weigend* § 34 III 5; *Roxin* I § 13/33.
17 Vgl ferner §§ 179, 180, 180a.
18 Vgl § 11 Rn 23 ff.
19 HM, vgl nur RGSt 41, 392 (395 ff); 77, 17 (20); BGHSt 4, 88 (90); 23, 1 (4); BGH NJW 1978, 1206; NStZ 2000, 87 (88); *Geerds* GA 1954, 262 (265); *Hillenkamp* AT 50; *Jescheck/Weigend* § 34 IV 4; *Rönnau* Jura 2002, 665 (668 f). Besonders lesenswert BGH NJW 1978, 1206 m. Anm. *Hassemer* JuS 1978, 710 (711); *Horn* JuS 1979, 29 (30); *Hruschka* JR 1978, 519 f; *Rogall* NJW 1978, 2344 (2345); *Rüping* Jura 1979, 90 (91).
20 BGHSt 12, 379 (383); *Amelung* ZStW 104 (1992), 525 (526); *Hillenkamp* JuS 2001, 159 (161); NK-*Paeffgen* § 228 Rn 14 ff mwN.

ten Fall gerade eine rechtsgeschäftliche Wirksamkeit entfalten.[21] Fehlt dem Berechtigten die nötige Einsichtsfähigkeit, ist sein tatsächlich geäußerter Wille unmaßgeblich. In **Fall 1** ist davon auszugehen, dass der 17-jährige J Art und Tragweite des Eingriffs nach der Aufklärung über die Risiken verständig erfassen kann und seine Einwilligung insoweit wirksam ist.

- Eine Einwilligung ist **nur** durch **vorherige Zustimmung** möglich; eine nachträgliche Genehmigung genügt nicht.[22]   12

- Die Einwilligung bedarf **keiner Form**, muss aber unmissverständlich (verbal, gestisch usw) zum Ausdruck kommen (sog. Kundgabetheorie).[23] Allerdings braucht die Erklärung nicht gerade gegenüber dem Täter abgegeben zu werden.[24]   13

- Die Einwilligung darf **nicht auf Willensmängeln beruhen** (näher Rn 21 ff).   14

2. Bedingungen

Der Berechtigte kann die Wirksamkeit seiner Einwilligung von bestimmten Bedingungen abhängig machen, zB von der Bedingung, dass die Tat von einer bestimmten Person und/oder auf eine bestimmte Art und Weise vollzogen wird.[25] Sind diese Bedingungen vor oder bei der Tat[26] nicht erfüllt, so wird die Einwilligung nicht wirksam.[27]   15

3. Stellvertretung

Stellvertretung bei der Einwilligung ist möglich, sofern es sich nicht um eine unvertretbare Entscheidung existenzieller Natur – zB eine Organspende – handelt.[28]   16

- Für eine **gewillkürte Stellvertretung** ist eine zivilrechtlich wirksame Vollmacht erforderlich.[29] Eine solche Stellvertretung ist namentlich bei Entscheidungen über Vermögenswerte relevant.   17

- Bei Rechtsgutsinhabern, denen die nötige Einsichtsfähigkeit fehlt, ist der **Personensorgeberechtigte** entscheidungsbefugt. Dies sind zB die Eltern (§ 1626 BGB), der Vormund (§ 1793 BGB) oder ein Betreuer (§§ 1896 f, 1901 BGB). Überschreitet der Personensorgeberechtigte seine Entscheidungsbefugnis, so ist seine Einwilligung unwirksam. Wenn der Personensorgeberechtigte die Einwilligung – zB für eine Operation – missbräuchlich verweigert, kann das Vormundschaftsgericht die erforderlichen Maßnahmen anordnen (§ 1666 BGB). Bei Zeitmangel – zB der erforderlichen   18

---

21 *Jakobs* 7/114; *Lenckner* ZStW 72 (1960), 446 (455 f); aA *Amelung* ZStW 104 (1992), 525 (528); *Jescheck/Weigend* § 34 IV 1; *Otto* Geerds-FS 603 (614).
22 BGHSt 17, 359 (360); *Amelung/Eymann* JuS 2001, 937 (941); *Krey/Esser* Rn 665; L-Kühl-*Kühl* § 228 Rn 4; S/S-*Lenckner/Sternberg-Lieben* Vor § 32 Rn 44.
23 *Amelung/Eymann* JuS 2001, 937 (941); *Baumann/Weber/Mitsch* § 17/104; W-*Beulke/Satzger* Rn 378; *Geerds* GA 1954, 262 (266); *Jescheck/Weigend* § 34 IV 2; abw. *Jakobs* 7/115; *Rönnau* Jura 2002, 665 (666): innere Zustimmung sei ausreichend (sog. „Willensrichtungstheorie").
24 *Amelung/Eymann* JuS 2001, 937 (941).
25 *Kühl* § 9/31; *Sternberg-Lieben*, Die objektiven Schranken der Einwilligung im Strafrecht, 1997, 535.
26 Es muss sich allerdings um der Tat zeitlich vorausgehende Bedingungen handeln, da die Strafbarkeit nicht ex post begründet werden kann.
27 Näher hierzu *Sternberg-Lieben*, Die objektiven Schranken der Einwilligung im Strafrecht, 1997, 535 ff.
28 *Roxin* I § 13/93.
29 *Baumann/Weber/Mitsch* § 17/102.

Notoperation eines Kindes – kann eine Entscheidung unter den Voraussetzungen des § 34[30] in Betracht kommen.

19 ■ Da die Einsichtsfähigkeit fallweise und unabhängig vom Alter des Rechtsgutsinhabers festzustellen ist, kann auch ein **Minderjähriger** über die erforderliche Einsichtsfähigkeit verfügen. In diesem Fall geht seine Entscheidung derjenigen des gesetzlichen Vertreters vor.[31] In **Fall 1** stünde es also der Wirksamkeit der Einwilligung des J nicht entgegen, wenn seine Eltern dem Eingriff widersprochen hätten. Ist ein einsichtsfähiger Minderjähriger vorübergehend nicht entscheidungsfähig, weil er zB bewusstlos ist, so lebt nicht etwa die Entscheidungsbefugnis des gesetzlichen Vertreters wieder auf. Vielmehr sind die Regeln der mutmaßlichen Einwilligung anzuwenden.[32] Die Erklärungen des gesetzlichen Vertreters können insoweit nur dazu dienen, den vermutlichen Willen des Minderjährigen zu ermitteln.

4. Widerruf

20 Die Einwilligung ist bis zur Ausführung der Tat **jederzeit frei widerruflich**.[33] Hierbei gelten die für die Wirksamkeit der Einwilligungserklärung erforderlichen Voraussetzungen entsprechend.

5. Willensmängel

▶ **FALL 2:** Mutter M willigt täuschungsbedingt in eine Organspende für ihr Kind ein; das Organ wird jedoch von Arzt A, wie von vornherein geplant, einem Dritten implantiert. ◀

▶ **FALL 3:** B erklärt sich gegenüber seinem Nachbarn N schriftlich damit einverstanden, dass dieser einen ihm (B) gehörenden Baum fällt. In seinem Schreiben hat B versehentlich das Wort „nicht" vergessen.[34] ◀

21 a) **Drohung oder Gewalt:** Eine durch Drohung oder Gewalt iSv § 240[35] abgenötigte Einwilligung ist **stets unwirksam**.[36] Eine unter der Nötigungsschwelle liegende Einflussnahme berührt dagegen die Wirksamkeit der Einwilligung noch nicht.[37]

22 b) **Irrtum:** Der Wirksamkeit einer Einwilligung kann ferner ein Irrtum des Erklärenden entgegenstehen. Umstritten ist hierbei jedoch zum einen, unter welchen Voraussetzungen eine durch Täuschung erschlichene Einwilligung unwirksam ist, zum anderen, ob der Irrtum vom Täter zu vertreten sein muss.

23 aa) Zu der Frage, inwieweit – wie in **Fall 2** – ein **täuschungsbedingter Irrtum** zur Unwirksamkeit der Einwilligung führt, werden im Wesentlichen drei Auffassungen vertreten:

---

30 Näher hierzu § 17 Rn 10 ff.
31 Zur Problematik der verweigerten Bluttransfusion aus religiösen Motiven vgl *Hillenkamp* Küper-FS 123 ff.
32 Näher hierzu § 19.
33 RGSt 25, 375 (382); *W-Beulke/Satzger* Rn 378; *Kühl* § 9/32.
34 *Roxin* I § 13/111.
35 Näher zu diesen beiden Formen der Nötigung *Kindhäuser* BT I § 12/4 ff, 29 ff.
36 *Haft* 74; *S/S-Lenckner/Sternberg-Lieben* Vor § 32 Rn 48; *Otto* Geerds-FS 603 (614 f); *Roxin* I § 13/113 ff; bzgl Drohung *Kühl* § 9/36; enger *Rudolphi* ZStW 86 (1974), 68 (85): die Drohung müsse eine von § 34 vorausgesetzte Intensität aufweisen.
37 *Roxin* I § 13/113 f.

§ 12 Einwilligung

- Die Rechtsprechung und ein Teil der Lehre halten **jede** durch eine **Täuschung** erschlichene Einwilligung für unwirksam.[38] In **Fall 2** hätte A demnach mangels wirksamer Einwilligung eine rechtswidrige Körperverletzung begangen. 24

- Nach einer verbreiteten Literaturmeinung muss der täuschungsbedingte Irrtum, um die Einwilligung unwirksam zu machen, **rechtsgutsbezogen** sein, also Inhalt und Umfang des Eingriffs betreffen.[39] Das Strafrecht schütze grds nur den Bestands- und nur in besonderen Fällen auch den Tauschwert von Gütern, so dass auch nur Bestandsirrtümer für die Einwilligung von Belang seien. Die Herbeiführung eines bloßen Motivirrtums soll demnach die Wirksamkeit der Einwilligung nicht ausschließen. Da M in **Fall 2** weiß, um welchen Eingriff in ihre körperliche Integrität es sich handelt, wäre die Einwilligung nach der einschränkenden Literaturansicht wirksam und das Unrecht einer Körperverletzung zu verneinen. 25

- Eine vermittelnde Lehrmeinung lässt für die Unwirksamkeit der Einwilligung einen täuschungsbedingten Motivirrtum ausreichen, sofern es sich um das **ausschlaggebende Motiv** handelt.[40] In **Fall 2** wäre die Einwilligung unwirksam, da der Irrtum, obgleich nicht rechtsgutsbezogen, das ausschlaggebende Motiv – Hilfe für das Kind – betrifft. 26

Die vorgeschlagenen Beschränkungen der Irrtümer, die zur Unwirksamkeit der Einwilligung führen, vermögen nicht zu überzeugen. Dass das Strafrecht im Wesentlichen auf den Bestandsschutz zu begrenzen sei, ist eine wenig plausible These. Rechtsgüter werden um der freien Entfaltung des Einzelnen willen geschützt, so dass der strafrechtliche Schutz die personale Entscheidungsfreiheit beim Umgang mit eigenen Gütern insgesamt und nicht nur ausschnitthaft umfasst.[41] Daher ist auch eine Differenzierung zwischen ausschlaggebenden und sonstigen Motivirrtümern sachlich nicht gerechtfertigt. Im Übrigen betrifft **Fall 2** eine **bedingte Einwilligung**: Die Erklärung der M ist so zu verstehen, dass sie in die Organentnahme nur unter der Voraussetzung einwilligt, dass A auch bereit ist, das gespendete Organ dem Kind zu implantieren. Da A diese Bedingung nicht erfüllt, kann er sich – ungeachtet der Frage, ob der Motivirrtum ausschlaggebend ist – auch nicht auf die Einwilligung berufen. 27

Hinsichtlich der Täuschung ist zu beachten, dass sie nicht nur durch eine ausdrückliche oder konkludente Irreführung[42] begangen werden kann. Es kommt auch eine Täuschung durch Unterlassen in Betracht, sofern der Täter einer ihm als Garanten obliegenden **Aufklärungspflicht** nicht nachkommt. Unterlässt zB ein Arzt die gebotene Aufklärung, so hat er für eine pflichtwidrig nicht beseitigte Fehlvorstellung des Opfers 28

---

38 OLG Stuttgart NJW 1982, 2266 (2267); *Baumann/Weber/Mitsch* § 17/109; *Fischer* § 228 Rn 7; *Heinrich* Rn 469; *Rönnau* Jura 2002, 665 (674).
39 *Arzt*, Willensmängel bei der Einwilligung, 1970, 15 ff; *Brandts/Schlehofer* JZ 1987, 442 (444 ff); *Gropp* § 6/43 f; *Jakobs* 7/121; *Jescheck/Weigend* § 34 IV 5; *Kühl* § 9/37 f; *Küper* JZ 1990, 510 (514); *S/S-Lenckner/Sternberg-Lieben* Vor § 32 Rn 46; *Rudolphi* ZStW 86 (1974), 68 (82 ff); vgl auch *Amelung*, Irrtum und Täuschung als Grundlage von Willensmängeln bei der Einwilligung des Verletzten, 1998, 36 ff.
40 *Roxin* I § 13/74; *ders.* Noll-GS 275 (281 ff); zur Kritik NK-*Paeffgen* § 228 Rn 28 f.
41 Vgl *Amelung* ZStW 109 (1997), 490 (499); *Kindhäuser* GA 1989, 493 (494 ff); *Otto* Geerds-FS 603 (615 ff); *Roxin* Noll-GS 275 (279 ff).
42 Näher zu den beiden Formen der aktiven Irreführung *Kindhäuser* BT II § 27/13 ff.

einzustehen, mit der Folge, dass eine entsprechende irrtumsbedingte Einwilligung unwirksam ist.⁴³

29 **bb)** Umstritten ist des Weiteren, ob auch ein **Irrtum** des Erklärenden, den – wie in **Fall 3** – der Täter **nicht aufgrund einer Täuschung** zu vertreten hat, zur Unwirksamkeit der Einwilligung führt. Nimmt man in **Fall 3** eine Unwirksamkeit der Einwilligung an, so hat N mit dem Fällen des Baums (jedenfalls) den objektiven Tatbestand des § 303 erfüllt.

30 ▪ Teils wird eine Einwilligung **unabhängig von der Kenntnis des Täters** für unwirksam gehalten, wenn sich das Opfer (B) – so eine Ansicht⁴⁴ – über rechtsgutsbezogene Umstände irrt oder wenn es sich – so die andere Ansicht⁴⁵ – in einem Erklärungs- oder Inhaltsirrtum befindet. Beides wäre in **Fall 3** gegeben.

31 ▪ Die vorherrschende Gegenauffassung stellt bei der Einwilligung auf den **kundgegebenen Willen** ab, dessen Inhalt nach den üblichen Auslegungskriterien aus der Sicht des Empfängers zu ermitteln sei. Da somit in **Fall 3** nur der Inhalt der Erklärung für N maßgeblich wäre, könnte eine hiervon abweichende Vorstellung des B die Wirksamkeit seiner Einwilligung nicht berühren.⁴⁶ Diese Auffassung ist insoweit überzeugend, als die Wirksamkeit der Einwilligung eine objektive Kundgabe voraussetzt. Demnach ist das Vertrauen, auch das des Täters, in den objektiv zu ermittelnden Inhalt der Erklärung schützenswert. Ist dem Täter dagegen der Irrtum des Einwilligenden bekannt, wäre es **rechtsmissbräuchlich**, wenn er ihn bewusst ausnutzt.⁴⁷

32 Folgt man der vorzugswürdigen letztgenannten Lehre, so ist im **Gutachten** darauf zu achten, dass nicht der objektive mit dem subjektiven Tatbestand vermengt wird.⁴⁸ Ist dem N in **Fall 3** der Irrtum des B bekannt, so ist bei der Prüfung des objektiven Tatbestands zunächst festzustellen, dass B eine irrtumsbedingte Einwilligung erteilt hat, die nur dann zu einem Tatbestandsausschluss⁴⁹ führt, wenn N den Irrtum nicht kennt. Im subjektiven Tatbestand ist anschließend festzuhalten, dass N um den Irrtum weiß und die Einwilligung daher zu seinen Gunsten keine Wirkung entfaltet.

III. Abgrenzung: Einverständnis

1. Begriff

33 Bei einer Reihe von Delikten, die individuelle Rechtsgüter schützen, setzt die Verwirklichung **bestimmter Tatbestandsmerkmale** ein **Handeln gegen den Willen** einer Person voraus. Wichtige Beispiele hierfür sind

---

43 Vgl BGHSt 11, 111 (115 f); 16, 309 (310 f); BGH NJW 1980, 633 (634 f); 1998, 1802 (1803); 2011, 1088 (1089 f) – „Zitronensaftfall" – m. Bspr *Hardtung* NStZ 2011, 635 ff; *Jahn* JuS 2011, 468 ff, *Schiemann* NJW 2011, 1046 ff; vgl auch *Köhler* Küper-FS 275 ff.
44 *S/S-Lenckner/Sternberg-Lieben* Vor § 32 Rn 46 mwN.
45 *Baumann/Weber/Mitsch* § 17/109 ff; *Fischer* § 228 Rn 7 mwN.
46 *Arzt*, Willensmängel bei der Einwilligung, 1970, 48 ff; *Kühne* JZ 1979, 241 (243 ff); auf der Basis der Willensrichtungstheorie iE auch *Rönnau* Jura 2002, 665 (672 f).
47 *Otto* Geerds-FS 603 (618); *Roxin* I § 13/79.
48 Ordnet man die Einwilligung deliktssystematisch als Rechtfertigungsgrund ein, gelten die Hinweise für die objektive und subjektive Seite der Rechtfertigung entsprechend.
49 Ordnet man die Einwilligung als Rechtfertigungsgrund ein, so ist entsprechend auf der Rechtfertigungsebene zu verfahren.

§ 12 Einwilligung

- „nötigen": Erzwingen eines Verhaltens gegen den Willen des Opfers (zB §§ 177, 240, 253);[50]
- „wegnehmen" (§ 242): Aufhebung des Gewahrsams gegen den Willen des bisherigen Inhabers;[51]
- die Ingebrauchnahme eines Fahrzeugs „gegen den Willen des Berechtigten" (§ 248b);
- „eindringen" (§ 123): Betreten einer Räumlichkeit gegen den Willen des Berechtigten.[52]

Sofern der Täter hier mit Willen des Opfers handelt, ist das betreffende Tatbestandsmerkmal und damit der (objektive)[53] Tatbestand insgesamt nicht verwirklicht.[54] Diese auf einzelne Tatbestandsmerkmale bezogene Zustimmung des Opfers wird Einverständnis genannt.[55] Da das Einverständnis zum Ausschluss eines Tatbestandsmerkmals führt, ist die irrige Annahme des Täters, der Berechtigte sei einverstanden, ein vorsatzausschließender Tatbestandsirrtum (§ 16 Abs. 1). 34

2. Voraussetzungen

▶ **FALL 4A:** Das achtjährige Kind K hat nichts dagegen, dass der 18-jährige F den Raum, in dem es sich befindet, kurzzeitig abschließt. ◀

▶ **FALL 4B:** P wird von X mit vorgehaltener Pistole zur Duldung des Geschlechtsverkehrs gezwungen. ◀

▶ **FALL 4C:** Y verführt die Z zum Geschlechtsverkehr, indem er ihr, entgegen seiner wahren Absicht, ein wertvolles Geschenk in Aussicht stellt. ◀

▶ **FALL 5A:** Das sechsjährige Kind S spielt mit seinem Ball. Es wird von dem Erwachsenen E gefragt, ob er den Ball an sich nehmen dürfe und ihn von S geschenkt bekomme; S bejaht dies, da es dem ihm sympathischen E einen Gefallen erweisen möchte. ◀

▶ **FALL 5B:** Das neunjährige Kind G lässt es zu, dass H seinen (des G) Ball an sich nimmt, weil dieser ihm dafür ein Eis verspricht. H verschwindet, wie geplant, mit dem Ball. ◀

▶ **FALL 5C:** J zwingt das zehnjährige Kind L unter Androhung von Schlägen dazu, sich der Ansichnahme des Balles durch J nicht zu widersetzen. ◀

▶ **FALL 6A:** A bittet den 13-jährigen B, ihm sein Fahrrad auszuleihen, da er (A) dringend zum Arzt fahren müsse. ◀

▶ **FALL 6B:** Der Hausrechtsinhaber U lässt den V in der täuschungsbedingten Annahme eintreten, es handele sich um den Stromableser des Elektrizitätswerks; tatsächlich will V den U überfallen und stehlenswerte Sachen mitnehmen. ◀

a) **Systematik:** Im Gegensatz zur Einwilligung, die in der Wahrnehmung einer vom Tatbestand geschützten Rechtsposition besteht und insoweit den Charakter einer Wil- 35

---

[50] Näher zur Nötigung *Kindhäuser* BT I § 13/2 f, 7 ff mwN.
[51] Zu Einzelheiten der Wegnahmedefinition *Kindhäuser* BT II § 2/27 ff mwN.
[52] Näher *Kindhäuser* BT I § 33/13 ff mwN.
[53] Kennt der Täter das Einverständnis nicht, so kann er sich beim Vorsatzdelikt wegen Versuchs strafbar machen.
[54] Grundlegend *Geerds* GA 1954, 262 (264 ff); vgl ferner *Jescheck/Weigend* § 34 I 1b; *Kühl* § 9/25; *Otto* Geerds-FS 603 (605 ff); *Roxin* I § 13/2 ff.
[55] Überblick zum Verhältnis von Einwilligung und Einverständnis bei *Rönnau* JuS 2007, 18 ff.

lenserklärung hat, umfasst das Einverständnis unterschiedliche Formen der Zustimmung. Hierbei lassen sich drei Gruppen von einverständnisrelevanten Tatbestandsmerkmalen unterscheiden:

36 ■ Zunächst gibt es Delikte, bei denen das Unrecht in der **Überwindung** eines (aktuell oder potenziell) **entgegenstehenden Opferwillens** liegt. Geschützt ist hier nur die Freiheit der Willensbildung oder Willensbetätigung, also die Möglichkeit, einen Entschluss zu fassen oder einen bereits getroffenen Entschluss zu realisieren. Beispiele sind die Nötigung (§ 240) oder die Freiheitsberaubung (§ 239). In diesen Fällen wird der Opferwille selbst angegriffen und gebeugt oder ausgeschaltet. Auf eine solche Konstellation beziehen sich die **Fälle 4a-c**.

37 ■ Tatbestandsmerkmale können sich ferner auf die **Veränderung einer faktischen Position**, deren Bestehen von einem entsprechenden Willen des Opfers abhängt, beziehen. Beispielhaft ist der Gewahrsam, der die willentlich begründete faktische Verfügungsgewalt über eine Sache zum Gegenstand hat, also nur Besitzwillen (und kein Recht zum Besitz) verlangt. Die Aufhebung des Gewahrsams an einer Sache ohne Willen des bisherigen Inhabers kennzeichnet den Gewahrsamsbruch beim Diebstahlsmerkmal der Wegnahme (§ 242). Auf eine solche Konstellation beziehen sich die **Fälle 5a–c**.

38 ■ Schließlich können Tatbestandsmerkmale den **Eingriff in eine Rechtsposition** betreffen. So ist das „Eindringen" iSv § 123 eine Verletzung des Hausrechts durch das Betreten der Räumlichkeit gegen den Willen des Berechtigten. Oder: Durch das Benutzen eines Fahrzeugs „gegen den Willen des Berechtigten" wird dessen Gebrauchsrecht verletzt. Jeweils verlangt das tatbestandsmäßige Handeln einen vom Willen des Berechtigten nicht gedeckten Eingriff in dessen Rechtsposition. Auf eine solche Konstellation beziehen sich die **Fälle 6a und b**.

39 Da sich die drei genannten Fallgruppen einverständnisrelevanter Tatbestandsmerkmale inhaltlich erheblich voneinander unterscheiden, lassen sich auch Voraussetzungen eines wirksamen Einverständnisses nicht generell bestimmen. Vor allem differieren die Anforderungen an die Einsichtsfähigkeit des Berechtigten und an mögliche Willensmängel, die der Wirksamkeit des Einverständnisses entgegenstehen. Umstritten ist ferner, inwieweit das Einverständnis einer Kundgabe bedarf.

40 **b) Anforderungen an die Einsichtsfähigkeit:**

41 aa) Ein Tatbestandsmerkmal, das die **Überwindung eines entgegenstehenden Opferwillens** betrifft, ist bereits dann nicht erfüllt, wenn das Opfer keinen entgegenstehenden Willen hat. Das Opfer muss überhaupt nur einen sog. **natürlichen Willen** haben, also in der Lage sein, das vom Täter erzwungene Verhalten willentlich zu vollziehen. Demnach ist in Fall 4a § 239 Abs. 1 nicht erfüllt, weil K nicht gegen seinen Willen eingesperrt wurde.[56]

42 bb) Bei einem Tatbestandsmerkmal, das die **Veränderung einer faktischen Position** zum Gegenstand hat, ist ebenfalls für das Einverständnis nicht mehr als die zur Aufrechterhaltung der Position vorausgesetzte Einsichtsfähigkeit erforderlich. So verlangt der Gewahrsam iSv § 242 eine von einem natürlichen Herrschaftswillen getragene

---

56 Zur tatbestandsausschließenden Wirkung des Einverständnisses bei der Tathandlung des § 239 vgl BGH NJW 1993, 1807.

Sachherrschaft; einen solchen natürlichen Herrschaftswillen können auch Kinder und ggf Geisteskranke haben. Dementsprechend ist auch zur Aufgabe der Position und damit für das Einverständnis nicht mehr als ein natürlicher Wille erforderlich,[57] mit der Folge, dass der Ball dem S in **Fall 5a** nicht weggenommen wurde.

cc) Ob die Wirksamkeit eines Einverständnisses bei Tatbestandsmerkmalen, die – wie in **Fall 6a** – den **Eingriff in eine Rechtsposition** zum Gegenstand haben, ein bestimmtes Maß an Einsichtsfähigkeit voraussetzt, ist umstritten: 43

- Teils wird auch in diesen Fällen aus dem formalen Umstand, dass das Einverständnis ein Tatbestandsmerkmal entfallen lässt, parallel zum Einverständnis bei den anderen Deliktsgruppen ein natürlicher Wille für ausreichend gehalten. Ob dieser Wille einer angemessenen Lagebeurteilung entspringt, soll keine Rolle spielen. Dementsprechend soll eine mangelnde Einsichtsfähigkeit des Berechtigten wegen jugendlichen Alters oder geistiger Störungen der Wirksamkeit seines Einverständnisses grds nicht entgegenstehen.[58] Dies wird – hinsichtlich der hier relevanten Fallgruppe kaum verständlich – auch mit dem angeblich eher faktischen Charakter des Einverständnisses begründet.[59] In **Fall 6a** hätte B demnach sein Einverständnis wirksam erteilt. 44

- Nach der vordringenden Gegenansicht entspricht in diesen Fällen das Einverständnis der Einwilligung, so dass es auch keinen sachlichen Unterschied zwischen Einverständnis und Einwilligung gibt.[60] Dass diese Gleichsetzung sachgerecht ist, zeigt sich an einem Vergleich zwischen dem unbefugten Gebrauch eines Fahrzeugs (§ 248b) und der Sachbeschädigung (§ 303). Wie die Sachbeschädigung ein Eingriff in fremdes Eigentum ist, so ist die Gebrauchsanmaßung ein Eingriff in das Gebrauchsrecht an einem Fahrzeug.[61] Umgekehrt nimmt der Berechtigte, der diesen Eingriff gestattet, gleichermaßen ein ihm zustehendes Recht wahr. Es ist daher nur ein formaler Unterschied, dass § 248b im Gegensatz zu § 303 im Tatbestand ausdrücklich ein Handeln gegen den Willen des Rechtsinhabers verlangt. Keinesfalls ist das Einverständnis bei § 248b bloß faktischer Natur. 45

Aus dieser sachlichen Übereinstimmung folgt, dass in diesen Fällen an die Wirksamkeit des Einverständnisses die **gleichen Anforderungen** zu stellen sind **wie bei der Einwilligung**. Maßgeblich ist der jeweilige Tatbestand.[62] Grds muss der Berechtigte – unabhängig von seinem Alter – hinreichend einsichtsfähig sein, um Art und Umfang des Rechtsguteingriffs einschließlich der Begleit- und Folgerisiken in etwa überblicken zu können. Sofern das Einverständnis eine rechtsgeschäftliche Verbindlichkeit zum Gegenstand hat, muss der Zustimmende außerdem die hierfür notwendige (bedingte) Geschäftsfähigkeit besitzen.[63] Auch nach dieser Auffassung wäre in **Fall 6a** das Einverständnis wirksam erteilt, da B Art und Risiken des Ausleihens seines Fahrrads verständig beurteilen kann. 46

---

57 *W-Beulke/Satzger* Rn 367; *Stratenwerth/Kuhlen* § 9/12.
58 Vgl *W-Beulke/Satzger* Rn 367; *Gropp* § 6/61.
59 So *W-Beulke/Satzger* Rn 367.
60 *SK-Horn/Wolters* § 228 Rn 2; *Kaufmann* Klug-FS, Bd. 2, 277 (282); *Kühne* JZ 1979, 241 (242); *Roxin* I § 13/11; *Rudolphi* ZStW 86 (1974), 68 (87 f); *Schmidhäuser* Geerds-FS 593 (598 f); *Weigend* ZStW 98 (1986), 44 (61).
61 Entsprechendes gilt für den wichtigen Fall der Verletzung des Hausrechts durch ein Eindringen in die Räumlichkeiten des Berechtigten nach § 123; näher *Kindhäuser* BT I § 33/13 ff, 21 ff.
62 *Jescheck/Weigend* § 34 I 2a; *Roxin* I § 13/80; so wohl auch die Rechtsprechung: vgl einerseits BGHSt 23, 1 (3 f) für § 236 aF, andererseits BGH NStZ 1997, 124 (125) für § 266.
63 *S/S-Lenckner/Sternberg-Lieben* Vor § 32 Rn 32a.

47 **dd)** Zu beachten ist, dass es Tatbestände gibt, die **mehr als ein einverständnisrelevantes Tatbestandsmerkmal** aufweisen. Hier können zudem die Anforderungen an das jeweilige Einverständnis unterschiedlich sein. Exemplarisch hierfür ist der Diebstahlstatbestand (§ 242), der zwei einverständnisrelevante Merkmale aufweist:[64] zum einen die Wegnahme, die eine Gewahrsamsaufhebung gegen den Willen des bisherigen Gewahrsamsinhabers verlangt (Rn 42), und zum anderen das Merkmal der Rechtswidrigkeit der beabsichtigten Zueignung, das entfallen kann, wenn der Eigentümer mit dem Eigentumsübergang einverstanden ist.

48 Dies bedeutet mit Blick auf **Fall 5a**: Eine Wegnahme des Balles durch E ist zu verneinen (Rn 42). Anders verhält es sich mit der Rechtswidrigkeit der Zueignung. Hinsichtlich einer Eigentumsübertragung weist S weder die nötige Einsichtsfähigkeit (zB hinsichtlich des Wertes und des Verlustes des Balles) auf noch hat es die zur Vornahme einer wirksamen Handschenkung erforderliche Geschäftsfähigkeit. Das Einverständnis ist insoweit also unwirksam. Demnach ist der Tatbestand des § 242 mangels Wegnahme nicht erfüllt; wohl aber hat E § 246 verwirklicht, da der Unterschlagungstatbestand die rechtswidrige Zueignung ohne Wegnahme unter Strafe stellt.

49 **c) Willensmängel:** Auch bei der Frage, inwieweit durch Täuschung, Drohung oder Gewalt bedingte Willensmängel der Wirksamkeit eines Einverständnisses entgegenstehen können, ist zwischen den drei Gruppen einverständnisrelevanter Tatbestandsmerkmale zu unterscheiden:

50 **aa)** Bei Tatbestandsmerkmalen, welche die **Überwindung eines entgegenstehenden Opferwillens** zum Gegenstand haben, ist ein Einverständnis stets dann **unmaßgeblich**, wenn es **gerade auf dem Mangel** beruht, den der **Täter durch sein tatbestandliches Handeln** herbeiführt. Wer sich – wie P in **Fall 4b** – der Gewaltanwendung des Täters beugt und sexuelle Handlungen an sich vornehmen lässt (§ 177 Abs. 1), gibt kein das Nötigungsmerkmal ausschließendes Einverständnis. Lässt das Opfer dagegen – wie Z in **Fall 4c** – die Handlungen zu, weil es sich in einem Irrtum – etwa über eine Gegenleistung – befindet, so wird es nicht in tatbestandlicher Weise genötigt. Denn der Vorschrift lässt sich entnehmen, dass neben den in § 177 Abs. 1 Nr. 3 genannten Voraussetzungen nur Gewalt und qualifizierte Drohungen, nicht aber auch List den Willen des Opfers in tatbestandsmäßiger Weise beugen.

51 **bb)** Bei Tatbestandsmerkmalen, welche die **Veränderung einer faktischen Position** betreffen, sind **täuschungsbedingte Willensmängel unbeachtlich**; es kommt für die Preisgabe der faktischen Position insoweit nur auf den tatsächlichen Willen an. So nimmt H in **Fall 5b** den Ball nicht iSv § 242 weg, wenn er G durch Täuschung veranlasst, seinen Gewahrsam an einer Sache zugunsten des H aufzugeben.[65] Wird dagegen – wie in **Fall 5c** – der einer Veränderung der faktischen Position entgegenstehende Wille des L durch *Nötigung* erzwungen, so ist das Einverständnis irrelevant (Rn 50). Vielmehr nimmt J, der das Opfer unter Drohungen mit der Anwendung körperlicher Gewalt zwingt, den Gewahrsamswechsel an dem Ball hinzunehmen, diesen iSv § 249 weg.

52 **cc)** Auch bei einem **Eingriff in Rechtspositionen** ist – zB bei § 253 – ein **abgenötigtes** Einverständnis bedeutungslos (Rn 50). Umstritten ist dagegen die Erheblichkeit von **täuschungsbedingten** Willensmängeln, wie sie in **Fall 6b** bei U gegeben sind.

---

64 Zu Einzelheiten vgl *Kindhäuser* BT II § 2/43 ff, 71 mwN.
65 Jedoch greift § 263 ein.

- Vertreter der Ansicht, die für ein wirksames Einverständnis in diesen Fällen keine Einsichtsfähigkeit verlangen, halten Willensmängel für irrelevant. Demnach ist V in **Fall 6b** nicht iSv § 123 in die Wohnung des U „eingedrungen", weil dessen Irrtum das Einverständnis mit dem Betreten der Räumlichkeit nicht berührt.   53

- Die sachgerechte Gegenansicht lässt dagegen in den Fällen, in denen das Einverständnis einer Einwilligung entspricht, auch die Wirksamkeit eines Einverständnisses bei Willensmängeln entfallen.[66] In **Fall 6b** ist das Einverständnis des U aufgrund der Täuschung unwirksam; V hat einen Hausfriedensbruch (§ 123) durch Eindringen begangen. Im Übrigen handelt es sich auch um einen rechtsgutsbezogenen Irrtum, da sich die Disposition über das Hausrecht maßgeblich auf die Person bezieht, der Zutritt gewährt wird.[67]   54

d) Erklärungsbedürftigkeit: 55

aa) Nach der Ansicht, die generell einen sachlichen Unterschied zwischen Einverständnis und Einwilligung behauptet, soll die Wirksamkeit eines Einverständnisses grds nicht von einer Kundgabe abhängen. Es soll die bloße innere Zustimmung genügen.[68]   56

Insoweit ist folgende Konsequenz zu beachten: Hat der Eigentümer einer Sache nichts dagegen, dass sie der Täter in einer bestimmten Weise verändert, ohne seine Zustimmung zu äußern, begeht der Täter eine vollendete Sachbeschädigung (§ 303); die Einwilligung ist mangels Kundgabe nicht wirksam.[69] Hat dagegen der Eigentümer eines Pkw nichts dagegen, dass der Täter mit seinem Fahrzeug herumfährt, ohne seine Zustimmung zu äußern, begeht der Täter nur eine versuchte Gebrauchsanmaßung (§§ 248b Abs. 2, 22 f); das Einverständnis ist auch ohne Kundgabe wirksam und lässt den objektiven Tatbestand entfallen.   57

bb) Für eine solche Differenzierung gibt es jedoch keinen plausiblen Grund. Sachgerecht ist es vielmehr, bei allen Einverständnissen, die **mit rechtlichen oder tatsächlichen Folgen verbunden** sind, wie bei der Einwilligung eine (ausdrückliche oder konkludente) Kundgabe zu verlangen. Wie zB der Gewahrsam an einer Sache nicht einfach dadurch begründet werden kann, dass man eine Sache besitzen will, sondern es zudem noch erforderlich ist, dass dieser Wille – zumindest schlüssig – nach außen erkennbar wird, damit dem Betreffenden die Sachherrschaft auch zugeordnet werden kann, so muss umgekehrt für die Gewahrsamsaufgabe – zumindest durch schlüssiges Verhalten – deutlich gemacht werden, dass der Herrschaftswille nicht mehr fortbesteht.[70] Erst recht muss dies gelten, wenn an das Einverständnis rechtsgeschäftliche Folgen gebunden sind.   58

Anderes gilt jedoch bei Tatbestandsmerkmalen, welche die **Überwindung eines entgegenstehenden Willens** zum Gegenstand haben. Hier hat das Einverständnis keine Ähnlichkeit mit einer Willenserklärung, an die vom Opferwillen abhängige Rechts- oder Realfolgen geknüpft sind. Vielmehr geht es hier um die Frage, ob der Täter die Freiheit der Willensbildung oder -realisierung tatsächlich aufgehoben hat. Deshalb kommt es   59

---

66 *Roxin* I § 13/106.
67 AA insoweit *Roxin* I § 13/106.
68 W-*Beulke/Satzger* Rn 368; *Geerds* GA 1954, 262 (266); *Gropp* 6/62; *Jescheck/Weigend* § 34 I 2 a; vgl auch BayObLG NJW 1979, 729.
69 Vgl Rn 13.
70 Näher *Kindhäuser* BT II § 2/43 ff; aA *Mitsch*, Strafrecht BT II/1, 2. Aufl. 2003, § 1/71 mwN.

in diesen Fällen nur darauf an, was das Opfer tatsächlich gewollt hat; eine Kundgabe des Willens ist nicht erforderlich.

60 e) **Sonstiges:** Bei der Prüfung eines Einverständnisses können noch folgende Punkte zu bedenken sein:

- Das Einverständnis muss zum Zeitpunkt der Tat vorliegen, eine nachträgliche Genehmigung genügt nicht;
- das Einverständnis kann unter einer Bedingung erfolgen;
- Stellvertretung ist möglich;
- das Einverständnis ist jederzeit frei widerruflich.

IV. Einverständliche Fremdgefährdung

▶ **FALL 7:** M übt sich als Messerwerfer. Der 19-jährige I erklärt sich bereit, sich vor eine Holzwand zu stellen und sich von Messern einkreisen zu lassen. Hierbei ist sich I der Gefahr, von einem Messer ggf sogar tödlich getroffen zu werden, bewusst. ◀

1. Begriff

61 a) **Definition:** Unter einer „einverständlichen Fremdgefährdung" ist – wie in **Fall 7** – eine Situation zu verstehen, in der eine Person ein Gut, über das sie – wie namentlich bei Leib, Leben oder Eigentum – grds dispositionsbefugt ist, gewollt der Gefährdung durch einen anderen aussetzt.

62 b) **Abgrenzung zur Einwilligung:** Anders als im Grundfall der Einwilligung stimmt das Opfer bei der einverständlichen Fremdgefährdung nicht der Erfolgsherbeiführung, sondern **nur der Risikoschaffung** durch den Täter zu.

63 c) **Abgrenzung zum Handeln auf eigene Gefahr:** Auch vom Handeln auf eigene Gefahr iSe eigenverantwortlichen Selbstgefährdung ist die einverständliche Fremdgefährdung abzugrenzen:[71]

64 ■ Bei der eigenverantwortlichen Selbstgefährdung ist das Risiko vom Opfer selbst zu verantworten, weil es das Risiko für seine Güter maßgeblich (mit-)täterschaftlich selbst schafft oder sich in eine schon bestehende Gefahr hineinbegibt. Der Dritte ist hieran nur beteiligt. Da das Verhalten des Gefährdeten tatbestandslos ist, fehlt es insoweit auch an einem dem Dritten zurechenbaren Unrecht.[72]

65 ■ Bei der einverständlichen Fremdgefährdung liegt die **Tatherrschaft maßgeblich beim Dritten.**[73] Hier ist das Opfer allenfalls nach Teilnahmegrundsätzen als Gehilfe oder Anstifter beteiligt.[74]

---

71 Überblick bei *Eisele* JuS 2012, 577.
72 Vgl *Duttge* Otto-FS 227 ff.
73 BGHSt 53, 55 ff: illegale Autorennen m. krit. Anm. *Kühl* NJW 2009, 1158 f, *Puppe* GA 2009, 486 ff, *Renzikowski* HRRS 2009, 347 ff; vgl hierzu auch *Dölling* Geppert-FS 53 ff; *Jahn* JuS 2009, 370 f; *Kudlich* JA 2009, 389 ff; *Murmann* Puppe-FS 767 ff; *Radtke* Puppe-FS 831 (846 f); *Roxin* JZ 2009, 399 ff; *Stratenwerth* Puppe-FS 1017 ff. Zu den im Grenzbereich liegenden Aids-Fällen vgl BayObLG NStZ 1990, 81 f; *Frisch* JuS 1990, 362 (369 f); *Herzog/Nestler-Tremel* StV 1987, 360 (368); *Puppe* § 6/1 ff.
74 Näher zur Abgrenzung *Roxin* I § 11/121 ff.

2. Einordnung

a) Problem: Aus der Nähe einerseits zur Einwilligung und andererseits zum Handeln auf eigene Gefahr resultiert das – auch praktisch wichtige – Problem, nach welchen Grundsätzen die einverständliche Fremdgefährdung zu behandeln ist.[75] Obwohl es bei der Einwilligung wie auch beim Handeln auf eigene Gefahr um die Übernahme von Zuständigkeit iSd objektiven Zurechnung geht, ist die Differenzierung doch bedeutsam: Während die eigenverantwortliche Selbstverletzung und damit auch die eigenverantwortliche Selbstgefährdung schon mangels Tatbestandsmäßigkeit strafrechtlich irrelevant sind, ist die Einwilligung in die Verletzung durch fremde Hand bei den Tötungs- und Körperverletzungsdelikten durch die §§ 216 und 228 Beschränkungen unterworfen.

Wer sich also an einem Suizid nur helfend beteiligt, verwirklicht mangels Tatbestandsmäßigkeit der Selbsttötung von vornherein kein strafrechtlich relevantes Unrecht. Wer dagegen einen anderen auf dessen ernsthaftes Verlangen hin durch eigene Hand tötet, macht sich – wenngleich in einer gegenüber § 212 privilegierten Weise – nach § 216 strafbar.[76] Ähnlich ist die Teilnahme an einer körperlichen Selbstverletzung per se tatbestandslos, während die täterschaftliche Verletzung eines anderen (§ 223) trotz Einwilligung strafbar ist, wenn die Körperverletzung iSv § 228 gegen die guten Sitten verstößt.[77]

b) Auffassungen: Hinsichtlich der Einordnung werden im Wesentlichen drei Standpunkte vertreten:

- Nach der **Rechtsprechung** sind die **Regeln der Einwilligung** in eine Fremdverletzung und damit die eine Einwilligung hindernden Kriterien der §§ 216, 228 grds auch auf den Fall der einverständlichen Fremdgefährdung anzuwenden. Dies hat zur Konsequenz, dass I in **Fall 7** in eine Gefährdung des eigenen Lebens durch M *nicht* wirksam einwilligen kann.[78] Eine solche Ausdehnung der Einwilligungssperren der §§ 216, 228 auf die einverständliche Fremdgefährdung ist jedoch weder mit Blick auf den Täter noch auf das Opfer plausibel. § 216 ist auf den Fall zugeschnitten, dass der Täter den Tod des Opfers auf dessen Verlangen hin herbeiführt; bei der einverständlichen Fremdgefährdung dagegen mag der Täter (M) zwar das Risiko sehen, hat aber keinen auf den Erfolgseintritt bezogenen Vorsatz. Umgekehrt wünscht jemand, der (wie I) in ein lebensgefährliches Unternehmen einwilligt, deshalb noch nicht – wie bei § 216 – seinen Tod. Im Übrigen greift § 216 – ebenso wie die nicht minder problematische Vorschrift des § 228 – einschneidend in die Autonomie des Einzelnen ein und muss daher äußerst restriktiv ausgelegt werden.[79]

- Teils wird die Auffassung vertreten, dass die Einwilligungssperren dann nicht greifen, wenn die einverständliche Fremdgefährdung unter allen relevanten Aspekten einer Selbstgefährdung gleichstehe. Unter diesen Voraussetzungen, die in **Fall 7** al-

---

[75] Näher hierzu *Dölling* GA 1984, 71 (80 ff); *Prittwitz* JA 1988, 427 (431 ff); *Roxin* NStZ 1984, 411 f; *Sternberg-Lieben* JuS 1998, 428 (429 f); *Stree* JuS 1985, 179 (183); zur Überflüssigkeit einer Differenzierung zwischen eigenverantwortlicher Selbstgefährdung und einverständlicher Fremdgefährdung nach der sog. „Einwilligungslösung" *Beulke* Otto-FS 207 ff.
[76] Näher zu dieser Problematik *Kindhäuser* BT I § 3/8 ff, 4/7 ff mwN.
[77] Näher hierzu *Kindhäuser* BT I § 8/14 ff, 18 ff.
[78] BGHSt 53, 55; OLG Düsseldorf NStZ-RR 1997, 325; zust. *Walter* NStZ 2013, 673 (679 f).
[79] Zust. *Grünewald* GA 2012, 364 ff. Daher sollte § 216 auch nicht auf Tötungen durch Unterlassen bei Nichtverhinderung freiverantwortlicher Suizide angewandt werden, vgl *Kindhäuser* BT I § 3/13 mwN.

lerdings nicht erfüllt wären, sei dem Täter ein ggf eintretender Erfolg wie beim Handeln auf eigene Gefahr objektiv nicht zurechenbar.[80] Dies sei etwa anzunehmen, wenn jemand einen infolge Alkoholgenusses nicht mehr fahrtüchtigen Autobesitzer (in Kenntnis der Sachlage) dazu überredet, ihn mitfahren zu lassen und später bei einem Unfall ums Leben kommt. Dieser Ansatz versucht jedoch eine Quadratur des Kreises: Ein und dasselbe Verhalten kann nicht zugleich eine täterschaftliche Fremdverletzung und eine Hilfestellung bei eigenverantwortlicher Selbstverletzung sein, wenn man bei der Abgrenzung auf das Tatherrschaftskriterium abstellt.

71 ■ Sachgerecht ist daher die Auffassung, die zwar die einverständliche Fremdgefährdung als Sonderfall der Einwilligung begreift und demnach in beiden Fällen **identische Voraussetzungen an die Wirksamkeit der Zustimmung** knüpft, die aber die Reichweite der §§ 216, 228 restriktiv bestimmt.[81] § 216 bildet dann nur eine Einwilligungssperre für vorsätzliche Tötungen und gilt insbesondere nicht für Fahrlässigkeitstaten.[82] Entsprechend sollte auch § 228,[83] der praktisch bedeutungslos ist, nur auf Fälle angewandt werden, bei denen die Verletzungsgefahr zugleich hoch und nach den einschlägigen Kriterien als sittenwidrig anzusehen ist. Insoweit wäre in **Fall 7** die Einwilligung wirksam, sofern man das Messerwerfen nicht als sittenwidrig bewertet.[84]

72 **WIEDERHOLUNGS- UND VERTIEFUNGSFRAGEN**

> Auf welchem Prinzip beruht die Einwilligung und wie ist sie deliktssystematisch einzuordnen? (Rn 1 ff)
> Welche Voraussetzungen muss eine wirksame Einwilligung erfüllen? (Rn 9 ff)
> Was ist unter einem tatbestandsausschließenden Einverständnis zu verstehen? (Rn 33 f)
> Welche Gruppen einverständnisrelevanter Tatbestandsmerkmale lassen sich unterscheiden und wie wirken sich bei ihnen Willensmängel aus? (Rn 35 ff)
> Was ist unter einer einverständlichen Fremdgefährdung zu verstehen und inwieweit wirft ihre Einordnung Probleme auf? (Rn 61 ff, 66 ff)

---

80 *Roxin* I § 11/123; *ders.* GA 2012, 655 (663 ff).
81 *Kühl* § 17/87 f; *S/S-Lenckner/Sternberg-Lieben* Vor § 32 Rn 104 f; iE auch OLG Zweibrücken JR 1994, 518 (519 f).
82 *Kühl* § 17/87.
83 Die Vorschrift gilt für alle – auch fahrlässige – Körperverletzungen, vgl BGHSt 6, 232 (234); 17, 359 f; *Geppert* ZStW 83 (1971), 947 (974 ff, 980); *Kindhäuser* BT I § 8/3.
84 Näher zu den (hier wohl nicht erfüllten) Kriterien der Sittenwidrigkeit *Kindhäuser* BT I § 8/18 ff.

Dritter Abschnitt: Der subjektive Deliktstatbestand

§ 13 Der Vorsatz

I. Allgemeines

1. Elemente des Vorsatzes

▶ **FALL 1:** Polizist P schlägt den Beschuldigten B, um von diesem eine Aussage zu erzwingen. Daran, dass er Amtsträger ist, denkt er in diesem Augenblick nicht. ◀

a) **Definition:** Der AT des StGB kennt keine explizite Definition des Vorsatzes. Jedoch lassen sich aus den §§ 16 und 17 einige Folgerungen zu Inhalt und Gegenstand des Vorsatzes ziehen. Zunächst ist den beiden Vorschriften zu entnehmen, dass das StGB systematisch **zwischen den Umständen der Tat**, wie sie die Deliktstatbestände umschreiben, **und deren Bewertung als Unrecht** unterscheidet. Hierbei bezieht sich der Vorsatz auf die einschlägigen Tatumstände, während die Kenntnis ihrer Bewertung als Unrecht zum (schuldrelevanten) Unrechtsbewusstsein gehört. Daher wirkt nur die Unkenntnis der Tatbestandsverwirklichung vorsatzausschließend (§ 16), während mangelndes Unrechtsbewusstsein iSe Verbotsirrtums eine den Vorsatz nicht berührende Schuldfrage darstellt (§ 17).

b) **Intellektuelles Element:** Die **Kenntnis** der Tatumstände gehört notwendig zum Vorsatz. Für dieses intellektuelle Vorsatzelement ist ein sog. **sachgedankliches Mitbewusstsein** ausreichend, also ein nicht aktuell reflektiertes, aber vorhandenes Wissen um Tatumstände.[1] Dies gilt insbesondere für die vom Täter bekleidete tatbestandsrelevante Rolle – zB Vater, Ehemann oder Vormund usw –, das Ambiente der Tat – zB die Anwesenheit in einem Gebäude – und typische Realisierungen des vom Täter geschaffenen Risikos im tatbestandlichen Erfolg.[2] So mag zwar in Fall 1 P nicht aktuell bedenken, dass er Amtsträger ist; jedoch gehört diese Kenntnis zu seinem bei der Tat vorhandenen Wissen. Das sachgedankliche Mitbewusstsein darf jedoch keinesfalls mit – selbst grob – fahrlässiger Unkenntnis gleichgesetzt werden: Was der Täter wissen müsste und – selbst bei nur geringer Aufmerksamkeit – wissen könnte, ist noch kein vorhandenes Wissen und damit kein sachgedankliches Mitbewusstsein.

c) **Voluntatives Element:** Umstritten ist, ob der Vorsatzbegriff in seiner **einheitlichen Grundform** neben dem notwendigen intellektuellen Element auch ein voluntatives Element aufweisen muss.[3] Die Rechtsprechung und ein Teil der Lehre bejahen dies und definieren den Vorsatz als Wissen und Wollen der Tatbestandsverwirklichung.[4] Dagegen hält eine im Schrifttum verbreitete und vordringende Auffassung ein voluntatives Vorsatzelement für entbehrlich; der Vorsatz wird rein intellektuell als Wissen um die

---

[1] BGHSt 30, 44 (45); *Jakobs* 8/11 f; *Platzgummer*, Die Bewußtseinsform des Vorsatzes, 1964, 55 ff; vgl auch BayObLG NJW 1977, 1974 f; OLG Köln NJW 1978, 652 f m. Anm. *Hruschka* NJW 1978, 1338; *Otto* § 7/5 ff, 11; krit. *Köhler* GA 1981, 285 (296 ff); *Schild* Stree/Wessels-FS 241; abl. *Frisch* Kaufmann, A.-GS 317 ff.
[2] Zum Irrtum über den Kausalverlauf vgl § 27 Rn 43 ff.
[3] Ausf. hierzu § 14 Rn 12 ff; vgl ferner *Satzger* Jura 2008, 112 (113 ff); *Sternberg-Lieben/Sternberg-Lieben* JuS 2012, 884 ff, 976 ff.
[4] RGSt 70, 257 (258); BGHSt 19, 295 (298); 36, 1 (9 f); BGH NStZ 1988, 175; *Bung*, Wissen und Wollen im Strafrecht, 2009; *Heinrich* Rn 264; Jescheck/Weigend § 29 II 2; *Otto* § 7/3, 27; *Roxin* I § 12/4.

Tatbestandsverwirklichung definiert.[5] Die praktischen Auswirkungen dieses Streits um die Definition des Vorsatzes sind erheblich weniger bedeutsam, als es zunächst den Anschein haben mag. Denn für die Grundform des Vorsatzes verlangt die hM kein Wollen im umgangssprachlichen Sinne, also keinen handlungsleitenden Willen, sondern lässt ein „Billigen" ausreichen, das nicht mehr ist als eine vom Täter ernst genommene, aber ihn vom Handeln nicht abhaltende Erfolgsprognose. Dies entspricht wiederum in etwa den Anforderungen, die von den Vertretern der Gegenmeinung an die Wissensintensität des intellektuellen Vorsatzelements gestellt werden.

2. Deliktssystematische Einordnung

4 **a) Subjektiver Tatbestand:** Wird der Vorsatz mit der heute ganz hL dem subjektiven Tatbestand zugeordnet, so bedeutet dies zugleich, dass er beim Vorsatzdelikt unrechtskonstitutiv ist.[6] Wenn also das Gesetz – wie zB bei § 257 Abs. 1 – Rechtsfolgen an das Vorliegen einer rechtswidrigen Tat iSv § 11 Abs. 1 Nr. 5 knüpft, muss der Täter vorsätzlich gehandelt haben, wenn die betreffende Tat Vorsatzdelikt ist. Demgegenüber hat die frühere hM den Vorsatz iSd kausalen Handlungslehre[7] als Schuldelement aufgefasst; er umfasste dann – als sog. *dolus malus* – neben dem Wissen um die Tatbestandsverwirklichung auch das Unrechtsbewusstsein. In der Sache hat sich die Rechtsprechung der hL angeschlossen und bezeichnet das für die subjektive Tatseite maßgebliche Wissen und Wollen bisweilen als „natürlichen Vorsatz".[8] Für den **Gutachtenaufbau** sollte man ohne weitere Ausführungen die Deliktssystematik der hL wählen.

5 **b) Doppelfunktion:** Vereinzelt wird dem Vorsatz im Schrifttum eine Doppelfunktion zugeschrieben: Er sei nicht nur für das Handlungsunrecht bedeutsam, sondern kennzeichne auch im Verhältnis zum Fahrlässigkeitsdelikt die gravierendere Schuldform (Vorsatz als „Träger des Gesinnungsunwerts").[9] Zutreffend ist zwar, dass der Vorsatztäter regelmäßig mit aktuellem Unrechtsbewusstsein handelt, während dem Fahrlässigkeitstäter, der nicht weiß, dass er einen Deliktstatbestand verwirklicht, auch notwendig das entsprechende Unrechtsbewusstsein fehlt. Jedoch kann sich auch der Vorsatztäter in einem unvermeidbaren Verbotsirrtum (oder entschuldigenden Notstand usw) befinden, so dass die vorsätzliche Begehungsweise als solche über die Schuld des Täters nichts aussagt.

6 **c) Besondere subjektive Unrechtsmerkmale:** Der subjektive Tatbestand kann neben dem Vorsatz noch weitere subjektive Merkmale enthalten, die entweder das Unrecht der gesamten Tat erst begründen oder erhöhen bzw mindern.[10] So wird etwa ein vorsätzlicher Totschlag zum Mord (§ 211), wenn der Täter mit dem Motiv der Habgier handelt. Solche besonderen subjektiven Unrechtsmerkmale werden im Zusammenhang mit den jeweiligen Delikten behandelt; für die Vorsatzhaftung spielen sie keine Rolle.

7 **d) Vorsatzerfordernis:** Da alle Delikte Vorsatzdelikte sind, sofern das Gesetz nicht ausdrücklich fahrlässiges Handeln mit Strafe bedroht (§ 15), fehlt in den Deliktstatbestän-

---

5 Vgl mit Abweichungen im Detail *Frisch*, Vorsatz und Risiko, 1983, 255 ff; *Hruschka* 434 ff; *Jakobs* 8/8; *Kindhäuser* ZStW 96 (1984), 1 ff, 21 ff; *Lesch* JA 1997, 802; *NK-Puppe* § 15 Rn 23 ff, 43 f, 64 ff; *Schlehofer* NJW 1989, 2017 (2019 ff); *Schmidhäuser* Oehler-FS 135 ff.
6 *Jakobs* 8/1, 3; *Krey/Esser* Rn 373; *Roxin* I § 10/70 ff.
7 Vgl § 5 Rn 15 f.
8 Vgl BGHSt 23, 356; BGH StV 1994, 304.
9 Vgl W-*Beulke/Satzger* Rn 142, 144; *Jescheck/Weigend* § 24 III 5, § 39 IV 4; zur Kritik auch *Freund* § 7/31.
10 Vgl die Zusammenstellung in § 9 Rn 5 f.

den ein Hinweis auf das allgemeine Vorsatzerfordernis. Ausdrücklich werden nur besondere Vorsatzformen erwähnt. Daher enthalten viele Vorschriften des BT keine subjektiven Tatbestandsmerkmale.[11] Hier ist jedoch gleichwohl der Vorsatz stets nachzuweisen.

II. Zeitpunkt und Gegenstand der Vorsatzzurechnung

1. Zeitpunkt

▶ **FALL 2:** Versehentlich wird A in einen Verkehrsunfall verwickelt, bei dem B zu Tode kommt. A ist hierüber sehr erfreut, weil er bereits geplant hatte, den B am nächsten Tag zu erschießen. ◀

Der Vorsatz muss bei Begehung der Tat iSv § 16 Abs. 1 S. 1, also **zum Zeitpunkt** der Vornahme der **tatbestandlichen Ausführungshandlung** gegeben sein.[12] Ein vorausgehender Vorsatz (*dolus antecedens*) ist ebenso unmaßgeblich wie ein nachfolgender Vorsatz (*dolus subsequens*).[13] Zur Verneinung des Vorsatzes genügt nach der Rspr insoweit auch ein nur vorübergehendes „Abrücken" vom Tatentschluss während der Ausführungshandlung.[14]

Insoweit spielt es in **Fall 2** keine Rolle, dass A die Tötung des B plante. Denn zum Zeitpunkt der Verursachung des Todeserfolgs handelte er ohne Vorsatz bezüglich des konkreten Kausalverlaufs.

Erforderlich ist für den Vorsatz ferner, dass sich der Täter fest zur Ausführung der Tat entschlossen hat.[15] Allerdings schadet es nicht, wenn der zur Tat entschlossene Täter noch den Eintritt eines bestimmten Umstands abwartet, bevor er beginnen und damit ins Versuchsstadium der Tat eintreten will.[16]

2. Gegenstand

a) **Kongruenz:** Gegenstand der Zurechnung zum Vorsatz sind grds alle im objektiven Tatbestand genannten Umstände. Insoweit muss eine Kongruenz von objektivem und subjektivem Tatbestand bestehen.[17] Ausnahmen bilden die sog. objektiven Bedingungen der Strafbarkeit[18] und (überflüssige) Hinweise auf die Rechtswidrigkeit als allgemeines Verbrechensmerkmal.[19] Bei den Erfolgsdelikten muss sich der Vorsatz auch auf den Kausalverlauf in seinen wesentlichen Umrissen beziehen.[20]

Vorsatzrelevant sind ferner die Merkmale strafhöhender Tatbestandsqualifizierungen, und zwar unabhängig davon, ob es sich um abschließende Qualifikationstatbe-

---

11 Vgl zB §§ 212, 223, 239.
12 Unstr., vgl nur *Fischer* § 15 Rn 4a; *Freund* § 7/43; *Frister* 11/4; *Jakobs* 8/1; L-*Kühl*-*Kühl* § 15 Rn 9; LK-*Vogel* § 15 Rn 52 ff.
13 Vgl BGH JZ 1983, 864 m. Anm. *Hruschka*; *Roxin* I § 12/89 f.
14 BGH NStZ 2010, 503 f.
15 HM, vgl schon RGSt 65, 145 (148); 68, 339 (341); 70, 201 (203); ferner W-*Beulke*/*Satzger* Rn 598.
16 Vgl BGHSt 5, 149 (152); 21, 14 (17); *Baumann*/*Weber*/*Mitsch* § 20/23; *Gropp* § 5/63.
17 Vgl auch BGHSt 36, 221 (222 f).
18 Näher § 6 Rn 13 ff.
19 So ist etwa das Merkmal „unbefugt" in §§ 201–204 kein vorsatzrelevantes Tatbestandsmerkmal.
20 RGSt 70, 257 (258); *Brammsen* JZ 1989, 71 ff; *Jescheck*/*Weigend* § 29 II 3; *Struensee* ZStW 102 (1990), 21 ff.

stände (zB § 244) oder um Regelbeispiele (zB § 243) handelt.[21] Für die Zurechnung strafschärfender Erfolgsqualifizierungen[22] genügt dagegen grds Fahrlässigkeit (§ 18).

12 b) **Überschießende Innentendenz:** Die subjektive Tatseite geht bei vielen Delikten über den objektiven Tatbestand hinaus. Hier muss sich der Vorsatz – meist in besonderen Vorsatzformen – auf einen über die objektive Tatbestandsverwirklichung hinausgehenden Erfolg beziehen. Man spricht insoweit von Delikten mit überschießender Innentendenz. So verlangt zB die Erpressung nach § 253, dass der Täter durch Nötigung einen Vermögensschaden herbeiführt, um – über den objektiven Tatbestand hinaus – sich oder einen Dritten zu Unrecht zu bereichern.

13 **WIEDERHOLUNGS- UND VERTIEFUNGSFRAGEN**

> Was bedeutet sachgedankliches Mitbewusstsein? (Rn 2)
> Zu welchem Zeitpunkt muss der Vorsatz des Täters gegeben sein? (Rn 8 f)
> Was ist Gegenstand des Vorsatzes? (Rn 10 ff)

---

21 Näher § 8 Rn 6 ff.
22 Vgl § 8 Rn 19.

§ 14 Arten des Vorsatzes

▶ **FALL 1A:** A legt in einem Gebäude Feuer, um eine Versicherungsleistung zu erlangen und damit Schulden zu tilgen; hierbei geht er mit Sicherheit davon aus, dass der im Obergeschoss lebende bettlägerige H bei dem Brand ums Leben kommt. ◀

▶ **FALL 1B:** A legt in einem Gebäude Feuer, um eine Versicherungsleistung zu erlangen und damit Schulden zu tilgen. Dass bei dem Brand sein im Obergeschoss lebender Bruder B ums Leben kommt, hält A für möglich, da ihm bekannt ist, dass sich B häufig zu der geplanten Tatzeit in seiner Wohnung aufhält. ◀

▶ **FALL 2:** C schießt auf einen sich in der Ferne bewegenden Punkt, den er für seinen Feind F hält, ohne es ernsthaft für möglich zu halten, dass ihn die Kugel trifft. ◀

Schon bei erster Betrachtung dieser Fälle wird deutlich, dass die Einstellung des Täters zu den mit seinem Verhalten verbundenen Folgen höchst unterschiedlich sein kann. Demnach werden drei Arten des Vorsatzes unterschieden, nämlich

- Absicht (auch: *dolus directus 1. Grades*),
- direkter Vorsatz oder *dolus directus* (auch: *dolus directus 2. Grades*) und
- bedingter Vorsatz oder *dolus eventualis*.

Sofern der Tatbestand eines Delikts keine bestimmte Vorsatzform verlangt, sind alle drei Vorsatzarten gleichwertig; *dolus eventualis* reicht dann aus. In diesem Fall sollte im **Gutachten** nicht auf die Art des Vorsatzes eingegangen werden, da die Vorsatzart auf die Tatbestandsverwirklichung keinen Einfluss hat und sich hier nur überflüssige Fehler einschleichen können.[1]

Einige Tatbestände allerdings stellen in ihrem subjektiven Teil besondere Anforderungen an den Vorsatz. So ist etwa der Tatbestand der Falschen Verdächtigung (§ 164) nur verwirklicht, wenn der Täter mit direktem Vorsatz hinsichtlich der Verdachtsmomente handelt und zudem beabsichtigt, eines der tatbestandlich genannten Verfahren herbeizuführen oder fortdauern zu lassen.

I. Absicht und direkter Vorsatz

1. Absicht

Definition: Der Täter handelt mit Absicht hinsichtlich eines tatbestandlichen Umstands, wenn er dessen Verwirklichung erstrebt und annimmt, ihn durch sein Verhalten herbeiführen zu können.[2]

a) **Ziel:** Ein tatbestandlicher Umstand – namentlich der tatbestandliche Erfolg – ist erstrebt, wenn ihn der Täter als **Endziel** oder (in der Regel) **notwendiges Zwischenziel** verwirklichen will.[3]

Zum Verständnis der für die Absicht erforderlichen Zielsetzung ist es hilfreich, zwischen Haupt- und Nebenfolgen eines Verhaltens zu differenzieren. Eine Hauptfolge ist das Ereignis, das Endzweck oder notwendiges Zwischenziel des Täterhandelns ist.

---

1 Überblick bei *Rönnau* JuS 2010, 675 ff.
2 Vgl BGHSt 4, 107 (108 f); 21, 283 (284); *Freund* § 7/65, 70; *Gropp* § 5/92 f; *Kühl* § 5/33 ff; näher *Witzigmann* JA 2009, 489 ff.
3 *Freund* § 7/65; *Gropp* § 5/92; *Jescheck/Weigend* § 29 III 1 a; *Krey/Esser* Rn 378; *Kühl* § 5/35; *Otto* § 7/29; *Roxin* I § 12/10.

Sonstige Wirkungen, auf die es dem Täter nicht ankommt, deren Eintritt er aber für sicher oder möglich hält, können dagegen als Nebenfolgen des Handelns anzusehen sein. Demnach sind Hauptfolgen alle Ereignisse, die der Täter – ggf auch nur „schweren Herzens" – herbeiführen will, während Nebenfolgen solche Ereignisse sind, die nach der Vorstellung des Täters zur Zielerreichung nicht erforderlich sind, sondern nur – ggf sogar willkommene – Begleitumstände der Tat darstellen.[4]

6 In diesem Sinne muss das **beabsichtigte Ereignis Hauptfolge** des Täterhandelns sein. In **Fall 1a** sind die Brandlegung und der Erhalt der Versicherungsleistung als Hauptfolgen beabsichtigt: Die Brandlegung ist notwendiges Zwischenziel, um das Endziel, die Versicherungsleistung, zu erreichen. Der Erhalt der Versicherungsleistung ist wiederum ein notwendiges Zwischenziel zur Tilgung der Schulden. Die Tötung des H ist dagegen als Nebenfolge nicht beabsichtigt; sie ist weder Endziel noch ein zur Erlangung der Versicherungsleistung notwendiges Zwischenziel. Als *Faustregel* gilt: Ereignisse sind End- und Zwischenziele, wenn sie sich sprachlich durch den Ausdruck „um zu" verbinden lassen. Um die Versicherungsleistung zu erlangen, hat A den Brand gelegt, aber nicht den H getötet.

7 b) **Konkretisierte Möglichkeitsvorstellung:** Der Täter muss dabei zudem die **Realisierung des von ihm gesetzten tatbestandsmäßigen Risikos** im Erfolg aufgrund der Tatumstände konkret für möglich halten.[5] Es ist keine Absicht, wenn der Täter zwar den Erfolgseintritt wünscht, aber keine Anhaltspunkte dafür hat, dass sein Handeln ein hierfür taugliches Mittel ist. Auch wenn daher C in **Fall 2** den Tod des F erhofft, handelt er doch nicht absichtlich, da er es aufgrund der Tatumstände nicht für konkret möglich hält, sein Ziel zu erreichen.

2. Direkter Vorsatz (dolus directus)

8 **Definition:** Der Täter handelt mit direktem Vorsatz (*dolus directus*) hinsichtlich eines tatbestandlichen Umstands, wenn er dessen Verwirklichung für eine **sichere Folge seines gewollten Verhaltens hält**.[6]

9 Der direkte Vorsatz bezieht sich auf tatbestandliche Umstände, um die der Täter weiß oder deren Eintritt er als Nebenfolgen seines Handelns als sicher voraussieht. Bei *dolus directus* steht die intellektuelle Vorsatzkomponente im Vordergrund, während das voluntative Element keine motivationale Bedeutung hat; der Täter lässt sich also trotz Kenntnis der Folgen von seinem um anderer Ziele gewollten Handeln nicht abhalten. In **Fall 1a** handelt A hinsichtlich der Tötung des H mit *dolus directus*, da er mit dem Eintritt des Todeserfolgs sicher rechnet.

10 Direkter Vorsatz ist stets dort erforderlich, wo der Tatbestand – wie zB in §§ 226 Abs. 2, 344 Abs. 1 – (zumindest) „wissentliches" Handeln oder – wie zB in §§ 187, 278 – ein Handeln „wider besseres Wissen" verlangt.

---

[4] Näher v. Heintschel-Heinegg Rn 224 f; *Jakobs* 8/15 ff; *Kühl* § 5/35; *Lesch* JA 1997, 802 (806).
[5] Vgl BGHSt 35, 325 (327); *Jakobs* 8/17; *Roxin* I § 12/8; *Welzel* § 13 I 2 a.
[6] Vgl BGHSt 18, 246 (248); 21, 283 (284 f); *Freund* § 7/67; *Gropp* § 5/97; *Matt* 2 § 4/18; *Roxin* I § 12/18 ff; SK-*Rudolphi/Stein* § 16 Rn 42; M-*Zipf* § 22/29.

II. Bedingter Vorsatz

1. Grundlagen

Der bedingte Vorsatz (*dolus eventualis*, auch Eventualvorsatz) ist die **Grundform des Vorsatzes**.[7] Er ist wie der *dolus directus* auf **Nebenfolgen** bezogen und verlangt wie dieser kein zielgerichtetes Wollen. Mit der Absicht deckt er sich insoweit, als er hinsichtlich der intellektuellen Komponente keine Gewissheit, sondern nur eine konkretisierte Möglichkeitsvorstellung voraussetzt.

Obgleich diese Grundstruktur des *dolus eventualis* weitgehend außer Streit steht, gibt es doch eine rege Diskussion und Meinungsvielfalt hinsichtlich der Details. Hierbei geht es vor allem um die Frage, ob der *dolus eventualis* ein voluntatives Element erfordert. Damit diese Auseinandersetzung nicht missverstanden wird, ist zunächst zu sehen, dass auch der *dolus eventualis* immer mit einem gewollten Handeln verbunden ist. Denn der *dolus eventualis* bezieht sich stets auf den Begleitumstand – zB das Alter des Sexualpartners bei § 176 – oder die Nebenfolge eines **gewollten Handelns**. Da es A in Fall 1b ernsthaft für möglich hält, dass sich B im Inneren des Gebäudes befindet und zu Tode kommen kann, ist der Tod des B die Nebenfolge eines gewollten – nämlich auf Brand und Versicherungsleistung gerichteten – Handelns. Kommt es zum Tode des B und lässt sich A dahin gehend ein, er habe diesen Erfolg nicht gewollt, so bedeutet dies nicht, der Tod sei durch einen von A ungewollten Kausalverlauf eingetreten. Denn den zum Tode des B führenden Kausalverlauf hat A durchaus willentlich in Gang gesetzt. Gemeint ist vielmehr, dass der Tod des B nicht der Grund für die Brandstiftung war, dass er also nicht gewollt iSe Absicht herbeigeführt wurde.

Der Streit geht nun lediglich darum, ob der Täter hinsichtlich des Begleitumstands oder der erkannten, aber nicht beabsichtigten Nebenfolge auch eine voluntative Beziehung haben muss. Die Rechtsprechung verlangt insoweit ein „Billigen" oder eine „billigende Inkaufnahme" des tatbestandlichen Umstands.[8]

2. Zum Meinungsstand

Bei den vielfältigen Vorschlägen zur Definition des *dolus eventualis* lassen sich im Wesentlichen zwei Meinungsgruppen unterscheiden, innerhalb derer zumeist nur minimale terminologische Abweichungen bestehen: Die eine Meinung definiert den bedingten Vorsatz rein durch ein Wissenselement, die andere stellt zusätzlich auf ein voluntatives Element ab. Durchweg verfolgen diese Definitionsvorschläge den Zweck einer möglichst präzisen Abgrenzung des *dolus eventualis* von der (bewussten) Fahrlässigkeit. Dieser Meinungsstreit braucht jedoch im **Gutachten** nicht vertieft dargelegt werden, wenn schon nach der sog. Möglichkeitstheorie (Rn 16) vorsätzliches Handeln nicht in Betracht kommt. Denn diese Lehre stellt von allen Vorschlägen die geringsten Anforderungen an den Vorsatz. Nur wenn nach der Möglichkeitstheorie Vorsatz zu bejahen ist und der Sachverhalt zudem deutliche Hinweise auf das eventuelle Fehlen eines voluntativen Handlungsmoments enthält, lohnt es sich, auf den Meinungsstreit näher einzugehen. Auch in diesem Fall weichen freilich die Ergebnisse höchst selten voneinander ab, weil die Auffassungen trotz sprachlicher Abweichungen in der Sache ganz eng zusammen liegen.

---

[7] Die Bezeichnung „bedingter Vorsatz" ist fest eingefahren, aber missverständlich: Der Vorsatz ist nicht etwa abhängig vom Eintritt einer Bedingung.
[8] Vgl Rn 23.

Fallbeispiele:

▶ **FALL 3:** X steuert einen Pkw mit abgefahrenen Reifen und ist sich hierbei bewusst, mit erhöhtem Risiko am Straßenverkehr teilzunehmen und so ggf zu einem Unfall beizutragen. ◀

▶ **FALL 4:** Y schießt mit einem Gewehr auf eine Zielscheibe und hält es aufgrund seiner mangelnden Fähigkeiten für möglich, dass er den in der Nähe der Scheibe stehenden P trifft. ◀

▶ **FALL 5:** Der überaus ängstliche Jäger J befürchtet bei jedem Schuss, einen herumstreifenden Spaziergänger treffen zu können; bestimmte Anhaltspunkte für die Anwesenheit eines Spaziergängers hat er nicht. ◀

15 a) **Definitionen ohne voluntative Komponente:** Nach einer verbreiteten und vordringenden Literaturansicht ist der *dolus eventualis* allein unter Bezugnahme auf den Kenntnisstand des Täters zu definieren. Allerdings werden an die erforderliche Wissensdichte unterschiedliche Anforderungen gestellt: Vorherrschend ist die Möglichkeitstheorie; daneben werden noch die Wahrscheinlichkeitstheorie, die Risikotheorie und die Vermeidungstheorie vertreten.

16 aa) Die sog. **Möglichkeitstheorie** verlangt für den *dolus eventualis*, dass der Täter bei seinem Handeln von Tatumständen und kausalen Gesetzmäßigkeiten ausgeht, denen zufolge eine Tatbestandsverwirklichung als **konkret möglich** erscheint.[9] Dass die Möglichkeit konkret sein muss, besagt, dass der Täter **bestimmte Anhaltspunkte** dafür haben muss, dass sich das von ihm gesetzte missbilligte Risiko tatsächlich in einer Tatbestandsverwirklichung realisiert.[10] Seine Vorstellung muss sich also auf einen konkretisierten Kausalverlauf beziehen. Keinesfalls reicht es aus, wenn der Täter eine Risikorealisierung nur „irgendwie" (abstrakt) für möglich hält. So weiß X in **Fall 3** zwar, dass er ein erhöhtes Risiko im Straßenverkehr eingeht. Aber er handelt nicht bedingt vorsätzlich, weil er nicht aufgrund bestimmter Tatumstände von einer **konkreten Risikorealisierung** ausgeht. Anders verhält es sich in **Fall 4**: Hier will zwar Y weder jemanden absichtlich treffen noch ist er sich dessen iSe *dolus directus* gewiss, doch hat er hinreichende konkrete Anhaltspunkte, die einen solchen Kausalverlauf als konkret möglich erscheinen lassen.

17 bb) Nach der sog. **Wahrscheinlichkeitstheorie** ist *dolus eventualis* zu bejahen, wenn der Täter die Tatbestandsverwirklichung für – wenn auch nicht überwiegend – wahrscheinlich hält.[11] Der Ausdruck „wahrscheinlich" soll verdeutlichen, dass die bloße (abstrakte) Möglichkeit des Erfolgseintritts nicht ausreicht. Da auch die Vertreter der Möglichkeitstheorie von einer konkretisierten Situationseinschätzung ausgehen, ist der Unterschied zwischen beiden Lehren allenfalls terminologischer Art.

---

9 *Freund* § 7/70 f; *Grünwald* Mayer-FS 281 (288); *Langer* GA 1990, 435 (458 ff); *Schmidhäuser* JuS 1980, 241 (250 ff); *Schumann* JZ 1989, 427 (430 f); so auch der Vorschlag in Rn 31.

10 Vgl mit (kleinen) Abweichungen im Detail *Freund* JR 1988, 116 (117); *Frisch*, Vorsatz und Risiko, 1983, 101, 482 ff, 486; *Frister* 11/24 f; *Jakobs* 8/21 ff; *Kindhäuser* GA 1994, 197 (203 ff); ferner *Joerden*, Strukturen des strafrechtlichen Verantwortungsbegriffs, 1988, 151 f; *Otto* § 7/34 ff; *Schroth*, Vorsatz und Irrtum, 1998, 11 ff; in der Sache auch BGH NJW 1979, 1512 m. Anm. *Otto* NJW 1979, 2414 f; BGH JZ 1981, 35 m. Anm. *Köhler*; BGH NStZ 1983, 365; 1994, 483 (484).

11 *Kargl*, Der strafrechtliche Vorsatz auf der Basis der kognitiven Handlungslehre, 1993, 67 ff, 70; vgl auch *Prittwitz* JA 1988, 486 (498); krit. S/S/W-*Momsen* §§ 15, 16 Rn 39.

cc) Die sog. **Risikotheorie** sieht im vorsätzlichen Verhalten ein Handeln aufgrund einer mit den Risikomaximen der Rechtsordnung unverträglichen Entscheidung.[12] Der Täter müsse von Tatumständen ausgehen, die eine spezifische **Vorsatzgefahr** begründeten, worin zugleich ein Abgrenzungskriterium zur Fahrlässigkeit liege. Eine Vorsatzgefahr sei die Vorstellung von einem Risiko, dessen Schaffung eine taugliche Methode zur Herbeiführung des Erfolgs darstelle und dessen wissentliches Setzen daher nur als Ausdruck einer Entscheidung gegen das Rechtsgut gelten könne. Das heißt: Die Umstände, auf die der Täter seine Erfolgsprognose stützt, müssen auch objektiv als Grundlage einer anerkannt sinnvollen Strategie zur Erfolgsherbeiführung in Betracht kommen.[13] *Dolus eventualis* ist folglich anzunehmen, wenn der Täter im Bewusstsein handelt, eine solche Vorsatzgefahr zu schaffen.

Von der Möglichkeitstheorie will sich diese Lehre im Wesentlichen dadurch unterscheiden, dass es nach ihr nicht auf das Urteil des Täters über die Gefahr, sondern auf eine objektivierte Risikomaxime ankommen soll, anhand derer das Handeln zu beurteilen sei.[14] Indessen legt auch die Möglichkeitstheorie insoweit einen objektiven Maßstab an die Vorstellungen des Täters an, als sie verlangt, dass der Täter bei seinem Handeln von tatsächlichen Anhaltspunkten ausgeht, aus denen sich die konkrete Möglichkeit einer Tatbestandsverwirklichung ergibt. Ein Handeln ist also nach allen Auffassungen nicht schon deshalb vorsätzlich, weil der Täter in ungewöhnlichem Maße skrupulös ist. So handelt J nach allen Auffassungen in **Fall 5** nicht vorsätzlich, da er keine konkreten Anhaltspunkte für die tatsächliche Anwesenheit eines Spaziergängers hat.

Die Risikotheorie lässt sich daher als eine Fortentwicklung der Möglichkeitstheorie verstehen,[15] die den Gegenstand des Vorsatzes, die Vorstellung von der Verwirklichung eines Tatbestands, in der Terminologie der objektiven Zurechnung zu erfassen sucht. Soll das Unrecht des objektiven Tatbestands in der Schaffung eines sich im Erfolg realisierenden unerlaubten Risikos liegen,[16] so muss sich der Täter, wenn sich die objektive und die subjektive Tatseite beim vollendeten Vorsatzdelikt decken sollen, auch subjektiv eine Sachlage vorstellen, die als Schaffung eines bestimmten unerlaubten Risikos anzusehen ist.[17] Somit handelt der Täter vorsätzlich, wenn er von Tatumständen und kausalen Gesetzmäßigkeiten ausgeht, nach denen sich sein Handeln als Schaffung des konkreten Risikos einer Tatbestandsverwirklichung darstellt.[18]

Die **Fälle 3 und 4** sind nach der Risikotheorie nicht anders zu lösen als nach der Möglichkeitstheorie. In **Fall 3** weiß X zwar, dass ein Fahren mit Reifen ohne ausreichendes Profil gefährlich ist, weil es seine Fähigkeit zur Vermeidung eines Unfalls reduziert. Er geht aber nicht von einer Situation aus, aus der sich das konkrete Risiko eines bestimmten Unfalls ergibt, und handelt daher nicht mit dem Vorsatz, jemanden zu verletzen oder eine Sache zu beschädigen. Dagegen handelt Y in **Fall 4** in der Annahme, P

---

12 NK-*Puppe* § 15 Rn 64, 67 ff; *dies.*, Vorsatz und Zurechnung, 1992, 35 ff.
13 So NK-*Puppe* § 15 Rn 69; *dies.*, Vorsatz und Zurechnung, 1992, 28 f.
14 Näher NK-*Puppe* § 15 Rn 68.
15 Vgl hierzu auch *Kindhäuser* Hruschka-FS 527 (539 ff); *ders.* GA 2007, 447 (464 ff).
16 Vgl § 11 Rn 6 ff, § 33 Rn 22 f.
17 Nach *Herzberg* (JuS 1986, 249 [254 ff, 262]; 1987, 777 [780 f]; JZ 1989, 470 [476]; ähnlich *Canestrari* GA 2004, 210 [223 f]) soll es dagegen, was mit § 23 Abs. 3 nicht zu vereinbaren ist, darauf ankommen, dass der Täter eine objektiv bestehende, ernstzunehmende Gefahr erkannt hat.
18 Ob die Vorstellungen des Täters auch tatsächlich zutreffen, spielt für den Vorsatz keine Rolle. Treffen sie objektiv nicht zu, so fehlt es nur am objektiven Tatbestand und es kann ein Versuch gegeben sein; näher hierzu unten § 30.

könne aufgrund bestimmter Anhaltspunkte durch einen Schuss getroffen werden, und stellt sich damit eine Sachlage vor, die als Schaffung eines konkreten Verletzungsrisikos anzusehen ist; er handelt (bedingt) vorsätzlich.

21 **dd)** Nach der sog. **Vermeidungstheorie** ist Eventualvorsatz zu bejahen, wenn der Täter die Tatbestandsverwirklichung für möglich hält, *ohne* einen Vermeidewillen zu betätigen.[19] Dagegen soll nur (bewusste) Fahrlässigkeit gegeben sein, wenn der Täter durch bestimmte Maßnahmen zum Ausdruck bringt, dass er die Tatbestandsverwirklichung vermeiden will („Manifestation des Vermeidewillens"). Zutreffend an dieser Lehre ist, dass jemand, der sich bemüht, etwas zu vermeiden, es nicht herbeiführen will. Doch will umgekehrt jemand, der etwas nicht vermeiden will, es deshalb noch nicht herbeiführen. So ergreift J in **Fall 5** einerseits keine Maßnahmen, um eine Verletzung von Spaziergängern zu vermeiden, will aber andererseits auch niemanden treffen. Daher trägt die Vermeidungstheorie positiv zur inhaltlichen Präzisierung des *dolus eventualis* nichts bei, was über die Möglichkeitstheorie hinausgeht; sie formuliert nur negativ einen Fall fehlenden Vorsatzes.

22 **b) Definitionen mit voluntativer Komponente:** Die herkömmliche Meinung hält es – auch mit Blick auf die Abgrenzung zur bewussten Fahrlässigkeit – nicht für ausreichend, den *dolus eventualis* allein mithilfe des intellektuellen Elements zu definieren. Es sei vielmehr noch ein voluntatives Element erforderlich, das allerdings nicht mehr als eine leichte emotionale Beziehung zur Tatbestandsverwirklichung zum Ausdruck bringen und nicht als Wollen im umgangssprachlichen Sinne zu verstehen sein soll. Hinsichtlich der näheren Bestimmung dieses voluntativen Elements werden unterschiedliche Ansätze vertreten, die allerdings zumeist nur terminologischer Natur sind. Neben der vorherrschenden Einwilligungs- oder Billigungstheorie gibt es insbesondere noch die Ernstnahmetheorie sowie die Gleichgültigkeitstheorie.

23 **aa)** Die von der Rechtsprechung und Teilen der Literatur vertretene sog. **Einwilligungs- oder Billigungstheorie** verlangt, dass der Täter beim *dolus eventualis* den für möglich gehaltenen Erfolg „innerlich billigt", „billigend in Kauf nimmt", „sich mit ihm abfindet" oder mit ihm „einverstanden" ist.[20] Damit wird vor allem der Fall aus der Vorsatzzurechnung ausgeschlossen, in dem der Täter auf das Ausbleiben der Tatbestandsverwirklichung vertraut. Da ein „Billigen" in diesem Sinne auch gegeben sein soll, wenn der Erfolg dem Täter höchst unerwünscht ist, er sich jedoch mit ihm abgefunden hat, setzt diese Formel noch nicht einmal eine positive emotionale Beziehung voraus (Rn 12 zu **Fall 1b**). Der Sache nach geht es vielmehr nur um die Entscheidung zur Tat trotz Kenntnis des damit verbundenen (konkretisierten) Risikos der Tatbestandsverwirklichung. Daher sind die **Fälle 3 und 4** nach der Billigungstheorie ebenso zu entscheiden wie nach der Möglichkeitstheorie.

24 Zu beachten ist, dass die Rechtsprechung bei **lebensgefährlichen Gewalthandlungen** im Zustand hochgradiger Erregung, Wut oder Alkoholisierung des Täters für die Annahme eines bedingten Tötungsvorsatzes stets die Notwendigkeit der Überschreitung der gegenüber der Tötung eines anderen Menschen bestehenden **hohen Hemmschwelle** be-

---

19 *Armin Kaufmann* ZStW 70 (1958), 64 (81); ähnlich *Behrendt* JuS 1989, 945 (950); *Schlehofer* NJW 1989, 2017 (2020); *Schroth* JuS 1992, 1 (8); *Schünemann* JA 1975, 787 (790); vgl auch *Hillenkamp* Kaufmann, A.-GS 351 ff.
20 RGSt 33, 4 (5 f); 76, 115 (116); BGHSt 7, 363 (369); 56, 277 (284 f); BGH NStZ 1997, 434 f; 2001, 475 (476); 2003, 259 (260); 2011, 699 (701 f); *Baumann/Weber/Mitsch* § 20/48; *Fischer* § 15 Rn 9b; *M-Zipf* § 22/34, 36; eingehende Analyse der Rechtsprechung bei LK-*Vogel* § 15 Rn 102 ff.

tont hat.²¹ Der BGH stellte jedoch jüngst klar, dass sich die Bedeutung dieser sog. Hemmschwellentheorie in einem Hinweis auf § 261 StPO – Grundsatz der freien richterlichen Beweiswürdigung – erschöpfe und führte aus, dass das Schlagwort „Hemmschwellentheorie" eine Auseinandersetzung mit dem Einzelfall nicht zu ersetzen vermag.²² Bei dieser Einzelfallbetrachtung kann sodann im begrenzten Maße auch ein Rückschluss vom Grad der objektiven Gefährlichkeit der Gewalthandlung auf den entsprechenden Vorsatz des Täters möglich sein, sofern eine umfassende tatrichterliche Würdigung aller objektiven und subjektiven Tatelemente vorgenommen wird.²³

bb) Die im Schrifttum verbreitete sog. **Ernstnahmetheorie** bejaht bedingten Vorsatz, wenn der Täter die erkannte Gefahr des tatbestandlichen Erfolgs „ernst nimmt" und sich mit ihm – ggf nur widerwillig – um eines (außertatbestandlichen) Ziels willen abfindet.²⁴ Wie bei der Billigungstheorie soll damit insbesondere der Fall ausgeschieden werden, dass sich der Täter auf den Nichteintritt des Erfolgs verlässt. Das wäre etwa in **Fall 4** zu verneinen, so dass nach dieser Lehre Vorsatz anzunehmen wäre.

25

cc) Die sog. **Gleichgültigkeitstheorie** nimmt bedingten Vorsatz an, wenn der Täter die von ihm für möglich gehaltene Tatbestandsverwirklichung aus Gleichgültigkeit gegenüber dem geschützten Rechtsgut in Kauf nimmt.²⁵ Dagegen soll Vorsatz zu verneinen sein, wenn dem Täter die Tatbestandsverwirklichung als Nebenfolge seines Verhaltens unerwünscht ist und er daher auf deren Ausbleiben hofft.²⁶ Auch nach dieser Theorie müsste in **Fall 4** Vorsatz bejaht werden.

26

3. Folgerungen und Definition

a) **Folgerungen:** Aus den vorangegangenen Überlegungen folgt, dass sich der *dolus eventualis* auf der Basis der Möglichkeitstheorie (in Form der Risikotheorie)²⁷ sachgerecht definieren lässt. Diese Lehre kann zudem gut begründen, warum vorsätzliches Handeln grds²⁸ mit einer höheren Strafe als Fahrlässigkeit zu ahnden ist: Während der Vorsatztäter bei seinem Handeln eine Situation für gegeben hält, die sich als konkretes Risiko einer Tatbestandsverwirklichung darstellt, verkennt der Fahrlässigkeitstäter aufgrund mangelnder Sorgfalt²⁹ das Ausmaß der von ihm geschaffenen Gefahr. Der Vorsatztäter handelt also, obgleich ihm das konkrete Risiko des Erfolgseintritts vor

27

---

21 Vgl BGH NStZ 1983, 407; 1988, 175; 2003, 603 f; NStZ-RR 2011, 73 f; 2012, 369 (370); mit einer Übersicht der Rspr zum bedingten Tötungsvorsatz BGH StraFo 2008, 387 f; Übungsfall bei *Fahl* Jura 2003, 60 ff; zur Kritik *Herzberg* BGH-FS IV 51 (78 ff); NK-*Puppe* § 15 Rn 92 ff; *Rissing-van Saan* Geppert-FS 497 (506 ff).
22 BGH NJW 2012, 1524 ff m. Anm. *Heghmanns* ZJS 2012, 826, *Jahn* JuS 2012, 757, *Leitmeier* NJW 2012, 2850, *Puppe* JR 2012, 477 und *Sinn/Bohnhorst* StV 2012, 661; Überblick mit besonderem Bezug zu „Aids-Fällen" *Müller* JA 2013, 584 ff.
23 BGH NStZ 2002, 314 (315); NStZ-RR 2007, 45 f; 141 f; 307; NStZ 2009, 91; 629 f; 2010, 511 f; 2012, 207 ff; NJW 2012, 1524 ff m. Bspr *Jahn* JuS 2012, 757; NStZ 2014, 35; NJW 2014, 3382 f; zum Ganzen auch *Steinberg* JZ 2010, 712 ff, 2011, 177 ff; speziell zur besonders hohen Hemmschwelle in Fällen der zum Tode führenden wiederholten körperlichen Misshandlung oder fortwährenden Vernachlässigung des eigenen Kindes BGH NStZ 2007, 402 (403); NStZ-RR 2007, 267 f; 304 ff; zum Schütteln eines Säuglings BGH NStZ 2009, 264 ff.
24 W-*Beulke/Satzger* Rn 214, 220; *Gropp* § 5/109; *Jescheck/Weigend* § 29 III 3a; *Köhler* JZ 1981, 35 f; *Kühl* § 5/84 f; *Roxin* I § 12/21 ff.
25 *Beulke* Jura 1988, 641 (644); *Engisch*, Untersuchungen über Vorsatz und Fahrlässigkeit, 1930, 186 ff, 230 ff, 233 f; *Gallas* ZStW 67 (1955), 1 (43); S/S-*Sternberg-Lieben/Schuster* § 15 Rn 84.
26 Widersprüchlich insoweit aber BGH NStZ-RR 2011, 110. Kritisch ist anzumerken, dass Gleichgültigkeit und Unerwünschtheit keine kompatiblen Umschreibungen des Vorstellungsbilds des Täters darstellen: wenn jemandem etwas gleichgültig ist, ist es ihm eben weder erwünscht noch unerwünscht.
27 Rn 16, 18 f.
28 Zu den Ausnahmen gehört (wegen der generalpräventiven Zielsetzung) § 316.
29 Näher hierzu § 33.

Augen steht, und kann deshalb auch nicht mehr – wie der die Sachlage falsch einschätzende Fahrlässigkeitstäter – auf das Ausbleiben der Tatbestandsverwirklichung vertrauen. Insoweit impliziert die Vorsatztat ein größeres Defizit an Rechtstreue als die Fahrlässigkeitstat.

28 Die Wahrscheinlichkeitstheorie weicht in der Sache nicht von der Möglichkeitstheorie ab; beide Lehren meinen mit einer mehr oder weniger austauschbaren Terminologie dasselbe. Die nicht-voluntative Vermeidungstheorie verdeutlicht zwar plausible Aspekte der Vorsatztat, vermag aber keine insgesamt befriedigende Konzeption anzubieten.

29 Dass die Rechtsprechung und ein Teil der Lehre beim *dolus eventualis* nicht nur auf das intellektuelle Vorsatzmoment abstellen, sondern über die Möglichkeitstheorie hinaus eine zumindest reduzierte voluntative Komponente fordern, mag mit dem Umstand zusammenhängen, dass auch bedingt vorsätzliches Handeln ein mit einer Entscheidung zugunsten der Tatbestandsverwirklichung verbundenes gewolltes Handeln ist. Insoweit umschreibt die „Billigungsformel" durchaus zutreffend die Situation des *dolus eventualis*: Der Täter verfolgt sein (außertatbestandliches) Ziel mit einem so dominanten Motiv, dass er sich auch von der konkreten Möglichkeit des Erfolgseintritts nicht abhalten lässt und diesen mithin „billigend in Kauf nimmt". Jedoch ist dieses „Billigen" („Ernstnehmen", „Gleichgültigsein") eben kein „Herbeiführenwollen", sondern nur Ausdruck eines „Nichtvermeidenwollens" um eines wichtigeren Zieles willen. Die voluntativen Formeln der billigenden Inkaufnahme usw der Tatbestandsverwirklichung sind daher nicht falsch; sie geben nur keine über den bereits von der Möglichkeitstheorie erfassten Befund hinausgehende Information.

30 **b) Definition:** Eine Definition des *dolus eventualis* hat daher zu berücksichtigen, dass der Täter zwar gewollt, aber eben nicht auf die Tatbestandsverwirklichung gerichtet handelt, sondern insoweit nur eine konkrete Möglichkeitsvorstellung iSe konkreten Risikos hat. In diesem Sinne lässt sich der *dolus eventualis* wie folgt definieren:

31 Der Täter handelt mit bedingtem Vorsatz (*dolus eventualis*) hinsichtlich eines tatbestandlichen Umstands, wenn er dessen Verwirklichung iSe konkreten Risikos für eine mögliche Folge seines gewollten Verhaltens hält.[30]

III. Verbindung mehrerer Vorsätze und dolus generalis
1. Dolus cumulativus und alternativus

▶ **FALL 6:** A wirft eine Brandbombe in das Haus des B, wobei er davon ausgeht, dass sowohl das Haus in Brand gerät als auch die Gesundheit des B durch die Rauchentwicklung geschädigt wird. ◀

▶ **FALL 7A:** A schießt auf den Reiter R, wobei er es gleichermaßen für möglich hält, dass er den R (§ 212) oder nur das Pferd (§ 303) trifft. Der Schuss trifft den R tödlich. ◀

▶ **FALL 7B:** Wie 7A, nur: A trifft das Pferd. ◀

▶ **FALL 7C:** Wie 7A, nur: A verfehlt mit dem Schuss sowohl R als auch das Pferd. ◀

---

30 Vgl BGHSt 18, 246 (248); 21, 283 (284 f).

a) **Dolus cumulativus:** Sofern der Täter – wie in **Fall 6** – davon ausgeht, dass er durch sein Handeln mehrere Tatbestände nebeneinander verwirklicht, ist ihm jede Tatbestandsverwirklichung zum Vorsatz zurechenbar.[31]

b) **Dolus alternativus:** Von diesem sog. *dolus cumulativus*, der keinerlei Probleme aufwirft, ist der sog. *dolus alternativus* zu unterscheiden.[32] Von einem solchen alternativen Vorsatz spricht man, wenn der Täter – wie in **Fall 7** – davon ausgeht, dass er durch sein Handeln **einen von mehreren sich gegenseitig ausschließenden Tatbeständen** verwirklicht. Hier ist der Vorsatz seiner Art nach auf zwei oder mehr Tatbestände, der Zahl nach aber nur auf einen gerichtet. Der alternative Vorsatz ist – wie der kumulative – keine Vorsatzart, sondern eine Verbindung von Vorsätzen (in ggf unterschiedlicher Form). Umstritten ist hierbei, welcher Erfolg dem Täter bei einem Handeln mit alternativem Vorsatz zuzurechnen ist.

- Nach einer Ansicht soll, sofern es – wie in **Fall 7a und 7b** – überhaupt zu einem Erfolg kommt, das objektiv verwirklichte Delikt zugerechnet werden. Zudem soll Tateinheit zwischen vollendetem und versuchtem Delikt unter der Voraussetzung anzunehmen sein, dass der Versuch – wie in **Fall 7b** – im Unrechts- und Schuldgehalt wesentlich schwerer wiegt als die vollendete Tat. Kommt es dagegen – wie in **Fall 7c** – zu keinem Erfolg, so soll der Täter (nur) wegen Versuchs des schwerer wiegenden Delikts zu bestrafen sein.[33]

- Eine weitere Auffassung will stets nur den Vorsatz hinsichtlich des schwereren Delikts ahnden, und zwar selbst dann, wenn wegen des schwereren Delikts nur Versuch vorliegt.[34]

- Sachgerecht ist es dagegen, mit der hM Tateinheit zwischen vollendetem und versuchtem bzw zwischen dem Versuch beider Delikte anzunehmen.[35] Denn das Unrecht eines auf zwei Tatbestände gerichteten Vorsatzes muss zum Ausdruck kommen.

2. Dolus generalis

▶ **FALL 8:** Terrorist T deponiert eine scharfe Bombe an einer belebten Stelle, um durch deren Explosion möglichst viele Menschen zu verletzen oder zu töten. ◀

▶ **FALL 9:** Da sich A nicht sicher ist, ob der mit einer Eisenstange niedergeschlagene B bereits tot ist, hängt er ihn noch auf; der zunächst nur bewusstlose B kommt erst durch die Strangulation zu Tode. ◀

▶ **FALL 10:** C glaubt irrig, den D bereits erwürgt zu haben. Zur Verwischung der Tatspuren wirft er die vermeintliche Leiche in eine Jauchegrube; erst jetzt stirbt D durch Ertrinken.[36] ◀

Mit dem Begriff des sog. *dolus generalis* wird zunächst eine Vorsatzkonstellation erfasst, in welcher der Täter bewusst eine Gefahr für beliebig viele Rechtsgüter schafft,

---

31 Vgl hierzu LK-*Vogel* § 15 Rn 134.
32 Vgl hierzu LK-*Vogel* § 15 Rn 135 f.
33 W-*Beulke/Satzger* Rn 234 ff; *Heinrich* Rn 294; M-*Zipf* § 22/27.
34 *Joerden* ZStW 95 (1983), 565 (594); *Otto* § 7/23; LK-*Vogel* § 15 Rn 136.
35 BGH bei *Bosch* JA 2006, 330; *Jakobs* 8/33; *Jescheck/Weigend* § 29 III 4; NK-*Puppe* § 15 Rn 115 f; *Roxin* I § 12/94; *Stratenwerth/Kuhlen* § 8/122; *Welzel* § 13 I 2d.
36 Vgl BGHSt 14, 193.

ohne dass es ihm gerade auf die Verletzung eines bestimmten Gutes ankommt.[37] So handelt T in **Fall 8** hinsichtlich jedes Todes- und Verletzungserfolgs vorsätzlich.

Ferner kann mit dem *dolus generalis* die Situation umschrieben werden, in welcher der Täter nicht weiß, ob er schon mit einem ersten Akt den Erfolg herbeigeführt hat, und deshalb sicherheitshalber eine weitere erfolgsrelevante Maßnahme ergreift. So handelt A in **Fall 9** mit Vorsatz hinsichtlich des konkreten Todeserfolgs.

Schließlich wird in der heutigen Terminologie der Begriff des *dolus generalis* auch und vor allem auf die Konstellation bezogen, in welcher der Täter den Erfolg durch einen zweiten Akt bedingt, ohne auch nur die Möglichkeit dessen zu bedenken. In dem hierfür einschlägigen **Fall 10** ist umstritten, ob dem Täter der tatsächliche Kausalverlauf zum Vorsatz zurechenbar ist oder nicht. Nach der Rechtsprechung ist in diesem Fall eine vollendete Vorsatztat durch die Ersthandlung immer dann anzunehmen, wenn das tatsächliche Geschehen noch im Rahmen des Vorhersehbaren liegt.[38]

38 WIEDERHOLUNGS- UND VERTIEFUNGSFRAGEN

> - Welche drei Vorsatzarten gibt es? (Rn 1 f)
> - Was ist unter Neben-, was unter Hauptfolgen zu verstehen? (Rn 5 f)
> - Wann handelt ein Täter mit Absicht, wann mit direktem Vorsatz? (Rn 3 ff, 8 f)
> - Welche Lehren definieren den dolus eventualis mit und welche ohne voluntative Komponente? (Rn 14 ff)
> - Was ist unter dem dolus alternativus, was unter dem dolus generalis zu verstehen? (Rn 33 ff, 37)

---

[37] So die von *v. Weber*, Neues Archiv des Criminalrechts, 1825, 557 (576 ff), begründete Lehre.
[38] BGHSt 7, 325 ff; 14, 193 ff; näher zu dieser Problematik eines möglichen Irrtums über den Kausalverlauf § 27 Rn 43 ff.

Vierter Abschnitt: Rechtswidrigkeit

§ 15 Grundlagen

I. Allgemeines

1. Begriff

Eine Tat ist iSd Strafrechts rechtswidrig, wenn sie (zumindest versuchsweise) den Tatbestand eines Delikts verwirklicht und nicht durch einen Rechtfertigungsgrund gedeckt wird. **Rechtfertigungsgründe** sind Normen, die unter den jeweils genannten Bedingungen die Verwirklichung eines Deliktstatbestands gestatten. Sie umschreiben jeweils die Situationen, in denen ein tatbestandsmäßiges Verhalten (ausnahmsweise) nicht untersagt ist.[1] Rechtfertigungsgründe sind demnach „Unrechtsausschließungsgründe"; sie werden **Erlaubnisnormen** genannt, sofern sie ein Verbot aufheben, und **Freistellungsnormen**, wenn sie von einem Gebot befreien.

Dem Recht des Täters, unter den Voraussetzungen einer Rechtfertigungslage eine tatbestandsverwirklichende Handlung vorzunehmen, entspricht auf der Seite des Opfers eine **Duldungspflicht**. Daher begeht derjenige, der zB den Täter an einer durch rechtfertigenden Notstand (§ 34) gedeckten Güterbeeinträchtigung hindert, einen rechtswidrigen Angriff, den der Täter wiederum im Wege der Notwehr (§ 32) zurückweisen darf. Ein rechtswidriger Verstoß gegen die Duldungspflicht kann aber ggf entschuldigt sein.

2. Begründung und Geltungsbereich

a) **Begründung**: Die sog. **monistischen Theorien** versuchen, alle Rechtfertigungsgründe auf ein Grundprinzip zurückzuführen.[2] Dieses Grundprinzip wird im Vorrang des gerechtfertigten Verhaltens gegenüber der Tatbestandsverwirklichung gesehen.[3] Als vorrangig werden u.a. ein in der konkreten Situation vorgehender Rechtsgutsanspruch,[4] ein überwiegender Wert,[5] der überwiegende Nutzen[6] oder das überwiegende Interesse[7] eingestuft.

Da die Formulierung eines solchen Grundprinzips so abstrakt ausfällt, dass sich aus ihm keine inhaltlichen Folgerungen ableiten lassen, ist es sachgerecht, die Rechtfertigungsgründe iSe **pluralistischen Theorie** auf unterschiedliche Prinzipien zurückzuführen. Hierbei sind insbesondere drei Prinzipien leitend:[8]

- Nach dem **Prinzip der Verantwortung durch das Eingriffsopfer** ist ein Verhalten gerechtfertigt, wenn es sich als Folge eines in die Zuständigkeit des Opfers fallenden

---

1 Ausf. hierzu NK-*Paeffgen* Vor § 32 Rn 8, 56.
2 Näher zum Theorienstreit NK-*Paeffgen* Vor § 32 Rn 44 ff.
3 Zur älteren Zwecktheorie vgl *v. Liszt* § 32 II 2.
4 *Schmidhäuser* 9/13.
5 *Noll* ZStW 77 (1965), 1 (9).
6 *Sauer*, Allgemeine Strafrechtslehre, 3. Aufl. 1955, 56.
7 *Freund* § 3/4; *Otto* § 8/5; *Roxin*, Kriminalpolitik und Strafrechtssystem, 1973, 15; diff. NK-*Paeffgen* Vor § 32 Rn 46.
8 Näher hierzu *Jakobs* 11/3.

Risikos darstellt; dies gilt insbesondere für Notwehr, defensiven Notstand, vorläufige Festnahme, Selbsthilfe und verschiedene Amtsrechte;

- nach dem **Prinzip der Wahrnehmung des Opferinteresses** ist ein Verhalten gerechtfertigt, das sich aus der Sicht des Eingriffsopfers als vorteilhaft oder zumindest akzeptabel darstellt; dies gilt namentlich bei (mutmaßlicher) Einwilligung und behördlicher Erlaubnis;
- nach dem **Prinzip der Mindestsolidarität** ist ein Verhalten gerechtfertigt, durch welches in die Güter des Opfers zum Schutz erheblich überwiegender Interessen anderer Personen oder der Allgemeinheit eingegriffen wird; dies gilt vor allem für den aggressiven Notstand.[9]

5 **b) Geltungsbereich:** Die strafrechtlichen Rechtfertigungsgründe – insbesondere die §§ 32, 34, 193 – gelten nach hM nicht nur für das Verhalten von Privatpersonen untereinander, sondern auch für **hoheitliches Handeln** von Amtsträgern, falls keine engeren und abschließenden Sonderregelungen einschlägig sind.[10] Praktisch bedeutsam ist die Anwendbarkeit der allgemeinen Rechtfertigungsgründe vor allem bei Maßnahmen zum Schutz vor terroristischen Gewalttaten sowie in Fällen der Begehung milieubedingter Straftaten durch verdeckte Ermittler und des polizeilichen Schusswaffengebrauchs im Rahmen der Nothilfe.[11]

Polizeibeamten steht zum Zwecke der Gefahrabwendung – etwa in Entführungsfällen – kein auf § 32 (oder § 34) gestütztes Recht zur **Folter** zu;[12] ein solches Recht widerspräche nicht nur eklatant rechtsstaatlichen Grundsätzen (Art. 104 Abs. 1 S. 2 GG; Art. 3 EMRK),[13] sondern würde sich, da Polizeibeamte Garanten des angegriffenen Rechtsguts wären, ggf zu einer Folterpflicht wandeln.[14] Nicht gesagt ist hiermit allerdings, dass nicht aufgrund anderer Erwägungen, zB auf Schuldebene, in Einzelfällen eine Straflosigkeit eintreten kann.[15]

3. Gutachten

6 Rechtfertigungsgründe sind im Gutachten nur zu erörtern, wenn der Sachverhalt entsprechende Hinweise enthält. Ist dies nicht der Fall, so bedarf es nur der Feststellung, dass die (versuchte) Verwirklichung des Deliktstatbestands mangels Vorliegens von Rechtfertigungsgründen rechtswidrig ist. Greift dagegen ein Rechtfertigungsgrund ein, der auch subjektiv zurechenbar ist, so endet die Fallprüfung mit der Feststellung, dass die Tat gerechtfertigt (und damit nicht strafbar) ist.

---

9 Näher hierzu *Kühnbach*, Solidaritätspflichten Unbeteiligter, 2007, 56 ff.
10 Vgl BGHSt 27, 260; BayObLG JZ 1991, 936.
11 Eine Anwendbarkeit befürwortend BGH NStZ 2005, 31 f m. Anm. *Petersohn* JA 2005, 91 f; BayObLG MDR 1991, 367; *Kühl* Jura 1993, 233 (238); *Otto* § 8/58; S/S-*Perron* § 32 Rn 42a ff; *Roxin* I § 15/108 ff, § 16/89 f; *Schwabe* NJW 1977, 1902; abl. *Amelung* JuS 1986, 329 (331 f); *Jakobs* 12/41 ff, 13/42; NK-*Kindhäuser* § 32 Rn 84; NK-*Paeffgen* Vor § 32 Rn 151, 153; LK-*Rönnau/Hohn* § 32 Rn 220; *Rudolphi* Kaufmann, A.-GS 371 (372); *Seelmann* ZStW 89 (1977), 36 (49 ff); diff. *Kirchhof* NJW 1978, 969 (970 ff); *Rogall* JuS 1992, 551 (558 f); *Seebode* Klug-FS 359 (371).
12 *Perron* Weber-FS 143 (149 f); *Roxin* Eser-FS 461 ff; abw. *Erb* NStZ 2005, 593 ff; *Merkel* Jakobs-FS 375 ff; vgl auch *Fahl* Jura 2007, 743 ff.
13 Vgl auch LG Frankfurt NJW 2005, 692 (693 ff): Verstoß gegen die Menschenwürde gem. Art. 1 Abs. 1 S. 1 GG. Zur Menschenwürdegarantie bei Rettungsfolter durch Privatpersonen vgl *Greve* ZIS 2014, 236 ff.
14 Vgl auch *Brugger* JZ 2000, 165 ff; *Hilgendorf* JZ 2004, 331.
15 Vgl etwa *Jäger* Herzberg-FS 539 (550 ff); *ders.* JA 2008, 678 (683 f); *Roxin* Eser-FS 461 (468 f); mit der Frage, ob sich derjenige, der eine Rettungsfolter verhindert, im Hinblick auf die zu rettende Person strafbar macht, beschäftigt sich (iE verneinend) *Mitsch* Roxin-FS II 639 ff.

II. Der Erlaubnistatbestand

Wie bei den Deliktstatbeständen lässt sich auch bei den Rechtfertigungsgründen ein objektiver und ein subjektiver Erlaubnis- bzw Rechtfertigungstatbestand unterscheiden. Damit der Täter in vollem Umfang gerechtfertigt ist, muss ihm der objektive Erlaubnistatbestand subjektiv zuzurechnen sein; zwischen der objektiven und subjektiven Seite des Erlaubnistatbestands muss also Kongruenz bestehen.[16]

Die **objektiven Merkmale des Erlaubnistatbestands** werden wie beim Deliktstatbestand *ex post* festgestellt. Nur bei der Prüfung von Prognosebegriffen – wie zB beim Begriff der Gefahr in § 34 Abs. 1 – ist nachträglich ein Standpunkt *ex ante* einzunehmen.[17] Eine verbreitete Mindermeinung hält demgegenüber hinsichtlich der Feststellung aller Rechtfertigungsmerkmale die *ex-ante*-Perspektive eines vernünftigen Beobachters für maßgeblich.[18] Hiergegen spricht jedoch, dass das Unrecht einer Tat auch durch den Erfolg geprägt ist und dieses Unrecht nur entfällt, wenn sich *ex post* die Erfolgsherbeiführung auch tatsächlich als berechtigt herausstellt.[19]

Auch hinsichtlich der **subjektiven Tatseite** stimmen Erlaubnis- und Deliktstatbestand überein: Während der subjektive Deliktstatbestand (beim Vorsatzdelikt) zumindest die Kenntnis des Täters von den Umständen voraussetzt, unter denen er den objektiven Deliktstatbestand verwirklicht, erfordert der subjektive Erlaubnistatbestand zumindest die Kenntnis der Umstände, unter denen die Tat berechtigt ist.[20] Nach hM ist zudem ein voluntatives Rechtfertigungselement erforderlich;[21] so wird bei der Notwehr ein „Verteidigungswille",[22] beim rechtfertigenden Notstand ein „Rettungswille"[23] oder bei der Wahrnehmung des Erziehungsrechts ein „Erziehungswille"[24] verlangt. Nach der vorherrschenden Lehre erschöpft sich dieser „Wille" jedoch in der Kenntnis der Rechtfertigungslage.[25] Dem ist zuzustimmen, da die Frage, ob das Verhalten des Täters erlaubt ist, nicht von seinem Willen abhängig sein kann.

III. Wichtige Rechtfertigungsgründe

1. Grundsatz

Wegen der **Einheit und Widerspruchsfreiheit der Rechtsordnung** können grds alle Erlaubnisse und Freistellungen des privaten und des öffentlichen Rechts im Strafrecht als Rechtfertigungsgründe fungieren.[26] Da zudem Rechtfertigungsgründe den Täter ent- und nicht belasten, gilt für sie das Garantieprinzip (Art. 103 Abs. 2 GG, § 1)[27] nur eingeschränkt. Vor allem können auch ungeschriebene Regeln rechtfertigend wirken. Da

---

16 Ganz hM; abl. *Spendel* Bockelmann-FS 245 ff.
17 HM, vgl nur *Gallas* Bockelmann-FS 155 (166 ff); *Graul* JuS 1995, 1049 (1056); *Jescheck/Weigend* § 31 IV 4; S/S-*Lenckner/Sternberg-Lieben* Vor § 32 Rn 10b; *Otto* § 8/16; aA *Börgers*, Studien zum Gefahrurteil im Strafrecht, 2008, 85 ff, 239 f: stets ex-post-Betrachtung maßgeblich.
18 Vgl *Frisch*, Vorsatz und Risiko, 1983, 419 ff; *Kaufmann* Welzel-FS 392 (399 ff); *Mitsch* JuS 1992, 289 (291); *Momsen/Rackow* JA 2006, 550 (554 f); *Rudolphi* Kaufmann, A.-GS 371 (381 ff).
19 Eingehend zu den Auswirkungen des Meinungsstreits im Gutachten *Nippert/Tinkl* JuS 2002, 964 ff.
20 Zu den Irrtumsproblemen vgl § 29 Rn 11 ff.
21 Umf. Darstellung bei NK-*Paeffgen* Vor § 32 Rn 91 ff.
22 Vgl § 16 Rn 37 f; BGHSt 5, 245 (247); BGH NStZ 1996, 29 (30).
23 Vgl § 17 Rn 41; BGHSt 2, 111 (114); BGH NStZ-RR 1998, 173.
24 Vgl § 20 Rn 18; RGSt 67, 324 (327).
25 Vgl *Frisch* Lackner-FS 113 (135 ff); *Frister* 14/24 f; S/S-*Lenckner/Sternberg-Lieben* Vor § 32 Rn 14; *Rönnau* JuS 2009, 594 (596); *Roxin* I § 14/97; aA *Matt* 3 § 1/12; diff. M-*Zipf* § 25/24 ff.
26 RGSt 61, 242 (247); BGHSt 11, 241 (244); LK-*Rönnau* Vor § 32 Rn 21.
27 Vgl § 3 Rn 2 ff.

das Strafrecht jedoch ein spezielles Rechtsgebiet mit besonderen Anforderungen ist, gelten strafrechtliche Rechtfertigungsgründe nicht ihrerseits stets auch in anderen Rechtsbereichen.[28] Daher kann etwa ein strafrechtlich gerechtfertigtes Verhalten aus disziplinarrechtlicher Sicht rechtswidrig sein.

2. Überblick

11 Die wichtigsten **im StGB gesetzlich festgelegten Rechtfertigungsgründe** sind die Notwehr (§ 32 StGB, auch § 227 BGB),[29] der rechtfertigende Notstand (§ 34 StGB, auch § 16 OWiG)[30] und die Wahrnehmung berechtigter Interessen bei Ehrverletzungen (§ 193).[31]

12 Zu den **ungeschriebenen Rechtfertigungsgründen** gehören u.a. die rechtfertigende Pflichtenkollision,[32] die mutmaßliche Einwilligung[33] und das Erziehungsrecht (Züchtigungsrecht) der Eltern und Erzieher.[34]

13 Die wichtigsten **Rechtfertigungsgründe aus anderen Rechtsgebieten** sind:

- erlaubte Selbsthilfe (§§ 229, 562b, 581 Abs. 2, 704, 859, 1029 BGB);
- zivilrechtlicher Notstand, und zwar defensiver Notstand (§ 228 BGB) und aggressiver Notstand (§ 904 BGB);
- Geschäftsführung ohne Auftrag (§§ 677, 679 BGB);
- Zwangsvollstreckungsbefugnisse (§§ 758, 808 ZPO);
- Widerstandsrecht (Art. 20 Abs. 4 GG);
- Vorläufige Festnahme (§§ 127 StPO, 87 StVollzG),[35] Blutentnahme (§ 81a StPO), Beschlagnahme (§§ 94 ff StPO) und Durchsuchung (§§ 102 ff StPO);
- ein bindender Befehl, der, was der Täter nicht erkennt, auf eine Ordnungswidrigkeit (oder Straftat) gerichtet ist (§ 11 Abs. 1 SG, § 63 Abs. 2, Abs. 3 BBG).[36]

14 Greifen in bestimmten Situationen **mehrere Rechtfertigungsgründe** – wie zB §§ 229, 859 BGB, 32 StGB – ein, so sind sie grds unabhängig voneinander (und nebeneinander) auf den fraglichen Sachverhalt anwendbar.[37] Einige Rechtfertigungsgründe stehen jedoch im Verhältnis der Spezialität zueinander. So sind etwa die §§ 228, 904 BGB im Verhältnis zu § 34 die spezielleren Vorschriften.[38] In diesem Fall tritt die allgemeinere Vorschrift hinter die speziellere zurück.

---

28 *Günther* Spendel-FS 189 ff; *Roxin* I § 14/31 ff.
29 Hierzu § 16.
30 Hierzu § 17.
31 Näher hierzu *Kindhäuser* BT I § 27.
32 Hierzu § 18.
33 Hierzu § 19.
34 Hierzu § 20 Rn 18 ff.
35 Hierzu § 20 Rn 1 ff.
36 Str., vgl *Roxin* I § 17/15 ff mwN.
37 Vgl OLG Schleswig NStZ 1987, 75.
38 Vgl *Seelmann*, Das Verhältnis des § 34 StGB zu anderen Rechtfertigungsgründen, 1978, 75; *Warda* Maurach-FS 143 (162); aA *Hellmann*, Die Anwendbarkeit der zivilrechtlichen Rechtfertigungsgründe im Strafrecht, 1987, 106 ff.

§ 15 Grundlagen

WIEDERHOLUNGS- UND VERTIEFUNGSFRAGEN

> Unter welchen Voraussetzungen ist eine Tat rechtswidrig? (Rn 1)
> Inwieweit entspricht der Erlaubnistatbestand dem Deliktstatbestand? (Rn 7 ff)
> Was besagt der Grundsatz der Einheit und Widerspruchsfreiheit der Rechtsordnung? (Rn 10)

§ 16 Notwehr

I. Allgemeines

1. Begriff

1 **a) Regelung:** Der Rechtfertigungsgrund der Notwehr wird in § 32 geregelt: Abs. 1 bestimmt, dass eine durch Notwehr gebotene Handlung nicht rechtswidrig ist; Abs. 2 definiert die Notwehr als „die Verteidigung, die erforderlich ist, um einen gegenwärtigen rechtswidrigen Angriff von sich oder einem anderen abzuwenden".[1] Das Notwehrrecht wird von der heute hM dualistisch begründet; es soll neben dem Schutz der Rechtsgüter des Angegriffenen auch der Bewährung der Rechtsordnung dienen.[2]

2 **b) Nothilfe:** Der Verteidiger braucht bei der Notwehr nicht mit dem Angegriffenen identisch zu sein („von sich oder einem anderen"). Die Verteidigung zugunsten eines anderen, die sog. „Notwehrhilfe" oder „Nothilfe", ist grds unter den gleichen Voraussetzungen wie die Notwehr möglich und gerechtfertigt.[3] Allerdings ist eine Nothilfe bei disponiblen Gütern nicht gestattet, wenn der Angegriffene (erkennbar) den Verlust seines Gutes dulden will, um zB eine Verletzung des Angreifers zu vermeiden.[4] Eine andere Frage ist, inwiefern der Angegriffene verpflichtet ist, zugunsten der Inanspruchnahme eines nothilfebereiten Dritten auf eine eigene Verteidigung zu verzichten.[5]

2. Voraussetzungen und Gutachtenaufbau

3 **a) Drei Voraussetzungen der Notwehr:**
- Notwehrlage (das „Ob" der Notwehr);
- Notwehrhandlung (das „Wie" der Notwehr);
- Verteidigungswille (die subjektive Seite der Notwehr).

4 **b) Gutachtenaufbau:** Im Gutachten empfiehlt es sich, die Voraussetzungen der Notwehr in folgenden Schritten zu prüfen:

A) Tatbestandsmäßigkeit

B) Rechtswidrigkeit: Notwehr (§ 32)
 I. Notwehrlage:
  1. Angriff (Rn 6 ff)
  2. auf rechtlich geschütztes Gut (Rn 11 ff)

---

1 Sachlich übereinstimmende Regelungen finden sich in §§ 15 OWiG und 227 BGB.
2 BGHSt 48, 207 (212); *Arzt* Schaffstein-FS 77 (87); *Bockelmann* Dreher-FS 235 (243 f); *Gallas* Bockelmann-FS 155 (177); *Kühl* JuS 1993, 177 (182 f); *Lenckner* GA 1968, 1 (3); *Rudolphi* JuS 1969, 461 (464); M-*Zipf* § 26/4; krit. *Neumann* in: Lüderssen/Nestler-Tremel/Weigend (Hrsg.), Modernes Strafrecht und ultima-ratio-Prinzip, 1990, 215 ff; zu individualistischen Erklärungen *Engländer*, Grund und Grenzen der Nothilfe, 2008, 7 ff; *Seeberg*, Aufgedrängte Nothilfe, Notwehr und Notwehrexzess, 2004, 52 ff; zu den rechtsphilosophischen Grundlagen NK-*Kindhäuser* § 32 Rn 7 ff; *Kühl* Hirsch-FS 259 ff; *Küper* JZ 2005, 105 ff; *Pawlik* ZStW 114 (2002), 259 ff.
3 Vgl etwa BGH bei *Holtz* MDR 1979, 985.
4 BGHSt 5, 245 (247 f); *Jescheck/Weigend* § 32 IV; *Kaspar* JuS 2014, 769 (773); *Kühl* Jura 1993, 233 (236); *Otto* § 8/54 f; *Roxin* I § 15/118; diff. *Seeberg*, Aufgedrängte Nothilfe, Notwehr und Notwehrexzess, 2004, 172 ff; abw. *Schroeder* Maurach-FS 127 (141).
5 Dazu ausf. *Engländer*, Grund und Grenzen der Nothilfe, 2008, 152 ff, 289 ff; *Sengbusch*, Die Subsidiarität der Notwehr, 2008.

3. Gegenwärtigkeit (Rn 17 ff)
4. Rechtswidrigkeit (Rn 21 ff)
II. Notwehrhandlung:
1. Verteidigung (Rn 26)
2. Erforderlichkeit (Rn 27 ff)
   a) geeignetes und
   b) relativ mildestes Mittel
3. Gebotenheit (Rn 35 f; ggf Einschränkungsgründe, Rn 39 ff)
III. Subjektive Rechtfertigung (Verteidigungswille):
1. Kenntnis der Notwehrlage und -handlung (Rn 37)
2. Ggf Verteidigungsabsicht (Rn 38)

Falls Notwehr vorliegt, ist der Täter gerechtfertigt, ansonsten ist die Prüfung der weiteren Deliktsmerkmale fortzusetzen.

II. Notwehrlage

Eine Notwehrlage wird durch einen gegenwärtigen rechtswidrigen Angriff auf ein rechtlich geschütztes Gut begründet.

1. Angriff

▶ **FALL 1:** A versteckt sich in einem fremden Geschäft, um nach Ladenschluss einen Diebstahl zu begehen. Bei Schließung des Geschäfts wird er eingesperrt. ◀

▶ **FALL 2:** Säugling S droht zu verhungern, weil ihn seine Mutter M nicht ernährt. ◀

Angriff ist jede durch menschliches Verhalten drohende Verletzung eines rechtlich geschützten Gutes.[6]

a) **Menschliches Verhalten:** Das menschliche Verhalten muss Handlungsqualität aufweisen, also willensgetragen sein. Anderenfalls kann es nicht als „rechtswidriger" Angriff bewertet werden. Daher berechtigen zB drohende Beschädigungen bei einem epileptischen Krampfanfall nicht zur Notwehr.[7] Die Zuständigkeit des Angreifers für ein (zumindest) handlungsbezogenes Risiko ist im Übrigen erforderlich, um die gegenüber dem defensiven Notstand nach § 228 BGB[8] erheblich weitergehenden Befugnisse des Notwehrrechts zu begründen.

Allerdings setzt ein Angriff **kein Handeln zum Zweck einer Verletzung** voraus. Auch ein unvorsätzliches Verhalten kann ein Angriff sein.[9] Nur muss das Verhalten seiner objektiven Tendenz nach unmittelbar auf eine Verletzung gerichtet sein. Die Kriterien der Risikozuständigkeit[10] sind insoweit zu beachten. Daher ist A in **Fall 1** keinem Angriff durch Freiheitsberaubung ausgesetzt. A selbst hat den zunächst gefahrlosen Ver-

---

6   *Baumann/Weber/Mitsch* § 17/4; *Britz* JuS 2002, 465 (466); *Gropp* § 6/68; *Roxin* I § 15/6; *M-Zipf* § 26/8.
7   *Baumann/Weber/Mitsch* § 17/5; *Jakobs* 12/16; *Roxin* I § 15/5.
8   Hierzu § 17 Rn 45 ff.
9   *Baumann/Weber/Mitsch* § 17/5; *Geilen* Jura 1981, 200 (202); *Jescheck/Weigend* § 32 II 1c; *S/S-Perron* § 32 Rn 3; *Roxin* I § 15/10; *Sternberg-Lieben* JA 1996, 299 (300); aA *Otto* § 8/19 ff: bewusste Rechtsgutsbedrohung erforderlich.
10 Vgl § 11 Rn 22 ff.

b) Unterlassen als Angriff

Ein notwehrfähiger Angriff kann grds auch in einem **Unterlassen** gesehen werden.[11] Im Einzelnen sind allerdings die Voraussetzungen ungeklärt. Zum Teil wird ein Unterlassen aus dem Rechtsgedanken des § 13 bereits dann als Angriff erachtet, wenn es allgemein aufgrund einer besonderen Rechtspflicht zum Tätigwerden einem aktiven Tun gleichsteht.[12] Andere erkennen einen Unterlassensangriff nur bei Bestehen einer Garantenpflicht[13] oder zumindest bei straf- bzw ordnungsrechtlich sanktionierten Handlungspflichten[14] als notwehrfähig an. Die Grenzen liegen jedenfalls dort, wo es um die bloße Nichterfüllung vertraglicher Pflichten geht.[15] Exemplarisch: Der Vermieter kann den Mieter, der sich vertragswidrig weigert, die Wohnung zu räumen, nicht im Wege der Notwehr zum Auszug zwingen.[16]

In **Fall 2** ist das Unterlassen der M (nach allen genannten Auffassungen) wegen der bestehenden Garantenstellung ein Angriff auf Gesundheit und Leben des S; M darf im Wege der Nothilfe zur Versorgung des Kindes gezwungen werden.

c) **Tiere:** Von Tieren ausgehende Gefahren sind keine Angriffe;[17] ihre Abwehr ist unter den Voraussetzungen von § 228 Abs. 1 S. 1 BGB bzw § 34 berechtigt. Um einen menschlichen Angriff handelt es sich allerdings, wenn eine Person ein Tier – zB einen Kampfhund – als Werkzeug zur Beibringung von Verletzungen benutzt.

2. Gegenstand

▶ **FALL 3:** Mieter U weigert sich vertragswidrig, die Wohnung zu räumen. ◀

▶ **FALL 4:** B schlägt den angetrunkenen C nieder, damit dieser sich nicht fahruntauglich ans Steuer seines Fahrzeugs setzt. ◀

Gegenstand des Angriffs kann grds jedes rechtlich geschützte Gut bzw Interesse des Verteidigers selbst oder eines Dritten sein, insbesondere körperliche Unversehrtheit, Leben, Ehre,[18] Eigentum und berechtigter Besitz.[19] Zu beachten ist, dass die Bedrohung mit einer **Scheinwaffe** zwar objektiv keine Gefährdung von Leib oder Leben, wohl aber ein drohender Angriff auf die Entscheidungsfreiheit im Sinne einer Nöti-

---

11 OGHSt 3, 66; OLG Hamm GA 1961, 181; BayObLG NJW 1963, 824; LK-*Rönnau/Hohn* § 32 Rn 101 ff; S/S/W-*Rosenau* § 32 Rn 6; krit. *Joerden* JuS 1992, 26, abl. *Schumann* Dencker-FS 287 ff.
12 *Baumann/Weber/Mitsch* § 17/6; *Otto* § 8/18; M-*Zipf* § 26/9.
13 *Hruschka* Dreher-FS 189 (201); *Kühl* Jura 1993, 57 (59 f); *Lagodny* GA 1991, 300 ff; *Roxin* I § 15/11; *Stratenwerth/Kuhlen* § 9/65.
14 *Geilen* Jura 1981, 204; *Jescheck/Weigend* § 32/II 1 a.
15 S/S-*Perron* § 32 Rn 11; *Roxin* I § 15/12; diff. LK-*Rönnau/Hohn* § 32 Rn 105 ff.
16 Vgl *Kühl* Jura 1993, 125; *Lagodny* GA 1991, 300 ff.
17 *Baumann/Weber/Mitsch* § 17/4; *Matt* § 2/10.
18 BayObLG NJW 1991, 2031.
19 Besondere Probleme können sich u.a. bei Eingriffen in den Persönlichkeitsbereich ergeben (BayObLG NJW 1962, 1782 f), namentlich bei fotografischen Aufnahmen (BGH JZ 1978, 762 m. Anm. *Paeffgen* 738 ff; OLG Hamburg StraFo 2012, 278 [279 f] m. zust. Anm. *Hecker* JuS 2012, 1039 [1040 f]; *Amelung/Tyrell* NJW 1980, 1560; näher NK-*Kindhäuser* § 32 Rn 39), bei Verletzungen des Hausrechts (BGH bei *Holtz* MDR 1979, 985 [986]) und – umgekehrt – bei unberechtigter Verweigerung des Zutritts (*Sickor* Jura 2008, 14 ff mwN), beim Versperren eines Weges im Straßenverkehr (BayObLG NJW 1993, 211 m. Anm. *Dölling* JR 1994, 113 f; *Heinrich* JuS 1994, 17 ff) und beim „Reservieren" einer Parklücke durch Fußgänger (BayObLG NJW 1995, 2646).

gung sein kann, so dass in einschlägigen Konstellationen nicht vorschnell zu einem Erlaubnistatbestandsirrtum übergegangen werden darf.[20]

a) **Rechtsförmige Verfahren:** Um notwehrfähig zu sein, darf das angegriffene Gut nicht nur in einem bestimmten rechtsförmigen Verfahren garantiert sein. In einem solchen Fall darf es lediglich im Rahmen eines solchen Verfahrens und nicht allgemein im Wege der Notwehr verteidigt werden. Daher darf U in **Fall 3** nicht vom Vermieter durch Notwehr zum Auszug gezwungen werden.[21] Vielmehr muss der Vermieter einen Räumungstitel in einem Gerichtsverfahren erwirken.

b) **Staatliche Güter:** Diese sind für den Einzelnen nur in beschränktem Umfang notwehrfähig. Insoweit ist wie folgt zu differenzieren:

aa) **Individualrechtsgüter** – wie Eigentum, Vermögen, Besitz – sind auch dann stets notwehrfähig, wenn sie dem Fiskus zustehen.

bb) **Nicht notwehrfähig** sind dagegen **Rechtsgüter der Allgemeinheit und die öffentliche Ordnung**, sofern nicht zugleich Rechte des Einzelnen unmittelbar gefährdet werden.[22] So darf in **Fall 4** C nicht um der (abstrakten) Sicherheit des Straßenverkehrs willen mit Gewalt von einer Trunkenheitsfahrt abgehalten werden. *Anders* verhält es sich aber, wenn nur auf diese Weise Kinder, die auf der Straße spielen, geschützt werden können.

cc) **Rechtsgüter des Staates in seiner Eigenschaft als Hoheitsträger** sind nur notwehrfähig, wenn unmittelbar existenzielle staatliche Interessen auf dem Spiel stehen und die zuständigen Organe in der gegebenen Situation nicht zu ihrem Schutz in der Lage sind (sog. Staatsnotwehr).[23] Nach einer Mindermeinung soll in diesem Fall ein Einschreiten nur nach den Regeln des rechtfertigenden Notstands erlaubt sein.[24]

3. Gegenwärtigkeit

▶ **FALL 5:** D greift nach einer Pistole, die er erkennbar benutzen will, um auf E zu schießen. ◀

▶ **FALL 6:** In einer verbalen Auseinandersetzung wirft F dem G ein Schimpfwort an den Kopf. ◀

▶ **FALL 7:** Haustyrann H pflegt, wenn er in stärkerem Maße Alkohol genossen hat, seine minderjährigen Kinder zu verprügeln. Als H eines Abends wieder einmal zur Flasche greift, schlägt ihn seine Ehefrau I vorsorglich mit einem Besenstiel bewusstlos. ◀

Der Angriff ist gegenwärtig, wenn die Gutsverletzung unmittelbar bevorsteht, bereits begonnen hat oder noch fortdauert.[25]

a) **Konkrete Gefährdung:** Der Angriff steht unmittelbar bevor, sobald das betreffende Rechtsgut (bei objektiver Betrachtung) konkret gefährdet ist. Formal braucht hierbei die Angriffshandlung das Versuchsstadium noch nicht erreicht zu haben. Es kommt vielmehr darauf an, ob die Chancen des Gutserhalts durch weiteres Zuwarten (erheb-

---

20 Hierzu auch *Amelung* Jura 2003, 91 (93 ff); näher zum Erlaubnistatbestandsirrtum § 29 Rn 11 ff.
21 *Kühl* Jura 1993, 118 (125); *Lagodny* GA 1991, 300 ff.
22 BGHSt 5, 245 (247); BGH NJW 1975, 1161 (1162); OLG Stuttgart NJW 1966, 745 (748); *Jakobs* 12/9 ff; *Kühl* Jura 1993, 57 (61); *Otto* § 8/23; *Roxin* I § 15/36.
23 HM, vgl RGSt 63, 215 (220); *Fischer* § 32 Rn 11; *Otto* § 8/23; *S/S-Perron* § 32 Rn 6 f.
24 *Jescheck/Weigend* § 32 II 1 b; *LK-Rönnau/Hohn* § 32 Rn 80; *Welzel* § 14 II 4.
25 *Eggert* NStZ 2001, 225 (226); *Gropp* § 6/77.

lich) verschlechtert werden. Demnach ist in **Fall 5** die Gegenwärtigkeit zu bejahen, da D nach der Waffe greift, um alsdann zu schießen.[26]

19 **b) Fortdauern nach Vollendung:** Auch nach der formellen Vollendung kann ein Angriff noch bis zur (materiellen) Beendigung fortdauern.[27] Bedeutsam ist dies insbesondere beim **Diebstahl**, bei dem der Tatbestand schon mit dem Gewahrsamsbruch vollendet, aber erst mit der (vorläufigen) Beutesicherung beendet ist.[28] Ebenfalls ist im Fall einer **Erpressung** der Angriff auf die Willensfreiheit nach Ausspruch der Drohung noch nicht abgeschlossen, da diese auch nach dem Entschluss des Opfers, sich hiergegen zu verteidigen, noch potenziell freiheitsbeschränkend im Raum steht.[29] Bei einer bereits ausgeführten **Beleidigung** ist demgegenüber genau zu prüfen, ob diese (objektiv erkennbar) fortgesetzt wird oder – wie in **Fall 6** – mit dem Aussprechen des Schimpfworts schon ihr Ende gefunden hat. Wird ein ehemaliger, bereits auf dem Rückzug befindlicher Angreifer attackiert, kann ein Angriff gegen diesen vorliegen, der seinerseits durch Notwehr abgewendet werden darf.[30]

20 **c) Präventivnotwehr:** Ein Angriff, der – wie das drohende Verprügeln der Kinder durch H in **Fall 7** – nicht unmittelbar bevorsteht, ist auch dann nicht gegenwärtig, wenn er zu einem späteren Zeitpunkt sicher zu erwarten ist und nur durch alsbaldige Maßnahmen hinreichend effektiv abgewandt werden kann. Nach einer Mindermeinung soll gleichwohl bei einer solchen sog. **notwehrähnlichen Lage** eine „Präventivnotwehr" aufgrund einer analogen Anwendung von § 32 berechtigt sein.[31] Die hM lehnt eine solche Ausweitung der Notwehrbestimmung zutreffend ab.[32] Das aufgrund seiner weitreichenden Abwehrbefugnis „schneidige" Notwehrrecht ist an enge Voraussetzungen zu binden, zu denen vor allem auch die Beschränkung auf die Gegenwärtigkeit des Angriffs gehört. Die notwehrähnliche Lage entspricht einer Notstandslage, für deren Behebung § 34 die einschlägige Vorschrift ist.[33]

4. Rechtswidrigkeit

▶ **FALL 8:** Haustyrann J hat in so starkem Maße Alkohol zu sich genommen, dass er schuldunfähig (§ 20) ist. Als er in diesem Zustand dazu ansetzt, seine Ehefrau K zu verprügeln, schlägt ihn diese mit einem Besenstiel nieder. ◀

21 Der Angriff ist **rechtswidrig**, wenn er nicht von einer Erlaubnisnorm objektiv gedeckt und vom Betroffenen daher nicht zu dulden ist.[34]

---

26 Vgl BGH NJW 1973, 255.
27 BGHSt 48, 207 (209); *Roxin* I § 15/28.
28 Näher hierzu *Kindhäuser* BT II § 2/49 ff, 119 ff; vgl auch *Kühl* JuS 2002, 729 (735).
29 Str., wie hier *Roxin* I § 15/29; aA etwa KG JR 1981, 254; *Arzt* JZ 2001, 1052 f, die in diesem Fall für die Notwehrlage allein auf die Gegenwärtigkeit der angekündigten Übelszufügung abstellen; vgl zum Ganzen auch *Amelung* GA 1982, 381 (384 ff); NK-*Kindhäuser* § 32 Rn 59; *Müller Schroeder*-FS 323 ff; *Seesko*, Notwehr gegen Erpressung durch Drohung mit erlaubtem Verhalten, 2004, 66 ff; *Zaczyk* JuS 2004, 750 (752).
30 BGH bei *Altvater* NStZ 2004, 23 (29).
31 SK-*Günther* § 32 Rn 74 f; *Schmitt* JuS 1967, 19 (24); *Suppert*, Studien zur Notwehr und „Notwehrähnlichen Lage", 1973, 356 ff.
32 BGHSt 39, 133 (136) m. Anm. *Arzt* JZ 1994, 314 ff und *Roxin* NStZ 1993, 335 f; W-*Beulke/Satzger* Rn 329; *Haft/Eisele* Jura 2000, 313 (314); *Jescheck/Weigend* § 32 II 1d; NK-*Kindhäuser* § 32 Rn 55 ff; *Kühl* Jura 1993, 57 (61 f); *Otto* § 8/40; S/S-*Perron* § 32 Rn 17; *Stratenwerth/Kuhlen* § 9/69.
33 *Gropp* § 6/77.
34 RGSt 21, 168 (171); 27, 44 (45); *Fischer* § 32 Rn 21; *Jescheck/Weigend* § 32 II 1c; ausf. S/S-*Perron* § 32 Rn 19 ff; LK-*Rönnau/Hohn* § 32 Rn 113.

Bei **wechselseitigen Angriffen** ist genau zu prüfen, wer zunächst bedroht war. Denn dieser Beteiligte darf sich wehren, mit der Folge, dass der ursprüngliche Angreifer die Abwehr dulden muss und widrigenfalls erneut rechtswidrig angreift.[35]

Im Schrifttum wird teils verlangt, dass eine fehlende Erlaubnis für die Rechtswidrigkeit des Angriffs noch nicht ausreiche. Der Angreifer müsse vielmehr in einer auch subjektiv als „**Handlungsunrecht**" zurechenbaren Weise vorgehen;[36] anderenfalls schaffe er nur eine rechtswidrige Gefahr, greife aber nicht rechtswidrig an. Diese (sachgerechte) Einschränkung ist jedoch in einem untechnischen Sinne zu verstehen, da der Angriff nicht auf die Verwirklichung eines Deliktstatbestands (iSv § 11 Abs. 1 Nr. 5) gerichtet zu sein braucht.[37] Zu fordern ist folglich „Handlungsunrecht" iS eines für den Angreifer vermeidbaren Verhaltens.

Umstritten ist ferner, ob der Angriff auch **schuldhaft** sein muss. Die hM stützt sich auf den Gesetzeswortlaut des § 32 Abs. 2 und verlangt nur ein rechtswidriges Verhalten, das damit **auch schuldlos** sein kann.[38] Allerdings beschränkt auch sie die Notwehrbefugnis gegenüber schuldlos Handelnden, jedoch nicht auf der begrifflichen Ebene des „Angriffs", sondern im Rahmen der Gebotenheit der Verteidigung (unten Rn 46). In **Fall 8** wäre nach hM ein rechtswidriger (gegenwärtiger) Angriff iSv § 32 zu bejahen; zu prüfen wäre aber, ob das Notwehrrecht hier ggf Beschränkungen unterliegt.

Nach einer verbreiteten Mindermeinung erfordert dagegen ein notwehrfähiger Angriff schuldhaftes Verhalten.[39] Denn lediglich bei schuldhaftem Handeln werde die Geltung der Rechtsordnung in Frage gestellt, deren Verteidigung die Notwehr (auch) diene.[40] Auch habe nur ein schuldhaft Handelnder in vollem Umfang die Kosten des Konflikts, also seine Gütereinbußen infolge der Verteidigung, zu tragen.[41] Für schuldlose Angriffe seien daher die Regeln des rechtfertigenden (defensiven) Notstands (§ 228 BGB analog) anzuwenden. Demnach hätte K in **Fall 8** kein Notwehrrecht und könnte allenfalls nach Notstandsregeln gerechtfertigt sein.

Dieser Ansicht ist insoweit zuzustimmen, als sich die Notwehr von den anderen Notrechten speziell dadurch unterscheidet, dass der Angreifer für die von ihm ausgehende Bedrohung verantwortlich ist, weil er sein gefährdendes Verhalten wegen dessen Rechtswidrigkeit hätte vermeiden können und müssen und daher für die ihn schädigenden Folgen seines Verhaltens selbst einzustehen hat. Folgenverantwortung setzt stets Zurechenbarkeit kraft normativer Steuerbarkeit voraus. Allerdings gilt auch für das Erfordernis der „Schuldhaftigkeit" des Angriffs, dass jedenfalls keine Schuld im technischen Sinne verlangt werden kann, da die durch den Angriff drohende Gutsverletzung (unstreitig) *keine* versuchte Straftat zu sein braucht. So kann etwa auch eine rechtswidrige Gebrauchsanmaßung, die strafrechtlich nicht sanktioniert ist, einen notwehrfähigen Angriff darstellen. Terminologisch wäre es daher angebracht, den Angriff als quasi-schuldhaftes Verhalten zu bezeichnen.

---

35 Hierzu BGH NStZ 2003, 420 (421); 2003, 599 (600).
36 *Gropp* § 6/71; *S/S-Perron* § 32 Rn 19/20; *Roxin* I § 15/14 ff.
37 RGSt 27, 44; BGHSt 3, 217; *Fischer* § 32 Rn 21a; L-Kühl-*Kühl* § 32 Rn 5; *Roxin* ZStW 93, 82.
38 BGHSt 3, 217 f; *Jescheck/Weigend* § 32 II 1 a; *Roxin* JuS 1988, 425 (428) jew. mwN.
39 Vgl zu einer Einschränkung der Notwehrbefugnis in dieser Richtung *Engländer*, Grund und Grenzen der Nothilfe, 2008, 253 ff; *Freund* § 3 Rn 98; *Frister* GA 1988, 291 (305 f); *Haas*, Notwehr und Nothilfe, 1978, 236; *Hoyer* JuS 1988, 89 (96); *Hruschka* 140 ff; *Otto* § 8/21; *Pawlik* GA 2003, 14 f; *Renzikowski*, Notstand und Notwehr, 1994, 99 ff.
40 *Otto* § 8/20.
41 *Jakobs* 12/16.

III. Notwehrhandlung

25 Notwehrhandlung ist die erforderliche und gebotene Verteidigung gegenüber dem Angreifer.

1. Verteidigung

▶ **FALL 9A:** L greift M an, um diesen zu verprügeln. M kann sich nur dadurch vor Schlägen retten, dass er dem L die Vase des N, die dabei beschädigt wird, auf den Kopf haut. ◀

▶ **FALL 9B:** P will dem O die Vase des Q auf den Kopf schlagen; bei der Abwehr geht die Vase zu Bruch. ◀

26 Die Verteidigung darf sich **nur gegen den Angreifer** richten, da dessen Verhalten die Berechtigung zur Notwehr begründet.[42] Der durch die Verteidigung Verletzte muss also mit dem Angreifer identisch sein. Von diesem Grundsatz ist nur dann eine Ausnahme zu machen, wenn der Angriff mit fremden Gütern ausgeführt wird.[43] Ansonsten richtet sich die Berechtigung eines Eingriffs in die Güter Dritter (auch zur Verteidigung) nach den Regeln des rechtfertigenden Notstands (§ 34 StGB, §§ 228, 904 BGB). Folglich ist das Handeln des Verteidigers in diesen Fällen an zwei Rechtfertigungsgründen zu messen.[44] Für **Fall 9a** bedeutet dies, dass die Notwehrsituation dem M kein Recht gibt, die Vase des N zu beschädigen; allenfalls kommt eine Rechtfertigung nach §§ 34 StGB, 904 BGB in Betracht. Dagegen umfasst die Notwehrberechtigung in **Fall 9b** auch die Beschädigung der Vase, da diese ein Angriffsmittel ist.

2. Erforderlichkeit

▶ **FALL 10:** R hetzt seinen wertvollen Rassehund auf die Hauskatze des T. Um sein Tier zu retten, bringt T dem Hund tödliche Verletzungen mit einem Spaten bei. ◀

27 Erforderlich ist diejenige Verteidigung, die aufgrund eines objektiven *ex-ante*-Urteils geeignet erscheint, den Angriff endgültig zu beenden, und dabei **unter den gleichermaßen geeigneten Mitteln** dasjenige darstellt, das **den geringsten Verlust** für den Angreifer bedingt.[45]

28 a) **Bezug:** Die Erforderlichkeit bezieht sich auf die – von der Art und Weise des Angriffs abhängige – Verteidigungs*handlung*, nicht auf den Verteidigungs*erfolg*,[46] so dass etwa der notwendige Schlag mit einer ungesicherten Pistole auch dann nach § 32 gerechtfertigt bleibt, wenn sich hierbei versehentlich ein Schuss löst, der den Angreifer lebensgefährlich verwundet.[47] **Auf eine Proportionalität** zwischen dem angegriffenen

---

42 RGSt 58, 27 (29); BGHSt 5, 245 (248); *Baumann/Weber/Mitsch* § 17/19; MK-*Erb* § 32 Rn 122 ff; *Krey/Esser* Rn 500; *Kühl* § 7/84. Die Verletzung von Universalrechtsgütern – zB beim gefährlichen Eingriff in den Straßenverkehr nach § 315 b StGB oder einem Verstoß gegen das Waffengesetz – soll nach der Rspr jedoch ausnahmsweise gemäß § 32 gerechtfertigt sein, wenn diese Verletzung untrennbar mit der erforderlichen Verteidigung eines Individualrechtsguts verbunden ist (BGH NStZ 2012, 452; NJW 2013, 2133 [2136]).
43 RGSt 58, 27 (29); *Matt* § 2/20; aA *Baumann/Weber/Mitsch* § 17/21; SK-*Günther* § 32 Rn 84 f; NK-*Kindhäuser* § 32 Rn 80 f; *Otto* § 8/42.
44 Abweichend *Koch* ZStW 122 (2010), 804 ff, der hier auch im Hinblick auf den Eingriff beim Angreifer eine Prüfung allein nach Notstandsregeln vornehmen will.
45 BGHSt 3, 217 f; BGH StV 1990, 543; BayObLG NStZ 1988, 408 f; S/S-*Perron* § 32 Rn 34.
46 BGH NStZ 1981, 138; *Jakobs* 12/37 f.
47 BGHSt 27, 313.

und dem durch die Verteidigung betroffenen Gut kommt es – wie in **Fall 10**[48] – bei der Notwehr grds **nicht** an.[49] Die Notwehrbefugnis deckt schädigende Eingriffe in die Güter des Angreifers, die aus einer erforderlichen Verteidigung resultieren.[50] Aus diesem Grund darf zur Abwehr von körperlichen Verletzungen[51] oder zur Verteidigung von Sachgütern auch zu lebensgefährlichen Mitteln gegriffen werden, wenn gleichermaßen wirksame, aber mildere Mittel dem Verteidiger zum Zeitpunkt des Angriffs nicht zur Verfügung stehen.[52]

Wer die Möglichkeit hat, sich wirksam zu verteidigen (sog. **Trutzwehr**), braucht sich vor dem Angriff nicht nur zu schützen (sog. **Schutzwehr**) oder in anderer Weise – zB durch Flucht – in Sicherheit zu bringen.[53] Der Verteidiger braucht sich auch nicht auf einen Kampf mit ungewissem Ausgang einzulassen.[54] Insbesondere muss er nicht auf weniger gefährliche Verteidigungsmittel zurückgreifen, wenn deren Wirkung für die Abwehr zweifelhaft ist.[55] Deshalb darf auch derjenige, der sich zunächst mit einem schonenden, aber nicht hinreichend wirksamen Mittel verteidigt hat, zu einem gefährlicheren greifen, wenn dies effizienter erscheint. Allerdings wird die **Verwendung einer Waffe** vom Verteidiger regelmäßig anzudrohen sein, sofern ihm dies nach der Kampfeslage möglich ist.[56] Der Hinweis auf die eigene Bewaffnung sowie ein möglichst schonender Einsatz von Waffe oder Messer sind demnach (nur) dann vorrangig, wenn damit kein erhöhtes Fehlschlagsrisiko einhergeht und ein solches Vorgehen dem Täter daher zugemutet werden kann.[57] Hat ein Angriff auf die körperliche Integrität erkennbar nachgelassen und gilt er nunmehr in erster Linie dem Besitz, ist ein lebensgefährlicher und bedingt vorsätzlich geführter Verteidigungsschlag mittels eines gefährlichen Werkzeugs – jedenfalls ohne vorherige Androhung – nicht mehr zulässig.[58] Ebenso ist eine Maßnahme nicht mehr erforderlich, wenn sie den Angriff bereits erfolgreich und sicher abgewendet hat.[59]

b) **Ungeeignete Verteidigungshandlungen:** Handlungen dieser Art sind nach hM bei völliger Ungeeignetheit mangels Erforderlichkeit auch nicht gerechtfertigt.[60]

c) **Notwehrexzess:** Der Verteidiger, der das **Maß des Erforderlichen überschreitet**, handelt zwar rechtswidrig, kann aber ggf nach Maßgabe der Regeln des Notwehrexzesses entschuldigt sein (§ 33).[61]

---

48 Hier handelt es sich insoweit um einen Angriff, als das Tier von R aufgehetzt und so als Angriffsmittel benutzt wird, vgl Rn 10.
49 Vgl RGSt 21, 168 (170).
50 BGHSt 27, 313 (314); BayObLG JZ 1988, 725.
51 BGH NStZ 2002, 140 f.
52 BGHSt 42, 97 (100 ff); BGH NStZ 1994, 539; StV 1999, 143 (145); NK-*Kindhäuser* § 32 Rn 87 f; *Krey* JZ 1979, 702 (709); *Otto* Württemberger-FS 129 (137 f); *Roxin* ZStW 93 (1981), 68 (99 ff); aA LG München NJW 1988, 1860 ff m. abl. Anm. *Frister* GA 1985, 553 (560 f), *Mitsch* NStZ 1989, 26 f, *Schroeder* JZ 1988, 567 ff.
53 Besonders instruktiv: BGH NJW 1980, 2263; vgl ferner BGH StV 1986, 15; NK-*Kindhäuser* § 32 Rn 94; *Kratzsch* GA 1971, 65 (75); *Roxin* ZStW 75 (1963), 541 ff.
54 BGH NStZ 1996, 29; 1998, 508 (509); 2002, 140; NStZ-RR 2007, 199 (200); *Ebert* 76; *Gropp* § 6/79; *Roxin* I § 15/43.
55 BGHSt 24, 356 (358); 27, 336 (337); BGH NStZ 1998, 508.
56 BGH NStZ 2004, 615 f; JR 2012, 204 (206) m. Anm. *Hecker* JuS 2012, 263 (265); NStZ-RR 2013, 105 (106).
57 BGH NStZ-RR 2013, 139 [140 f.] m. zust. Anm. *Erb* HRRS 2013, 113 ff.
58 BGH NStZ-RR 2004, 10 f.
59 BGH NStZ-RR 2013, 305 (306).
60 *Kühl* Jura 1993, 118 (121); S/S-*Perron* § 32 Rn 35; *Warda* Jura 1990, 344 ff, 393 ff; vgl dagegen MK-*Erb* § 32 Rn 150 ff sowie NK-*Kindhäuser* § 32 Rn 89.
61 Näher hierzu § 25.

32 **d) Technische Vorrichtungen:** Die Verteidigung durch automatisierte Selbstschutzanlagen – zB Fußangeln, Selbstschussanlagen, Minen, auch bissige Hunde – ist dem Grunde nach durch Notwehr gerechtfertigt (sog. **antizipierte Notwehr**), falls im Augenblick des Auslösens ein gegenwärtiger rechtswidriger Angriff vorliegt.[62] Sofern sich jemand, der nicht iSd Notwehr angreift, verletzt, ist dessen Schädigung von demjenigen zu verantworten, der sich der Anlage bedient.[63]

33 Da die Anlage unabhängig von der konkreten Angriffsmodalität tätig wird, kann jedoch die Erforderlichkeit der Abwehrhandlung problematisch werden. Nach vorherrschender Meinung bewegt sich die (generell zulässige) Installation einer Anlage im Rahmen des Erforderlichen, wenn sie dem Angreifer **erkennbar** war **oder** er auf ihr Vorhandensein und die Gefährlichkeit ihrer Wirkungsweise durch Warntafeln oder abgestufte Reaktionen **aufmerksam gemacht** wurde.[64] Begründet wird dies u.a. mit der besonderen Intensität eines Rechtsgutsangriffs, der trotz abschreckender Warnung ausgeführt wird.[65] Teils wird aber auch die Zulässigkeit solcher Anlagen angesichts der vielfältigen defensiven Möglichkeiten technischer Absicherungen gegenüber Einbruchsdiebstählen bezweifelt und auf die latente Gefahr für (übermütige) Kinder und Unbeteiligte hingewiesen;[66] solchen Gefahren sei daher Rechnung zu tragen. Unzulässig seien insbesondere Vorrichtungen, die auf ein sofortiges Niederschießen des Angreifers ausgerichtet sind.

34 Maßgeblich für die Beurteilung der Erforderlichkeit der Abwehr ist jedenfalls stets die **konkrete Situation**. Daher sind überzogene Reaktionen – Selbstschüsse oder explodierende Minen – nicht notwendig und mangels Erforderlichkeit nicht gerechtfertigt, wenn ungefährliche Abschreckungsmittel – zB Signalanlage, leichte Stromstöße, bellender Hund – ausgereicht hätten.[67]

3. Gebotenheit

35 Die Verteidigung ist geboten, wenn sie sich im Rahmen des normativ Angemessenen bewegt.

36 Die Zulässigkeit der Abwehr darf **keinen „sozialethischen" Einschränkungen** unterworfen sein.[68] Anders als das Merkmal der Erforderlichkeit, das sich auf die faktische Abwehrmöglichkeit des Angriffs bezieht,[69] betrifft die Gebotenheit die normative Angemessenheit der Reaktion.[70] Vor allem darf die Wahrnehmung der Notwehr nicht rechtsmissbräuchlich sein.[71] So bedarf es bei bestimmten Angriffen, etwa bei Bagatel-

---

62 Näher zur Problematik *Heinrich* ZIS 2010, 183 ff; *Köhnen*, „Antizipierte Notwehr", 1950; *Kühl* Jura 1993, 123 ff; *Kunz* GA 1984, 539 ff; *Schlüchter* Lenckner-FS 313 ff.
63 *Jakobs* 12/35; *Jescheck/Weigend* § 32 II 1 d; *Roxin* I § 15/51.
64 *Heinrich* ZIS 2010, 183 (195); *Kühl* § 7/111.
65 *S/S-Perron* § 32 Rn 37.
66 *Herzog*, Schlüchter-GS 209 ff; *NK-Kindhäuser* § 32 Rn 137; *Kunz* GA 1984, 539 ff.
67 *NK-Kindhäuser* § 32 Rn 137; *S/S-Perron* § 32 Rn 37; *Roxin* I § 15/51.
68 Vgl BT-Drucks. V/4095, 14; BGHSt 39, 374 (378); *Amelung* GA 1982, 381 (389 f); *W-Beulke/Satzger* Rn 342; *Matt* NStZ 1993, 271 (272); *Roxin* ZStW 93 (1981), 68 (79); *Schroth* NJW 1984, 2562; grds abl. *Hassemer* Bockelmann-FS 225 (228 ff); *Koch* ZStW 104 (1992), 785 (819 f); *Kratzsch* JuS 1975, 435 (437).
69 Vgl BGHSt 42, 97 (100 ff); *NK-Kindhäuser* § 32 Rn 98.
70 *NK-Kindhäuser* § 32 Rn 98.
71 BGHSt 24, 356; BayObLG NJW 1995, 2646; *Roxin* I § 15/58 f; *Rudolphi* JuS 1969, 461 (464).

len, keiner Bewährung der Rechtsordnung.[72] Die hM hat diesbezüglich bestimmte Fallgruppen gebildet, in denen die Notwehr Beschränkungen unterworfen ist.[73]

IV. Subjektive Rechtfertigung

▶ **FALL 11:** Als U von V, dem er schon lange einen Denkzettel verpassen will, angegriffen wird, sticht er ihm aus Hass in den Arm. ◀

Um auch subjektiv gerechtfertigt zu sein,[74] muss der Täter mit „Verteidigungswillen" handeln.[75] Dies erfordert nach hL jedenfalls, dass er die Notwehrlage kennt und im Bewusstsein handelt, einen Angriff abzuwehren.[76]

37

Die Rechtsprechung und ein Teil des Schrifttums verlangen zudem ein Handeln in Verteidigungsabsicht.[77] Das Erfordernis eines solchen finalen Willens, der allerdings nicht das alleinige Motiv zu sein braucht, wird dem Gesetzeswortlaut („um ... abzuwenden") entnommen. Gegen dieses voluntative Rechtfertigungselement spricht jedoch, dass die Bewertung eines Verhaltens als rechtswidrig nicht vom Motiv des Handelnden abhängen kann.[78] In **Fall 11** wäre U trotz gegebener objektiver Notwehrvoraussetzungen nach hM jedenfalls subjektiv nicht gerechtfertigt. Ob U dann wegen vollendeter oder nur versuchter Körperverletzung zu bestrafen ist, hängt von der Antwort auf die Frage ab, ob ein Fehlen der subjektiven Rechtfertigungsvoraussetzungen bei gegebener objektiver Rechtfertigungslage zur Strafbarkeit wegen Vollendung oder nur wegen Versuchs führt.[79]

38

V. Einschränkungen der Notwehrbefugnis

1. Fallgruppen

Obgleich die Notwehr im Grundsatz keinen Beschränkungen unterliegt, ist es doch weitgehend anerkannt, dass sie dort nicht berechtigt ist, wo das Interesse an einer uneingeschränkten Rechtsbewährung fehlt. Dies ist insbesondere der Fall, wenn der Angriff zu keiner nennenswerten Güterbeeinträchtigung führt, den Angegriffenen allgemeine oder besondere Solidaritätspflichten gegenüber dem Angreifer treffen oder auch der Angegriffene für die Notwehrsituation zuständig ist. Solche Einschränkungen werden unter das Merkmal der (dann fehlenden) **Gebotenheit** der Verteidigung subsumiert.[80] Während sich also das Merkmal der Erforderlichkeit auf die faktische Abwehrmöglichkeit des Angriffs bezieht, ist die Gebotenheit als Merkmal der normativen Angemessenheit der Reaktion zu verstehen.[81]

39

---

72 *Jescheck/Weigend* § 32 III 3; *Krause* Kaufmann, H.-GS 673 (686).
73 Hierzu Rn 39 ff.
74 Zur Erforderlichkeit eines subjektiven Rechtfertigungselements beim Fahrlässigkeitsdelikt vgl § 33 Rn 60 ff.
75 Zur Frage, ob ein fehlender Verteidigungswille bei gegebener objektiver Rechtfertigungslage zur Strafbarkeit wegen Vollendung oder nur wegen Versuchs führt, vgl § 29 Rn 8 ff.
76 M/R-*Engländer* § 32 Rn. 63; *Frisch* Lackner-FS 113 (135 ff.); *Hruschka* 437 f; *Jakobs* 11/21; NK-*Kindhäuser* § 32 Rn 147; *ders.*, Gefährdung als Straftat, 1989, 114 f; *Kühl* Jura 1993, 233 (234); *Otto* § 8/52; S/S-*Perron* § 32 Rn 63; *Prittwitz* GA 1980, 381 (384); LK-*Rönnau/Hohn* § 32 Rn 262; *Roxin* ZStW 75 (1963), 541 (563).
77 RGSt 60, 261 (262); BGHSt 5, 245; BGH NStZ 1996, 29 (30); 2001, 143 (144); NJW 2013, 2133 (2135); *Ebert* 77; *Fischer* § 32 Rn 25; *Geilen* Jura 1981, 308 (310); *Jescheck/Weigend* § 32 II 2 a; *Rengier* § 18/107 f.
78 Vgl auch § 15 Rn 9.
79 Hierzu § 29 Rn 8 ff.
80 Rn 35 f; teils wird auch (ohne Unterschied in der Sache) das Merkmal der Erforderlichkeit herangezogen, vgl S/S-*Perron* § 32 Rn 44.
81 Vgl. nur AG Bensberg NJW 1966, 733; *Himmelreich* GA 1966, 129 ff; *Roxin* ZStW 93 (1981), 79.

40 Folgende Fallgruppen der Notwehreinschränkungen kommen in Betracht:[82]
- Bagatellangriffe;
- krasse Missverhältnisse zwischen den betroffenen Gütern;
- Angriffe von schuldlos Handelnden;
- Angriffe innerhalb bestimmter Garantenstellungen des Verteidigers zum Angreifer;
- vom Angegriffenen verschuldete Notwehrlagen.

2. Bagatellangriffe

▶ **FALL 12:** Die Besucher eines Volksfestes stören die Nachtruhe angrenzender Bewohner durch lautes Singen. ◀

41 Bagatellangriffe sind Verhaltensweisen, die an der Grenze zum sozial Üblichen liegen und nur zu unerheblichen Güterbeeinträchtigungen führen können. Hier ist – wie in Fall 12 – eine sog. Unfugabwehr nur in einem schonenden Maße zulässig.[83] So wäre es etwa nicht erlaubt, die Sänger durch das Werfen mit verletzungsgeeigneten Gegenständen zur Ruhe zu bringen.

3. Krasses Missverhältnis

▶ **FALL 13:** W gibt auf X einen lebensgefährlichen Schuss ab, um die Entwendung einer Limonadenflasche zu verhindern. ◀

42 Auch im Falle eines krassen Missverhältnisses zwischen dem verteidigten und dem angegriffenen Gut kann die Notwehr eingeschränkt sein.[84] Hierfür spricht zunächst der Gedanke, dass das Notwehrrecht als gegenüber dem staatlichen Schutz subsidiäre Rechtsausübung an diejenigen Grundsätze gebunden ist, die für jede Rechtsausübung gelten, also auch an den für das Recht schlechthin fundamentalen Grundsatz der Verhältnismäßigkeit.[85] Gleichwohl ist dem Verteidiger ein erheblicher Freiraum zuzugestehen, da dem Einzelnen die Befugnis zur Verteidigung von Rechtsgütern bei Abwesenheit staatlicher Organe nicht streng nach Maßgabe der für zuständige Amtswalter geltenden Regeln erteilt werden kann. Insoweit ist es sachgerecht, die Verteidigung im Grundsatz nur an der Erforderlichkeit einer effizienten Abwehr auszurichten. Keinesfalls zulässig sind daher Verteidigungsmaßnahmen, die völlig maßlos[86] und unerträglich überzogen[87] erscheinen und über jede nachvollziehbare Relation hinausgehen.[88] Das Einziehen solcher Schranken in die Notwehrbefugnis ist im Übrigen auch kein Verstoß gegen das Analogieverbot, da die Beachtung elementarer Rechtsprinzipien jeder Rechtsausübung immanent ist.

---

82 Zusf. hierzu *Rönnau* JuS 2012, 404 ff; speziell zur Nothilfe vgl *Engländer*, Grund und Grenzen der Nothilfe, 2008, 313 ff; *Kuhlen* GA 2008, 282 (289 ff) mwN.
83 Vgl *Jakobs* 12/48; *Kühl* Jura 1990, 244 (251); *Otto* § 8/73.
84 BGH NStZ 1987, 172; 1987, 322; *Geilen* Jura 1981, 370 (374); NK-*Kindhäuser* § 32 Rn 111 f; *Otto* Würtenberger-FS 129 ff; *Schumann* JuS 1979, 559 (565); aA *van Rienen*, Die „sozialethischen" Einschränkungen des Notwehrrechts, 2010, 230 ff.
85 Hierzu *Bülte* GA 2011, 145 ff; NK-*Kindhäuser* § 32 Rn 99 f; *Lilie* Hirsch-FS 277 ff; *Schroeder* Maurach-FS 137 ff.
86 BGH MDR 1956, 372.
87 BayObLGSt 54, 59 (65).
88 OLG Hamm NJW 1977, 590; *Bockelmann/Volk* AT § 15/I 3; LK-*Rönnau/Hohn* § 32 Rn 179; *Roxin* I § 15/55 ff.

Die Rechtsprechung und ein Teil der Literatur ziehen indessen weniger den Gedanken der Verhältnismäßigkeit als vielmehr – negativ – denjenigen der **missbräuchlichen Rechtsausübung** zur Notwehreinschränkung heran.[89] Der in Notwehr Handelnde soll bei der Ausübung seiner Verteidigungsrechte nicht über die allgemeine Grenze der Missbräuchlichkeit hinausgehen dürfen.[90] Abgestellt wird etwa auf den zivilrechtlichen Begriff der Sittenwidrigkeit unter der Fragestellung, ob die Erforderlichkeit der Verteidigung dem an den Geboten von Treu und Glauben orientierten allgemeinen Rechtsempfinden entspricht. Wann ein solches Missverhältnis anzunehmen ist, ist Frage des Einzelfalls.[91] Da in **Fall 13** das Leben des X weitaus höher zu bewerten ist als das Eigentum an einem geringwertigen Gegenstand wie einer Limonadenflasche, muss sich W hier mit einer unsicheren Verteidigung begnügen oder auf Schutzwehr beschränken.[92]

Fraglich ist, ob grds von einem krassen Missverhältnis der betroffenen Güter auszugehen ist, wenn der Schutz von vertretbaren Sachgütern zum **Tode des Angreifers** führt. Nach der Werteordnung eines sozialen Rechtsstaats dürfte dies anzunehmen sein.[93] Ferner könnte Art. 2 Abs. 2a EMRK zu berücksichtigen sein, dem zufolge die Tötung eines Angreifers nur gestattet ist, wenn sie unbedingt erforderlich ist, „um jemanden gegen rechtswidrige Gewalt zu verteidigen". 43

- Nach hM bezieht sich Art. 2 Abs. 2a EMRK jedoch aufgrund Entstehungsgeschichte, Wortlaut und Zweck nur auf hoheitliches Handeln. Demnach ist nur die vorsätzliche Tötung von Menschen zur Verwirklichung staatlicher Zwecke verboten, während die Tötung eines Angreifers zur Verteidigung von Sachgütern durch Private grds nicht untersagt ist.[94] 44

- Nach einer verbreiteten Auffassung im Schrifttum entfaltet die EMRK auch unmittelbare Wirkung für privates Handeln. Ein Angreifer dürfe daher nur bei rechtswidriger Gewaltanwendung gegen Leib und Leben getötet werden.[95] 45

4. Angriffe Schuldloser

Bei verletzungsgeeigneten Verhaltensweisen von **Kindern, ersichtlich Irrenden** oder sonst **erkennbar schuldlos Handelnden** ist eine Beschränkung der Verteidigungsbefugnis allgemein anerkannt. Nach einer Mindermeinung wird in diesen Fällen schon ein Angriff verneint.[96] Die vorherrschende Ansicht geht zwar von einem rechtswidrigen Angriff aus,[97] zieht aber auch hier den Gedanken des Rechtsmissbrauchs oder das Gebot einer allgemeinen Mindestsolidarität als Schranke der Notwehrbefugnis heran. Demnach muss auch hier der Angegriffene ausweichen oder sich auf Schutzwehr beschränken und darf nur, wenn dies nicht anders möglich ist, schonende Trutzwehr 46

---

89 *Fischer* § 32 Rn 39; *Kühl* § 7/178; aA *Freund* § 3/118.
90 BGHSt 24, 356; BGH NJW 1962, 308; OLG Hamm NJW 1977, 590; OLG Karlsruhe NJW 1986, 1358; *Fischer* § 32 Rn 36; *Frister* GA 1988, 313; *Geilen* Jura 1981, 370; *Rudolphi* JuS 1969, 464; hiergegen: *Naucke* Mayer-FS 571; LK-*Rönnau/Hohn* § 32 Rn 226.
91 Instruktive Beispiele bei *Ladiges* JuS 2011, 879 (880 f).
92 Vgl *Kühl* § 7/183; M-*Zipf* § 26/37.
93 *Bernsmann* ZStW 104 (1992), 311 f; NK-*Kindhäuser* § 32 Rn 100.
94 *Fischer* § 32 Rn 40; *Jakobs* 12/39 f; *Jescheck/Weigend* § 32 V; *Satzger* Jura 2009, 759 (762 f).
95 *Frister* GA 1985, 553 (564); *Lange* JZ 1976, 546 (548); *Schroeder* Maurach-FS 127 ff; beschränkt auf absichtliche und wissentliche Tötungen *Roxin* ZStW 93 (1981), 68 (98 f); *Zieschang* GA 2006, 415 (419).
96 Vgl Rn 24, mit der Folge, dass nicht § 32, sondern die Notstandsregeln auf den Fall anwendbar sind.
97 Vgl Rn 23.

ausüben.[98] Gleiches gilt grds auch, wenn die Schuldfähigkeit (erkennbar) zumindest gemindert (iSd § 21) ist, da auch in diesem Fall ein bloß eingeschränktes Rechtsbewährungsinteresse besteht.[99]

5. Angriffe innerhalb von Garantenstellungen

47 Beschützergaranten[100] haben nur ein eingeschränktes Notwehrrecht gegenüber den von ihnen zu Beschützenden.[101] Dies gilt namentlich für Ehegatten und im Eltern-Kind-Verhältnis.[102] Bevor der Angegriffene hier existentielle Güter des Angreifers beeinträchtigen darf, muss er ausweichen und leichtere Beeinträchtigungen seiner Güter hinnehmen. Diese Einschränkung ergibt sich aus der besonderen Solidaritäts- und Fürsorgepflicht des Garanten gegenüber seinem Schützling,[103] zumal um des Fortbestehens der Gemeinschaft willen eine besondere Zurückhaltung geboten ist.[104] Dem Angegriffenen steht dagegen – wie oben in **Fall 8** (zu Rn 21 ff) – die Notwehrbefugnis uneingeschränkt zu, wenn ihm erhebliche eigene Beeinträchtigungen drohen, keine Ausweichmöglichkeit besteht und er über kein milderes Abwehrmittel verfügt.

6. Provozierte oder sonst verschuldete Notwehrlage

▶ **FALL 14:** In einem Wirtshaus ärgert Y den Z, der bereits zuvor durch aggressives Verhalten gegenüber anderen Gästen aufgefallen war, durch eine (abgeschlossene) schwere Beleidigung so sehr, dass dieser nach einem Bierglas greift, um damit zuzuschlagen. Y kann den Angriff nur dadurch abwehren, dass er dem Z mit einem mitgeführten Messer in den Oberarm sticht. ◀

48 **a) Auffassungen:** Eine im Einzelnen umstrittene Fallgruppe der eingeschränkten Notwehrbefugnis betrifft Situationen, in denen der (spätere) Verteidiger die Notwehrlage „(mit-)verschuldet" hat. Hierbei ist zu beachten, dass sich die Problematik nicht stellt, wenn das Vorverhalten des (späteren) Verteidigers bereits die Voraussetzungen eines gegenwärtigen rechtswidrigen Angriffs erfüllt; in diesem Fall darf sich der Provozierte nach Maßgabe von § 32 verteidigen, und der Provokateur muss diese Verteidigung dulden.[105] Die einschlägige Konstellation – wie **Fall 14** – erfordert vielmehr, dass der provozierte Angreifer seinerseits einen gegenwärtigen rechtswidrigen Angriff unternimmt und der Provokateur sich daher tatsächlich in einer Notwehrlage befindet. Zu Gegenstand und Umfang der Notwehrbefugnis des Y werden im Wesentlichen drei Ansichten vertreten:[106]

---

98 Vgl BGHSt 3, 217; 42, 97 ff; BayObLG JR 1987, 344; NStZ 1991, 433 m. Anm. *Mitsch* JuS 1992, 289 und *Vormbaum* JR 1992, 163 ff; MK-*Erb* § 32 Rn 210 ff; *Kühl* § 7/196; *Stratenwerth/Kuhlen* § 9/87.
99 AG Rudolstadt NStZ-RR 2007, 265; *Roxin* I § 15/64; aA S/S-*Perron* § 32 Rn 52: nur „gewisse Proportionalität" zu beachten.
100 Näher hierzu § 36 Rn 52, 56, 74 ff.
101 BGH NJW 1984, 986; NStZ 1994, 581; *Jakobs* 12/58; S/S/W-*Rosenau* § 32 Rn 33; *Schramm*, Ehe und Familie im Strafrecht, 2011, 115 ff; einschr. LK-*Rönnau/Hohn* § 32 Rn 240; abl. *Engels* GA 1982, 109 ff; *Freund* § 3/123; *Frister* 16/33; *Zieschang* Jura 2003, 527 ff.
102 Zur Anwendbarkeit auf nichteheliche Lebensgemeinschaften *Kretschmer* JR 2008, 51 (53).
103 Vgl *Fischer* § 32 Rn 37; *Geilen* Jura 1981, 370 (374); *Roxin* ZStW 93 (1981), 68 (101); *M-Zipf* § 26/33.
104 Vgl *Jescheck/Weigend* § 32 III 3 a; S/S-*Perron* § 32 Rn 53; *Schumann* JuS 1979, 559 (566).
105 Vgl Rn 24.
106 Ausführliche Darstellung des Meinungsstands bei NK-*Paeffgen* Vor § 32 Rn 145 ff; *Stuckenberg* JA 2001, 894 ff; 2002, 172 ff.

- Die hM beschränkt das Notwehrrecht unter Berufung auf den Gedanken des Rechtsmissbrauchs, wenn der (spätere) Verteidiger (Y) die Notwehrlage in vorhersehbarer[107] **und vorwerfbarer Weise**, namentlich durch absichtliche Provokation, „(mit-)verschuldet" hat.[108] Nach vorherrschender Ansicht genügt für die Vorwerfbarkeit ein sozialethisch zu missbilligendes Vorverhalten.[109] Teils wird weitergehend verlangt, dass der Verteidiger durch ein (vorsätzliches oder fahrlässiges) rechtswidriges Vorverhalten den Angriff mit verursacht haben müsse.[110] 49

- Die Gegenmeinung lehnt jede Beschränkung der Notwehr ab. Da sich der Angriff nicht nur gegen die Güter des Provokateurs, sondern auch gegen die Rechtsordnung richte, sei eine Verteidigung ungeachtet der Provokation um der Bewährung des Rechts willen gerechtfertigt.[111] In **Fall 14** wäre demnach die Verletzung des Z durch Y nach § 32 gerechtfertigt. 50

- Teils wird versucht, dem Provokateur (Y) die Verletzung des Angreifers (Z) als rechtswidrige (und ggf schuldhafte) Tat nach der – in Anlehnung an die Regel der *actio libera in causa*[112] entwickelten – Rechtsfigur der *actio illicita in causa*[113] zuzurechnen.[114] Damit ist gemeint, dass die an sich rechtmäßige Notwehrhandlung für Y nicht rechtfertigend wirke, da er die Rechtfertigungslage aufgrund seines Vorverhaltens selbst zu vertreten habe. Je nachdem, ob Y die eine Verteidigung auslösende Lage vorsätzlich oder fahrlässig herbeigeführt hat, soll er wegen vorsätzlicher oder fahrlässiger Tat haften. 51

b) **Lösungsvorschläge:** Sofern eine Beschränkung der Notwehrbefugnis bei „(mit-)verschuldeter" Notwehrlage anerkannt wird, werden hierzu insbesondere zwei Wege vorgeschlagen: 52

- Die hM stuft die Abwehrberechtigung je nach den Tatumständen ab: Sofern eine *Absichts*provokation, dh die willentliche Herbeiführung des Angriffs, vorliegt, wird dem Verteidiger das Notwehrrecht teilweise vollständig versagt;[115] hier bliebe diesem also nur die Flucht und, bei fehlender Möglichkeit, Duldung des Angriffs. Ansonsten, jedenfalls aber bei sonst vorwerfbarer Herbeiführung der Notwehrlage, wird hingegen hinsichtlich der Intensität der Verteidigung differenziert: Der Angegriffene muss auch in diesem Fall zunächst nach Möglichkeit ausweichen; falls er dies nicht kann, muss er sich bis an die Grenze des Zumutbaren defensiv verhalten, bevor er zur Trutzwehr übergehen darf, sog. **dreistufige Abwehrberechtigung:** Aus- 53

---

107 BGHSt 27, 336 (338); BGH NStZ 2009, 626 (627) m. Anm. *Hecker* JuS 2010, 172.
108 Vgl nur BGHSt 39, 374 ff; BGH NStZ 2006, 332 (333) m. Anm. *Roxin* StV 2006, 235; NStZ-RR 2011, 305; *Roxin* ZStW 93 (1981), 68 ff, jew. mwN.
109 BGHSt 24, 356 ff; 27, 336; 42, 97; BGH NStZ 2011, 82 (83), 2014, 451 f; NK-*Kindhäuser* § 32 Rn 117; *Schünemann* JuS 1979, 275 (279).
110 *Grünewald* ZStW 122 (2010), 51 (79 ff); *Köhler* 273; *Kühl* Jura 1991, 57 ff; *Rengier* § 18/78; LK-*Rönnau/Hohn* Vor § 32 Rn 253, 255; *Schumann* JuS 1979, 559 (565).
111 *Bockelmann* Honig-FS 19 ff; *Hassemer* Bockelmann-FS 225 ff; *Hillenkamp*, Vorsatztat und Opferverhalten, 1981, 125 ff, 167 ff.
112 Näher hierzu § 23.
113 Zur Kritik dieser sachlich verfehlten Rechtsfigur vgl BGH NStZ 1983, 452; 1988, 450; *Kindhäuser*, Gefährdung als Straftat, 1989, 116.
114 *Bertel* ZStW 84 (1972), 1 ff; *Lenckner* GA 1961, 299 (303 ff); *Lindemann/Reichling* JuS 2009, 496 ff; *Schmidhäuser* 6/81 ff; *Schröder* JR 1962, 187 f; einschr. auch *Freund* GA 2006, 267 (271 f); zum Begriff der *actio illicita in causa Hruschka* 381 ff; NK-*Kindhäuser* § 32 Rn 119.
115 W-*Beulke/Satzger* Rn 347; *Roxin* ZStW 93 (1981), 68 (86 f).

weichen, Schutzwehr, Trutzwehr.[116] Dies bedeutet für **Fall 14**: Da ein Handeln des Y gerade zur Provokation des Angriffs nicht ersichtlich ist, greift für ihn die abgestufte Verteidigungsbefugnis ein. Die Zumutbarkeit einer rein defensiven Verteidigung hängt hierbei auch davon ab, in welchem Maße die Notwehrlage von Y verschuldet wurde; je schwerer die vorwerfbare Verursachung der Notwehrlage wiegt, umso mehr muss sich der Verteidiger zurückhalten.[117] Gravierende Beeinträchtigungen eigener Güter braucht der Verteidiger nicht hinzunehmen.[118]

54 ■ Nach einer im Schrifttum vertretenen Ansicht ist bei einer (mit-)verschuldeten Notwehrlage eine Verteidigung nur nach Maßgabe der Güterproportionalität des **defensiven Notstands**[119] analog § 228 BGB zulässig.[120]

55 c) **Fahrlässige Tatbegehung**: Sofern die unmittelbare Verteidigungshandlung nach den oben genannten Kriterien ihre rechtfertigende Wirkung behält, ist die Strafbarkeitsprüfung allerdings noch nicht vollständig abgeschlossen. Vielmehr ist mit der Rspr zu fragen, ob nicht jedenfalls an das **Vorverhalten** des Verteidigers **ein Fahrlässigkeitsvorwurf** – etwa nach § 222 bei letztendlicher Tötung des Angreifers – geknüpft werden kann.[121]

56 Im Ergebnis wird damit auf der Ebene des Fahrlässigkeitsdelikts ein der Lösung über die *actio illicita in causa*[122] vergleichbares Resultat erzielt,[123] auch wenn die Rspr dieser Rechtsfigur formell ablehnend gegenübersteht. Ein Unterschied besteht freilich insoweit, als die Konstruktion der Rspr im Gegensatz zur *actio illicita in causa* nicht auf eine „Gesamttat" von Provokation und anschließender Notwehrhandlung abstellt, sondern allein das provozierende Vorverhalten zur Begründung der Strafbarkeit heranzieht. Insofern kann ihr jedenfalls nicht (wie dies gelegentlich geschieht) vorgeworfen werden, ein identisches Verhalten zugleich als erlaubt und unerlaubt zu qualifizieren.[124]

57 Da die Strafbarkeit lediglich an den dem rechtswidrigen Angriff vorausgehenden Provokationsakt anknüpft, wird von Seiten der hL das Vorliegen einer Fahrlässigkeitstat allerdings aus anderem Grunde regelmäßig verneint: So wird argumentiert, dass der notwehrfähige Angriff eine **eigenverantwortliche Selbstgefährdung** des Opfers darstelle, welche eine Zurechnung der hieraus resultierenden Folgen zum zeitlich vorgelagerten Verhalten des Verteidigers (stets) sperre.[125] Nach aA soll eine Zurechnung demgegenüber nur dann ausscheiden, wenn der spätere Verteidiger ein legitimes Interesse an der provozierenden Handlung hatte.[126] Schließlich erscheint fraglich, ob ein Verantwortungsausschluss zugunsten des Verteidigers auch im Fall einer **Putativnotwehr** gel-

---

116 BGHSt 24, 356; 26, 143 (145 ff); 39, 374 (379 ff); BGH NJW 1991, 503 m. Anm. *Rudolphi* JR 1991, 210 ff; BGH NStZ 1993, 133; 2001, 143 (144); 2002, 425 (426 f); MK-*Erb* § 32 Rn 225.
117 BGH NStZ-RR 2002, 205 f; NStZ 2002, 425 (426 f); 2003, 420 (421).
118 S/S-*Perron* § 32 Rn 60.
119 Hierzu § 17 Rn 45 ff.
120 Vgl *Hruschka* 371 ff, 376 ff; *Jakobs* 12/53; *Kindhäuser*, Gefährdung als Straftat, 1989, 117 f; *Schroeder* Maurach-FS 127 ff.
121 Instruktiv dazu BGH NStZ 2001, 143 m. Anm. *Eisele* NStZ 2001, 416 ff; *Jäger* JR 2001, 512; *Mitsch* JuS 2001, 751; *Roxin* JZ 2001, 667 f; vgl auch BGH NStZ 2011, 82 (83).
122 Rn 51.
123 So auch *Eisele* NStZ 2001, 416 (417); *Lindemann/Reichling* JuS 2009, 496 (499).
124 Zutr. *Kretschmer* Jura 2012, 189 (193) mwN auch zur Gegenauffassung.
125 So zB *Engländer* Jura 2001, 534 (537 f); *Hoffmann-Holland* Rn 261; vgl auch *Kretschmer* NStZ 2012, 179 (183).
126 *Frister* 16/31.

ten kann, da hier mangels tatsächlich existierenden Angriffs keine echte Selbstgefährdung des Attackierenden vorliegt.[127]

Angewendet auf **Fall 14** bedeutet dies: Da die eigene Provokation des Y als sorgfaltswidriges Vorverhalten einzustufen ist (§ 185) und aufgrund des zuvor gezeigten aggressiven Gebarens des Z auch dessen Angriff vorhersehbar war, hängt eine Strafbarkeit des Y wegen fahrlässiger Körperverletzung davon ab, ob man die Attacke des Z mit der hL als tatbestandsausschließende Selbstgefährdung einstuft oder aber – da ein berechtigtes Interesse des Y an seinem Provokationsakt nicht ersichtlich ist – eine objektive Zurechnung trotz des eigenverantwortlichen Angriffs des Z bejaht.

WIEDERHOLUNGS- UND VERTIEFUNGSFRAGEN

> Welche Voraussetzungen hat die Notwehrbefugnis? (Rn 3)
> Wie ist die Notwehrlage definiert? (Rn 5 ff)
> Wie ist die Notwehrhandlung definiert? (Rn 25 ff)
> In welchen Fallgruppen unterliegt das Notwehrrecht nach hM Beschränkungen? (Rn 39 ff)
> Wie ist eine provozierte Notwehrlage zu behandeln? (Rn 48 ff)

---

127 Dazu *Voigt/Hoffmann-Holland* NStZ 2012, 362 (365 f).

§ 17 Rechtfertigender Notstand

I. Begriff und Systematik

1. Begriff

1 Als Notstand ist eine Gefährdung von Gütern anzusehen, die nur im Wege der Preisgabe oder Beeinträchtigung anderer Güter abgewendet werden kann.

2. Systematik

2 Je nachdem, wem die Güter zuzuordnen sind, in die der Handelnde zur Abwendung der Notlage eingreift, lassen sich folgende Fallgruppen von Notstandssituationen bilden:

3 a) **Güter des Gefährdeten:** Greift der Handelnde zur Gefahrabwendung in die Güter des Gefährdeten ein, so ist sein Verhalten vornehmlich nach den Regeln der **mutmaßlichen Einwilligung**[1] bzw der Geschäftsführung ohne Auftrag zu beurteilen.

4 b) **Güter desjenigen, der für die Gefahr einzustehen hat:** Greift der Handelnde zur Gefahrabwendung in die Güter desjenigen ein, der für die Gefahr einzustehen hat, so lassen sich zwei Konstellationen unterscheiden:

- Die Abwendung einer Gefahr, die in einem rechtswidrigen Angriff besteht, richtet sich nach den speziellen Voraussetzungen der **Notwehr** (§ 32).[2]
- Die Abwendung sonstiger Gefahren richtet sich nach den Regeln des **defensiven Notstands** (§ 34 StGB bzw § 228 BGB).[3]

5 c) **Güter unbeteiligter Dritter:** Greift der Handelnde zur Gefahrabwendung in die Güter unbeteiligter Dritter ein, so ist sein Verhalten nach den Regeln des **aggressiven Notstands** (§ 34 StGB bzw § 904 BGB) zu beurteilen. Die Eingriffsvoraussetzungen sind hier erheblich enger als in den anderen Notstandsfällen, da die Güter Unbeteiligter zur Behebung der Gefahr beeinträchtigt werden. Wenn im Strafrecht unspezifiziert von Notstand gesprochen wird, dann ist gewöhnlich diese Form des aggressiven Notstands gemeint.

6 d) **Eigene Güter:** Opfert der Handelnde schließlich zur Gefahrabwendung eigene Güter, so verhält er sich selbst mangels Beeinträchtigung geschützter Interessen anderer Personen grds strafrechtlich irrelevant. Diese Fallgruppe ist daher im Strafgesetz nicht ausdrücklich geregelt. Allerdings kann derjenige, der den Handelnden durch Schaffung der Gefahrenlage zu einer (insoweit nicht freiwilligen) Preisgabe eigener Güter veranlasst, für dieses Verhalten zuständig sein und sich – je nach Sachlage – zB wegen mittelbarer Täterschaft,[4] Nötigung (§ 240) oder Erpressung (§ 253) strafbar machen.

3. Rechtfertigender und entschuldigender Notstand

7 Das StGB differenziert in §§ 34 und 35 zwischen dem rechtfertigenden und dem entschuldigenden Notstand. In beiden Fällen greift der Täter jeweils zur Abwendung einer

---

1 Näher hierzu § 19.
2 Näher hierzu § 16.
3 Rn 45 ff.
4 Näher hierzu § 39 Rn 7 ff.

§ 17 Rechtfertigender Notstand

Gefahr in die Güter Dritter ein. Gleichwohl unterscheiden sich beide Notstandssituationen hinsichtlich ihrer Voraussetzungen wie auch ihrer Rechtsfolgen erheblich:

- Im Falle von § 34 sind Güter gefährdet, die **erheblich höher zu bewerten** sind als die Güter, in die zur Abwendung der Gefahr eingegriffen wird. Die Gefahrabwendung ist hier **erlaubt** und muss daher von demjenigen, in dessen Güter eingegriffen wird, geduldet werden. 8

- Im Falle von § 35 sind dagegen die gefährdeten Güter **nicht erheblich höher** zu bewerten als die Güter, in die zur Gefahrabwendung eingegriffen wird. Die Gefahrabwendung ist daher hier **verboten** und muss von demjenigen, in dessen Güter eingegriffen wird, nicht geduldet werden. Die verbotene Gefahrabwendung kann jedoch unter den in § 35 genannten (engen) Voraussetzungen **entschuldigt** sein, wenn existentielle Güter (Leib, Leben, Freiheit) des Handelnden selbst oder ihm nahe stehender Personen auf dem Spiel stehen und eine normgemäße Motivation vom Handelnden nicht erwartet werden kann. 9

II. Der rechtfertigende Notstand (§ 34)

1. Allgemeines

a) **Begründung:** Der rechtfertigende (aggressive) Notstand nach § 34 ist Ausdruck der **Prinzipien des überwiegenden Interesses und der gegenseitigen Mindestsolidarität:** Um der Erhaltung wichtiger Güter willen ist es dem Einzelnen zumutbar, eigene Güter von erheblich geringerem Wert zu opfern. Die in § 34 getroffene Regelung für Güter aller Art wurde vor ihrer Normierung im Wege des 2. Strafrechtsreformgesetzes von 1969[5] als übergesetzlicher Notstand bezeichnet, da die bis dahin geltende gesetzliche Notstandsregelung des § 904 BGB nur Eingriffe in Sachgüter, nicht aber sonstige Eingriffe in die Güter Dritter rechtfertigte. Ein übergesetzlicher Notstand wurde zunächst in den Fällen einer medizinisch indizierten Schwangerschaftsunterbrechung anerkannt[6] und sodann zu dem allgemeinen Prinzip fortentwickelt, dass die Verletzung eines Gutes von geringerem Wert nicht rechtswidrig ist, wenn sie unter Abwägung aller für die konkrete Interessenkollision bedeutsamen Umstände das einzige Mittel zum Schutz eines höherwertigen Gutes ist.[7] 10

b) **Hoheitliches Handeln:** Auch eine Rechtfertigung hoheitlichen Handelns kann nach hM auf § 34 gestützt werden, wenn der Interessenkonflikt nicht durch öffentlich-rechtliche Sondervorschriften abschließend geregelt ist.[8] Vorrangige abschließende Regelungen trifft insbesondere die StPO für Maßnahmen der Strafverfolgung, die nicht unter Rückgriff auf § 34 unterlaufen werden dürfen.[9] 11

c) **Verhältnis zu anderen Vorschriften:** § 34 enthält die allgemeinste und weitestgehende Regelung zur Interessenabwägung in einer Notstandslage. Die Vorschrift tritt daher 12

---

5 BGBl. I, 717.
6 RGSt 61, 242; 62, 137; BGHSt 2, 111; 14, 1; jetzt § 218a.
7 Vgl BGHSt 12, 299 f; *Küper* JZ 1976, 515 ff; *Otto* Jura 1985, 298 ff mwN.
8 BGHSt 27, 260; OLG Frankfurt NJW 1975, 271; *Bottke* JA 1980, 93 (95); *Gössel* JuS 1979, 162 (164 f); *Otto* § 8/196; *Rengier* § 19/58; *Roxin* I § 16/103; aA *Amelung* NJW 1977, 833 ff; *Böckenförde* NJW 1978, 1881 (1883 f); *Küper*, Darf sich der Staat erpressen lassen?, 1986, 77 ff, 90; vgl auch § 15 Rn 5.
9 MK-*Erb* § 34 Rn 46; S/S-*Perron* § 34 Rn 7; vgl aber für den Fall der Kontaktsperre auch BGHSt 27, 260 (261).

als *lex generalis* hinter speziellere Regelungen und Entscheidungsprinzipien der Konfliktlösung – wie zB §§ 228, 904 BGB und mutmaßliche Einwilligung – zurück.[10]

13 d) **Voraussetzungen:** Der rechtfertigende (aggressive) Notstand hat drei Voraussetzungen:

- Notstandslage;
- Notstandshandlung;
- Rettungswille (die subjektive Seite des Notstands).

2. Notstandslage

▶ **FALL 1:** Ein bei einem Sturm schwer beschädigter Baum kann jederzeit umstürzen und auf ein Gartenhaus fallen. ◀

▶ **FALL 2:** A sperrt B ein, um dessen drohenden Amoklauf zu verhindern. ◀

14 Eine Notstandslage ist gegeben, wenn eine gegenwärtige Gefahr für ein Rechtsgut besteht. Die Gefahr kann eigene Güter des Handelnden, aber auch die Güter Dritter betreffen (sog. Notstandshilfe).

15 a) **Gefahr:** Ein Rechtsgut ist gefährdet, wenn seine Schädigung aufgrund der gegebenen Umstände als sehr wahrscheinlich erscheint.[11]

16 Das **Gefahrurteil** ist nach hM im Wege einer Prognose, bei welcher der Standpunkt eines neutralen Beobachters *ex ante* einzunehmen ist, zu fällen.[12] Sofern bereits eine Verletzung eingetreten ist, kann die Gefährdung in der Wahrscheinlichkeit einer Intensivierung des Schadens liegen.[13] Der Ursprung der Gefahr ist gleichgültig, da der Notstand eine umfassende Regelung von Interessenkollisionen in Gefahrenlagen darstellt. Die Gefahr kann daher von Naturgewalten, aber auch von menschlichem Verhalten ausgehen.[14]

17 b) **Notstandsfähige Güter:** Notstandsfähig sind alle Rechtsgüter,[15] namentlich Leib, Leben, Freiheit, Ehre und Eigentum. Auch überindividuelle (kollektive) Rechtsgüter können Gegenstand einer Notstandshilfe sein.[16] Der von § 34 unspezifisch verwendete Ausdruck des Interesses ist als Oberbegriff aller rechtlich bewerteten Güter und Handlungen zu verstehen und bezieht sich nicht nur auf materielle Bedürfnisse.

18 c) **Gegenwärtigkeit:** Die Gefahr ist gegenwärtig, wenn Maßnahmen zu ihrer Abwendung alsbald zu treffen sind.

19 Für die Gegenwärtigkeit kommt es entscheidend auf die **Notwendigkeit sofortigen Handelns** zur Abwendung des drohenden Schadens an und weniger auf den Zeitpunkt

---

10 Allgemein zur Konkurrenz zwischen § 34 und anderen Rechtfertigungsgründen vgl *Lenckner* GA 1985, 295 ff; *Rudolphi* Kaufmann, A.-GS 371 (396).
11 BGHSt 18, 271 ff; BGH GA 1967, 113; näher *Zieschang* GA 2006, 1 ff.
12 BayObLG StV 1996, 484 (485); W-*Beulke/Satzger* Rn 304; *Jescheck/Weigend* § 33 IV 3a; auf die Täterperspektive abstellend *Rudolphi* Kaufmann, A.-GS 371 (381 ff).
13 *Baumann/Weber/Mitsch* § 17/47.
14 *Baumann/Weber/Mitsch* § 17/49; *Roxin* I § 16/19.
15 Vgl § 34 S. 1 StGB: „oder ein anderes Rechtsgut".
16 Vgl OLG Frankfurt NStZ-RR 1996, 136.

§ 17 Rechtfertigender Notstand

der erwarteten Gefahrrealisierung.[17] Insoweit ist die Gegenwärtigkeit Kehrseite des Erfordernisses, dass die Gefahr nicht anders abwendbar sein darf.[18]

Der Begriff der gegenwärtigen Gefahr ist weiter als der – auf das unmittelbare Bevorstehen einer Güterbeeinträchtigung abstellende – Begriff des gegenwärtigen Angriffs bei der Notwehr.[19] Daher sind zum einen – wie in **Fall 1** – auch bereits bestehende **Dauergefahren** als gegenwärtig anzusehen, wenn sie jederzeit in einen Schaden umschlagen können.[20] Zum anderen werden – wie in **Fall 2** – als gegenwärtige Gefahren auch Situationen erfasst, die einer Notwehrlage vorgelagert sind.[21]

20

3. Notstandshandlung

Die gerechtfertigte Notstandshandlung ist durch drei Merkmale gekennzeichnet:

21

- **Erforderlichkeit** (§ 34 S. 1, „nicht anders abwendbar"): Die Handlung muss zur Abwendung der Gefahr erforderlich sein;
- **Interessenabwägung** (§ 34 S. 1, „Abwägung der widerstreitenden Interessen"): Das zu schützende Interesse muss das durch die Gefahrabwendung beeinträchtigte Interesse wesentlich überwiegen;
- **Angemessenheit** (§ 34 S. 2): Die Handlung muss ein zur Gefahrabwendung angemessenes Mittel sein.

a) **Erforderlichkeit:** Die Notstandshandlung ist erforderlich, wenn sie zur Abwendung der Gefahr geeignet ist und zugleich die mildeste zur Verfügung stehende Abwehrmaßnahme darstellt.[22]

22

Die Erforderlichkeit ist auf der Grundlage eines objektiven und sachverständigen *ex-ante*-Urteils festzustellen.[23] Die erfolgreiche Abwendung des drohenden Schadens darf nicht ganz unwahrscheinlich sein.[24] Für die objektiv zu treffende Bewertung ist die Einschätzung des Notstandstäters selbst ohne Belang. Erforderlich können auch ungewöhnliche Rettungsmaßnahmen sein, so dass das verletzte Rechtsgut kein typischerweise zur Gefahrabwendung eingesetztes Mittel zu sein braucht.[25]

23

b) **Interessenabwägung:** Das durch die Notstandshandlung geschützte Interesse muss das beeinträchtigte Interesse wesentlich überwiegen. Beispielsfälle:

24

---

17 RGSt 66, 98 (100); BGHSt 5, 371 (373); BGH NJW 1979, 2053; NStZ 1988, 554; NJW 1989, 176; 1989, 1289; L-Kühl-*Kühl* § 34 Rn 2; S/S-*Perron* § 34 Rn 17.
18 Näher hierzu *Kindhäuser/Wallau* StV 1999, 379 (380 f).
19 Vgl § 16 Rn 17 ff; ferner BGHSt 39, 133 (136 f); *Otto* § 8/169; *Roxin* I § 16/20.
20 Vgl BGH NJW 1979, 2053 m. Anm. *Hruschka* NJW 1980, 21 ff; BGH NJW 2003, 2464 (2466); *Baumann/Weber/Mitsch* § 17/58; *Hillenkamp Miyazawa*-FS 141 (154); *Jäger* Rn 112, 153; diff. *Blanke,* Das qualifizierte Nötigungsmittel der Drohung mit gegenwärtiger Gefahr für Leib oder Leben, 2007, S. 177 ff.
21 Vgl BGHSt 13, 197; einschlägig können ferner heimliche Tonbandaufnahme (§ 201) zur Abwehr einer späteren Nötigung oder Erpressung sein, vgl hierzu BGH NJW 1982, 277 (278); KG JR 1956, 26; *Arzt* JZ 1973, 506 (508); *Haug* NJW 1965, 2391 f; *Otto Kleinknecht*-FS 319 (335).
22 BGHSt 2, 242; OLG Hamm NJW 1976, 721 f; OLG Karlsruhe JZ 1984, 240 m. Anm. *Hruschka; Haft* 99 f; *Lenckner Lackner*-FS 95 (111).
23 *Kühl* § 8/79.
24 Wie hoch die Erfolgswahrscheinlichkeit im konkreten Fall sein muss, um die Beeinträchtigung des Eingriffsguts zu rechtfertigen, ist eine Frage der Interessenabwägung (Rn 28), vgl OLG Karlsruhe NJW 2004, 3645.
25 Vgl *Grebing* GA 1979, 81 (86 ff); s. dazu L-Kühl-*Kühl* § 34 Rn 3; *Küper* JZ 1976, 515 (516); aA *Bockelmann* JZ 1959, 495 (498 f).

▶ **FALL 3:** A droht, den B zu töten, wenn dieser nicht eine dem C gehörende Urkunde vernichtet. ◀

▶ **FALL 4:** D droht, einen dem E gehörenden Gartenzwerg zu zerstören, wenn dieser nicht mehrere dem F gehörende Gartenzwerge vernichtet. ◀

▶ **FALL 5:** Notarzt N fährt im Zustand alkoholbedingter Fahruntüchtigkeit zu seinem verunglückten Patienten, um dessen Leben zu retten. ◀

25 aa) Das Überwiegen des geschützten gegenüber dem beeinträchtigten Interesse kann in drei Schritten festgestellt werden:[26]

26 ■ Zunächst ist der **abstrakte Wert**, der den betroffenen Rechtsgütern in der Rechtsordnung zukommt, zu ermitteln. Hierfür können der Strafrahmen der einzelnen Delikte wie auch die verfassungsrechtlichen Wertungen als Anhaltspunkte dienen.[27] So lässt sich in Fall 3 einem Vergleich von §§ 212 und 274 entnehmen, dass dem Rechtsgut Leben ein erheblich höherer Wert zukommt als dem Bestandsschutz der Urkunde, während in **Fall 4** jeweils das Rechtsgut Eigentum betroffen ist.

27 ■ Sodann ist insbesondere bei der Kollision gleichwertiger Güter das **Ausmaß der drohenden Schäden** zu bedenken.[28] Bei Rechtsgütern, die – wie zB die Gesundheit oder das Eigentum – mehr oder weniger beeinträchtigt werden können, fällt nicht nur ihre Qualität, sondern auch die Quantität der Verletzungen ins Gewicht. Daher ist in **Fall 4** die Beeinträchtigung des geschützten Interesses (Gartenzwerg des E) geringer zu veranschlagen als die des beeinträchtigten Interesses (mehrere Gartenzwerge des F). Kein quantifizierbares Rechtsgut ist dagegen das Leben eines Menschen.

28 ■ Schließlich ist der jeweilige **Grad der den Rechtsgütern drohenden Gefahren** zu gewichten. Diese Abwägung kann auch zugunsten eines Gutes von geringerem Wert ausfallen, sofern dem höherwertigen Gut nur eine vergleichsweise minimale Gefährdung droht. So ist in **Fall 5** die Trunkenheitsfahrt durch N trotz der abstrakten Gefahr für andere Verkehrsteilnehmer gerechtfertigt, da sie zur Abwendung einer konkreten Lebensgefahr erforderlich ist.[29]

29 bb) Unter den Voraussetzungen des aggressiven Notstands sind grds **nicht gerechtfertigt**:

30 ■ die **Tötung eines Menschen**, und zwar auch dann, wenn hierdurch eine große Anzahl anderer Menschen gerettet werden kann oder wenn der Notstandstäter selbst bzw Angehörige in Lebensgefahr schweben;[30]

31 ■ **körperliche Eingriffe** – wie zB Blut- oder Organentnahmen – zur Rettung Schwerverletzter, da diese gegen das in unserer Rechtsordnung angelegte Freiheitsprinzip bzw die Menschenwürde des Opfers, welches zur bloßen „Organ-Bank" reduziert

---

26 Vgl auch den Wortlaut von § 34 S. 1.
27 MK-*Erb* § 34 Rn 111; *Gropp* § 6/128; *Krey/Esser* Rn 605; *Roxin* I § 16/27 f.
28 *Roxin* I § 16/32.
29 Vgl BayObLG NJW 1991, 1626; OLG Hamm NJW 1977, 1892; OLG Koblenz NJW 1988, 2316 m. Bspr *Mitsch* JuS 1989, 964 ff; vgl aber auch OLG Düsseldorf NStZ 1990, 396.
30 Vgl nur BGHSt 2, 111 (116); 35, 347; BGH NJW 1953, 513; *Küper*, Grund- und Grenzfragen der rechtfertigenden Pflichtenkollision im Strafrecht, 1979, 42 ff, 110 ff; *ders*. JuS 1981, 785 ff; *Lenckner*, Der rechtfertigende Notstand, 1965, 27, 31; *Roxin* I § 16/38; *Welzel* § 23 III 2; aA für bestimmte Fallgruppen *Erb* JuS 2010, 108 (110 ff); *Schild* JA 1978, 631 (633 f).

wird, verstießen.³¹ Für (ungefährliche) **Blutentnahmen** finden sich jedoch auch gegenteilige Stimmen, die Parallelen zu verfassungsgemäßen staatlichen Eingriffsbefugnissen (etwa nach § 81a StPO) ziehen, welche solche Beeinträchtigungen erlauben.³²

cc) Sofern zum Schutze eines Gutes in die **Güter verschiedener Rechtsgutsträger** eingegriffen werden müsste, sind diese Güter als Gesamtheit zu betrachten und gegenüber dem geschützten Gut abzuwägen.³³ Exemplarisch: Wenn die Gefährdung einer wertvollen Sache nur dadurch abgewendet werden kann, dass eine Vielzahl anderer Sachen beschädigt wird, ist deren Gesamtwert zu ermitteln und dem drohenden Schaden an der wertvollen Sache gegenüberzustellen. — 32

dd) Die Situation des rechtfertigenden Notstands ist auf Fälle zugeschnitten, in denen das gefährdete und das zur Gefahrabwendung beeinträchtigte Gut verschiedenen Rechtsgutsträgern zuzuordnen sind. Nur bei einer solchen Güterkollision ist der Rückgriff auf einen objektiven Bewertungsmaßstab erforderlich. Sind dagegen **Güter desselben Rechtsgutsträgers** betroffen, kann für die Lösung des Kollisionsproblems allein der subjektive Wertmaßstab des Betroffenen maßgeblich sein. Daher ist es sachgerecht, einen solchen Fall nicht nach Notstandsregeln, sondern nach den Regeln der mutmaßlichen Einwilligung zu behandeln.³⁴ Sofern man mit einer im Schrifttum vertretenen Ansicht gleichwohl § 34 für grds anwendbar hält,³⁵ ist es geboten, der Güterabwägung (nach Möglichkeit) die **Wertvorstellungen des Betroffenen** zugrunde zu legen. Im Ergebnis deckt sich dann die Lösung mit derjenigen nach den Regeln der mutmaßlichen Einwilligung. — 33

ee) Umstritten ist die Interessenabwägung beim sog. **Nötigungsnotstand**. Hierunter ist – wie in den **Fällen 3 und 4** – eine Situation zu verstehen, in der die Abwendung einer von einem Menschen ausgehenden rechtswidrigen Bedrohung einen Eingriff in die Güter eines Dritten erfordert. Zunächst gilt: Ein rechtfertigender Notstand kommt ohnehin nur in **Fall 3** in Betracht, da in **Fall 4** der Wert des geschützten Gutes geringer ist als der des beeinträchtigten (Rn 27). Sodann ist – hinsichtlich **Fall 3** – Folgendes zu sehen, um die praktische Bedeutung der Streitfrage zu erkennen: Der Nötiger (A) begeht einen rechtswidrigen Angriff, gegen den sich der Dritte (C) nach Notwehrregeln wehren darf; da A im Hintergrund bleibt, ist diese Notwehrbefugnis für C jedoch ineffizient. Nimmt man in **Fall 3** an, dass der Genötigte (B) nach § 34 gerechtfertigt ist, so wäre sein Handeln erlaubt und C müsste die Urkundenvernichtung dulden. Verneint man dagegen eine Rechtfertigung des B, so wäre dessen Handeln verboten und stellte einen rechtswidrigen Angriff dar, gegen den sich C nach Notwehrregeln (§ 32) verteidigen dürfte.³⁶ — 34

▪ Im Schrifttum wird zum Teil die Ansicht vertreten, dass der Nötigungsnotstand allenfalls entschuldigend (§ 35), aber nicht rechtfertigend wirke, da sich der Täter — 35

---

31 HM, vgl nur *Hruschka* 144 ff; *Jakobs* 13/25; *Köhler* 291; LK-*Lilie*, 11. Aufl., § 223 Rn 21.
32 *Hassemer* Maihofer-FS 183 (201 f); *Roxin*, Kriminalpolitik und Strafrechtssystem, 2. Aufl. 1973, 27 ff.
33 *Jakobs* 13/32; *Joerden* GA 1993, 245 (253 f); *Küper*, Der „verschuldete" rechtfertigende Notstand, 1983, 146 ff; LK-*Zieschang* § 34 Rn 55; abw. *Dencker* JuS 1979, 779 ff; *Otto* § 8/177: gesonderte Würdigung jedes Eingriffs.
34 Näher hierzu § 19.
35 W-*Beulke/Satzger* Rn 322; S/S-*Perron* § 34 Rn 8a; vgl auch BGHSt 42, 301 (305).
36 Zu beachten ist dann allerdings: Falls B wegen der Todesdrohung nach § 35 entschuldigt wäre, könnten die Notwehreinschränkungen gegen das Handeln (erkennbar) Schuldloser eingreifen, mit der Folge, dass C sich grds nur schonend verteidigen dürfte (näher § 16 Rn 46).

zum Werkzeug machen lasse und damit auf die Seite des Unrechts trete.[37] Ferner würde die Geltungskraft der Rechtsordnung erschüttert, wenn sich der Dritte (C) nur gegen den Nötigenden (A) wehren dürfe, nicht aber gegen den Genötigten (B), von dem der Angriff aber tatsächlich ausgehe.[38]

36 ■ Die vorzugswürdige Gegenansicht[39] führt zugunsten einer Rechtfertigung des Genötigten an, dass der Ursprung der Gefahr bei § 34 gleichgültig ist.[40] Für den Genötigten macht es keinen Unterschied, von wem die Gefahr für sein Leben ausgeht, so dass er auch beim Nötigungsnotstand die Solidarität der Rechtsgenossen beanspruchen darf, wenn er zur Gefahrabwendung in die Güter Dritter eingreift.

37 c) **Angemessenheit:** Die Notstandshandlung ist iSv § 34 S. 2 angemessen, wenn zur Gefahrabwendung keine rechtlich geordneten Verfahren zur Verfügung stehen.[41]

38 Der rechtfertigende Notstand bezieht sich auf Ausnahmesituationen, in denen mangels anderweitiger Hilfe ein Gut nur durch den Eingriff in die Güter unbeteiligter Personen geschützt werden kann. Sofern das Recht jedoch gerade für den betreffenden Fall bestimmte Verfahren zur Sicherung von Interessen vorsieht, ist ein eigenmächtiges Vorgehen nicht mehr angemessen. So ist etwa ein Meineid (§ 154) ein unangemessenes Mittel zur Abwendung der Verurteilung eines Unschuldigen, da zum Schutze eines Angeklagten allein prozessuale Maßnahmen zulässig sind. Die Angemessenheit einer Maßnahme wird bisweilen auch als Teil der Interessenabwägung angesehen, so dass der Angemessenheitsklausel nach § 34 S. 2 keine eigene Bedeutung zukommt;[42] sachliche Konsequenzen ergeben sich aus einer solchen Zuordnung nicht.

39 d) **Ausnahmen und Einschränkungen:** Personen, die **verpflichtet** sind, **bestimmte Gefahren** zu tragen, können sich bei deren Eintritt grds nicht auf Notstand berufen.[43] Dies gilt zB für Polizisten, Feuerwehrleute und Soldaten.

40 Dagegen gilt die rechtfertigende Notstandsregelung grds auch für denjenigen, der die Gefahr für sein zu schützendes Gut **schuldhaft verursacht** hat.[44] Allerdings ist das Verschulden bei der Interessenabwägung dahin gehend zu berücksichtigen, dass der Gefahrverursacher eigene Schäden in erheblichem Umfang hinnehmen muss.[45] Dies ergibt sich aus dem Gedanken, dass derjenige, der für die Gefahr zuständig ist, auch nur in einem geringeren Umfang die Solidarität anderer beanspruchen kann.[46]

---

37 SK-*Günther* § 34 Rn 49; *Hassemer* Lenckner-FS 115; S/S-*Perron* § 34 Rn 41b.
38 W-*Beulke/Satzger* Rn 443.
39 *Bernsmann*, „Entschuldigung" durch Notstand, 1989, 147 f; *Jakobs* 13/14, 21/84; *Küper*, Darf sich der Staat erpressen lassen?, 1986, 56 ff; NK-*Neumann* § 34 Rn 53 ff; *Renzikowski*, Notstand und Notwehr, 1994, 65 ff.
40 Vgl Rn 16.
41 Vgl *Erb* JuS 2010, 108 (113); *Jakobs* 13/36; *Jescheck/Weigend* § 33 IV 3 d; *Joerden* GA 1991, 411 (427); *Roxin* I § 16/91 ff; teilweise abw. *Paglotke*, Notstand und Notwehr bei Bedrohungen innerhalb von Prozesssituationen, 2006, 97 f, 209, 287 f.
42 Vgl *Baumann/Weber/Mitsch* § 17/83; *Küper* JZ 1980, 755 ff; S/S-*Perron* § 34 Rn 46; *Zieschang* JA 2007, 679 (684).
43 *Ebert* 85; M-*Zipf* § 27/39.
44 Vgl BayObLG JR 1979, 124; *Dencker* JuS 1979, 779 ff; *Küper* GA 1983, 289 ff; NK-*Neumann* § 34 Rn 94 f.
45 *Otto* § 8/174; *Roxin* I § 16/62; gegen eine Berücksichtigung eigenen Verschuldens *Hruschka* JR 1979, 125 (126); *Renzikowski*, Notstand und Notwehr, 1994, 54 ff; befürwortet wird teils auch eine Heranziehung der Rechtsfigur der *actio illicita in causa*, vgl *Kühl* § 8/144; hiergegen zutreffend NK-*Neumann* § 34 Rn 98 mwN.
46 Näher NK-*Neumann* § 34 Rn 95 f.

4. Subjektive Rechtfertigung

Der subjektive Rechtfertigungstatbestand des Notstands erfordert (beim Vorsatzdelikt)[47] zumindest die **Kenntnis der Rechtfertigungslage**. Die hM hält dies jedoch nicht für ausreichend[48] und verlangt unter Berufung auf den Wortlaut („um ... abzuwenden") weitergehend einen – regelmäßig auch vorliegenden – **Rettungswillen**, also ein Handeln zum Zwecke der Gefahrabwehr.[49] Einer pflichtgemäßen Prüfung der Notstandslage durch den Täter bedarf es nicht.[50]

41

5. Gutachtenaufbau

Im Gutachten empfiehlt es sich, die Voraussetzungen des rechtfertigenden Notstands in folgenden Schritten zu prüfen:

42

A) Tatbestandsmäßigkeit

B) Rechtswidrigkeit: Notstand (§ 34)

I. Notstandslage:
1. Gefahr (Rn 15 f)
2. für rechtlich geschütztes Gut (Rn 17)
3. Gegenwärtigkeit (Rn 18 ff)

II. Notstandshandlung:
1. Erforderlicher Eingriff (Rn 22 f)
   a) geeignetes und
   b) mildestes Mittel
2. Interessenabwägung (Rn 24 ff; ggf Einschränkungen Rn 39)
3. Angemessenheit (Rn 37 f)

III. Subjektive Rechtfertigung (Rettungswille):
1. Kenntnis der Notstandslage und -handlung (Rn 41)
2. ggf Rettungsabsicht (Rn 41)

Falls Notstand (+) ist der Täter gerechtfertigt, ansonsten Prüfung der weiteren Deliktsmerkmale.

III. Der zivilrechtliche aggressive Notstand (§ 904 BGB)

Nach § 904 S. 1 BGB hat der Eigentümer einer Sache Einwirkungen auf die Sache zu dulden, wenn die Einwirkung zur Abwendung einer gegenwärtigen Gefahr notwendig und der drohende Schaden gegenüber dem aus der Einwirkung dem Eigentümer entstehenden Schaden unverhältnismäßig groß ist. Diese Regelung ist damit in Bezug auf die Rechtfertigung von **Sacheingriffen** die gegenüber § 34 **speziellere Vorschrift**. Als Rechtsfolge gewährt § 904 S. 2 BGB dem Eigentümer der zur Gefahrenabwehr herangezogenen Sache einen Schadensersatzanspruch.

43

---

[47] Beim Fahrlässigkeitsdelikt entfällt naturgemäß die subjektive Rechtfertigung, hierzu § 33 Rn 60 ff.
[48] Zutreffend aA MK-*Erb* § 34 Rn 200 f; *Gallas* ZStW 80 (1968), 1 (26); *Gropp* § 6/147; *Kühl* § 8/183; S/S/W-*Rosenau* § 34 Rn 35; vgl auch § 16 Rn 38.
[49] Vgl nur BGHSt 2, 111 (114); *Welzel* § 14 IV; LK-*Zieschang* § 34 Rn 45.
[50] MK-*Erb* § 34 Rn 202; *Gropp* § 6/147; *Krey/Esser* Rn 619; *Küper, Der „verschuldete" rechtfertigende Notstand*, 1983, 115; *Otto* § 8/181; M-*Zipf* § 27/46; zur abw. früheren Rechtsprechung vgl BGHSt 3, 7 (9).

44 Der Vorrang von § 904 BGB ist rein formaler Natur. Es ist kein sachlicher Fehler, die Rechtfertigung bei Sacheingriffen auf § 34 statt auf § 904 BGB zu stützen. Denn nach hM ist § 904 BGB hinsichtlich aller objektiven und subjektiven Merkmale wie § 34 auszulegen.[51] Obgleich also § 904 BGB seinem Wortlaut nach nur eine Schadensabwägung erfordert, sind auch die anderen Wertungsgesichtspunkte des § 34 in die Interessenabwägung einzubeziehen. Insoweit ist § 904 BGB in denselben Schritten zu prüfen wie § 34.

IV. Der defensive Notstand (§ 228 BGB, § 34)

▶ **FALL 6A:** T erschlägt mit einem Knüppel einen dem W gehörenden, besonders edlen Rassehund, der seinen (Ts) Dackel angreift und zu töten droht. ◀

▶ **FALL 6B:** T erschlägt mit einem Knüppel einen dem W gehörenden, besonders edlen Rassehund, um seine Grillwurst vor dem Zugriff des Hundes zu schützen. ◀

1. Begriff und Voraussetzungen

45 Als defensiver Notstand[52] wird die Situation bezeichnet, in der zur Abwendung einer Gefahr für ein Gut in das Gut eingegriffen wird, von dem die Gefahr[53] ausgeht. Sofern die Gefahr von einer Sache – zB einem bissigen Hund – ausgeht, ist § 228 BGB die einschlägige Vorschrift. Der Umstand, dass hier zur Gefahrenabwehr nicht – wie beim aggressiven Notstand – in die Güter eines unbeteiligten Dritten eingegriffen, sondern die gefährdende Sache[54] selbst beeinträchtigt wird, hat erhebliche Auswirkungen auf die Interessenabwägung:

46 Während beim aggressiven Notstand (§ 904 BGB) nur zur Abwehr eines erheblich höheren Schadens in fremdes Eigentum eingegriffen werden darf, **genügt** es für die Rechtfertigung nach § 228 BGB, dass der schädigende Sacheingriff **nicht außer Verhältnis zur abzuwendenden Gefahr** steht. Nach § 228 BGB sind also auch Beschädigungen gerechtfertigt, die gravierender sind als der drohende Schaden.[55] Dies ergibt sich aus dem Zurechnungsprinzip, dass der Eigentümer einer Sache dafür einzustehen hat, dass von seinen Sachen keine Gefahren für andere ausgehen und er daher für den Fall einer Gefährdung Dritter in erheblich höherem Maße haftet als ein Unbeteiligter.[56] Mag daher auch in **Fall 6a** – mit Blick auf den Marktpreis der Hunde – der Schaden am beeinträchtigten Gut höher sein, so steht doch der Wert des Rassehundes nicht außer Verhältnis zum Wert des Dackels.

47 Wenn allerdings die Abwendung dieser Gefahr mit einem unverhältnismäßig großen Schaden verbunden ist, kann der Eigentümer wieder die Solidarität der Rechtsgenossen in Anspruch nehmen.[57] Dann darf seine Sache trotz der von ihr ausgehenden Gefahr nicht beschädigt werden. Der insoweit bestehende Unterschied zur „schärferen" Not-

---

51 *Jakobs* 13/6.
52 Näher zur Struktur dieses Rechtfertigungsgrunds und seiner systematischen Einordnung mit Fallbeispielen *Pawlik* Jura 2002, 26 ff.
53 Besteht die Gefahr im rechtswidrigen Angriff eines Menschen, ist der Spezialfall der Notwehr (§ 32) gegeben, vgl Rn 4.
54 Oder eine (nicht rechtswidrig angreifende) Person als Gefahrenquelle, hierzu *Pawlik* Jura 2002, 26 (28 ff).
55 *Baumann/Weber/Mitsch* § 17/87; *Freund* § 3/80; *Krey/Esser* Rn 578.
56 MK-*Erb* § 34 Rn 156.
57 Dass den Notstandstäter ggf eine zivilrechtliche Schadensersatzpflicht trifft (§ 228 S. 2 BGB), berührt die Rechtfertigung der Gefahrabwendung nicht.

wehr liegt darin, dass der Abwehrende in der Notwehrsituation zusammen mit dem angegriffenen Rechtsgut auch die Rechtsordnung verteidigt, während die von der Sache ausgehende Gefahr beim defensiven Notstand keine Störung der Rechtsordnung darstellt. Daher darf T in **Fall 6b** sein Eigentum (Wurst) nicht dadurch schützen, dass er den angreifenden Hund erschlägt; hier stünde der Schaden außer Verhältnis zum Wert des zu rettenden Gutes.

2. Rechtsgrundlage

Ob auch § 34 als Grundlage für den defensiven Notstand angesehen werden kann, ist umstritten. Bedeutung hat dies vor allem in den Fällen, in denen die Gefahr nicht von einer Sache, sondern von einem Menschen ausgeht.[58] Teils wird hier nur § 228 BGB (analog) für einschlägig gehalten,[59] teils wird § 34 als grundlegende Vorschrift für alle Interessenkollisionen und damit auch für den Defensivnotstand angesehen.[60] Dieser Streit ist aber ohne praktische Folgen: Zum einen ist § 228 BGB jedenfalls bei Sachgefahren die gegenüber § 34 speziellere Vorschrift. Zum anderen ist die in § 228 BGB normierte Abwägungsregel, der zufolge der Schaden nicht außer Verhältnis zur drohenden Gefahr stehen darf, in Fällen des Defensivnotstands auch bei Anwendung von § 34 zugrunde zu legen.[61] Auch der defensive Notstand ist also nach einheitlichen Wertmaßstäben zu beurteilen, so dass es nur eine Formfrage ist, welcher gesetzliche Anknüpfungspunkt gewählt wird.

48

3. Gutachtenaufbau

Im Gutachten empfiehlt es sich, die Voraussetzungen des defensiven Notstands in folgenden Schritten zu prüfen:

49

A) Tatbestandsmäßigkeit

B) Rechtswidrigkeit: defensiver Notstand (§ 228 BGB oder § 34)
  I. Notstandslage:
   1. Von einer Sache (oder einem nicht iSd Notwehr angreifenden Menschen) ausgehende Gefahr (Rn 15 f)
   2. für ein rechtlich geschütztes Gut (Rn 17)
   3. Gegenwärtigkeit bzw Drohen der Gefahr (Rn 18 ff)
  II. Notstandshandlung:
   1. Schädigung der Sache (oder des Menschen)
   2. Erforderlichkeit der Schädigung zur Gefahrabwendung (Rn 22 f)
     a) geeignetes und
     b) mildestes Mittel
   3. Schädigung nicht außer Verhältnis zur Gefahr (Rn 46)

---

[58] Greift (etwa mangels Gegenwärtigkeit der Gefahr) nicht bereits § 32 ein, soll nach hM aufgrund des defensiven Notstandsrechts sogar die Tötung eines Menschen (als ultima ratio) möglich sein. S. hierzu MK-*Erb* § 34 Rn 170; *Günther* Amelung-FS 149 (152 ff); *Jakobs* 13/46, jew. mwN; zur Anwendung des defensiven Notstands im Falle gekaperter Passagierflugzeuge *Hirsch* Küper-FS 149 ff.
[59] So *Frister* GA 1988, 291 (295); *Hruschka* NJW 1980, 21 ff; *Jakobs* 13/6, 46; *Lampe* NJW 1968, 88 (90 f).
[60] So *Baumann/Weber/Mitsch* § 17/72 ff; *Jescheck/Weigend* § 33 IV 5 c; *Roxin* Jescheck-FS 457 ff.
[61] Vgl BGH JR 1980, 113 ff; NStZ 1989, 431; W-*Beulke/Satzger* Rn 313; *Küper, Der „verschuldete" rechtfertigende Notstand*, 1983, 15; *Roxin* Jescheck-FS 457 ff.

III. Subjektive Rechtfertigung:
1. Kenntnis der Gefahr und ihrer Abwendung durch die Schädigung (Rn 41)
2. Ggf Rettungswille (Rn 41)

Falls defensiver Notstand (+) ist der Täter gerechtfertigt, ansonsten Prüfung der weiteren Deliktsmerkmale.

50 **WIEDERHOLUNGS- UND VERTIEFUNGSFRAGEN**

> Wie lassen sich Notstandssituationen systematisieren? (Rn 2 ff)
> Welche Voraussetzungen hat der aggressive rechtfertigende Notstand nach § 34? (Rn 13 ff)
> Welche Voraussetzungen hat der zivilrechtliche aggressive Notstand nach § 904 BGB? (Rn 43 f)
> Welche Voraussetzungen hat der defensive rechtfertigende Notstand nach § 228 BGB, § 34? (Rn 45 ff)

§ 18 Rechtfertigende Pflichtenkollision

I. Allgemeines

▶ **FALL 1:** Vater V kann nur eines seiner beiden Kinder, die sich in einem brennenden Haus aufhalten, retten. ◀

▶ **FALL 2:** Vater P reißt eine Latte vom Zaun des Grundstückseigentümers G ab, um sein Kind K vor einem bissigen Hund zu schützen. ◀

Als rechtfertigende Pflichtenkollision wird eine Situation bezeichnet, in der eine Person Adressat wenigstens zweier gleichrangiger Pflichten ist, von denen sie aber – wie in Fall 1 – nur eine auf Kosten der anderen erfüllen kann.[1] Regelmäßig geht es hierbei um **konkurrierende Handlungspflichten** aus Geboten.[2]

Keine Pflichtenkollision ist gegeben, wenn – wie in Fall 2 – eine Handlungspflicht nur durch die Verletzung einer Unterlassungspflicht, also durch das Ausführen einer an sich verbotenen Handlung, erfüllt werden kann. In einem solchen Fall ist vielmehr unmittelbar nach den Regeln des rechtfertigenden Notstands zu entscheiden, ob die an sich verbotene Handlung vorgenommen werden darf.[3] In Fall 2 ist P nach § 904 S. 1 BGB (bzw. § 34 StGB) bezüglich der Beschädigung des Zauns (§ 303) gerechtfertigt, weil er nur durch diesen Eingriff in das Eigentum des G seiner (vorrangigen) Schutzpflicht gegenüber K nachkommen kann.

II. Voraussetzungen

Sofern der Normadressat in der Situation einer Pflichtenkollision nur eine Pflicht erfüllen kann, gilt hinsichtlich der anderen Pflicht(en) der Grundsatz, dass niemand zu Unmöglichem verpflichtet ist (*„ultra posse nemo obligatur"*).[4] Dies bedeutet, dass der Normadressat hinsichtlich der Pflicht, die er nicht erfüllen kann, weil er der konkurrierenden Pflicht nachkommt, **gerechtfertigt ist**.[5] Dagegen kann die Pflichtenkollision nicht bereits zum Tatbestandsausschluss wegen Handlungsunfähigkeit führen, weil der Normadressat zunächst zur Erfüllung jeder der Pflichten in der Lage wäre; er kann nur nicht beiden Pflichten gleichzeitig nachkommen. Insoweit wird sein an und für sich tatbestandsmäßiges Unterlassen um der Erfüllung der konkurrierenden Pflicht willen (ausnahmsweise) erlaubt.

Bei der Frage, ob eine rechtfertigende Pflichtenkollision tatsächlich vorliegt, also auf diesen Rechtfertigungsgrund zurückgegriffen werden kann, ist insbesondere das Gewicht der miteinander konkurrierenden Pflichten zu beachten:

- Ist eine Pflicht **wesentlich höherwertiger** als die andere, so tritt letztere bereits nach den Regeln des rechtfertigenden Notstands zurück.[6] Zwar kann auch hier sprachlich von einer Pflichtenkollision gesprochen werden und wird auch in diesen Fällen

---

1 *Köhler* 294; *Kühl* § 18/134; *Stratenwerth/Kuhlen* § 9/120; Überblick bei *Rönnau* JuS 2013, 113 f.
2 Zum Ausnahmefall einer Konkurrenz von Unterlassungspflichten *Hruschka* Larenz-FS 257 (261 f).
3 *Baumann/Weber/Mitsch* § 17/133; *Ebert* 182; *Hruschka* JZ 1984, 241 f; *Jakobs* 15/8 f; *Küper* JuS 1971, 474 (475); *Satzger* Jura 2010, 753 (755); *Stratenwerth/Kuhlen* § 9/126; aA *Otto* § 8/206.
4 Gleichbedeutend „impossibilium nulla est obligatio".
5 Die Pflichtenkollision ist also insoweit ein Rechtfertigungsgrund eigener Art, als sie nicht – wie Notstand oder Notwehr – das Erfolgsunrecht, sondern das Handlungsunrecht aufhebt: Der Täter ist gerechtfertigt, weil er die gebotene Handlung nicht ausführen kann.
6 *MK-Erb* § 34 Rn 41.

teilweise der entsprechende Rechtfertigungsgrund angewendet;[7] richtigerweise bedarf es allerdings nicht des Rückgriffs auf einen ungeschriebenen Rechtfertigungstatbestand, wenn bereits die positiv normierte Abwägungsregel des § 34 S. 1 zu sachgerechten Ergebnissen führt. Exemplarisch: Ist zugleich eine Sache vor Beschädigung zu bewahren und das Leben eines Menschen zu retten, so geht von vornherein die Lebensrettungspflicht vor. Das Unterlassen des Verhinderns der Sachbeschädigung ist dann bereits nach § 34 gerechtfertigt.

6 ▪ Bei **gleichwertigen** Pflichten greift demgegenüber die rechtfertigende Wirkung des § 34 nicht ein, da keine Pflicht die andere (wesentlich) überwiegt. Somit ist hier ein Rückgriff auf die rechtfertigende Pflichtenkollision erforderlich. Dem Normadressaten ist in diesem Fall die Auswahl der Pflicht, die er erfüllen will, überlassen. Wenn er dieser nachkommt, dann ist er hinsichtlich der Vernachlässigung der anderen gerechtfertigt.[8]

7 Die **Gewichtung** der konkurrierenden Pflichten ist nach den für den rechtfertigenden Notstand geltenden Grundsätzen vorzunehmen.[9] Demnach sind vor allem der Wert der gefährdeten Güter und die jeweiligen Schadenswahrscheinlichkeiten zu ermitteln und gegeneinander abzuwägen. In Abweichung von § 34 gebührt allerdings bei gleichartigen Pflichten bereits einer geringfügig höheren und nicht erst der wesentlich überwiegenden Pflicht der Vorrang.[10] So muss ein Arzt den schwerer erkrankten Patienten vor dem leichter erkrankten behandeln, auch wenn der erste nicht in Lebensgefahr schwebt. Ob im Rahmen der Intensivmedizin zugunsten desjenigen, bei dem bereits Rettungsmaßnahmen eingeleitet wurden, eine Privilegierung gegenüber einem gleichermaßen Gefährdeten besteht, ist umstritten.[11]

III. Pflichtverletzung

8 Kommt der Täter keiner der zu erfüllenden Pflichten nach, so haftet er allein für die Verletzung derjenigen mit dem geringsten Unrecht. Nach der Gegenauffassung soll der Täter für die Verletzung aller Pflichten haften, da er bei einer Pflichtenkollision nur dann hinsichtlich der nicht erfüllten Pflicht(en) gerechtfertigt ist, wenn er der konkurrierenden (vorrangigen) Pflicht nachkommt.[12] Dem steht jedoch entgegen, dass dem Täter nur hinsichtlich vermeidbarer Verhaltensweisen ein strafrechtlicher Vorwurf gemacht werden kann; die Verletzung einer der beiden kollidierenden Pflichten kann der Täter keinesfalls vermeiden.

9 **WIEDERHOLUNGS- UND VERTIEFUNGSFRAGEN**

> Was ist unter einer rechtfertigenden Pflichtenkollision zu verstehen? (Rn 1 f)
> Unter welchen Voraussetzungen wirkt eine Pflichtenkollision rechtfertigend? (Rn 3 ff)

---

7 S/S-Lenckner/Sternberg-Lieben Vor § 32 Rn 73; *Satzger* Jura 2010, 753 (755).
8 *Hruschka* Dreher-FS 189 (192 ff); *Kühl* § 18/137; *Küper* JuS 1987, 81 (89 ff); S/S-Lenckner/Sternberg-Lieben Vor § 32 Rn 73; LK-*Rönnau* Vor § 32 Rn 116; *Roxin* I § 16/118 ff; zu einer Deutung dieser Situation als Entschuldigungsgrund *Jescheck/Weigend* § 33 V 1.
9 Hierzu § 17 Rn 24 ff.
10 *Jakobs* 15/6 f.
11 Näher *Satzger* Jura 2010, 753 (756).
12 LK-*Hirsch*, 11. Aufl., Vor § 32 Rn 81.

§ 19 Mutmaßliche Einwilligung

I. Allgemeines

Die mutmaßliche Einwilligung ist ein eigenständiger, gewohnheitsrechtlich anerkannter Rechtfertigungsgrund,[1] der auf zwei Grundgedanken beruht: Ein Eingriff in eine fremde Rechtssphäre kann zulässig sein, weil er den Interessen des Berechtigten dient (**Prinzip der Interessenwahrnehmung**); er kann aber auch zulässig sein, weil er die Interessen des Berechtigten ersichtlich nicht berührt (**Prinzip des mangelnden Interesses**).

Anders als die Einwilligung, die ein Kriterium des Tatbestandsausschlusses ist,[2] ist die mutmaßliche Einwilligung ein Rechtfertigungsgrund, da hier der vermutete Wille dem wahren Willen des Betroffenen entgegenstehen kann.[3] Während der Einwilligung eine tatsächliche Willenserklärung des Betroffenen zugrunde liegt, beruht der Wille des Betroffenen bei der mutmaßlichen Einwilligung auf einer Annahme. Bei einem Handeln nach Maßgabe der mutmaßlichen Einwilligung ist also eine die Interessen des Betroffenen verletzende Tatbestandsverwirklichung nicht von vornherein ausgeschlossen. Es wird vielmehr nur aufgrund der Sachlage vermutet, dass die Interessen des Betroffenen nicht nachteilig berührt werden. Die mutmaßliche Einwilligung ist gegenüber der erklärten subsidiär, weil sie nur an deren Stelle tritt.[4] Gegenüber dem rechtfertigenden Notstand ist die mutmaßliche Einwilligung vorrangig, da sich die Interessenabwägung am Selbstbestimmungsrecht des Betroffenen orientieren muss.[5] Daher unterscheidet sich die mutmaßliche Einwilligung vom rechtfertigenden Notstand insoweit, als sie sich auf keinen objektiven, sondern auf den **subjektiven Wertmaßstab** des Betroffenen bezieht. Somit ist die mutmaßliche Einwilligung ein Kriterium des Unrechtsausschlusses, das zwischen der (rein subjektiven) Einwilligung und dem (rein objektiven) rechtfertigenden Notstand steht.[6]

II. Anwendungsbereich

1. Voraussetzungen

Die mutmaßliche Einwilligung hat drei objektive Voraussetzungen:

- **Alle Bedingungen einer wirksamen Einwilligung** sind mit Ausnahme der notwendigerweise fehlenden Einwilligungserklärung des Rechtsgutsinhabers erfüllt;[7]

- wegen **unüberwindbarer** (oder nur mit unverhältnismäßigen Mitteln zu überwindender) **Hindernisse** (zB Bewusstlosigkeit, Abwesenheit usw) kann eine ausdrückliche Erklärung des Berechtigten **nicht rechtzeitig eingeholt** werden;[8]

---

1 Ganz hM, vgl nur RGSt 61, 242 (256); BGHSt 16, 309 (312); W-*Beulke/Satzger* Rn 380; *Krey/Esser* Rn 677; *Kühl* § 9/46; NK-*Paeffgen* Vor § 32 Rn 157 ff.
2 Was allerdings umstritten ist, vgl § 12 Rn 2 ff.
3 Vgl auch *Roxin* I § 18/3.
4 *Kühl* § 9/46; LK-*Rönnau* Vor § 32 Rn 222; *Roxin* I § 18/10.
5 *Ebert* 89; SK-*Günther* § 34 Rn 60.
6 Vgl auch *Fischer* Vor § 32 Rn 4; *Roxin* I § 18/3 f.
7 Zu den Voraussetzungen der Einwilligung vgl § 12 Rn 9 ff; ferner MK-*Schlehofer* Vor § 32 Rn 134 ff; M-*Zipf* § 28/10.
8 Vgl auch *Frister* 15/33.

6 ■ eine **Einwilligung** ist bei objektiver Würdigung aller Umstände **mit Sicherheit zu erwarten**, weil das Handeln entweder im Interesse des Berechtigten liegt oder schutzwürdige Interessen des Betroffenen offensichtlich nicht berührt.

7 Subjektiv ist der Täter gerechtfertigt, wenn er bei seinem Handeln alle objektiven Voraussetzungen der mutmaßlichen Einwilligung kennt.[9]

2. Fallgruppen

▶ **FALL 1:** A dringt in das Haus seines (abwesenden) Nachbarn N ein, um einen Brand zu löschen. ◀

▶ **FALL 2:** In einem Jahr mit großem Obstertrag sammeln Kinder kleinere Mengen von Fallobst auf. ◀

▶ **FALL 3:** T wechselt eigenmächtig dem E gehörendes Geld, weil er Münzen zur Bedienung eines Automaten benötigt. ◀

8 In der Voraussetzung, dass eine Einwilligung mit Sicherheit zu erwarten sein muss, finden die beiden Grundgedanken der mutmaßlichen Einwilligung, das Prinzip der Interessenwahrnehmung und das Prinzip des mangelnden Interesses, ihren Niederschlag:

9 **a) Interessenwahrnehmung:** Ob ein Handeln im Interesse des Betroffenen liegt, bestimmt sich entscheidend nach dessen Präferenzen, namentlich seinen individuellen Interessen, Wünschen, Bedürfnissen und Wertvorstellungen.[10] Hierbei können auch die Grundsätze der Geschäftsführung ohne Auftrag und die Kriterien der Interessenabwägung nach Maßgabe des rechtfertigenden Notstands[11] herangezogen werden, wobei jedoch stets darauf zu achten ist, dass es ausschließlich um die Ermittlung des wirklichen Willens des Betroffenen geht.[12] Abweichende Wertmaßstäbe des Betroffenen müssen also auch dann beachtet werden, wenn sie unvernünftig oder ungewöhnlich sind. Lassen sich dagegen in der Situation, in der sich der Täter befindet, besondere Vorstellungen des Betroffenen nicht ermitteln, so kann die Entscheidung nach den üblichen Wertungen getroffen werden. In **Fall 1** ist davon auszugehen, dass ein Betreten der Räumlichkeiten zur Verringerung des zu erwartenden Brandschadens eindeutig im Interesse des N liegt. Praktisch bedeutsam ist die auf dem Prinzip der Interessenwahrnehmung beruhende mutmaßliche Einwilligung bei ärztlichen Hilfsmaßnahmen, etwa bei der Rettung bewusstloser Unfallopfer.

10 **b) Mangelndes Interesse:** Eine Einwilligung kann ferner dort zu erwarten sein, wo der Betroffene – wie in **Fall 2** – ersichtlich kein Interesse an einer unveränderten Sachlage hat. Gleiches gilt für **Fall 3**. Jedoch ist auch in solchen Fällen zu beachten, dass der Betroffene tatsächlich auch unerreichbar sein muss und keine entgegenstehenden Präferenzen haben darf. So wäre das Geldwechseln in **Fall 3** nicht von einer mutmaßlichen Einwilligung gedeckt, wenn bekannt ist, dass der Betroffene (E) die Münzen sammelt oder selbst benötigt.

---

9 LK-*Rönnau* Vor § 32 Rn 229; *Roxin* Welzel-FS 447 (453 ff); abw. *Jescheck/Weigend* § 34 VII 3: gewissenhafte Prüfung erforderlich.
10 Vgl BGHSt 35, 246 (249); 45, 219 (221); *Roxin* I § 18/21 ff.
11 Hierzu § 17 Rn 24 ff.
12 Vgl BGHSt 45, 219 (221); *Jescheck/Weigend* § 34 VII; *Kühl* § 9/46 f; *Mitsch* ZJS 2012, 38 (42 f); *Schroth* JuS 1992, 476 (478 ff); *Stratenwerth/Kuhlen* § 9/34 f; objektivierender *Otto* § 8/131; *Welzel* § 14 V.

3. Ermittlung des mutmaßlichen Willens

Bei der Ermittlung des Willens des Betroffenen ist Folgendes zu bedenken: 11

a) **Konkludente Erklärung:** Eine Einwilligung kann nicht nur ausdrücklich, sondern auch konkludent – durch schlüssiges Verhalten – erklärt werden. Lässt sich daher aus dem Verhalten des Betroffenen oder früheren Äußerungen eindeutig auf seinen tatsächlichen Willen schließen, so ist von einer wirklichen Einwilligung auszugehen.[13] Man spricht insoweit von einer „gemutmaßten" Einwilligung. 12

b) **Bekannter gegenteiliger Wille:** Eine mutmaßliche Einwilligung scheidet stets aus, wenn der gegenteilige Wille des Betroffenen bekannt ist, mag dieser Wille noch so unvernünftig sein.[14] 13

c) **Ex-ante-Betrachtung:** Wie bei jedem Rechtfertigungsgrund kommt es auch bei der mutmaßlichen Einwilligung auf eine Beurteilung der Lage *ex ante* vom objektivierten Standpunkt des Täters aus an. Ergibt sich im Nachhinein, dass die Entscheidung dem tatsächlichen Willen des Berechtigten zuwiderlief, ist die Tat gleichwohl gerechtfertigt.[15] Ferner können Umstände, die für einen Beobachter in der Situation des Täters nicht erkennbar waren, der mutmaßlichen Einwilligung nicht entgegenstehen.[16] 14

III. Abgrenzung zur hypothetischen Einwilligung

▶ **FALL 4:** Arzt A vergisst nach einer Operation eine Bohrerspitze im Knochen des Patienten P. Um den Kunstfehler nicht offenbaren zu müssen, spiegelt er andere Umstände vor, welche die Notwendigkeit einer zweiten Operation begründen sollen. Sodann führt A die weitere Operation aus, um die Bohrerspitze entfernen zu können. ◀

Der **Begriff** der – ursprünglich für das Zivilrecht entwickelten[17] – Rechtsfigur der hypothetischen Einwilligung beschreibt eine in neuerer Zeit vom BGH angewandte Einwilligungsfiktion im Zusammenhang mit Aufklärungspflichten bei (*de lege artis* durchgeführten) ärztlichen Heileingriffen.[18] Eine Rechtfertigung des grds als Körperverletzung iSv § 223 einzustufenden[19] medizinischen Eingriffs durch mutmaßliche Einwilligung kommt in diesen Fällen zumeist nicht in Betracht, da es regelmäßig an der Voraussetzung fehlt, dass eine ausdrückliche Einwilligung des Patienten nicht bzw nur mit unverhältnismäßigen Mitteln einholbar ist. So verhält es sich auch in **Fall 4:** A hätte sich hier vor der Operation ohne Weiteres bei P erkundigen können, ob dieser mit einer Entfernung der Bohrerspitze einverstanden ist. Da A dies unterließ, kann er sich nicht auf eine mutmaßliche Einwilligung des P berufen. 15

Demgegenüber soll es nach der Rspr bei der hypothetischen Einwilligung allein darauf ankommen, dass der Patient bei **unterstellter Aufklärung** seine Zustimmung zur Operation erteilt hätte;[20] das Vorliegen – oder auch nur die Möglichkeit – einer äußeren 16

---

13 AA *Mitsch* ZJS 2012, 38 (42 f): Fall der mutmaßlichen Einwilligung.
14 Vgl nur RGSt 25, 375 (383 f); BGHSt 45, 219 (223 f).
15 W-*Beulke/Satzger* Rn 382; *Jescheck/Weigend* § 34 VII 2; M-*Zipf* § 28/15.
16 S/S-*Lenckner/Sternberg-Lieben* Vor § 32 Rn 58.
17 Dazu *Sickor* JA 2008, 11 (12 ff).
18 Vgl BGH JR 2004, 469 m. Anm. *Puppe*; BGH NStZ-RR 2007, 340 f m. Anm. *Bosch* JA 2008, 70 und *Sternberg-Lieben* StV 2008, 190; s. auch *Conrad/Koranyi* JuS 2013, 979 ff.
19 Näher hierzu *Kindhäuser* BT I § 8/22 ff.
20 BGHR StGB § 223 I Heileingriff 2, 1 (3); BGH NStZ 1996, 34 (35) m. zust. Anm. *Ulsenheimer* NStZ 1996, 132 (133); NStZ-RR 2004, 16 (17); NStZ 2004, 442; *Kuhlen* JR 2004, 227 ff; *ders.* JZ 2005, 713 ff; *Mitsch* JZ 2005, 279 (285); vgl auch *Fischer* § 223 Rn 32; ausf. zur dogmatischen Struktur und Einordnung *Kuhlen* Roxin-FS I 331 (336 ff).

Kundgabe sei nicht erforderlich. Sei eine solche (hypothetische) Einwilligung nicht auszuschließen, so müsse der Arzt nach dem Grundsatz *in dubio pro reo*[21] freigesprochen werden.[22] Dies gelte auch bei alternativen, neuen Behandlungsmethoden.[23] Zur Begründung wird vorgetragen, es handele sich in diesen Fällen allenfalls um eine Verletzung des Selbstbestimmungsrechts des Patienten, die wertungsmäßig nicht als Rechtsgutsverletzung iSd §§ 223 ff zu qualifizieren sei.[24] Einschränkend wird demgegenüber teilweise anstatt einer vollständigen Straflosigkeit eine Strafbarkeit des Arztes wenigstens wegen Versuchs befürwortet, da die hypothetische Einwilligung nichts an der Pflichtwidrigkeit des Eingriffs ändere, sondern nur das Unrecht einer vollendeten Tat ausschließe.[25]

17 Die vielfach vertretene **Gegenposition** lehnt eine nachträgliche Heilung des willensbeeinträchtigenden Aufklärungsmangels ab und verweist dabei insbesondere auf die Unmöglichkeit, die fiktive Entscheidung des Patienten nachträglich noch ermitteln zu können.[26] Da jede menschliche Entscheidung frei sei (andernfalls raube man der Person das Selbstbestimmungsrecht), gebe es keine eindeutigen Gesetze, die einen fiktiven Entscheidungsprozess strikt determinieren könnten, so dass es sich schon gar nicht um ein nach dem Zweifelssatz lösbares Beweisproblem handele.[27] Der tatsächliche Verlauf der Willensbildung verliere sein Dasein und seine rechtliche Bedeutung nicht dadurch, dass an seine Stelle möglicher- oder plausiblerweise ein anderer getreten wäre.[28] Und selbst wenn die hypothetische Einwilligung mit Sicherheit feststünde, so sei sie – vergleichbar etwa mit der nachträglichen Zustimmung eines Bestohlenen – ungeeignet, das im Zeitpunkt der Rechtsgutsbeeinträchtigung verwirklichte Unrecht *ex post* aufheben zu können.[29] Damit nicht jeder geringfügige Irrtum des Patienten zur Strafbarkeit wegen Körperverletzung führt, wird allerdings ergänzend eine Einschränkung der durch den Arzt aufzuklärenden Behandlungsinhalte erwogen[30] oder eine Einschränkung des Tatbestandes nach Art einer Verwerflichkeitsklausel befürwortet.[31]

18 Im **Gutachten** bietet es sich an, die Frage der hypothetischen Einwilligung – je nachdem, ob man die tatsächliche Einwilligung als Tatbestandsausschließungsgrund oder als Rechtfertigungsgrund begreift[32] – entweder auf Tatbestandsebene oder aber auf der Rechtswidrigkeitsstufe zu behandeln.[33] Im letzteren Falle sollte sie allerdings nicht als Rechtfertigungsgrund genutzt, sondern lediglich als Strafausschlussgrund (iSe fehlen-

---

21 Dazu § 48 Rn 1 ff.
22 BGH JR 2004, 251 (252); NStZ 2012, 205 (206); abl. *Otto* Jura 2004, 679 (683); *Puppe* GA 2003, 764 (769); krit. auch *Sickor* JA 2008, 11 (16) und JR 2008, 179 ff.
23 BGH NJW 2013, 1688 ff m. krit. Anm. *Beckemper* NZWiSt 2013, 232 ff.
24 *Mitsch* JZ 2005, 279 (285); *Rönnau* JZ 2004, 801 (802); *Rosenau* Maiwald-FS 683 (694).
25 So *Kuhlen* JR 2004, 227 m. Fn 6; iE ebenso *Mitsch* JZ 2005, 279 (284), der freilich erhebliche Probleme bei der Nachweisbarkeit des entsprechenden Vorsatzes sieht.
26 *Eisele* JA 2005, 252 (254); S/S-*Eser* § 223 Rn 40g f; *Gropp* Schroeder-FS 197 (201 ff); *Jäger* Jung-FS 345 (359 f); *Otto* Jura 2004, 679 (682 f); *Paeffgen* Rudolphi-FS 187 (208 f); *Puppe* JR 2004, 470 ff; *dies.* GA 2003, 764 ff; krit. auch *Böcker* JZ 2005, 925 (927 ff); *Bollacher/Stockburger* Jura 2006, 908 (913).
27 *Puppe* JR 2004, 470; vgl auch *Paeffgen* Rudolphi-FS 187 (208): Der In-dubio-Satz könne allein bei Tatsachen, nicht aber bei Mutmaßungen zum Zuge kommen.
28 *Puppe* JR 2004, 470 (472) unter Berufung auf BGHSt 13, 13 (15).
29 *Otto* Jura 2004, 679 (683); *Sowada* NStZ 2012, 1 (6, 9); vgl auch *Duttge* Schroeder-FS 179 (188); *Eisele* JA 2005, 252 (254); *Puppe* JR 2004, 470 (471): unbeachtliche Reservursache.
30 *Otto/Albrecht* Jura 2010, 264 (270 f); *Rönnau* JuS 2014, 882.
31 *Sowada* ZIS 2013, 18 (29 ff).
32 Dazu § 12 Rn 2 ff.
33 Vgl für Ersteres *Roxin* I § 13/120, 122; für Letzteres *Kuhlen* JR 2004, 227; Falllösung bei *Zöller/Mavany* ZJS 2009, 694 (700 f).

den Pflichtwidrigkeitszusammenhangs) auf der Ebene des objektiven Rechtfertigungstatbestandes eingeführt werden; ansonsten würde das Fehlen der Voraussetzungen der tatsächlichen bzw mutmaßlichen Einwilligung ohne Konsequenzen überspielt.[34] In **Fall 4** kann nicht angenommen werden, dass sich P bei Kenntnis des Sachverhalts gerade von A ein weiteres Mal hätte behandeln lassen, so dass selbst bei Anerkennung der Möglichkeit einer hypothetischen Einwilligung die Berufung auf diese Rechtsfigur hier ausgeschlossen ist. Dass P sich ggf an einen anderen Arzt gewandt hätte, um die objektiv erforderliche Operation vornehmen zu lassen, ist für den konkreten Eingriff durch A ohne Bedeutung.[35]

WIEDERHOLUNGS- UND VERTIEFUNGSFRAGEN

> Was ist unter einer mutmaßlichen Einwilligung zu verstehen und auf welchen Prinzipien beruht sie? (Rn 1 f)
> Welche Voraussetzungen hat die mutmaßliche Einwilligung? (Rn 3 ff)
> Auf welchen Zeitpunkt kommt es bei der Ermittlung des mutmaßlichen Willens an? (Rn 14)

---

34 Vgl *Kuhlen* JR 2004, 227; *Sickor* JA 2008, 11 (14 f).
35 Vgl auch BGH JR 2004, 251 (252).

§ 20 Sonstige Rechtfertigungsgründe

I. Vorläufige Festnahme (§ 127 Abs. 1 StPO)

▶ **FALL 1:** A bemerkt, wie sich der Unbekannte U des Nachts auf einsamer Straße an einem Pkw, dessen Scheibe der Beifahrertür eingeschlagen ist, zu schaffen macht. Als sich A nähert, flieht U mit einer Tüte in der Hand. Nach kurzer Verfolgung erreicht A jedoch U und hält ihn bis zum Eintreffen der Polizei, die er per Handy verständigt hat, fest. In seinem vergeblichen Bemühen, sich zu befreien, schlägt U dem A mehrmals heftig ins Gesicht. Bei U handelt es sich um einen Ausländer, der die Fragen des A nach dem Vorfall mangels hinreichender Sprachkenntnisse nicht beantworten konnte und selbst mit der Tat nichts zu tun hat, sondern aus Angst geflohen war, weil er seinerseits den A für den Täter hielt. ◀

1 Nach § 127 Abs. 1 StPO hat **jedermann** das Recht, einen auf frischer Tat Betroffenen, welcher der Flucht verdächtig ist oder dessen Identität nicht sofort festgestellt werden kann, vorläufig festzunehmen. Im Einzelnen hat dieser Rechtfertigungsgrund folgende Voraussetzungen:

1. Tat

2 Als Tat kommt nur eine rechtswidrige Tat gemäß § 11 Abs. 1 Nr. 5 in Betracht.[1] Das Verhalten muss also den **Tatbestand eines Strafgesetzes verwirklichen**, ohne gerechtfertigt zu sein. Demgegenüber muss der Täter nicht auch schuldhaft gehandelt haben.[2]

3 Umstritten ist, ob Privaten nur dann ein Festnahmerecht zusteht, wenn der Betroffene auch tatsächlich eine Straftat begangen hat.[3] Von der Antwort auf diese Streitfrage hängt die Lösung des **Falles 1** ab:

4 ■ Nach verbreiteter Auffassung darf auch ein Unschuldiger (hier: U) festgenommen werden, wenn er **bei Aufbietung der erforderlichen Sorgfalt als Tatverdächtiger erscheint**:[4] Da auch ein Privatmann (hier: A) mit der Festnahme im öffentlichen Interesse handele, erscheine es unbillig, ihm das Risiko eines schuldlosen Irrtums aufzubürden. Denn unstreitig ist es für die Amtsbefugnis zur Festnahme nach § 127 Abs. 2 StPO nicht erforderlich, dass der Festgenommene die Straftat tatsächlich begangen hat.

5 ■ Die hM verlangt demgegenüber zutreffend eine **tatsächliche Tatbegehung**.[5] Zunächst ist ein Privatmann im Gegensatz zu einem Amtsträger nicht zur Festnahme verpflichtet, so dass sich das für den Amtsträger erforderliche Irrtumsprivileg nicht ohne Weiteres auf Privatleute, denen zudem regelmäßig eine einschlägige Berufserfahrung fehlt, übertragen lässt. Ferner ändert der Umstand, dass sich ein Unschuldiger dem (dringenden) Verdacht, eine Straftat begangen zu haben, ausgesetzt sieht, nichts daran, dass er für den Konflikt selbst nicht zuständig ist und folglich jeden-

---

1 W-*Beulke/Satzger* Rn 353; *Otto* § 8/153.
2 *Sickor* JuS 2012, 1074 (1075 f).
3 Vgl zum Problem ausf. *Hillenkamp* AT 60 ff.
4 BayObLG JR 1987, 344; OLG Zweibrücken NJW 1981, 2016; *Arzt* Kleinknecht-FS 1 (6 ff); *Bülte* ZStW 121 (2009), 377 (400); *Freund* § 3/13 ff; LR-*Hilger* § 127 StPO Rn 9 f; LK-*Rönnau* Vor § 32 Rn 268; *Wagner* ZJS 2011, 465 (468 ff); vgl auch BGH NJW 1981, 745 (Zivilsenat).
5 OLG Hamburg NJW 1972, 1290; OLG Hamm NJW 1972, 1826 f; *Baumann/Weber/Mitsch* § 17/145; W-*Beulke/Satzger* Rn 354; *Fischer* Vor § 32 Rn 7a; *Krey-Esser* Rn 643 ff; *Kühl* § 9/83, 85 f; *Otto* § 8/153 ff; *Roxin/Schünemann* § 31/4; *Satzger* Jura 2009, 107 (110); *Welzel* § 14 VI 3; M-*Zipf* § 29/13.

falls von Privatleuten keine Einbußen seiner Freiheit hinzunehmen braucht. Schließlich verlangt der Wortlaut eindeutig eine „frische Tat" und nicht nur die Annahme einer solchen.[6] Demnach hätte A nach hM kein Recht, den U festzuhalten und erfüllte damit den Tatbestand des § 239.

Praktische Bedeutung hat der Streit weniger für die Frage einer möglichen Strafbarkeit des Festnehmenden. Denn dieser befindet sich ohnehin regelmäßig in einem (vorsatzausschließenden) Erlaubnistatbestandsirrtum,[7] wenn er den Betroffenen bei Aufbietung der erforderlichen Sorgfalt für einen Tatverdächtigen hält. Wie **Fall 1** zeigt, liegt das Problem vielmehr darin, ob sich der unschuldige Tatverdächtige (U) gegen die Festnahme im Wege der Notwehr verteidigen darf. Folgt man der Mindermeinung, so ist die Festnahme berechtigt und U hat sie zu dulden; anderenfalls hat der Festnehmende (A) seinerseits wieder ein Notwehrrecht. Folgt man dagegen der hM, so ist die unberechtigte Festnahme ein rechtswidriger Angriff, gegen den sich U nach Maßgabe des § 32 wehren darf. Zu beachten ist aber in diesem Fall, dass das Notwehrrecht des Festgenommenen eingeschränkt sein kann, wenn sich der Festnehmende erkennbar in einem Irrtum befindet.[8]

2. Tatfrische

Die Tat ist frisch, solange aus den gesamten Umständen, in denen sich der Betroffene befindet, noch auf ihre Begehung geschlossen werden kann. Dies verlangt insbesondere, dass die Festnahme oder zumindest der Beginn der Verfolgung noch in einem unmittelbaren zeitlichen und räumlichen Zusammenhang mit der Tat steht.[9]

3. Mittel der Festnahme

Die Festnahme darf **mit allen Mitteln** erfolgen, die **zum Festnahmezweck in einem angemessenen Verhältnis** stehen. Unangemessen sind regelmäßig Handlungen, die zu einer ernsthaften Beschädigung der Gesundheit oder zu einer unmittelbaren Lebensgefährdung des Festzunehmenden führen.[10] Für eine Berechtigung zum Schusswaffengebrauch besteht schon deshalb kein Anlass, weil der Festnehmende ein Notwehrrecht hat, wenn sich der Festzunehmende dem Einsatz zulässiger Mittel mit Gewalt widersetzt. In jedem Fall müssen Maßnahmen, die – wie leichtere Körperverletzungen – über eine bloße Freiheitsbeeinträchtigung hinausgehen, zur Festnahme notwendig sein.[11] Setzt der Festnehmende aus Verwirrung, Furcht oder Schrecken Mittel ein, die die Grenzen der Verhältnismäßigkeit überschreiten, kann sich die Frage einer analogen Anwendung der Vorschrift zum Notwehrexzess (§ 33) stellen.[12]

Durch § 127 Abs. 1 StPO sind Mittel gedeckt, die **milder** sind als eine Freiheitsberaubung und denselben Zweck erfüllen können. Exemplarisch: Einem Tatverdächtigen wird der Personalausweis oder der Autoschlüssel weggenommen.[13]

---

6 Vgl auch *Krey/Esser* Rn 646 f.
7 Näher hierzu § 29 Rn 11 ff.
8 Vgl § 16 Rn 46.
9 *Baumann/Weber/Mitsch* § 17/146; *Otto* § 8/153; vgl auch *Kindhäuser* BT II § 16/10 f zur Parallelfrage bei § 252.
10 BGHSt 45, 378 (381); BGH NStZ-RR 1998, 55; LR-*Hilger* § 127 Rn 29; *Jakobs* 16/19; *Kühl* § 9/91; *Roxin* I § 17/28.
11 Vgl OLG Stuttgart NJW 1984, 1694 f.
12 Ausf. dazu *Sickor* JuS 2012, 1074 (1078 f).
13 OLG Saarbrücken NJW 1959, 1190 (1191); *Roxin* I § 17/28; *Satzger* Jura 2009, 107 (113); aA *Krey/Esser* Rn 653.

4. Subjektive Rechtfertigung

10 Die subjektive Rechtfertigung verlangt bei § 127 Abs. 1 StPO ein Handeln in Kenntnis der Rechtfertigungslage zum Zweck der Festnahme.

II. Zivilrechtliche Selbsthilfe

1. §§ 229, 230 BGB

11 Die Vorschriften der §§ 229, 230 BGB berechtigen zur Anwendung (privater) Gewalt um der **Sicherung eines Anspruchs** willen.[14] Da für die Durchsetzung zivilrechtlicher Ansprüche nur der Rechtsweg vorgesehen ist, greift die Notwehrbefugnis in einem solchen Fall nicht ein.[15] Die Selbsthilfe nach §§ 229, 230 BGB ist auf die Sicherung eines Anspruchs beschränkt; sie darf keiner weitergehenden sofortigen Befriedigung des Anspruchs dienen.[16] Erlaubt ist danach etwa das Festhalten einer Person oder die Wegnahme von Sachen, um eine Identifizierung zu ermöglichen.[17]

12 Die Selbsthilfe nach §§ 229, 230 BGB hat folgende **Voraussetzungen**:
- Der Täter hat einen eigenen fälligen Anspruch;
- es besteht die Gefahr, dass die Verwirklichung des Anspruchs vereitelt oder erschwert wird;
- obrigkeitliche Hilfe kann nicht rechtzeitig erlangt werden;
- die Selbsthilfe hält sich im Rahmen des zur Abwendung der Gefahr Erforderlichen;
- die Selbsthilfe ist nur Ersatz hoheitlichen Handelns, geht also nicht über die dem zuständigen staatlichen Organ in der entsprechenden Situation erlaubten Maßnahmen hinaus;
- subjektiv muss der Täter zum Zweck der Selbsthilfe handeln.

2. Weitere Selbsthilferegelungen

13 Weitere Selbsthilferegelungen, die der allgemeinen Notwehrberechtigung vorgehen, enthalten die §§ 562b Abs. 1, 581 Abs. 2, 704 S. 2, 859, 1029 BGB.

III. Zusendung unbestellter Leistungen (§ 241a BGB)

14 Nach § 241a BGB stehen einem Unternehmer, der einem Verbraucher eine Sache oder eine sonstige Leistung unbestellt zusendet, grds weder vertragliche noch gesetzliche Ansprüche zu, soweit nicht eine irrtümliche Falschlieferung vorliegt. Daher muss der Verbraucher die Sache weder zurückgeben noch ist er dem Unternehmer zur Leistung von Schadensersatz verpflichtet, wenn sie beschädigt wird. Aufgrund dieser zivilrechtlichen Freistellung erscheint es widersprüchlich, ihn für das Behalten (§ 246) oder die Zerstörung (§ 303) der Sache strafrechtlich zu belangen.[18] Fraglich ist jedoch, wie die

---

14 Zur Rechtfertigung der Fahrausweisprüfung bei Schwarzfahrern *Schauer/Wittig* JuS 2004, 107 (109 f).
15 *Jakobs* 11/17; *Kühl* § 9/2 ff.
16 BGHSt 17, 87 (89); BayObLG NStZ 1991, 133 (134); OLG Köln NJW 1996, 472 (473); *Baumann/Weber/Mitsch* § 17/149; *Kühl* § 9/5; *Roxin* I § 17/30.
17 BGH NStZ 2012, 144 m. Anm. *Grabow* und *Hecker* JuS 2011, 940 ff; vgl zur Feststellung von Personalien außerdem BayObLG NJW 1991, 934 f m. Anm. *Duttge* Jura 1993, 416 ff; *Joerden* JuS 1992, 23 ff; *Scheffler* Jura 1992, 352 (356); *Schroeder* JZ 1991, 682 f.
18 AA *Schwarz* NJW 2001, 1449 (1453 f).

Norm des § 241a BGB zur Verneinung einer solchen Haftung fruchtbar gemacht werden kann.

Teilweise wird bereits die **Fremdheit** des Tatobjekts verneint:[19] Da dem eigentlichen Eigentümer keine Rechte gegenüber dem Verbraucher zustehen, soll dieser kraft besserer Vermögensposition als wirtschaftlicher Eigentümer der Sache anzusehen sein.[20] Dieser Ansatz ist jedoch insoweit bedenklich, als der Begriff eines „wirtschaftlichen Eigentums" höchst diffus erscheint; die Rechtssicherheit bringende Orientierung an der zivilrechtlich-dinglichen Rechtslage sollte nicht vorschnell aufgegeben werden.[21]

Daher erscheint es vorzugswürdig, mit der überwiegenden Meinung im Schrifttum nur die **Rechtswidrigkeit** der grds tatbestandsmäßigen Handlung zu verneinen.[22] Hierfür kann als Vergleichskonstellation auch die eigenmächtige Verschaffung einer Stückschuld durch den Gläubiger herangezogen werden: Obwohl einem Herausgabeverlangen des Schuldners hier die Einrede des „*dolo agit*" entgegensteht, sieht die hM in dieser Situation die Fremdheit der Sache unberührt und nimmt allein ein Fehlen der „Rechtswidrigkeit" der Zueignung an.[23]

Zu beachten ist, dass die Wirkung des § 241a BGB nur demjenigen zugutekommen kann, der die Voraussetzungen der Vorschrift erfüllt. Gibt der Verbraucher die ihm zugesandte Ware daher an einen (bösgläubigen) Dritten weiter, kann der Unternehmer die Sache von diesem vindizieren.[24] Entsprechend kommt auch eine strafrechtliche Verantwortung des Dritten nach Maßgabe eigentumsschützender Tatbestände in Betracht.[25]

IV. Züchtigungs- und Erziehungsrecht

1. Erziehungs- und Sorgerecht

Nach bislang vorherrschender Ansicht gewährt das familienrechtliche Erziehungs- und Sorgerecht nach §§ 1626, 1631 Abs. 1, 1800 BGB ein Züchtigungsrecht, das jedoch erheblichen Einschränkungen unterliegt.[26] Da § 1631 Abs. 2 S. 2 BGB körperliche Bestrafungen, seelische Verletzungen und andere entwürdigende Erziehungsmaßnahmen untersagt, darf insbesondere eine körperliche Beeinträchtigung nicht den Charakter einer entwürdigenden Bestrafung haben.[27] Vielmehr sind quälerische, gesundheitsschädliche, das Anstandsgefühl verletzende oder sonstige grobe Misshandlungen von vornherein unzulässig.[28]

---

19 Zu diesem Begriff *Kindhäuser* BT II § 2/20 ff.
20 *Otto* Jura 2004, 389 (390); ähnlich *Lamberz* JA 2008, 425 (428).
21 Vgl auch *Matzky* NStZ 2002, 458 (461 f); *Reichling* JuS 2009, 111 (113).
22 *Berger* JuS 2001, 649 (653 m. Fn 51); *W-Beulke/Satzger* Rn 283a; *S/S-Eser/Bosch* § 246 Rn 23; *Haft/Eisele* Meurer-GS 245 (254 ff); SK-*Hoyer* § 303 Rn 19; *Reichling* JuS 2009, 111 (114); M-*Schroeder/Maiwald* § 36/22; abl. *Lamberz* JA 2008, 425 (427 f); *Tachau*, Ist das Strafrecht strenger als das Zivilrecht?, 2005, 200 ff.
23 Näher *Kindhäuser* BT II § 2/73.
24 Palandt-*Grüneberg* § 241a Rn 7.
25 Vgl *Kreß/Baenisch* JA 2006, 707 (712).
26 Plausible Argumente gegen das elterliche Züchtigungsrecht bei *Kargl* NJ 2003, 57 ff; zur verfassungsrechtlichen Problematik *Noak* JR 2002, 402 ff; zum Meinungsstand *Riemer* Zeitschrift für Jugendkriminalrecht und Jugendhilfe, 2005, 403 ff.
27 Vgl W-*Beulke/Satzger* Rn 387a; *Fischer* § 223 Rn 40 f; L-Kühl-*Kühl* § 223 Rn 12; grds abw. *Otto* Jura 2001, 670 (671); *Rüping/Hüsch* GA 1979, 1 (6 f).
28 Näher hierzu BGH NStZ 2004, 201 f m. Anm. *Schneider*; *Beulke* Hanack-FS 539 ff; *Roellecke* NJW 1999, 337 ff; *Schramm*, Ehe und Familie im Strafrecht, 2011, 169 ff; SK-*Wolters* § 223 Rn 13.

19 Erlaubt (oder bereits tatbestandslos) sind danach allenfalls minimale **körperliche Beeinträchtigungen** (zB durch leichte Ohrfeigen o.Ä.), sofern sie auf angemessene Weise von einem Erziehungsberechtigten zu einem bestimmten Erziehungszweck (als *ultima ratio*) gegenüber **eigenen Kindern** vorgenommen werden.[29] Daneben können vom Erziehungsrecht in gewissem Umfang auch **Freiheitsentziehungen** (Stubenarrest, § 239) und ggf **Beleidigungen** (§ 185)[30] gedeckt sein.[31] In den aufgezeigten Grenzen kann das Erziehungsrecht außerdem auf Personen, die – wie Betreuer oder Kindermädchen – Erziehungsaufgaben privat wahrnehmen, übertragen werden.[32]

Ebenfalls unter das Erziehungsrecht fällt schließlich gemäß dem zum 20.12.2012 neu geschaffenen § 1631d BGB die **Beschneidung von Jungen**, soweit der Eingriff fachgerecht erfolgt und die Beschneidung auch unter Berücksichtigung ihres Zwecks das Kindeswohl nicht gefährdet.[33] Die ausdrückliche Regelung war notwendig geworden, nachdem das LG Köln unter alter Gesetzeslage ein solches Vorgehen noch als grds strafbare Körperverletzung iSd § 223 gewertet hatte,[34] was in der Literatur neben einiger Zustimmung[35] auch zum Teil heftige Kritik provozierte.[36] In einer ersten Entscheidung zur neuen Rechtslage verlangt das OLG Hamm über § 1631d BGB hinaus als ungeschriebenes Tatbestandsmerkmal, dass die Personensorgeberechtigten umfassend über Chancen und Risiken der Beschneidung aufgeklärt wurden.[37] Zudem seien auch jüngere Kinder, selbst wenn diese im Ergebnis noch nicht einsichtsfähig seien, persönlich anzuhören und ihre Wünsche zu berücksichtigen.[38]

2. Schule und Berufsausbildung

20 Das früher[39] auch dem **Lehrer** aufgrund Gewohnheitsrechts eingeräumte Recht zur Züchtigung ist heute nicht mehr anerkannt.[40] Körperliche Maßnahmen sind mit der verfassungsrechtlich garantierten Würde und Unversehrtheit eines heranwachsenden Menschen nicht zu vereinbaren. In den meisten Bundesländern ist den Lehrern eine Züchtigung verwaltungsrechtlich untersagt.[41] Hiervon unberührt dürfte allenfalls der Einsatz (minimalen) körperlichen Zwangs zur Durchsetzung klasseninterner Ordnungsmaßnahmen sein.[42]

21 In der **Berufsausbildung** ist eine körperliche Züchtigung durch § 31 JArbSchG gesetzlich verboten.

---

29 Vgl BGHSt 12, 62 (73 ff); *Beulke* Hanack-FS 539 (546); MK-*Joecks* § 223 Rn 63 ff; *Roxin* JuS 2004, 177 (179); die im Vordringen befindliche Gegenansicht lehnt demgegenüber mit Blick auf § 1631 Abs. 2 S. 2 BGB auch die Möglichkeit eines nur eingeschränkten Züchtigungsrechts ab: *Heinrich* Rn 521; *Kellner* NJW 2001, 796 (797); *Mitsch* JuS 1992, 289 (290); *Otto* Jura 2001, 670 (671).
30 Vgl auch § 193.
31 *Kühl* § 9/57.
32 BGHSt 12, 62 (67); *Kühl* § 9/55; *Otto* § 8/147; NK-*Paeffgen* § 223 Rn 32 mwN.
33 Krit. zum Entwurf *Scheinfeld* HRRS 2013, 268 ff; *Walter* JZ 2012, 1110 (1111 ff); positiver *Rixen* NJW 2013, 257 ff.
34 NJW 2012, 2128 (2129).
35 Vgl *Kempf* JR 2012, 436 ff; allgemein *Herzberg* ZIS 2010, 471 ff.
36 *Beulke/Dießner* ZIS 2012, 338 ff; *Muckel* JA 2012, 636 (638 f); *Rox* JZ 2012, 806 ff; zurückhaltender *Jahn* JuS 2012, 850 ff.
37 OLG Hamm NJW 2013, 3662 (3664).
38 OLG Hamm NJW 2013, 3662 (3663); zust. *Peschel-Gutzeit* NJW 2013, 3617 (3620).
39 Vgl BGHSt 11, 241 ff; 14, 52 ff.
40 BGH NStZ 1993, 591; *Haft* 113; *Jescheck/Weigend* § 35 III 1; *Otto* § 8/151; NK-*Paeffgen* § 223 Rn 31; *Roxin* I § 17/52 ff; *Schlehofer* JuS 1992, 659 (663).
41 Vgl auch BGH NStZ 1993, 591.
42 Hierzu LG Berlin bei *Jahn* JuS 2010, 458 (459).

§ 20 Sonstige Rechtfertigungsgründe

WIEDERHOLUNGS- UND VERTIEFUNGSFRAGEN

22

> Haben Private nur ein Festnahmerecht nach § 127 Abs. 1 StPO, wenn der Betroffene auch tatsächlich eine Straftat begangen hat? (Rn 3 ff)
> Welche Voraussetzungen hat die zivilrechtliche Selbsthilfe nach §§ 229, 230 BGB? (Rn 11 f)
> Inwieweit steht Eltern ein Züchtigungsrecht zu? (Rn 18 f)

Fünfter Abschnitt: Schuld

§ 21 Grundlagen

I. Das Schuldprinzip

1 Das Schuldprinzip besagt, dass Strafe Schuld voraussetzt; es lässt sich auf die Formel bringen: **"Keine Strafe ohne Schuld"**. Die Schuld ist damit zugleich ein die Strafe begründendes und begrenzendes Verbrechensmerkmal.[1] Sie muss einerseits gegeben sein, damit überhaupt eine Strafe verhängt werden kann. Andererseits darf die Strafe das Maß der Schuld nicht übersteigen. Unterhalb der durch die Schuld vorgegebenen Obergrenze des Strafmaßes können auch präventive Gesichtspunkte für die Bestimmung der Strafe herangezogen werden.[2]

2 Das Schuldprinzip hat Verfassungsrang.[3] Es ist zwar im GG – und auch im StGB – nicht ausdrücklich niedergelegt, folgt aber aus dem Rechtsstaatsprinzip und ist Ausfluss der Menschenwürde und allgemeinen Handlungsfreiheit nach Art. 1 Abs. 1, Art. 2 Abs. 1 GG.[4]

3 Das Schuldprinzip gilt **nur für die Kriminalstrafe**. Die an der Sozialgefährlichkeit des Täters orientierten Maßregeln der Besserung und Sicherung (§§ 61 ff) erfordern dagegen keine Schuld. Diese Rechtsfolgen knüpfen allein an das Begehen einer „rechtswidrigen Tat" iSv § 11 Abs. 1 Nr. 5 an.

4 Auch die lediglich auf eine rechtswidrige Tat bezogenen und für alle Rechtsfolgen geltenden Beteiligungsregeln[5] verlangen nach hM kein schuldhaftes Handeln des (Mit-)Täters.

II. Der Schuldbegriff

1. Schuld im formellen Sinne

5 Formal gesehen ist unter strafrechtlicher Schuld der Inhalt des Vorwurfs zu verstehen, der als **Ergebnis der Zurechnung einer Straftat** zu einem Täter erhoben wird. Dem Täter wird mit dem Schuldvorwurf angelastet, die (zumindest versuchte) Verwirklichung eines Deliktstatbestands nicht um der Normbefolgung willen vermieden zu haben, obgleich dies unter den gegebenen Umständen von ihm erwartet werden konnte.[6] Insoweit bedeutet Schuld die Verantwortlichkeit des Täters für einen sich im rechtswidrigen Verhalten zeigenden Mangel an hinreichend rechtstreuer Motivation.[7]

---

1 HM, vgl nur BVerfGE 20, 323 (331); 95, 96 (130 f); BGHSt 2, 194 (200); zur Rspr *Neumann* BGH-FS IV 83 ff; ferner *W-Beulke/Satzger* Rn 398; S/S-*Eisele* Vor § 13 Rn 107 ff, insbesondere Rn 111 f; *Frister* 3/1; *Otto* § 12/32; MK-*Schlehofer* Vor § 32 Rn 225 ff; aA *Roxin* I § 19/33 ff, der nur auf die strafbegrenzende Funktion der Schuld abstellt, die Strafbegründung aber auf Prävention stützt.
2 Vgl *Kindhäuser* LPK § 46 Rn 2 ff mwN.
3 Zur verfassungsrechtlichen Begründung des Schuldprinzips *Hörnle* Tiedemann-FS 325 ff.
4 Vgl nur BVerfGE 20, 323 (331); 25, 269 (285).
5 Näher § 38 Rn 17 f.
6 Zur Maßstabsfigur, an welcher die Erwartungen zu normgemäßer Motivation ausgerichtet werden, vgl *Bringewat* Rn 504; *Jescheck/Weigend* § 39 III 2; *Kaufmann* Jura 1986, 225 (227); *Kindhäuser* ZStW 107 (1995), 701 (718 ff); *Maiwald* Lackner-FS 149 (164 ff); SK-*Rudolphi* Vor § 19 Rn 1.
7 Zum Begriff der Verantwortlichkeit – auch in anderen Rechtsordnungen – *Schroeder* Tiedemann-FS 353 ff.

2. Schuld im materiellen Sinne

Mit dem Schuldvorwurf im formellen Sinne wird nur gesagt, *dass* der Täter für die Verwirklichung des Unrechts strafrechtlich einzustehen hat. *Warum* von ihm die Befolgung strafrechtlicher Normen erwartet werden darf, bleibt offen. Diese Frage wird bei der Prüfung der Strafbarkeit einer Person nicht gestellt und ist daher in einem Gutachten auch nicht aufzuwerfen. Gleichwohl kann ihre Beantwortung entscheidend dafür sein, wie die strafrechtlichen Zurechnungsregeln sowie die Schuldausschließungs- oder Entschuldigungsgründe auszulegen sind. Die Antwort auf die Frage, warum der Täter das Motiv zur Normbefolgung erwartungsgemäß hätte bilden können und sollen, gibt die Lehre von der Schuld im materiellen Sinne.[8] Allerdings ist umstritten, wie der Begriff der materiellen Schuld im Strafrecht zu bestimmen ist: 6

a) **Normativer Schuldbegriff:** Rechtsprechung und Lehre vertreten heute einen normativen Schuldbegriff, dem zufolge Schuld als „Vorwerfbarkeit" (iSv „Dafür-Können") gedeutet wird. Der normative Schuldbegriff hat den psychologischen Schuldbegriff abgelöst,[9] der Schuld als psychisches Faktum verstand und so mit dem (jedenfalls rechtlich unlösbaren) Problem der menschlichen Willensfreiheit belastet war.[10] Vorwerfbarkeit iSd normativen Schuldbegriffs bedeutet, dass dem Täter die rechtswidrige Tatbestandsverwirklichung als **Ausdruck fehlerhafter Einstellung zu rechtlichen Normen** angelastet werden kann.[11] Der normative Schuldbegriff sieht zwar zutreffend, dass Schuld ein normatives Konstrukt ist, das auf gesellschaftlichen Ansichten über freies und verantwortliches Handeln beruht, ist aber in hohem Maße unbestimmt und fast inhaltsleer. 7

b) **Funktionaler Schuldbegriff:** Großen Einfluss auf die neuere Diskussion hat der sog. funktionale Schuldbegriff genommen.[12] Schuld ist nach dieser Lehre eine Funktion der Strafe, und zwar iSd positiven Generalprävention, die den Zweck der Strafe in der Sicherung der zur allgemeinen Befolgung von Normen hinreichenden Rechtstreue sieht.[13] Der Täter handelt demnach schuldhaft, wenn seine Bestrafung nach Maßgabe der Zwecksetzung positiver Generalprävention erforderlich ist. Da dieser Zweck auch in jedem staatlichen Unrechtssystem verfolgt werden könnte, wird die Schuld im materiellen Sinne jedoch in der mangelnden Rechtstreue gegenüber *legitimen* Normen gesehen. Dies sind Normen, die dem Einzelnen die zu seiner freien und gleichen Entfaltung nötigen Subsidien zuweisen.[14] Trotz dieser Einschränkung ist auch der funktionale 8

---

8 Zum (möglichen) Einfluss der neueren Erkenntnisse der Hirnforschung auf den Schuldbegriff vgl *Fischer* Vor § 13 Rn 9 ff; *Günther* KJ 2007, 120 (126 ff); *Hassemer* ZStW 121 (2009), 829 ff; *Krauß* Jung-FS 411 ff; *Lüderssen* Puppe-FS 65 ff; *Merkel* Herzberg-FS 3 (35 ff); HK-*Rössner* Vor § 1 Rn 26; *Seidel* NJOZ 2009, 2106 ff; *Siesel*, Das Strafrecht, die Neurophysiologie und die Willensfreiheit, 2009; *Streng* Jakobs-FS 675 ff; *Wittmann* Szwarc-FS 147 ff.
9 Hierzu und zu den Lehren von der „Charakterschuld" und „Lebensführungsschuld" vgl *Achenbach*, Historische und dogmatische Grundlagen der strafrechtssystematischen Schuldlehre, 1974; *Kaufmann*, Das Schuldprinzip, 2. Aufl. 1976.
10 Vgl auch *Burkhardt* Maiwald-FS 79 ff.
11 Grundlegend *Frank*, Aufbau des Schuldbegriffs, 1907, 11 ff und passim; vgl ferner – mit nicht unerheblichen Abweichungen im Detail – BGHSt 2, 194 (200); S/S-*Eisele* Vor § 13 Rn 114; *Fischer* Vor § 13 Rn 47; *Gallas* ZStW 67 (1955), 1 (45); *Jescheck/Weigend* § 39 II; *Otto* GA 1981, 481 (484); NK-*Paeffgen* Vor § 32 Rn 208 f; *Schmidhäuser* Jescheck-FS I 485 ff; *Welzel* § 19 III, IV; M-*Zipf* § 30 Rn 7; abl. unter Verneinung von Willensfreiheit *Herzberg* ZStW 124 (2012), 12.
12 Vgl insbesondere *Jakobs*, Schuld und Prävention, 1976; *ders.*, Das Schuldprinzip, 1993; *ders.* 17/18 f; zur Diskussion vgl nur *Burkhardt* GA 1976, 321 ff; *Krümpelmann* GA 1983, 337 ff; *Streng* ZStW 101 (1989), 273 (286 ff).
13 Vgl § 2 Rn 14 f.
14 Näher *Jakobs*, Das Schuldprinzip, 1993, 26 ff.

Schuldbegriff nicht nur in hohem Maße unbestimmt, sondern lässt auch die Frage unbeantwortet, warum es für den Täter verbindlich sein soll, die Norm zu befolgen. Denn es fehlt ein Zusammenhang zwischen der Legitimität der Norm und der Schuld des Normbrechers.

9   c) **Diskursiver Schuldbegriff:** Diese innere Verbindung zwischen Schuld und Legitimität der Norm versucht der sog. diskursive Schuldbegriff herzustellen.[15] Er versteht den Täter nicht nur als dem Recht unterworfenen Adressaten, sondern auch – in einer rechtsstaatlichen Demokratie – als Autor der Norm, die er bricht. In einer demokratisch verfassten Gesellschaft sind Normen Ausdruck der rechtsförmigen Verständigung autonomer Personen über einen (möglichst) gerechten Ausgleich ihrer Interessen. In seiner Rolle als Normautor ist der Täter auf die Verständigung mit anderen festgelegt, darf also nur im Wege der Verständigung („diskursiv") von legalen Normen abweichen. Jeder darf in einer demokratisch verfassten Gesellschaft darauf hinwirken, dass Normen geändert werden, aber eben nur kommunikativ unter loyaler Beachtung des Rechts der anderen, am Prozess der Verständigung beteiligt zu sein. Bricht der Täter (in zurechnungsfähiger Weise) die Norm, so **negiert er die der Norm zugrunde liegende Verständigung** der Beteiligten. Demnach ist materielle Schuld ein sich in der Straftat zeigender Mangel an Loyalität gegenüber der Teilhabe anderer an der Verständigung über einen gerechten Ausgleich von Interessen.[16] Ferner ist nach diesem Ansatz Schuld im Strafrecht einer demokratisch verfassten Gesellschaft etwas anderes als Schuld im Strafrecht eines Gottesstaates oder einer Diktatur.

10 d) **Rechtsschuld:** Wie auch immer strafrechtliche Schuld im materiellen Sinne zu bestimmen sein mag, sie ist in jedem Fall allein Rechtsschuld, betrifft also **nur** den Vorwurf **mangelnder Rechtstreue.** Auch wenn in das Strafrecht sozialethische Bewertungen eingehen, ist der strafrechtliche Schuldvorwurf weder ein moralisches Urteil, noch ist er mit einer moralischen Bewertung der sittlichen Maßstäbe, die der Einzelne als für sich selbst maßgeblich ansieht, verbunden.[17]

III. Der Schuldtatbestand

11 Der Schuldtatbestand umfasst beim Vorsatzdelikt die Schuldfähigkeit, die Zumutbarkeit normgemäßer Motivation und das (zumindest potenzielle) Unrechtsbewusstsein.[18] Diese Merkmale sind im Deliktsaufbau auf der Ebene der Schuld **nicht positiv festzustellen.**[19] Vielmehr ist nur, sofern der Sachverhalt überhaupt entsprechende Anhaltspunkte bietet, zu prüfen, ob eines dieser Merkmale nicht erfüllt ist, ob also Schuldfähigkeit, Zumutbarkeit oder (potenzielles) Unrechtsbewusstsein fehlen und der Täter daher ohne Schuld gehandelt hat. Bietet der Sachverhalt – wie dies regelmäßig der Fall ist – keine entsprechenden Anhaltspunkte, erschöpft sich die Schuldprüfung in der

---

15 Vgl mit Abweichungen im Detail *Günther*, Jahrbuch für Recht und Ethik, 1994, 143 ff; *Kindhäuser* ZStW 107 (1995), 701 (725 ff).
16 Nahestehend *Momsen* Jung-FS 569 ff: sog. „zweckrationaler" Schuldbegriff.
17 Zum Neutralitätsgebot des Rechts vgl *Kindhäuser* ZStW 107 (1995), 701 ff; zum Überzeugungstäter vgl *Ebert*, Der Überzeugungstäter in der neueren Rechtsentwicklung, 1975, 52 ff; *Frisch* Schroeder-FS 11 ff; *Heinitz* ZStW 78 (1966), 615 (631 f); *Jescheck/Weigend* § 37 II 3; zum sog. zivilen Ungehorsam *Radtke* GA 2000, 19 ff; zur Entschuldigung bei religiösen Konflikten vgl Rn 15.
18 Einführung und Überblick hierzu bei *Frister* JuS 2013, 1057 ff.
19 Zur Hypothese rechtstreuer Motivation auf der Unrechtsebene vgl *Hruschka* 337 ff; *Kindhäuser* GA 1990, 407 (415 ff); *Otto* § 12/5 ff.

Feststellung, dass der Täter schuldhaft gehandelt hat, weil keine Gründe, welche die Schuld entfallen lassen könnten, ersichtlich sind.

Die Gründe, die zum Ausschluss eines Schuldmerkmals führen, sind gesetzlich geregelt. Im Einzelnen gilt:

- die **Schuldfähigkeit**[20] fehlt, wenn der Täter noch ein Kind ist (§ 19) oder die Voraussetzungen von § 20 erfüllt sind;
- die **Zumutbarkeit normgemäßer Motivation** entfällt, wenn die Entschuldigungsgründe des entschuldigenden Notstands (§ 35)[21] oder der Notwehrüberschreitung (§ 33)[22] erfüllt sind;
- das (zumindest potenzielle) **Unrechtsbewusstsein** fehlt, wenn sich der Täter in einem unvermeidbaren Verbotsirrtum befindet (§ 17 S. 1).[23]

IV. Unzumutbarkeit und übergesetzlicher Notstand

1. Unzumutbarkeit normgemäßen Handelns

Die gesetzlich normierten Entschuldigungsgründe der §§ 33, 35 nennen die spezifischen Bedingungen, nach denen der Wertung des Strafgesetzbuchs entsprechend eine normgemäße Motivation für unzumutbar gehalten wird. Einen allgemeinen Entschuldigungsgrund der Unzumutbarkeit normgemäßen Handelns kann es daneben grds *nicht* geben, zumal ein solches Kriterium des Schuldausschlusses zu vage und angesichts der in § 35 normierten Interessenabwägung überflüssig wäre.[24] Anerkannt ist jedoch, dass bei den Unterlassungsdelikten[25] und in gewissem Umfang bei der Fahrlässigkeit[26] der Gedanke der Unzumutbarkeit zur Begrenzung der Strafbarkeit heranzuziehen ist.[27]

2. Übergesetzlicher Notstand

Vom Grundsatz, dass ein allgemeiner Entschuldigungsgrund der Unzumutbarkeit neben den gesetzlich normierten Gründen mangelnder Zumutbarkeit der Normbefolgung nicht anzuerkennen ist, wird in einer besonderen Fallgestaltung abgewichen, die mangels gesetzlicher Regelung als „übergesetzlicher" Notstand bezeichnet wird. Hierunter ist eine Situation zu verstehen, in welcher der Täter existentielle Güter verletzt, um gleichwertige andere Güter, die nicht, wie § 35 dies verlangt, ihm oder einer ihm nahe stehenden Person gehören, zu retten. Hierbei muss es sich um extreme Ausnahmesituationen handeln, etwa bei der Rettung einer Vielzahl von Menschen auf Kosten eines Einzelnen oder einer kleineren Gruppe.[28] Ein denkbarer Anwendungsfall wäre zB der Abschuss eines durch Terroristen gekaperten und als Terrorinstrument genutzten Pas-

---

20 Hierzu § 22.
21 Hierzu § 24.
22 Hierzu § 25.
23 Hierzu § 28, insbesondere Rn 14 ff.
24 *Achenbach* JR 1975, 492 ff; *Gropp* § 7/106; *S/S-Lenckner/Sternberg-Lieben* Vor § 32 Rn 122/123; *Roxin* I § 22/142 ff; *SK-Rudolphi* Vor § 19 Rn 10; *Stratenwerth/Kuhlen* § 10/103.
25 Vgl zu den unechten Unterlassungsdelikten § 36 Rn 37 ff, zu den echten Unterlassungsdelikten § 37 Rn 9 f.
26 Vgl § 33 Rn 63.
27 Vgl auch *Baumann/Weber/Mitsch* § 23/63; *Kühl* § 12/12; aA MK-*Schlehofer* Vor § 32 Rn 278 ff.
28 *Ebert* 110; *Heinrich* Rn 596; *Jäger* Rn 204 ff; *Jescheck/Weigend* § 47 I; *Küper* JuS 1981, 785 (793); *ders.* JZ 1989, 617 (625 ff); *Matt* 4 § 5/23; *Roxin* I § 22/146 ff; SK-*Rudolphi* Vor § 19 Rn 8; abl. *Mitsch* GA 2006, 11 (13).

sagierflugzeugs.²⁹ Praktisch geworden ist die Konstellation des übergesetzlichen Notstands bisher nur im Falle von Ärzten einer Nervenheilanstalt, die in der Zeit des Nationalsozialismus einzelne Patienten zur Euthanasie freigaben, um so eine große Anzahl anderer Patienten vor der bei Untätigkeit drohenden Tötung zu bewahren.³⁰

3. Religiöse Gewissenskonflikte

15 Ein weiterer Sonderfall der Entschuldigung wird von der vorherrschenden Meinung bei religiösen Gewissenskonflikten mit Blick auf das Grundrecht der Glaubensfreiheit (Art. 4 Abs. 1 GG) anerkannt. Hier soll der Täter entschuldigt sein, wenn er die Norm nicht aus mangelnder Rechtsgesinnung, sondern zur Befolgung eines höheren Gebots des Glaubens verletzt, und wenn sich seine Bestrafung als eine übermäßige und daher seine Menschenwürde verletzende soziale Reaktion darstellen würde.³¹

16 WIEDERHOLUNGS- UND VERTIEFUNGSFRAGEN

> Was besagt das sog. Schuldprinzip? (Rn 1 ff)
> Welche Auffassungen werden u.a. zur Schuld im materiellen Sinne vertreten? (Rn 6 ff)
> Welche Elemente umfasst der Schuldtatbestand? (Rn 11 f)
> Was ist unter einem übergesetzlichen Notstand zu verstehen? (Rn 14)

---

29 *Hilgendorf*, in: Blaschke u.a. (Hrsg.), Sicherheit statt Freiheit?, 2005, 107 (130); *Jäger* JA 2008, 678 (684); *Pawlik* JZ 2004, 1045 (1051); teilweise wird in diesem Fall allerdings auch eine Rechtfertigungslösung erwogen (*Hirsch* Küper-FS 149 ff; *Ladiges* ZIS 2008, 129 [140]; *Rogall* NStZ 2008, 1 [2 ff]) oder gar eine grundsätzliche Strafbarkeit des Abschießenden befürwortet (*Stübinger* ZStW 123 [2011], 403 [446]); Fallbearbeitung bei *Bergmann/Kroke* Jura 2010, 946 (951 ff).
30 OGHSt 1, 321; 2, 117 (120 ff); LG Köln NJW 1952, 358; abl. bzgl. der Ärzte *Gropp* § 7/100 ff.
31 Vgl BVerfGE 32, 98 (106 ff); *Baumann/Weber/Mitsch* § 23/65; *Bopp*, Der Gewissenstäter und das Grundrecht der Gewissensfreiheit, 1974, 237 ff; *Ebert*, Der Überzeugungstäter in der neueren Rechtsentwicklung, 1975, 40 ff, 58 ff; *Müller-Dietz* Peters-FS 91 ff; NK-*Paeffgen* Vor § 32 Rn 297; LK-*Rönnau* Vor § 32 Rn 366 ff; *Rudolphi* Welzel-FS 605 ff; einschr. *Jescheck/Weigend* § 47 III; *Kühl* § 12/120 f; *Welzel* § 22 IV; für Rechtfertigung: *Peters* Mayer-FS 257 (265 ff); krit. oder abl. dagegen BGHSt 8, 162 (163); *Bockelmann* Welzel-FS 543 ff; *Dreher* JR 1972, 342 ff; *Tröndle* JR 1974, 221 (225).

§ 22 Schuldfähigkeit

I. Allgemeines

Das StGB regelt die Frage der **Schuldfähigkeit negativ**: Es definiert die Schuldfähigkeit nicht, sondern nennt nur eine Reihe von Bedingungen, unter denen die Schuld zu verneinen ist (§§ 19, 20).[1] Demnach geht das Strafgesetz grds von der Möglichkeit eines Erwachsenen aus, eine Norm zu befolgen und im erforderlichen Maße handlungs- und motivationsfähig zu sein.[2]

Nach § 19 sind **Kinder**, also noch nicht 14 Jahre alte Menschen, generell schuldunfähig. Bei **Jugendlichen** – mindestens 14, aber noch nicht 18 Jahre alte Menschen[3] – hängt die strafrechtliche Verantwortlichkeit (Strafmündigkeit) als Schuldmerkmal von der im Einzelfall zu treffenden Entscheidung ab, ob sie zur Zeit der Tat nach ihrer sittlichen und geistigen Entwicklung reif genug waren, das Unrecht der Tat einzusehen und nach dieser Einsicht zu handeln (§ 3 JGG). Man spricht insoweit von einer bedingten Schuldfähigkeit Jugendlicher.[4] **Heranwachsende** – mindestens 18, aber noch nicht 21 Jahre alte Menschen[5] – werden hinsichtlich ihrer Schuldfähigkeit wie erwachsene Täter behandelt.

Nach § 10 gelten die Vorschriften des StGB nur subsidiär gegenüber denen des JGG. Dies bedeutet bezüglich der Rechtsfolgen, dass die **besonderen Sanktionsformen des JGG** (Erziehungsmaßregeln, Zuchtmittel, Jugendstrafen) die Hauptstrafen des StGB verdrängen. Ferner sind bestimmte Nebenfolgen (Verlust der Amtsfähigkeit, Bekanntmachung des Urteils) ausgeschlossen (§ 6 JGG). Von den Maßregeln der Besserung und Sicherung dürfen nur die in § 61 Nr. 1, 2, 4, 5 genannten angeordnet werden (§ 7 JGG). Auch bei Heranwachsenden kann in den Fällen des § 105 JGG ausnahmsweise das Sanktionensystem des JGG Anwendung finden. Sofern auf sie Erwachsenenstrafrecht anzuwenden ist, gelten die Einschränkungen des § 106 JGG.

§ 21 sieht die Möglichkeit einer **Strafmilderung** nach § 49 Abs. 1 vor, wenn der Täter aus den in § 20 genannten Gründen in seiner Einsichts- oder Steuerungsfähigkeit bei der Tatausführung erheblich beeinträchtigt war.[6]

II. Schuldunfähigkeit nach § 20

1. Zweistufige Merkmalsanordnung

a) **Voraussetzungen:** Nach § 20 handelt ohne Schuld, wer bei Begehung der Tat wegen einer krankhaften seelischen Störung, wegen einer tiefgreifenden Bewusstseinsstörung oder wegen Schwachsinns oder einer schweren anderen seelischen Abartigkeit unfähig ist, das Unrecht der Tat einzusehen oder nach dieser Einsicht zu handeln. Die Voraussetzungen der Schuldunfähigkeit sind also **zweistufig** angeordnet: In einem ersten Schritt ist zu prüfen, ob einer der vier genannten **biologischen Befunde** (Bewusstseinsstörung usw) gegeben ist. Ist dies der Fall, so ist in einem zweiten Schritt zu fragen, ob

---

[1] Zur Unterscheidung von Schuldausschließungs- und Entschuldigungsgründen vgl § 6 Rn 7.
[2] *Freund* § 4/45; MK-*Streng* § 20 Rn 2.
[3] § 1 Abs. 2 JGG.
[4] Vgl *Schaffstein/Beulke* 62 ff.
[5] § 1 Abs. 2 JGG.
[6] Vgl BVerfGE 50, 5 (11); BGHSt 21, 27; BGH NStZ 1990, 333 f; *Göppinger* Leferenz-FS 411 (417 ff); *Rasch* NStZ 1982, 177 ff.

der Täter wegen des biologischen Befunds **psychisch unfähig** war, das Unrecht der Tat einzusehen oder nach dieser Einsicht zu handeln. Die Schuldunfähigkeit wird somit auf die psychologischen Faktoren der Einsichts- und Steuerungsfähigkeit gestützt, die ihrerseits auf bestimmten biologischen Befunden beruhen müssen.[7]

6 b) **Biologische Kriterien:** Die vier biologischen Kriterien der Schuldunfähigkeit[8] lassen sich wie folgt definieren:

- **Krankhafte seelische Störungen** sind Geisteskrankheiten,[9] deren somatische Ursachen nachgewiesen sind (sog. exogene Psychosen wie Paralyse) oder postuliert werden (sog. endogene Psychosen wie Schizophrenie und manisch-depressives Irresein).[10]

- **Tiefgreifende Bewusstseinsstörungen** sind schwere nichtkrankhafte Bewusstseinstrübungen oder -einengungen, die zu einem Verlust der raum-zeitlichen Orientierung führen;[11] beispielhaft sind hochgradige Affekte.[12]

- **Schwachsinn** ist eine angeborene oder auf seelischer Fehlentwicklung beruhende erhebliche Intelligenzschwäche ohne nachweisbare organische Ursachen.[13]

- **Schwere seelische Abartigkeiten** sind gravierende Psychopathien, Neurosen und Triebstörungen.[14]

7 c) **Psychologische Kriterien:** Die zwei psychologischen Kriterien lassen sich wie folgt definieren:

- **Fehlende Einsichtsfähigkeit** ist die Unfähigkeit, Unrechtsbewusstsein hinsichtlich der Tat zu erlangen.[15]

- **Fehlende Steuerungsfähigkeit** ist die Unfähigkeit zu einsichtsgemäßem Verhalten hinsichtlich der konkreten Tat.[16]

2. Rauschzustände

8 Ein praktisch bedeutsamer Fall der krankhaften seelischen Störung – teils auch der tiefgreifenden Bewusstseinsstörung zugeordnet[17] – ist der durch den (übermäßigen) Genuss von **Alkohol, Drogen oder Psychopharmaka** ausgelöste Rausch, der zu einer

---

7 Zu dieser „kombinierten Methode" *Krümpelmann* ZStW 88 (1976), 6 (21 ff); *Schreiber* NStZ 1981, 46 ff; vgl auch BGH NStZ-RR 2006, 265; LK-*Schöch* § 20 Rn 74 ff; zur Feststellung der Schuldfähigkeit in der Praxis *Theune* NStZ-RR 2006, 329 ff; allg. Übersicht über die jüngste Rspr bei *Pfister* NStZ-RR 2011, 193 ff; 2012, 161 ff; 2013, 161 ff.
8 Diese können im Einzelfall auch (erst) in Kombination zu einer fehlenden Steuerungsfähigkeit führen; vgl BGH NStZ-RR 2004, 360 f; 2010, 7.
9 BGHSt 14, 30 (32); *Köhler* 389; L-Kühl-*Kühl* § 20 Rn 3 ff.
10 BGH StraFo 2014, 81 [nur bei einem akuten Schub]; *Krey/Esser* Rn 696; *Otto* § 13/7.; zum Borderline-Syndrom BGH NStZ-RR 2008, 334 f; 2014, 72 f; zur Pädophilie BGH NStZ-RR 2010, 304.
11 BGH bei *Holtz* MDR 1983, 447 f; *Otto* § 13/8; *Roxin* I § 20/13 ff.
12 Vgl BGHSt 11, 20 (24); BGH NStZ 1990, 231; 1997, 333 f; *Freund* § 4/46; *Krey/Esser* Rn 698; *Otto* § 13/9; krit. zur Beurteilung von Affekttaten durch die Rspr *Haas* Krey-FS 117; zur Schuldunfähigkeit wegen Epilepsie vgl BGH NStZ-RR 2009, 136; 2010, 105; zur Möglichkeit der verminderten Schuldfähigkeit infolge eines „psychischen Ausnahmezustands" bei der Tötung eines Neugeborenen vgl BGH NStZ-RR 2009, 229 f; ferner BGH NStZ-RR 2009, 337.
13 S/S-*Perron/Weißer* § 20 Rn 18.
14 BGHSt 34, 22 (28); 37, 397 (399 f); BGH NStZ 2007, 6 (7); 518 ff; *Rasch* StV 1991, 126 ff.
15 *Otto* § 13/4.
16 BGHSt 14, 30 (32); 23, 176 (190).
17 L-Kühl-*Kühl* § 20 Rn 4, 18.

toxischen Beeinträchtigung der Hirntätigkeit führt.[18] Vor allem hinsichtlich des Alkoholgenusses[19] gilt hierbei folgende Faustregel: Schuldunfähigkeit kommt ab einer Blutalkoholkonzentration von 3 ‰ in Betracht, wobei jedoch stets die Umstände des Einzelfalles zu berücksichtigen sind.[20] Eine verminderte Schuldfähigkeit iSv § 21 ist zwar umso nahe liegender, je mehr die Blutalkoholkonzentration 2 ‰ überschreitet.[21] Umgekehrt kann aber nicht stets von Schuldfähigkeit ausgegangen werden, wenn die Blutalkoholkonzentration weniger als 2 ‰ beträgt. Vielmehr ist stets eine **Gesamtwürdigung**, bei der die Blutalkoholkonzentration ein gewichtiges Beweisanzeichen ist, erforderlich.[22]

III. Einschränkungen

Die Rechtsprechung und ein Teil des Schrifttums halten §§ 20 f – mit der Folge uneingeschränkter strafrechtlicher Verantwortlichkeit – für nicht anwendbar, wenn der Täter in einer für ihn vorhersehbaren Weise im Affekt eine Straftat begeht, ohne mögliche Vorkehrungen zur Vermeidung des Affekts getroffen zu haben.[23]

9

Diese Einschränkung ist, soweit sie § 20 betrifft,[24] mit dem Wortlaut dieser Vorschrift – „bei Begehung der Tat" – nicht zu vereinbaren. Ein solcher Fall des rechtswidrigen Verhaltens im vermeidbaren Affekt ist vielmehr nach den Grundsätzen der *actio libera in causa* zu behandeln,[25] sofern dieses Zurechnungskriterium überhaupt für anwendbar gehalten wird.[26]

IV. Anwendung

Im **Gutachten** ist auf eine mögliche Schuldunfähigkeit des Täters nach § 20 nur einzugehen, wenn der Sachverhalt dies eindeutig nahe legt. Zu beachten ist ferner, dass Schuldfähigkeit Handlungsfähigkeit voraussetzt. Wenn daher die Tatbestandsverwirklichung auf einem nicht willensgetragenen Verhalten (zB Reflex) beruht,[27] fehlt es schon an einer Handlung, so dass sich hier die Frage der Schuldfähigkeit erst gar nicht stellt.[28]

10

§ 21 bedarf – von besonderen, sich aus der Fragestellung ergebenden Ausnahmefällen abgesehen – keiner Erwähnung, da im Gutachten grds *nicht* auf Fragen der konkreten Strafzumessung einzugehen ist.[29]

---

18 BGHSt 43, 66 (69 f); LK-*Schöch* § 20 Rn 59, 95 ff.
19 Zur alkoholbedingten Fahrunsicherheit bei Verkehrsdelikten vgl *Kindhäuser* BT I § 67/10 ff mwN.
20 BGHSt 57, 247 [252] m. Anm. *Schiemann* NJW 2012, 2675 f; BGH NStZ 1982, 243; NStZ-RR 2008, 70; 2010, 73; 2013, 272 f; allg. zur BAK als Grenzwert im Strafrecht *Satzger* Jura 2013, 345 ff.
21 BGHSt 35, 308 (312); 37, 231 (233 f); vgl auch BGH NStZ 2002, 532 (533).
22 BGHSt 34, 29 (34); 36, 286 (291 ff); 37, 231 (241 ff); BGH NStZ 2005, 329 ff; OLG Hamm NStZ-RR 2007, 194.
23 BGHSt 35, 143; einschr. BGH NJW 2009, 305; *Frisch* NStZ 1989, 263 ff; *Geilen* Maurach-FS 173 (188 ff); *Krümpelmann* Welzel-FS 327 (340 f); *Rudolphi* Henkel-FS 199 (206 ff); bzgl § 21: BGH NStZ 2003, 480 (481 f) m. Bspr *Neumann* StV 2003, 527 ff.
24 Hinsichtlich § 21, der nur ein Strafmilderungsgrund ist und die Schuldzurechnung nicht aufhebt, ist gegen die Rechtsprechung nichts einzuwenden; vgl auch (bzgl Alkoholgenusses) BGH NStZ 2003, 480 ff m. Anm. *Foth* NStZ 2003, 597 ff.
25 So die vorherrschende Lehre, vgl nur *Behrendt*, Affekt und Vorverschulden, 1983, 64 ff; *Hruschka* JuS 1968, 554 (558 f); *Jescheck/Weigend* § 40 VI 2; *Otto* Jura 1992, 329 f; S/S-*Perron/Weißer* § 20 Rn 15a; M-*Zipf* § 36/38.
26 Näher hierzu § 23.
27 Vgl zur Handlungsfähigkeit § 5 Rn 5, 8 f.
28 Vgl auch BGH bei *Holtz* MDR 1994, 127.
29 Zu den Anforderungen an die stets erforderliche Gesamtwürdigung vgl nur BGH NStZ-RR 2005, 137 (138).

11 Wiederholungs- und Vertiefungsfragen

> Wie ist die Schuldfähigkeit von Erwachsenen, Kindern, Jugendlichen und Heranwachsenden im Strafrecht geregelt? (Rn 1 ff)
> Welches sind die Merkmale der Schuldunfähigkeit und wie sind sie im Rahmen von § 20 zu prüfen? (Rn 5 ff)

§ 23 Actio libera in causa

I. Allgemeines

▶ **FALL 1:** A beabsichtigt, B zu erschießen. Um sich Mut anzutrinken, genießt er vorher in solchem Umfang Alkohol, dass er zum Zeitpunkt der Abgabe des tödlichen Schusses iSv § 20 schuldunfähig ist. ◀

1. Grundsätze

Es entspricht einem allgemeinen Zurechnungsgrundsatz, dass sich derjenige, der einen zurechnungsausschließenden Umstand zu vertreten hat, nicht auf diesen Umstand zum Zwecke des Zurechnungsausschlusses berufen kann.[1] So versagt etwa § 35 Abs. 1 S. 2 dem Täter die entschuldigende Wirkung des Notstands, wenn er die Gefahr zu vertreten hat,[2] und § 17 sieht einen Schuldausschluss nur für den Fall der Unvermeidbarkeit des Verbotsirrtums vor.[3] Im Falle einer zu vertretenden Schuldunfähigkeit nach § 20[4] wird die Zurechnung zur Schuld mit dem aus der praktischen Philosophie des 18. Jahrhunderts stammenden Begriff der *actio libera in causa* („in der Ursache freie Handlung") bezeichnet.[5]

Unter den Voraussetzungen einer *actio libera in causa* ist eine Tatbestandsverwirklichung also auch dann zur Schuld zurechenbar, wenn der Täter – wie A in **Fall 1** – zwar im Zeitpunkt der unmittelbaren Tatausführung schuldunfähig ist, aber seine Schuldunfähigkeit – namentlich aufgrund vorhergehenden Alkoholgenusses – zu vertreten hat.[6]

Der Figur der *actio libera in causa* bedarf es zur Begründung der Strafbarkeit **nicht**, wenn die Schuldunfähigkeit erst **nach Versuchsbeginn**[7] eintritt. In diesem Fall ist die Versuchsstrafbarkeit bereits gegeben, und die Vollendung ist zurechenbar, wenn sich im Erfolg das vorsätzlich geschaffene Risiko realisiert.[8]

2. Koinzidenzprinzip

Das Problem der *actio libera in causa* ist ihre Vereinbarkeit mit dem Koinzidenzprinzip, wonach alle strafbegründenden Deliktsmerkmale wenigstens einmal während der Tatausführung – „bei Begehung der Tat" (§ 20) – gemeinsam vorliegen müssen.[9] Denn ist A in **Fall 1** vom unmittelbaren Ansetzen zur Tatbestandsverwirklichung bis zur Abgabe des tödlichen Schusses aufgrund des vorangegangenen Alkoholgenusses schuldunfähig, so mangelt es während der gesamten Tatausführung an der Schuldfähigkeit und damit an einem konstitutiven Deliktsmerkmal.

---

1 Insbesondere die Fahrlässigkeitshaftung beruht auf diesem Grundsatz, vgl § 33 Rn 2 ff; zur Parallele von Fahrlässigkeit und *actio libera in causa* vgl *Kindhäuser*, Gefährdung als Straftat, 1989, 62 ff, 81 f, 120 ff; *Sternberg-Lieben* Schlüchter-GS 217 (219 ff), jew. mwN.
2 Näher hierzu § 24 Rn 12 f.
3 Näher hierzu § 28 Rn 14 ff.
4 Zum Problem der Anwendbarkeit der *actio libera in causa* bei § 21 vgl BGHSt 49, 45 ff; BGH JZ 2003, 1016 (1017 f) m. Anm. *Frister*; SK-*Rudolphi* § 20 Rn 29; *Streng* JuS 2001, 540 (541 ff); *ders.* NJW 2003, 2963 ff.
5 Zur Begriffsgeschichte *Hruschka* 343 ff; *ders.* ZStW 96 (1984), 661 (665 ff).
6 Überblick bei *Rönnau* JuS 2010, 300 ff.
7 Näher hierzu § 31 Rn 10 ff; BGHSt 7, 325 (328 f); 23, 133 (135 f); BGH NStZ 2003, 535 (536).
8 Vgl § 27 Rn 43 ff.
9 § 6 Rn 3.

5 Zur Vereinbarkeit der *actio libera in causa* mit dem Koinzidenzprinzip werden zwei erheblich voneinander abweichende Modelle vertreten: das sog. „Ausnahmemodell" und das sog. „Tatbestandsmodell". Beide Varianten haben jedoch die gemeinsame **Mindestvoraussetzung**, dass der Täter zu dem Zeitpunkt, zu dem er seine Schuldunfähigkeit herbeiführt, die spätere Tatbestandsverwirklichung im schuldunfähigen Zustand zumindest vorhersehen konnte.[10]

II. Das Ausnahmemodell

1. Konstruktion

6 In der Interpretation des Ausnahmemodells[11] besagt die *actio libera in causa*, dass sich der Täter auf seine **mangelnde Schuldfähigkeit** zum Zeitpunkt der Tatbegehung **nicht berufen** kann, **wenn er den Defekt zu vertreten** hat: Dies ist der Fall, wenn der Täter den Defekt herbeiführt, obwohl er vorhergesehen hat oder hätte vorhersehen können und müssen, dass er in diesem Zustand die spätere Tat begeht.

7 Ihre Bezeichnung als Ausnahmemodell verdankt diese Lehre dem Umstand, dass sie eine Ausnahme vom Koinzidenzprinzip zulässt: In **Fall 1** handelt A zwar zum Zeitpunkt der Tatbestandsverwirklichung ohne Schuld (= keine Koinzidenz). Da A aber für das Fehlen der Schuldfähigkeit aufgrund seines auf die spätere Tat bezogenen Vorverhaltens (sog. *actio praecedens*) einzustehen hat, wird er so behandelt, als sei er bei der Tatbegehung schuldfähig gewesen. In dieser Konstruktion entspricht die *actio libera in causa* der Fahrlässigkeitshaftung (in Form der Übernahmefahrlässigkeit);[12] nur ist sie nicht auf der Tatbestandsebene, sondern auf der Schuldebene angesiedelt. Wie sich der Täter bei der Fahrlässigkeit nicht darauf berufen kann, dass er wegen seiner Unkenntnis (Unfähigkeit) die Tatbestandsverwirklichung nicht aktuell vermeiden konnte, wenn er diese Unkenntnis (Unfähigkeit) aufgrund einer Sorgfaltswidrigkeit zu vertreten hat, so kann er sich auf seine mangelnde Schuldfähigkeit zum Tatzeitpunkt nicht berufen, wenn er seine Unfähigkeit zu normgemäßer Steuerung aufgrund eines sorgfaltswidrigen Vorverhaltens (Herbeiführen des Defektzustands) zu vertreten hat.

2. Einwände

8 **a) Ausnahmeregelung:** Dem Ausnahmemodell kann nicht entgegengehalten werden, dass es überhaupt eine Ausnahme vom Koinzidenzprinzip macht. Denn es entspricht einem **allgemeinen Grundsatz**, dass man sich nicht zur Entlastung auf Umstände berufen kann, für die man selbst einzustehen hat. Ausprägungen dieses allgemeinen Grundsatzes sind u.a. auch die Regelungen über die zu versagende Entschuldigung bei Verursachung der Notstandsgefahr (§ 35 Abs. 1 S. 2)[13] oder bei Vermeidbarkeit des Verbotsirrtums (§ 17).[14] So befindet sich etwa derjenige, der die Notstandsgefahr geschaffen hat, zum Zeitpunkt seiner Tat in einer Situation, in der er eigentlich entschuldigt wäre.

---

10 Vgl BGHSt 17, 333 (335); 21, 381; 23, 356 (358).
11 Vgl W-*Beulke/Satzger* Rn 415; *Hruschka* 335 ff; *ders.* JuS 1968, 554 ff; *ders.* JZ 1989, 310 ff; *Jescheck/Weigend* § 40 VI 2; *Joerden*, Strukturen des strafrechtlichen Verantwortlichkeitsbegriffs: Relationen und Verkettungen, 1988, 30 ff, 46 ff; *Kindhäuser*, Gefährdung als Straftat, 1989, 120 ff; *Krey/Esser* Rn 705 ff, 710; *Kühl* § 11/9 ff, 18; *Küper* Leferenz-FS 573 ff; *Matt* § 4 § 2/54; *S/S-Perron/Weißer* § 20 Rn 35a; unter Berufung auf den Gedanken des Rechtsmissbrauchs: *Neumann* Kaufmann, Arth.-FS 581 (589 ff); *Otto* Jura 1986, 426 (429 ff).
12 Näher § 33 Rn 19, 48, 55.
13 Näher hierzu § 24 Rn 12 f.
14 Näher hierzu § 28 Rn 14 ff.

Weil er aber *zuvor* die Notstandsgefahr geschaffen hat und hierbei vorhersehen konnte, dass er zu ihrer Abwendung rechtswidrig wird handeln müssen, wird ihm die Entschuldigung versagt.

b) Fehlen einer gesetzlichen Grundlage: Wohl aber kann gegen das Ausnahmemodell eingewandt werden, dass die von ihm formulierte Ausnahme einer gesetzlichen Grundlage entbehrt. Denn anders als etwa § 35 Abs. 1 S. 2 sieht das Gesetz keine Ausnahme vom Erfordernis der Schuldfähigkeit zum Zeitpunkt der Tatbegehung vor. Diesem Einwand lässt sich wiederum entgegenhalten, dass die Regel, der zufolge sich auf das Fehlen eines Deliktsmerkmals nicht berufen kann, wer das Defizit zu vertreten hat, ein allgemeingültiges Zurechnungsprinzip sei; es bedürfe keiner besonderen Erwähnung und sei in den ausdrücklichen Ausnahmeregelungen nur beispielhaft angeführt.[15] Im Übrigen habe der Gesetzgeber bei der Neufassung des § 20 eine ausdrückliche Regelung des allgemein anerkannten Zurechnungskriteriums der *actio libera in causa* für überflüssig gehalten und nicht etwa ausschließen wollen.[16]

Fraglich ist indessen, ob der Einwand damit ausgeräumt ist. Denn das Koinzidenzprinzip ist ein fundamentaler rechtsstaatlicher Grundsatz der Verbrechenslehre, so dass für jeden Fall einer Ausnahme eine gesetzliche Normierung gefordert werden kann.[17] Da diese bei § 20 fehlt, kann die Zurechnung im Wege der *actio libera in causa* mit gutem Grund als Verstoß gegen Art. 103 Abs. 2 GG für **verfassungswidrig** gehalten werden.[18]

III. Das Tatbestandsmodell

1. Konstruktionen

Nach dem Tatbestandsmodell gehört die **Herbeiführung des Defektzustands** bereits **zur Deliktsbegehung**. In **Fall 1** beginnt demnach die Tatbestandsverwirklichung des Totschlags in dem Zeitpunkt, **in dem sich A Mut antrinkt**. Diesem Verständnis zufolge widerspricht die *actio libera in causa* nicht dem Koinzidenzprinzip, da der Täter bereits mit dem Alkoholgenuss zur Begehung der Tat ansetzt und zu diesem Zeitpunkt noch schuldfähig ist.

Zur Einbeziehung der Herbeiführung des Defektzustands in den Zeitraum der Begehung der Tat werden drei Konstruktionen vorgeschlagen:

- Teils wird der **Begriff der Tat** in § 20 weiter verstanden als die eigentliche Tatbestandsverwirklichung: Die Tat in diesem Sinne umfasse auch ein schuldrelevantes, auf die Tatbestandsverwirklichung gerichtetes Vorverhalten.[19]

---

15 *Otto* § 13/24 ff.
16 *W-Beulke/Satzger* Rn 415.
17 Wie dies etwa in Art. 34 Abs. 2 des türkischen StGB von 2004 geregelt ist.
18 So BGHSt 42, 235 (241); zust. *Bringewat* Rn 514 f; *Ebert* 100 f; *Hardtung* NZV 1997, 97 (98 f); *Heinrich* Rn 606; *Hruschka* JZ 1997, 22 (24); *Wolf* NJW 1997, 2032 f.
19 Vgl *Frisch* ZStW 101 (1989), 538 ff; *Stratenwerth/Kuhlen* § 10/47; *Streng* ZStW 101 (1989), 273 (310 ff); *ders.* JZ 1994, 709 ff.

14 ■ Teils wird die Figur der **mittelbaren Täterschaft**[20] herangezogen: Mit der Herbeiführung des Defektzustands mache sich der Täter selbst zu seinem schuldlosen Werkzeug, durch das er dann die spätere Tat ausführt.[21]

15 ■ Die vorherrschende Ansicht verlagert den Beginn der Tatbestandsverwirklichung auf den Zeitpunkt der Herbeiführung des Defektzustands vor (sog. **Vorverlagerungstheorie**).[22] Demnach setzt der Täter in **Fall 1** schon mit dem Alkoholgenuss zum Totschlag an.

2. Einwände

16 In allen drei Varianten ist das Tatbestandsmodell so erheblichen Einwänden ausgesetzt, dass es kaum als tragfähig angesehen werden kann:

17 ■ Eine Ausdehnung des Begriffs der Tat in § 20 auf Verhaltensweisen vor Beginn der eigentlichen Tatbestandsverwirklichung ist mit dem Koinzidenzprinzip nicht zu vereinbaren. Denn dieses Prinzip will sicherstellen, dass die konstitutiven Elemente der Straftat – Tatbestandsverwirklichung, Rechtswidrigkeit und Schuld – bei der Tatbegehung auch wirklich gemeinsam vorliegen.

18 ■ Die Heranziehung der Kriterien mittelbarer Täterschaft ist in mehrfacher Hinsicht verfehlt.[23] Zunächst verlangt § 25 Abs. 1 Alt. 2, dass die Tatbestandsverwirklichung „durch einen anderen" vorgenommen wird, setzt also Personenverschiedenheit von Täter und Werkzeug voraus. Ferner muss das Handeln des Werkzeugs bei der mittelbaren Täterschaft einem voll verantwortlichen Subjekt zurechenbar sein, das die Tatherrschaft innehat. Hieran fehlt es aber, da es zum Zeitpunkt der Tatausführung durch das schuldlose „Werkzeug" keinen verantwortlichen Hintermann als Täter gibt. Zudem hat diese Auffassung zur Konsequenz, dass die sog. eigenhändigen Delikte (zB §§ 153 ff, 316), bei denen die Möglichkeit mittelbarer Täterschaft gerade ausgeschlossen ist, sowie teils auch reine Tätigkeitsdelikte oder verhaltensgebundene Delikte nicht nach den Kriterien der *actio libera in causa* zurechenbar wären.

19 ■ Die Vorverlagerungstheorie schließlich steht in eklatantem Widerspruch zu § 22, der für den Beginn der Tatbestandsverwirklichung verlangt, dass der Täter „nach seiner Vorstellung von der Tat zur Verwirklichung des Tatbestandes unmittelbar ansetzt". Hiervon kann bei einem Täter, der sich zB Mut antrinkt, um später jemanden an einem anderen Ort zu töten, nicht die Rede sein. Die Vorverlagerungstheorie verwischt also die Grenze zwischen (strafloser) Vorbereitung und Versuch. Im Übrigen müsste ein Täter, der aufgrund seines übermäßigen Alkoholgenusses nicht mehr in der Lage ist, die geplante Tat noch in Angriff zu nehmen, wegen Versuchs eben dieser Tat bestraft werden; ein Gedanke, der bislang noch nicht ernsthaft erwogen wurde.

---

20 Näher hierzu § 39 Rn 7 ff.
21 *Baumann/Weber/Mitsch* § 19/31 ff; *Behrendt*, Affekt und Vorverschulden, 1983, 64 ff; *Jäger* Rn 177; *Jakobs* 17/64 ff; *Puppe* JuS 1980, 346 ff; *Roxin* Lackner-FS 307 (311 ff); SK-*Rudolphi* § 20 Rn 28 ff; SK-*Wolters* § 323a Rn 28 ff; ferner *Dold* GA 2008, 427 ff; *Hirsch* Geppert-FS 233 (236 ff).
22 Vgl nur RGSt 22, 413 (415 f); BGHSt 2, 14 (17); 17, 333 (334 f); 21, 381 ff; *Bohnert* Jura 1996, 38 f; *Fischer* § 20 Rn 52; *Herzberg* Spendel-FS 203 (207 ff); *Krause* Jura 1980, 169 ff; *Maurach* JuS 1961, 373 ff; SK-*Rudolphi* § 20 Rn 28c; *Wolter* Leferenz-FS 545 ff; ferner *Hoyer* GA 2008, 711 ff.
23 Grundlegende Kritik bei *Hruschka* Gössel-FS 145 ff; *Mitsch* Küper-FS 347 ff.

IV. Folgerungen

1. Verfassungswidrigkeit?

Aus den bisherigen Überlegungen ergibt sich, dass das Ausnahmemodell zwar eine in sich schlüssige und auch historisch zutreffende Interpretation der *actio libera in causa* ist, dass es aber – im Gegensatz zu anderen Ausnahmen vom Koinzidenzprinzip – nicht die erforderliche gesetzliche Regelung erfahren hat und daher dem Einwand, mit Art. 103 Abs. 2 GG nicht vereinbar zu sein, ausgesetzt ist. Das Tatbestandsmodell wäre verfassungsgemäß, widerspricht aber den gesetzlichen Regelungen über den Beginn der Tatbestandsverwirklichung und ist deshalb straftatsystematisch unhaltbar.

Aufgrund dieses Befundes hält eine schon verbreitete und weiter vordringende Ansicht in der Literatur die *actio libera in causa* insgesamt für verfassungswidrig; sie verstoße mangels reibungsloser Vereinbarkeit mit dem Koinzidenzprinzip gegen das verfassungsmäßig verankerte Schuldprinzip und den Bestimmtheitsgrundsatz.[24] Insoweit stellt sich de lege ferenda die Forderung an den Gesetzgeber, durch eine Ergänzung des § 20 – parallel zu § 35 Abs. 1 S. 2 – das Ausnahmemodell gesetzlich zu fixieren.

2. Differenzierende Betrachtung

Die neuere Rechtsprechung[25] verwirft wegen der verfassungsrechtlichen Bedenken das Ausnahmemodell. Sie hält aber auch das Tatbestandsmodell jedenfalls bei eigenhändigen Delikten für unpassend und klammert damit vor allem die praktisch bedeutsamen Straßenverkehrsdelikte – insbesondere §§ 315c, 316 StGB, 21 StVG – aus dem Anwendungsbereich der *actio libera in causa* aus. Solche Tatbestände könnten nicht (iSd Tatbestandsmodells) als Verursachung eines von der Tathandlung trennbaren Erfolgs begriffen werden.[26] Das „Führen" eines Fahrzeugs etwa sei nicht gleichbedeutend mit dem Verursachen einer Bewegung, sondern beginne erst mit dem Anfahren. Bei den reinen Erfolgsdelikten hält der BGH dagegen die Zurechnung nach den Regeln der *actio libera in causa* iSd Tatbestandsmodells (noch) für zulässig.[27]

3. Rückgriff auf § 323a

Sofern die Regeln der *actio libera in causa* nicht eingreifen, weil

- diese Zurechnungsfigur insgesamt oder die relevante Deliktsgruppe für unanwendbar gehalten wird oder
- für den Täter zum Zeitpunkt der Herbeiführung des Defektzustands die spätere Tatbestandsverwirklichung nicht vorhersehbar war,

kann der Täter – mangels Schuldvorwurfs – nicht wegen des verwirklichten Tatbestands bestraft werden.

In diesem Fall kann jedoch § 323a zum Zuge kommen. Diese Vorschrift stellt nicht die im Rausch ausgeführte Tat, sondern die Herbeiführung des Vollrauschs unter Strafe.

---

[24] Vgl nur *Bringewat* Rn 514f; *Hettinger*, Die „actio libera in causa", 1989, 436ff, 460ff; *ders.* GA 1989, 1ff; *ders.* Geerds-FS 623ff; *Hruschka* JZ 1996, 64 (67ff); *ders.* JZ 1997, 22; *Paeffgen* ZStW 97 (1985), 513 (522ff); *ders.* NK Vor § 323a Rn 29; *Salger/Mutzbauer* NStZ 1993, 561ff; für eigenhändige Delikte *Sternberg-Lieben* Schlüchter-GS 217 (238ff).
[25] BGHSt 42, 235ff.
[26] Krit. hierzu *Freund* GA 2014, 137ff.
[27] So BGH JR 1997, 391; vgl zum Stand der Rechtsprechung auch *Ambos* NJW 1997, 2296ff; *Horn* StV 1997, 264ff; *Jerouschek* JuS 1997, 385ff; *Neumann* StV 1997, 23ff; *Rönnau* JA 1997, 599, 707ff.

Die Rauschtat ist hier nach hM nur objektive Bedingung der Strafbarkeit und verlangt keine subjektive Zurechnung.[28]

V. Gutachten

1. Aufbauprobleme

25 Die Prüfung der Regeln der *actio libera in causa* im strafrechtlichen Gutachten ist nicht nur wegen der Rechtsfragen schwierig, sondern wirft auch wegen der Logik des Aufbaus besondere Probleme auf. Diese Probleme ergeben sich daraus, dass die **Anwendungsvoraussetzungen der beiden Modelle** in zweierlei Hinsicht **voneinander abweichen:**

26 ■ Zum einen sind die Zeitpunkte, in denen die Tatbestandsverwirklichung beginnt, verschieden. Beim Ausnahmemodell liegt der Anfang der Tatausführung (regulär) beim unmittelbaren Ansetzen iSv § 22; das Tatbestandsmodell verlegt dagegen den Tatbeginn (irregulär) auf den Zeitpunkt der Herbeiführung des Defektzustands vor. Insoweit sind die **zu subsumierenden Sachverhalte unterschiedlich.**

27 ■ Zum anderen stellen die beiden Modelle **verschiedene Anforderungen an den Vorsatz.** Da die Tat beim Ausnahmemodell (regulär) mit dem unmittelbaren Ansetzen zur Tatbestandsverwirklichung beginnt, muss der Täter auch erst in diesem Zeitpunkt mit Vorsatz handeln; hinsichtlich der Defektherbeiführung genügt es, dass der Täter die spätere Tat vorhersehen konnte und musste.[29] Beim Tatbestandsmodell beginnt dagegen die Tat mit der Herbeiführung des Defekts, so dass der Täter beim Vorsatzdelikt auch schon zu diesem Zeitpunkt Vorsatz bezüglich der späteren Tat haben muss; zudem muss der Vorsatz auch noch bei der eigentlichen Tatbestandsverwirklichung gegeben sein.[30] Insoweit verlangt also die vorsätzliche *actio libera in causa* nach dem Tatbestandsmodell einen doppelten Vorsatz.[31] Fehlt dem Täter zum Zeitpunkt der Defektherbeiführung noch der Vorsatz, so kommt nach dem Tatbestandsmodell selbst dann allenfalls eine fahrlässige[32] *actio libera in causa* in Betracht, wenn der Täter später bei der eigentlichen Tatbestandsverwirklichung vorsätzlich handelt.

2. Gutachtenaufbau

28 Da sich das Ausnahmemodell unproblematisch in den gängigen Deliktsaufbau einpassen lässt, das Tatbestandsmodell aber einen ungewöhnlichen Aufbau der Straftat (Vorverlagerung) verlangt, empfiehlt es sich, mit der Prüfung des einschlägigen Delikts **nach dem üblichen Schema zu beginnen:**

---

28 Näher *Kindhäuser* BT I § 71/1 ff, 20 ff mwN; vgl auch BGH NStZ-RR 2007, 368.
29 *Hruschka* JZ 1997, 22 ff; *Kindhäuser*, Gefährdung als Straftat, 1989, 127 f.
30 Nicht erforderlich ist allerdings, dass der Täter das Rauschmittel zum Zwecke einer leichteren Durchführung der Tat („Mut antrinken") zu sich nimmt, BGH NStZ 2002, 28.
31 Vgl RGSt 73, 177 (182); BGHSt 2, 14 (17); 17, 259; 21, 381 (382); BGH NStZ 1995, 329 (330); *Joecks* § 323a Rn 37; LK-*Schöch* § 20 Rn 202; für das Erfordernis eines doppelten Vorsatzes auch beim Ausnahmemodell W-*Beulke/Satzger* Rn 417; *Otto* § 13/28.
32 Vgl unten Rn 29 ff.

A) Objektive und subjektive Tatbestandsmäßigkeit (+)

B) Rechtswidrigkeit (+)

C) Schuld: Täter war schon zum Zeitpunkt des unmittelbaren Ansetzens zur Tatbestandsverwirklichung aufgrund des vorherigen Alkoholgenusses schuldunfähig iSv § 20.

- Aber: Zurechnung der Tat zur Schuld trotz Schuldunfähigkeit nach den Regeln der *actio libera in causa*? Dies ist unter Zugrundelegung des Ausnahmemodells der Fall, wenn der Täter die Schuldunfähigkeit herbeigeführt hat, obgleich er damit gerechnet hat bzw damit hätte rechnen können und müssen, dass er im schuldunfähigen Zustand die betreffende Tat begeht (Rn 6 f).
- Wird diese Frage bejaht, so ist das Problem der Verfassungsmäßigkeit des Ausnahmemodells aufzuwerfen (Rn 9 f).
- Wer das Modell für verfassungsgemäß hält, muss die Schuld des Täters feststellen und kann die Deliktsprüfung *beenden*.

Sind die Voraussetzungen des Ausnahmemodells nicht erfüllt oder wird das Modell für verfassungswidrig gehalten, so ist die bisherige Deliktsprüfung ebenfalls zu beenden, aber neu zu beginnen:

D) Tatbestandsmäßigkeit:

I. Objektiver Tatbestand:
- Die objektive Tatbestandsmäßigkeit des Täterverhaltens ist unter Zugrundelegung des Tatbestandsmodells erneut zu prüfen, wobei der Tatbeginn auf den Zeitpunkt der Herbeiführung des Defektzustands zu legen ist. Dies bedeutet: Der Alkoholgenuss muss bereits als unmittelbares Ansetzen iSv § 22 gedeutet werden, ggf in Analogie zu den Regeln der mittelbaren Täterschaft (Rn 11 ff).
- Da dieses Vorgehen den üblichen Rahmen des Gutachtens verlässt, sollte bereits im Obersatz festgehalten werden, dass das betreffende Delikt nach den Grundsätzen der *actio libera in causa* (iSd Tatbestandsmodells) geprüft werden soll.
- Wird das Tatbestandsmodell für unvereinbar mit den Grundsätzen des Versuchsbeginns gehalten oder handelt es sich bei der zu prüfenden Straftat um ein eigenhändiges Delikt, auf das im Anschluss an die neuere Rechtsprechung die Grundsätze der *actio libera in causa* nicht anwendbar sind (Rn 22), so ist die Deliktsprüfung zu *beenden* und nach einer möglichen Strafbarkeit des Täters gem. § 323a zu fragen.

Falls das Tatbestandsmodell für anwendbar gehalten (und die objektive Tatbestandsmäßigkeit bejaht) wird:

II. Subjektiver Tatbestand:
- Beim Vorsatzdelikt ist *doppelter Vorsatz* erforderlich: Der Vorsatz muss sich sowohl auf die Herbeiführung des Defektzustands als auch auf die spätere Ausführung der Tat beziehen (Rn 27).
- Fehlt der Vorsatz hinsichtlich des Defekts, so ist die Prüfung des Vorsatzdelikts zu *beenden* und ggf *neu* mit der Prüfung des entsprechenden Fahrlässigkeitsdelikts zu beginnen.[33]

---

[33] Hierzu § 33; s. auch Rn 29 ff.

Falls doppelter Vorsatz bejaht wird:
E) Rechtswidrigkeit (+)
F) Schuld:
Auf der Schuldebene ist festzustellen, dass dem Täter, falls keine Entschuldigungsgründe eingreifen, die rechtswidrige Tatbestandsverwirklichung zur Schuld zugerechnet werden kann, da er die in der Herbeiführung des Defektzustands (Tatbeginn) liegende Ursache der Tatbestandsverwirklichung im schuldfähigen Zustand gesetzt hat und § 20 damit nicht eingreift.

VI. Actio libera in causa beim Fahrlässigkeitsdelikt

29 Eine fahrlässige *actio libera in causa* ist grds nur möglich, wenn das betreffende Delikt überhaupt fahrlässig begangen werden kann. Unter dieser Voraussetzung kommt eine fahrlässige *actio libera in causa* in Betracht, wenn der Täter die betreffende Straftat fahrlässig begeht, unabhängig davon, ob er sich vorsätzlich oder fahrlässig in den Rauschzustand versetzt hat und hierbei die spätere Tatbestandsverwirklichung hätte vorhersehen können. Folgt man der Auffassung, die für eine vorsätzliche *actio libera in causa* einen doppelten Vorsatz verlangt (Rn 27), ist eine fahrlässige *actio libera in causa* ferner dann gegeben, wenn der Täter den Tatbestand vorsätzlich verwirklicht, aber sich nur fahrlässig in einen Defektzustand versetzt und hierbei die spätere Tatbestandsverwirklichung hätte vorhersehen können.

30 Folgerichtig kann es eine fahrlässige *actio libera in causa* **nur auf der Basis des Ausnahmemodells** geben. Denn nur in diesem Fall wird mithilfe der Zurechnungsfigur der *actio libera in causa* eine Ausnahme vom Erfordernis der Schuldfähigkeit gemacht, so dass der Tatbestand gleichermaßen vorsätzlich oder fahrlässig verwirklicht sein kann.[34]

31 Geht man aber vom **Tatbestandsmodell** aus und legt man den Anfang der Tatausführung bereits auf den Zeitpunkt des Alkoholgenusses, so ist die Konstruktion einer fahrlässigen *actio libera in causa* **überflüssig**.[35] In diesem Fall kann in der Herbeiführung des schuldunfähigen Zustands der für die fahrlässige Tatbestandsverwirklichung erforderliche Sorgfaltsverstoß gesehen werden. Ein Schuldproblem stellt sich nicht mehr, weil der Täter mit der sorgfaltswidrigen Tatbestandsverwirklichung noch im schuldfähigen Zustand – mit dem Alkoholgenuss – beginnt.

32 **WIEDERHOLUNGS- UND VERTIEFUNGSFRAGEN**

> Inwieweit ist die Vereinbarkeit der actio libera in causa mit dem Koinzidenzprinzip problematisch? (Rn 4)
> Was besagt das Ausnahmemodell und welchen Einwänden begegnet es? (Rn 6 ff)
> Was besagt das Tatbestandsmodell und welchen Einwänden begegnet es? (Rn 11 ff)
> Welche Konsequenzen sind zu ziehen, wenn die actio libera in causa ganz oder teilweise für verfassungswidrig gehalten wird? (Rn 20 ff)

---

34 Vgl *Hruschka* JZ 1997, 22 (24 ff) mwN.
35 BGHSt 42, 235 (236 f); *Frisch* ZStW 101 (1989), 538 (608 ff); *Jäger* Rn 182; *Otto* § 13/31 ff; *Paeffgen* ZStW 97 (1985), 513 (524); *Puppe* JuS 1980, 346 (350); krit. *Horn* StV 1997, 264 (265 f).

§ 24 Entschuldigender Notstand

I. Allgemeines

▶ **FALL 1:** A und B, zwei Schiffbrüchige, klammern sich gleichzeitig an eine Planke, die jedoch nur einen von ihnen tragen kann. Zur Rettung des eigenen Lebens stößt A den B von der Planke; dieser ertrinkt. ◀

§ 35 normiert einen Entschuldigungsgrund, der auf dem Gedanken der Unzumutbarkeit normgemäßen Verhaltens beruht.[1] Der Täter handelt zwar rechtswidrig,[2] aber von ihm wird wegen der besonderen Zwangslage, in der er sich befindet, die Befolgung der Norm nicht erwartet. Allerdings ist die Schuld nicht *per se*, sondern nur im Allgemeinen ausgeschlossen, da unter bestimmten Bedingungen trotz der Zwangssituation der Schuldvorwurf bestehen bleiben kann. Dies ist etwa der Fall, wenn der Täter die Notstandslage selbst verursacht hat (§ 35 Abs. 1 S. 2). Nur entschuldigend und nicht rechtfertigend wirkt § 35, da er **kein wesentliches Überwiegen** des gefährdeten Gutes gegenüber dem Gut, in das zur Gefahrabwendung eingegriffen wird, verlangt. Allerdings setzt die Notstandslage bei § 35 eine Gefährdung gerade der ausdrücklich genannten existentiellen Güter voraus.

Fall 1 ist das klassische Beispiel für den entschuldigenden Notstand; es ist mit dem Namen des griechischen Philosophen *Karneades* verbunden, der diesen Fall erörtert haben soll.

II. Voraussetzungen

Der entschuldigende Notstand hat folgende Voraussetzungen:

- Notstandslage,
- Notstandshandlung,
- Rettungswillen (als subjektive Seite der Entschuldigung),
- keine Zumutbarkeit.

1. Notstandslage

Eine Notstandslage ist gegeben, wenn eine gegenwärtige Gefahr für Leben, Leib oder Freiheit des Täters, eines Angehörigen iSd § 11 Abs. 1 Nr. 1 oder einer nahestehenden Person besteht.

a) **Gegenwärtige Gefahr:** Die gegenwärtige Gefahr ist wie beim rechtfertigenden Notstand zu bestimmen.[3] In einer solchen Gefahr schwebt A in **Fall 1**.

b) **Notstandsfähigkeit:** Notstandsfähig sind *nur* die ausdrücklich genannten Güter Leben (**Fall 1**), Leib und Freiheit; auf andere Güter ist die Vorschrift nicht analog anwendbar.[4] Auch das ungeborene Leben wird von der hM nicht als notstandsfähiges

---

[1] Teils wird der Strafausschluss (zusätzlich) auch mit einer Minderung des Handlungsunrechts begründet, vgl W-*Beulke/Satzger* Rn 433; *Heinrich* Rn 563; *Jescheck/Weigend* § 43 III; *Krey/Esser* Rn 749.
[2] Vgl auch § 17 Rn 9.
[3] Hierzu § 17 Rn 15 f, 18 ff; vgl auch RGSt 60, 318 (319 ff); 66, 222 (225 ff); BGHSt 5, 371 (373); BGH NJW 2003, 2464 (2466).
[4] HM, vgl nur OLG Frankfurt StV 1989, 107 (108); *Baumann/Weber/Mitsch* § 23/20; *Jescheck/Weigend* § 44 I 1; *Kühl* § 12/26; SK-*Rogall* § 35 Rn 4, 15; M-*Zipf* § 34/13; aA bzgl Sachgütern, die den Persönlichkeitsrechten im Gewicht entsprechen *Timpe* JuS 1984, 859 (863 f).

Gut angesehen.⁵ Unter Freiheit ist die Fortbewegungsfreiheit (und nicht die allgemeine Handlungsfreiheit) zu verstehen.⁶

7 c) **Angehörige und nahestehende Personen:** Angehörige sind die in § 11 Abs. 1 Nr. 1 genannten Personen. Als nahestehend können Personen angesehen werden, mit denen der Täter in Hausgemeinschaft lebt oder die ihm wie Angehörige persönlich verbunden sind, wie dies etwa bei einem Lebensgefährten der Fall ist.⁷

2. Notstandshandlung

8 Die Notstandshandlung ist nur entschuldigt, wenn die den Notstand begründende Gefahr durch keine andere Maßnahme abwendbar ist.

9 Die Gefahr ist nur dann „nicht anders abwendbar", wenn die Notstandshandlung als *ultima ratio* zur Behebung der Gefahr **objektiv erforderlich** ist: Die Notstandshandlung muss also **geeignet** und das **relativ mildeste der zur Verfügung stehenden Mittel** sein.⁸ Stehen dem Täter mehrere Möglichkeiten der Gefahrenabwehr zur Verfügung, muss er sich mit einem weniger aussichtsreichen Mittel begnügen, sofern dieses mit weniger gravierenden Folgen verbunden ist.⁹ Insbesondere ist die Gefahr anders abwendbar, wenn staatliche Hilfe in Anspruch genommen werden kann. Ob dies der Fall ist, bedarf sorgsamer Erörterung. Vor allem muss die Wirksamkeit möglicher Alternativen anhand konkreter Anhaltspunkte des Einzelfalls von vornherein zweifelhaft gewesen sein, weil zB staatliche Institutionen in vorangegangenen Konfliktfällen nicht oder nicht wirksam genug eingegriffen hatten.¹⁰ In **Fall 1** hatte A nur die Möglichkeit, den B von der Planke zu stoßen, um selbst zu überleben.

10 Zudem muss eine gewisse **Proportionalität** zwischen dem zu schützenden und dem verletzten Rechtsgut bestehen.¹¹ Ein Eingriff in fremde Güter ist zB nicht entschuldigt, wenn nur unerhebliche körperliche Schäden drohen.¹²

3. Rettungswille

11 Subjektiv setzt der entschuldigende Notstand neben einer Kenntnis der Gefahrenlage ein Handeln zum Zwecke der Gefahrabwendung voraus („um ... abzuwenden"). Dieses finale Element, das bei A in **Fall 1** vorliegt, ist erforderlich, da die Entschuldigung – anders als die Rechtfertigung bei § 34¹³ – an die Motivation des Täters anknüpft.¹⁴ Die Rechtsprechung verlangt zudem eine umso sorgfältigere Prüfung anderweitiger

---

5 Vgl L-Kühl-*Kühl* § 35 Rn 3; MK-*Müssig* § 35 Rn 13; NK-*Neumann* § 35 Rn 14; *Roxin* JA 1990, 97 (101); Stratenwerth/Kuhlen § 10/105; LK-*Zieschang* § 35 Rn 12; aA HKGS-*Duttge* § 35 Rn 4; S/S-*Perron* § 35 Rn 5; SK-*Rogall* § 35 Rn 15.
6 *Kühl* § 12/30; S/S-*Perron* § 35 Rn 8.
7 *Freund* § 4/48; *Krey/Esser* Rn 750; MK-*Müssig* § 35 Rn 19.
8 *Ebert* 107; *Kühl* § 12/47 f; MK-*Müssig* § 35 Rn 27 f.
9 *Lenckner* Lackner-FS 95 (111).
10 BGHSt 48, 255 (260 ff) m. Anm. *Otto* NStZ 2004, 142, zur Tötung eines Haustyrannen; näher hierzu *Rengier* NStZ 2004, 233 ff.
11 *Kühl* § 12/53; MK-*Müssig* § 35 Rn 34.
12 Vgl RGSt 66, 397 (399 f); *Hörnle* JuS 2009, 873 (878).
13 Vgl aber § 17 Rn 41.
14 HM, vgl nur BGHSt 3, 271 (273 ff); W-*Beulke/Satzger* Rn 438; *Fischer* § 35 Rn 8; *Kühl* § 12/56 f; MK-*Müssig* § 35 Rn 37; *Otto* § 14/10; S/S-*Perron* § 35 Rn 16; *Roxin* JA 1990, 97 (102); M-*Zipf* § 34/15; aA *Jakobs* 20/10 f; *Timpe* JuS 1984, 859 (860).

Rettungsmöglichkeiten, je gravierender der Eingriff in fremde Güter durch die Notstandshandlung ist.[15]

4. Keine Zumutbarkeit

▶ **FALL 2:** Terrorist T kann sich bei einem Kaufhausbrand nur dadurch retten, dass er X und Y, die hierdurch tödliche Verletzungen erleiden, von einer Treppe stößt; T hatte den Brand durch eine Bombe, die vorzeitig explodierte, selbst ausgelöst. ◀

▶ **FALL 3:** A kann seine Ehefrau E nur dadurch aus einem brennenden Haus befreien, dass er den unbeteiligten B verletzt; E hatte den Brand selbst gelegt. ◀

Der Schuldvorwurf entfällt nach § 35 Abs. 1 S. 2 nicht, wenn dem Täter den Umständen nach zugemutet werden konnte, die Gefahr hinzunehmen, insbesondere wenn der Täter die Notstandslage selbst verursacht hat oder in einem besonderen Rechtsverhältnis mit erhöhten Gefahrtragungspflichten stand.[16]

a) **Gefahrverursachung:** Zum Ausschluss der Entschuldigung reicht die bloße Gefahrverursachung noch nicht hin. Vielmehr ist dem Täter die Entschuldigung erst zu versagen, wenn er sich (zumindest objektiv) ohne zureichenden Grund in eine Situation begeben hat, aus der die Gefahrenlage vorhersehbar erwachsen ist.[17] In **Fall 2** ist T nicht entschuldigt, da er die Gefahrenlage in einer von ihm zu vertretenden Weise verursacht hat.

b) **Erhöhte Gefahrtragungspflicht:** In Rechtsverhältnissen mit zumutbar erhöhter Gefahrtragungspflicht stehen typischerweise Polizeibeamte, Soldaten, Seeleute sowie Angehörige der Feuerwehr oder des Bergrettungsdienstes.[18] Gemeinhin wird verlangt, dass sich aus dem Rechtsverhältnis eine besondere Pflichtenstellung gegenüber der Allgemeinheit ergeben muss, so dass zB Eltern, die nur gegenüber ihren eigenen Kindern Schutzpflichten haben, nicht betroffen sind.[19]

c) **Zumutbarkeit für Gefährdeten:** Nach einer im Schrifttum vertretenen Minderansicht soll eine Entschuldigung auch dann ausgeschlossen sein, wenn der Täter zugunsten eines Angehörigen oder ihm Nahestehenden handelt und *dieser* Person die Hinnahme der Gefahr zumutbar ist.[20] Gegen eine solche Einschränkung spricht jedoch neben dem eindeutigen Wortlaut – „er selbst" –, dass der entschuldigende Notstand auf die Motivationslage des Täters abstellt und es insoweit keinen Unterschied macht, ob der zu Rettende für die Gefahr zuständig ist oder nicht.[21] Daher ist A in **Fall 3** entschuldigt: Für die Frage, ob es A zumutbar ist, den Tod der E hinzunehmen, kann es keine Rolle spielen, ob diese den Brand gelegt hat oder nicht.

---

15 BGHSt 18, 311 (312); BGH NStZ 1992, 487; W-*Beulke/Satzger* Rn 439; *Haft* 142f; *Otto* § 14/8; aA *Bernsmann*, „Entschuldigung" durch Notstand, 1989, 73, 107; MK-*Müssig* § 35 Rn 38.
16 Ausf. hierzu *Roxin* JA 1990, 137ff; *Timpe* JuS 1985, 35ff.
17 *Jescheck/Weigend* § 44 III 2 a; S/S/W-*Rosenau* § 35 Rn 14; *Roxin* I § 22/44ff; abw. SK-*Rogall* § 35 Rn 29ff: vorsätzliche oder fahrlässige Herbeiführung; weitergehend LK-*Zieschang* § 35 Rn 49: bereits schlicht pflichtwidriges Vorverhalten reiche aus.
18 Vgl BGH NJW 1964, 730 (731); *Freund* § 4/49; *Krey/Esser* Rn 759; NK-*Neumann* § 35 Rn 41ff.
19 *Kühl* § 12/70; aA *Zieschang* JA 2007, 679 (684).
20 *Otto* § 14/14; *Timpe* JuS 1985, 35 (38f).
21 *Fischer* § 35 Rn 10ff; S/S-*Perron* § 35 Rn 20a; M-*Zipf* § 34/6.

III. Anwendung

16 Im **Gutachten** empfiehlt es sich, die Voraussetzungen des entschuldigenden Notstands in folgenden Schritten zu prüfen:

A) Tatbestandsmäßigkeit
B) Rechtswidrigkeit (insbesondere kein Notstand nach § 34)
C) Schuld:
    I. Notstandslage:
        1. Gefahr (§ 17 Rn 15 f) für
        2. Leib, Leben oder (Bewegungs-)Freiheit (Rn 6)
        3. Gegenwärtigkeit (§ 17 Rn 18 ff)
    II. Notstandshandlung: Keine andere Abwendbarkeit der Gefahr (Rn 8 ff)
        1. Erforderlichkeit: geeignetes und mildestes Mittel (Rn 9)
        2. Proportionalität (Rn 10)
    III. Subjektive Entschuldigung (Rettungswille):
        1. Kenntnis der Notstandslage und -handlung (Rn 11)
        2. Rettungsabsicht (Rn 11)
    IV. Keine Zumutbarkeit
        1. Zuständigkeit nur (str., Rn 15) des Täters für die Gefahr (Rn 13)
        2. Besondere Rechtsstellung (Rn 14).

Falls Notstand (+) ist der Täter entschuldigt, ansonsten ggf Prüfung weiterer Entschuldigungs- und Schuldausschließungsgründe.

Da § 35 Abs. 1 nur einen Entschuldigungsgrund formuliert, ist *Notwehr* gegen einen im entschuldigenden Notstand Handelnden grds zulässig. Die Notwehr kann aber Einschränkungen unterliegen.[22]

Da der entschuldigende Notstand die Rechtswidrigkeit der Tat unberührt lässt, sind strafbare Beteiligungen an ihr möglich.[23]

17 WIEDERHOLUNGS- UND VERTIEFUNGSFRAGEN

> Welches sind die Voraussetzungen des entschuldigenden Notstands? (Rn 3 ff)
> Welche Güter sind iSv § 35 notstandsfähig? (Rn 6)
> Unter welchen Voraussetzungen ist die Hinnahme der Gefahr zumutbar? (Rn 12 ff)

---

[22] Vgl § 16 Rn 46.
[23] Vgl § 38 Rn 17 f.

§ 25 Notwehrexzess

I. Allgemeines

Nach § 33 ist derjenige nicht zu bestrafen, der die Grenzen der Notwehr aus Verwirrung, Furcht[1] oder Schrecken überschreitet. Diese Regelung ist als Entschuldigungsgrund zu verstehen.[2] Sie trägt zum einen der besonderen Lage eines rechtswidrig Angegriffenen (oder seines Nothelfers)[3] Rechnung, der seine Verteidigung aus den genannten psychischen Gründen in einer Weise überzieht, die nicht mehr von der Notwehrbefugnis gedeckt ist und ihn deshalb selbst zu einem – Nachsicht verdienenden – rechtswidrig Angreifenden macht. Zum anderen lässt sich die mangelnde Strafwürdigkeit der Notwehrüberschreitung aus dem Umstand erklären, dass der ursprüngliche Angreifer nicht nur für die ursprüngliche Notwehrsituation, sondern auch – in einem gewissen Maße – für die aus ihr resultierende (Über-)Reaktion des ursprünglich Angegriffenen (und nunmehrigen Täters der Notwehrüberschreitung) zuständig ist.[4]

II. Der intensive Notwehrexzess

▶ **FALL 1:** A hätte den Angriff des ihm körperlich unterlegenen B ohne Weiteres mit den Fäusten abwehren können; erschreckt über die plötzliche Attacke greift A jedoch zu einem Messer und sticht es B in die Brust. ◀

▶ **FALL 2:** Wie **Fall 1**, allerdings hat A den B vor dessen Angriff mit einer (abgeschlossenen) Beleidigung traktiert, so dass die anschließende Attacke des als aggressiv bekannten B vorhersehbar war, ohne dass A diesen Verlauf der Situation jedoch beabsichtigt hätte. ◀

§ 33 erfasst zunächst unstreitig die in **Fall 1** geschilderte Situation, dass das Opfer eines rechtswidrigen Angriffs (oder sein Nothelfer) aus Verwirrung, Furcht oder Schrecken das **Maß der erforderlichen Verteidigung** iSd Notwehr (§ 32) **überschreitet**. Man spricht hier von einem intensiven Notwehrexzess, da A hinsichtlich der Intensität der Abwehr über die Grenzen des Erforderlichen hinausgeht; ihm stand mit der Möglichkeit der Faustabwehr ein der Verteidigung mit dem Messer gleich wirksames, aber milderes Mittel zur Verfügung.[5] Ein intensiver Notwehrexzess ist auch dann möglich, wenn ein Angriff zwar noch fortbesteht, in seiner Intensität aber nachgelassen hat.[6]

---

1 Hierzu BGH StV 2006, 688.
2 Heute ganz hM, vgl nur RGSt 56, 33 (34); BGHSt 3, 194 (197f); 39, 133; S/S-*Perron* § 33 Rn 2; SK-*Rogall* § 33 Rn 1; zu abw. Konzeptionen NK-*Kindhäuser* § 33 Rn 2f.
3 Zur Nothilfe vgl § 16 Rn 2.
4 Vgl auch W-*Beulke/Satzger* Rn 446; *Jakobs* 20/28.
5 Näher § 16 Rn 27ff.
6 BGH NStZ-RR 2004, 10.

3 Schematisch lässt sich der intensive Notwehrexzess wie folgt darstellen:

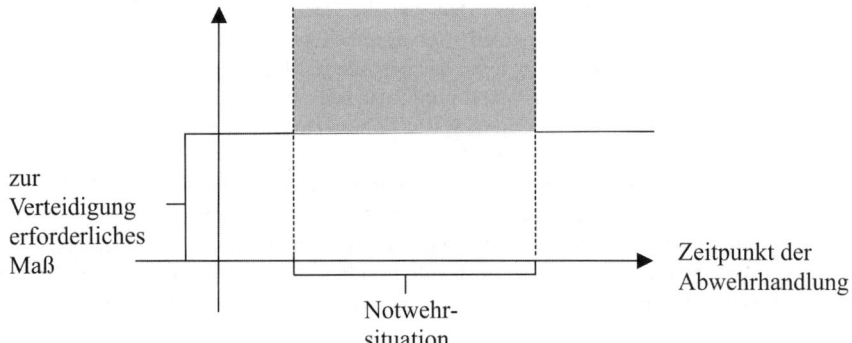

4 Der intensive Notwehrexzess hat folgende **Voraussetzungen**:

5 ■ Es muss **objektiv** eine **Notwehrlage**[7] gegeben sein.

6 ■ Der (ursprünglich) Angegriffene muss das **erforderliche Maß der Abwehr überziehen**, also zu einem Mittel greifen, das hinsichtlich der Intensität seines Einsatzes (zB Schuss in die Brust statt ins Bein) oder wegen verfügbarer gleich wirksamer, aber milderer Mittel über das zur Verteidigung Notwendige hinausgeht.

7 ■ Der (ursprünglich) Angegriffene muss **aus Verwirrung, Furcht oder Schrecken** handeln. Nur diese Schwächeaffekte (sog. asthenische Affekte)[8] wirken entschuldigend, nicht dagegen Wut, Empörung oder Hass (sog. sthenische Affekte) oder sonstige Gründe. Treffen die asthenischen Affekte mit weiteren Motiven zusammen, so müssen sie, um entschuldigend zu wirken, zwar nicht dominant, wohl aber mitbestimmend sein.[9]

8 Hat der Exzesstäter selbst die **Notwehrlage schuldhaft herbeigeführt**, soll dies nach hL der Anwendung des § 33 nicht entgegenstehen. Verwiesen wird hierzu insbesondere auf das Fehlen eines im Gesetzestext zum Ausdruck kommenden Ausschlusses dieser Situation, der beim entschuldigenden Notstand in § 35 Abs. 1 S. 2 ausdrücklich zu finden ist.[10] Ausnahmen sind allerdings im Fall einer Absichtsprovokation zu machen,[11] sofern man annimmt, dass diese zum Ausschluss des Notwehrrechts führt, da dann bereits die Basis für einen entschuldigten Exzess fehlt.[12] Weitergehend nimmt die Rspr außerdem an, dass sich der Exzesstäter auch dann nicht auf § 33 berufen könne, wenn er die Notwehrlage selbst planmäßig herbeigeführt habe.[13] Für **Fall 2** ergibt sich danach, dass A trotz der sorgfaltswidrigen Herbeiführung der Notwehrlage nach § 33

---

[7] Zu deren Merkmalen vgl § 16 Rn 5 ff.
[8] Näher NK-*Kindhäuser* § 33 Rn 21 ff; LK-*Zieschang* § 33 Rn 53 ff.
[9] BGHSt 3, 195 (198); BGH StV 1999, 148 (149); NStZ 2001, 591 (593); NK-*Kindhäuser* § 33 Rn 25; *Otto* Jura 1987, 604 (606 f); SK-*Rogall* § 33 Rn 9; aA S/S-*Perron* § 33 Rn 5; *Roxin* Schaffstein-FS 105 (121 f).
[10] NK-*Kindhäuser* § 33 Rn 28; *Roxin* Schaffstein-FS 105 (123); hierzu § 24 Rn 13.
[11] S. § 16 Rn 48 ff.
[12] *Hoffmann-Holland* Rn 406 mwN.
[13] Ausf. BGHSt 39, 133 (139 f) m. krit. Anm. *Roxin* NStZ 1996, 335 f.

weiterhin entschuldigt bleibt, da er die Attacke des B weder beabsichtigt noch sonst als Reaktion eingeplant hat.

III. Der extensive Notwehrexzess

▶ **FALL 3:** C hat erfahren, dass D einen Einbruch bei ihm plant. In seiner Angst schießt er auf D schon zu einem Zeitpunkt, als dieser noch auf der Straße hin- und hergeht, um die Örtlichkeiten auszukundschaften. ◀

▶ **FALL 4:** E stürzt sich auf F, um ihn zu verprügeln, ergreift jedoch die Flucht, als F eine Pistole zieht; in panischer Angst schießt F jedoch E hinterher und verletzt ihn schwer. ◀

Die Grenzen der Notwehr werden extensiv überschritten, wenn der Exzesstäter die **zeitlichen Grenzen der Notwehr nicht einhält.** Der extensive Notwehrexzess betrifft eine Situation, in welcher der Täter einen noch nicht begonnenen oder schon beendeten Angriff abwehrt, in der sich also die Verteidigung (ggf Nothilfe) gegen keinen gegenwärtigen Angriff mehr richtet und damit zu früh oder verspätet erfolgt.[14]

Schematisch lässt sich der extensive Notwehrexzess wie folgt darstellen:

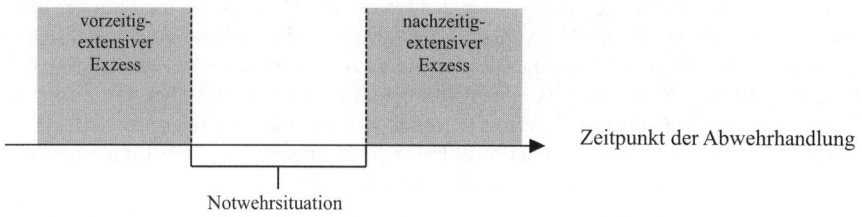

In **Fall 3** hat D noch nicht zur geplanten Tat angesetzt, so dass der Angriff **noch nicht gegenwärtig** ist (sog. vorzeitig-extensiver Notwehrexzess). Dagegen ist in **Fall 4** der Angriff des E zum Zeitpunkt des Schusses bereits beendet, so dass er **nicht mehr gegenwärtig** ist (sog. nachzeitig-extensiver Notwehrexzess). Ob § 33 auf diese beiden Konstellationen Anwendung finden kann, ist umstritten:

- Nach hM trifft § 33 auf den extensiven Exzess nicht zu,[15] mit der Folge, dass der Exzesstäter in beiden Fällen nicht entschuldigt ist. Da eine Notwehrlage weder bei einem noch nicht begonnenen noch bei einem bereits beendeten Angriff objektiv bestehe, könne jeweils auch keine Notwehrbefugnis im asthenischen Affekt überschritten werden.

- Eine verbreitete Gegenansicht will § 33 auf beide Konstellationen des extensiven Exzesses anwenden.[16] Unter den „Grenzen der Notwehr" könnten auch die zeitlichen Grenzen verstanden werden. Außerdem sei wegen der gleichartigen Motivationslage ein Unterschied zum intensiven Exzess sachlich nicht gerechtfertigt.

---

[14] Näher NK-*Paeffgen* Vor § 32 Rn 279 ff.
[15] RGSt 54, 36 (37); 62, 76 (77); BGH NStZ 1987, 20; 2002, 141 f; *Ebert* 109; *Geilen* Jura 1981, 370 (379); *Jescheck/Weigend* § 45 II 4; *Krey/Esser* Rn 765; SK-*Rogall* § 33 Rn 4.
[16] *Jakobs* 20/31; *Müller-Christmann* JuS 1989, 717 (718 f); S/S-*Perron* § 33 Rn 7; *Roxin* Schaffstein-FS 105 (111 ff); diff. zwischen direkter und analoger Anwendung, abhängig von der zeitlichen Abfolge, LK-*Zieschang* § 33 Rn 6, 10 f.

14 ■ Eine vermittelnde Meinung lässt § 33 nur für den nachzeitig-extensiven Notwehrexzess gelten.[17] Hier habe bereits eine Notwehrbefugnis bestanden, die nur in ihren zeitlichen Grenzen überschritten werde. Allerdings sei – wie in **Fall 4** – ein unmittelbarer zeitlicher Zusammenhang erforderlich, dem zufolge sich die Verteidigungshandlung und ihre Fortsetzung bei natürlicher Betrachtungsweise als einheitliches Geschehen darstellen. Diese Differenzierung ist sachgemäß: Da beim vorzeitigen Exzess noch keine Notwehrlage und damit keine Verteidigungsbefugnis vorliegt, ist der vermutliche Angreifer mangels Angriffs auch noch gar nicht für eine Notwehrlage zuständig, aus der sich die Reaktion des Exzesstäters erklären und dem Angreifer als Selbstgefährdung zurechnen ließe. Beim nachzeitigen Exzess bestand dagegen bereits eine die Reaktion des Angegriffenen und späteren Exzesstäters erklärende Notwehrlage, die nur zeitlich „abgelaufen" ist.

IV. Subjektive Tatseite

▶ **FALL 5:** Obgleich G erkennt, dass ein Schuss ins Bein den Angreifer H kampfunfähig machen könnte, zielt er aus Angst in die Brust. ◀

15 Unter den Voraussetzungen des § 33 ist der Exzess des Verteidigers unabhängig davon entschuldigt, ob dieser die Notwehrgrenzen bewusst oder unbewusst überschreitet;[18] auch der in Kenntnis der Sachlage begangene Exzess ist daher – wie in **Fall 5** – ohne Schuld begangen. Nach einer Mindermeinung soll § 33 so zu verstehen sein, dass dem Exzesstäter die Notwehrüberschreitung gerade aufgrund des asthenischen Affekts verborgen bleiben müsse.[19] G wäre dann in **Fall 5** nicht entschuldigt. Für diese Einschränkung bietet der Gesetzeswortlaut jedoch keine Grundlage.

16 Nach der Rspr muss der Exzedent zudem – parallel zur Notwehr – mit **Verteidigungsabsicht** gehandelt haben.[20]

V. Putativnotwehrexzess

▶ **FALL 6:** Die mit einer Pistole bewaffnete J missversteht das Verhalten des harmlosen Spaziergängers S und glaubt irrig, dieser wolle sie vergewaltigen. In panischer Angst schießt sie J in den Kopf statt in Arme oder Beine. ◀

17 Unter einer Putativnotwehr ist ein Erlaubnistatbestandsirrtum[21] zu verstehen, bei dem der Täter irrig annimmt, die tatsächlichen Voraussetzungen einer Notwehrlage seien gegeben. Von einem Putativnotwehrexzess spricht man, wenn sich der Täter – wie J in **Fall 6** – in einer solchen Situation gegen den vermeintlichen Angreifer in einer Weise wehrt, die auch bei gegebener Notwehrlage als Überschreitung der Notwehrbefugnis iSv § 33 anzusehen wäre.[22]

---

17 W-Beulke/Satzger Rn 447; M/R-Engländer § 33 Rn 5; Heinrich Rn 587; Otto Jura 1987, 604 (606); Timpe JuS 1985, 117 (120 f).
18 HM, vgl nur RGSt 56, 33 (34); BGHSt 39, 133 (139); BGH NStZ 1989, 474 (475); Baumann/Weber/Mitsch § 23/46; Fischer § 33 Rn 8; Jescheck/Weigend § 45 II 3; Kühl § 12/148; Matt § 5/2; Roxin Schaffstein-FS 105 (107 ff); Theile JuS 2006, 965 (967).
19 Welzel § 14 II 5.
20 BGHSt 3, 194 (198); BGH NJW 2013, 2133 (2134) m. (nur) iE zust. Anm. Engländer HRRS 2013, 389 (392) sowie abl. Anm. Brüning ZJS 2013, 511 (517) und Jäger JA 2013, 708 (710).
21 Näher hierzu § 29 Rn 11 ff.
22 Ausf. Darstellung am Fall bei Berster JuS 2014, 998 ff.

- Eine im Schrifttum vertretene Mindermeinung will hier § 33 analog heranziehen, wenn der Irrtum unvermeidbar war[23] oder den durch die vermeintliche Abwehrhandlung Betroffenen ein erhebliches Verschulden am Irrtum des Verteidigers trifft.[24] Teils wird die analoge Anwendbarkeit auch damit begründet, dass sich § 33 auf die Schuld beziehe und es daher entscheidend auf die Motivationslage des Täters ankomme.[25]

- Mit der hM ist jedoch eine entsprechende Anwendung des § 33 für den Fall des Putativnotwehrexzesses abzulehnen.[26] Denn § 33 knüpft an § 32 an und verlangt daher das objektive Vorliegen einer Notwehrlage. Auch kann der Täter nicht entschuldigt sein, wenn ihm schon die Berufung auf Notwehr versagt ist. Zudem ist zu bedenken, dass die überzogene Abwehr keinen für die Situation zuständigen Veranlasser trifft.[27]

- Schließlich ergeben sich auch Stimmen, die auf den Putativnotwehrexzess die **Regelung des § 35 Abs. 2** entsprechend anwenden wollen, da diese Vorschrift Anhaltspunkte dafür biete, welche Lösung der Gesetzgeber für angemessen erachtet, wenn sich ein Täter über das Vorliegen eines entschuldigenden Sachverhaltes (vermeidbar oder unvermeidbar) irrt.[28]

VI. Anwendung

Im Gutachten empfiehlt es sich, die Voraussetzungen des entschuldigenden Notwehrexzesses in folgenden Schritten zu prüfen:

A) Tatbestandsmäßigkeit

B) Rechtswidrigkeit: keine Notwehrbefugnis nach § 32

C) Entschuldigung nach § 33 in zwei Alternativen:

1. Alternative: Notwehr scheidet *mangels Erforderlichkeit* der konkreten Abwehr aus (sog. intensiver Notwehrexzess):
   a) Notwehrlage objektiv gegeben (§ 16 Rn 5 ff)
   b) Verteidigung übersteigt das erforderliche Maß der Abwehr (Rn 6)
   c) Exzesstäter (Verteidiger) handelt (auch) aus Verwirrung, Furcht oder Schrecken (Rn 7)
2. Alternative: Notwehr scheidet *mangels Gegenwärtigkeit* des Angriffs aus (sog. extensiver Notwehrexzess):
   a) umstritten, ob § 33 auch bei bevorstehender und/oder soeben beendeter Notwehrlage anwendbar ist (Rn 9 ff); falls (+), Prüfung fortsetzen mit:
   b) Exzesstäter handelt (auch) aus Verwirrung, Furcht oder Schrecken

Falls Notwehrexzess (+), ist der Täter entschuldigt; ansonsten ggf weitere Entschuldigungs- und Schuldausschließungsgründe prüfen.

---

[23] S/S-*Perron* § 33 Rn 8; SK-*Rogall* § 33 Rn 6.
[24] *Hardtung* ZStW 108 (1996), 26 (55 ff, 60); *Otto* § 16/8 ff; *Roxin* I § 22/96; *Zieschang* 94.
[25] *Schmidhäuser* StuB 8/33.
[26] BGH NJW 1962, 308 (309); NStZ 1987, 20; NStZ-RR 2002, 203 (204); NStZ 2003, 599 (600); W-*Beulke/Satzger* Rn 448; *Jescheck/Weigend* § 45 II 4; L-Kühl-*Kühl* § 33 Rn 2; M-*Zipf* § 38/19.
[27] *Engländer* JuS 2012, 408 (411); *Jakobs* 20/33.
[28] *Bachmann* JA 2009, 510 (512); *Rengier* § 27/30; *Sauren* Jura 1988, 567 (573 f).

22 Beim **intensiven Notwehrexzess** ist das Überschreiten der Notwehrgrenzen widerrechtlich und damit selbst als rechtswidriger Angriff anzusehen. Deshalb steht dem ursprünglichen Angreifer gegen den Täter des Notwehrexzesses nunmehr grds selbst ein Notwehrrecht zu. Es ist jedoch zu beachten, dass diese Notwehrbefugnis des ursprünglichen Angreifers in zweifacher Hinsicht eingeschränkt sein kann: Zum einen handelt der Täter der Notwehrüberschreitung unter den Voraussetzungen des § 33 schuldlos;[29] zum anderen können die Grundsätze der Notwehrprovokation eingreifen.[30]

23 Ob der Streit um den **extensiven Notwehrexzess** im Einzelfall Bedeutung erlangt, kann wesentlich davon abhängen, wie die Gegenwärtigkeit des Angriffs bestimmt wird. Der Zeitraum kann sich über die formelle Vollendung hinaus bis zur materiellen Beendigung oder endgültigen Beseitigung der Angriffsgefahr erstrecken.[31]

24 Das **Überschreiten der räumlichen Grenzen** – der Täter verletzt bei seiner zu weit greifenden Verteidigung auch unbeteiligte Dritte – ist nach Notstandsregeln (§§ 34, 35) zu beurteilen. Erkennt der Täter bei seiner Verteidigung aus Furcht usw nicht, dass er überhaupt einen Dritten verletzt – der Täter schlägt um sich und trifft im Dunkeln eine Person, die ebenfalls den Angreifer zurückhalten will[32] –, ist jedenfalls ein vorsatzausschließender Tatbestandsirrtum gegeben. Möglich ist eine Bestrafung wegen fahrlässiger Verletzung, sofern die einschlägigen Voraussetzungen erfüllt sind.[33]

25 **WIEDERHOLUNGS- UND VERTIEFUNGSFRAGEN**

> Welche Situation wird als intensiver Notwehrexzess bezeichnet? (Rn 2 ff)
> Wird der extensive Notwehrexzess von § 33 erfasst? (Rn 9 ff)
> Wird der Putativnotwehrexzess von § 33 erfasst? (Rn 17 ff)

---

29 Vgl § 16 Rn 46.
30 Vgl § 16 Rn 48 ff.
31 Vgl § 16 Rn 19; ferner RGSt 62, 76 (77); BGH NJW 1992, 516 f.
32 Beispielhaft RGSt 58, 27 (30).
33 Vgl RGSt 54, 36 (37); BGH (Zivilsenat) NJW 1978, 2028 (2029); LK-*Zieschang* § 33 Rn 16.

Sechster Abschnitt: Irrtumslehre

§ 26 Grundlagen

I. Allgemeines

Die Kenntnisse des Täters spielen bei der Zurechnung eines Vorsatzdelikts sowohl auf der Unrechts- als auch auf der Schuldebene eine Rolle. So erfordert der subjektive Tatbestand zumindest, dass der Täter die objektive Tatbestandsverwirklichung konkret für möglich hält.[1] Entsprechende Kenntnisse verlangt die subjektive Tatseite bei Rechtfertigungs- oder Entschuldigungsgründen. Schließlich setzt aktuelles Unrechtsbewusstsein bei der Schuld voraus, dass der Täter sein Handeln als rechtswidrig einschätzt.[2]

Auf allen Zurechnungsstufen können die erforderlichen Vorstellungen des Täters falsch sein oder fehlen. Die Erscheinungsformen, Bezugspunkte und Rechtsfolgen solcher kognitiven Defizite behandelt die Irrtumslehre.[3] Die Entwicklung einer systematischen Irrtumslehre ist auch von großer praktischer Bedeutung, da die Rechtsfolgen der im Rahmen der Zurechnung in Betracht kommenden Irrtümer in den §§ 16, 17 und 35 Abs. 2 nur lückenhaft normiert sind. Diese Lücken müssen durch einen Rückgriff auf die in den gesetzlich fixierten Regelungen enthaltenen Prinzipien geschlossen werden.

1. Irrtumsformen

▶ **FALL 1A:** A weiß nicht, dass er mit dem Schuss, den er abgibt, einen Menschen tödlich trifft. ◀

▶ **FALL 1B:** A nimmt unzutreffend an, dass er mit dem Schuss, den er abgibt, eine Statue beschädigt. ◀

Den Irrtumsregelungen des AT liegt ein weiter Irrtumsbegriff zugrunde, wonach unter **Irrtum mangelndes Wissen** zu verstehen ist.[4] Das Unwissen kann sich zum einen darauf beziehen, dass der Betreffende hinsichtlich des in Frage stehenden Gegenstands überhaupt keine Vorstellungen hat (Unkenntnis, *ignorantia*). Das Unwissen kann aber auch darin bestehen, dass der Betreffende (bewusst oder unreflektiert) von einer Sachlage ausgeht, die mit dem in Frage stehenden Gegenstand unvereinbar ist (Fehlvorstellung, *error*).

- Die **Unkenntnis** ist ein negativer Irrtum, bei dem ein in Wirklichkeit vorhandener Gegenstand entweder überhaupt nicht oder nur unzureichend erkannt wird. Beispielhaft hierfür ist die Sachverhaltsschilderung in **Fall 1a**: Der Irrende weiß nicht, dass etwas Bestimmtes der Fall ist.

- Die **Fehlvorstellung** ist ein positiver Irrtum, bei dem ein in Wirklichkeit nicht vorhandener Gegenstand für gegeben gehalten wird. Beispielhaft hierfür ist die Sach-

---

1 Zu diesem notwendigen intellektuellen Grundelement des Vorsatzes vgl § 14 Rn 14 ff.
2 Die Feststellung des Unrechtsbewusstseins ist – im Gegensatz zur Feststellung des Vorsatzes – kein notwendiger Prüfungsschritt, da das Unrechtsbewusstsein Schuldelement ist und die Schuld nur negativ – hinsichtlich des möglichen Fehlens von Schuldelementen – geprüft wird, vgl § 6 Rn 11 f.
3 Überblick bei *Henn* JA 2008, 854 ff; *Knobloch* JuS 2010, 864 ff.
4 *Baumann/Weber/Mitsch* § 21/2.

verhaltsschilderung in **Fall 1b**: Der Täter nimmt unzutreffend an, dass etwas Bestimmtes der Fall ist.

6 Ob das defiziente Wissen eines Irrenden als Unkenntnis oder als Fehlvorstellung einzustufen ist, **hängt davon ab,** ob der in Frage stehende **Gegenstand vorhanden oder nicht vorhanden** ist. Mit Blick auf die **Fälle 1a** und **1b** bedeutet dies: Da A in der Annahme auf einen Menschen schießt, es handele sich um eine Statue, befindet er sich hinsichtlich des tatsächlichen Zieles (Mensch) im Zustand der Unkenntnis, hinsichtlich des nicht vorhandenen Zieles (Statue) in einer Fehlvorstellung.

2. Gegenstand des Irrtums

▶ **FALL 2:** X zerreißt eine fremde Urkunde, die er für einen bedeutungslosen Schmierzettel hält. ◀

▶ **FALL 3:** „Hacker" Y verschafft sich Kenntnis von Daten, die nicht für ihn bestimmt und gegen unberechtigten Zugang besonders gesichert sind, ohne zu wissen, dass dies verboten ist. ◀

7 **Gegenstand eines Irrtums** können **alle objektiven Elemente einer Straftat** sein. Von Bedeutung für die Irrtumslehre ist insbesondere die Unterscheidung zwischen den tatsächlichen Voraussetzungen (Tatumständen) eines Delikts-, Rechtfertigungs- oder Entschuldigungstatbestands einerseits und der Bewertung einer Tat als Unrecht andererseits.[5] Ein Irrtum über Tatumstände in Form eines Tatbestandsirrtums liegt etwa vor, wenn der Täter – wie X in **Fall 2** – nicht weiß, dass er eine fremde Urkunde iSv § 274 Abs. 1 Nr. 1 zerstört. Demgegenüber befindet sich Y in **Fall 3** in einem Irrtum über das Unrecht seiner Tat; er weiß, was er tut, aber er weiß nicht, dass dies nach § 202a verboten ist.

8 Schematische Darstellung:

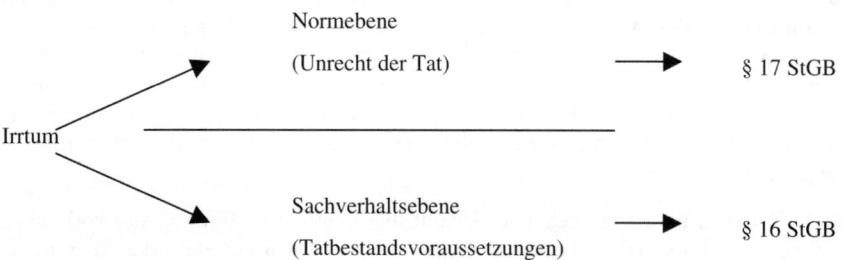

3. Rechtsfolgen des Irrtums

▶ **FALL 4:** C vergiftet den D, ohne dessen Sterbeverlangen zu kennen, mit der tödlichen Überdosis eines Schlafmittels. ◀

▶ **FALL 5:** E begeht Ehebruch in der Annahme, ein solches Verhalten sei bei Strafe verboten. ◀

---

5 Für eine Kategorisierung nach „Regel" und „Sachverhalt" *Neumann* Puppe-FS 171 ff.

▶ **FALL 6:** F will seinen Nachbarn G ärgern, indem er mit einem Gewehr auf dessen im Garten aufgestellte Nachbildung einer griechischen Statue schießt. In der hereinbrechenden Dunkelheit hält F jedoch den in seinem Garten stehenden G für die Statue und verletzt diesen tödlich. ◀

a) **Be- und entlastende Tatumstände:** Im Grundsatz wirken Fehlvorstellungen über belastende Tatumstände belastend, während die Unkenntnis entlastender Tatumstände nicht entlastet. So führt die irrige Vorstellung, einen Deliktstatbestand zu verwirklichen, zum Versuch (§§ 22 f). Oder: Bei Unkenntnis privilegierender Umstände wird der Täter aus dem Grunddelikt bestraft.[6] Daher wird C in **Fall 4** wegen seiner Unkenntnis des Sterbeverlangens nach § 212 und nicht nach § 216 bestraft.

Im Unterschied hierzu haben Fehlvorstellungen über das Unrecht (Verbotensein) einer Tat keine belastende Wirkung. So stellt sich E in **Fall 5** eine Norm (Verbot des Ehebruchs) vor, die es nicht gibt.[7] Eine Norm, die nicht gilt, kann auch nicht durch Strafe gesichert werden. Eine solche Tat ist vielmehr ein strafloses Wahndelikt.[8]

Fehlvorstellungen über entlastende Umstände[9] oder Erlaubnisse sowie die Unkenntnis belastender Umstände oder Verbote haben zumeist auch eine entlastende Wirkung. Solche Entlastungen werden jedoch häufig wieder – unter Anordnung einer zumindest fakultativen Strafmilderung – aufgehoben, wenn der Täter seinen Irrtum zu vertreten hat. So entfällt bei der Unkenntnis der Verwirklichung eines Deliktstatbestands zwar der Vorsatz (§ 16 Abs. 1 S. 1). Hat der Täter aber für seine Unkenntnis aufgrund mangelnder Sorgfalt einzustehen, kann er – soweit dies gesetzlich vorgesehen ist (§ 15) – für die Tatbestandsverwirklichung nach Fahrlässigkeitskriterien haften.[10] Entsprechend wird der Täter nicht (völlig) entlastet, wenn er in zu vertretender Weise die Norm nicht kennt (§ 17 S. 2)[11] oder irrig eine entschuldigende Notlage annimmt (§ 35 Abs. 2).[12]

b) **Unkenntnis und Fehlvorstellung:** Da sich Unkenntnis und Fehlvorstellung nur mit Blick auf das Vorhandensein eines strafrechtlich relevanten Gegenstands unterscheiden, kann es sein, dass die Unkenntnis der tatsächlichen Eigenschaft des konkreten Tatobjekts zwar hinsichtlich eines Delikts entlastet, der Irrtum über die vorgestellten Eigenschaften des Tatobjekts aber hinsichtlich eines anderen Delikts belastet. In **Fall 6** entlastet die Unkenntnis des F hinsichtlich des tatsächlichen Tatobjekts insoweit, als der Tötungsvorsatz (§ 212) – ungeachtet einer möglichen Fahrlässigkeitsstrafbarkeit nach § 222 – entfällt. Belastend wirkt aber die Fehlvorstellung, eine fremde Sache zu beschädigen; insoweit macht sich F wegen einer versuchten Sachbeschädigung strafbar (§ 303 Abs. 1, Abs. 3).

II. Irrtümer über sonstige Strafbarkeitsvoraussetzungen

Die Irrtumslehre bezieht sich grds nur auf solche Irrtümer, die für den Schuldvorwurf von Bedeutung sind, die also auf den Zurechnungsebenen des Unrechts und der Schuld eine Rolle spielen können. Irrtümer hinsichtlich objektiver Voraussetzungen der Straf-

---

6 *Kühl* § 13/16; *M-Zipf* § 23/20; diff. *Baumann/Weber/Mitsch* § 21/25 f.
7 Vgl aber § 172 aF.
8 BGHSt 8, 263 (268); *Jakobs* 25/37; *Köhler* 456; *Otto* § 18/65.
9 Vgl § 16 Abs. 2.
10 Hierzu § 33.
11 Hierzu § 28 Rn 14 ff.
12 Hierzu § 28 Rn 18.

barkeit, die den Schuldvorwurf des Täters nicht berühren, sind naturgemäß ohne Belang.

14 ■ Unbeachtlich ist daher ein Irrtum über **Prozessvoraussetzungen**,[13] wie zB die Verjährung oder die Stellung eines Strafantrags.

15 ■ Unbeachtlich ist ferner der Irrtum über die **Voraussetzungen objektiver Strafbarkeitsbedingungen**, da diese nicht Gegenstand der subjektiven Zurechnung sind.[14] Weder ist § 16 Abs. 1 S. 1 anwendbar, wenn der Täter das Vorliegen einer objektiven Strafbarkeitsbedingung verkennt, noch führt umgekehrt die irrige Annahme einer objektiven Strafbarkeitsbedingung zur Versuchsstrafbarkeit. Beispiele solcher objektiven Bedingungen sind die in § 283 VI genannten Voraussetzungen einer Strafbarkeit wegen Bankrotts[15] oder (nach hM) die Erweislichkeit der Wahrheit einer ehrenrührigen Tatsachenbehauptung in § 186.[16]

16 ■ Die hM hält auch den Irrtum über die **Voraussetzungen eines persönlichen Strafausschließungs- oder Strafaufhebungsgrunds** für unbeachtlich,[17] da es sich hierbei nicht um Umstände handele, die zum Unrecht oder zur Schuld zuzurechnen seien.

17 Sachgerecht ist es jedoch, mit einer verbreiteten Gegenauffassung in solchen Fällen, in denen es um Strafausschließungs- oder Strafaufhebungsgründe geht, die das Unrecht oder die besondere Motivation des Täters in privilegierender Weise betreffen, § 16 Abs. 2 analog anzuwenden.[18] Auf die Frage, ob der Irrtum vermeidbar oder unvermeidbar war, kommt es hierbei nicht an.[19] Exemplarisch ist der Irrtum über die Angehörigeneigenschaft des Täters bei der Strafvereitelung (§ 258 Abs. 6). Folglich wäre der Täter straffrei, wenn er sich irrig vorstellt, der Begünstigte der Strafvereitelung sei ein Angehöriger. Dagegen wäre der Täter nach § 258 zu bestrafen, wenn er nicht wüsste, dass der Begünstigte der Strafvereitelung ein Angehöriger ist.[20]

III. Schematischer Überblick

18

Gegenstand	Irrtumsform	Folge	Strafbarkeit
Tatumstände bei Grundtatbestand	Unkenntnis	Vorsatzausschluss, § 16 Abs. 1 S. 1	ggf aus Fahrlässigkeitsdelikt bei Sorgfaltswidrigkeit bzgl Irrtum, § 16 Abs. 1 S. 2
	Fehlvorstellung	Versuch	wegen Versuchs, sofern strafbar, § 23

---

13 Vgl BGHSt 18, 123 (125); W-*Beulke/Satzger* Rn 502; *Roxin* I § 12/150; LK-*Vogel* § 16 Rn 137 f.
14 *Baumann/Weber/Mitsch* § 25/4; *Heinrich* Rn 133; *Roxin* I § 12/149, § 23/30; abw. MK-*Joecks* § 16 Rn 142.
15 Näher *Kindhäuser* BT II § 38/26 ff mwN.
16 Näher *Kindhäuser* BT I § 23/17 ff mwN auch zur Gegenmeinung.
17 Vgl nur RGSt 61, 270 (271); BGHSt 23, 281 ff; *Baumann/Weber/Mitsch* § 24/6; *Otto* § 20/4; *Roxin* I § 23/30; diff. W-*Beulke/Satzger* Rn 499 f.
18 *Jescheck/Weigend* § 42 III 1; MK-*Joecks* § 16 Rn 140 f; S/S-*Sternberg-Lieben/Schuster* § 16 Rn 34; *Stree* JuS 1976, 137 (141).
19 S/S-*Stree/Hecker* § 258 Rn 37.
20 W-*Beulke/Satzger* Rn 501; vgl auch *Kindhäuser* BT I § 51/26.

Gegenstand	Irrtumsform	Folge	Strafbarkeit
Tatumstände bei Qualifikation	Unkenntnis	Vorsatzausschluss, § 16 Abs. 1 S. 1	aus Grundtatbestand
	Fehlvorstellung	Versuch	wegen Versuchs der Qualifikation, sofern strafbar, § 23, ggf in Tateinheit mit vollendetem Grundtatbestand, § 52
Tatumstände bei (auch) schuldmindernder Privilegierung (zB § 216)[21]	Unkenntnis	keine Schuldminderung	aus Grundtatbestand
	Fehlvorstellung	§ 16 Abs. 2	aus Privilegierung
Tatumstände bei Rechtfertigungsgrund	Unkenntnis	Versuch (hM)	wegen Versuchs, sofern strafbar, (analog) § 23
	Fehlvorstellung	Vorsatzausschluss, (analog) § 16 Abs. 1 S. 1 (hM)	ggf aus Fahrlässigkeitsdelikt bei Sorgfaltswidrigkeit bzgl Irrtum, § 16 Abs. 1 S. 2
Unrecht der Tatbestandsverwirklichung	Unkenntnis	Verbotsirrtum	bei Unvermeidbarkeit Straflosigkeit, § 17 S. 1; bei Sorgfaltswidrigkeit bzgl Irrtum Strafmilderung, § 17 S. 2
	Fehlvorstellung	Wahndelikt	Straflosigkeit
Unrechtsausschluss durch Rechtfertigung	Unkenntnis	Wahndelikt	Straflosigkeit, sofern Rechtfertigungstatbestand objektiv und subjektiv erfüllt
	Fehlvorstellung	Verbotsirrtum	bei Unvermeidbarkeit Straflosigkeit, § 17 S. 1; bei Sorgfaltswidrigkeit bzgl Irrtum Strafmilderung, § 17 S. 2
Tatumstände bei Entschuldigungsgrund	Unkenntnis	keine Entschuldigung	aus Delikt bei vollem Schuldvorwurf
	Fehlvorstellung	§ 35 Abs. 2 (bei § 35 Abs. 1 direkt, bei anderen Entschuldigungsgründen analog)	bei Unvermeidbarkeit Straflosigkeit; bei Sorgfaltswidrigkeit bzgl Irrtum Strafmilderung, § 35 Abs. 2 S. 1, 2

---

21 Zur Unkenntnis einer rein unrechtsmindernden Privilegierung vgl § 27 Rn 4.

§ 26 C. DAS VORSÄTZLICHE BEGEHUNGSDELIKT

Gegenstand	Irrtumsform	Folge	Strafbarkeit
Voraussetzungen eines persönlichen Strafausschließungs- oder Strafaufhebungsgrunds	Unkenntnis	unbeachtlich (hM)[22]	nach objektiver Rechtslage (hM)
	Fehlvorstellung	unbeachtlich (hM)[23]	nach objektiver Rechtslage (hM)
Voraussetzungen einer objektiven Strafbarkeitsbedingung	jeder Irrtum	unbeachtlich	nach objektiver Rechtslage
Prozessvoraussetzung	jeder Irrtum	unbeachtlich	nach objektiver Rechtslage

IV. Gutachten

19 Die Einordnung der Irrtümer nach Erscheinungsform, Gegenstand und Rechtsfolgen dient der Entwicklung einer systematischen Irrtumslehre, durch welche die gesetzlichen Vorgaben interpretiert und die vorhandenen Regelungslücken geschlossen werden können. Bei der Abfassung eines strafrechtlichen Gutachtens ist jedoch vor allem Folgendes zu beachten:

20 ■ **Irrtümer sind keine Deliktsmerkmale.** Daher wird nie ein Irrtum als solcher geprüft. Vielmehr ist stets (nur) danach zu fragen, ob das jeweilige subjektive Deliktsmerkmal – Vorsatz, Kenntnis der Rechtfertigungslage usw – erfüllt ist. Insoweit wird ein Irrtum als negatives Ergebnis der Prüfung eines subjektiven Deliktsmerkmals, das bestimmte Kenntnisse verlangt, festgestellt.

21 ■ Ein bestimmter Irrtum des Täters kann weitere Irrtümer nach sich ziehen. So befindet sich derjenige, der irrig glaubt, eine eigene Sache zu beschädigen, in einem Tatbestandsirrtum über die Fremdheit des Tatobjekts iSv § 303. Zugleich befindet sich der Täter aber auch in einem Verbotsirrtum, da ihm mangels Kenntnis der Fremdheit der Sache das Bewusstsein fehlt, Unrecht zu begehen. Im Gutachten kommt es jedoch zu keiner Konkurrenz von Irrtümern, da mit dem Tatbestandsirrtum der Vorsatz entfällt (§ 16 Abs. 1 S. 1) und die Prüfung des betreffenden Vorsatzdelikts insoweit beendet ist, der Verbotsirrtum also nicht mehr zur Sprache kommt.

22 WIEDERHOLUNGS- UND VERTIEFUNGSFRAGEN

> Welche Formen des Irrtums lassen sich unterscheiden? (Rn 3 ff)
> Wie wirken sich im Grundsatz Fehlvorstellungen und Unkenntnisse über be- und entlastende Umstände aus? (Rn 9 ff)
> Wie wirken sich Irrtümer über schuldunabhängige Strafbarkeitsvoraussetzungen aus? (Rn 13 ff)

---

22 Zur Gegenansicht vgl Rn 17.
23 Zur Gegenansicht vgl Rn 17.

§ 27 Tatbestandsirrtum

I. Gesetzliche Regelung

1. § 16 Abs. 1

Nach § 16 Abs. 1 S. 1 handelt ohne Vorsatz, „wer bei Begehung der Tat einen Umstand nicht kennt, der zum gesetzlichen Tatbestand gehört".[1] Im Unterschied zu § 17 kommt es auf die Vermeidbarkeit des Irrtums nicht an. Zum Vorsatzausschluss führt auch ein Irrtum über tatbestandsrelevante Umstände, den der Täter unschwer hätte vermeiden können. Jedoch weist § 16 Abs. 1 S. 2 darauf hin, dass die „Strafbarkeit wegen fahrlässiger Begehung" hiervon „unberührt" bleibt. Demnach kann der Täter wegen fahrlässiger Tatbestandsverwirklichung strafbar sein, wenn der zum Vorsatzausschluss führende Irrtum auf Fahrlässigkeit beruht und eine entsprechende Fahrlässigkeitsstrafbarkeit – wie etwa bei den §§ 222, 229 – gesetzlich vorgesehen ist.

2. § 16 Abs. 2

▶ **FALL 1A:** Krankenpfleger K verabreicht B die tödliche Überdosis eines Medikaments in der irrigen Annahme, B habe dies von ihm ausdrücklich und ernstlich verlangt. ◀

▶ **FALL 1B:** Krankenpfleger K verabreicht B, ohne dessen Sterbeverlangen zu kennen, die tödliche Überdosis eines Medikaments. ◀

Nach § 16 Abs. 2 ist ein Täter, der „bei Begehung der Tat irrig Umstände annimmt, welche den Tatbestand eines milderen Gesetzes verwirklichen würden", „wegen vorsätzlicher Begehung nur nach dem milderen Gesetz" zu bestrafen. Stellt sich also ein Täter – wie K in Fall 1a – irrig vor, er verwirkliche einen Privilegierungstatbestand, so ist die Strafe dieser Vorschrift zu entnehmen. Hier ist K nach § 216 zu bestrafen, obgleich die – gegenüber dem Grundtatbestand des § 212 – privilegierenden Umstände des Sterbeverlangens objektiv nicht verwirklicht sind.[2]

Keine gesetzliche Regelung hat der Fall erfahren, dass der Täter qualifizierende oder privilegierende Merkmale verkennt. Bei qualifizierenden Merkmalen (und Merkmalen von Regelbeispielen)[3] ist der Täter aus dem Grundtatbestand zu bestrafen.[4] Hinsichtlich privilegierender Merkmale differenziert die hM nach dem Grund der Privilegierung:[5]

■ Wird durch die privilegierenden Tatumstände das Unrecht der Tat gemindert, so verwirklicht der Täter objektiv das geringere Unrecht, subjektiv dagegen das Unrecht des Grundtatbestands. Demnach ist der Täter wegen Versuchs des Grundtatbestands in Tateinheit mit vollendeter Privilegierung zu bestrafen.

---

[1] Überblick zum Tatbestandsirrtum bei *Henn* JA 2008, 854; *Sternberg-Lieben/Sternberg-Lieben* JuS 2012, 289 ff.
[2] Zum Verhältnis von §§ 212 und 216 vgl *Kindhäuser* BT I § 1/2, 4; *Küper* Jura 2007, 260 ff, jew. mwN.
[3] Vgl nur *Gropp* § 13/60; LK-*Vogel* § 16 Rn 94.
[4] Unstr., vgl nur *Fischer* § 16 Rn 11; MK-*Joecks* § 16 Rn 107; zu beachten ist aber § 18.
[5] *Fischer* § 16 Rn 11; *Jescheck/Weigend* § 29 V 5 b; S/S-*Sternberg-Lieben/Schuster* § 16 Rn 28; LK-*Vogel* § 16 Rn 106 f, jew. mwN; aA *Heinrich* Rn 1113; nach L-Kühl-*Kühl* § 16 Rn 7 entfällt Privilegierung stets; zu bestrafen ist nur wegen des Grunddelikts.

5 ■ Betrifft die Privilegierung dagegen (auch) eine Minderung der Schuld, so setzt eine Strafmilderung die Kenntnis der einschlägigen Umstände voraus. Denn ein unbekannt gebliebener Umstand kann auch kein schuldminderndes Tatmotiv bilden.[6]

6 Dies bedeutet mit Blick auf **Fall 1b**: Als Grund für die Strafmaßreduzierung in § 216 wird neben dem verminderten Unrecht (Rechtsgutsverzicht des Lebensmüden) auch eine durch das Mitleidsmotiv verringerte Schuld angesehen.[7] Die Privilegierung hat damit zum Teil schuldmindernde Gründe, so dass K, der den B in Unkenntnis von dessen Sterbeverlangen tötet, nach § 212 (bzw § 211) zu bestrafen ist.[8]

II. Gegenstand des Irrtums

1. Begriff des Tatumstands

▶ **FALL 2:** Der kurzsichtige Jäger J schießt in der Dämmerung auf die Pilzsammlerin P, die er für ein Reh hält. ◀

7 Der vorsatzausschließende Irrtum nach § 16 betrifft die tatsächlichen Voraussetzungen, unter denen eine Handlung und ihre Folgen als tatbestandsmäßig anzusehen sind, also zutreffend mit den Worten des Gesetzestatbestands umschrieben werden können. Unter einem „Umstand", „der zum gesetzlichen Tatbestand gehört" (Abs. 1), sind somit nicht die Worte im Gesetzestext zu verstehen, sondern das Geschehen in der Realität, auf das eine Beschreibung mit den Worten des Deliktstatbestands zutrifft. Es geht, wie dies auch der insoweit klareren Formulierung in § 16 Abs. 2 zu entnehmen ist, um **Umstände, die den Tatbestand eines Gesetzes verwirklichen.**

In Fall 2 befindet sich J in einem Tatbestandsirrtum nach § 16 Abs. 1. Denn er irrt sich über die tatsächlichen Voraussetzungen, unter denen sein Verhalten als „einen Menschen töten" iSv § 212 Abs. 1 beschrieben werden kann. Ob J dagegen weiß, was die Worte „Mensch" und „töten" in der deutschen Sprache im Allgemeinen bedeuten, ist für den vorsatzausschließenden Irrtum iSv § 16 ohne Belang. J handelt deshalb auch dann vorsätzlich, wenn er erkennt, dass er einen tödlichen Schuss auf eine Pilzsammlerin abgibt, aber – zB als sprachunkundiger Ausländer – nicht weiß, was der Ausdruck „einen Menschen töten" in der deutschen Sprache bedeutet.

8 Ein Irrtum über die in den §§ 3 ff normierten Voraussetzungen für die **Anwendung des deutschen Strafrechts** wird nach hM nicht von § 16 erfasst, mit der Folge, dass der Vorsatz des Täters nicht entfällt.[9]

2. Abgrenzung zum Subsumtionsirrtum

▶ **FALL 3:** A öffnet das Ventil eines Reifens am Auto des B und lässt die Luft ab. Hierbei geht A davon aus, dass

---

6 Vgl auch § 24 Rn 11 zur subjektiven Tatseite des entschuldigenden Notstands.
7 *Kindhäuser* BT I § 3/8 mwN.
8 *Roxin* I § 12/139.
9 Vgl nur *Fischer* Vor §§ 3–7 Rn 30 mwN; anders etwa noch RGSt 3, 316 (318); 19, 147 (150); diff. *Böse* Maiwald-FS 61 ff.

a) er einen fremden Pkw beschädigt;
b) es sich bei dem Auto um seinen eigenen (baugleichen) Pkw handele; er wollte ein Wegfahren seiner Frau verhindern und irrte sich in der Dunkelheit über die Identität des Fahrzeugs;
c) er den Pkw nicht beschädige, da „beschädigen" eine Substanzbeeinträchtigung voraussetze. ◄

▶ **Fall 4:** Ausländer F verwechselt aufgrund mangelnder Sprachkenntnisse die Bedeutung der Worte „Riese" und „Zwerg" und nennt den Nobelpreisträger N in der Annahme, ihn hierdurch zu loben, einen „geistigen Zwerg". ◄

a) **Subsumtionsschritte:** Die Beantwortung der Frage, ob sich der Täter über einen gesetzlichen Begriff oder über einen Tatumstand iSv § 16 geirrt hat, kann jedoch schwieriger sein, als es zunächst scheint, weil auch derjenige, der den Sinn eines gesetzlichen Ausdrucks falsch verstanden hat, zu einer falschen Schlussfolgerung über die Bedeutung seines Handelns kommt. Dies lässt sich anhand der Schritte verdeutlichen, mit denen ein Sachverhalt unter einen Gesetzestatbestand subsumiert wird. Hierbei wird zunächst der Anwendungsbereich des Gesetzestatbestands durch eine Definition seiner begrifflichen Merkmale abstrakt festgelegt. Sodann wird gefragt, ob ein bestimmter Sachverhalt die diesen Merkmalen entsprechenden Eigenschaften aufweist. Ist dies der Fall, so unterfällt der konkrete Sachverhalt dem abstrakten Gesetzestatbestand bzw kann unter ihn subsumiert werden.

Subsumtionsschritte in **Fall 3:**

Obersatz: *Begriffliche Merkmale des Gesetzestatbestands* (zB: Eine fremde Sache ist iSv § 303 Abs. 1 beschädigt, wenn sie in ihrer Substanz oder in ihrer Funktionstauglichkeit beeinträchtigt ist).[10]
Untersatz: *Eigenschaften des konkreten Sachverhalts* (A hat die Funktionstauglichkeit eines dem B gehörenden Autos durch Ablassen der Luft aus den Reifen beeinträchtigt).
Schlussfolgerung bei Entsprechung: *Der konkrete Sachverhalt unterfällt dem Gesetzestatbestand* (A hat eine fremde Sache iSv § 303 Abs. 1 beschädigt).

b) **Subjektive Tatseite:** Betrachtet man nun die subjektive Tatseite, so kann A – wie in Fall 3a – selbst zu einer Beschreibung des Geschehens kommen, die sich in ihrer Bedeutung mit derjenigen der objektiven Rechtsanwendung deckt. A kann aber auch zu dem falschen Schluss kommen, dass sein Handeln – das Ablassen der Luft aus den Autoreifen des B – keine Beschädigung einer fremden Sache sei:

■ In **Fall 3b** resultiert der Fehlschluss daraus, dass A die Eigenschaften des konkreten Sachverhalts nicht zutreffend erfasst hat (Bezug: Untersatz). A glaubte in der Dunkelheit, es handele sich bei dem Tatobjekt um seinen eigenen Pkw. Jetzt **irrt** sich A **über eine Eigenschaft des konkreten Tatobjekts,** nämlich über dessen Fremdheit.

---

10 Vgl *Kindhäuser* BT II § 20/9 ff mwN.

13 ■ In **Fall 3c** beruht dieser Fehlschluss darauf, dass A das Wort „beschädigen" anders definiert (Bezug: Obersatz). Er glaubt, „beschädigen" setze eine Substanzbeeinträchtigung voraus. Insoweit befindet sich A in einem **Irrtum über die abstrakte Bedeutung eines tatbestandlichen Begriffs**, mit der Folge, dass er auch das konkrete Geschehen (strafrechtlich gesehen) falsch beschreibt.

14 ■ Der Fehlschluss kann schließlich auch durch **Irrtümer auf beiden Ebenen** bedingt sein. A bezieht zB zum einen das Wort „beschädigen" nur auf Substanzbeeinträchtigungen (Bezug: Obersatz) und glaubt obendrein, er lasse die Luft aus den Reifen seines Autos ab (Bezug: Untersatz).

15 c) **Abgrenzung zum Tatbestandsirrtum:** Ein Tatbestandsirrtum iSv § 16 ist ausschließlich ein Irrtum über die Eigenschaften des konkreten Sachverhalts, wie dies in der **Variante 3b** der Fall ist. Denn nur diese Eigenschaften sind Gegenstand des Vorsatzes. Sofern der Täter dagegen – wie in **Fall 3c** – die Eigenschaften eines konkreten Sachverhalts zutreffend erfasst hat, sich aber über die abstrakte Bedeutung eines tatbestandlichen Begriffs irrt und daher das konkrete Geschehen (strafrechtlich gesehen) falsch beschreibt, befindet er sich in einem sog. Subsumtionsirrtum. Ein solcher Irrtum lässt den Vorsatz unberührt.[11] Ob der Täter den begrifflichen Inhalt des Tatbestands zutreffend erfasst hat, ist vielmehr allein für die Frage von Belang, ob er sich ggf über das durch den Tatbestand – als Verbotsmaterie[12] – festgelegte Unrecht seiner Tat geirrt hat. In diesem Fall befindet er sich in einem Verbotsirrtum nach § 17.

16 Die aufgezeigte **Schwierigkeit** liegt nun darin, dass sowohl der Täter, der sich in einem Irrtum über die begrifflichen Merkmale des Tatbestands (Subsumtionsirrtum) befindet, als auch der Täter, der einem Irrtum über die Eigenschaften des konkreten Sachverhalts (Tatbestandsirrtum) unterliegt, jeweils den Sachverhalt (strafrechtlich gesehen) nicht zutreffend beschreibt. In den **Fällen 3b und 3c** beschreibt A jeweils das Ablassen der Luft aus den Autoreifen nicht als Beschädigung einer fremden Sache iSv § 303.[13] Wegen der unterschiedlichen Rechtsfolgen der §§ 16 und 17 ist es aber praktisch bedeutsam, genau zu klären, ob der Irrtum eines Täters, der ein Tatobjekt begrifflich falsch identifiziert, aus einer Verkennung von Tatumständen oder aus einem falschen Begriffsverständnis resultiert.

17 d) **Faustregel:** Die Abgrenzung eines vorsatzausschließenden Tatbestandsirrtums von einem auf falscher Begriffsverwendung beruhendem Subsumtionsirrtum kann nach folgender Faustregel vorgenommen werden:

18 ■ Geht der Täter irrig von einem Sachverhalt aus, der objektiv (als Untersatz) nicht unter den Tatbestand subsumiert werden könnte, wenn er tatsächlich gegeben wäre, so befindet er sich in einem vorsatzausschließenden Tatbestandsirrtum.

■ Verkennt der Täter dagegen den objektiven Sinn eines tatbestandlichen Ausdrucks (im Obersatz), so dass er nicht in der Lage ist, diesen Begriff den sprachlichen Regeln entsprechend (ganz oder teilweise) korrekt anzuwenden, so unterliegt er (hinsichtlich seiner Schlussfolgerung) einem Subsumtionsirrtum.

---

11 Vgl auch BGHSt 13, 207; *Gropp* § 13/44; *Krey/Esser* Rn 419; LK-*Vogel* § 16 Rn 108; M-*Zipf* § 22/49.
12 Vgl § 8 Rn 2.
13 Insoweit ist auch der Tatbestandsirrtum, der sich auf die Unterprämisse der Subsumtion bezieht, ein Subsumtionsirrtum. Da die sachwidrige Beschränkung des Subsumtionsirrtums auf Irrtümer über die Oberprämisse üblich ist, soll hier zur Vermeidung von Missverständnissen von dieser Terminologie nicht abgewichen werden.

Dies bedeutet mit Blick auf **Fall 3**: Nimmt A – wie in **Fall 3b** – an, dass es sich bei dem Tatobjekt um seinen eigenen Pkw handelt, so geht er von einem konkreten Sachverhalt aus, der, falls er zutreffen würde, auch objektiv keine Sachbeschädigung wäre. Er befindet sich in einem vorsatzausschließenden Tatbestandsirrtum.

Nimmt A dagegen – wie in **Fall 3c** – an, dass das Ablassen der Luft zwar eine (vorübergehende) Aufhebung der Funktionstauglichkeit, aber keine Beschädigung des Autos sei, weil eine solche die Beeinträchtigung der Sachsubstanz voraussetze, so geht er von einem konkreten Sachverhalt aus, der objektiv eine Sachbeschädigung ist. Er irrt sich nur über die Anwendung eines gesetzlichen Begriffs (im Obersatz) auf einen zutreffend erkannten Sachverhalt und befindet sich damit in einem den Vorsatz unberührt lassenden Subsumtionsirrtum.[14]

Für die Abgrenzung eines Tatbestandsirrtums von einem Subsumtionsirrtum kann auch die Fragestellung hilfreich sein, was der Täter tun müsste, um seinen Irrtum zu beheben. Um einen Tatbestandsirrtum zu beheben, müsste der Täter regelmäßig die konkrete Handlungssituation genauer betrachten; er müsste etwa das Nummernschild des Pkw überprüfen. Der Subsumtionsirrtum ist dagegen ein abstraktes sprachliches Missverständnis, das beliebige Situationen betreffen kann. Der Täter, der meint, eine strafrechtlich relevante Sachbeschädigung erfordere eine Substanzverletzung, hat das Wort „beschädigen" falsch verstanden und wendet es demzufolge in allen möglichen Situationen falsch an. Um einen solchen Irrtum zu beheben, müsste der Täter folglich die (strafrechtlich) richtige Sprachverwendung lernen.

e) **Formales Abgrenzungskriterium:** Die Unterscheidung zwischen einem die Begrifflichkeit des Gesetzes betreffenden Subsumtionsirrtum und einem auf die Eigenschaften des konkreten Sachverhalts bezogenen Tatbestandsirrtum ist formal. Ein Subsumtionsirrtum ist allein dadurch definiert, dass er die begrifflichen Merkmale des Tatbestands (Obersatz der Subsumtion) zum Gegenstand hat. Und ein Tatbestandsirrtum hat allein die konkreten Tatumstände (Untersatz der Subsumtion) zum Gegenstand, die der Beschreibung durch den Tatbestand unterfallen, ihn also verwirklichen. Dagegen sagt die Unterscheidung zwischen einem Subsumtionsirrtum und einem Tatbestandsirrtum nichts aus über die Qualität der Tatbestandsmerkmale und der von den begrifflichen Merkmalen bezeichneten Eigenschaften der konkreten Tatumstände.

Der formale Charakter der Unterscheidung beider Irrtümer ist unbedingt zu **beachten**, um Fehler bei deren Abgrenzung zu vermeiden. So kann zB ein Tatbestandsirrtum auch in einem sprachlichen Missverständnis bestehen, wenn zu den relevanten Eigenschaften eines konkreten Sachverhalts die Bedeutung eines bestimmten Begriffs gehört. So unterliegt F in **Fall 4** zwar einem sprachlichen Missverständnis, aber keinem Subsumtions-, sondern einem Tatbestandsirrtum. Denn der Ausdruck „geistiger Zwerg", über den er sich irrt, ist kein begriffliches Merkmal des Beleidigungstatbestands, sondern ein konkreter Tatumstand (= das sprachliche Tatmittel), durch dessen Äußerung er den Tatbestand des § 185 objektiv verwirklicht. Dagegen ist dem F durchaus bekannt, was eine Beleidigung in der begrifflichen Bedeutung des Tatbestands ist. In der schematischen Darstellung bezieht sich also der Irrtum auf den im Untersatz formulierten Sachverhalt:

---

14 MK-*Freund* Vor § 13 Rn 273; *Krey/Esser* Rn 419; *Kühl* § 13/10; *Stratenwerth/Kuhlen* § 8/72; vgl auch *Kindhäuser* GA 1990, 407 (411 f); insoweit übereinstimmend *Herzberg* Schlüchter-GS 189 (205).

> Obersatz: Eine Beleidigung iSv § 185 ist die Kundgabe eigener Nichtachtung oder Missachtung.[15]
>
> Untersatz: Die Äußerung „geistiger Zwerg" ist (objektiv) als Ausdruck eigener Missachtung zu verstehen.
>
> Schlussfolgerung: Also ist die Äußerung „geistiger Zwerg" (objektiv) eine Beleidigung iSv § 185.

3. Normative Tatumstände

▶ **FALL 5A:** T zerreißt eine dem O gehörende Quittung in der Annahme, es handele sich um einen privaten Notizzettel. ◀

▶ **FALL 5B:** T zerreißt ein dem O gehörendes Schriftstück, von dem er zwar zutreffend weiß, dass es die Funktion einer Quittung erfüllt, das er aber für keine Urkunde hält, weil er glaubt, dieser Begriff beziehe sich auf Schriftstücke, die mit einem Siegel versehen sind. ◀

23 a) **Voraussetzungen:** Der Täter muss, um vorsätzlich zu handeln, die Eigenschaften eines konkreten Sachverhalts, die durch die begrifflichen Merkmale des Tatbestands bezeichnet werden, erfasst haben.[16] Sofern es sich um die tatsächlichen Voraussetzungen **deskriptiver Tatbestandsmerkmale** – wie etwa „beweglich" oder „Mensch" – handelt,[17] muss er das Vorhandensein der entsprechenden natürlichen Eigenschaften erkannt haben. Solche Eigenschaften können durch Berechnungen oder sinnliche Wahrnehmungen – wie Sehen oder Hören – festgestellt werden. Ein entsprechender Wahrnehmungsfehler bei der Identifikation eines Menschen unterläuft in **Fall 2** dem kurzsichtigen Jäger J, der in der Dämmerung auf eine Pilzsammlerin in der Annahme schießt, es handele sich um ein Reh.

24 Die tatsächlichen Voraussetzungen **normativer Tatbestandsmerkmale** – wie zB „fremd", „Urkunde" oder „verheiratet" – können dagegen nicht durch sinnliche Wahrnehmung erkannt werden. Die Fremdheit einer Vase zB ist keine Eigenschaft dieses Gegenstands selbst, die durch nähere Betrachtung oder Experimente verifiziert werden könnte. Eigenschaften normativer Tatbestandsmerkmale beruhen vielmehr auf sozialen oder rechtlichen Regeln; sie betreffen Rechtsverhältnisse oder beziehen sich auf Funktionen, die das Objekt im gesellschaftlichen Leben erfüllt. Daher setzt das Erfassen der Eigenschaft eines normativen Tatbestandsmerkmals das **Verständnis** eben dieser **rechtlichen oder sozialen Funktion** voraus. Der Täter muss also, um vorsätzlich hinsichtlich solcher normativen Tatumstände zu handeln, erkennen, welchen einschlägigen praktischen Zwecken das betreffende Objekt dient.[18]

25 So ist zB eine Urkunde iSv § 267 über die Funktion definiert, dass mit ihr als einer verkörperten Gedankenerklärung im Rechtsverkehr über eine bestimmte Tatsache Beweis geführt werden kann und soll. Schreibt der Täter einem Schriftstück diese Funktionen zu, so hat er in der für vorsätzliches Handeln erforderlichen Weise die konkreten Eigenschaften des Tatobjekts zutreffend erkannt. Ob er dagegen ein solches Schriftstück

---

15 Näher hierzu *Kindhäuser* BT I § 25/2 ff mwN.
16 Und zwar mit der für die jeweilige Vorsatzform erforderlichen Wissensdichte, vgl § 14 Rn 7, 9, 11 ff.
17 Vgl zu diesen Merkmalen auch § 9 Rn 10.
18 Vgl auch W-*Beulke/Satzger* Rn 243; *Krey/Esser* Rn 422; *Kühl* § 5/93.

als „Urkunde" bezeichnet, spielt keine Rolle. Dies bedeutet mit Blick auf die **Fälle 5a und b:**

- In **Fall 5a** unterliegt T einem Tatbestandsirrtum bezüglich § 274 Abs. 1 Nr. 1. Denn 26 T verkennt die für eine Urkunde wesentliche normative Eigenschaft, zum Beweis im Rechtsverkehr bestimmt zu sein. Sein Irrtum bezieht sich im Übrigen auf eine **normative Eigenschaft des konkreten Tatobjekts.**

- In **Fall 5b** befindet sich T (nur) in einem Subsumtionsirrtum. Denn er missversteht 27 die **Bedeutung des Wortes Urkunde**, so wie es in § 274 Abs. 1 Nr. 1 gebraucht wird, und kann deshalb diesen Begriff nicht sprachlich korrekt auf den ansonsten von ihm zutreffend erfassten Sachverhalt anwenden.[19]

b) **Parallelwertung in der Laiensphäre:** Das zum Erfassen der Eigenschaften eines nor- 28 mativen Tatbestandsmerkmals erforderliche Verständnis der sozialen oder rechtlichen Funktion des betreffenden Tatobjekts wird von der hM als Parallelwertung in der Laiensphäre bezeichnet.[20] Dieser Ausdruck wird insbesondere mit Blick auf solche Eigenschaften normativer Tatbestandsmerkmale bezogen, die auf rechtlichen Regeln beruhen. Da von Laien keine exakten Rechtskenntnisse erwartet werden können, soll es für den Vorsatz genügen, dass der Täter im Wesentlichen den Zweck der einschlägigen Regelung verstanden hat. Die Rede von einer Parallelwertung in der Laiensphäre kann jedoch leicht zu Missverständnissen führen:[21]

- Bei einem normativen Tatbestandsmerkmal, das sich auf ein Rechtsverhältnis be- 29 zieht, gehört zum Vorsatz nicht etwa die (laienhafte) Kenntnis der Regeln und tatsächlichen Voraussetzungen, die zur Entstehung des Rechtsverhältnisses geführt haben. Vielmehr kommt es für die Vorsatzzurechnung ausschließlich darauf an, dass der Täter eine hinreichende Vorstellung vom tatsächlichen Resultat, also vom **Vorliegen des Rechtsverhältnisses im konkreten Fall**, gewonnen hat.[22] Exemplarisch: Die Eigenschaft einer Sache, iSv § 242 oder § 303 fremd zu sein, hat die Befugnis zum Gegenstand, mit ihr nach Belieben umzugehen und andere von einer Einwirkung auf sie auszuschließen.[23] Daher muss der Täter, um hinsichtlich der Fremdheit einer Sache vorsätzlich zu handeln, nur die Vorstellung haben, dass ein anderer (ganz oder teilweise) die Befugnis besitzt, über den Zustand der Sache bestimmen zu dürfen. Dagegen verlangt der Vorsatz keine Kenntnis der zivilrechtlichen Regeln des Eigentumsübergangs und der Eigentümerrechte, so dass auch ganz falsche rechtliche Überlegungen den Vorsatz nicht ausschließen, wenn nur der Täter im Ergebnis einem anderen die Verfügungsbefugnis über die Sache zuschreibt.

- Sofern sich das normative Tatbestandsmerkmal auf ein bestimmtes Rechtsverhältnis 30 bezieht, erfordert die Vorsatzzurechnung auch eine in der für die Tat relevanten Hinsicht **genaue Erfassung dieses Rechtsverhältnisses.** Wenn der Täter zB glaubt, er habe einem Dritten nur ein Gebrauchsrecht eingeräumt, so geht er eben nicht davon

---

19 Vgl auch *Gropp* § 13/51 ff; *Kühl* § 5/94 f; *Otto* § 7/15.
20 Vgl nur BGHSt 3, 248 (255); 4, 347 (352); 8, 321 (323); *Jakobs* 8/49; *Jescheck/Weigend* § 29 II 3a; MK-*Joecks* § 16 Rn 69 ff; *Kaufmann*, Die Parallelwertung in der Laiensphäre, 1982, 36 ff; *Kühl* § 5/93; *Otto* § 7/14; *Schroth*, Vorsatz und Irrtum, 1998, 50 ff; krit. SK-*Rudolphi/Stein* § 16 Rn 15a.
21 Krit. zur missverständlichen Terminologie *Herzberg/Hardtung* JuS 1999, 1073 (1074); *Kindhäuser* GA 1990, 407 (417 ff); NK-*Puppe* § 16 Rn 45 ff; *Schulz* Bemmann-FS 246 ff; *Stratenwerth/Kuhlen* § 8/71 f.
22 HM, vgl nur NK-*Puppe* § 16 Rn 46; *Roxin* I § 12/100; S/S-*Sternberg-Lieben/Schuster* § 15 Rn 43a.
23 Vgl § 903 BGB.

aus, dass der Dritte das Eigentum iSe umfassenden Verfügungsbefugnis über die Sache erworben hat. Für § 170 ist etwa erforderlich, dass der Täter weiß, dass er zu Unterhaltsleistungen verpflichtet ist. Ohne Belang ist lediglich, ob der Täter die zutreffend erkannten Umstände des Rechtsverhältnisses auch mit den korrekten Rechtsbegriffen beschreiben kann.[24] Insoweit genügt es eben, wenn er den Sachverhalt „laienhaft" erfasst.

31 c) **Gesetzesformulierungen:** In einer Reihe von Gesetzesformulierungen wird der Ausdruck „rechtswidrig" (bzw „unbefugt" oder „widerrechtlich") teils als Tatbestandsmerkmal, teils als redundanter Hinweis auf die Rechtswidrigkeit als allgemeines Verbrechensmerkmal verwendet.[25] Nur wenn der Ausdruck – wie bei der beabsichtigten Bereicherung in § 263 – Tatbestandsmerkmal ist, dann ist auch ein Irrtum über die Rechtswidrigkeit der konkreten Tatumstände ein vorsatzausschließender Tatbestandsirrtum,[26] anderenfalls – wie bei § 324 – ein Irrtum über das Unrecht der Tat iSv § 17.

32 d) **Blankettmerkmale:** In vielen Gesetzen des Nebenstrafrechts, aber auch im Kernstrafrecht verweist der Tatbestand durch ein sog. Blankettmerkmal auf weitere rechtliche Regelungen. Beispiele: § 184e verlangt einen (beharrlichen) Verstoß gegen ein „durch Rechtsverordnung" erlassenes „Verbot, der Prostitution ... nachzugehen". § 283b Abs. 1 Nr. 1 Alt. 1 bezieht sich auf die Vorschriften zur Führung von Handelsbüchern. Das Tatobjekt von § 292 Abs. 1 Nr. 2 ist „eine Sache, die dem Jagdrecht unterliegt". Bei § 315c Abs. 1 Nr. 2 muss der Täter „grob verkehrswidrig" handeln.

33 In allen diesen Fällen ist der Gesetzestatbestand selbst inhaltlich unvollständig und muss durch die rechtliche Regelung, auf die das Blankettmerkmal verweist, ergänzt werden. Die eigentliche Norm ist also zusammengesetzt aus dem Gesetzestatbestand einerseits und aus der jeweils in Bezug genommenen rechtlichen Regelung – zB dem Prostitutionsverbot in § 184e – andererseits. In diesen Fällen sind Gegenstand des Vorsatzes die tatsächlichen Voraussetzungen des „Gesamttatbestands".[27]

4. Tatbestandsalternativen

▶ **FALL 6:** Der Dieb D dringt in eine Wohnung ein, die er für einen Geschäftsraum hält. ◀

34 Ein Irrtum über Tatbestandsalternativen ist unbeachtlich, wenn die betreffenden Merkmale nur Unterfälle eines sie verbindenden Oberbegriffs sind.[28] Daher ist der Irrtum des D in **Fall 6** unbeachtlich: Der Tatbestand des § 123 fächert lediglich die geschützten Räumlichkeiten auf, ohne dass diesen Varianten eine eigenständige Bedeutung zukäme. Sie sind vielmehr Beispiele eines einheitlichen Schutzgegenstands. Anders verhält es sich, wenn die Tatobjekte – wie zB die Urkunde und die technische Aufzeichnung in § 274 Abs. 1 Nr. 1 – qualitativ verschieden sind. Die irrige Verwechslung einer technischen Aufzeichnung führt in diesem Fall zum Vorsatzausschluss hinsicht-

---

24 *Kühl* § 5/93; *Otto* § 7/14 f; *Stratenwerth/Kuhlen* § 8/72.
25 Vgl § 9 Rn 4.
26 Vgl BGH NJW 2003, 3283 (3285); NStZ 2003, 663; *Kudlich* JuS 2003, 243 ff.
27 *Jescheck/Weigend* § 29 V 3; *Kindhäuser* GA 1990, 407 (420 ff); NK-*Puppe* § 16 Rn 20; SK-*Rudolphi* § 1 Rn 12; S/S-*Sternberg-Lieben* § 15 Rn 100 f; zur Abgrenzung des Blankettmerkmals von normativen Tatbestandsmerkmalen vgl NK-*Puppe* § 16 Rn 21 ff mwN; zur Einordnung von Irrtümern über normative Merkmale und Blankettmerkmale *Bülte* NStZ 2013, 65 ff; *Gómez* GA 2010, 259 ff.
28 Vgl hierzu näher – mit diff. Lösungsansätzen – W-*Beulke/Satzger* Rn 246; L-Kühl-*Kühl* § 16 Rn 4; SK-*Rudolphi/Stein* § 16 Rn 35; S/S-*Sternberg-Lieben/Schuster* § 16 Rn 12; abw. *Kuhlen*, Die Unterscheidung von vorsatzausschließendem und nichtvorsatzausschließendem Irrtum, 1987, 512.

lich des tatsächlichen Objekts und zum Versuch hinsichtlich des vorgestellten Objekts nach § 274.[29]

5. Tatbestands- und Verbotsirrtum im Gutachten

a) **Zu den Fällen:** Da der Tatbestand eines Gesetzes zugleich den Inhalt einer Norm bildet, irrt sich derjenige, der die sprachliche Bedeutung der Merkmale eines Gesetzestatbestands überhaupt nicht kennt oder teilweise enger definiert, als es der strafrechtlichen Begriffsverwendung entspricht, in der Konsequenz auch über das Unrecht seines Verhaltens. Exemplarisch: Während die Norm des § 303 besagt, dass es verboten ist, eine fremde Sache (durch Beeinträchtigen der Substanz oder Funktionstauglichkeit) zu beschädigen, hält A in **Fall 3c** aufgrund seines sprachlichen Missverständnisses nur ein Beschädigen iSe Substanzverletzung für verboten und damit eine bloße Funktionsbeeinträchtigung für erlaubt. Ein Irrtum über den Sinn der begrifflichen Merkmale eines Gesetzestatbestands führt also zum Verbotsirrtum. 35

Auch der Irrtum über die Umstände des konkreten Sachverhalts (Tatbestandsirrtum) führt in der Konsequenz zu einem Verbotsirrtum. Denn ein Täter, der einem Irrtum über die tatsächlichen Voraussetzungen eines Tatbestands unterliegt, irrt sich stets auch über das Unrecht der fraglichen Tatbestandsverwirklichung. In **Fall 3b** hält A den fremden Pkw irrig für seinen eigenen, so dass ihm notwendig auch das Bewusstsein fehlt, widerrechtlich eine fremde Sache zu beschädigen.[30] 36

b) **Gutachtenaufbau:** Da der Tatbestandsirrtum den Vorsatz, der Verbotsirrtum die Schuld betrifft, sind beide Irrtümer im Gutachten nie auf derselben Deliktsstufe voneinander abzugrenzen. Vielmehr ist – sofern der Fall entsprechende Anhaltspunkte bietet – bei der Prüfung des subjektiven Tatbestands nur die Frage aufzuwerfen, ob sich der Täter in einem vorsatzausschließenden Irrtum über Eigenschaften des konkreten Sachverhalts oder bloß in einem vorsatzirrelevanten Subsumtionsirrtum befand.[31] 37

- Verneint man einen vorsatzausschließenden Tatbestandsirrtum, weil der Täter (nur) einem Subsumtionsirrtum unterlag, so ist auf der **Schuldebene** zu prüfen, ob der **durch den Subsumtionsirrtum bedingte Verbotsirrtum** (Rn 35) vermeidbar oder unvermeidbar iSv § 17 war.[32] 38

- Kommt man dagegen zur Bejahung eines Vorsatzausschlusses, ist die Prüfung des Vorsatzdelikts zu beenden. Zur Erwähnung des durch den Tatbestandsirrtum vermittelten Verbotsirrtums (Rn 36) kommt es nicht mehr. Sofern die **fahrlässige Begehung** des entsprechenden Delikts strafbar ist, können bei dessen Prüfung jedoch **beide Irrtümer** zu erörtern sein. Zunächst ist zu fragen, ob der zum Vorsatzausschluss führende Tatbestandsirrtum bei Aufbietung der erwarteten Sorgfalt vermeidbar war. Wird dies bejaht, so ist auf der Schuldebene noch zu prüfen, ob auch der – durch den Tatbestandsirrtum vermittelte – Irrtum über das Unrecht der (fahrlässigen) Tatbestandsverwirklichung vermeidbar oder unvermeidbar iSv § 17 war.[33] 39

---

29 *Kühl* § 13/16a; *Roxin* I § 12/136.
30 Möglich ist freilich, dass der Täter aus einem anderen Grund Unrechtsbewusstsein hat; A kann zB glauben, es sei verboten, seine Frau an der Benutzung des Pkw zu hindern; vgl *Haft* 265 ff.
31 Vgl auch *Gropp* § 13/18–20; *Haft* 265 ff.
32 Hierzu § 28 Rn 14 ff.
33 Hierzu § 28 Rn 14 ff.

III. Einzelfragen

1. Error in persona vel objecto

▶ **FALL 7:** A schießt mit Tötungsvorsatz auf B, den er irrig für C hält. ◀

▶ **FALL 8:** D hält den sich im Park ausruhenden Spaziergänger S infolge der Dämmerung für eine Statue, die er in einem Anflug von Vandalismus mit einem Steinwurf beschädigen will; S wird von dem Stein schmerzhaft getroffen. ◀

40 Bei einem Irrtum über die Person oder das Objekt (*error in persona vel objecto*) irrt sich der Täter über die Identität des Tatobjekts, ordnet dieses aber zutreffend der tatbestandlich beschriebenen Gattung zu.[34]

41 Ein solcher Irrtum schließt die Zurechenbarkeit der objektiven Tatbestandsverwirklichung zum Vorsatz nicht aus. Der Täter irrt sich über eine tatbestandlich irrelevante Individualisierung des Objekts.[35] Da die Verletzung des unzutreffend individualisierten Zieles das Motiv der Tat war, handelt es sich beim *error in persona vel objecto* um einen **unbeachtlichen Motivirrtum**.[36] Demnach handelt A in **Fall 7** mit Tötungsvorsatz hinsichtlich des konkreten Opfers und erfasst hierbei das Tatobjekt in der tatbestandlich relevanten Beschreibung als Mensch. Das anvisierte Objekt (Angriffsobjekt) ist also mit dem getroffenen Objekt (Verletzungsobjekt) körperlich identisch und wird nur vom Täter hinsichtlich tatbestandlich irrelevanter Eigenschaften verwechselt. Schematisch dargestellt:

Risikoschaffung	tatsächlicher Kausalverlauf	konkretes Handlungsobjekt
vom Täter erkannt	vom Täter vorhergesehen	vom Täter der Gattung nach erkannt (Mensch), aber unzutreffend identifiziert (Person B statt Person C)
kein Tatbestandsirrtum, sondern unbeachtlicher Motivirrtum		

42 Ordnet der Täter das Handlungsobjekt nicht der tatbestandlich relevanten Gattung zu, so ist der Irrtum des Täters beachtlich und führt zum Vorsatzausschluss.[37] So handelt D in **Fall 8** hinsichtlich der Körperverletzung nicht vorsätzlich, sondern allenfalls fahrlässig (§ 229). Die Sachbeschädigung wiederum ist nur versucht (§§ 303, 22 f).[38]

2. Irrtum über den Kausalverlauf

▶ **FALL 9:** T serviert dem O einen mit Tötungsabsicht vergifteten Obstkuchen, in dem sich unbemerkt eine Biene befindet; O wird gestochen und stirbt an einer allergischen Schockreaktion. ◀

---

[34] Vgl nur NK-*Puppe* § 16 Rn 93 f mwN.
[35] BGHSt 11, 268; 37, 214 (216); *Alwart* JuS 1979, 351 (352 f); *Bemmann* MDR 1958, 817 ff; W-*Beulke/Satzger* Rn 249; *Köhler* 151 f; *Lubig* Jura 2006, 655 (656); *Rath*, Zur Unerheblichkeit des error in persona vel in objecto, 1996, 25 ff; *Roxin* I § 12/193 f; M-*Zipf* § 23/25.
[36] *Bringewat* Rn 610; *Jakobs* 8/82; *Kühl* § 13/24 f; *Otto* § 7/99; LK-*Vogel* § 16 Rn 74 f; vertiefend zum error in persona vel objecto, wenn das gestohlene Behältnis nicht den erwarteten Inhalt aufweist, *Böse* GA 2010, 249 ff.
[37] Zur Vermeidung von Missverständnissen sollte bei dieser Situation erst gar nicht von einem *error in persona vel objecto* gesprochen werden; vgl *Roxin* I § 12/201.
[38] Beide Delikte sind tateinheitlich verwirklicht.

▶ **FALL 10A:** F stößt den G von einer Brücke, wobei er davon ausgeht, dass G als Nichtschwimmer ertrinkt. Tatsächlich erleidet G einen Genickbruch beim Aufschlag auf einen Brückenpfeiler. ◀

▶ **FALL 10B:** Auf einer Brücke holt H (ohne jeden Tötungsvorsatz) aus, um J zu schlagen. Dieser weicht sprunghaft zurück, stürzt in den Fluss und ertrinkt. ◀

a) **Voraussetzung:** Bei den Erfolgsdelikten muss der **tatsächliche Kausalverlauf** zwischen Verhalten und Erfolg vom Vorsatz erfasst sein. Da es sich hierbei um eine Prognose handelt, bei der zumeist nicht jedes Detail berücksichtigt werden kann, genügt es nach hM für die Vorsatzzurechnung, wenn sich das tatsächliche Geschehen in etwa mit den Tätervorstellungen deckt. Erst eine wesentliche Abweichung führt zum Vorsatzausschluss.[39] In diesem Sinne ist eine Abweichung des wirklichen vom vorgestellten Kausalverlauf **wesentlich**, wenn sie nicht mehr in den Grenzen des nach allgemeiner Lebenserfahrung Voraussehbaren liegt und eine andere Bewertung der Tat rechtfertigt. Letzteres ist insbesondere anzunehmen, wenn – wie in **Fall 9** – das Risiko, das der Täter tatsächlich setzt, ein ganz anderes ist, als er zu schaffen vermeint.

Der Ansatz der hM, einen Irrtum über den Kausalverlauf dann als vorsatzausschließend anzusehen, wenn er nicht mehr in den Grenzen der allgemeinen Lebenserfahrung liegt und eine andere Bewertung rechtfertigt, ist zwar in der Sache richtig, aber unpräzise formuliert. So müsste nach dem Ansatz der hM in **Fall 10a** ein vorsatzausschließender Irrtum zu verneinen sein, da es nach der Lebenserfahrung wie auch nach der rechtlichen Bewertung keinen Unterschied zu machen scheint, ob jemand, der von einer Brücke gestoßen wird, ertrinkt oder auf dem Fundament eines Pfeilers aufschlägt. Wenn jedoch der Vorsatz die Vorstellung des Täters vom Kausalverlauf zum Gegenstand hat, kann ihm nicht ohne Weiteres etwas als gewusst angelastet werden, das er gar nicht bedacht hat oder das er vielleicht sogar vermeiden wollte. Denn es könnte ja sein, dass es dem Täter in **Fall 10a** gerade darauf ankam, dass sein Opfer ertrinkt, um die Tat als Badeunfall erscheinen zu lassen. Außerdem ist der Rückgriff auf eine wertende Betrachtungsweise höchst ungenau, weil diese keine exakten Kriterien für die Vergleichbarkeit des vorgestellten mit dem tatsächlichen Kausalverlauf bietet.

Eine dogmatisch präzisere und zugleich sachgerechte Begründung lässt sich erzielen, wenn die Vorsatzzurechnung auf den kausalen Zusammenhang zwischen dem vom Täter geschaffenen tatbestandsmäßigen Risiko[40] und dem Eintritt des konkreten Erfolgs bezogen wird. Der Täter muss mit anderen Worten den **tatbestandsmäßigen Risikozusammenhang** zwischen seiner Handlung und dem eingetretenen Erfolg **erkannt** haben, damit ihm der Erfolg zum Vorsatz zugerechnet werden kann. Dies ist der Fall, wenn die Umstände, die das vom Täter bewusst geschaffene tatbestandsmäßige Risiko begründen, auch zur kausalen Erklärung des konkreten Erfolgs notwendig sind.[41]

Mit Blick auf **Fall 10a** bedeutet dies: Stößt der Täter jemanden von einer hohen Brücke, so führt er damit eine Situation herbei, die in vielfältiger Weise zum Tod des Opfers führen kann. Das Opfer kann ertrinken, beim Aufprall auf das Wasser das Bewusstsein verlieren, einen Schock erleiden, auf einen Fels oder das Fundament der Brü-

---

39 BGHSt 7, 325 (329); 38, 32 m. Anm. Graul JR 1992, 114 ff; BGH NJW 2011, 2065 (2066 f), krit. hierzu *Baumann/Weber/Mitsch* § 20/24; *Fischer* § 16 Rn 7; *Heinrich* Rn 1098; *MK-Joecks* § 16 Rn 86 ff; *Puppe* GA 2008, 569 ff; *Roxin* I § 12/153 f.
40 Hierzu § 11 Rn 6 ff.
41 Vgl zur entsprechenden Konstellation bei der Fahrlässigkeit § 33 Rn 22 f.

ckenpfeiler aufschlagen und vieles mehr. Alles dies sind Kausalverläufe, die aus dem Sturz von der Brücke resultieren können. Welche dieser möglichen Kausalverläufe der Täter bedenkt und für wie wahrscheinlich er sie im Einzelnen hält, spielt aber keine Rolle, da er bezüglich des **Ausgangsrisikos**, des Sturzes von der Brücke, genug weiß, um die Handlung des Stoßens um der Erfolgsvermeidung willen unterlassen zu müssen. Da zur kausalen Erklärung des konkreten Todes in **Fall 10a** – Genickbruch beim Aufschlag auf das Pfeilerfundament – der Umstand berücksichtigt werden muss, dass G von der Brücke gestoßen wurde, hat sich im Erfolg auch das Risiko realisiert, das von F bewusst geschaffen wurde. Folglich ist dem F der Tod des G zum Vorsatz zurechenbar.[42]

Dass sich im Aufschlagen auf einen Brückenpfeiler ein von F erkanntes Risiko realisiert hat, lässt sich auch daraus ersehen, dass sich der konkrete Todeseintritt für F *ex post* nicht als überraschende und zufällige Wendung des von ihm bewusst initiierten Geschehens darstellt. Anders liegt es insoweit in **Fall 10b**. Hier nimmt das Geschehen einen Verlauf, der sich für H nicht mehr als Realisierung des bewusst geschaffenen Risikos darstellt.

46 b) **Gutachtenaufbau:** Im Gutachten ist zu beachten: Sofern die Abweichung des tatsächlichen Kausalverlaufs vom vorgestellten als wesentlich anzusehen ist, kann dem Täter die konkrete Tatbestandsverwirklichung nicht zum Vorsatz zugerechnet werden. Hieraus sind ggf zwei Konsequenzen zu ziehen: Zum einen kann sich der Täter hinsichtlich des vorgestellten, aber objektiv nicht realisierten Kausalverlaufs wegen Versuchs strafbar gemacht haben.[43] Zum anderen kann ihm die tatsächliche Erfolgsverursachung ggf als Fahrlässigkeitsdelikt zugerechnet werden.[44]

3. Irrtum über den Vollendungszeitpunkt

▶ **FALL 11:** K will L betäuben, um ihn anschließend unter Vortäuschung eines Suizids durch Erhängen zu töten; bereits die Betäubung führt zum Tode. ◀

▶ **FALL 12:** M nimmt an, N durch einen Schlag mit einer Eisenstange getötet zu haben. Um einen Unfall vorzutäuschen, wirft M ihn anschließend aus dem Fenster eines Hochhauses; tatsächlich kommt N erst durch diesen Sturz zu Tode. ◀

47 a) **Vorzeitige Vollendung:** Von vorzeitiger Vollendung spricht man, wenn der Täter – wie K in **Fall 11** – den Tatbestand bereits durch einen nach seiner Ansicht nicht erfolgsrelevanten Akt, dem die eigentliche Erfolgsverursachung noch nachfolgen soll, verwirklicht:

48 ▪ Die vorherrschende Meinung bejaht eine vollendete Vorsatztat, sofern der Täter – wie in **Fall 11** – bereits mit dem ersten Akt ins Versuchsstadium eingetreten ist. In diesem Fall sei die Versuchshandlung von einem (generellen) Tötungsvorsatz getragen, so dass es unbeachtlich sei, wenn der Täter verkennt, dass sein Handeln schon im konkreten Zeitpunkt zur Erfolgsherbeiführung geeignet ist.[45]

---

42 Vgl auch *Puppe* 10/12 ff; ferner *Köhler* 152 ff; *Otto* § 7/84 ff.
43 *Jakobs* 8/65 ff; *Rengier* § 15/16.
44 Ist beides gegeben, sind die Delikte *tateinheitlich* verwirklicht, vgl hierzu § 47.
45 BGH GA 1955, 123 ff; NStZ 2002, 309; 2002, 475; JR 2002, 381 (382) m. Anm. *Jäger*; *Kühl* § 13/48a; *Sowada* Jura 2004, 814 (817 ff); S/S-*Sternberg-Lieben/Schuster* § 15 Rn 58; M-*Zipf* § 23/36.

■ Dieser Lösung ist jedoch nur zuzustimmen, wenn sich nach der Vorstellung des Täters schon der erste Akt als Beitrag zur Schaffung eines erfolgsrelevanten Risikos darstellt. Wenn jedoch der erste Akt, wie in **Fall 11**, nach der Vorstellung des Täters noch nichts zur Schaffung des geplanten Erfolgsrisikos (Erhängen) beiträgt, sondern unbewusst ein davon unabhängiges Risiko setzt (Betäuben), dann fehlt dem Täter hinsichtlich der Erfolgsrelevanz des Erstrisikos der nötige Vorsatz. Insoweit handelt K allenfalls fahrlässig. Das von K für erfolgsrelevant gehaltene Zweitrisiko realisiert sich dagegen nicht mehr, so dass insoweit – Tod durch Erhängen – nur ein Versuch[46] gegeben ist.[47]

49

b) **Dolus generalis**: Es ist auch die umgekehrte – mit dem Ausdruck *dolus generalis* bezeichnete[48] – Konstellation denkbar, dass der Täter – wie M in **Fall 12** – irrig davon ausgeht, den Erfolg schon herbeigeführt zu haben, diesen jedoch in Wirklichkeit erst unbemerkt durch ein nachfolgendes Verhalten verursacht.

50

■ Die (bisherige) Rechtsprechung bejaht eine vollendete Vorsatztat durch die Ersthandlung, wenn das tatsächliche Gesamtgeschehen im Rahmen des Vorhersehbaren liegt.[49] Dies ließe sich in **Fall 12** bejahen.

51

■ Auch diese Lösung ist nur trägfähig, wenn sich das Nachtatverhalten noch im Rahmen des vom Täter gesehenen Erstrisikos bewegt. Wenn der Täter jedoch – wie M in **Fall 12** – durch das Nachtatverhalten unbewusst ein selbstständiges neues Risiko setzt, dann überholt der zweite Kausalverlauf den ersten.[50] Das von M gesehene Erstrisiko (Schlag mit der Eisenstange) realisiert sich nicht im Erfolg, so dass sich M insoweit über den Kausalverlauf irrt und ihm die Tat nur als Versuch zuzurechnen ist. Hinsichtlich der Realisierung des unbewusst gesetzten Zweitrisikos (Sturz aus dem Fenster) kommt nur eine Fahrlässigkeitstat[51] in Betracht.[52]

52

4. Aberratio ictus

▶ **FALL 13:** P schießt mit Tötungsvorsatz auf Q, trifft aber wider Erwarten dessen Hund. ◀

▶ **FALL 14:** R zielt in Tötungsabsicht mit einem Gewehr auf Z; die Kugel trifft jedoch, weil R leicht zitterte, wider Erwarten den in der Nähe des Z stehenden U tödlich. ◀

▶ **FALL 15:** V schießt mit Tötungsvorsatz auf W, trifft aber aufgrund leichten Zitterns X, der seinerseits den V, was dieser nicht bemerkte, gerade töten wollte. ◀

▶ **FALL 16:** Terrorist T deponiert bei einer Wahlveranstaltung eine Bombe mit Zeitzünder neben dem Rednerpult. Bei der Explosion der Bombe hält nicht, wie T angenommen hat, F, sondern D eine Rede und wird getötet. ◀

---

46 *Hruschka* JuS 1982, 317 (320 f); *Jakobs* 8/76; *Kaufmann* Jescheck-FS 251 (264 f); NK-*Puppe* § 16 Rn 86 ff; vgl auch *Jäger* Schroeder-FS 241 ff, der eine Lösung über § 25 vorschlägt.
47 Sind Versuch und Fahrlässigkeitsdelikt verwirklicht, stehen beide Delikte in Tateinheit zueinander.
48 Vgl § 14 Rn 37.
49 BGHSt 7, 325 ff; 14, 193 ff; zust. W-*Beulke/Satzger* Rn 265; *Bringewat* Rn 613; *Ebert* 150 f; iE auch *Heinrich* Rn 1098; *Jescheck/Weigend* § 29 V 6 d; S/S-*Sternberg-Lieben/Schuster* § 15 Rn 58; *Stratenwerth/Kuhlen* § 8/93; LK-*Vogel* § 16 Rn 73.
50 Vgl § 10 Rn 24 ff.
51 Die in diesem Fall in *Tatmehrheit* (§ 47 Rn 34) zu dem vorausgegangenen Versuch steht.
52 Vgl *Freund* § 7/143; *Gropp* § 5/71, 76; *Hettinger* Spendel-FS 237 (253 f); *Hruschka* 26 f; *Kühl* § 13/48; *Maiwald* ZStW 78 (1966), 30 (54); *Otto* § 7/91; NK-*Puppe* § 16 Rn 81 ff; *Schlehofer*, Vorsatz und Tatabweichung, 1996, 177; M-*Zipf* § 23/35; diff. auch *Oglakcioglu* JR 2011, 103 (106).

53 Unter einer *aberratio ictus* („Fehlgehen des Schlages") ist eine Situation zu verstehen, in der sich der Vorsatz auf ein bestimmtes Tatobjekt (**Angriffsobjekt**) richtet, aufgrund eines vom Täter nicht vorhergesehenen Kausalverlaufs jedoch ein anderes Objekt (**Verletzungsobjekt**) getroffen wird.[53] Im Unterschied zum *error in persona* unterliegt der Täter hier nicht nur einem Identitätsirrtum bezüglich des Verletzungsobjekts, sondern prognostiziert einen anderen Kausalverlauf mit anderem Angriffsobjekt. Als **Irrtum über den Kausalverlauf** ist die *aberratio ictus* – anders als der *error in persona* – immer ein Tatbestandsirrtum iSv § 16 Abs. 1. Weil sich der Täter hinsichtlich des tatsächlichen Kausalverlaufs (nach hM) in einem vorsatzausschließenden Tatbestandsirrtum befindet, haftet er für den konkreten Erfolgseintritt allenfalls wegen Fahrlässigkeit; hinsichtlich des verfehlten Angriffsobjekts ist – bei entsprechender Strafbarkeit – ein Versuch gegeben. Schematisch dargestellt:

Risikoschaffung	tatsächlicher Kausalverlauf	konkretes Handlungsobjekt
vom Täter hinsichtlich Verletzungsobjekt nicht erkannt, hinsichtlich Angriffsobjekt vorgestellt	vom Täter nicht vorhergesehen	Verletzungsobjekt vom Angriffsobjekt (körperlich) verschieden und vom Täter nicht erkannt
Tatbestandsirrtum hinsichtlich Verletzungsobjekt; insoweit allenfalls Fahrlässigkeit; Versuch hinsichtlich des Angriffsobjekts.		

54 **a) Unstreitig aberratio ictus:** Die Annahme eines vorsatzausschließenden Tatbestandsirrtums (§ 16 Abs. 1 S. 1) hinsichtlich des tatsächlich verletzten Handlungsobjekts ist jedenfalls dann unstreitig, wenn – wie in **Fall 13** – das Verletzungsobjekt (Hund) einer **tatbestandlich relevanten anderen Gattung** zuzuordnen ist als das Angriffsobjekt (Q). Denn hier irrt sich der Täter von der Risikoschaffung über den tatsächlichen Kausalverlauf bis zur körperlichen und gattungsmäßigen Identität des Verletzungsobjekts in jedem relevanten Punkt der Tatbestandsverwirklichung. Demnach liegt in **Fall 13** ein Totschlagsversuch (§§ 212, 22 f) bezüglich Q vor. Die Verletzung des Hundes ist eine nicht strafbare fahrlässige Sachbeschädigung.[54]

55 **b) Strittige Fälle:** Die hM nimmt einen wesentlichen[55] und damit vorsatzausschließenden Tatbestandsirrtum (§ 16 Abs. 1 S. 1) über den zum tatsächlich eingetretenen Erfolg führenden Kausalverlauf aber auch dann an, wenn – wie in **Fall 14** – das Verletzungsobjekt **derselben tatbestandlichen Gattung** angehört wie das Angriffsobjekt.[56] Der Täter habe hier seinen Vorsatz bereits auf die kausale Verletzung des anvisierten Objekts (Z) konkretisiert. Demnach begeht R in **Fall 14** einen Totschlagsversuch (§§ 212, 22 f) hinsichtlich Z und ggf eine fahrlässige Tötung (§ 222) hinsichtlich U.

56 Nach einer Mindermeinung in der Literatur soll diese Konstellation der *aberratio ictus* jedoch als **unbeachtlicher** *error in persona vel objecto* zu behandeln sein, wenn – wie in **Fall 14** – das Angriffsobjekt unter jedem rechtlich relevanten Aspekt dem Verlet-

---

53 Umfassend hierzu *Toepel* JA 1996, 886 ff; 1997, 248 ff; 1997, 344 ff.
54 Schießt P auf den Hund und verletzt unvorhergesehen den Q, so wäre eine versuchte Sachbeschädigung (§ 303 Abs. 3) in Tateinheit (§ 52) mit fahrlässiger Körperverletzung (§ 229) gegeben.
55 Vgl oben Rn 43 ff.
56 RGSt 3, 384; 58, 27 ff; BGHSt 9, 240 ff; hierzu *Mitsch* Puppe-FS 729 ff; BGHSt 34, 53 (55); BGH bei *Holtz* MDR 1981, 630 f; *Alwart* JuS 1979, 351 (355); *Baumann/Weber/Mitsch* § 21/13; *Bemmann* MDR 1958, 817 (818 f); *Gropp* § 5/77 f; *Hettinger* GA 1990, 531 (554); *Hruschka* JZ 1991, 488 (491 f); *Kühl* § 13/32 ff; *Lubig* Jura 2006, 655 (657 f); *Stratenwerth/Kuhlen* § 8/95 f.

zungsobjekt gleicht:[57] R habe Vorsatz bezüglich der Tötung eines Menschen gehabt und auch einen Menschen getötet. Bei rechtlich relevanter Ungleichheit der Tatobjekte – wie in **Fall 15** – soll dagegen ein beachtlicher Irrtum über den Kausalverlauf gegeben sein. Denn in **Fall 15** gleichen sich W und X nicht in rechtlich relevanter Weise, da letzterer ein Angreifer iSd Notwehrvorschrift (§ 32) ist.

Wie ein Vergleich der schematischen Darstellungen des *error in persona vel objecto* (Rn 40) und der *aberratio ictus* (Rn 53) zeigt, unterscheiden sich beide Konstellationen in allen wesentlichen Punkten. Das Argument der Mindermeinung, der Täter unterliege nur einem *error in persona*, weil er einen Menschen töten wollte und im Ergebnis auch getötet habe, ist daher zwar bei oberflächlicher Betrachtung suggestiv, widerspricht aber allgemeinen Zurechnungsgrundsätzen. Denn ein Täter haftet nicht schon deshalb für einen beliebigen Erfolg, weil er überhaupt einen Erfolg dieser Art herbeiführen wollte. Vielmehr muss der Täter das von ihm geschaffene Risiko erkannt und dessen **Realisierung durch den tatsächlichen Kausalverlauf im konkreten Erfolg** vorhergesehen haben. Dies gilt jedenfalls dann, wenn der Täter den Tatentschluss bezüglich eines von ihm konkretisierten Tatobjekts getroffen hat.[58] Sonst müsste er auch für Erfolge haften, deren Eintritt für ihn völlig unvorhersehbar gewesen ist. Ferner befindet sich der Täter beim *error in persona vel objecto* nur in einem tatbestandsirrelevanten Motivirrtum, bei der *aberratio ictus* aber zudem noch in einem Irrtum über den Kausalverlauf. Während der Täter beim *error in persona* nicht geschossen hätte, wenn er das Angriffsobjekt richtig identifiziert hätte, bei richtiger Identifikation also kein Motiv für die Tat gehabt hätte, irrt sich der Täter bei der *aberratio ictus* gerade nicht über sein Motiv. Das Angriffsobjekt, auf das er zielt, ist auch das Objekt, auf das er tatsächlich schießen will; er verfehlt nur (mangels zutreffender Prognose des Kausalverlaufs) tatsächlich sein Ziel.

Mit dem Argument, die Unrechtsverwirklichung sei nur bei höchstpersönlichen Rechtsgütern abhängig von der Individualität des Verletzten, wird vermittelnd vorgeschlagen, dass die *aberratio ictus* **nur bei höchstpersönlichen Rechtsgütern**, nicht aber bei übertragbaren Rechtsgütern wie Eigentum und Vermögen ein wesentlicher Tatbestandsirrtum sei.[59] Indessen gelten die allgemeinen Zurechnungsregeln für alle Rechtsgüter gleichermaßen. Stets geht es um die Haftung für objektiv und subjektiv zurechenbare konkrete Erfolge. Wer eine billige Glasvase umstoßen will, hierbei ausrutscht und im Fallen wertvolles chinesisches Porzellan zerschlägt, hat schwerlich den tatsächlichen Schaden, nur weil es sich um Sachwerte handelt, vorsätzlich herbeigeführt. Außerdem befindet sich auch hier der Täter nicht, wie beim *error in persona vel objecto*, nur in einem Motivirrtum.[60]

---

57 *Kuhlen*, Die Unterscheidung von vorsatzausschließendem und nichtvorsatzausschließendem Irrtum, 1987, 479 ff; *Loewenheim* JuS 1966, 310 ff; *Puppe* JZ 1989, 728 ff; *Welzel* § 13 I 3 d; ferner *Heuchemer* JA 2005, 275 (277 ff) – gegen ihn *Rath* JA 2005, 709 ff; m. anderer Begründung *Hsu*, „Doppelindividualisierung" und Irrtum, 2007, 210 f, 224; nach NK-*Puppe* § 16 Rn 104 ff soll dagegen die *aberratio ictus* nur noch dann als Unterfall eines unbeachtlichen *error in persona* anzusehen sein, wenn der Täter auch gegenüber dem Verletzungsobjekt eine Vorsatzgefahr (vgl § 14 Rn 18 ff) geschaffen habe; damit besteht iE kein Unterschied mehr zur hM bei der Schaffung von Fahrlässigkeitsgefahren hinsichtlich des Verletzungsobjekts.
58 W-*Beulke/Satzger* Rn 253; *Krey/Esser* Rn 437; *Kühl* § 13/35.
59 *Hillenkamp*, Die Bedeutung von Vorsatzkonkretisierungen bei abweichendem Kausalverlauf, 1971, 108 ff, 127 ff; abl. *Rath*, Zur strafrechtlichen Behandlung der aberratio ictus und des error in objecto des Täters, 1993, 166 ff; *Schreiber* JuS 1985, 873 (875); zu weiteren vermittelnden Vorschlägen vgl *Herzberg* JA 1981, 369 ff, 373, 470 ff, 472 ff; *Roxin* Würtenberger-FS 109 (123).
60 Vgl auch *Kühl* § 13/37; *Stratenwerth/Kuhlen* § 8/96.

c) **Keine aberratio ictus:**

59 ■ Keine Situation der *aberratio ictus* ist gegeben, wenn sowohl das anvisierte als auch das tatsächlich verletzte Tatobjekt vom Vorsatz des Täters umfasst sind. In diesem Fall geht die Tat nicht fehl. Vielmehr handelt der Täter mit **alternativem Vorsatz**.[61]

60 ■ Keine Situation der *aberratio ictus* ist ferner gegeben, wenn der Täter – wie T in **Fall 16** – so vorgeht, dass er das Tatobjekt **nur generell** (bzw mittelbar) durch die Gestaltung der Tat **bestimmt**. Da T genau den Menschen töten wollte, der sich zum Zeitpunkt der Explosion im Wirkungsbereich der Bombe aufhielt, sind Angriffs- und Verletzungsobjekt hier körperlich identisch; auch der zum tatbestandlichen Erfolg führende tatsächliche Kausalverlauf entspricht genau dem vorgestellten. Dass nicht F, sondern D an der vorgesehenen Angriffsstelle war, bedingt insoweit nur einen Identitätsirrtum. Es ist also lediglich ein unbeachtlicher *error in persona* gegeben.[62]

5. Irrtum bei der actio libera in causa

▶ **FALL 17:** A plant, die B zu vergewaltigen, vergewaltigt aber aufgrund einer Personenverwechslung im schuldunfähigen Zustand die C. ◀

61 Während das Ausnahmemodell der *actio libera in causa* keine Besonderheiten im Deliktsaufbau mit sich bringt und beim Vorsatzdelikt nur einen Vorsatz zum Zeitpunkt der Tatausführung verlangt,[63] verlagert das sog. Tatbestandsmodell den Beginn der Tatbestandsverwirklichung auf den Zeitpunkt der Herbeiführung des Defektzustands vor. Diese Konzeption erfordert beim Vorsatzdelikt einen doppelten Vorsatz:[64] Der Täter muss zum einen den Zustand der Schuldunfähigkeit mit Blick auf die spätere Tat vorsätzlich herbeiführen; zum anderen muss er auch die spätere Tat selbst vorsätzlich begehen. Hieraus ergibt sich in einer Situation wie in **Fall 17** das Problem, in welchem Umfang sich Tatplanung und -ausführung decken müssen:

62 ■ Die Rechtsprechung behandelt diesen Irrtum als (unbeachtlichen) *error in persona vel objecto*, da das tatsächliche Geschehen nicht wesentlich von dem im defektfreien Zustand gefassten Vorsatz abweiche.[65] Dies erscheint jedoch fragwürdig, da dem A der Irrtum erst nach dem Beginn der Schuldunfähigkeit unterläuft und damit die Verbindung zwischen Tatplan und Tatausführung unterbrochen wird.

63 ■ Folgerichtig befürworten demgegenüber einige Vertreter des Tatbestandsmodells im Schrifttum eine *aberratio ictus*: A weiche bei der Tatausführung als sein eigenes Tatmittel von dem im schuldfähigen Zustand gesetzten Ziel versehentlich ab.[66] Demnach kann bei einem Vorsatzwechsel die tatsächlich begangene Tat nach Ein-

---

61 Näher hierzu § 14 Rn 33 ff; vgl auch BGHSt 34, 53 (55); BGH NStZ 2009, 210 f: bedingter Vorsatz auch hinsichtlich der Tötung des hinter der anvisierten Person stehenden Menschen durch einen Beilhieb; krit. hierzu *Hsu*, „Doppelindividualisierung" und Irrtum, 2007, 210 f, 224; *Puppe* HRRS 2009, 91 ff; LK-*Vogel* Rn 82 ff.
62 Vgl *Geppert* Jura 1992, 163; *Gropp* Lenckner-FS 55 (65); *Jakobs* 8/81; *Lubig* Jura 2006, 655 (658); *Prittwitz* GA 1983, 110 (127 ff); *Roxin* I § 12/197; *Stratenwerth* Baumann-FS 57 (60 f); *Streng* JuS 1991, 910 (913 ff); *Toepel* JA 1996, 886 (892); 1997, 556 (557 f), 948 f; vgl auch BGH NStZ 1998, 294; aA *Freund* Maiwald-FS 211 (228); *Herzberg* NStZ 1999, 217 ff.
63 Näher § 23 Rn 6 ff, 27 f.
64 Näher § 23 Rn 11 ff, 27 f.
65 BGHSt 21, 381 (384); zust. MK-*Streng* § 20 Rn 144.
66 SK-*Rudolphi* § 20 Rn 31; LK-*Schöch* § 20 Rn 203; S/S-*Sternberg-Lieben/Schuster* § 15 Rn 57.

tritt der Schuldunfähigkeit nur nach § 323a geahndet werden.[67] Hinsichtlich der nicht ausgeführten Tat wird teils straflose Vorbereitung,[68] teils – immanent überzeugender – Versuch angenommen.[69]

WIEDERHOLUNGS- UND VERTIEFUNGSFRAGEN 64

> Welche Regelung trifft § 16 I? (Rn 1)
> Was ist unter einem Subsumtionsirrtum zu verstehen und wie unterscheidet er sich vom Tatbestandsirrtum? (Rn 9 ff)
> Welche Probleme wirft der Irrtum über die Eigenschaften normativer Tatbestandsmerkmale auf? (Rn 23 ff)
> Unter welchen Voraussetzungen ist ein Irrtum über den Kausalverlauf als wesentlich (und damit vorsatzausschließend) anzusehen? (Rn 43 ff)
> Welche zwei Konstellationen sind beim Irrtum über den Vollendungszeitpunkt zu unterscheiden? (Rn 47 ff)
> Was ist unter einer aberratio ictus zu verstehen und inwieweit unterscheidet sie sich (nicht) vom error in persona vel objecto? (Rn 53 ff)

---

[67] W-*Beulke/Satzger* Rn 418.
[68] Vgl W-*Beulke/Satzger* Rn 419 und *Jescheck/Weigend* § 40 VI 2, die insoweit dem Ausnahmemodell folgen, aber zugleich einen doppelten Vorsatz verlangen.
[69] *Baumann/Weber/Mitsch* § 19/51; *Jakobs* 17/68; *Roxin* I § 20/73 f; *Wolter* Leferenz-FS 545 (551 f).

§ 28 Verbotsirrtum und Irrtum über Entschuldigungsgründe

I. Der Verbotsirrtum

1. Schuld- und Vorsatztheorie

1 a) **Regelung:** „Fehlt dem Täter bei Begehung der Tat die Einsicht, Unrecht zu tun, so handelt er" nach § 17 S. 1 „ohne Schuld, wenn er diesen Irrtum nicht vermeiden konnte". „Konnte der Täter den Irrtum vermeiden", so sieht § 17 S. 2 die Möglichkeit einer Strafmilderung nach § 49 Abs. 1 vor.

2 b) **Schuldtheorie:** Diese gesetzliche Regelung des Verbotsirrtums beruht auf der sog. Schuldtheorie,[1] die die subjektive Tatseite **in Vorsatz und Unrechtsbewusstsein aufspaltet** und hierbei den Vorsatz als subjektives Unrechtselement, Unrechtsbewusstsein dagegen als selbstständiges Schuldelement ansieht.[2] Nach der Schuldtheorie ist also einerseits der Vorsatz ungeachtet eines möglichen Unrechtsbewusstseins festzustellen; andererseits lässt fehlendes Unrechtsbewusstsein den Vorsatz unberührt. An die Möglichkeit vorsätzlichen Handelns ohne Schuld knüpft das StGB zB bei der Beteiligungslehre[3] oder der Verhängung von Maßregeln der Besserung und Sicherung (§§ 61 ff) an.

3 Der BGH hat die Schuldtheorie schon früh anerkannt[4] und damit die Auffassung des RG preisgegeben, der zufolge der Schuldvorwurf grds kein Unrechtsbewusstsein voraussetzte. Lediglich den außerstrafrechtlichen Rechtsirrtum stellte das RG dem vorsatzausschließenden Tatirrtum in Analogie zu § 59 aF gleich.[5]

4 c) **Vorsatztheorie:** Nicht durchgesetzt hat sich die sog. Vorsatztheorie. Nach dieser Lehre umfasst der **Vorsatz als Schuldmerkmal** neben den zum gesetzlichen Tatbestand gehörenden Umständen auch das Unrechtsbewusstsein (sog. *dolus malus*).[6] Gegen diese Lehre lässt sich u.a. einwenden, dass sie den in seinem Rechtsempfinden abgestumpften Täter begünstigt, da dieser bei fehlendem Unrechtsbewusstsein auch unvorsätzlich handelte.[7]

5 Vereinzelt wird im Schrifttum noch eine sog. **modifizierte Vorsatztheorie** vertreten.[8] Diese Lehre unterscheidet zwar zwischen Vorsatz und Unrechtsbewusstsein, erweitert aber den Vorsatz um die Kenntnis der Sozialschädlichkeit des Verhaltens, worunter sie das Bewusstsein des Täters versteht, die sozialethischen Grundlagen der Rechtsordnung zu verletzen. Der Vorsatz soll damit nicht nur intellektuelles Element der Handlungsfähigkeit, sondern auch Träger des „Gesinnungsunwerts" sein. Das Unrechtsbewusstsein wird demgegenüber als Wissen um die Rechtswidrigkeit gedeutet; dieses soll in dem Bewusstsein bestehen, gegen eine Rechtsvorschrift iSv Art. 103 Abs. 2 GG zu verstoßen.

---

1 *Baumann/Weber/Mitsch* § 21/39; MK-*Joecks* § 17 Rn 1; NK-*Neumann* § 17 Rn 1; *Roxin* I § 21/7; SK-*Rudolphi* § 17 Rn 1; M-Gössel/*Zipf* § 37/32 ff; aA *Langer* GA 1976, 193 (213 ff); *Schmidhäuser* JZ 1979, 361 (368 f).
2 Näher *Puppe* Stree/Wessels-FS 183; *Rudolphi* Maurach-FS 51 (57).
3 Hierzu § 38 Rn 17 f.
4 BGHSt 2, 194 (200); vgl auch BVerfGE 41, 121 (125).
5 RGSt 1, 368; 10, 234; 34, 418; 57, 235; 72, 305 (309); ausf. zur Irrtumslehre des RG *Arthur Kaufmann*, Das Unrechtsbewusstsein in der Schuldlehre des Strafrechts, 1949, 46 ff; *Kuhlen*, Die Unterscheidung von vorsatzausschließendem und nichtvorsatzausschließendem Irrtum, 1987, 161 ff; *Schroth*, Vorsatz und Irrtum, 1998, 15 ff.
6 Zur Begriffsgeschichte *Hruschka* Roxin-FS I 441 ff.
7 Vgl *Jakobs* 19/14; *Koriath* Jura 1996, 113 (114 ff).
8 Vgl *Geerds* Jura 1990, 421 ff; *Herzberg* JuS 2008, 385 (388 ff); *Langer* GA 1976, 193 ff; *Otto* AT § 7/76, § 13/39 ff; *Schmidhäuser* Mayer-FS 317 ff; *ders.* JZ 1979, 361 ff.

Strafrechtliche Schuld ist jedoch allein auf die Verletzung gesetzlichen Rechts bezogen. 6
Der Täter soll die Tatbestandsverwirklichung um der Befolgung der Rechtsnorm willen vermeiden, so dass zum Vorsatz nicht mehr gehören kann als die Kenntnis der tatsächlichen Voraussetzungen rechtswidrigen Verhaltens. Die Ergänzung des Vorsatzes um das Bewusstsein der Sozialschädlichkeit des Verhaltens ist ebenso unpräzise wie überflüssig.

2. Unrechtsbewusstsein

a) Voraussetzung: Der Täter hat die „Einsicht, Unrecht zu tun", wenn er sich bewusst 7
ist, dass er durch sein Verhalten eine das betreffende Rechtsgut schützende Norm der Rechtsordnung verletzt.[9]

Die Norm braucht (in der Vorstellung des Täters) **keine Vorschrift des Strafrechts** zu 8
sein.[10] Es reicht aus, wenn der Täter sein Verhalten zB als ordnungswidrig ansieht.[11] Nicht genügend ist jedoch die Annahme, das Handeln sei lediglich unmoralisch oder sozialethisch verwerflich.[12]

Die Unrechtseinsicht erfordert keine genaue Kenntnis des Norminhalts. Jedoch muss 9
sie den **spezifischen Unrechtsgehalt des verwirklichten Delikts** zum Gegenstand haben.[13] Treffen mehrere Straftatbestände tateinheitlich zusammen, so ist das Unrechtsbewusstsein teilbar und kann sich auf jedes der Delikte beziehen.[14] In den sog. „Mauerschützen-Entscheidungen" lässt der BGH das Bewusstsein materieller Rechtswidrigkeit ausreichen, so dass die Annahme, formell erlaubt zu handeln, die Unrechtseinsicht nicht ausschließt; dies sei der Fall, wenn die in Betracht kommende Erlaubnisnorm „wegen offensichtlichen, unerträglichen Verstoßes gegen elementare Gebote der Gerechtigkeit und gegen völkerrechtlich geschützte Menschenrechte unwirksam" ist.[15]

b) Unrechtseinsicht: Unrechtseinsicht ist bei der Tat **aktuell** gegeben, wenn sich der 10
Täter über die Rechtswidrigkeit der Tatbestandsverwirklichung – zumindest im Sinne sachgedanklichen Mitbewusstseins[16] – im Klaren ist.[17] Eine bloße konkrete Möglichkeitsvorstellung, wie dies beim *dolus eventualis* ausreicht,[18] soll nach hM für das aktuelle Unrechtsbewusstsein nicht genügen.[19]

Schuldhaftes Handeln erfordert jedoch nur vermeidbar[20] fehlendes Unrechtsbewusst- 11
sein. Von einem solchen **potentiellen Unrechtsbewusstsein** ist auszugehen, wenn der Täter bei dem ihm zumutbaren Einsatz seiner Erkenntniskräfte und Wertvorstellungen

---

9 RGSt 70, 141 (142); BGHSt 2, 194 (202); 11, 263 (266); 15, 377 (383); *Jescheck/Weigend* § 41 I 3 a; *Küper* JZ 1989, 617 (621); *Lesch* JA 1996, 346, 504; *Roxin* I § 21/12 f; *Rudolphi*, Unrechtsbewusstsein, Verbotsirrtum und Vermeidbarkeit des Verbotsirrtums, 1969, 44 ff; auf sanktionsbewehrte Normen begrenzt: *Neumann* JuS 1993, 793 (795); *Otto* Jura 1990, 645 (647).
10 BGHSt 2, 194 (202); 15, 377 (383); 45, 97 (100 f); L-*Kühl-Kühl* § 17 Rn 2; M-*Zipf* § 38/11; aA LK-*Vogel* § 17 Rn 19.
11 OLG Celle NJW 1987, 78; OLG Stuttgart NStZ 1993, 344 (345); NK-*Neumann* § 17 Rn 27 f.
12 *Baumann/Weber/Mitsch* § 21/50; MK-*Joecks* § 17 Rn 10 f; *Roxin* I § 21/12.
13 BGHSt 42, 123.
14 BGHSt 10, 35.
15 BGHSt 40, 241 (244); ferner BGHSt 39, 1 (15 ff); 39, 168 (183 ff).
16 Hierzu § 13 Rn 2.
17 BGHSt 15, 377.
18 Hierzu § 14 Rn 15 ff.
19 Vgl BGH NJW 1996, 1605; *Paeffgen* JZ 1978, 738 (745); *Seier* JuS 1986, 217 (220); *Timpe*, Strafmilderungen des Allgemeinen Teils des StGB und das Doppelverwertungsverbot, 1983, 253 ff; aA *Leite* GA 2012, 688 ff; *Otto* § 13/47.
20 Näher Rn 14 ff.

das Unrecht der Tat hätte erkennen können.[21] Bei Fahrlässigkeitsdelikten ist regelmäßig nur potentielles Unrechtsbewusstsein gegeben, da der Täter hier das Risiko einer Tatbestandsverwirklichung (sorgfaltswidrig) verkennt und ihm damit auch das aktuelle Bewusstsein fehlt, mit seinem Verhalten das tatbestandliche Unrecht zu verwirklichen.

12 c) **Fehlendes Unrechtsbewusstsein:** Von fehlendem Unrechtsbewusstsein iSe **direkten Verbotsirrtums** spricht man, wenn der Täter sein Verhalten infolge Unkenntnis oder Verkennens der Verbotsnorm für erlaubt hält.[22] Als **indirekter Verbotsirrtum** oder Erlaubnisirrtum wird die Situation bezeichnet, in welcher der Täter irrtümlich annimmt, sein tatbestandsmäßiges Verhalten sei gerechtfertigt, also von einer Erlaubnisnorm gedeckt.[23]

13 d) **Gutachtenaufbau:** Im Gutachten ist der Verbotsirrtum als Schuldausschließungsgrund vor einem möglichen Entschuldigungsgrund anzusprechen. Jedoch ist vom Vorhandensein des Unrechtsbewusstseins auszugehen, wenn keine besonderen Anhaltspunkte auf sein Fehlen hindeuten. Sind solche Anhaltspunkte vorhanden, so ist zunächst das Vorliegen eines Verbotsirrtums zu prüfen und bejahendenfalls nach der Vermeidbarkeit dieses Irrtums zu fragen.

II. Vermeidbarkeit des Verbotsirrtums

▶ **FALL 1:** Versicherungsvertreter V versetzt seinem fünfjährigen Sohn S regelmäßig heftige Ohrfeigen, wenn dieser nicht pünktlich zum Abendessen erscheint. V glaubt, als Vater zu solchen Erziehungsmaßnahmen berechtigt zu sein. ◀

14 Trotz fehlender Unrechtseinsicht handelt der Täter schuldhaft, wenn er seine Unkenntnis vermeiden konnte:

Vermeidbar ist ein Verbotsirrtum, wenn das Unrecht für den Täter erkennbar war, ihm also sein Verhalten unter Berücksichtigung seiner Fähigkeiten und Kenntnisse hätte Anlass geben müssen, über dessen mögliche Rechtswidrigkeit nachzudenken oder Erkundigungen einzuziehen, und er auf diesem Weg zur Unrechtseinsicht gekommen wäre.[24]

15 **Maßstab für die Beurteilung der Vermeidbarkeit** sind die individuellen Fähigkeiten und Kenntnisse des konkreten Täters unter Beachtung der ihn in seiner Position treffenden Rechtspflichten.[25] Zu berücksichtigen sind vor allem seine Vorbildung sowie die spezifische Lebens- und Berufssituation des Täters. Auch ist zu fragen, ob es hinreichenden Anlass und die Möglichkeit gab, (rechtzeitig) Rechtsauskünfte einzuholen.[26] In Fall 1 überschreitet V deutlich die Grenzen eines (möglichen) elterlichen Züchtigungsrechts. Aufgrund seines Bildungsstandes und allgemein bekannter pädagogischer

---

21 BGHSt 21, 18 (20).
22 MK-*Joecks* § 17 Rn 30; *Krey/Esser* Rn 714.
23 BGH NStZ 2003, 596 f; der Erlaubnisirrtum ist nicht mit dem Erlaubnistatbestandsirrtum zu verwechseln, bei dem der Täter irrig vom Vorliegen der *tatsächlichen* Voraussetzungen eines Rechtfertigungsgrundes ausgeht; hierzu § 29 Rn 11 ff; vgl auch BGHSt 45, 219 (225).
24 BGHSt 3, 357; 4, 1 ff; 5, 111 ff; 21, 18 ff; BayObLG JR 1989, 386 f m. Anm. *Rudolphi* JR 1989, 387; *Lesch* JA 1996, 607; zum Maßstab der Vermeidbarkeit LK-*Vogel* § 17 Rn 35; zum Nebenstrafrecht: OLG Oldenburg NStZ-RR 1999, 122; zum Irrtum von Ausländern BGHSt 45, 97; *Laubenthal/Baier* GA 2000, 205 ff; *Zabel* GA 2008, 33 (54).
25 Die Kriterien entsprechen im Wesentlichen denjenigen, anhand derer die erforderliche (innere) Sorgfalt bei der Fahrlässigkeit festzustellen ist, vgl § 33 Rn 20 ff, 51 ff; vgl auch *Otto* § 13/48.
26 MK-*Joecks* § 17 Rn 42 ff; *Matt* 4 § 4/13 ff.

Einsichten müsste es V ohne weiteres bei hinreichendem Nachdenken deutlich werden, dass sein Verhalten verboten ist.

Ein Irrtum, den der Täter **nicht zu vertreten** hat, ist stets ein unvermeidbarer Irrtum. Hätte der Täter – etwa aufgrund einer völlig unklaren Rechtslage – auch bei pflichtgemäßer Erkundigung keine verlässliche Auskunft erhalten, so ist ihm der Irrtum nicht anzulasten und folglich als unvermeidbar anzusehen.[27] **Vertrauenswürdige Auskünfte** sind im Regelfall nur von zuständigen, sachkundigen und unvoreingenommenen Personen oder Stellen zu erwarten, die zugleich die Gewähr für eine objektive und verantwortungsbewusste Information bieten.[28] Die (falsche) Auskunft eines Verteidigers reicht jedoch zur Annahme mangelnder Vermeidbarkeit nicht aus, wenn dem Täter die Unerlaubtheit seines Verhaltens bei schon mäßiger Anspannung von Verstand und Gewissen leicht erkennbar ist.[29]

III. Der Irrtum über Entschuldigungsgründe

▶ **FALL 2A:** Beim Ausbruch eines Brandes in einem Kaufhaus stößt A den B eine Treppe herab, weil er glaubt, nur so eine in Lebensgefahr befindliche Person, die er für seine Ehefrau hält, retten zu können; B zieht sich bei dem Sturz tödliche Verletzungen zu. ◀

▶ **FALL 2B:** Beim Ausbruch eines Brandes in einem Kaufhaus stößt A den B eine Treppe herab, weil er glaubt, nur so eine in Lebensgefahr befindliche Person, die er für seinen Bekannten C hält, retten zu können; B zieht sich bei dem Sturz tödliche Verletzungen zu. ◀

Die **Irrtumsregeln für den entschuldigenden Notstand** lassen sich auf andere Entschuldigungsgründe **analog** anwenden. Zu differenzieren ist stets zwischen dem Irrtum über die tatsächlichen Voraussetzungen eines Entschuldigungsgrunds einerseits und dem Irrtum über die Existenz oder rechtlichen Grenzen eines Entschuldigungsgrunds andererseits.

- Geht der Täter – wie in **Fall 2a** – irrig davon aus, dass die tatsächlichen Voraussetzungen eines entschuldigenden Notstands erfüllt seien, so ist er nach § 35 Abs. 2 S. 1 nur bei Unvermeidbarkeit seines Irrtums entschuldigt.[30] Bei Vermeidbarkeit des Irrtums kommt jedoch eine Strafmilderung in Betracht (Abs. 2 S. 2).

- Der Irrtum über die Existenz eines rechtlich nicht anerkannten Entschuldigungsgrunds oder über die Grenzen eines anerkannten Entschuldigungsgrunds ist unbeachtlich.[31] Ein solcher unbeachtlicher Grenzirrtum ist in **Fall 2b** gegeben. Hier nimmt A irrig an, auch bei Hilfe zugunsten beliebiger Dritter iSv § 35 Abs. 1 S. 1 entschuldigt zu sein.[32]

---

27 OLG Celle NJW 1977, 1644; KG BeckRS 2012, 11907; *Neumann* JuS 1993, 793 (797 f); LK-*Vogel* § 17 Rn 46; zum Verbotsirrtum im Falle Mannesmann vgl LG Düsseldorf NJW 2004, 3275 einerseits, BGH JZ 2006, 560 ff andererseits.
28 BGHSt 40, 257 (264); 58, 15 (26 ff); BGH NStZ-RR 2003, 263; OLG Stuttgart JuS 2006, 1032 m. Bspr *Jahn*; *Wolter* JuS 1979, 482 ff; *Zaczyk* JuS 1990, 889 (892 ff).
29 BGH NStZ-RR 2003, 263; NStZ 2013, 461; krit. gegenüber den hohen Anforderungen der Rspr *Gaede* HRRS 2013, 449.
30 Vgl OLG Hamm NJW 1958, 271.
31 W-*Beulke/Satzger* Rn 490; *Kühl* § 13/85.
32 Überblick über die Irrtümer im Bereich von Entschuldigungs- und Schuldausschließungsgründen bei *Bachmann* JA 2009, 510 ff.

§ 28 C. Das vorsätzliche Begehungsdelikt

20 Wiederholungs- und Vertiefungsfragen

> Was besagt die sog. Schuldtheorie? (Rn 2 f)
> Was ist unter potentiellem Unrechtsbewusstsein, was unter einem indirekten Verbotsirrtum zu verstehen? (Rn 11 f)
> Wann ist ein Verbotsirrtum als vermeidbar anzusehen? (Rn 14 ff)
> Welche beiden Konstellationen sind beim Irrtum über einen Entschuldigungsgrund zu unterscheiden? (Rn 17 ff)

§ 29 Irrtum über Rechtfertigungsvoraussetzungen

I. Systematik

▶ **Fall 1:** A schlägt B nieder, ohne zu erkennen, dass B gerade im Begriff war, ihn mit einem Messer zu erstechen. ◀

▶ **Fall 2:** C will D am Rosenmontag mit einem Gummihammer zum Spaß auf den Kopf schlagen; D hält den Hammer für echt und streckt C mit einem Faustschlag nieder. ◀

▶ **Fall 3:** E greift F mit einem Messer an. Zur Abwehr schlägt F dem E mit einem Knüppel schmerzhaft auf den Arm, so dass dieser das Messer fallen lassen muss. Hierbei geht F davon aus, dass er, weil er sich ohne Weiteres auch durch Flucht habe retten können, nicht durch Notwehr gerechtfertigt sei. ◀

▶ **Fall 4:** G ertappt auf frischer Tat den Dieb H, der ohne Beute das Weite sucht, und tötet ihn in der irrigen Annahme, dies sei ihm zur Verhinderung der Flucht (nach § 127 Abs. 1 StPO) gestattet. ◀

Hinsichtlich eines Rechtfertigungsgrunds lassen sich **vier Irrtumsmöglichkeiten** unterscheiden: Der Täter

(1) verkennt, dass die tatsächlichen Voraussetzungen eines Rechtfertigungstatbestands gegeben sind (**Fall 1**);

(2) stellt sich irrig vor, dass die tatsächlichen Voraussetzungen eines Rechtfertigungstatbestands gegeben seien (**Fall 2**);

(3) hat zwar die Sachlage zutreffend erfasst, kennt aber den einschlägigen Rechtfertigungsgrund nicht oder engt dessen Grenzen zu seinen Ungunsten ein und hält daher sein objektiv gerechtfertigtes Verhalten für verboten (**Fall 3**);

(4) stellt sich irrig die Existenz eines rechtlich nicht anerkannten Rechtfertigungsgrunds vor oder dehnt die Grenzen eines geltenden Rechtfertigungsgrunds zu seinen Gunsten aus (**Fall 4**).

Im Gegensatz zum Deliktstatbestand haben Rechtfertigungstatbestände eine entlastende Funktion im Deliktsaufbau. Dementsprechend entfalten auf die Rechtfertigung bezogene Irrtümer eine Wirkung, die sich spiegelbildlich zu den auf den Deliktstatbestand bezogenen Irrtümern verhält. Dies bedeutet im Einzelnen:

■ zu (1): Verkennt der Täter, dass die tatsächlichen Voraussetzungen eines Rechtfertigungstatbestands gegeben sind, so verkennt er ihn objektiv entlastende Umstände. Daher sind hier zwar nicht objektiv, wohl aber subjektiv die Voraussetzungen rechtswidrigen Verhaltens erfüllt.

■ zu (2): Geht der Täter irrig davon aus, die tatsächlichen Voraussetzungen eines Rechtfertigungstatbestands seien gegeben, so stellt er sich entlastende Umstände vor. Hier sind nur objektiv, nicht aber subjektiv die Voraussetzungen rechtswidrigen Verhaltens erfüllt.

■ zu (3): Ist dem Täter – trotz zutreffend erfasster Tatumstände – der Rechtfertigungsgrund unbekannt, der sein Verhalten objektiv erlaubt, so geht er in Verkennung der Rechtslage irrig vom Bestehen eines Verbots aus. Dieser Irrtum entspricht einem **Wahndelikt** und ist strafrechtlich irrelevant.[1] Gleiches gilt, wenn der Täter die Grenzen des einschlägigen Rechtfertigungsgrunds zu seinen Ungunsten einengt. So schlägt F in **Fall 3** einen Angriff des E in berechtigter Trutzwehr nach Maßgabe von § 32 zurück, glaubt aber irrig in Unkenntnis der Notwehrvoraussetzungen, hierzu nicht befugt zu sein. F begeht nur ein strafloses Wahndelikt.

6 ▪ zu (4): Stellt sich der Täter irrig die Existenz eines rechtlich nicht anerkannten Rechtfertigungsgrunds vor (sog. **Bestandsirrtum**) oder dehnt er – wie G in **Fall 4** – die Grenzen eines geltenden Rechtfertigungsgrunds zu seinen Gunsten aus (sog. **Grenzirrtum**), so kommt er – trotz zutreffend erkannter Sachlage – zu dem Fehlschluss, dass sein Verhalten erlaubt sei. In **Fall 4** befindet sich G in einem sog. indirekten Verbotsirrtum oder Erlaubnisirrtum, auf den § 17 (unmittelbar) anzuwenden ist.[2] Kein anderes Ergebnis ergäbe sich, wenn sich G gleichzeitig in einem Irrtum über die tatsächlichen Gegebenheiten und die Einschlägigkeit einer Erlaubnisnorm befände (sog. **Doppelirrtum**): In **Fall 4** sei der erschossene H etwa nicht der Dieb, sondern – aufgrund Personenverwechslung – nur ein harmloser Passant. Auch hier setzt sich dann die Regelung zum Verbotsirrtum durch, dh über die Strafbarkeit entscheidet letztlich allein die Vermeidbarkeit iSd § 17 S. 1, da der Täter selbst bei tatsächlichem Vorliegen der vorgestellten Umstände nicht gerechtfertigt wäre.[3]

7 Diesem systematischen Überblick lässt sich entnehmen, dass die unter (3) genannten Irrtümer strafrechtlich irrelevant und die unter (4) genannten Irrtümer gesetzlich geregelt sind. Keine ausdrückliche gesetzliche Regelung haben dagegen die unter (1) und (2) genannten Irrtümer erfahren. Ihre Behandlung ist umstritten und wird im Folgenden dargestellt.

II. Verkennung einer Rechtfertigungslage

8 Wenn der Täter die tatsächlichen Voraussetzungen einer Rechtfertigungslage verkennt, ist er subjektiv nicht gerechtfertigt.[4] So bleibt A in **Fall 1** verborgen, dass er sich durch die Körperverletzung gegen einen gegenwärtigen rechtswidrigen Angriff in der durch Notwehr gebotenen Weise verteidigt, und er handelt damit ohne den für die subjektive Rechtfertigung erforderlichen Verteidigungswillen.[5] Jedoch handelt A **objektiv erlaubt**, verwirklicht also **kein Erfolgsunrecht**.[6]

9 ▪ Da diese Situation – die tatsächlichen Voraussetzungen des Unrechts sind nur subjektiv erfüllt – derjenigen eines (untauglichen) **Versuchs** entspricht, ist es sachgerecht, auf sie mit der hM[7] die Vorschriften der §§ 22 f (entsprechend) anzuwenden.[8]

---

1 Hierzu § 30 Rn 21 ff.
2 Vgl § 28 Rn 12; BGH NStZ 2003, 596 f; ausf. NK-*Paeffgen* Vor § 32 Rn 130.
3 Vgl auch *Frister* 14/36; näher *Schuster* JuS 2007, 617 ff.
4 Vgl § 15 Rn 9.
5 Vgl § 16 Rn 37 f.
6 Zum Begriff des Erfolgsunrechts § 6 Rn 6.
7 KG GA 1975, 213 (215); *Baumann/Weber/Mitsch* § 16/68; W-*Beulke/Satzger* Rn 278; *Frister* 14/27 f; *Gropp* § 13/95; *Hruschka* GA 1980, 1 (16 f); *Jakobs* 11/23; *Jescheck/Weigend* § 31 IV 2; *Kindhäuser*, Gefährdung als Straftat, 1989, 111; *Kretschmer* Jura 1998, 244 (248); *Kühl* § 6/16; S/S-*Lenckner/Sternberg-Lieben* Vor § 32 Rn 15; LK-*Rönnau* Vor § 32 Rn 90; *Roxin* I § 14/97, 102; SK-*Rudolphi* § 22 Rn 29; M-*Gössel/Zipf* § 25/34; ebenso BGHSt 38, 144 (155) bzgl § 218a Abs. 2.
8 Vgl § 30 Rn 13.

- Nach der älteren Rechtsprechung⁹ und einem Teil des Schrifttums¹⁰ soll eine Rechtfertigung auch das Vorliegen des subjektiven Rechtfertigungselements voraussetzen. Demnach handelte der Täter mangels subjektiver Rechtfertigung auch insgesamt rechtswidrig und wäre wegen einer vollendeten rechtswidrigen Tat zu bestrafen. Dieser Auffassung ist jedoch entgegenzuhalten, dass kein Grund besteht, den Täter für objektiv fehlendes Unrecht haften zu lassen.

III. Der Erlaubnistatbestandsirrtum

1. Begriff

Stellt sich der Täter irrig einen rechtfertigenden Sachverhalt vor, so liegt zwar – mangels objektiver Rechtfertigungslage – objektiv Unrecht vor. Subjektiv geht er aber von einer Situation aus, in der sein Handeln erlaubt wäre. So nimmt D in **Fall 2** irrig an, er befände sich in einer Notwehrsituation.

Dieser sog. Erlaubnistatbestandsirrtum bezieht sich – wie der Deliktstatbestandsirrtum, nur mit umgekehrtem Vorzeichen – auf die **tatsächlichen Voraussetzungen** eines Rechtfertigungsgrunds. Er kann vorliegen, wenn der Täter – wie D in **Fall 2** – sich in Wirklichkeit nicht gegebene Umstände vorstellt. Ein Erlaubnistatbestandsirrtum ist aber auch anzunehmen, wenn der Täter über die tatsächlichen Voraussetzungen der Erforderlichkeit seines Abwehrverhaltens irrt; der Täter verkennt zB bei der Notwehr, dass ihm weniger gefährliche Verteidigungsmittel zur Verfügung stehen.¹¹

2. Deliktssystematische Einordnung

Der Erlaubnistatbestandsirrtum ist insbesondere hinsichtlich seiner deliktssystematischen Einordnung umstritten.¹² Die hM behandelt ihn (direkt oder entsprechend) wie einen Tatbestandsirrtum. Teils wird der Erlaubnistatbestandsirrtum aber auch als Verbotsirrtum oder als ein nur die Vorsatzschuld ausschließender Irrtum behandelt. Die praktisch bedeutsame Konsequenz dieses Streites liegt in der Frage, ob der Irrtum zum Vorsatzausschluss nach § 16 Abs. 1 S. 1 führt oder als Verbotsirrtum iSv § 17 anzusehen ist.

a) **Vorsatztheorie:** Auf der Basis der sog. Vorsatztheorie, nach welcher der Vorsatz neben den zum gesetzlichen Tatbestand gehörenden Umständen auch das Unrechtsbewusstsein umfasst,¹³ führt jede Fehlvorstellung, nach der sich die Tat als rechtmäßig darstellt, zum **Vorsatzausschluss**. Die Tat kann – bei entsprechender Strafandrohung – allenfalls wegen Fahrlässigkeit strafbar sein, sofern der Irrtum auf einem Sorgfaltsverstoß beruht. Die Vorsatztheorie ist jedoch mit der geltenden Gesetzesfassung, die gerade zwischen Vorsatz (§ 16) und Unrechtsbewusstsein (§ 17) differenziert, nicht zu vereinbaren.¹⁴ Im **Gutachten** kann es entbehrlich sein, auf die Vorsatztheorie überhaupt einzugehen. In **Fall 2** handelte D nach der Vorsatztheorie ohne Vorsatz.

---

9 RGSt 62, 137 (138); BGHSt 2, 111 (114); 3, 194.
10 *Alwart* GA 1983, 433 (454 f); *Gallas* Bockelmann-FS 155 (177); *Gössel* Triffterer-FS 93 (99); *Köhler* 323; *Schmidhäuser* 9/106; *Welzel* § 14 IV; diff. NK-*Zaczyk* § 22 Rn 57.
11 BGH NStZ 2001, 530; zur Frage des Erlaubnistatbestandsirrtums bzgl eines bei der Verteidigung parallel verwirklichten Fahrlässigkeitsdelikts *Börner* GA 2002, 276 ff; MK-*Joecks* § 16 Rn 135; *Ludes/Pannenborg* Jura 2013, 24 ff.
12 Ausf. Darstellung bei NK-*Paeffgen* Vor § 32 Rn 102 ff; vgl auch *Herzberg/Scheinfeld* JuS 2002, 649 ff.
13 Vgl § 28 Rn 4.
14 Vgl auch *Baumann/Weber/Mitsch* § 21/40.

15 Nach der sog. **modifizierten Vorsatztheorie,** die zwar zwischen Vorsatz und Unrechtsbewusstsein differenziert, den Vorsatz aber um die Kenntnis der Sozialschädlichkeit des Verhaltens erweitert,[15] führt der Erlaubnistatbestandsirrtum zum **Vorsatzausschluss.**[16] Denn dieser Irrtum nimmt dem Täter die Möglichkeit, sein Verhalten als sozialschädlich zu erkennen. In Betracht kommt nur eine Strafbarkeit aus Fahrlässigkeit. Ungeachtet der sonstigen Bedenken[17] ist gegen diese Lehre einzuwenden, dass sie die klare Linie zwischen Erlaubnisirrtum und Erlaubnistatbestandsirrtum verwischt. Denn derjenige, der irrig die Grenzen eines gegebenen Rechtfertigungsgrunds nur leicht überschreitet, dürfte sich der Sozialschädlichkeit seines Verhaltens kaum bewusst sein und sich damit – statt in einem Erlaubnisirrtum[18] – ebenfalls in einem vorsatzausschließenden Tatbestandsirrtum befinden. In **Fall 2** handelte D nach der modifizierten Vorsatztheorie ohne Vorsatz.

16 **b) Strenge Schuldtheorie:** Die sog. strenge Schuldtheorie unterscheidet dergestalt zwischen Vorsatz und Unrechtsbewusstsein,[19] dass sie nur das Wissen um die zum objektiven Deliktstatbestand gehörenden Tatumstände zum Vorsatz rechnet. Alle anderen subjektiven Deliktselemente sollen dagegen zur Schuld gehören. Demnach führt *nur* der Irrtum über die tatsächlichen Voraussetzungen eines Deliktstatbestands zum Vorsatzausschluss nach § 16 Abs. 1 S. 1, während der Irrtum über die tatsächlichen Voraussetzungen eines Rechtfertigungstatbestands als **Verbotsirrtum** iSv § 17 zu behandeln ist.[20] In **Fall 2** handelte D nach der strengen Schuldtheorie mit Vorsatz, befand sich aber in einem (wohl vermeidbaren) Verbotsirrtum.

17 Die strenge Schuldtheorie engt den Tatbestandsirrtum auf die tatsächlichen Voraussetzungen des Deliktstatbestands mit dem Argument ein, dass derjenige, der weiß, dass er einen Deliktstatbestand verwirkliche, allen Grund habe, genau nachzuprüfen, ob er auch tatsächlich gerechtfertigt sei. Wer dagegen schon gar nicht erkenne, dass er deliktstatbestandsmäßig handelt, dem fehle auch ein Impuls, über die Rechtmäßigkeit der Tat nachzudenken.[21] Suggestiv wird dies mit dem Beispiel abgestützt, dass die Tötung eines Menschen in Notwehr (= gerechtfertigte Tatbestandsverwirklichung) nicht dasselbe sei wie die Tötung einer Mücke (= tatbestandsloses Verhalten).[22]

18 Gegen die strenge Schuldtheorie ist jedoch einzuwenden, dass ein von der Rechtsordnung erlaubtes Verhalten unabhängig vom Grund der Erlaubnis **kein Unrecht** ist. Ein Irrtum des Täters über die Voraussetzungen eines Deliktstatbestands führt daher ebenso wie der Irrtum über einen rechtfertigenden Sachverhalt zu dem Schluss, keine Tat zu begehen, die rechtswidrig ist. Denn das Urteil über die Rechtswidrigkeit einer Tat setzt kumulativ voraus, dass ein Deliktstatbestand erfüllt ist und dass kein Rechtfertigungsgrund eingreift. Beim Eingreifen eines Rechtfertigungsgrunds ist objektiv so wenig Unrecht verwirklicht wie beim Fehlen deliktstatbestandsmäßiger Tatumstände. Verbote und Erlaubnisse haben maW bei der Konstitution des Unrechts dasselbe logische Gewicht. Zudem verwischt die strenge Schuldtheorie die Grenze zwischen der Zu-

---

15 Vgl § 28 Rn 5.
16 *Otto* § 15/6.
17 Vgl § 28 Rn 6.
18 Oben Rn 6.
19 Zur Schuldtheorie vgl § 28 Rn 2 f.
20 M-*Gössel/Zipf* § 44/77; *Heuchemer* JuS 2012, 795 (799); *Kaufmann* JZ 1955, 37 ff; *Paeffgen* Kaufmann, A.-GS 399 ff, 412; *ders.*, Frisch-FS 403 ff; *Welzel* § 22 III.
21 *Welzel* § 22 III 1 f.
22 *Welzel* ZStW 67 (1955), 196 (210 f).

rechnung von tatsächlichen Unrechtsvoraussetzungen und der Zurechnung der Bewertung dieser Voraussetzungen, indem sie die Tatsachenzurechnung aufspaltet und teilweise (bzgl der Rechtfertigungslage) als Wertungsfrage behandelt.[23]

c) **Eingeschränkte Schuldtheorie:** Die von der hM vertretene sog. eingeschränkte Schuldtheorie geht davon aus, dass das Unrecht einer Tat einerseits die Verwirklichung eines Deliktstatbestands, andererseits das Fehlen eines rechtfertigenden Sachverhalts voraussetzt. Demnach fehlt bei einem Täter, der entweder die Verwirklichung eines Deliktstatbestands verkennt oder sich irrig einen rechtfertigenden Sachverhalt vorstellt, gleichermaßen die Kenntnis der tatsächlichen Voraussetzungen rechtswidrigen Verhaltens.[24] Auch beim Erlaubnistatbestandsirrtum handelt der Täter damit **ohne Vorsatz**.[25] Allerdings wendet die eingeschränkte Schuldtheorie § 16 Abs. 1 S. 1 auf den Erlaubnistatbestandsirrtum nicht direkt, sondern **nur analog** an, da sich diese Vorschrift ihrem Wortlaut nach nur auf gesetzliche Tatbestände (= Deliktstatbestände) beziehe. Hat der Täter seinen vorsatzausschließenden Irrtum aufgrund eines Sorgfaltsverstoßes zu vertreten, so kommt ggf eine Strafbarkeit wegen Fahrlässigkeit in Betracht. In **Fall 2** handelte D nach der eingeschränkten Schuldtheorie ohne Vorsatz. 19

d) **Lehre vom Gesamtunrechtstatbestand:** Die Lehre vom Gesamtunrechtstatbestand hält die Trennung von Deliktstatbestand und Rechtfertigungsgrund für eine bloße Frage der Gesetzestechnik.[26] Exemplarisch: Wer eine fremde Sache, bezüglich derer er einen fälligen Übereignungsanspruch hat, in Zueignungsabsicht wegnimmt, begeht nach dieser Lehre objektiv keinen Diebstahl, unabhängig davon, ob das Fehlen eines Übereignungsanspruchs als Merkmal des Deliktstatbestands[27] oder das Bestehen eines solchen Anspruchs als Rechtfertigungsgrund angesehen wird. Dementsprechend ist der Unrechtstatbestand zusammengesetzt aus den positiven Merkmalen des Deliktstatbestands und den negativen Merkmalen eines Erlaubnistatbestands: Die positiven Merkmale begründen das Unrecht, die negativen Merkmale stehen ihm entgegen. Insoweit wird die Lehre vom Gesamtunrechtstatbestand (bezogen auf den Erlaubnistatbestand) auch als **Lehre von den negativen Tatbestandsmerkmalen** bezeichnet. Hieraus folgt wiederum, dass § **16 Abs. 1 S. 1 unmittelbar** anzuwenden ist, wenn der Täter irrig eine Rechtfertigungslage annimmt. Nach dieser Lehre handelte D in **Fall 2 ohne Vorsatz**. 20

Der Lehre von den negativen Tatbestandsmerkmalen wird entgegengehalten, dass nach ihren Prämissen das positive Bewusstsein vom Fehlen einer Rechtfertigungslage zum Vorsatz gehören müsste.[28] Dieser Einwand greift jedoch nicht: Gegenstand des Vorsatzes ist eine Situationseinschätzung, die hinreichenden Anlass zur Vermeidung einer 21

---

23 Vgl auch *Gropp* § 13/111; MK-*Joecks* § 16 Rn 131.
24 Die terminologische Differenzierung zwischen „strenger" und „eingeschränkter" Schuldtheorie ist zwar eingefahren (und damit zu beachten), aber unglücklich, da beide Lehren mit der Unterscheidung von Vorsatz und Unrechtsbewusstsein echte Schuldtheorien sind; sie treffen nur diese Unterscheidung verschieden. Man könnte die „strenge" Schuldtheorie auch „erweiterte" Schuldtheorie nennen, da sie den Verbotsirrtum zu Lasten des Vorsatzausschlusses ausdehnt.
25 BGHSt 2, 194 ff; 17, 87 (91); 45, 219 (224 f); 45, 378 (384); BGH NStZ 1996, 34 (35); *Baumann/Weber/Mitsch* § 21/43; *Frister* 14/30; *Köhler* 326; *Kühl* § 13/73; NK-*Puppe* § 16 Rn 137 ff; LK-*Rönnau* Vor § 32 Rn 96; *Roxin* I § 14/62 ff; SK-*Rudolphi/Stein* § 16 Rn 11; *Scheffler* Jura 1993, 617 (621 ff); S/S-*Sternberg-Lieben/Schuster* § 16 Rn 16 f; *Stratenwerth/Kuhlen* 10/79; LK-*Vogel* § 16 Rn 116.
26 *Engisch* ZStW 70 (1958), 566 (600); MK-*Freund* Vor § 13 Rn 216, 301 ff; *Kaufmann* JZ 1954, 653 ff; *ders.* Lackner-FS 185 (194 ff); *Roxin*, Offene Tatbestände und Rechtspflichtmerkmale, 2. Aufl. 1970, 111 ff; *Schaffstein* OLG Celle-FS 175 (182 ff); *Schünemann* GA 1985, 341 (348 ff); ähnlich *Hruschka* 195 ff; *ders.* Roxin-FS I 441 (451 ff); *Kindhäuser*, Gefährdung als Straftat, 1989, 111 f.
27 So die hM, vgl *Kindhäuser* BT II § 2/73 mwN.
28 Vgl nur *Jescheck/Weigend* § 41 IV 1 a mwN.

Tatbestandsverwirklichung gibt.²⁹ Vorsatzrelevant sind daher nur solche Umstände, die für die Situationseinschätzung zur Vermeidung der Tatbestandsverwirklichung erheblich sind. Dies sind stets die tatsächlichen Voraussetzungen des Deliktstatbestands. Die Voraussetzungen eines Erlaubnistatbestands sind dagegen Umstände, bei deren Vorliegen eine Vermeidung der Tatbestandsverwirklichung nicht mehr erforderlich ist. Sie spielen daher nur eine Rolle, wenn der Täter positiv von ihrem Vorliegen ausgeht, da er nur dann die Tatbestandsverwirklichung nicht zu unterlassen braucht; die Annahme dagegen, solche Umstände seien nicht gegeben, ist für die Vorsatzzurechnung funktionslos.

22 **e) Rechtsfolgenverweisende Schuldtheorie:** Die sog. rechtsfolgenverweisende Schuldtheorie bezieht einerseits (wie die strenge Schuldtheorie) den Vorsatz nur auf die zum Deliktstatbestand gehörenden Umstände, wendet aber andererseits auf den Erlaubnistatbestandsirrtum die Rechtsfolgen des § 16 an. Demnach handelt der sich in einem Erlaubnistatbestandsirrtum befindliche Täter zwar vorsätzlich, aber **ohne Vorsatzschuld** und ist deshalb nicht aus dem Vorsatzdelikt zu bestrafen.³⁰ Sofern er seinen Irrtum aufgrund eines Sorgfaltsverstoßes zu vertreten hat, kommt ggf eine Strafbarkeit wegen Fahrlässigkeit in Betracht. In **Fall 2** handelte D nach der rechtsfolgenverweisenden Schuldtheorie mit Vorsatz, aber ohne Vorsatzschuld; er macht sich allenfalls nach § 229 strafbar.

23 Die rechtsfolgenverweisende Schuldtheorie ist dogmatisch ungereimt, da schwerlich der Vorsatz bejaht, die Vorsatzschuld aber verneint werden kann. Denn der Grund für die fehlende Vorsatzschuld kann nur das infolge des Erlaubnistatbestandsirrtums bereits fehlende Handlungsunrecht³¹ sein.³² Die Konstruktion der rechtsfolgenverweisenden Schuldtheorie dient dem Zweck, in der Beteiligungslehre den nicht irrenden Teilnehmer eines im Erlaubnistatbestandsirrtum handelnden Täters haften zu lassen. Führt nämlich der Erlaubnistatbestandsirrtum zum Vorsatzausschluss, so entfällt mangels Vorsatzes eine teilnahmefähige Haupttat (§§ 26, 27). Dieses (unerwünschte) Ergebnis ist jedoch weniger gravierend, als es zunächst den Anschein hat, da auf den Beteiligten, der einen Irrenden lenkt, ggf die Voraussetzungen mittelbarer Täterschaft zutreffen.³³

3. Folgerungen

24 Zusammenfassend lässt sich festhalten, dass nur die eingeschränkte Schuldtheorie der hM und die Lehre vom Gesamtunrechtstatbestand jeweils zu dem auf der Basis der heutigen Gesetzeslage sachgerechten Ergebnis eines Vorsatzausschlusses beim Erlaubnistatbestandsirrtum kommen. Beide Lehren sehen sich jedoch mit dem Problem konfrontiert, dass § 16 Abs. 1 S. 1 nur vom „gesetzlichen Tatbestand" spricht und daher nicht unmittelbar auf den Erlaubnistatbestandsirrtum zu passen scheint.

25 Die Lehre vom Gesamtunrechtstatbestand deutet § 16 Abs. 1 S. 1 so, dass sich der Vorsatz jedenfalls – also: zumindest – auf die zum Deliktstatbestand gehörenden Umstände beziehen müsse. Eine weitergehende Bestimmung des Vorsatzgegenstands sei

---

29 Vgl § 5 Rn 4.
30 BGH JR 2012, 204 (206) m. Anm. *Jäger* JA 2012, 227 (229) und *Mandla* StV 2012, 334 (336 f); OLG Hamm NJW 1987, 1034 f; W-*Beulke/Satzger* Rn 478 f; *Dreher* Heinitz-FS 207 (223 ff); *Gallas* Bockelmann-FS 155 (169 ff); *Jescheck/Weigend* § 41 IV 1 d; *Krey/Esser* Rn 742 ff; *Rengier* § 30/20; *Schlüchter*, Irrtum über normative Tatbestandsmerkmale im Strafrecht, 1983, 171 ff.
31 Zum Begriff des Handlungsunrechts § 6 Rn 6.
32 Vgl auch *Otto* § 15/30.
33 Hierzu § 39 Rn 7 ff, 11; vgl auch MK-*Joecks* § 16 Rn 132.

daher nicht ausgeschlossen.[34] Da sich diese Konstruktion zugunsten des Täters auswirkt, steht ihr der Bestimmtheitsgrundsatz[35] nicht entgegen. Jedoch verlangt die Lehre vom Gesamtunrechtstatbestand einen **zweigliedrigen Deliktsaufbau**, bei dem sich der Vorsatz auf die zunächst zu prüfenden objektiven Delikts- und Rechtfertigungstatbestände bezieht.

Die eingeschränkte Schuldtheorie kann demgegenüber an der (vorzugswürdigen) Trennung von Verbots- und Erlaubnisnorm festhalten, so dass jeweils die objektive und subjektive Tatbestandsmäßigkeit und Rechtswidrigkeit eines Verhaltens in gesonderten Schritten festzustellen ist. Außerdem erfordert die (problemlose, da zugunsten des Täters erfolgende) analoge Anwendung von § 16 Abs. 1 S. 1 keine (fragwürdige) extensive Auslegung dieser Vorschrift. Zu beachten ist allerdings, dass im Falle eines Erlaubnistatbestandsirrtums **widersprüchliche Formulierungen** vermieden werden müssen. Es darf nicht im Rahmen des subjektiven Deliktstatbestands der Vorsatz abschließend festgestellt und dann im Rahmen der subjektiven Rechtfertigung ein Vorsatzausschluss befürwortet werden. Vielmehr muss bei der Prüfung des subjektiven Deliktstatbestands eine Formulierung gewählt werden, die klarstellt, dass der Vorsatz zunächst nur bzgl des objektiven Deliktstatbestands bejaht wird. Beispiel: „Hinsichtlich des objektiven Deliktstatbestands sind die Voraussetzungen vorsätzlichen Handelns erfüllt." Ergibt sich bei der Prüfung des subjektiven Rechtfertigungstatbestands, dass sich der Täter in einem Erlaubnistatbestandsirrtum befindet, so ist festzustellen, dass es an dem analog § 16 Abs. 1 S. 1 auf alle tatsächlichen Unrechtsvoraussetzungen zu beziehenden Vorsatz fehlt.

4. Gutachten

In der Fallprüfung[36] sollte der Meinungsstreit um die deliktssystematische Einordnung des Erlaubnistatbestandsirrtums an der Stelle behandelt werden, an der sich die vom Bearbeiter bevorzugte Theorie auswirkt:

- Wird der **Lehre von den negativen Tatbestandsmerkmalen** gefolgt, so muss der Vorsatz nach der bejahenden Feststellung, dass der Gesamtunrechtstatbestand verwirklicht ist, geprüft werden. Dieses Vorgehen ist in Auseinandersetzung mit den anderen Theorien zu begründen.
- Wird der herrschenden **eingeschränkten Schuldtheorie** gefolgt, ist der Meinungsstreit (unter Vermeidung widersprüchlicher Formulierungen beim subjektiven Deliktstatbestand) im Rahmen des subjektiven Rechtfertigungstatbestands anzusiedeln (Rn 26).
- Wird der **strengen oder rechtsfolgenverweisenden Schuldtheorie** gefolgt, ist die Streitfrage erst auf der Schuldebene aufzuwerfen.

5. Irrtümer über die Eigenschaften normativer Erlaubnistatbestandsmerkmale

Sieht man den Irrtum über die tatsächlichen Voraussetzungen eines Rechtfertigungsgrunds mit der hM als vorsatzausschließend (bzw die Vorsatzschuld ausschließend) an,

---

34 Vgl *Geerds* Jura 1990, 421 (427 f); *Grünwald* Noll-FS 183 ff.
35 Vgl § 3 Rn 5.
36 Näher zu Aufbaufragen und typischen Fehlerquellen *Kindhäuser/Schumann/Lubig* Klausurtraining, 214 ff; *Kraatz* Jura 2014, 787 ff.

so stellt sich die Frage, wie Irrtümer über die Eigenschaften normativer Erlaubnistatbestandsmerkmale zu behandeln sind.

29 ■ Teils wird der vorsatzausschließende Erlaubnistatbestandsirrtum auf Sachverhaltsirrtümer beschränkt.[37] Demnach führte der Irrtum über die Rechtswidrigkeit des Angriffs iSv § 32 zu keinem Vorsatzausschluss, sondern wäre als Erlaubnisirrtum iSv § 17 anzusehen.

30 ■ Wenn sich der Vorsatz jedoch auf alle tatsächlichen Unrechtsvoraussetzungen beziehen soll, dann muss auch jeder Irrtum über eine solche Voraussetzung zum Vorsatzausschluss führen. Daher behandelt die hL zutreffend die Irrtümer über normative Erlaubnistatbestandsmerkmale wie Irrtümer über normative Merkmale eines Deliktstatbestands. Hält daher der Täter einen Angriff nach § 32 aufgrund einer unzutreffenden Parallelwertung irrig für rechtswidrig, so ist der Vorsatz (bzw die Vorsatzschuld) ausgeschlossen.[38] Lediglich fehlerhafte Parallelwertungen, die Voraussetzungen sog. gesamttatbewertender Merkmale[39] – wie zB die Angemessenheit des Mittels bei § 34 – betreffen, sind, wenn sie auf richtiger Sachverhaltseinschätzung beruhen, als Erlaubnisirrtum einzustufen.[40]

31 **WIEDERHOLUNGS- UND VERTIEFUNGSFRAGEN**

> Wie lassen sich die Irrtümer über Rechtfertigungsvoraussetzungen systematisch untergliedern? (Rn 1)
> Zu welcher Rechtsfolge führt die Verkennung einer Rechtfertigungslage durch den Täter? (Rn 8 ff)
> Was ist unter einem Erlaubnistatbestandsirrtum zu verstehen? (Rn 11 f)
> Wie ist der Erlaubnistatbestandsirrtum deliktssystematisch einzuordnen? (Rn 13 ff)

---

37 *Schaffstein* OLG Celle-FS 175 (193); M-Gössel/*Zipf* § 38/17 f.
38 *Dreher* Heinitz-FS 207 (226); *Engisch* ZStW 70 (1958), 566 (584 f); *Herdegen* BGH-FS 195 (207); *Jescheck/Weigend* § 41 IV 1; *Schlüchter* JuS 1985, 617 f.
39 Hierzu § 8 Rn 3.
40 W-*Beulke/Satzger* Rn 484; S/S-*Sternberg-Lieben/Schuster* § 16 Rn 21.

Siebter Abschnitt: Versuch

§ 30 Grundlagen

I. Allgemeines

1. Begriff

Nach § 22 „versucht" eine Straftat, „wer nach seiner Vorstellung von der Tat zur Verwirklichung des Tatbestandes unmittelbar ansetzt". Der Versuch verlangt also einen (unbedingten) **Tatentschluss**, der durch **unmittelbares Ansetzen** zur Tatbestandsverwirklichung betätigt sein muss. Selbstständige Bedeutung erlangt der Versuch dann, wenn die Tatbestandsverwirklichung objektiv nicht vollendet wird oder der Erfolg nicht objektiv zurechenbar ist und der Versuch des Delikts strafbar ist. Letzteres ist bei einem Verbrechen (§ 12 Abs. 1) immer der Fall, bei einem Vergehen jedoch nur dann, wenn es das betreffende Gesetz ausdrücklich bestimmt (§ 23 Abs. 1).

Der (nicht zur Vollendung gelangende) Versuch ist eine Form des Irrtums; man spricht von einem – im Verhältnis zu § 16 Abs. 1 S. 1 – **umgekehrten Tatbestandsirrtum**.[1] Denn der Täter handelt in der Fehlvorstellung, ein Geschehen zu verwirklichen, das (objektiv) unter die Beschreibung eines Deliktstatbestands fällt. Jedoch wird entgegen seiner Annahme zumindest eine der für die Vollendung erforderlichen tatsächlichen Voraussetzungen des Deliktstatbestands nicht erfüllt. Diesem „Normalfall" des Versuchs stellt die hL die Konstellation gleich, dass der Täter das Vorliegen eines rechtfertigenden Sachverhalts verkennt.[2] Auch in dieser Situation verwirklicht der Täter objektiv kein Unrecht, geht aber subjektiv von einer Situation aus, in der sein Verhalten rechtswidrig wäre.

2. Gutachtenaufbau

Dass die beiden Voraussetzungen der fehlenden (objektiv zurechenbaren) Vollendung und der Versuchsstrafbarkeit erfüllt sind, ist im Gutachten als zweiteilige „Vorprüfung" zunächst kurz festzustellen.[3] Ansonsten ist der Versuch unter der Fragestellung zu prüfen, ob die Handlung den objektiven Tatbestand eines Delikts verwirklichen würde, wenn die Vorstellungen des Täters zutreffend wären. Es ist also wegen der Unvollständigkeit des objektiven Tatbestands **mit dem subjektiven Tatbestand zu beginnen** und sodann zu prüfen, ob der Täter seinem Entschluss entsprechend unmittelbar zur Verwirklichung des Tatbestands angesetzt hat. Rechtswidrigkeit und Schuld weisen keine Besonderheiten auf.[4] Die Möglichkeit eines strafbefreienden Rücktritts ist stets zu bedenken.[5]

---

1 BGHSt 42, 268 (272 f) m. Anm. *Arzt* JR 1997, 469 ff; *Kudlich* NStZ 1997, 432 ff; NK-*Zaczyk* § 22 Rn 42 ff.
2 Hierzu § 29 Rn 8 ff.
3 *Haft* 229; *Kühl* § 15/7 ff; *Matt* 2 § 1/3.
4 Ausf. Darstellung der Bearbeitung bei *Putzke* JuS 2009, 894 ff, 985 ff, 1083 ff.
5 Hierzu § 32.

4 Insoweit empfiehlt es sich, den Versuch in folgenden Schritten zu prüfen:
I. Vorprüfung:
  1. Fehlende Vollendung
  2. Strafbarkeit des Versuchs (§ 23 Abs. 1)
II. Tatbestand (§ 22)
  1. Tatentschluss hinsichtlich aller Tatbestandsmerkmale
  2. Unmittelbares Ansetzen zur Tatbestandsverwirklichung
III. Rechtswidrigkeit
IV. Schuld
V. Ggf Rücktritt vom Versuch (§ 24)

3. Strafwürdigkeit

5 Die Strafwürdigkeit des Versuchs wird teils objektiv, teils subjektiv, teils unter Berücksichtigung objektiver und subjektiver Aspekte begründet.[6]

6 a) **Objektive Theorien:** Die objektiven Theorien sehen den Strafgrund des Versuchs in der Gefährdung des tatbestandlich geschützten Rechtsguts.[7] Demnach sind nur solche Handlungen strafwürdige Versuche, die (auch) bei nachträglicher Prognose für gefährlich zu halten sind. Nach diesem Ansatz lässt sich jedoch die grundsätzliche Strafbarkeit des untauglichen Versuchs, von der das Gesetz in § 23 Abs. 3 ausgeht, kaum begründen. Diesem Einwand entgeht weitgehend die sog. Gefährlichkeitstheorie, die maßgeblich auf die Schaffung eines aus der *ex ante*-Sicht eines objektiven Beobachters begründeten Vollendungsrisikos abstellt. Insoweit werden auch Versuche, die sich erst *ex post* als untauglich herausstellen, als strafwürdig angesehen.[8]

7 b) **Subjektive Theorien:** Die (primär) subjektiven Theorien begründen die Strafwürdigkeit des Versuchs mit dem für die Rechtsordnung bereits gefährlichen rechtsfeindlichen Willen, der mit dem Ansetzen zur Tatbestandsverwirklichung betätigt werde.[9]

8 c) **Dualistische Begründung:** Vorgeschlagen wird auch eine dualistische Begründung, der zufolge der Strafgrund des Versuchs entweder in der objektiven Gefährlichkeit – dem „Gefährdungsunwert" – oder in der auf die Tatbestandsverwirklichung bezogenen Absicht des Täters – dem „Zielunwert" – gesehen wird.[10] Da § 22 jedenfalls auch auf die Tätervorstellung abstellt, ist eine auch nur teilweise Begründung der Strafwürdigkeit des Versuchs ohne subjektive Komponente wenig überzeugend.

9 d) **Eindruckstheorie:** Sachgerecht erscheinen daher die vermittelnden Lehren, von denen die vorherrschende sog. Eindruckstheorie einen Versuch erst dann für strafwürdig

---

[6] Eingehend hierzu LK-*Hillenkamp* Vor § 22 Rn 55 ff.
[7] Grundlegend *v. Hippel*, Deutsches Strafrecht, Bd. II, 1930, § 30; vgl auch MK-*Herzberg/Hoffmann-Holland* § 22 Rn 12 ff; *Spendel* NJW 1965, 1881 (1888).
[8] *Malitz*, Der untaugliche Versuch beim unechten Unterlassungsdelikt, 1998, 179 ff, 198 f; *Zieschang*, Die Gefährdungsdelikte, 1998, 137 ff, 148.
[9] RGSt 1, 439 (441 ff); 34, 217 (219 f); BGHSt 1, 13 (16); 2, 74 (76); 4, 199 (200); 11, 324 (327 f); 15, 210 (214); *Kühl* § 15/39; *Welzel* § 24 IV 1 b.
[10] *Alwart*, Strafwürdiges Versuchen, 1982, 158 ff, 172 ff; *Schmidhäuser* StuB 11/27.

hält, wenn der betätigte rechtsfeindliche Wille objektiv geeignet ist, das Vertrauen in die Geltung der Rechtsordnung und das Gefühl der Rechtssicherheit zu erschüttern.[11]

Die Eindruckstheorie lässt sich auf der Basis der **positiven Generalprävention** präzisieren. Nach dieser Lehre[12] ist es Zweck der Strafe, Rechtstreue und Vertrauen in die Rechtsordnung zu bestärken; es soll die Erwartung in die wechselseitige Einhaltung der sanktionierten Verhaltensnormen garantiert werden. Dementsprechend ist ein Versuch strafwürdig, wenn er bereits die Geltung einer Norm desavouiert, also das Vertrauen in die Befolgung der Norm enttäuscht.[13] Dies ist der Fall, wenn der Täter durch sein Verhalten (eindeutig) zum Ausdruck bringt, dass er die Norm nicht befolgen will. Auch ein untauglicher Versuch kann als Normwidersspruch in diesem Sinne anzusehen sein. Exemplarisch: Der Täter betätigt in Tötungsabsicht den Abzug eines Gewehres, das er irrig für geladen hält.

II. Formen des Versuchs

1. Tauglicher und untauglicher Versuch

▶ **FALL 1:** A schießt mit einer geladenen Pistole auf B, verfehlt ihn aber wegen ungenauen Zielens nur knapp. ◀

▶ **FALL 2:** Die Pistole, mit der C auf D schießen will, ist nicht geladen. ◀

▶ **FALL 3:** E glaubt, er könne den gesunden F durch Verabreichen von Traubenzucker töten. ◀

a) **Unterscheidungen:** Ein Versuch kann (objektiv) mehr oder weniger geeignet sein, einen Tatbestand zu verwirklichen. Hierbei unterscheidet man zunächst grob zwischen einem tauglichen und einem untauglichen Versuch:

- Ein Versuch ist **tauglich**, wenn die Handlung des Täters aus der Perspektive eines mit den Umständen vertrauten Beobachters als zur Tatbestandsverwirklichung geeignet erscheint. In diesem Sinne ist der Tötungsversuch des A in **Fall 1** als tauglich anzusehen.

- Dagegen ist ein Versuch **untauglich**, wenn er aus der Perspektive eines mit den Umständen vertrauten Beobachters als zur Tatbestandsverwirklichung ungeeignet erscheint. Die Untauglichkeit kann aus der mangelnden Subjektqualität des Täters,[14] der mangelnden Eignung des Tatobjekts („Versuch am untauglichen Objekt") oder der mangelnden Eignung des gewählten Mittels („Versuch mit untauglichem Tatmittel") resultieren.[15] Beispielhaft für Letzteres ist der Sachverhalt in **Fall 2**.

b) **Gutachtenaufbau:** Da die Untauglichkeit eines Versuchs für dessen Strafbarkeit grds keine Bedeutung hat,[16] ist im Gutachten regelmäßig nicht auf die Frage einzugehen, ob

---

11 Vgl mit unterschiedlicher Akzentuierung W-*Beulke/Satzger* Rn 594; *Ebert* 124; S/S-*Eser/Bosch* Vor § 22 Rn 22; M-*Gössel/Zipf* § 40/12; *Jescheck/Weigend* § 49 II 3; *Otto* § 18/3; *Roxin* Nishihara-FS 157 (158 ff); SK-*Rudolphi* Vor § 22 Rn 14; *Schünemann* GA 1986, 293 (310 ff); *Vogler* ZStW 98 (1986), 331 (332 f); vgl auch *Frister* 23/4; diff. *Zaczyk*, Das Unrecht der versuchten Tat, 1989, 126 ff, 229 ff.
12 Vgl § 2 Rn 14 f.
13 *Jakobs* 25/21; *Kindhäuser*, Gefährdung als Straftat, 1989, 132 ff.
14 Umstr., vgl unten Rn 31 ff.
15 Vgl RGSt 1, 451 f; 34, 217 ff; BGHSt 41, 94 ff; *Baumann/Weber/Mitsch* § 26/28 f; *Ebert* 124; *Gropp* § 9/22.
16 Ganz hM, vgl nur *Bloy* ZStW 113 (2001), 76 (79 ff); S/S-*Eser/Bosch* § 22 Rn 60 f; *Roxin* Jung-FS 829, jew. mwN; aA *Köhler* 458, 463 sowie ferner *Colombi Ciacchi* Samson-FS 3 ff.

der Versuch tauglich oder untauglich ist. Jedoch sieht § 23 Abs. 3 die Möglichkeit vor, von Strafe abzusehen oder die Strafe zu mildern, wenn der Täter aus **grobem Unverstand** verkannt hat, dass der von ihm unternommene Versuch überhaupt nicht zur Vollendung führen konnte. Diese Regelung beruht auf dem Gedanken, dass von einem Täter, der Kausalzusammenhänge krass verkennt, keine Gefahr für das betreffende Rechtsgut bzw. die Normgeltung ausgeht.

15 Grob unverständig sind Versuche, bei denen der Täter – wie E in **Fall 3** – mit Vorstellungen über Ursachenzusammenhänge handelt, die der **Alltagserfahrung völlig zuwiderlaufen**.[17]

16 **c) Kein Versuch:** Sofern es der Täter unternimmt, sein Ziel mit irrealen, der menschlichen Verfügungsgewalt entzogenen Mitteln zu erreichen, indem er zB sein Opfer verhexen will, fehlt es bereits an dem für einen Versuch erforderlichen Tatvorsatz.[18] Was sich nur herbeiwünschen lasse, kann man nicht verwirklichen wollen.[19] Man spricht hier zwar von einem sog. **abergläubischen Versuch**, wendet aber auf diesen Fall die Versuchsregeln erst gar nicht an.

2. Versuch beim erfolgsqualifizierten Delikt

▶ **FALL 4:** R verwirklicht den Raubtatbestand nach § 249 und geht hierbei davon aus, dass das Opfer durch die Gewaltanwendung zu Tode kommt; das Opfer überlebt jedoch. ◀

▶ **FALL 5:** T schlägt den S nieder, um ihm dessen Wertsachen ungehindert abnehmen zu können. Durch den Schlag kommt S zu Tode; T flieht daraufhin, ohne etwas wegzunehmen. ◀

17 Ein erfolgsqualifiziertes Delikt[20] gilt nach § 11 Abs. 2 als Vorsatzdelikt und kann in zwei Formen versucht werden:

18 ■ Von einem **Versuch der Erfolgsqualifikation** spricht man, wenn der Täter – wie R in **Fall 4** – das vorsätzliche Grunddelikt versucht oder vollendet und hierbei auch hinsichtlich der besonderen Folge vorsätzlich handelt, ohne dass diese Folge eintritt.[21] In diesem Fall macht sich R wegen versuchten Raubes mit Todesfolge strafbar (§§ 251, 22 f).

19 ■ Als **erfolgsqualifizierter Versuch** wird die Konstellation bezeichnet, bei welcher der Täter – wie T in **Fall 5** – (schon) beim Versuch des vorsätzlichen Grunddelikts die besondere Folge fahrlässig (§ 18) herbeiführt.[22] Auch in diesem Fall macht sich T wegen versuchten Raubes mit Todesfolge strafbar (§§ 251, 22 f). Sofern allerdings –

---

17 BGHSt 41, 94; *Bloy* ZStW 113 (2001), 76 (98 ff); *Heinrich* Rn 675; *Radtke* JuS 1996, 878 ff; *Seier/Gaude* JuS 1999, 456 (458 f).
18 RGSt 33, 321 (323); *Baumann/Weber/Mitsch* § 26/36; *Jakobs* 25/22 f; *Roxin* JuS 1973, 329 (331); SK-*Rudolphi* § 22 Rn 34 f; abw. *Otto* § 18/63: § 23 Abs. 3 sei mit obligatorischer Straflosigkeit anzuwenden; ferner *Hilgendorf* JZ 2009, 139 (142 f); *Roxin* II § 29/373; *Satzger* Jura 2013, 1017 (1025).
19 W-*Beulke/Satzger* Rn 620; *Kretschmer* JR 2004, 444 (445).
20 Vgl § 8 Rn 19.
21 BGHSt 21, 194 f; BGH NStZ 2001, 534; *Herzberg* Amelung-FS 159 (159 f); *Kühl* Jura 2003, 19 f; *Sowada* Jura 1995, 644 (650).
22 RGSt 62, 422 (423 f); 69, 332; BGHSt 7, 37 (39); 20, 230 (231); 42, 158 (159); 48, 34 (37 f); BGH NJW 2003, 150 (153); *Kühl* Jura 2003, 19 (20 ff); *Küper* Herzberg-FS 323 ff; *Wolter* GA 1984, 443 (445 f); abl. M-*Gössel/Zipf* § 40/161.

wie etwa bei § 227[23] – verlangt wird, dass die besondere Folge gerade aus dem Erfolg des Grunddelikts resultiert, ist ein erfolgsqualifizierter Versuch konstruktiv nicht möglich.

3. Fahrlässiger Versuch

Da der Täter beim fahrlässigen Delikt das Risiko einer Tatbestandsverwirklichung verkennt, kann er auch nicht nach seiner Vorstellung unmittelbar zur Tatbestandsverwirklichung ansetzen. Ein fahrlässiger Versuch lässt sich daher **nicht konstruieren**.[24] Gleichwohl sind aber Konstellationen denkbar, in denen auch ein „Rücktritt" vom Fahrlässigkeitsdelikt wertungsmäßig angezeigt erscheint.[25]

20

III. Versuch und Wahndelikt

1. Abgrenzung

a) **Kriterien:** Der Versuch ist – parallel zur Unterscheidung von Tatbestands- und Verbotsirrtum[26] – vom Wahndelikt abzugrenzen:[27]

21

- Beim Versuch geht der Täter von Umständen aus, die, wenn sie realisiert wären, den Tatbestand verwirklichen würden.[28]

22

- Beim sog. Wahndelikt glaubt der Täter irrig, sein in tatsächlicher Hinsicht zutreffend erkanntes Verhalten verstoße gegen eine Verbotsnorm, die es jedoch entweder nicht gibt oder die er infolge falscher Auslegung zu seinen Ungunsten überdehnt.[29] Insoweit ist das Wahndelikt ein umgekehrter Verbots-, Subsumtions- oder Strafbarkeitsirrtum.

23

Ein Wahndelikt ist es daher, wenn der Täter zB annimmt

24

- Ehebruch sei strafrechtlich untersagt (= umgekehrter Verbotsirrtum);
- seine tatsächlich durch Notwehr gerechtfertigte Verteidigung mit einem Messer sei verboten, weil man sich gegen einen Angreifer nicht mit gefährlichen Werkzeugen wehren dürfe (= umgekehrter Erlaubnisirrtum);
- das Abwischen einer blutverschmierten Tatwaffe sei Urkundenfälschung (= umgekehrter Subsumtionsirrtum);[30]
- das Beiseiteschaffen von Beweismitteln zur Verhinderung einer Strafverfolgung des eigenen Sohnes sei strafbar, weil (entgegen § 258 Abs. 6) allenfalls die Strafvereitelung unter Ehegatten straflos sei (= umgekehrter Strafbarkeitsirrtum).

b) **Wahndelikt:** Anders als der Versuch ist das Wahndelikt grds **straflos**.[31] Während der Täter beim Versuch die Geltung einer tatsächlich existierenden Verbotsnorm in

25

---

23 Näher zu dieser höchst strittigen Problematik *Kindhäuser* BT I § 10/4 ff.
24 NK-*Zaczyk* § 22 Rn 21; § 315c Abs. 3 Nr. 2 iVm Abs. 1 Nr. 2f scheint allerdings eine solche Möglichkeit vorzusehen.
25 *Lüderssen* Samson-FS 93 ff.
26 Hierzu § 27 Rn 9 ff, 35 ff.
27 Zur Abgrenzung zwischen untauglichem Versuch und Wahndelikt *Rengier* § 35/15 f; *Valerius* JA 2010, 113 ff.
28 Vgl BGHSt 42, 268 (272 f) m. Anm. *Arzt* JR 1997, 469 ff und *Kudlich* NStZ 1997, 432 ff.
29 Vgl BGHSt 14, 345 (350); BGH JR 1994, 510 (511) m. Anm. *Loos*; *Burkhardt* JZ 1981, 681 ff; *Engisch* Heinitz-FS 185 ff; *Kindhäuser* GA 1990, 407 (419 f); NK-*Paeffgen* Vor § 32 Rn 256 ff; *Puppe* GA 1990, 145 ff; dies. Lackner-FS 199 ff; *Roxin* JZ 1996, 981 ff.
30 Vgl BGHSt 13, 235 (240, 241).
31 Vgl § 26 Rn 10.

Abrede stellt, indem er deren Voraussetzungen zu verwirklichen glaubt, geht er beim Wahndelikt von der Existenz einer tatsächlich nicht bestehenden Norm aus. Eine Norm, die es nicht gibt oder die nicht strafrechtlich sanktioniert ist, kann nicht in strafbarer Weise verletzt werden.[32]

2. Normative Tatbestandsmerkmale

▶ **FALL 6:** H geht irrig davon aus, dass die Sache, die er iSv § 265 beiseiteschafft, „versichert" ist. ◀

▶ **FALL 7:** X nimmt an der 15-jährigen J sexuelle Handlungen (iSv § 176) vor; hierbei geht er irrig davon aus, dass J noch nicht vierzehn Jahre alt ist. ◀

26 Die **Grenzziehung zwischen Versuch und Wahndelikt** wirft bereichsweise Schwierigkeiten auf. Dies gilt insbesondere beim Irrtum über normative Tatbestandsmerkmale, die das Bestehen bestimmter Rechtsverhältnisse – wie zB „fremd" (§ 242) oder „zuständige Stelle" (§ 154) – zum Gegenstand haben. Exemplarisch hierfür ist der Sachverhalt in **Fall 6**.

27 **a) Restriktive Lehre:** Eine verbreitete Auffassung nimmt ein Wahndelikt an, wenn der Täter aufgrund falscher rechtlicher Schlüsse den Anwendungsbereich der Norm ausweitet.[33] Denn falsche rechtliche Wertungen dürften den Täter nicht belasten.[34] In **Fall 6** begeht demnach H, der irrig meint, bzgl der von ihm beiseitegeschafften Sache bestehe ein Versicherungsvertrag, ein Wahndelikt.

28 Dieser Lehre ist entgegenzuhalten, dass bei jedem Versuch die objektive Sachlage zulasten des Täters von seiner subjektiven Vorstellung abweicht. Daher besteht kein Grund, hinsichtlich eines vorsatzausschließenden Irrtums zwischen den Eigenschaften deskriptiver und normativer Tatbestandsmerkmale zu differenzieren. Auch über die Voraussetzungen eines deskriptiven Tatbestandsmerkmals kann der Täter – wie X in **Fall 7** – aufgrund falscher Schlüsse irren.

29 Die Annahme eines Wahndelikts ließe sich bei fehlerhaften rechtlichen Schlüssen im Übrigen nur konstruieren, wenn auch die rechtlichen Regelungen, die das von dem betreffenden normativen Tatbestandsmerkmal bezeichnete Rechtsverhältnis begründen, zum objektiven Tatbestand und damit zum Vorsatzinhalt gehörten. Dies ist jedoch ersichtlich nicht der Fall,[35] da sonst zB ein Diebstahlsvorsatz zu verneinen wäre, wenn der Täter von falschen Vorstellungen darüber ausgeht, wie der Bestohlene das Eigentum am Tatobjekt erlangt hat. Gehören aber die rechtlichen Regeln, die das von einem normativen Tatbestandsmerkmal erfasste Rechtsverhältnis begründen, nicht ihrerseits zum objektiven Tatbestand, so sind auf sie bezogene Irrtümer stets irrelevant und führen als solche weder zu einem Versuch noch zu einem Wahndelikt.

30 **b) Umkehrprinzip:** Die hM macht bei der Abgrenzung von Versuch und Wahndelikt zutreffend keine Unterschiede zwischen deskriptiven und normativen Tatbestandsmerkmalen, sondern wendet das Umkehrprinzip an: Jeder Irrtum, der den Täter im

---

32 Vgl auch *Stratenwerth/Kuhlen* § 11/25.
33 BayObLG JZ 1981, 715 f m. Anm. *Burkhardt* JZ 1981, 681 ff; OLG Düsseldorf NStZ 1989, 370 (372); *Burkhardt* GA 2013, 346 (356 ff); *Dencker* NStZ 1982, 458 (459); S/S-*Eser/Bosch* § 22 Rn 89 ff; *Jakobs* 25/38 ff; *Kühl* JuS 1981, 193; *Otto* § 18/73; *Reiß* wistra 1986, 193 (199).
34 *Burkhardt* JZ 1981, 681 (686).
35 Hierzu § 27 Rn 29; ferner *Schmitz* Jura 2003, 593 (597).

Rahmen von § 16 Abs. 1 S. 1 entlastet, belastet ihn im umgekehrten Falle und führt damit zum Versuch. Nimmt man also einen Vorsatzausschluss nach § 16 Abs. 1 S. 1 an, wenn der Täter das Bestehen eines tatbestandlich vorausgesetzten Rechtsverhältnisses verkennt,[36] so muss folgerichtig ein Versuch angenommen werden, wenn der Täter vom Bestehen eines solchen Rechtsverhältnisses ausgeht.[37] Hält also der Täter eine Sache, die er beiseiteschafft, nicht für versichert, so handelt er ohne Vorsatz, und zwar auch dann, wenn seine Annahme auf laienhaft falschen Schlüssen beruht. Hält er dagegen – wie H in **Fall 6** – das Tatobjekt für versichert, so begeht er, die sonstigen Deliktsmerkmale vorausgesetzt, einen Versuch des Versicherungsbetrugs (§ 265 Abs. 1, Abs. 2).

3. Sonderdelikte

▶ **FALL 8:** P ergreift gegen einen Unschuldigen Maßnahmen der Strafverfolgung iSv § 344 Abs. 1. Hierbei hält er sich für einen Polizeibeamten, weil ihm die Nichtigkeitsgründe seiner Ernennung unbekannt sind. ◀

▶ **FALL 9:** Z, ein Zivilangestellter der Bundeswehr, glaubt, auch für ihn gelte das Wehrstrafgesetz und er mache sich der eigenmächtigen Abwesenheit (§ 15 WStG) schuldig, indem er eine Woche dem Dienst fernbleibt. ◀

Uneinheitlich wird ferner die Frage beantwortet, ob der Täter, der – wie P in **Fall 8** – irrig annimmt, er erfülle die persönlichen Merkmale eines Sonderdelikts (zB Amtsträger, Soldat, Schuldner), wegen Versuchs zu bestrafen ist oder nur ein Wahndelikt begeht.[38] 31

Teils wird ein Wahndelikt angenommen: Das die Sonderpflicht begründende Merkmal grenze den Kreis der Normadressaten ein. Diesen Kreis könne ein Außenstehender nicht aufgrund eines Irrtums erweitern.[39] Es fehle auch am Strafbedürfnis, da der Täter dem geschützten Rechtsgut nicht gefährlich werden könne.[40] P wäre demnach in **Fall 8** straflos. 32

Die hM wendet wiederum das **Umkehrprinzip** an und gelangt so zu einem strafbaren (untauglichen) Versuch:[41] Da der Irrtum über die tatsächlichen Voraussetzungen einer besonderen Pflichtenstellung zum Vorsatzausschluss nach § 16 Abs. 1 S. 1 führt, begeht derjenige einen Versuch, der den Tatbestand eines Sonderdelikts verwirklicht (oder hierzu ansetzt) und dabei irrtümlich Umstände als gegeben erachtet, die im Falle ihres wirklichen Vorhandenseins seine Sonderpflicht („Subjektsqualität") begründeten. 33

---

36 So die ganz hM, vgl § 27 Rn 29; zu den Besonderheiten bei Blankettmerkmalen *Schmitz* Jura 2003, 593 (599 ff).
37 RGSt 72, 109 (112); BGHSt 10, 272 (275 f); 13, 235 (239 f); 14, 345 (350); KG wistra 1982, 196 (197 f); W-*Beulke/Satzger* Rn 621; *Herzberg* Schlüchter-GS 189 (198 f); LK-*Hillenkamp* § 22 Rn 180 ff; *Jescheck/Weigend* § 50 II; *Nierwetberg* Jura 1985, 238 ff; SK-*Rudolphi* § 22 Rn 32a f; *Schlüchter* JuS 1985, 527; vgl auch NK-*Puppe* § 16 Rn 144; krit. zum Umkehrprinzip *Streng* GA 2009, 529 ff; vermittelnd *Heidingsfelder*, Der umgekehrte Subsumtionsirrtum, 1992, 146 ff; *Roxin* JZ 1996, 981 (986).
38 Grundlegende Problemanalyse bei *Puppe* Lackner-FS 209 (215 ff); vgl auch *Mitsch* Jura 2014, 585 (588 f).
39 *Foth* JR 1965, 366 (371); *Hardwig* GA 1957, 170 (174 ff); *Jakobs* 25/43; *Kaufmann* Klug-FS 277 (283 ff); *Langer*, Das Sonderverbrechen, 1972, 497 f; *Otto* § 18/75; *Schmidhäuser* 15/59; *Stratenwerth* Bruns-FS 59 (68 ff); *Welzel* § 24 V 2.
40 *Krey/Esser* Rn 1250.
41 RGSt 47, 189 (190 f); 72, 109 (110); *Baumann/Weber/Mitsch* § 26/30; W-*Beulke/Satzger* Rn 619; S/S-*Eser/Bosch* § 22 Rn 76; *Fischer* § 22 Rn 55; M-*Gössel/Zipf* § 40/241; *Herzberg* GA 2001, 257 (269 ff); *Jescheck/Weigend* § 50 III 2 c; NK-*Kindhäuser* § 283 Rn 101; *Kühl* 15/105; NK-*Kuhlen* § 331 Rn 123; SK-*Rudolphi* § 22 Rn 28.

P wäre demnach in **Fall 8** wegen Versuchs nach §§ 344 Abs. 1, 12 Abs. 1, 22 f strafbar. Gegen diese Lehre spricht, dass sie einen Versuch bejaht, obgleich der Täter *per se* nicht in der Lage ist, das Delikt überhaupt zu vollenden. Ein Versuch setzt aber begrifflich die Möglichkeit voraus, das entsprechende Delikt vollenden zu können.

34 Allerdings kommt auch die hM nur zu einem Wahndelikt, wenn sich der Täter aufgrund von Umständen für sonderpflichtig hält, die auch im Falle ihres Vorliegens eine solche Pflicht nicht begründeten. Bei **Fall 9** wäre dies zu verneinen, da Z weiß, dass er Zivilangestellter ist und daher nicht von tatsächlichen Umständen ausgeht, bei deren Vorliegen er sonderpflichtig wäre. Zivilangestellte können § 15 WStG nicht verwirklichen, so dass Z auch nach der hM nicht strafbar wäre.

35 **WIEDERHOLUNGS- UND VERTIEFUNGSFRAGEN**

> Wie lässt sich die Strafwürdigkeit des Versuchs begründen? (Rn 5 ff)
> Wie ist zwischen Versuch und Wahndelikt abzugrenzen, wenn sich der Täter über die Eigenschaften normativer Tatbestandsmerkmale irrt? (Rn 26 ff)
> Ist ein Versuch gegeben, wenn der Täter zu seinen Ungunsten annimmt, die Voraussetzungen eines Sonderdelikts zu verwirklichen? (Rn 31 ff)

§ 31 Vorbereitung und Versuch

I. Allgemeines

Ein (geplantes) vorsätzliches Delikt beansprucht von seiner Planung bis zur Beendigung einen mehr oder weniger großen Zeitraum, der sich in mehrere Stadien unterteilen lässt:

- In der Phase der **Planung** geht es um die gedankliche Vorwegnahme eines Geschehens, das nach der Vorstellung des Täters einen Deliktstatbestand verwirklicht. Dieses Stadium ist stets straflos.
- In der **Vorbereitungsphase** ergreift der Täter die zur Tatausführung erforderlichen Maßnahmen. Auch dieses Stadium ist grds noch nicht mit Strafe bewehrt. Allerdings kennt das StGB eine Reihe von Delikten, bei denen die Vorbereitung einer Rechtsgutsverletzung als selbstständige Straftat ausgestaltet ist. Verselbstständigte Vorbereitungsdelikte dieser Art sind zB in §§ 83, 98, 149, 234a Abs. 3, 265, 316c Abs. 4 normiert.
- In der Phase des **Versuchs** setzt der Täter nach seiner Vorstellung von der Tat aufgrund eines unbedingten Tatentschlusses unmittelbar zur Tatbestandsverwirklichung an (§ 22); der Versuch ist unter den Voraussetzungen von § 23 strafbar.
- Mit der (objektiv zurechenbaren und objektiv nicht gerechtfertigten) Verwirklichung des Tatbestands ist das Delikt **vollendet**.
- **Beendet** ist die Tat schließlich, wenn das strafbare Unrecht seinen Abschluss gefunden hat.[1]

Aus dieser Unterteilung der Deliktsstadien folgt, dass der Versuch zwischen Vorbereitung und Vollendung liegt. Hierbei ist die Abgrenzung zur Vollendung unschwer negativ zu treffen: Der Versuch hat keine selbstständige Bedeutung mehr, wenn er zur (objektiv zurechenbaren und objektiv nicht gerechtfertigten)[2] Verwirklichung eines Deliktstatbestands geführt hat. Dagegen ist die Abgrenzung zur Vorbereitung positiv zu treffen, wobei hier zugleich die Linie zwischen straflosem Vorverhalten und strafbarem Handeln zu ziehen ist.

Der Versuch hat **drei Voraussetzungen**; er erfordert

- einen (unbedingten) Tatentschluss,
- der durch unmittelbares Ansetzen zur Tatbestandsverwirklichung betätigt sein muss,
- ohne zur objektiv (zurechenbaren) Vollendung geführt zu haben.

II. Tatentschluss

1. Begriff

Unter Tatentschluss ist der auf die Tatbestandsverwirklichung bezogene Vorsatz einschließlich sonstiger subjektiver Tatbestandsmerkmale zu verstehen.

Zu den sonstigen subjektiven Tatbestandsmerkmalen gehören zB die Bereicherungsabsicht in §§ 253, 263 oder die Täuschungsabsicht in § 267. Das Merkmal des Tatent-

---

[1] Hierzu § 9 Rn 16.
[2] Hierzu § 29 Rn 8 f, § 30 Rn 3.

schlusses wird zwar in § 22 (im Gegensatz zu § 43 aF) nicht mehr ausdrücklich erwähnt, ist aber der Sache nach in der Formel vom unmittelbaren Ansetzen zur Tatbestandsverwirklichung begrifflich enthalten.³

2. Unbedingtheit

▶ **FALL 1:** A will F, die ihn verlassen will, töten, falls sie sich nicht zum Bleiben überreden lässt. ◀

▶ **FALL 2:** B will den Schuppen seines Nachbarn N anzünden, den Brandherd aber sofort löschen, wenn er von N vorzeitig bemerkt werden sollte. ◀

6   a) **Unbedingter Tatentschluss:** Der Tatentschluss muss in dem Sinne unbedingt sein, dass sich der Täter vorbehaltlos zur Tatbegehung entschieden hat, also die Entscheidung über das Ob der Tat getroffen hat.⁴

7   Eine solche (innerlich) vorbehaltlose Entscheidung kann auch **auf unsicherer Tatsachengrundlage** getroffen werden. Der Täter kann – wie A in **Fall 1** – die Ausführung der Tat noch vom Eintritt äußerer Umstände – der Entscheidung der F – abhängig machen oder unter bestimmten Sachverhaltsbedingungen von der Realisierung seines Vorhabens wieder Abstand nehmen wollen⁵ (Witterungsverhältnisse, Anwesenheit möglicher Zeugen usw). Auch ein **Rücktrittsvorbehalt** für den Fall einer ungünstigen Entwicklung des Geschehens steht einem unbedingten Tatentschluss nicht entgegen. Exemplarisch hierfür ist **Fall 2**.

8   b) **Gutachtenaufbau:** Im Gutachten ist es überflüssig, auf die Unbedingtheit des Tatentschlusses noch einzugehen, wenn der Täter – wie im „Normalfall" – bereits zur Tatbestandsverwirklichung unmittelbar angesetzt hat. Denn ein solches Vorgehen verlangt gerade einen **vorbehaltlosen Entschluss**. Bedeutsam kann das Erfordernis der Unbedingtheit des Tatentschlusses aber sein, wenn es im Vorfeld der Tat um die Frage geht, ob der Täter angestiftet wurde. Denn jemand, der (als sog. *omnimodo facturus*) bereits unbedingt zu einer Tat entschlossen ist, kann zu dieser nicht mehr bestimmt werden.⁶

3. Vorsatzform

9   Für den Tatentschluss genügt *dolus eventualis* stets dann, wenn dieser auch für die Deliktsvollendung ausreicht.⁷ Da jede vorsätzliche Deliktsvollendung das Versuchsstadium durchläuft und sich Versuch und Vollendung im subjektiven Tatbestand decken, setzt der Versuch (nur) die Vorsatzform voraus, die das Delikt auch für die Vollendung verlangt.

---

3   BGHSt 37, 294 (296); *Gropp* § 9/14; *Kühl* § 15/24.
4   BGH StV 1987, 528 f; *Roxin* Schröder-GS 145 ff.
5   BGHSt 12, 306 (309); BGH JZ 1967, 608; *Bringewat* Rn 555; *S/S-Eser/Bosch* § 22 Rn 18 f; *Gropp* § 9/20; *Jäger* Rn 287; *Krey/Esser* Rn 1208 ff; *Otto* § 18/20 f; *SK-Rudolphi* § 22 Rn 5; zu einem Gegenbeispiel BGH bei *Holtz* MDR 1980, 271 f.
6   Näher hierzu § 41 Rn 11.
7   HM, vgl nur RGSt 61, 159; BGHSt 22, 330 (332 ff); 31, 374 (378); *Bringewat* Rn 554; *S/S-Eser/Bosch* § 22 Rn 17; *Gropp* § 9/17; *Herzberg*, NStZ 1990, 311 (315); MK-*ders./Hoffmann-Holland* § 22 Rn 43 ff; *Jakobs* 25/24; Jescheck/Weigend § 49 III 1; *Kühl* § 15/25; *Roxin* Schröder-GS 145 (151 f); SK-*Rudolphi* § 22 Rn 2; aA *Bauer* wistra 1991, 168 ff; *Lampe* NJW 1958, 332 f; *Puppe* NStZ 1984, 488 (491); zum Handeln mit *dolus eventualis* bei Unsicherheiten über die Rechtfertigungslage vgl *Paeffgen* JZ 1978, 738 (743 ff).

III. Unmittelbares Ansetzen

1. Voraussetzungen

Nach § 22 überschreitet der Täter die Grenze von der straflosen Vorbereitung zum Versuch in dem Zeitpunkt, in dem er „nach seiner Vorstellung von der Tat zur Verwirklichung des Tatbestandes unmittelbar ansetzt". Mit dieser Formulierung verbindet das Gesetz zur Bestimmung des Versuchsbeginns subjektive und objektive Momente. Im Gutachten ist daher das Vorliegen eines Versuchs **in zwei Schritten** zu prüfen:[8]

- Zunächst ist die **Tatsituation** zu bestimmen, wie sie sich **aus der Sicht des Täters** darstellt (individuelle Perspektive);
- sodann ist nach einem objektiven Maßstab zu beurteilen, ob das Verhalten des Täters – unter Zugrundelegung der so bestimmten Tatsituation – bereits als **unmittelbares Ansetzen** zur Tatbestandsverwirklichung anzusehen ist.

Mit diesen **individuell-objektiven Kriterien** des Versuchsbeginns nach der heutigen Gesetzesfassung sind weder ein rein subjektiver Ansatz, der allein auf die Tätervorstellung abhebt,[9] noch eine formal-objektive Theorie, die den Versuch erst mit dem Anfang der Tatbestandsverwirklichung beginnen lässt,[10] zu vereinbaren.[11] Nicht tragfähig ist auch eine objektive Gefährdungstheorie, der zufolge der Versuch beginnt, sobald das von dem fraglichen Tatbestand geschützte Rechtsgut durch das Täterverhalten in Gefahr gebracht wird;[12] ein solcher Ansatz ist zudem unverträglich mit der Möglichkeit eines untauglichen Versuchs.

Mithilfe der individuell-objektiven Kriterien lassen sich einerseits alle Handlungen, welche die Ausführung der für später geplanten Tat nur ermöglichen oder erleichtern sollen, eindeutig dem Vorbereitungsstadium zuweisen. Vorbereitungshandlungen sind etwa das Besorgen von Waffen, das Auskundschaften des Tatorts, das Bereitstellen der Tatwerkzeuge oder das Besorgen von Zweitschlüsseln.[13] Andererseits ist eindeutig ein Versuch anzunehmen, wenn der Täter zum Zwecke der Tötung das Gewehr anlegt und zielt.[14] Klingelt der Täter an der Haustür, um einen Raub zu begehen, ist zu differenzieren: Der Täter befindet sich noch im Vorbereitungsstadium, wenn er an der Eingangstür eines Mehrfamilienhauses klingelt und sich erst noch innerhalb des Hauses zur Wohnung des Opfers begeben muss.[15] Gleiches gilt, wenn der Täter die Tatdurchführung vom Fehlen bestimmter äußerer Umstände abhängig macht, beispielsweise von der Anwesenheit eines Kindes im Haus.[16] Dagegen hat der Versuch begonnen, wenn der Täter schon an der Wohnungstür steht und unmittelbar nach dem Öffnen mit bereits einsatzbereiter Waffe losschlagen will.[17]

---

8 Ausf. zur Prüfung des unmittelbaren Ansetzens im Gutachten *Bosch* Jura 2011, 909 ff.
9 Vgl RGSt 72, 66; BGHSt 6, 302.
10 Vgl auch RGSt 70, 151 (157); zur sog. Teilverwirklichungsregel, welche besagt, dass der Täter jedenfalls dann eine Tat versucht hat, wenn er eine tatbestandliche Ausführungshandlung vollzogen hat, vgl *Kühl* Küper-FS 289 (301 ff).
11 *Bringewat* Rn 558; *Kühl* § 15/38; *Otto* § 18/22 f.
12 Vgl RGSt 53, 217; 54, 182; 59, 386; BGHSt 2, 380; 20, 150; 22, 80 (81).
13 Vgl BGHSt 28, 162; 40, 208 (210); BGH NJW 1979, 378; NStZ 1996, 38.
14 Vgl BGH NStZ 1993, 133.
15 Vgl BGH StV 1984, 420; OLG Hamm StV 1997, 242.
16 Vgl BGH NStZ 2013, 579 m. krit. Bspr *Jäger* JA 2013, 949 ff.
17 Vgl BGHSt 26, 201 ff; BGH NStZ 1984, 506.

2. Abgrenzung

13 Die verbleibende Grauzone zwischen den eindeutigen Vorbereitungshandlungen und den klaren Fällen des Versuchsbeginns versuchen verschiedene Theorien, die jeweils individuelle mit objektiven Aspekten kombinieren, aufzuhellen.[18] Diese Lehren unterscheiden sich allenfalls in der Schwerpunktsetzung und kommen zumeist zu übereinstimmenden Ergebnissen.[19] Der BGH verbindet diese Theorien häufig miteinander.[20]

14 a) **Sphärentheorie:** Nach der sog. Sphärentheorie soll der Versuch beginnen, sobald der Täter in die Schutzsphäre des Opfers eingedrungen ist und zwischen der Tathandlung und dem angestrebten Erfolgseintritt ein enger zeitlicher Zusammenhang besteht.[21] Diese Abgrenzungsformel lässt sich jedoch kaum anwenden, wenn sich die Tat an neutralen Orten – wie einer Straße oder einem Park – abspielen soll. Ferner taugt das Kriterium nur für Delikte, die Individualrechtsgüter mit einem festen Kreis von Betroffenen schützen. Bei Delikten, die sich gegen Rechtsgüter der Allgemeinheit richten, ist das Kriterium dagegen ungeeignet.

15 b) **Theorie der Feuerprobe:** Die Theorie von der Feuerprobe der kritischen Situation bejaht einen Versuchsbeginn, wenn der Täter aus seiner Sicht die Schwelle zum „jetzt geht es los" überschritten hat.[22] Diese Lehre ist jedoch zu stark subjektiv akzentuiert, da der Augenblick, in dem sich der Täter an die Realisierung seines Tatentschlusses macht, der eigentlichen Tatbestandsverwirklichung – zB beim Ausschalten von potenziellen Zeugen – vorgelagert sein kann. Daher muss die Feuerprobe auf die Tatbestandsverwirklichung selbst bezogen werden.

16 c) **Äußerer Verhaltenssinn:** Primär an objektiven Kriterien orientiert ist der Vorschlag, auf den äußeren Sinn des Verhaltens abzustellen. Ein Versuch ist demnach gegeben, wenn das Täterverhalten für einen Beobachter bereits als Entscheidung gegen die Norm verstanden werden kann,[23] wenn also die äußeren Umstände den Beginn einer Tatbestandsverwirklichung indizieren. Nach einer Variante dieses Ansatzes erfordert der Versuchsbeginn, dass der Täter durch ein rolleninadäquates Verhalten ein unerlaubtes Risiko gesetzt hat.[24] Eine solche Lehre verkennt jedoch die konstitutive Bedeutung der subjektiven Tatseite für den Versuch. Sonst müsste ein Jäger, der sein Gewehr (rollenüberschreitend) auf einen Menschen anlegt, auch dann wegen Tötungsversuchs strafbar sein, wenn er seinem Gegenüber nur Angst einjagen will. Umgekehrt wäre ein Diebstahlsversuch zu verneinen, wenn der Täter eine Sache an sich nimmt, ohne zu wissen, dass der Besitzer mit dem Gewahrsamsübergang einverstanden ist. Denn in diesem Fall schafft der Täter objektiv kein unerlaubtes Risiko hinsichtlich des Gewahrsamswechsels.

17 d) **Gefährdungstheorie:** Die sog. (materielle) Gefährdungstheorie setzt den Versuchsbeginn bei der konkreten Gefährdung des Rechtsguts an: Ein Versuch ist anzunehmen,

---

18 Für den Versuchsbeginn beim Unterlassungsdelikt gelten Besonderheiten, vgl hierzu § 36 Rn 40 ff.
19 Daher ebenfalls krit. zu den Versuchen einer abstrakten Definition *Frister* 23/38.
20 Etwa die Sphären- oder Gefährdungstheorie mit den Kriterien der Zwischenakts- und Feuerprobentheorie (vgl nur BGHSt 48, 34 [35 f]; BGH NJW 1993, 2125; NStZ 1996, 38; 2004, 38 f; NStZ-RR 2011, 367 [368]; StV 2012, 526 f; NStZ 2013, 156 [157]); vgl auch *Gaede* JuS 2002, 1058 (1060 f); *Heinrich* Rn 727 ff; krit. zu abstrakten Definitionen *Frister* 23/37 f.
21 Vgl BGHSt 28, 162 (163); BGH StV 1992, 62; OLG Frankfurt/M NJW 1984, 812; *Roxin* JuS 1979, 1 (5 f); *ders.* Herzberg-FS 341 ff.
22 Vgl BGHSt 26, 201 (203); BGH NJW 1980, 1759; StV 1987, 529; NStZ 1997, 83; *Bockelmann* JZ 1954, 468 (473).
23 *Jakobs* 25/61 ff.
24 *Vehling*, Abgrenzung von Vorbereitung und Versuch, 1991, 141 ff.

§ 31 Vorbereitung und Versuch

wenn der Täter Handlungen vornimmt, die nach seinem Tatplan im Falle ungestörten Fortgangs ohne Zäsur unmittelbar in die Tatbestandserfüllung einmünden und so, nach seiner Vorstellung, das geschützte Rechtsgut bereits konkret gefährden.[25] Zwischen dem Täterhandeln und der eigentlichen Tatbestandsverwirklichung muss hierbei ein unmittelbarer räumlicher und zeitlicher Zusammenhang bestehen. Kritisch ist gegen diese Lehre einzuwenden, dass sie nur den Begriff des Ansetzens durch den kaum aussagekräftigeren des Gefährdens austauscht. Ferner passt das Kriterium der konkreten Gefährdung kaum auf Tätigkeitsdelikte und sonstige abstrakte Gefährdungsdelikte, die eine solche Gefährdung eines Rechtsguts nicht verlangen.

e) **Zwischenaktstheorie:** Nach der sog. Zwischenaktstheorie ist ein Versuch gegeben, wenn nach Maßgabe des Tatplans zwischen dem Verhalten des Täters und der eigentlichen Tatbestandsverwirklichung kein weiterer wesentlicher Zwischenschritt mehr liegen soll, so dass sich das Geschehen für einen Beobachter als Einheit darstellt.[26] Mithilfe dieses Kriteriums soll der Beginn des Versuchs auf Verhaltensweisen, die der eigentlichen Tatbestandshandlung (nach der Vorstellung des Täters) unmittelbar vorgelagert sind, bezogen werden. Exemplarisch: Der Versuch eines Einbruchsdiebstahls nach § 244 Abs. 1 Nr. 3 beginnt, wenn der Täter einen Hofhund beseitigt, um unmittelbar anschließend Wertgegenstände aus dem Gebäude zu holen. Ein Versuch wäre dagegen zu verneinen, wenn der Täter dem Hund zunächst eine vergiftete Wurst zuwirft und erst nach Stunden zurückkommen will, um dann den Diebstahl ungestört auszuführen.[27] Die Lehre vom Zwischenakt hat gegenüber der Gefährdungstheorie, mit der sie ansonsten eng verwandt ist, den Vorteil, auf alle Deliktstypen anwendbar zu sein.

IV. Versuchsbeginn bei der actio libera in causa

Die Bestimmung des Versuchsbeginns bei der *actio libera in causa* hängt von der gewählten Konstruktion ab:

1. Ausnahmemodell

Folgt man dem Ausnahmemodell,[28] das die Tatbestandsmäßigkeit und Rechtswidrigkeit der Tat unberührt lässt, kann der Versuchsbeginn problemlos nach den Regeln der individuell-objektiven Theorien festgestellt werden. Der Versuch beginnt, wenn der Schuldunfähige nach seiner Vorstellung unmittelbar zur Tatbestandsverwirklichung ansetzt.

---

25 Vgl BGHSt 30, 363 (364 ff); 43, 177 (179); BGH NStZ 1987, 20; StV 1994, 240; BayObLG NJW 1990, 781 f; S/S-Eser/Bosch § 22 Rn 42; Küper JZ 1992, 338 (340 f); Otto § 18/28 ff; Zaczyk, Das Unrecht der versuchten Tat, 1989, 306 ff.
26 Vgl – mit Abweichungen im Detail – BGHSt 26, 201 (202 f) m. Anm. Gössel JR 1976, 249 und Otto NJW 1976, 578; BGHSt 35, 6 (8 f); 36, 249 (250); 37, 294 (296 ff); BGH NStZ 2002, 309 f; BayObLG NJW 1991, 855 f; Baumann/Weber/Mitsch § 26/54; Berz Jura 1984, 511 (514); W-Beulke/Satzger Rn 601; LK-Hillenkamp § 22 Rn 77; Kühl JuS 1980, 650 f; SK-Rudolphi § 22 Rn 13; vgl auch Frank § 43 Anm. II 2b.
27 Vgl RGSt 53, 218; SK-Rudolphi § 22 Rn 17.
28 Hierzu § 23 Rn 6 ff.

2. Tatbestandsmodell

21 Beim Tatbestandsmodell kommt es wiederum darauf an, ob man die Variante der Vorverlagerung[29] oder der mittelbaren Täterschaft[30] wählt.

22 ■ Verlagert man den Anfang der Tatbestandsverwirklichung bereits auf die Herbeiführung des Defektzustands vor, beginnt auch der Versuch in diesem Zeitpunkt.

23 ■ Legt man die Variante der mittelbaren Täterschaft zugrunde, sind auch deren Kriterien für den Versuchsbeginn maßgeblich.[31] Allerdings ist die vorherrschende Einzellösung hier nicht widerspruchslos anwendbar. Denn diese Lehre lässt einerseits den Versuch bereits beginnen, wenn der Hintermann das Geschehen aus der Hand gibt – hier also mit dem Eintritt des Defektzustands.[32] Andererseits setzt § 22 keine Schuldfähigkeit voraus, so dass kein Grund besteht, von den allgemeinen Regeln des § 22 für Alleintäter abzuweichen. Für den schuldunfähigen Täter müsste daher der Versuch erst mit dem unmittelbaren Ansetzen zur Tatbestandsverwirklichung beginnen, und zwar auch dann, wenn er seine Schuldunfähigkeit im Vorbereitungsstadium bewusst durch Alkoholgenuss herbeigeführt hat.

WIEDERHOLUNGS- UND VERTIEFUNGSFRAGEN

> Welche Phasen durchläuft ein Delikt von der Planung bis zur Beendigung? (Rn 1)
> Welche Voraussetzungen hat ein Versuch? (Rn 3 ff)
> Nach welchen Kriterien lässt sich der Versuch von der Vorbereitung abgrenzen? (Rn 13 ff)

---

[29] Hierzu § 23 Rn 15.
[30] Hierzu § 23 Rn 14.
[31] Hierzu § 39 Rn 53 ff.
[32] Vgl § 39 Rn 56.

§ 32 Rücktritt vom Versuch

I. Allgemeines

1. Grundlagen

a) **Gesetzliche Regelung:** Nimmt ein Täter von weiteren Handlungen Abstand, nachdem er die Voraussetzungen eines tatbestandsmäßigen, rechtswidrigen und schuldhaften Versuchs erfüllt, kommt ein strafbefreiender Rücktritt nach § 24 in Betracht. § 24 Abs. 1 S. 1 sieht Straflosigkeit für einen **Alleintäter** vor, der freiwillig entweder „die weitere Ausführung der Tat aufgibt" (sog. unbeendeter Versuch) oder „deren Vollendung verhindert" (sog. beendeter Versuch). Darüber hinaus stellt § 24 Abs. 1 S. 2 den Versuchstäter für den Fall straflos, dass zwar die Tat auch ohne sein Zutun nicht vollendet wird, er sich aber „freiwillig und ernsthaft bemüht" hat, „die Vollendung zu verhindern".

§ 24 Abs. 2 regelt den Rücktritt, wenn an der Tat **mehrere** – als Mittäter, Anstifter oder Gehilfe – **beteiligt** sind. Voraussetzung für die Straffreiheit eines Tatbeteiligten ist wiederum die freiwillige Verhinderung der Vollendung der Tat (§ 24 Abs. 2 S. 1). Jedoch genügt nach § 24 Abs. 2 S. 2 „sein freiwilliges und ernsthaftes Bemühen, die Vollendung der Tat zu verhindern, wenn sie ohne sein Zutun nicht vollendet oder unabhängig von seinem früheren Tatbeitrag begangen wird".

b) **Strafaufhebungsgrund:** Deliktssystematisch ist der Rücktritt als ein persönlicher Strafaufhebungsgrund einzuordnen.[1] Seine Voraussetzungen sind also im **Gutachten** im Anschluss an die Schuld zu prüfen.[2] Bei mehreren Beteiligten entfaltet der Rücktritt seine Wirkung nur für den Zurücktretenden selbst.

2. Normzweck

Der Grund für den Strafausschluss beim Rücktritt ist umstritten:[3]

- Nach der **Prämientheorie** (oder auch Gnadentheorie) soll der Täter für die freiwillige Rückkehr zum sozial richtigen Verhalten belohnt werden. Mit dieser Rückkehr entfalle das Strafbedürfnis für das Handlungsunrecht und die damit verbundene Beeinträchtigung des allgemeinen Vertrauens in die Geltung der Rechtsordnung.[4]
- Die **Theorie von der goldenen Brücke** betont den Rechtsgüterschutz: Mit der in Aussicht gestellten Straffreiheit soll der Täter zur Umkehr gebracht und so der Erfolgseintritt vermieden werden.[5]
- Die von der heute hM vertretene **Strafzwecktheorie** sieht bei freiwilligem Rücktritt keine Notwendigkeit mehr, den Täter zur Erreichung der dem Strafrecht obliegen-

---

[1] *Baumann/Weber/Mitsch* § 27/5; *Fischer* § 24 Rn 2; *Heinrich* Rn 763; L-Kühl-*Kühl* § 24 Rn 1; LK-*Lilie/Albrecht* § 24 Rn 50; *Otto* § 19/5; abw. SK-*Rudolphi* § 24 Rn 6: Entschuldigungsgrund; *Streng* ZStW 101 (1989), 273 (322 ff); NK-*Zaczyk* § 24 Rn 5 f: Schuldaufhebungsgrund; historische Aspekte bei *Loos* Jakobs-FS 347 ff.
[2] HM, vgl nur BGHSt 7, 296 (299); BGH StV 1982, 1; *Baumann/Weber/Mitsch* § 27/5; W-Beulke/Satzger Rn 626, 874; *Kühl* § 16/8.
[3] Umf. Darstellung des Streitstands bei LK-*Lilie/Albrecht* § 24 Rn 5 ff.
[4] *Bockelmann* NJW 1955, 1417 (1420); *Heinitz* JR 1956, 248 (249); *Jescheck/Weigend* § 51 I 3; *Schröder* JuS 1962, 81; vgl auch BGH NStZ 1986, 264 f; MDR 1988, 244; krit. LK-*Lilie/Albrecht* § 24 Rn 13.
[5] RGSt 63, 158 (159); 72, 349 (350); 73, 52 (60); vgl auch *Puppe* NStZ 1984, 488 (490).

den Aufgaben zu bestrafen.⁶ Aus der Sicht der positiven Generalprävention bedeutet dies, dass der Täter durch den Rücktritt zum Ausdruck bringt, dass er die Norm doch anerkennen will, und damit das allgemeine Vertrauen in die Normgeltung nicht in strafwürdiger Weise enttäuscht.⁷

3. Tätige Reue

4 Während die Regelung des strafbefreienden Rücktritts in § 24 für alle Delikte gilt, sehen insbesondere einige abstrakte Gefährdungsdelikte⁸ **zusätzlich** die Möglichkeit der strafbefreienden Abstandnahme auch noch **nach der Vollendung** vor; man spricht – in Abgrenzung vom Rücktritt – hier von tätiger Reue. Anders als § 24 schreiben die Regelungen der tätigen Reue jedoch nicht stets eine Strafbefreiung vor; teilweise kann die Strafe auch nur gemildert werden.⁹

II. Rücktrittsrelevante Versuchsformen

1. Fehlgeschlagener Versuch

▶ **FALL 1:** A will das Haus des B in Brand setzen; als er den Brandsatz anzünden will, stellt er fest, dass sein Feuerzeug nicht funktioniert. ◀

▶ **FALL 2:** C legt sein Gewehr an, um D zu erschießen. Im letzten Augenblick bemerkt er jedoch, dass er den Unbekannten U im Visier hat. ◀

▶ **FALL 3:** E bricht einen Tresor auf, in dem er größere Geldbeträge und Schmuck vorzufinden erwartet; tatsächlich befinden sich dort nur einige Münzen, die E enttäuscht liegen lässt. ◀

▶ **FALL 4:** F zückt seine Pistole, die er für geladen hält, um den G zu erschießen. Als er den Abzug betätigt, stellt er überrascht fest, dass sich in der Pistole überhaupt keine Munition befindet. ◀

5 a) **Rücktrittsprüfung:** Ein Rücktritt nach § 24 ist nur möglich, wenn der Versuch für den Täter noch nicht fehlgeschlagen ist.¹⁰ Dies ergibt sich aus dem Umstand, dass eine „Aufgabe der weiteren Tatausführung", „ein Verhindern der Vollendung" oder ein ernsthaftes Bemühen, „die Vollendung zu verhindern", begrifflich nur in Betracht kommen, wenn es der Täter überhaupt noch für möglich hält, dass die Tat noch vollendet werden kann.¹¹ Ist dies nach Einschätzung der Sachlage durch den Täter nicht mehr möglich, kann er auch nicht mehr von seinem Versuch zurücktreten. Daher ist vor dem Eintritt in die Rücktrittsprüfung zunächst zu klären, ob der Versuch nicht fehlgeschlagen ist. Ist dies der Fall, so erübrigen sich weitere Überlegungen zu § 24; es bleibt bei der Versuchsstrafbarkeit. Ist der Versuch dagegen nicht fehlgeschlagen, so ist

---

6 BGHSt 9, 48 (52); 14, 75 (80); HKGS-*Ambos* § 24 Rn 1; *Baumann/Weber/Mitsch* § 27/8; S/S-*Eser-Bosch* § 24 Rn 2b; *Gropp* § 9/86; *Ranft* Jura 1987, 527 (532); *Roxin* II § 30/4 ff; SK-*Rudolphi* § 24 Rn 4; vgl auch (mit Betonung der entfallenden Strafwürdigkeit) *Burkhardt*, Der „Rücktritt" als Rechtsfolgenbestimmung, 1975, 195 ff; *Kühl* § 16/5 f.
7 Insoweit entspricht die Strafzwecktheorie spiegelbildlich der sog. Eindruckstheorie, vgl § 30 Rn 9 f.
8 Vgl zB §§ 139 Abs. 4, 314a Abs. 3.
9 Vgl zB §§ 83a, 98 Abs. 2, 306e.
10 BGH NStZ 2002, 311; *Krey/Esser* Rn 1271; *Kühl* § 16/9; *Roxin* II § 30/36, 77 ff.
11 In Teilen der Literatur wird der Figur des fehlgeschlagenen Versuchs keine eigenständige Bedeutung beigemessen oder diese sogar vollständig abgelehnt. Vgl *Fahl* GA 2014, 453 ff; *Gössel* GA 2012, 65 ff; *Schroeder* NStZ 2009, 9 ff; *Wörner* NStZ 2010, 66 ff; dagegen *Roxin* NStZ 2009, 319 ff.

in einem weiteren Schritt zu fragen, ob der Versuch noch unbeendet oder schon beendet ist, da § 24 hinsichtlich dieser beiden Versuchsstadien unterschiedliche Anforderungen an den strafbefreienden Rücktritt stellt.

b) **Fallkonstellationen:** Ein Versuch ist **fehlgeschlagen**, wenn nach der Vorstellung des Täters 6

- die Tatbestandsverwirklichung nicht (mehr) möglich ist[12] oder
- das Tatobjekt nicht demjenigen des Tatplans entspricht, insbesondere hinsichtlich seines Wertes hinter den Erwartungen zurückbleibt.[13]

Diesen Konstellationen entsprechen die Beispielsfälle: In **Fall 1** ist die Brandstiftung für A nicht mehr möglich und damit fehlgeschlagen. In **Fall 2** ist der Versuch fehlgeschlagen, weil das Tatobjekt nicht dem Tatplan entspricht. In **Fall 3** bleibt der Wert der Beute so entscheidend hinter den Erwartungen zurück, dass die weitere Tatausführung ihren Zweck nicht mehr erreichen kann und der Versuch daher ein Fehlschlag ist.[14]

c) **Abgrenzung zur Untauglichkeit:** Die Frage, ob ein Versuch fehlgeschlagen ist, ist aus 7 einer anderen Perspektive zu beantworten als die Frage seiner Untauglichkeit. Die Untauglichkeit eines Versuchs ist aus einer objektiven *ex-ante*-Sicht festzustellen. Dagegen kommt es für die Frage des **Fehlschlags allein auf die Tätervorstellung** an.[15] Daher ist ein untauglicher Versuch so lange nicht fehlgeschlagen und ein strafbefreiender Rücktritt möglich, wie der Täter glaubt, den Erfolg noch herbeiführen zu können.[16] Sobald der Täter aber – wie F in **Fall 4** – erkennt, dass sein Versuch untauglich ist, ist dieser fehlgeschlagen. Umgekehrt kann ein vom Täter für fehlgeschlagen gehaltener Versuch objektiv tauglich (gewesen) sein.

2. Unbeendeter und beendeter Versuch

Für die Abgrenzung des unbeendeten vom beendeten Versuch ist die Täterperspektive 8 maßgeblich:[17]

- Der Versuch ist **unbeendet**, wenn der Täter davon ausgeht, noch nicht alles zur möglichen Tatbestandsverwirklichung Erforderliche getan zu haben.[18]
- Der Versuch ist **beendet**, wenn der Täter davon ausgeht, bereits alles zur möglichen Tatbestandsverwirklichung Erforderliche getan zu haben.[19] Hierbei genügt es, wenn der Täter den Erfolgseintritt aufgrund seines bisherigen Handelns für möglich hält, auch wenn er sich keine näheren Vorstellungen über das weitere Geschehen macht.[20]

---

12 BGHSt 39, 221 (228); BGH NStZ 2010, 690; 2013, 156; *Jescheck/Weigend* § 51 II 6; *Otto* Jura 1992, 423 f; *Roxin* JuS 1981, 1 ff; SK-*Rudolphi* § 24 Rn 8 ff.
13 BGH NStZ 2004, 333; *Bauer* wistra 1992, 201 (204 ff); *Haft* 232; *Kühl* § 16/15; *Otto* § 19/24; aA *Feltes* GA 1992, 395 (407 ff).
14 Vgl auch BGHSt 4, 56.
15 BGH NStZ 2004, 324 (325); *Kühl* § 16/11; NK-*Zaczyk* § 24 Rn 20.
16 Vgl RGSt 68, 82; BGH NStZ 2008, 275 f m. Bspr *Heintschel-Heinegg* JA 2008, 545; vgl auch BGH JR 2008, 250 ff m. Anm. *Schroeder*; abw. *Steinberg* GA 2008, 517 ff, der die Gefährlichkeit des Versuchs als Unterscheidungsmerkmal heranzieht.
17 BGHSt 31, 170 (171); 33, 295 (297); 35, 90; eingehend zur – strukturell gleichen – Abgrenzung für Begehungs- und Unterlassungsdelikte *Stein* GA 2010, 129 ff.
18 Vgl BGH NStZ-RR 2012, 105 f; *Rengier* § 37/31.
19 S/S-*Eser/Bosch* § 24 Rn 6; *Gropp* § 9/52; *Jescheck/Weigend* § 51 II 1; *Krey/Esser* Rn 1285; SK-*Rudolphi* § 24 Rn 15.
20 BGHSt 31, 170 (177); 33, 295 (297); 40, 304 ff m. Anm. *Murmann* JuS 1996, 590 ff und *Puppe* NStZ 1995, 403 ff; BGH NStZ 2004, 324 (325); NStZ-RR 2006, 6; StraFo 2013, 342 f.

3. Überblick

9 Schematisch lassen sich die rücktrittsrelevanten Versuchsformen (beim Alleintäter) wie folgt darstellen:

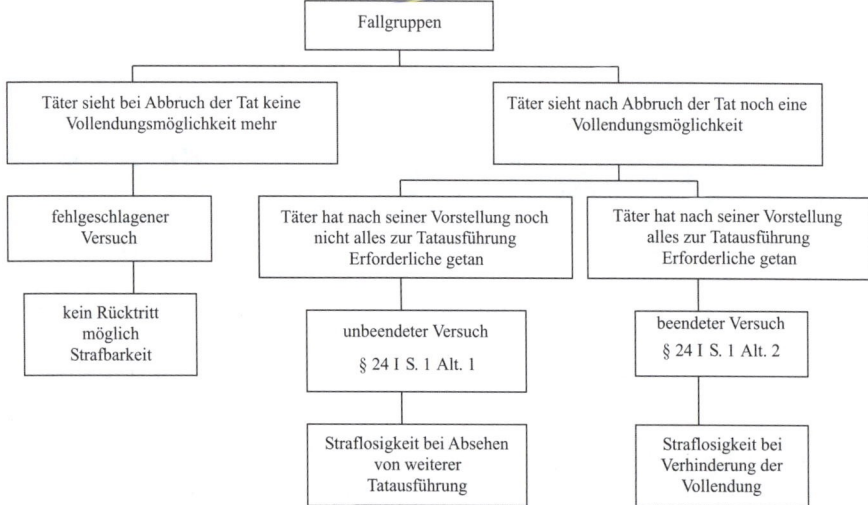

III. Rücktritt vom unbeendeten Versuch

10 Ein strafbefreiender Rücktritt nach § 24 Abs. 1 S. 1 Alt. 1 setzt voraus, dass

- der Versuch noch unbeendet und nicht fehlgeschlagen ist,
- der Täter die weitere Ausführung der Tat aufgibt und
- dies freiwillig geschieht.

1. Zum unbeendeten Versuch

a) Die zeitlichen Grenzen des noch unbeendeten Versuchs

▶ **FALL 5:** Entgegen seiner Erwartung hat K den O nicht mit dem ersten Schuss aus seiner Pistole tödlich getroffen; er geht aber davon aus, dass ihm dies mit dem zweiten oder einem weiteren Schuss gelingen werde. ◀

▶ **FALL 6:** L glaubt, dem M einen tödlichen Messerstich versetzt zu haben; als M jedoch die Flucht ergreifen will, erkennt L, dass seine erste Aktion misslungen ist und er ein weiteres Mal auf M einstechen müsste, um ihn zu töten. ◀

11 Das Stadium, in dem der Täter durch bloße (freiwillige) Aufgabe der weiteren Tat strafbefreiend zurücktreten kann, ist der unbeendete Versuch. Die nähere Bestimmung dieses Stadiums, in dem der Versuch weder fehlgeschlagen noch beendet sein darf, bereitet dann Schwierigkeiten, wenn dem Täter – wie dem K in **Fall 5** – zwar eine Aktion misslungen ist, er aber noch weitere Möglichkeiten sieht, den Erfolg herbeiführen zu können.

Wenn man hier bereits im ersten Schuss, mit dem K alles zur Tatbestandsverwirklichung Erforderliche getan zu haben glaubt, einen fehlgeschlagenen (beendeten) Versuch sieht, kann K nicht mehr zurücktreten. Hält man den Versuch dagegen noch nicht für beendet und fehlgeschlagen, weil K noch durch weitere Schüsse zu seinem Ziel gelangen kann, wäre der Versuch noch unbeendet, so dass K durch bloßes Aufgeben weiteren Schießens zurücktreten könnte. Für die Anwendbarkeit von § 24 hat daher die Festlegung des Zeitpunkts, in dem ein Versuch als beendeter Fehlschlag anzusehen ist (sog. **Rücktrittshorizont**), entscheidende Bedeutung.

aa) Die sog. **Tatplantheorie** der früheren Rechtsprechung stellte auf den Zeitpunkt des Tatentschlusses (Planungshorizont) ab: Geht der Täter – wie K in **Fall 5** – bei seiner Planung davon aus, dass er mit nur einer bestimmten Handlung den Erfolg herbeiführen wird, so ist der Versuch mit dem Misslingen dieser Aktion fehlgeschlagen. Hat der Täter dagegen für die Herbeiführung des Erfolgs verschiedene – schon bestimmte oder noch unbestimmte – Akte einkalkuliert, so ist der Versuch erst mit dem Misslingen aller in Betracht gezogenen Möglichkeiten fehlgeschlagen, unabhängig davon, welche Erfolgschance er dem einzelnen Akt beimisst.[21] Diese Theorie ist dem Einwand ausgesetzt, dass für das Ergebnis schwerlich die mehr oder weniger zufälligen Vorstellungen des Täters zu Beginn der Tat entscheidend sein können; maßgeblich kann nur das konkrete Tatgeschehen sein. Im Übrigen bevorzugt dieser Ansatz sachwidrig den skrupellosen Täter, der auf jede mögliche Art und Weise zum Ziel kommen will.[22]

bb) Die heutige Rechtsprechung folgt der im Schrifttum vorherrschenden **Gesamtbetrachtungslehre**, die den Fehlschlag nach Maßgabe des **Ausführungshorizonts** bestimmt:[23] Der Versuch ist so lange unbeendet, wie der Täter glaubt, mit den ihm **in der konkreten Situation zur Verfügung stehenden Mitteln** den Erfolg noch herbeiführen zu können. Dass der Täter eine oder mehrere Aktionen als misslungen ansieht, steht also der mangelnden Beendigung dann nicht entgegen, wenn der Täter – wie K in **Fall 5** – annimmt, noch weitere taugliche Maßnahmen ergreifen zu können. Vorausgesetzt ist hierbei jedoch, dass die erste(n) Aktion(en) und die weiteren für erfolgstauglich gehaltenen Handlungsmöglichkeiten insgesamt als eine Handlung iSe natürlichen Handlungseinheit betrachtet werden können: Die einzelnen Akte müssen in einem engen räumlichen und zeitlichen Zusammenhang stehen und auf einer einheitlichen Motivationslage beruhen.[24] Daher ist der Versuch beendet und fehlgeschlagen, wenn der Täter – zutreffend oder irrig – nach Vornahme der letzten Ausführungshandlung sein Ziel mit den ihm jetzt zur Verfügung stehenden Mitteln nicht mehr für erreichbar hält.[25] In **Fall 5** wären die Voraussetzungen einer natürlichen Handlungseinheit gegeben, so dass der Versuch noch unbeendet wäre und K strafbefreiend zurücktreten könnte.

Die Rechtsprechung lässt auf der Basis der Gesamtbetrachtungslehre sogar noch eine **Korrektur des Rücktrittshorizonts** zu, so dass ein an sich schon beendeter Versuch –

---

21 BGHSt 10, 129; 14, 75 (79); 22, 176 (177); 22, 330 (331 f); BGH NJW 1980, 195; NStZ 1981, 342; 1984, 116.
22 *Gropp* § 9/58.
23 BGHSt 31, 170 (176) m. Anm. *Küper* JZ 1983, 264 ff; BGHSt 33, 295 (299) m. Anm. *Puppe* NStZ 1986, 14 (15 ff) und *Roxin* JR 1986, 424 ff; BGHSt 39, 221 (227 f); 40, 75 (76 ff); BGH JZ 1991, 524 f m. Anm. *Rudolphi*; NJW 2003, 1057 (1058); NStZ 2009, 688 f; *Jescheck/Weigend* § 51 II 4, 6; *Kühl* § 16/35; *Otto* Jura 1992, 423 (425, 429); SK-*Rudolphi* § 24 Rn 14.
24 Näher zu den Kriterien der natürlichen Handlungseinheit § 45 Rn 6 ff.
25 BGHSt 39, 221 (227 f); BGH NStZ 2002, 427 (428); NStZ-RR 2002, 168 (169); vgl auch BGH StV 2008, 246 ff; StraFo 2009, 78 f; NStZ-RR 2012, 239 (240).

wie in **Fall 6** – noch als unbeendet angesehen werden kann.²⁶ Die Voraussetzungen einer natürlichen Handlungseinheit müssen jedoch stets gewahrt sein; die erste Aktion müsste sich mit den weiteren Handlungsmöglichkeiten, falls sie ausgeführt würden, als einheitliches Vorgehen in der konkreten Situation darstellen.²⁷ Auch dies wäre in **Fall 6** zu bejahen.

14 cc) Einen anderen Ansatz wählt die teils im Schrifttum vertretene sog. **Einzelaktstheorie**: Sie hält einen Versuch nur so lange für unbeendet, wie der Täter glaubt, noch nicht alles zur Erfolgsherbeiführung Erforderliche getan zu haben. Daher ist der Versuch in dem Augenblick beendet und fehlgeschlagen, in dem der Täter – zutreffend oder irrig – annimmt, eine zunächst zur Erfolgsherbeiführung für hinreichend gehaltene Maßnahme sei misslungen.²⁸ Ob er noch die Möglichkeit sieht, den Erfolg durch weitere ihm zur Verfügung stehende Handlungsmöglichkeiten zu erreichen, spielt keine Rolle mehr.

In **Fall 5** wäre also der Versuch nach der Einzelaktstheorie selbst dann fehlgeschlagen, wenn K zwar glaubte, schon mit dem ersten Schuss treffen zu können, aber die Abgabe weiterer Schüsse für den Fall des Misslingens einplante.

b) Der unbeendet-taugliche Versuch

▶ **Fall 7:** P betäubt Q, um ihn anschließend unter Vortäuschung eines Suizids durch Erhängen zu töten. Infolge aufkommender Gewissensbisse nimmt er von seinem Tötungsvorhaben Abstand und verlässt den Tatort in der Annahme, Q werde das Bewusstsein alsbald wiedererlangen. Bereits die Betäubung führt jedoch zum Tode. ◀

15 Verkennt der Täter – wie P in **Fall 7** –, dass sein bisheriges Vorgehen schon zum Erfolg führen kann, so ist ein sog. unbeendet-tauglicher Versuch gegeben. Ob der Täter von einem solchen Versuch durch bloße Abstandnahme von den weiteren noch für erforderlich gehaltenen Schritten strafbefreiend zurücktreten kann, ist umstritten. Die Problematik steht in engem Zusammenhang mit der Frage der Zurechenbarkeit des Erfolgs zum Vorsatz bei vorzeitiger Vollendung.²⁹ Demnach hängt die Lösung davon ab, ob der Erfolg – ungeachtet eines möglichen Aufgebens der Tat – überhaupt zum Vorsatz zurechenbar ist.

16 aa) Bejaht man die Zurechenbarkeit eines Erfolgs zum Vorsatz auch dann, wenn dieser aus einer Versuchshandlung resultiert, die der Täter noch nicht für erfolgsgeeignet hält, so kommt ein strafbefreiender Rücktritt von einem solchen Versuch nur in Betracht, falls der Täter die Vollendung tatsächlich verhindert. Wenn also die Vorstellung des Täters über die Erfolgsrelevanz seines bisherigen Tuns für seine Haftung wegen vorsätzlicher Vollendung unbeachtlich ist, dann kann folgerichtig auch der Irrtum

---

26 BGHSt 36, 224; BGH NJW 1993, 2125 (2126); NStZ-RR 2002, 73 (74); 2003, 40 f; StraFo 2008, 476; *Kühl* § 16/32; *Otto* Jura 1992, 423 (429 f); eingehend *Knörzer*, Fehlvorstellungen des Täters und deren „Korrektur" beim Rücktritt vom Versuch nach § 24 Abs. 1 StGB, 2008, 282 ff; s. aber auch zur „umgekehrten" Korrektur des Rücktrittshorizonts und dem daher doch beendeten Versuch BGH StraFo 2008, 212 f; 2010, 36 f.
27 BGH NStZ 2012, 688 (689); anders im Falle des Irrtums über die Erfolgsherbeiführung, da dort der Rücktrittshorizont erst mit Erkennen des Irrtums entsteht, vgl BGH NStZ 2011, 688 (689) m. Bspr *Hecker* JuS 2012, 82 ff; vgl auch *Bosch* Jura 2014, 395 (404).
28 *Bosch* Jura 2014, 395 (398 f); S/S-*Eser/Bosch* § 24 Rn 20 f; *Frister* 24/17; *Geilen* JZ 1972, 335 (339); *Jakobs* 26/15 f; *ders*. JuS 1980, 714 ff; *Paeffgen* Puppe-FS 791 (792); *Ulsenheimer*, Grundfragen des Rücktritts vom Versuch in Theorie und Praxis, 1976, 131 ff, 240; zu einer vermittelnden Theorie *Herzberg* NJW 1991, 1633 (1635 f, 1642).
29 Hierzu § 27 Rn 47 ff; vgl auch *Hruschka* JuS 1982, 317 (321); *Toepel* JA 1996, 886 (888); LK-*Vogel* § 16 Rn 59.

über die Erfolgsvermeidung durch bloßes Aufgeben weiteren Handelns nicht strafbefreiend wirken.[30]

Bezogen auf **Fall 7** bedeutet dies: P ist bereits mit dem Betäuben des Q ins Versuchsstadium eines Totschlags gelangt.[31] Lässt man es für die Zurechnung des Todeserfolgs zum Vorsatz ausreichen, dass der Täter den Erfolg durch irgendein Handeln im Versuchsstadium verursacht hat, auch wenn P diese Handlung als solche noch nicht für erfolgsgeeignet hielt, so hat er in **Fall 7** alle Voraussetzungen eines vollendeten Totschlags erfüllt. Die Möglichkeit eines strafbefreienden Rücktritts durch bloßes Aufgeben des ersten Teilakts kommt daher nicht in Betracht.

bb) Verneint man dagegen die Zurechenbarkeit eines Erfolgs zum Vorsatz, wenn dieser durch einen vom Täter noch nicht für erfolgsgeeignet gehaltenen Teilakt des Versuchs verursacht wurde, so wäre der Täter wegen seines bisherigen Handelns ohnehin nicht wegen Vollendung, sondern nur wegen Versuchs strafbar. Von diesem Versuch kann folgerichtig iSv § 24 Abs. 1 S. 1 Alt. 1 zurückgetreten werden, wenn der Täter davon absieht, noch weitere Handlungen, die seiner Vorstellung nach zur Erfolgsherbeiführung erforderlich sind, vorzunehmen, und der Erfolg zum Zeitpunkt des Aufgebens noch nicht eingetreten ist.[32] Denn für die Abgrenzung des unbeendeten vom beendeten Versuch kommt es allein auf die Tätervorstellung an. Hinsichtlich des eingetretenen Erfolgs haftet der Täter dann allenfalls nach Fahrlässigkeitskriterien.

Bezogen auf **Fall 7** bedeutet dies: P ist zwar mit dem Betäuben des Q bereits ins Versuchsstadium eines Totschlags gelangt, hielt aber diesen Teilakt noch nicht für erfolgsgeeignet, so dass ihm der Tod durch Betäuben auch nicht zum Vorsatz zurechenbar ist. Der Tötungsversuch war nach der Vorstellung des P zum Zeitpunkt des Betäubens noch unbeendet und wäre erst mit dem Erhängen beendet gewesen. Daher konnte P nach dem Betäuben durch bloßes Aufgeben der weiteren Tatausführung (Erhängen) strafbefreiend vom Versuch des Totschlags zurücktreten. Hinsichtlich der Verursachung des Todeserfolgs durch das Betäuben kommt eine Körperverletzung mit Todesfolge (§ 227) bzw eine fahrlässige Tötung (§ 222) in Betracht.

c) Außertatbestandliche Zielerreichung

▶ **FALL 8:** R will S mit der Abgabe von Schüssen erschrecken, wobei er mit der Möglichkeit eines tödlichen Treffers rechnet. Schon nach dem ersten Schuss ist S von panischer Angst ergriffen, so dass R sein Ziel für erreicht hält und von weiteren Schüssen absieht. ◀

Umstritten ist, ob der Täter vom Versuch einer Tatbestandsverwirklichung noch zurücktreten kann, wenn er – wie R in **Fall 8** – sein (außertatbestandliches) Ziel bereits erreicht hat.

aa) Nach der Einzelaktstheorie[33] kommt in **Fall 8** ein Rücktritt schon deshalb nicht in Betracht, weil der Versuch mit dem ersten Schuss beendet und fehlgeschlagen ist.

bb) Auch auf der Grundlage der Gesamtbetrachtungslehre wird von einer Mindermeinung die Möglichkeit eines Rücktritts verneint, wenn der Täter – wie R in **Fall 8** – das

---

30 W-*Beulke/Satzger* Rn 627; *Jescheck/Weigend* § 51 III 3; *Knörzer*, Fehlvorstellungen des Täters und deren „Korrektur" beim Rücktritt vom Versuch nach § 24 Abs. 1 StGB, 2008, 281, 382 f; L-Kühl-*Kühl* § 24 Rn 20; SK-*Rudolphi* § 24 Rn 16; *Saal* JA 1998, 563 (566).
31 Jedenfalls nach der materiellen Gefährdungstheorie wie auch nach der Zwischenaktstheorie, vgl § 31 Rn 17 f.
32 *Gropp* § 9/66; *Jakobs* 8/76.
33 Oben Rn 14.

ihn motivierende (außertatbestandliche) Tatziel erreicht hat.[34] Hier sei die weitere Tatausführung für den Täter sinnlos geworden, so dass der Versuch fehlgeschlagen sei. Von einem honorierbaren Verzicht auf die Tatbestandsverwirklichung könne nicht die Rede sein.

cc) Die hM befürwortet demgegenüber zutreffend eine Rücktrittsmöglichkeit.[35] Wäre es R in **Fall 8** auf die Tötung des S angekommen, so hätte er – nach Maßgabe der Gesamtbetrachtungslehre – ohne Weiteres durch Abstandnahme von weiteren Schüssen strafbefreiend zurücktreten können. Dann ist aber nicht einzusehen, warum dies nicht auch für einen Täter gelten soll, der nur mit *dolus eventualis* handelt. Sonst würde ein Täter, der die Tatbestandsverwirklichung zunächst beabsichtigt hat, besser gestellt als derjenige, der geringeres Handlungsunrecht verwirklichte.[36] Auch der Aspekt eines besseren Opferschutzes lässt sich für diese Lösung anführen.[37]

Allerdings kann der mit *dolus eventualis* handelnde Täter, der sein außertatbestandliches Ziel für erreicht hält, nur dann auf der Basis der Gesamtbetrachtungslehre strafbefreiend zurücktreten, wenn das mögliche Weiterhandeln mit dem ursprünglichen Versuch eine Handlungseinheit bildet.[38] Stellte sich ein weiteres Ansetzen zur Tatbestandsverwirklichung als eine neue, selbstständige Tat dar, so wäre nach allen Ansichten der ursprüngliche Versuch als fehlgeschlagen zu bewerten. Denn die Abstandnahme von einem solchen Handeln wäre kein Rücktritt mehr vom ursprünglichen Versuch.[39]

2. Aufgeben der Tat

▶ **FALL 9:** D hört wegen eines starken Gewitters auf, das Gitter des Kellerfensters einer Villa, in die er zum Zweck eines Diebstahls einsteigen will, aufzusägen. Er will aber am kommenden Tag mit der Durchführung seines Plans fortfahren. ◀

19 a) **Aufgeben:** Aufgeben der Tat bedeutet, von weiteren Maßnahmen zur (noch für realisierbar gehaltenen) Tatbestandsverwirklichung abzusehen (und nicht bloß „innezuhalten"[40]). Ob diese Aufgabe endgültig sein muss oder sich auch nur vorläufig auf das konkrete Tatgeschehen beziehen kann, ist umstritten:

- Die hM befürwortet eine **konkrete Betrachtungsweise:** Das Aufgeben müsse sich auf das Abstandnehmen **von allen weiteren Akten** beziehen, die hinsichtlich einer bestimmten Tatbestandsverwirklichung eine (natürliche) **Handlungseinheit** bilden.[41] Demnach hindert es einen Rücktritt nicht, wenn sich D in **Fall 9** eine erneute (be-

---

34 Baumann/Weber/Mitsch § 27/25; Otto Jura 1992, 423 (430); Puppe JZ 1993, 361; Roxin JZ 1993, 896; SK-Rudolphi § 24 Rn 14b.
35 BGH StV 2009, 467f; klärend für die zuvor uneinheitliche Rechtsprechung war die Entscheidung des Großen Senats in BGHSt 39, 221 (230ff); ebenso BGH NStZ 2011, 90; 2014, 450 m. Anm. Engländer; zust. Bott Jura 2008, 753; Fischer § 24 Rn 9; Krey/Esser Rn 1293; Kudlich 192f; Pahlke GA 1995, 72ff; Schroth GA 1997, 151ff; s. auch Puppe ZIS 2011, 524ff.
36 Vgl S/S/W-Kudlich/Schuhr § 24 Rn 68 mwN.
37 Näher zu diesem Argument MK-Herzberg/Hoffmann-Holland § 24 Rn 26; zweifelnd BGHSt 9, 48 (52); Jakobs 26/5; vgl auch BGH StV 2008, 245 f; Puppe NStZ 2003, 309 (310).
38 BGHSt 39, 221 (232).
39 BGHSt 40, 75 (76ff); BGH NStZ 1994, 493; Kühl § 16/39; Puppe NStZ 1986, 17; abw. jedoch BGH bei Holtz MDR 1995, 442.
40 BGH NStZ 2009, 501; 2010, 384 f; allein der Verzicht auf eine gewisse Beschleunigung des ohnehin vom Täter erwarteten Erfolgseintritts genügt nicht: BGH NStZ 2011, 688.
41 Näher hierzu § 45 Rn 6 ff.

reits konkretisierte) Tatbegehung zu einem späteren Zeitpunkt vorbehält.[42] Dieser Ansatz ist sachgerecht, da der Täter mit dem Aufhören seinen Willen, jetzt die Norm doch anerkennen zu wollen, hinreichend zum Ausdruck bringt. Insoweit enttäuscht er jedenfalls zum fraglichen Zeitpunkt nicht in strafwürdiger Weise das allgemeine Vertrauen in die Normgeltung. Planungen für die Zukunft sind generell straflos und können daher auch einem strafbefreienden Rücktritt nicht entgegenstehen.

- Nach der sog. **abstrakten Betrachtungsweise** der älteren Rechtsprechung und einem Teil der Lehre muss sich dagegen das Aufgeben der Tat auf die endgültige Abstandnahme von der weiteren Durchführung des gesamten Tatplans beziehen.[43] D hätte folglich in **Fall 9** die Tat nicht aufgegeben.

- Eine **vermittelnde Lehre** verlangt für das Aufgeben die Abstandnahme von allen qualitativ gleichwertigen Angriffen auf dasselbe Tatobjekt, die sich als Fortsetzung der bisherigen Maßnahmen unter Ausnutzung der bereits geschaffenen Situation darstellen.[44] Demnach hindert es den Rücktritt nicht, wenn der Täter beabsichtigt, die Tat bei (noch nicht festgelegter) passender Gelegenheit erneut zu versuchen oder an ihrer Stelle eine andere Straftat zu begehen. Kein strafbefreiender Rücktritt wäre es aber, wenn der Täter – wie D in **Fall 9** – mit der Durchführung der begonnenen Tat zu einem späteren Zeitpunkt fortfahren will.

b) **Tat:** Unter der Tat, die der Täter aufgeben muss, ist die vorsätzliche und rechtswidrige Verwirklichung eines bestimmten materiellrechtlichen Straftatbestands zu verstehen.[45] Daher kann der Täter, der zu einem Mord in Tateinheit mit Raub (Raubmord) ansetzt, vom Mord zurücktreten, auch wenn er den Raub ausführt.

c) **Teilrücktritt:** Der Rücktritt kann sich nach hM in der Abstandnahme von der Verwirklichung eines Qualifikationstatbestands erschöpfen, auch wenn der Täter den Grundtatbestand erfüllt. Die Möglichkeit eines solchen Teilrücktritts dient dem Schutz des betroffenen Rechtsguts. Exemplarisch: Nach dem Ansetzen zur Begehung eines Raubes entledigt sich der Täter einer mitgeführten Schusswaffe; er ist dann von § 250 Abs. 1 Nr. 1a zurückgetreten, und zwar ungeachtet des Umstands, dass er § 249 verwirklicht.[46]

3. Freiwilligkeit

▶ **FALL 10:** Als X gerade seine Pistole anlegt, um Y zu erschießen, bemerkt er, dass er von potenziellen Zeugen beobachtet werden könnte, und nimmt deshalb von der Tat Abstand. ◀

a) **Definitionen:** Das Merkmal der Freiwilligkeit des Aufgebens wird teils psychologisch, teils normativ bestimmt.

---

42 BGHSt 35, 184 (186 f); BGH NStZ 1992, 537; *Bloy* JuS 1986, 986 (987); *Fischer* § 24 Rn 26; *M-Gössel/Zipf* § 41/127; *Herzberg* Kaufmann, H.-GS 709 (723 ff); *Jakobs* 26/10; *Köhler* 474 f; *Lenckner* Gallas-FS 281 (303); *Roxin* II § 30/160.
43 RGSt 72, 349 (350 f); BGHSt 7, 296 (297); 21, 319 (321); BGH NJW 1980, 602; *Welzel* § 25 I 1.
44 *W-Beulke/Satzger* Rn 641; S/S-*Eser/Bosch* § 24 Rn 39 f; *Kühl* § 16/45; *Küper* JZ 1979, 775 (779 f); *Otto* § 19/21.
45 BGHSt 33, 142 (144); 39, 221 (230); *Günther* Kaufmann, A.-GS 541 (543).
46 *Jakobs* 26/13a; *Kindhäuser* BT II § 4/45; L-*Kühl*-*Kühl* § 24 Rn 13; SK-*Sinn* § 250 Rn 23; *Streng* JZ 1984, 652 (653 ff); offen gelassen in BGHSt 33, 142 (145); anders noch BGH JZ 1984, 680.

aa) Die Rechtsprechung beurteilt die Freiwilligkeit nach psychologischen Kriterien: Der Täter gibt die Tat freiwillig auf, wenn er **noch Herr seiner Entschlüsse** ist, während er unfreiwillig handelt, wenn es für ihn einen zwingenden Grund gibt, von der Tat Abstand zu nehmen.[47] Das Rücktrittsmotiv muss weder billigenswert noch gar sittlich hochwertig sein.[48] Freiwillig ist demnach ein Rücktritt, zu dem der Täter aus Scham, Mitleid mit dem Opfer, Angst vor Strafe oder infolge des Zuredens Dritter veranlasst wird.[49] Unfreiwillig ist es dagegen, wenn der Täter – wie X in **Fall 10** – wegen der gesteigerten Gefahr des Entdecktwerdens aufhört.[50]

Auch die hL zieht – in der Sache übereinstimmend, aber mit abweichender Terminologie – zur Bestimmung der Freiwilligkeit psychologische Kriterien heran: Freiwillig ist ein Rücktritt, der aus **autonomen Motiven** erfolgt, während er unfreiwillig ist, wenn er auf **heteronomen Motiven** beruht.[51] Autonom ist ein Entschluss, der Ausdruck freier Selbstbestimmung ist. Heteronom ist dagegen ein Entschluss, zu dem der Täter durch nicht von ihm zu beeinflussende Umstände gedrängt wird; ein mögliches Weiterhandeln stellt sich etwa für den Täter – wie für X in **Fall 10** – wegen der hiermit verbundenen Nachteile als unvernünftig dar.

bb) Nach verbreiteter Auffassung im Schrifttum ist die Freiwilligkeit **normativ** zu bestimmen,[52] wobei es darauf ankommen soll, dass sich der Täter durch seinen Rücktritt als ungefährlich erwiesen hat. Hierfür werden wiederum unterschiedliche Kriterien angeboten:

- Teils wird darauf abgestellt, dass der Rücktritt freiwillig ist, wenn er nicht nach den Regeln der „**Verbrechervernunft**" geboten ist.[53] Unfreiwillig wäre demnach die Abstandnahme von der Tat in **Fall 10**, weil X befürchtet, beobachtet zu werden.
- Nach einem strafzweckorientierten Vorschlag soll der Rücktritt freiwillig sein, wenn er **als Rückkehr zu rechtstreuem Verhalten** zu bewerten ist.[54] Insoweit wäre die Abstandnahme von der Tat in **Fall 10** als unfreiwillig anzusehen.
- Vereinzelt wird Freiwilligkeit bejaht, wenn der Täter aufhört, weil ihm **das bereits Verwirklichte zu viel** ist. Unfreiwillig soll dagegen handeln, wer zurücktritt, um nicht noch mehr Unrecht zu schaffen und Schuld auf sich zu laden.[55] Da X in **Fall 10** nicht aufhört, weil ihm das bereits Verwirklichte zu viel ist, wäre die Abstandnahme unfreiwillig. Unfreiwillig wäre ferner der Rücktritt eines Täters, der

---

47 BGHSt 35, 184 (186) m. Anm. *Jakobs* JZ 1988, 519 f, *Lackner* NStZ 1988, 405 und *Lampe* JuS 1989, 610 (611 ff); BGH NStZ-RR 2009, 366; NStZ-RR 2014, 9 (10).
48 BGHSt 35, 184 (186); BGH StV 2003, 615 f.
49 Vgl BGHSt 21, 319 (321); 39, 244 (247); BGH bei *Dallinger* MDR 1952, 530 f; NStZ 1988, 69 (70); 2008, 215; OLG Düsseldorf NJW 1983, 767.
50 Vgl BGHSt 9, 48 (50); BGH NStZ 1993, 76; 1993, 279; 2014, 202; einschr. BGH NStZ 2011, 454 f: nur, wenn es dem Täter auf die Heimlichkeit der Tat ankam oder wenn er aufgrund äußerer Veränderungen von einem wesentlich gesteigerten Risiko der Tataufdeckung ausging; zur Entdeckung durch das Opfer vgl BGHSt 24, 48; vgl aber auch BGH StV 1982, 219.
51 *Bringewat* Rn 595 ff; S/S-*Eser/Bosch* § 24 Rn 42 ff; M-*Gössel/Zipf* § 41/183; *Gropp* § 9/73; *Jescheck/Weigend* § 51 III 2; S/S/W-*Kudlich/Schuhr* § 24 Rn 63 ff; *Kühl* § 16/55 ff; LK-*Lilie/Albrecht* § 24 Rn 243 ff; *Otto* § 19/37; eingehend *Amelung* ZStW 120 (2008), 205 ff.
52 Hierzu auch *Frister* 24/29 ff.
53 *Roxin* ZStW 77 (1965), 60 (97 ff); *ders.* Heinitz-FS 251 (255 ff); SK-*Rudolphi* § 24 Rn 25; krit. Stratenwerth/ Kuhlen § 11/89.
54 *Bottke* JR 1980, 441 (442 ff); ähnlich *Freund* § 9/57 f; *Frister* 24/30; *Krauß* JuS 1981, 883 (886 ff); *Ulsenheimer*, Grundfragen des Rücktritts vom Versuch in Theorie und Praxis, 1976, 103, 314 ff; *Walter* GA 1981, 403 (406 ff).
55 *Jakobs* 26/35 ff, 40.

§ 32 Rücktritt vom Versuch

von einem Diebstahlsversuch Abstand nimmt, weil er erkennt, dass er nur mit Gewaltmitteln zum Ziel kommt, die er nicht anwenden will.

cc) Nach der **Frank'schen Formel** handelt freiwillig, wer sich sagt: „Ich will nicht zum Ziele kommen, selbst wenn ich es könnte", während unfreiwillig handelt, wer erkennt: „Ich kann nicht zum Ziele kommen, selbst wenn ich es wollte".[56] Diese Formel ist heute nicht mehr gebräuchlich, weil sich nach ihr die Unfreiwilligkeit mit dem fehlgeschlagenen Versuch deckt.[57] Jedenfalls wäre die Abstandnahme von der Tat in **Fall 10** wohl freiwillig, da X, wenn er wollte, den Y noch töten könnte.

b) **Rücktritt und Schuld:** Die Freiwilligkeit des Rücktritts setzt keine Schuldfähigkeit voraus. Schuldfähigkeit muss nur gegeben sein, sofern dem Täter ein belastender, die Strafbarkeit begründender Umstand zugerechnet wird. Da die Rückkehr zum Recht nur ohne Zwang, aber durch kein billigenswertes Motiv veranlasst zu sein braucht, besteht kein Grund, für den Rücktritt die Fähigkeit zu rechtstreuer Motivation zu verlangen.[58] Insoweit ist auch ein Rücktritt von einem unter den Voraussetzungen der *actio libera in causa*[59] begangenen Versuch möglich.

c) **Zweifel:** Zweifel über die Freiwilligkeit gehen nach der Rechtsprechung zugunsten des Täters.[60]

IV. Rücktritt vom beendeten Versuch

Ein strafbefreiender Rücktritt nach § 24 Abs. 1 S. 1 Alt. 2 setzt voraus, dass
- der Versuch nicht fehlgeschlagen, aber schon beendet ist,
- der Täter die Vollendung der Tat verhindert und
- dies freiwillig geschieht.

1. Beendeter und nicht fehlgeschlagener Versuch

Dass der Versuch nicht fehlgeschlagen, aber schon beendet ist, erfordert, dass der Täter aufgrund seines bisherigen Handelns von der konkreten Möglichkeit der Tatbestandsverwirklichung ausgeht.[61] Die Vollendung genau dieser Tat muss er beim Rücktritt verhindern.

2. Verhindern der Vollendung

▶ **FALL 11:** A bringt ihrem Ehemann E eine lebensgefährliche Menge Gift bei. Als das Gift mit einer einsetzenden Lähmung des Atemzentrums zu wirken beginnt, verständigt A den Notarzt N. Sie informiert N jedoch nicht über die Sachlage, sondern gibt vor, E habe beim Kaffeetrinken ein blaues Medikament eingenommen. N gelingt gleichwohl die Rettung des E.[62] ◀

---

56 *Frank* § 46 Anm. II.
57 *Jescheck/Weigend* § 51 III 2 mit Fn 33; *Otto* § 19/36; *Roxin* Heinitz-FS 251 (254).
58 Vgl BGHSt 23, 356 (359); BGH NStZ 2004, 324 (325); S/S-*Eser/Bosch* § 24 Rn 46; LK-*Lilie/Albrecht* § 24 Rn 254; *Streng* ZStW 101 (1989), 273 (322 ff); aA *Herzberg* Lackner-FS 325 (352 ff); *Jakobs* 26/42.
59 Hierzu § 23, § 31 Rn 19 ff.
60 Vgl BGH StV 1984, 329; 1986, 149; NStZ 1999, 300 (301); NStZ-RR 2003, 199.
61 *Gropp* § 9/52; *Krey/Esser* Rn 1283, 1285 f.
62 Vgl BGH NJW 1989, 2068.

27 **a) Rechtsprechung:** Nach der Rechtsprechung genügt es, wenn der Täter durch das Ingangsetzen eines **neuen Kausalverlaufs** die Vollendung **erfolgreich verhindert** und dies **auch anstrebt**.[63] Ein Ausschöpfen der dem Täter erkennbaren Verhinderungschancen ist nicht erforderlich. Der Täter braucht also nicht unter mehreren Möglichkeiten die sicherste zu wählen. Dies gilt auch, wenn der Täter erfolgreich Dritte einschaltet, sofern dies nicht zum Schein, sondern mit Rettungswillen geschieht.[64]

28 **b) Herrschende Lehre:** Einfacher und zugleich stimmiger ist es, wenn man mit der hL verlangt, dass dem Täter die Verhinderung der Vollendung in **Analogie zu den Beteiligungsregeln** zurechenbar sein müsse.[65] Der Rücktritt in dieser Variante setzt demnach voraus, dass der Zurücktretende die Vollendung wie ein „Täter" oder – bei Einschaltung Dritter – wie ein „Mittäter", „mittelbarer Täter" oder „Anstifter" verhindert hat. Zu weitgehend und vom Wortlaut her nicht geboten ist es dagegen, für das Verhindern ein ernsthaftes Bemühen[66] iSv § 24 Abs. 1 S. 2 zu fordern.[67]

Sofern man in **Fall 11** für das Verhindern nur einen kausalen Beitrag verlangt, ist A zurückgetreten. Gleiches gilt, wenn man mit der hL eine Beteiligung der A fordert; A könnte hier als „Anstifterin" der Rettung angesehen werden. Kein Rücktritt kommt in Betracht, wenn man das Verhindern als ernsthaftes Bemühen definiert, da A das Gift nicht nannte und damit die erkennbaren Rettungschancen nicht optimal ausschöpfte.

3. Einzelaktstheorie

29 Ein Rücktritt vom beendeten Versuch ist auch nach der Einzelaktstheorie[68] unter der Voraussetzung möglich, dass der Täter zwar nach seiner Vorstellung alles zur Erfolgsherbeiführung Erforderliche getan hat, aber gleichwohl annimmt, die Erfolgstauglichkeit seiner Maßnahmen durch Gegenakte wieder beseitigen zu können (sog. noch nicht verselbstständigter Versuch). Exemplarisch: Der Täter installiert eine Bombe mit Zeitzünder, die er jedoch vor der Explosion wieder entschärft. Dagegen ist ein beendeter Versuch nach der Einzelaktstheorie fehlgeschlagen, wenn der Täter – zutreffend oder irrig – davon ausgeht, das von ihm aus der Hand gegebene Geschehen könne nicht mehr zum Erfolg führen (sog. verselbstständigter Versuch).[69]

V. Rücktritt bei ernsthaftem Bemühen

30 § 24 Abs. 1 S. 2 sieht die Möglichkeit des strafbefreienden Rücktritts auch für den Fall vor, dass die Tat zwar ohne Zutun des Täters – zB wegen der Untauglichkeit des Tatmittels oder der Rettung durch Dritte – nicht vollendet wird, der Täter sich aber freiwillig und ernsthaft um die Verhinderung der Vollendung bemüht hat. Dieser Rück-

---

63 Klärend zu der zuvor uneinheitlich wirkenden Rechtsprechung BGHSt 48, 147 (149 ff) m. Bspr *Engländer* JuS 2003, 641 ff, *Neubacher* NStZ 2003, 576 ff, *Zwiehoff* StV 2003, 631 ff und krit. Anm. *Jakobs* JZ 2003, 743 ff; BGH JZ 2005, 204 f m. Anm. *Rotsch/Sahan*. In diesem Sinne auch W-*Beulke/Satzger* Rn 644; S/S-*Eser/Bosch* § 24 Rn 59 ff; *Fischer* § 24 Rn 35; *Jescheck/Weigend* § 51 IV 2.
64 BGHSt 48, 147 (149 f); BGH NStZ-RR 2010, 276.
65 *Bloy* JuS 1987, 528 (534 f); *Gropp* § 9/50; *Jäger* Rn 320; *Kühl* § 16/75; *Rudolphi* NStZ 1989, 508 (513); vgl auch BGH StV 1994, 304.
66 Hierzu unten Rn 30.
67 So *Baumann/Weber/Mitsch* § 27/28; *Herzberg* JR 1989, 449 ff; *ders.* Kohlmann-FS 37 (48): sorgfältiges Bemühen; *Roxin* JR 1986, 424 (427).
68 Oben Rn 14.
69 Vgl hierzu *Burkhardt*, Der „Rücktritt" als Rechtsfolgenbestimmung, 1975, 43 ff; S/S-*Eser/Bosch* § 24 Rn 21; *Geilen* JZ 1972, 335 (337 f); *Jakobs* ZStW 104 (1992), 82 (99 ff).

tritt vom sog. **aussichtslosen** (oder vermeintlich vollendbaren) **Versuch** setzt voraus, dass

- der Versuch beendet, aber nicht fehlgeschlagen ist,
- die Vollendung ausgeblieben ist,
- der Täter sich ernsthaft und freiwillig bemüht hat, die Vollendung zu verhindern.

Das Bemühen ist ernsthaft, wenn der Täter davon überzeugt ist, durch sein Handeln (in einer für Dritte nachvollziehbaren Weise)[70] den Erfolgseintritt zu verhindern.[71] Sachlich übereinstimmend fordert die neuere Rechtsprechung, dass der Täter alle von ihm erkannten Rettungsmöglichkeiten wirklich ausschöpft.[72] Insbesondere wenn ein Menschenleben auf dem Spiel steht, werden hohe Anforderungen an das Bemühen des Täters gestellt.[73]

VI. Rücktritt bei mehreren Tatbeteiligten

1. Fallgruppen

Ist jemand Beteiligter an einer Tat, die von mehreren begangen wird,[74] so sieht § 24 Abs. 2 für ihn die Möglichkeit eines strafbefreienden Rücktritts in drei Konstellationen vor:[75]

31

- Die Nichtvollendung der Tat ist zumindest auch auf die freiwilligen Rücktrittsbemühungen des Beteiligten zurückzuführen (Abs. 2 S. 1).
- Die Tat wird zwar ohne Zutun des Beteiligten nicht vollendet, jedoch hat sich dieser freiwillig und ernsthaft bemüht, die Vollendung der Tat zu verhindern (Abs. 2 S. 2 Alt. 1).
- Die Tat wird zwar unabhängig vom Beitrag des Beteiligten vollendet, jedoch hat sich dieser freiwillig und ernsthaft bemüht, die Vollendung der Tat zu verhindern (Abs. 2 S. 2 Alt. 2).

Als ein **persönlicher Strafaufhebungsgrund** wirkt der Rücktritt stets nur für den Beteiligten, der die Rücktrittsvoraussetzungen selbst erfüllt. Es versteht sich jedoch, dass auch mehrere oder alle Beteiligten aufgrund eines gemeinsamen Entschlusses unter den Voraussetzungen von § 24 strafbefreiend zurücktreten können.

2. Voraussetzungen

▶ **FALL 12:** Die Terroristen X, Y und Z haben eine Bombe mit Zeitzünder in der Nähe einer Militärkaserne installiert. Wenig später plagen sie Gewissensbisse wegen der möglichen Opfer und sie beschließen gemeinsam, die Bombe wieder zu entfernen. Die erforderlichen Arbeiten führt X allein aus. ◀

---

[70] Nicht ausreichend wäre es etwa, wenn der Täter betet, mag er dem auch als religiöser Mensch große Bedeutung beimessen.
[71] Vgl nur S/S-*Eser/Bosch* § 24 Rn 72; *Otto* § 19/52; ausf. *Noltensmeier/Henn* JA 2010, 269.
[72] Vgl BGH JZ 1986, 303; BGH bei *Holtz* MDR 1992, 15 (16); NStZ-RR 2010, 276: „Bemühung um bestmögliche Maßnahmen"; weniger streng noch BGHSt 31, 46 (49).
[73] BGH NStZ 2008, 329 f, 508 ff.
[74] Nicht *Neben*täterschaft, hierzu BGH NStZ 2010, 690 m. Bspr *Jahn* JuS 2011, 78: Anwendung von Abs. 1.
[75] Überblick mit Beispielen bei *Kölbel/Selter* JA 2012, 1 ff.

▶ **FALL 13:** Die Terroristen M und N installieren eine Bombe in der Nähe einer Militärkaserne. Der erforderliche Zünder soll von O beschafft werden. O bekommt jedoch Gewissensbisse und liefert den Zünder nicht, so dass das gesamte Unternehmen scheitert. ◀

▶ **FALL 14:** U, V und W sind im Begriff, in die Villa des E einzubrechen. Als U, der Schmiere stehen soll, Gewissensbisse plagen, verständigt er den V, dass er „aussteigt", wobei er zutreffend davon ausgeht, dass V und W die Tat allein ausführen werden. ◀

▶ **FALL 15:** F, G und H sind im Begriff, in die Villa des V einzubrechen. Als F, der Tresorspezialist, „aussteigen" will, hören auch G und H (mangels Erfolgschance) auf, entschließen sich aber auf dem gemeinsamen Nachhauseweg, das Gartenhaus des W aufzubrechen. ◀

32 In allen Rücktrittsvarianten von § 24 Abs. 2 sind die Merkmale der Verhinderung und des freiwilligen und ernsthaften Bemühens wie in den entsprechenden Varianten von Abs. 1 auszulegen. Zudem ist bei Abs. 2 zu beachten:

a) **Alle Beteiligten:** Von einem unbeendeten Versuch können alle Beteiligten **gemeinsam durch bloßes Aufgeben** der Tat zurücktreten, sofern dies durch übereinstimmenden Entschluss und jeweils freiwillig geschieht. Die Beteiligten sind dann gewissermaßen nach Abs. 1 S. 1 Alt. 1 zu behandeln.[76] Beim beendeten Versuch soll es nach der (rücktrittsfreundlichen) Rechtsprechung genügen, wenn von zwei (oder mehreren) Beteiligten einer damit einverstanden ist, dass ein anderer den Erfolg verhindert.[77] In **Fall 12** sind demnach auch Y und Z zurückgetreten, obgleich X allein die Bombe entfernt.

b) **Ein Beteiligter:** Vom unbeendeten Versuch kann ein Beteiligter auch nach Abs. 2 S. 1 **durch bloßes Aufgeben** (Unterlassen) zurücktreten, wenn er gerade den für das Gelingen der Tat notwendigen Tatbeitrag nicht erbringt[78] (oder wenn alle Mittäter einvernehmlich nicht mehr weiterhandeln[79]). So lässt O in **Fall 13** den Anschlag allein dadurch scheitern, dass er den erforderlichen Zünder nicht liefert.

c) **Hinwirken:** In den beiden Rücktrittsvarianten nach Abs. 2 S. 2 genügt es jeweils nicht, wenn der Beteiligte nur seinen Beitrag unwirksam macht oder von der Tat Abstand nimmt, obgleich er erkannt hat, dass die anderen Beteiligten ohne seinen Beitrag weiterhandeln werden. Vielmehr muss der Beteiligte darauf **hinwirken, dass die Vollendung unterbleibt**.[80] Daher kann U in **Fall 14** von dem Einbruchsdiebstahl nicht dadurch zurücktreten, dass er seine Beteiligung nur absagt, wenn er weiß, dass die anderen die Tat ausführen werden; U muss vielmehr versuchen, die erfolgreiche Ausführung des Diebstahls zu verhindern.

Anders verhält es sich jedoch, wenn der Zurücktretende seinen Beitrag zwar ohne weitere Verhinderungsbemühungen nur rückgängig gemacht hat, die neue Tat aber nicht mehr mit der ursprünglich geplanten identisch ist.[81] Daher ist F in **Fall 15** von dem

---

76 Vgl BGHSt 4, 172 (179); S/S-Eser/Bosch § 24 Rn 73; Krey/Esser Rn 1330.
77 BGH JR 1999, 295 m. Anm. Schroeder; vgl auch RGSt 47, 358 (360 f); BGHSt 42, 158 (162); BGH NStZ 1989, 317; LK-Lilie/Albrecht § 24 Rn 402; Otto Jura 1992, 423 (430 f); abl. Rotsch GA 2002, 165 ff.
78 BGH NJW 1992, 989 (990); S/S-Eser/Bosch § 24 Rn 89; Gores, Der Rücktritt des Tatbeteiligten, 1982, 165 ff; Gropp § 9/89; Jakobs 26/27; Lenckner Gallas-FS 285 (295 f); LK-Lilie/Albrecht § 24 Rn 400.
79 BGHSt 42, 158 (162); BGH NStZ-RR 2010, 335; StV 2014, 472 f; nach BGH NStZ-RR 2012, 167 f gilt dies auch für den Gehilfen, dem ansonsten bei wirksamem Rücktritt des Haupttäters jede Rücktrittsmöglichkeit genommen würde.
80 Vgl BGHSt 28, 346 (348); Roxin Lenckner-FS 267 (272).
81 BGH NStZ 1992, 537; Küper JZ 1979, 775 (778); Lenckner Gallas-FS 281 (303); Otto JA 1980, 707 (710); Streng JZ 1984, 652 (656).

Villeneinbruch strafbefreiend zurückgetreten; der (nicht geplante und nicht vorhergesehene) Einbruch in das Gartenhaus ist ihm nicht zurechenbar.

VII. Einzelfragen

1. Rücktritt bei objektiv nicht zurechenbarem Erfolg

▶ **FALL 16:** A will den von ihm vergifteten B retten, doch B, der sterben möchte, weigert sich, ärztliche Hilfe entgegenzunehmen. ◀

▶ **FALL 17:** C will einen zusammen mit D und E vorbereiteten Terroranschlag durch das Alarmieren der Polizei verhindern; als D und E hiervon erfahren, sperren sie C ein. ◀

Von der in § 24 Abs. 2 S. 2 Alt. 2 vorgesehenen Ausnahme abgesehen, setzt ein Rücktritt stets voraus, dass die Tat nicht vollendet wurde. An der Vollendung kann es zum einen fehlen, wenn das Täterverhalten keinen Erfolg verursachte, zum anderen aber auch dann, wenn der verursachte Erfolg – zB aufgrund eigenverantwortlicher Selbstgefährdung des Opfers[82] – nicht objektiv zurechenbar ist. In dieser Konstellation ist der Täter so zu stellen, **als ob die Tat ohne sein Zutun nicht vollendet** wurde, mit der Konsequenz, dass er durch sein freiwilliges und ernsthaftes Bemühen, die Vollendung zu verhindern, zurücktreten kann.[83] Daher ist A in **Fall 16** nach § 24 Abs. 1 S. 2 strafbefreiend zurückgetreten. In Fall 17 ist ein Rücktritt des C nach § 24 Abs. 2 S. 2 Alt. 1 gegeben.

2. Rücktritt vom qualifizierten Versuch

▶ **FALL 18:** F verletzt den G in Tötungsabsicht lebensgefährlich. Aus Mitleid bringt er jedoch anschließend den G schnell ins Krankenhaus, so dass dessen Leben noch gerettet werden kann. ◀

Von einem qualifizierten Versuch spricht man, wenn in dem Versuch einer bestimmten Tatbestandsverwirklichung bereits ein vollendetes anderes Delikt enthalten ist. In diesem Fall kann der Täter zwar von dem Versuch, **nicht aber von dem schon vollendeten Delikt** zurücktreten.[84] Daher ist F in **Fall 18** zwar vom Versuch des Totschlags strafbefreiend zurückgetreten; seine Strafbarkeit nach §§ 223, 224 bleibt aber bestehen.

34

Von diesem Grundsatz sind **zwei Ausnahmen** zu machen: Zum einen entfällt eine Strafbarkeit wegen des im Versuch enthaltenen vollendeten Delikts naturgemäß dann, wenn **diese Tat** als solche **gerechtfertigt oder entschuldigt** wäre.[85]

Zum anderen erstreckt sich der Rücktritt auf solche vollendeten Taten, die in materieller Hinsicht **nur eine Vorbereitungshandlung** zu dem vom Täter begangenen Versuch darstellen. Exemplarisch: Der Rücktritt vom gemeinsamen Totschlagsversuch führt auch zur Straflosigkeit der Verabredung zum Totschlag nach § 30 Abs. 2.[86] Voraussetzung hierfür ist allerdings, dass die vorbereitete Tat nicht (erheblich) schwerer wiegt als die versuchte.[87]

---

[82] Vgl § 11 Rn 23 ff.
[83] S/S-*Eser*, 28. Aufl., § 24 Rn 62; *Kühl* § 16/82; LK-*Lilie/Albrecht* § 24 Rn 329; *Otto* § 19/78; SK-*Rudolphi* § 24 Rn 28.
[84] Vgl BGHSt 17, 1 (2); 41, 10 (14); BGH NStZ 1996, 491; *Roxin* II § 33/229; bzgl konkreter Gefährdungsdelikte BGHSt 39, 128 (129 ff).
[85] Vgl BGHSt 41, 10 (14 f).
[86] Vgl BGHSt 14, 378 (380).
[87] L-Kühl-*Kühl* § 31 Rn 7; *Roxin* JA 1979, 169 (175); *Vogler* Bockelmann-FS 715 (728); aA *Otto* § 22/95.

3. Erfolgsqualifizierte Delikte

▶ **FALL 19:** H schlägt den J nieder, um dessen Uhr an sich zu nehmen. Als H sieht, dass er den J durch den Schlag lebensgefährlich verletzt hat, nimmt er von dem geplanten Diebstahl Abstand und <u>verständigt einen Notarzt</u>. Das Leben des J kann jedoch nicht mehr gerettet werden. ◀

35 Beim erfolgsqualifizierten Delikt kommt ein Rücktritt von beiden hier möglichen Versuchsvarianten[88] in Betracht:

a) **Versuchte Erfolgsqualifikation:** Bei der versuchten Erfolgsqualifikation, bei welcher der Täter mit Vorsatz hinsichtlich der schweren Folge handelt, kann er nach den jeweils einschlägigen Voraussetzungen des § 24 zurücktreten.[89]

b) **Erfolgsqualifizierter Versuch:** Beim erfolgsqualifizierten Versuch, bei dem die schwere Folge schon beim Versuch des Grunddelikts eintritt, ist umstritten, ob der strafbefreiende Rücktritt vom Grunddelikt auch zur Straflosigkeit hinsichtlich der (eingetretenen) schweren Folge führt. Exemplarisch für diese Konstellation ist **Fall 19**:

- Eine Mindermeinung verneint die Möglichkeit, durch einen (unstr. möglichen) strafbefreienden Rücktritt vom Grunddelikt auch zu einer Straflosigkeit hinsichtlich des erfolgsqualifizierten Delikts zu gelangen, weil sich in der schweren Folge bereits die Gefahr des Grunddelikts realisiert habe.[90] H wäre daher nur vom Raub (§ 249), nicht aber auch vom versuchten Raub mit Todesfolge (§§ 251, 22 f) strafbefreiend zurückgetreten.

- Nach hM entfällt bei einem strafbefreienden Rücktritt vom Grunddelikt auch die Strafbarkeit aus dem erfolgsqualifizierten Delikt.[91] Dem ist zuzustimmen, da eine Erfolgsqualifikation die Begehung des Grunddelikts voraussetzt. Die Strafbarkeit wegen anderer Delikte, die auf die schwere Folge bezogen sind – hier zB §§ 224, 227, 212 –, bleibt hiervon unberührt (unstr.).

4. Unternehmensdelikte

36 Beim (echten) Unternehmensdelikt ist der Versuch formell der Vollendung gleichgestellt (§ 11 Abs. 1 Nr. 6), so dass hier ein Rücktritt grds nicht möglich ist.[92] Jedoch sehen einige Unternehmenstatbestände und materielle Vorbereitungsdelikte spezielle Rücktrittsregelungen vor,[93] so dass deren Anwendung auf andere Unternehmenstatbestände oder Vorbereitungsdelikte in Betracht zu ziehen ist.[94]

---

88 Hierzu § 30 Rn 17 ff.
89 *Kühl* Jura 2003, 19 (22). Sofern das Grunddelikt bereits vollendet ist, gelten insoweit die Regeln des qualifizierten Versuchs, vgl Rn 34.
90 LK-*Herdegen* § 251 Rn 16; *Roxin* II § 30/289 ff; *Streng* Küper-FS 629 ff (643 f); *Ulsenheimer* Bockelmann-FS 405 (414 f); *Wolter* JuS 1981, 168 (178).
91 BGHSt 42, 158 (159 ff); *Anders* GA 2000, 64 ff; S/S-*Eser/Bosch* § 24 Rn 26; *Fischer* § 18 Rn 10; MK-*Herzberg/Hoffmann-Holland* § 24 Rn 100; *Kindhäuser* BT II § 15/9; *Kühl* Jura 2003, 19 (22 f); *Küper* JZ 1997, 229; SK-*Rudolphi/Stein* § 18 Rn 36; LK-*Vogel* § 18 Rn 85.
92 BGHSt 15, 198 (199); S/S-*Eser/Hecker* § 11 Rn 41; M-*Gössel/Zipf* § 40/122; L-Kühl-*Kühl* § 24 Rn 29; SK-*Rudolphi/Stein* § 11 Rn 40.
93 ZB §§ 83a, 316c Abs. 4 iVm 320 Abs. 3 Nr. 2.
94 Vgl S/S-*Eser/Bosch* § 24 Rn 116; *Hillenkamp* JuS 1997, 821 (829); *Jescheck/Weigend* § 49 VIII 2, § 51 V 3; *Köhler* 483 f; *Otto* § 19/80 f; abl. BGHSt 15, 198 (199); *Burkhardt* JZ 1971, 352 (357 f); S/S-*Eser/Hecker* § 11 Rn 46; SK-*Rudolphi/Stein* § 11 Rn 43.

§ 32 Rücktritt vom Versuch

WIEDERHOLUNGS- UND VERTIEFUNGSFRAGEN

37

> Wann ist ein Versuch als fehlgeschlagen anzusehen? (Rn 5 ff)
> Ist ein Versuch als unbeendet anzusehen, wenn dem Täter zwar eine Aktion misslungen ist, er aber noch weitere Möglichkeiten sieht? (Rn 11 ff)
> Ist ein Rücktritt bei außertatbestandlicher Zielerreichung möglich? (Rn 18)
> Welche Anforderungen sind an das Verhindern der Vollendung beim beendeten Versuch zu stellen? (Rn 27 ff)
> Welche Fallgruppen des Rücktritts kommen bei einer Beteiligung mehrerer in Betracht? (Rn 31)
> Was ist unter einem Rücktritt vom qualifizierten Versuch zu verstehen? (Rn 34)

D. Das fahrlässige Begehungsdelikt

§ 33 Fahrlässigkeit

I. Allgemeines

1. Strafbarkeit

1 Fahrlässiges Verhalten ist nur strafbar, wenn dies im Gesetz ausdrücklich angeordnet ist (§ 15). Auch die Zurechnung von straferschwerenden Erfolgsqualifikationen nach § 18 setzt (zumindest) Fahrlässigkeit voraus.

2. Funktion der Fahrlässigkeitshaftung

2 Die Vorsatztat ist ein Normwiderspruch,[1] bei dem der Täter die konkrete Möglichkeit (Gefahr) einer Tatbestandsverwirklichung als Folge seines gewollten Handelns erkennt. Der Täter ist sich also hier genau zu dem Zeitpunkt, zu dem er die Bedingung für die Tatbestandsverwirklichung setzt, über die konkret mögliche Konsequenz seines Handelns im Klaren und könnte sie deshalb vermeiden, wenn er die entsprechende Norm befolgen wollte. Verkennt der Täter dagegen diese Gefahr oder schätzt er sie irrig als unerheblich ein, so hat er im Augenblick der Verursachung der Tatbestandsverwirklichung keinen Anlass, sich um der Normbefolgung willen anders zu verhalten, als er dies tut.

3 Auf die ihn eigentlich entlastende Unkenntnis oder Fehleinschätzung kann sich der Täter jedoch nicht berufen, wenn von ihm berechtigterweise erwartet werden kann, dass er über das nötige Wissen und Können zur Vermeidung der Tatbestandsverwirklichung verfügt. Von einem rechtstreuen Bürger wird nicht nur verlangt, dass er Handlungen unterlässt, deren Gefährlichkeit er in vollem Umfang erkennt. Vielmehr wird von ihm auch verlangt, dass er in der Lage ist, die mit seinem Handeln verbundenen Gefahren zu erkennen und zu vermeiden. Der Verstoß gegen die Erwartung hinreichender Gefahrenkenntnis und Gefahrenvorsorge wird Fahrlässigkeit genannt.

4 Allerdings können die Erwartungen in die Fähigkeit eines Normadressaten zur Vermeidung der Tatbestandsverwirklichung nicht unbegrenzt sein, weil dies nicht nur zu einer völligen Überforderung führen, sondern auch die Verfolgung anderer berechtigter Ziele behindern würde. Kosten und Nutzen der Erwartungen müssen also sachgerecht ausbalanciert werden. Aus diesem Grund wird von einem rechtstreuen Normadressaten nur erwartet, dass er die in dem jeweiligen Lebensbereich – zB Haushalt, Straßenverkehr, Güterproduktion – übliche und für notwendig gehaltene Aufmerksamkeit und Risikoabsicherung einhält. Von ihm wird maW die **Einhaltung der im Verkehr erforderlichen Sorgfalt** erwartet.

5 Die Fahrlässigkeitshaftung hat daher die Funktion, die Einhaltung der allgemein erwarteten Sicherheitsstandards für die Erkennbarkeit und Abschirmung von Risiken sicherzustellen. Dies geschieht in der Weise, dass derjenige, der zwar einen Tatbestand nicht vorsätzlich verwirklicht hat, die Tatbestandsverwirklichung aber bei Einhaltung der im Verkehr erforderlichen und ihm möglichen Sorgfalt hätte vermeiden können,

---

[1] Zum Begriff vgl § 5 Rn 3 ff.

kraft Fahrlässigkeit für den Erfolgseintritt haftbar gemacht wird. Demnach ist der Schlüssel der Fahrlässigkeitshaftung die Frage nach der Vermeidbarkeit der Tatbestandsverwirklichung durch Aufbietung der in der Tatsituation objektiv zu erwartenden und vom Täter zu erbringenden Sorgfalt. Die Verletzung dieser Sorgfalt tritt beim Fahrlässigkeitsdelikt an die Stelle des Vorsatzdelikts; sie gleicht den mangelnden Vorsatz durch eine dem Täter vorwerfbare Verfehlung aus.[2] Ansonsten deckt sich das Fahrlässigkeitsdelikt in allen konstitutiven Voraussetzungen grds mit dem entsprechenden Vorsatzdelikt.

3. Begriff und historische Entwicklung

a) **Definition:** Der Begriff der Fahrlässigkeit wird im deutschen StGB nicht definiert.[3] In der historischen Entwicklung ist Fahrlässigkeit (*culpa*) eine **Schuldform** neben dem Vorsatz (*dolus*).[4] Während sich der Vorsatz auf die erkannten Folgen gewollten Handelns bezieht, verhält sich fahrlässig, wer solche Folgen seines Handelns nicht erkennt, die er bei Aufbietung der erforderlichen Sorgfalt hätte vorhersehen können.[5] Fahrlässigkeit ist also ein auf die Tatbestandsverwirklichung bezogener Irrtum, der nicht entlastet, weil er vom Täter aufgrund mangelnder Sorgfalt zu vertreten ist. Vom RG wurde die Fahrlässigkeit als ein „**verschuldeter Irrtum über die Kausalität der Handlung**"[6] bezeichnet. In diesem Sinne bestimmten die StGB-Entwürfe von 1913–1927[7] die Fahrlässigkeit als Außerachtlassung der den Umständen nach vom Täter zu erwartenden Sorgfalt, die zu mangelnder Voraussicht der Tatbestandsverwirklichung oder einem unbegründeten Vertrauen auf deren Ausbleiben führt.[8]

6

Da sorgfaltsgemäßes Verhalten nicht nur die Erkennbarkeit der Tatbestandsverwirklichung, sondern auch das dieser Kenntnis entsprechende Handeln umfasst, gehört zur Sorgfaltswidrigkeit das Nichtergreifen der zur Vermeidbarkeit der Tatbestandsverwirklichung gebotenen Maßnahmen. Schon in seiner frühen Rechtsprechung[9] verlangte das RG daher für die Fahrlässigkeit auch ein sorgfaltswidriges Handeln als **äußeres Fehlverhalten**.

7

b) **Entwicklung:** Diese beiden Elemente der Fahrlässigkeit – die bei gebotener Sorgfalt erkennbare und vermeidbare Gefahr der Tatbestandsverwirklichung – wurden als objektive Anforderungen an normgemäßes Verhalten **auf der Ebene des Tatbestands** an-

8

---

2 Vgl nur *Burkhardt* in: Wolter/Freund (Hrsg.), Straftat, Strafzumessung und Strafprozeß im gesamten Strafrechtssystem, 1996, 99 (120, 130); *Hruschka* 188, 325 ff; *Kindhäuser*, Gefährdung als Straftat, 1989, 129 f; *Renzikowski*, Restriktiver Täterbegriff und fahrlässige Beteiligung, 1997, 229; *Toepel*, Kausalität und Pflichtwidrigkeitszusammenhang beim fahrlässigen Erfolgsdelikt, 1992, 31 ff, 213.
3 *Schmitz* Samson-FS 181 ff fordert zur Wahrung des Bestimmtheitsgrundsatzes eine positive Regelung der Fahrlässigkeit im StGB *de lege ferenda*.
4 Überblick über die historische Entwicklung der Fahrlässigkeitsdogmatik bei *Schlüchter*, Grenzen strafbarer Fahrlässigkeit, 1996, 28 ff.
5 Vgl *Paulus*: „Culpam autem esse, quod cum a diligenti providere potuerit non est provisum", Digesten 9.2.31.
6 RGSt 9, 422 (424); vgl auch RGSt 56, 343 (349 f); 61, 318 (320); 67, 12 (18); *Frank* § 59 Anm. VIII 4; *Mezger*, Strafrecht, 3. Aufl. 1949, § 46 III.
7 Ebenso § 18 Abs. 1 des Entwurfs 1962.
8 Ähnlich § 6 Abs. 1 österreichisches StGB; vgl auch § 18 Abs. 3 schweizerisches StGB von 1937.
9 Vgl RGSt 8, 66 (67).

gesiedelt,[10] während die individuelle Fähigkeit des konkreten Täters zur zumutbaren Gefahrerkennung und -vermeidung nach Maßgabe der kausalen Handlungslehre[11] als Schuldelement angesehen wurde.[12] Das Erfordernis eines objektiven Sorgfaltsverstoßes auf Tatbestandsebene ergab sich aus dem Aufkommen des modernen Massenverkehrs und anderer technischer Risikobereiche. Da hier Handlungen *per se* mehr oder weniger gefährlich sind, bedarf es der Entwicklung von Maßstäben, mit deren Hilfe sich Grenzen zwischen erlaubten und unerlaubten Risiken ziehen und die Folgen erlaubt eingegangener Risiken bereits auf der Tatbestandsebene als strafrechtlich irrelevant ausscheiden lassen. In diesem Sinne handelt nach einer Formulierung des BGH fahrlässig, „wer eine objektive Pflichtwidrigkeit begeht, sofern er diese nach seinen subjektiven Kenntnissen und Fähigkeiten vermeiden konnte, und wenn gerade die Pflichtwidrigkeit objektiv und subjektiv vorhersehbar den Erfolg gezeitigt hat".[13]

9 In der heutigen Diskussion steht neben der folgerichtigen Weiterentwicklung der anerkannten Prämissen die Frage im Vordergrund, ob sich nicht – parallel zum Vorsatzdelikt – die Fahrlässigkeit in der individuellen Vermeidbarkeit der Tatbestandsverwirklichung erschöpft und die entsprechende Fähigkeit des konkreten Täters zu sorgfaltsgemäßer Erkennbarkeit und Vermeidbarkeit des Erfolgs bereits auf der Tatbestandsebene zu prüfen ist (Rn 13, 49 ff).

II. Die Merkmale der Fahrlässigkeitstat

1. Überblick

▶ **FALL 1:** A legt ein Gewehr auf B an und betätigt den Abzug; es löst sich ein Schuss, der den B tödlich verletzt. ◀

10 Das Fahrlässigkeitsdelikt unterscheidet sich vom Vorsatzdelikt allein dadurch, dass bei ihm an die Stelle des Vorsatzes die spezifischen Fahrlässigkeitsmerkmale treten.[14] Daher müssen alle objektiven Tatbestandsmerkmale eines Vorsatzdelikts auch beim entsprechenden Fahrlässigkeitsdelikt erfüllt sein. Für das Erfolgsdelikt des Totschlags bedeutet dies etwa, dass der Täter – wie in **Fall 1** – durch sein Verhalten eine Ursache für den Tod eines anderen gesetzt haben muss. Uneingeschränkt gelten insoweit auch die Kriterien der **objektiven Zurechnung**; das Opfer darf das Risiko seines Todes nicht im Wege des eigenverantwortlichen **Handelns auf eigene Gefahr** übernommen haben.[15] Ferner kann eine objektive Tatbestandsverwirklichung beim Fahrlässigkeitsdelikt aus denselben Gründen gerechtfertigt sein wie beim Vorsatzdelikt. Schließlich weisen auch die allgemeinen Schuldmerkmale keine prinzipiellen Unterschiede auf.

11 In **Fall 1** hat sich im Tod des B die von A mit dem Schuss geschaffene (generell) unerlaubte Lebensgefahr realisiert. Ob sich A vorsätzlich, fahrlässig oder strafrechtlich irrelevant verhalten hat, hängt folglich allein davon ab, über welche Kenntnisse er hin-

---

10 Grundlegend für die neuere Dogmatik *Engisch*, Untersuchungen über Vorsatz und Fahrlässigkeit im Strafrecht, 1930, 266 ff, 365 ff; umf. Darstellung der Wandlungen im Fahrlässigkeitsaufbau bei *Duttge*, Zur Bestimmtheit des Handlungsunwerts von Fahrlässigkeitsdelikten, 2001, 41 ff; informativer Überblick bei *Laue* JA 2000, 666 ff; allg. Überblick über das Fahrlässigkeitsdelikt bei *Beck* JA 2009, 121 ff, 268 ff.
11 Hierzu § 5 Rn 15 f.
12 Vgl auch BGHSt 20, 315 (320 ff); *Burgstaller*, Das Fahrlässigkeitsdelikt im Strafrecht, 1974, 26 f; *Jescheck/Weigend* § 54 I 3, 4; *S/S-Sternberg-Lieben/Schuster* § 15 Rn 118, 190.
13 BGHSt 49, 1 (5); 49, 166 (174).
14 Überblick zum Fahrlässigkeitsdelikt bei *Kaspar* Jus 2012, 16 ff, 112 ff.
15 Hierzu § 11 Rn 23 ff zu Fall 8.

sichtlich des Risikos verfügte (und ggf mit welcher voluntativen Einstellung er handelte).[16] Wusste A, dass das Gewehr geladen war und er den Abzug betätigte, so hat er in Kenntnis der Risikofaktoren, die auch den Tod des B kausal erklären, gehandelt; ihm ist eine vollendete Tatbestandsverwirklichung zum Vorsatz zuzurechnen. Ging A nicht davon aus, dass das Gewehr geladen war, hätte er dies aber unter den gegebenen Umständen wissen können und müssen und deshalb auch den tödlichen Schuss vermeiden können und müssen, so ist ihm die Tatbestandsverwirklichung als fahrlässige Pflichtverletzung zurechenbar. Strafrechtlich irrelevant wäre das Verhalten des A, wenn er weder wusste noch hätte wissen müssen, dass das Gewehr geladen war. Dies wäre etwa der Fall, wenn ihm zuvor glaubhaft versichert worden wäre, dass das Gewehr entladen sei oder nicht mehr funktioniere.

Kennzeichnend für die Fahrlässigkeit ist damit, dass der Täter zum einen das tatbestandliche Risiko hätte erkennen können und müssen und zum anderen dieser Einsicht entsprechend das Schaffen des Risikos hätte vermeiden können und müssen. Das auf die Erkennbarkeit und Vermeidbarkeit bezogene **Müssen** wird als **Sorgfaltspflicht** bezeichnet. Das zur Erfüllung dieser Pflicht erforderliche **Können** ist die für die Fahrlässigkeitshaftung vorausgesetzte **Handlungsfähigkeit**.

2. Gliederung

Von der hM werden die Fahrlässigkeitselemente der Sorgfaltspflicht und der Handlungsfähigkeit in zwei Schritten festgestellt. Auf der Ebene des Tatbestands prüft sie, ob das Risiko von **einem gewissenhaften und einsichtigen Angehörigen des einschlägigen Lebensbereichs** in der Tatsituation hätte erkannt und vermieden werden können und müssen. Und erst auf der Schuldebene fragt sie, ob der konkrete Täter fähig war, den Anforderungen der Maßstabsfigur entsprechend das Risiko zu erkennen und zu vermeiden. Dieses Vorgehen führt somit zu einem **zweistufigen Fahrlässigkeitsmodell**, bei dem im Rahmen des Tatbestands die objektive und im Rahmen der Schuld die subjektive Fahrlässigkeit festgestellt wird.

Die im Vordringen befindliche **Lehre von der individuellen Vermeidbarkeit** hält diese Zweiteilung für überflüssig und will die Sorgfaltspflichten allein an den Fähigkeiten des konkreten Täters ausrichten. Diese Lehre gelangt damit zu einem **einstufigen Fahrlässigkeitsmodell**, bei dem – parallel zum Vorsatzdelikt – die sorgfaltsgemäße Erkennbarkeit und Vermeidbarkeit des Risikos allein auf der Tatbestandsebene geprüft wird.

Zwar wirken sich, wie zu zeigen sein wird, die Unterschiede zwischen beiden Lehren praktisch kaum aus, der Übersichtlichkeit halber wird aber im Folgenden zunächst nur das zweistufige Modell dargestellt. In einem gesonderten Abschnitt werden dann die Abweichungen erläutert, die sich ergeben, wenn man dem einstufigen Modell folgt. Die sich anschließenden Ausführungen zu Rechtswidrigkeit, Schuld und Fahrlässigkeitsformen gelten gleichermaßen für beide Modelle.

---

16 Zu diesem umstrittenen Erfordernis beim Vorsatzdelikt vgl § 14 Rn 14 ff.

III. Das zweistufige Fahrlässigkeitsmodell

1. Tatbestandsmerkmale

▶ **FALL 2:** Anstreicher A stößt bei einer Rückwärtsbewegung gegen einen Farbeimer, der dadurch vom Gerüst herunterfällt und den Passanten P verletzt. ◀

15 a) **Erfolg, Handlung und Kausalität:** Die Prüfung eines fahrlässigen Erfolgsdelikts beginnt mit der Frage, ob der Täter durch sein Verhalten einen Erfolg verursacht hat. Diese Merkmale müssen immer erfüllt sein, da es beim Fahrlässigkeitsdelikt keinen Versuch gibt. In **Fall 2** sind diese Voraussetzungen gegeben, da die Verletzung des P ohne das Herabstoßen des Farbeimers durch A nicht kausal erklärt werden kann.

16 b) **Sorgfaltspflichtverletzung:** Die Verursachung des Erfolgs muss des Weiteren auf einer Sorgfaltspflichtverletzung beruhen, also durch Aufbietung der im Verkehr erforderlichen Sorgfalt[17] erkennbar und vermeidbar gewesen sein.[18] Mit dieser Formel wird auf die Anforderungen verwiesen, die an einen rechtstreuen Normadressaten hinsichtlich **seiner Fähigkeit zur Vermeidung tatbestandlicher Erfolge** von Rechts wegen gestellt werden.[19] Wer eine Norm befolgen soll, soll auch in der Lage sein, diese Norm befolgen zu können; er muss sich bemühen, die Voraussetzungen zu erkennen und zu vermeiden, unter denen sein Verhalten zu einer Tatbestandsverwirklichung führen kann. Die verkehrsübliche Sorgfalt ist der **generalisierte Maßstab** für diese Bemühungen.

17 Hierbei geht es nicht um eine Abbildung der tatsächlichen Bemühungen in bestimmten Verkehrskreisen. Sonst wäre auch ein bereichsweise eingerissener Schlendrian zu beachten. Maßgeblich ist vielmehr das **normative Leitbild eines gewissenhaften und einsichtigen Angehörigen des einschlägigen Lebensbereichs** in der Tatsituation.[20] Der jeweilige Lebensbereich ist hierbei risikospezifisch zu bestimmen: Erwartet wird, dass ein Normadressat über die Kenntnisse und Fähigkeiten verfügt, die für erforderlich gehalten werden, um das jeweils eingegangene Risiko zu beherrschen. Insoweit können die maßgeblichen Lebensbereiche weit, aber auch eng zugeschnitten sein. Exemplarisch: Wer am Straßenverkehr teilnimmt, muss in der Lage sein, auf Verkehrssituationen in der von einem durchschnittlichen Fahrzeugführer erwarteten Weise zu reagieren. Wer dagegen – zB als Testfahrer, Forscher oder Ingenieur – Risiken eingeht, die (ggf hochspezialisierte) Expertenfähigkeiten und -kenntnisse verlangen, muss diesen spezifischen Anforderungen genügen.

18 c) **Innere und äußere Sorgfalt:** Die so erwartete Sorgfalt hat einen inneren und einen äußeren Aspekt: Der innere Aspekt betrifft die Beachtung der mit einem Verhalten verbundenen Risiken, der äußere Aspekt die Vermeidung dieser Risiken oder zumindest ihre Begrenzung auf ein generell erlaubtes Maß durch das Ergreifen der hierzu erfor-

---

17 Die von *Hruschka* 415 ff vorgeschlagene Terminologie, die erforderliche Sorgfalt nicht als Pflicht, sondern als Obliegenheit zu bezeichnen, hat sich leider nicht durchgesetzt.
18 Vgl auch § 276 Abs. 2 BGB.
19 Näher zur normtheoretischen Einordnung der Sorgfaltspflicht *Kindhäuser*, Gefährdung als Straftat, 1989, 62 ff; *Renzikowski*, Restriktiver Täterbegriff und fahrlässige Beteiligung, 1997, 226 ff; *Toepel*, Kausalität und Pflichtwidrigkeitszusammenhang beim fahrlässigen Erfolgsdelikt, 1992, 31 ff; *Vogel*, Norm und Pflicht bei den unechten Unterlassungsdelikten, 1993, 74 ff; vgl auch *Jähnke* Schlüchter-GS 99 (105 f); *Otto* Schlüchter-GS 77 (91).
20 Vgl BVerfG GA 1969, 246 (247 ff); BGHSt 7, 307 (309); 20, 315 (321); BGH NStZ 1991, 30 (31); W-*Beulke/Satzger* Rn 669; *Bringewat* Rn 645; *Ebert* 165; M-*Gössel/Zipf* § 43/34; *Jäger* Rn 374; *Jescheck/Weigend* § 55 I 2 b; krit. MK-*Duttge* § 15 Rn 117 f; *ders.* Kohlmann-FS 13 (29 ff).

derlichen Vorsichtsmaßnahmen. Dieses Zusammenspiel innerer und äußerer Anforderungen lässt sich auf die Formel bringen: **Gefahr erkannt** (innere Sorgfalt), **Gefahr gebannt** (äußere Sorgfalt).[21]

In **Fall 2** wird von jemandem, der sich auf einem Gerüst handwerklich betätigt, erwartet, dass er um die Möglichkeit weiß, dass Gegenstände herunterfallen können und diese deshalb befestigt oder sonst hinreichend gesichert werden müssen. Da A diesen Anforderungen nicht nachgekommen ist, mit denen sich die Verletzung des P hätte erkennen und vermeiden lassen, ist sein Verhalten objektiv als Sorgfaltspflichtverletzung zu bewerten.

d) **Typische Sorgfaltspflichten:** Im Bereich der Fahrlässigkeitsdelikte spielen vor allem folgende Verstöße gegen die Anforderungen an die erwartete Sorgfalt eine Rolle:[22]

- die Verletzung von **Prüfungspflichten** bei der Übernahme riskanter Tätigkeit (sog. **Übernahmefahrlässigkeit**).[23] Exemplarisch: Kraftfahrer K setzt sich übermüdet an das Steuer seines Fahrzeugs;
- die Verletzung von **Kontroll- und Überwachungspflichten.** Exemplarisch: Chirurg C klärt eine unerfahrene Schwester nicht hinreichend über die von ihr zu erbringenden Leistungen bei einer Operation auf;[24]
- die Verletzung von **Erkundigungspflichten.** Exemplarisch: Zahnarzt Z verabreicht einer Patientin ein Narkosemittel, ohne deren Hinweis auf Herzbeschwerden nachzugehen;[25]
- die Verletzung **besonderer Vorsorgepflichten** (Unfallverhütungsvorschriften, Berufsausübungsregeln usw).[26]

19

2. Sorgfaltsgemäße Vorhersehbarkeit

▶ **FALL 3:** Arzt A erkennt aufgrund einer von ihm durchgeführten, wenngleich unter den gegebenen Umständen nach den Regeln der ärztlichen Kunst nicht gebotenen Untersuchung, dass der Patient P an einer höchst seltenen Allergie leidet. Bei der späteren Behandlung denkt A jedoch nicht mehr an den Befund und injiziert das gängige Medikament, das bei P zum Tode führt. ◀

▶ **FALL 4:** Der von X bei einem Verkehrsunfall infolge überhöhter Geschwindigkeit verletzte Y erstickt bei einem nächtlichen Brand des Krankenhauses, in das er zur Behandlung verbracht wurde. ◀

a) **Wissensbasis:** Die „innere" Seite der erwarteten Sorgfalt betrifft die Erkennbarkeit des Kausalverlaufs vom Täterverhalten bis zum Erfolg in seinen wesentlichen Zügen.[27]

20

---

21 Vgl *Burkhardt* in: Wolter/Freund (Hrsg.), Straftat, Strafzumessung und Strafprozess im gesamten Strafrechtssystem, 1996, 99 (127).
22 Zur Bestimmung der Sorgfaltspflichten können auch spezielle außerstrafrechtliche Rechtsvorschriften herangezogen werden (zB § 14 Abs. 2 S. 2 StVO, § 42 Abs. 1 WaffG), deren Nichtbeachtung eine objektive Sorgfaltswidrigkeit indizieren kann, vgl BGHSt 4, 182 (185); 12, 75 (78); vgl auch *Kudlich* Otto-FS 373 ff.
23 Vgl RGSt 59, 355 f; BGHSt 10, 133 (134); BGH NJW 1984, 655 (656 f); 1998, 1802 (1803 f); OLG Hamm NJW 1972, 1531 (1532); W-*Beulke/Satzger* Rn 668; *Kühl* § 17/35; *Stratenwerth/Kuhlen* § 15/22.
24 Vgl BGH NJW 1955, 1487 f.
25 Vgl BGHSt 21, 59 (61).
26 Gesetzlich normierte Regelungen sind stets auf die Sorgfaltsanforderungen des Einzelfalls zu beziehen und entfalten insoweit nur eine widerlegbare Indizwirkung, vgl auch *Kudlich* Otto-FS, 373 ff.
27 Zum entsprechenden Schutzzweck der Sorgfaltspflicht vgl *Bringewat* Rn 649; M-*Gössel/Zipf* § 43/40, 180; *Kühl* § 4/74; SK-*Rudolphi* Vor § 1 Rn 64; *Stratenwerth/Kuhlen* § 15/17.

Insoweit stellt sich die Frage, auf welche Wissensbasis diese Prognose zum Tatzeitpunkt zu stützen ist. Die hM[28] zieht hierzu die Kenntnisse heran, über welche die entsprechende Maßstabsfigur eines einsichtigen Angehörigen des betreffenden Verkehrskreises – als Arzt, Kraftfahrer, Steuerberater usw – **gewöhnlich verfügt** oder die sie bei den von ihr **erwarteten Erkundigungen** oder bei Aufwendung der von ihr **erwarteten Aufmerksamkeit gewinnen** würde. In **Fall 2** liegt die Erkennbarkeit der Risiken für Passanten auf der Hand, so dass hier auch auf der Basis durchschnittlicher Kenntnisse der Erfolg vorhersehbar war.

21 Anders verhält es sich in **Fall 3**. Der Risikofaktor der höchst seltenen Allergie wäre bei einer Untersuchung nach der ärztlichen *lex artis* nicht erkennbar gewesen. Wollte man die Prämissen der hM konsequent anwenden, müsste man hier zur Verneinung einer Fahrlässigkeitstat gelangen, obgleich dem A – und sei es auch nur zufällig – der relevante Risikofaktor bekannt war. Um in solchen Fällen einen Täter, der aufgrund seiner Kenntnisse ohne Weiteres in der Lage wäre, den Erfolg zu vermeiden, nicht zu entlasten, zieht die hM zur Wissensbasis auch ein eventuelles **Sonderwissen** des Täters heran: Von einem Täter, der über überdurchschnittliche Kenntnisse verfügt, wird verlangt, dass er sich diesen Kenntnissen entsprechend sorgfältig verhält.[29] Auch wenn die Berücksichtigung von Sonderwissen auf der Tatbestandsebene ersichtlich sachgerecht ist, erfolgt sie doch systemwidrig, wenn die Kenntnisse und Fähigkeiten des Täters erst auf der Schuldebene zur Sprache kommen sollen.

22 **b) Kausale Adäquanz:** Ein Geschehensverlauf kann nur selten völlig exakt prognostiziert werden, so dass sich die Frage stellt, wann der Kausalzusammenhang zwischen Täterverhalten und Erfolg als in seinen wesentlichen Zügen vorhersehbar anzusehen ist. Zur Beantwortung gibt es ein ebenso einfaches wie hinreichend präzises Verfahren. Da jedem Erfolg objektiv das Risiko seines Eintritts vorausgeht, ist mit der Feststellung der Ursachen eines Erfolgs *ex post* zugleich bekannt, welche Risikofaktoren zum Erfolg geführt haben. Freilich sind diese tatsächlichen Risikofaktoren in der Tatsituation *ex ante* nur mehr oder weniger bekannt oder erkennbar. Waren nun so viele Faktoren bekannt oder erkennbar, dass bereits aufgrund dieser Umstände der Erfolgseintritt mit einer gewissen Wahrscheinlichkeit prognostiziert werden konnte, so war der Erfolg vorhersehbar. Oder wie sich auch sagen ließe: Dann hat sich **im Erfolg das erkennbare Risiko adäquat realisiert**. Waren dagegen *ex ante* keine Umstände erkennbar, welche die Annahme eines Risikos nahelegten, so war der Kausalverlauf auch nicht vorhersehbar. Dies gilt auch dann, wenn zwar *ex ante* aufgrund bestimmter Umstände vom Bestehen eines Risikos auszugehen war, von diesen Umständen aber nur ein Teil zur kausalen Erklärung des Erfolgs heranzuziehen ist und diese Teilmenge der heranzuziehenden Umstände für sich gesehen *ex ante* noch keine Risikoprognose begründet hätte.

23 Diese letztgenannte Konstellation lässt sich anhand von **Fall 4** verdeutlichen. Hier mag zum Tatzeitpunkt[30] unter Heranziehung der überhöhten Geschwindigkeit und der weiteren konkreten Tatumstände das Urteil, der Täter schaffe das Risiko eines Verkehrsunfalls mit ggf lebensgefährlichen Verletzungen, gerechtfertigt gewesen sein. Diese Situation hat aber zunächst nur zum Krankenhausaufenthalt des Y geführt und war

---

28 Vgl nur *Roxin* I § 24/54, 58 ff mwN.
29 OLG Düsseldorf NJW 1991, 1123 f; W-*Beulke/Satzger* Rn 670; *Bringewat* Rn 646; *Jescheck/Weigend* § 55 I 2 b; *Köhler* 184; *Krey/Esser* Rn 1349; *Kühl* § 17/31; *Murmann* Herzberg-FS 123 ff; NK-*Puppe* Vor § 13 Rn 157 ff; *Roxin* I § 11/35, 50; S/S-*Sternberg-Lieben* § 15 Rn 138 ff; aA *Jakobs* 7/49 f.
30 Näher LK-*Vogel* § 15 Rn 57.

auch insoweit zum Tatzeitpunkt vorhersehbar. Jedoch ist der Krankenhausaufenthalt als solcher aus keinem der zum Tatzeitpunkt erkennbaren Umstände noch (oder erneut) lebensgefährlich. Daher hat sich das in der Tatsituation erkennbare Todesrisiko der überhöhten Geschwindigkeit nicht realisiert. Zwar muss auch bei der kausalen Erklärung des tatsächlich eingetretenen Todes durch Ersticken der Krankenhausaufenthalt des Y berücksichtigt werden, so dass X durchaus eine Ursache für den Tod des Y gesetzt hat. Diese Ursache war aber zum Tatzeitpunkt nicht als Risikofaktor des Erstickungstodes erkennbar, weil sie zu einem solchen erst im Kontext der weiteren, nicht erkennbaren Bedingungen für den Ausbruch des Brandes wurde. Daher war der Kausalverlauf in **Fall 4** bei Aufbietung der erforderlichen Sorgfalt nicht vorhersehbar, obgleich X den Tod des Y verursacht und auch eine – sich allerdings nicht im Erfolg realisierende – Lebensgefahr für Y geschaffen hat. Es fehlt an der kausalen Adäquanz[31] zwischen Täterverhalten und Erfolg.[32]

3. Sorgfaltsgemäße Vermeidbarkeit

▶ **FALL 5:** Kleinkind K vergiftet sich, weil es sich in greifbarer Nähe herumliegende Tabletten in den Mund steckt. ◀

Die „äußere" Seite der erwarteten Sorgfalt betrifft das der sorgfaltsgemäßen Erkennbarkeit des Risikos entsprechende Verhalten zur Vermeidung des Setzens einer Erfolgsursache.[33] Die sorgfaltsgemäße Vermeidbarkeit kann sich im schlichten Unterlassen des riskanten Verhaltens erschöpfen, indem man nicht – wie in **Fall 1** – mit einem erkennbar geladenen Gewehr in Anwesenheit Dritter spielt oder nicht – wie in **Fall 2** – auf einem Gerüst gegen einen Farbeimer stößt. Gleiches gilt in **Fall 5**: Es entspricht der allgemeinen Lebenserfahrung, dass Kleinkinder Gegenstände in den Mund stecken und verschlucken können. Demnach sind Medikamente so aufzubewahren, dass sie Kleinkindern nicht zugänglich sind.

24

Die Feststellung der sorgfaltsgemäßen Vermeidbarkeit kann jedoch erhebliche Probleme aufwerfen, wenn dem Täter von Rechts wegen die Möglichkeit eröffnet ist, eine Verhaltensalternative zu ergreifen, die – und sei es auch in geringerem Maße – ebenfalls das Risiko einer Erfolgsverursachung birgt. In den beiden folgenden Abschnitten werden zunächst die Voraussetzungen erlaubt riskanten Verhaltens dargestellt (Rn 26 ff) und sodann aufgezeigt, wie in Fällen des erlaubt riskanten Alternativverhaltens der sog. Pflichtwidrigkeitszusammenhang zu prüfen ist, der dem Nachweis dient, dass der Erfolg gerade auf der Sorgfaltspflichtverletzung beruht (Rn 34 ff).

25

---

31 Dies ist eine im Rahmen der Zurechnung präzisierte Fassung der früheren Adäquanztheorie, die Haftungsbegrenzungen bereits bei der Kausalität vornehmen wollte, vgl § 10 Rn 6 f; vgl auch *Hauck* GA 2009, 280 ff; *Jakobs* 7/30 f; *Köhler* 192 f.
32 Anders bzw zumindest mit „großzügiger" Handhabung des erforderlichen Zusammenhangs OLG Celle NJW 1958, 271 f; hierzu *Hauck* GA 2009, 280 ff.
33 Vgl BGHSt 21, 59 (61); 33, 61 (64) m. Anm. *Puppe* JZ 1985, 295 ff; BGHSt 37, 106 (115 f); BGH NJW 1966, 1871 f; *Kühl* § 17/62; *Küper* Lackner-FS 247 ff; *Maiwald* JuS 1989, 186 (187); *Otto* § 10/17 ff; *Schatz* NStZ 2003, 581 ff; *Schlüchter* JA 1984, 673 ff.

4. Erlaubte Risiken und Vertrauensgrundsatz

▶ **FALL 6:** A hält mit seinem Pkw die vorgeschriebene Geschwindigkeit ein. Plötzlich tritt (verkehrswidrig) der Fußgänger G auf die Straße. G wird verletzt, weil A weder bremsen noch ausweichen kann. ◀

▶ **FALL 7:** Der ordnungsgemäß fahrende C droht (für ihn unerkennbar) spielende Kinder zu überfahren. D kann dies nur verhindern, indem er in letzter Sekunde den Pkw des C mit seinem eigenen Pkw rammt. ◀

26 a) **Erlaubtes Risiko:** Die Einhaltung der im Verkehr gebotenen Sorgfalt zwingt keineswegs dazu, stets jedes Verhalten, durch das die Fähigkeit zur Vermeidung einer Tatbestandsverwirklichung eingeschränkt wird, zu unterlassen. Vielmehr ist die moderne Gesellschaft in vielfältiger Weise – vom Straßenverkehr über die medizinische Forschung und Versorgung bis zu Wertanlagen auf dem Kapitalmarkt – auf das Eingehen von Risiken angewiesen.[34] Andererseits sind solche Risiken auf ein sozial tolerierbares Maß zu begrenzen.[35] Der zu beschreitende Mittelweg ist das sog. erlaubte Risiko: Die Vornahme riskanter Handlungen wird generell nicht als sorgfaltswidrig angesehen, sofern die Sorgfaltsnormen (Sicherheitsregeln) des einschlägigen Verkehrskreises eingehalten werden.[36]

27 aa) Demnach ist es zB sorgfaltswidrig, am motorisierten Straßenverkehr teilzunehmen, ohne eine Fahrerlaubnis zu besitzen, ohne körperlich fahrtauglich zu sein, ohne ein den technischen Anforderungen genügendes Fahrzeug zu steuern, ohne die den Verkehrsverhältnissen angemessene Geschwindigkeit einzuhalten usw. Werden dagegen ausnahmslos (!) alle Sicherheitsregeln befolgt, ist das betreffende Verhalten sorgfaltsgemäß. Es ist dann erlaubt riskant, weil der Handelnde für Erfolge, die er trotz Einhaltung der gebotenen Maßnahmen nicht vermeiden kann, nicht haftet. Daher ist der Verletzungserfolg in **Fall 6** dem A mangels einer Sorgfaltspflichtverletzung nicht zurechenbar, unabhängig davon, wie A selbst die Erfolgsrelevanz seines Verhaltens einschätzte.

28 bb) Das erlaubte Risiko hindert damit die Annahme einer zurechnungsbegründenden Sorgfaltspflichtverletzung, ist aber – entgegen der insoweit missverständlichen Bezeichnung als „erlaubt" – **kein Rechtfertigungsgrund.** Ein Rechtfertigungsgrund ist eine Erlaubnisnorm, welche die Verwirklichung des Tatbestands insgesamt und damit auch und vor allem die Erfolgsherbeiführung gestattet. Dies bedeutet u.a., dass derjenige, der durch das gerechtfertigte Verhalten verletzt wird, zur Hinnahme dieser Verletzung verpflichtet ist; widersetzt er sich, begeht er ggf seinerseits einen rechtswidrigen Angriff, gegen den Notwehr nach § 32 zulässig ist.[37]

29 Das erlaubte Risiko dagegen betrifft **nur den Ausschluss einer Sorgfaltspflichtverletzung** im Rahmen der Fahrlässigkeitshaftung, ohne eine Erlaubnis zur Erfolgsherbeiführung zu geben. Daher braucht eine durch ein erlaubt riskantes Verhalten ausgelöste

---

34 Vgl zum Zusammenhang zwischen technologischem Fortschritt bzw gesellschaftlicher Entwicklung und erlaubtem Risiko *Hoyer* ZStW 121 (2009), 860 ff.
35 Zur Schwierigkeit, solche Risikobereiche zu legitimieren, vgl *Jakobs* 7/35 ff; *Kindhäuser* GA 1994, 197 (215 ff); *Roxin* I § 11/65 ff mwN.
36 Vertiefend *Kindhäuser* Maiwald-FS 397 ff; zur Vielschichtigkeit des Begriffs des erlaubten Risikos und seiner dogmatischen Einordnung vgl HK-*Duttge* § 15 Rn 37 ff; *ders.* Maiwald-FS 133 ff; NK-*Paeffgen* Vor §§ 32 Rn 23 ff; speziell zum Straßenverkehr *Kühl* § 4/48.
37 Vgl auch *Zipf* ZStW 82 (1970), 633 (641 ff).

Notstandslage von Rechts wegen nicht geduldet zu werden. In **Fall 7** ist die Sachbeschädigung des D zulasten des C durch Notstandshilfe (§ 34) gerechtfertigt, da C seinerseits kein Recht hat, die Kinder ggf tödlich zu verletzen. Grund dieser Beurteilung ist der Umstand, dass Autofahren wegen seiner vielfältigen Vorteile zwar im Allgemeinen bei Einhaltung von Sicherheitsregeln gestattet ist, aber bei einer konkreten Güterabwägung im Rahmen einer Rechtfertigung keinen vorrangigen Wert beanspruchen kann.

b) **Vertrauensgrundsatz:** Das Eingehen eines erlaubten Risikos setzt nicht nur voraus, dass der Handelnde selbst die erforderlichen Sicherheitsvorkehrungen trifft, sondern ist auch nur dann sozial tolerabel, wenn die anderen Beteiligten des entsprechenden Verkehrskreises ihr eigenes Verhalten danach ausrichten. Exemplarisch: Dass der Pkw-Fahrer P eine Ampel bei Grün gefahrlos passieren kann, hängt wesentlich davon ab, dass die wartenden Fußgänger das für sie geltende rote Signal beachten. Ob dies der Fall ist, kann P zwar nicht wissen, aber er darf grds darauf vertrauen und in diesem Vertrauen das ihm erlaubte Risiko eingehen. Dieses das erlaubte Risiko ermöglichende und zugleich absichernde Prinzip, dass die Beteiligten eines Gefahrenbereichs wechselseitig die Einhaltung der ihnen obliegenden Sorgfalt erwarten können, wird Vertrauensgrundsatz genannt.[38]

Dieser Grundsatz besagt im Rahmen der Fahrlässigkeitszurechnung, dass kausale Handlungsfolgen, die erst im Zusammenhang mit Umständen (insbesondere dem Verhalten Dritter), auf deren Ausbleiben der Täter vertrauen durfte, zur Erfolgsverursachung geführt haben, mangels Sorgfaltspflichtverletzung nicht zurechenbar sind.[39]

aa) Der Vertrauensgrundsatz ist vor allem im Straßenverkehr bedeutsam.[40] Ein weiterer wichtiger Anwendungsbereich sind (erlaubt) riskante Unternehmen, die von mehreren Personen gemeinsam durchgeführt werden.[41] Hier darf grds jeder Beteiligte darauf vertrauen, dass die anderen ihren Beitrag hinreichend sorgfältig erbringen, sofern diese Erwartung sachlich gerechtfertigt ist. Exemplarisch: Bei einer chirurgischen Operation darf der leitende Arzt A darauf vertrauen, dass die Mitarbeiter ihren jeweiligen Part ordnungsgemäß erbringen, sofern es sich um ein eingespieltes und fachlich hinreichend ausgebildetes Operationsteam handelt. Unterläuft einer Schwester ein – von A nicht bemerkter – Fehler bei den ihr zukommenden Handgriffen, haftet A nicht für die Folgen.

bb) Da sich der Vertrauensgrundsatz auf den Normalfall des Zusammentreffens oder -wirkens mehrerer Personen in Risikobereichen bezieht, **greift** er **nicht ein**, wenn aufgrund der konkreten Umstände mit einem ordnungsgemäßen Verhalten nicht zu rechnen ist.[42] In diesem Fall ist das Risiko, das der Täter eingeht, nicht mehr erlaubt, mit der Folge, dass der Täter nicht mehr sorgfaltsgemäß handelt. Vertrauen ist vor allem nicht angebracht,[43] wenn

---

38 Vgl *Jakobs* 7/51; *Kühl* § 4/49; S/S-*Sternberg-Lieben/Schuster* § 15 Rn 148 f; teils wird der Vertrauensgrundsatz auch aus dem Eigenverantwortlichkeitsprinzip abgeleitet, vgl M-*Gössel/Zipf* § 43/70 ff; *Roxin* I § 24/11, 22.
39 M-*Gössel/Zipf* § 43/88ff; *Krey/Esser* Rn 1351; L-*Kühl*-*Kühl* § 15 Rn 39; SK-*Rudolphi* Vor § 1 Rn 72; krit. *Puppe* § 5/1 ff; Überblick bei *Eidam* JA 2011, 912 ff. Zu der Frage, ob bei einer fahrlässigen Mitwirkung an der Vorsatztat eines Dritten der Erfolg dem Fahrlässigkeitstäter objektiv zugerechnet werden kann, vgl § 11 Rn 41 ff.
40 Vgl BGHSt 7, 118 (121 f); *Fischer* § 222 Rn 14 f; S/S-*Sternberg-Lieben/Schuster* § 15 Rn 149.
41 Vgl BGH NJW 1980, 649 f; StV 1988, 251 f; NJW 1998, 1802 ff.
42 *Kühl* § 4/49, 51.
43 Vgl BGHSt 7, 118 ff; 13, 169 ff; BGH VRS 33, 368 (370); 62, 166 (167); *Maiwald* JuS 1989, 186 (187 f); *Roxin* I § 24/23; SK-*Rudolphi* Vor § 1 Rn 73 f jew. mwN; krit. *Puppe* Jura 1998, 21 ff.

- ein anderer sich ersichtlich nicht an die einschlägigen Regeln hält; ein Fußgänger versucht zB erkennbar, bei Rot die Straße zu überqueren;
- ein anderer ersichtlich nicht in der Lage ist, das Risiko zu überschauen (Kind) oder zu beherrschen (Betrunkener);
- der Handelnde sich selbst verkehrswidrig verhält; wer selbst ein missbilligtes Risiko schafft, darf sich nicht darauf verlassen, dass andere *dieses* Risiko meistern.[44]

5. Erlaubt riskantes Alternativverhalten

▶ **FALL 8:** Autofahrer A fährt mit 90 km/h auf einer Straße, auf der eine Höchstgeschwindigkeit von 60 km/h zulässig ist. Plötzlich betritt der Fußgänger F verkehrswidrig die Fahrbahn und wird von A, der nicht mehr bremsen oder ausweichen kann, erfasst; F erleidet tödliche Verletzungen. A hätte den Unfall auch bei Einhaltung der erlaubten Höchstgeschwindigkeit nicht vermeiden können. ◀

▶ **FALL 9:** Aufgrund überhöhter Geschwindigkeit gerät L mit seinem Lkw in einer innerörtlichen Kurve ins Schleudern und erfasst – mit tödlichem Ausgang – den Fußgänger G, der unvorsichtig die Straße überquert; der Lkw hätte den Fußgänger auch erfasst, wenn sich dieser noch auf dem Bürgersteig aufgehalten hätte. ◀

▶ **FALL 10:** Zwei Busse stoßen auf einer engen Bergstraße zusammen; mehrere Reisende erleiden Verletzungen. Der Unfall hätte sich nur vermeiden lassen, wenn beide Fahrer, was sie nicht getan haben, jeweils verkehrsgerecht äußerst rechts gefahren wären.[45] ◀

34 a) **Pflichtwidrigkeitszusammenhang:** Sofern sich ein Täter bei der Verursachung eines Erfolgs sorgfaltswidrig verhalten hat und das Risiko eines Erfolgseintritts bei Aufbietung der erwarteten Sorgfalt hätte erkennen und vermeiden können, beruht der Erfolgseintritt auf der Sorgfaltspflichtverletzung. In einem solchen Fall besteht zwischen der Sorgfaltspflichtverletzung und der Erfolgsverursachung ein sog. Pflichtwidrigkeitszusammenhang.

Schwierigkeiten kann die Feststellung des Pflichtwidrigkeitszusammenhangs jedoch in Fällen aufwerfen, in denen der Täter nur das **Maß des erlaubten Risikos überschritten** hat. In einem solchen Fall hat sich der Täter zwar sorgfaltswidrig verhalten, durfte aber das betreffende Risiko in geringerem Umfang eingehen. Hätte hier der Erfolg auch bei erlaubt riskantem Alternativverhalten nicht vermieden werden können, so ist der Erfolg mangels seiner Vermeidbarkeit bei Einhaltung der gebotenen Sorgfalt nicht zurechenbar. Insoweit fehlt der für die Erfolgszurechnung erforderliche Pflichtwidrigkeitszusammenhang.[46]

35 In **Fall 8** hätte A den Unfall auch dann nicht vermeiden können, wenn er die zulässige Geschwindigkeit eingehalten hätte. Daher ist hier der Erfolg nicht auf die Überschreitung der zulässigen Höchstgeschwindigkeit, also den die Sorgfaltswidrigkeit des Täterverhaltens begründenden Umstand, zurückführbar. Der Erfolg ist mangels Pflichtwidrigkeitszusammenhangs nicht zurechenbar.

---

[44] Hierzu BGHSt 17, 299 (302); OLG Frankfurt/M JR 1994, 77 (78); *Kühl* § 17/39; *Stratenwerth/Kuhlen* § 15/64, jew. mwN.
[45] *W-Beulke/Satzger* Rn 690; *M-Gössel/Zipf* § 43/109; *Otto* § 10/26; ähnlich *Kühl* § 17/66 f.
[46] Ganz hM, vgl nur *Baumann/Weber/Mitsch* § 14/83 f; *W-Beulke/Satzger* Rn 197; *Kühl* § 4/59, 73.

aa) Umstritten ist die Behandlung der Fälle, in denen sich im Nachhinein **nicht mehr klären** lässt, ob der Erfolg bei Einhaltung des erlaubten Risikos hätte vermieden werden können.

- Nach einer im Schrifttum vertretenen Ansicht, der sog. **Risikoerhöhungslehre**, soll es – bei bestehender Kausalität zwischen Täterverhalten und Erfolg – für die Erfolgszurechnung ausreichen, dass der Täter durch sein sorgfaltswidriges Verhalten die Wahrscheinlichkeit des Erfolgseintritts nicht unerheblich gesteigert hat.[47] Keinesfalls soll schon die bloße Möglichkeit einer Unvermeidbarkeit des Erfolgs bei sorgfaltsgemäßem Alternativverhalten zum Ausschluss der Zurechenbarkeit des Erfolgs führen. Wenn es also in **Fall 8** plausible Anhaltspunkte dafür gäbe, dass A den Unfall bei Einhaltung der zulässigen Höchstgeschwindigkeit hätte vermeiden können, soll der Erfolg zurechenbar sein; mit Sicherheit brauche die Vermeidbarkeit nicht nachgewiesen zu werden. Diese Ansicht wird vor allem auf das Argument gestützt, dass kein Grund bestehe, einen Täter, der das tolerierbare Risiko überschreite, von den Folgen seines Verhaltens zu entlasten.[48]

- Demgegenüber **verneint** die hM einen zurechnungsbegründenden Pflichtwidrigkeitszusammenhang, wenn sich *ex post* **nicht mit an Sicherheit grenzender Wahrscheinlichkeit feststellen** lässt, dass der Erfolg bei sorgfaltsgemäßem Alternativverhalten vom Täter vermeidbar gewesen wäre.[49] Dieser Lösung ist zuzustimmen, da die Risikoerhöhungslehre mit dem Grundsatz *in dubio pro reo* nicht zu vereinbaren ist.[50] Zweifel bei der Aufklärung eines Sachverhalts dürfen nicht zulasten des Angeklagten gehen. Dass sich der Täter durch Überschreiten der zulässigen Höchstgeschwindigkeit unerlaubt verhalten hat, ist als Ordnungswidrigkeit zu ahnden. Der weitergehende strafrechtliche Vorwurf der Verwirklichung eines Tötungsdelikts lässt sich dagegen nur rechtfertigen, wenn zweifelsfrei feststeht, dass der Todeserfolg auf der Sorgfaltspflichtverletzung beruht, also mit Sicherheit nicht auch als Folge eines sorgfaltsgemäßen Verhaltens erklärt werden kann.

bb) Ein **Fehlverhalten des Opfers** ist unbeachtlich, wenn – wie in **Fall 9** – der Erfolg auch bei korrektem Verhalten des Opfers eingetreten wäre.[51]

b) Mehrere sorgfaltswidrig handelnde Täter: Wird ein Erfolg von mehreren sorgfaltswidrig handelnden Tätern verursacht, so entlastet es keinen von ihnen, wenn der Erfolg nur bei sorgfaltsgemäßem Verhalten aller hätte vermieden werden können, also auch bei sorgfaltsgemäßem Verhalten nur eines Täters eingetreten wäre. Dies ergibt sich schon aus dem Gedanken des Opferschutzes:[52] Der Verletzte kann nicht schlechter gestellt werden, wenn er nicht nur von einem, sondern von mehreren sorgfaltswidrig geschädigt wird und jeder der Täter sich entlastend darauf berufen könnte, dass je-

---

47 *Köhler* 197 ff; *Roxin* ZStW 74 (1962), 411 ff, 430 ff; SK-*Rudolphi* Vor § 1 Rn 65 ff; *Stratenwerth/Kuhlen* § 8/36 f; ähnlich NK-*Puppe* Vor § 13 Rn 204 f.
48 *Roxin* I § 11/89 ff.
49 BGHSt 11, 1 (7); 21, 59 (61); 24, 31 (34 ff); 37, 106 (127); BGH NStZ 1987, 505; *Baumann/Weber/Mitsch* § 14/86 f; *Freund* 2/49 f; *Frisch* JuS 2011, 205 (208); *Gropp* § 12/54; *Jakobs* 7/98 f; S/S-*Sternberg-Lieben/Schuster* § 15 Rn 177; vgl ferner *Dencker* JuS 1980, 210 (212); *Krümpelmann* GA 1984, 491; LK-*Vogel* § 16 Rn 182 f; LK-*Walter* Vor § 13 Rn 99.
50 *Baumann/Weber/Mitsch* § 14/86; MK-*Duttge* § 15 Rn 181; *Jakobs* 7/103.
51 W-*Beulke/Satzger* Rn 685 f.
52 Ferner aus den Regeln der alternativen Kausalität (vgl § 10 Rn 31 ff) und dem Vertrauensgrundsatz (vgl oben Rn 30 ff).

weils eigenes sorgfaltsgemäßes Handeln nicht zur Erfolgsvermeidung geführt hätte.[53] Konstruieren lässt sich dies mithilfe der Kriterien der alternativen Kausalität.[54]

41 In **Fall 10** kann sich keiner der Täter entlastend darauf berufen, dass der Unfall auch bei eigenem sorgfaltsgemäßem Verhalten nicht vermeidbar gewesen wäre. Vielmehr entfällt der Pflichtwidrigkeitszusammenhang nur, wenn sich der Unfall auch bei **sorgfaltsgemäßem Verhalten aller Nebentäter** ereignet hätte.

42 **c) Alkoholbedingte Unfälle:** Umstritten ist die Feststellung des Pflichtwidrigkeitszusammenhangs bei Unfällen alkoholisierter Kraftfahrer:

- Abweichend von der sonstigen Bestimmung des Pflichtwidrigkeitszusammenhangs stellt die Rechtsprechung darauf ab, ob sich der Unfall auch ereignet hätte, wenn der Kraftfahrer bei seinem Verkehrsverhalten seiner alkoholbedingten Fahruntüchtigkeit Rechnung getragen hätte.[55]

- Demgegenüber ist nach vorherrschender Lehre der Pflichtwidrigkeitszusammenhang unter der Fragestellung zu prüfen, ob der Unfall von einem nüchternen Kraftfahrer in der Situation des Täters hätte vermieden werden können.[56]

43 Der Meinungsstreit wirkt sich insbesondere in Fällen überhöhter Geschwindigkeit aus. Als Beispiel hierzu

▶ **FALL 11:** A fährt auf der Autobahn 160 km/h mit einer Blutalkoholkonzentration von 1,4 ‰. Infolge des Fahrfehlers eines anderen Kraftfahrers K kommt es zu einem für diesen tödlichen Unfall.[57] ◀

- Nach der Rechtsprechung ist zunächst zu entscheiden, bei welcher Geschwindigkeit A das Geschehen trotz Trunkenheit noch beherrscht hätte. Wäre dies etwa bei 120 km/h auf gerader Autobahnstrecke der Fall gewesen, so wird in einem zweiten Schritt geprüft, ob der Unfall bei dieser Geschwindigkeit vermeidbar gewesen wäre. Unter diesen Voraussetzungen wäre A in **Fall 11** wegen fahrlässiger Tötung zu bestrafen.

- Die hL verneint dagegen eine Haftung des A, wenn auch ein nüchterner Kraftfahrer bei der von A eingehaltenen Geschwindigkeit den Unfall nicht hätte vermeiden können.

44 Der Rechtsprechung ist entgegenzuhalten, dass sie sachwidrig ein pflichtwidriges Verhalten (Einhalten der Geschwindigkeit x bei alkoholbedingter Fahruntauglichkeit) durch ein **anderes pflichtwidriges Verhalten** (Einhalten der Geschwindigkeit y bei alkoholbedingter Fahruntauglichkeit) ersetzt: Im Zustand alkoholbedingter Fahruntauglichkeit darf aber überhaupt nicht am motorisierten Straßenverkehr teilgenommen werden. Folgerichtig kann daher bei der Prüfung, ob der Unfall gerade aus einer Pflichtverletzung resultiert, nur das sorgfaltswidrige Verhalten (alkoholbedingtes Fahren mit 160 km/h) in Relation zu dem parallelen sorgfaltsgemäßen Verhalten (nüchternes Fahren mit 160 km/h) gesetzt werden.

---

53 Vgl BGHSt 30, 228 (232) m. Anm. *Puppe* JuS 1982, 660; BGHSt 37, 106 (131); näher *Puppe* § 4/17 ff.
54 Vgl § 10 Rn 31 ff sowie *Puppe* Frisch-FS 446 ff.
55 Vgl nur BGHSt 24, 31; BGH NStZ 2013, 231 f m. krit. Bspr *Jäger* JA 2013, 393 ff sowie *Puppe* JR 2013, 473 ff, die im konkreten Fall zwar zum selben Ergebnis kommt, dies jedoch aufgrund von Erwägungen zur Doppelkausalität von Sorgfaltspflichtverletzungen; vgl auch MK-*Duttge* § 15 Rn 175; *Schünemann* JA 1975, 715 (718).
56 *Freund* JuS 1990, 213 (214 f); *Kühl* § 17/63; *Otto* § 10/21 f; *ders.* Schlüchter-GS 77 (86); diff. *El-Ghazi* ZJS 2014, 23 ff.
57 Vgl BayObLG VRS 87, 121.

6. Die subjektiven Handlungselemente der Fahrlässigkeit

▶ **FALL 12:** Vater V lässt Tabletten auf dem Küchentisch liegen; das dreijährige Kind K steckt sich einige davon in den Mund und erleidet gesundheitliche Schäden iSv § 229. ◀

Folgt man dem zweistufigen Fahrlässigkeitsmodell der hM, wonach die tatbestandsmäßige Sorgfaltspflicht anhand der Maßstabsfigur eines gewissenhaften und einsichtigen Angehörigen des relevanten Verkehrskreises zu bestimmen ist, so steht nach den bisherigen Prüfungsschritten erst fest, dass die Tatbestandsverwirklichung für einen dergestalt objektivierten Normadressaten erkennbar und vermeidbar war. Offen ist damit aber noch, ob auch der konkrete Täter in der Lage war, die erwartete (innere und äußere) Sorgfalt aufzubieten, also die Gefahr der Erfolgsherbeiführung zu erkennen und durch sorgfaltsgemäßes Verhalten zu vermeiden. Nach dem zweistufigen Fahrlässigkeitsmodell ist diese Frage erst auf der Ebene der Schuld aufzuwerfen und zu beantworten.

45

Die individuelle Fähigkeit zu sorgfaltsgemäßem Verhalten ist zu bejahen, wenn der Täter aufgrund seiner Intelligenz und Bildung, namentlich der ihm erreichbaren kausalgesetzlichen Kenntnisse, seiner Geschicklichkeit und Befähigung, seiner Lebenserfahrung und sozialen Stellung in der Lage gewesen ist,[58] der objektiven Maßstabsfigur entsprechend die Erfolgsrelevanz seines Verhaltens zu erkennen und durch sorgfaltsgemäßes Handeln zu vermeiden (oder auf ein erlaubt riskantes Maß zu reduzieren).

46

Mit Blick auf **Fall 12** bedeutet dies: Nachdem im Rahmen der objektiven Fahrlässigkeitshaftung zunächst festgestellt wurde, dass ein gewissenhafter Vater keine Tabletten in greifbarer Nähe von Kleinkindern herumliegen lässt, weil aufgrund der allgemeinen Lebenserfahrung bekannt ist, dass Kleinkinder dazu neigen, kleinere Gegenstände in den Mund zu stecken und zu verschlucken, ist im Rahmen der subjektiven Fahrlässigkeitshaftung zu fragen, ob V selbst unter Berücksichtigung der ihm bekannten Lebenserfahrung die Gefährlichkeit seines Verhaltens hätte erkennen und den Erfolg durch sorgfaltsgemäßes Wegschließen der Tabletten hätte vermeiden können.

47

Zu beachten ist, dass individuelle Fahrlässigkeit auch anzunehmen ist, wenn der Täter ein Risiko eingeht, von dem er weiß oder wissen kann, dass er es aufgrund seiner fehlenden Kenntnisse und Fähigkeiten nicht hinreichend beherrschen kann. Exemplarisch für eine solche **Übernahmefahrlässigkeit** ist die Ausübung einer beruflichen Tätigkeit ohne hinreichende Qualifikation.[59]

48

IV. Das einstufige Fahrlässigkeitsmodell

1. Kritik des zweistufigen Modells

Der zweistufige Fahrlässigkeitsaufbau basiert auf der kausalen Handlungslehre, welche die gesamte subjektive Tatseite – Vorsatz und Fahrlässigkeit – der Schuld zuordnet. Mit dem Vordringen der finalen Handlungslehre und der Einsicht, dass die Voraussetzungen der Handlungsfähigkeit zum Tatbestand und nur die Voraussetzungen der Motivationsfähigkeit zur Schuld gehören, hat dieser Deliktsaufbau seinen Sinn verloren. Denn es ist widersprüchlich, die Verwirklichung eines Tatbestands im Bewusstsein ihrer Vermeidbarkeit (= Vorsatz) als subjektive Tatseite, die Verwirklichung eines Tat-

49

---

[58] M-Gössel/Zipf § 43/167 ; Jescheck/Weigend § 54 I 3; bzgl unter- bzw überdurchschnittlicher Kenntnisse und Fähigkeiten LK-Vogel § 15 Rn 156 ff.
[59] Krey/Esser Rn 1366; Kühl § 17/91.

bestands bei sorgfaltsgemäßer Erkennbarkeit ihrer Vermeidbarkeit aber als Schuldelement einzustufen. Vielmehr gehören alle subjektiven Merkmale, die sich auf die Fähigkeit zum erfolgsvermeidenden Handeln beziehen, zum subjektiven Tatbestand, während die Elemente der subjektiven Fähigkeit zur normgemäßen Motivation der Schuld zuzuschlagen sind. Daher hatte schon *Welzel* in seiner frühen Konzeption des finalen Deliktsaufbaus das „entscheidende handlungsmäßige Moment der Fahrlässigkeit" in der „zwecktätigen Vermeidbarkeit" gesehen und dem Tatbestand zugewiesen.[60]

50 Sieht man in der Fahrlässigkeit ein dem Vorsatz entsprechendes Element der Erkennbarkeit und Vermeidbarkeit des Erfolgs, so muss man – parallel zum Vorsatzdelikt – die Fähigkeit zu sorgfaltsgemäßer Vorhersehbarkeit und Vermeidbarkeit dem Tatbestand zuordnen.[61] Man erhält dann einen einstufigen Fahrlässigkeitsbegriff, bei dem alle spezifischen Merkmale fahrlässigen Handelns auf der Tatbestandsebene angesiedelt sind. Auf der (motivationsrelevanten) Schuldebene ist allenfalls noch zu fragen, ob dem Täter die Einhaltung der erwarteten Sorgfalt zugemutet werden konnte (Rn 63).

2. Individuelle Vermeidbarkeit

▶ **FALL 13A:** Der Lkw-Fahrer L überholt auf einer Landstraße den Radfahrer R, wobei er einen Sicherheitsabstand von 2 m einhält. R ist jedoch – für L nicht erkennbar – so stark alkoholisiert, dass er während des Überholvorgangs sein Rad aus Schreck so weit nach links reißt, dass er von dem Lkw tödlich erfasst wird. ◀

▶ **FALL 13B:** Wie Fall 13a jedoch: L erkennt in R seinen Thekennachbarn wieder, der eine Viertelstunde vor ihm infolge hochgradiger Alkoholisierung schwankend das Lokal verlassen hatte. ◀

▶ **FALL 14:** Ein Marder beschädigt nachts einen Bremsschlauch am Pkw des Kraftfahrzeugmechanikers M. Als M am nächsten Morgen zur Arbeit fährt, versagen die Bremsen und es kommt zu einem Unfall mit Verletzungsfolgen. ◀

51 a) **Grundlagen:** Diese Konsequenz aus der parallelen Funktion von Vorsatz und Fahrlässigkeit zieht die sog. Lehre von der individuellen Vermeidbarkeit (oder individuellen Fahrlässigkeit).[62] Nach dieser Lehre ist zur Bestimmung der Sorgfaltswidrigkeit die Heranziehung einer fingierten Maßstabsfigur mit Durchschnittskenntnissen überflüssig. Die erforderliche Sorgfalt sei – wie beim Vorsatzdelikt – allein nach den individuellen Fähigkeiten des konkreten Täters zu bestimmen, da der Täter ohnehin nur für die Sorgfalt hafte, die er nach seinen Fähigkeiten auch hätte aufwenden können.

52 Demnach richten sich die Sorgfaltsanforderungen an den Täter immer nach seinen tatsächlichen Kenntnissen und Fähigkeiten. Dass dies plausibel ist, wird an den **Fällen 13a** und **13b** deutlich: In **Fall 13a** verhält sich L in einer Weise sorgfaltsgemäß, die seinen Kenntnissen der Situation entspricht. Er hält einen Sicherheitsabstand ein, der un-

---

60 *Welzel*, 1. Aufl, § 20 III. Seine Fahrlässigkeitskonzeption hat *Welzel* mehrmals geändert; die frühe Fassung wurde von seinem Schüler *Jakobs*, Studien zum fahrlässigen Erfolgsdelikt, 1972, systematisch ausgearbeitet.
61 Näher *Kindhäuser* GA 2007, 447 (456 ff); *Struensee* Samson-FS 199 ff.
62 Vgl (mit Abweichungen im Detail) *Burkhardt* in: Wolter/Freund, Straftat, Strafzumessung und Strafprozess im gesamten Strafrechtssystem, 1996, 99 (114 ff); MK-*Duttge* § 15 Rn 121; *Freund* § 5/18, 22 f, 29 ff; M-*Gössel/Zipf* § 43/172; *Gropp* § 12/82 ff; *Hruschka* 182 ff, 327; *Jakobs* 9/1 ff; *Kindhäuser* GA 1994, 204 ff; ders. GA 2007, 447 (458 ff); *Otto* § 10/5, 14 f; *Schmidhäuser* Schaffstein-FS 129 (145); *Schöne* Kaufmann, H.-GS 649 (668); LK-*Schroeder*, 11. Aufl., § 16 Rn 127 ff; *Stratenwerth* Jescheck-FS 285 ff; *Stratenwerth/Kuhlen* § 15/10 ff; *Struensee* GA 1987, 97; *ders.* JZ 1987, 58 ff; *Welzel*, 1. Aufl., § 20 III.

ter „normalen" Verhältnissen völlig ausreichend gewesen wäre, um eine Schädigung des R zu vermeiden. In **Fall 13b** weiß L dagegen um die Alkoholisierung des R[63] und erkennt (oder könnte erkennen), dass das Einhalten eines üblichen Sicherheitsabstands noch kein ungefährliches Überholen zulässt. Jetzt wird von L erwartet, dass er entweder einen erheblich größeren Sicherheitsabstand wählt oder dass er, wenn dies wegen der Straßenbreite nicht möglich ist, von einem Überholen ganz absieht. Wollte man dagegen in **Fall 13b** die von L erwartete Sorgfalt nach den durchschnittlichen Kenntnissen eines fingierten Lkw-Fahrers bestimmen, so müsste man auch hier, was ersichtlich sachwidrig wäre, einen Sorgfaltsverstoß verneinen. Die Vertreter der hM vermeiden freilich dieses Ergebnis, indem sie – prämissenwidrig – ein Sonderwissen des Täters ebenfalls bei der Bestimmung der Sorgfaltspflicht berücksichtigen (Rn 21).

b) Maßstab: Dass bei der Bestimmung einer Sorgfaltspflicht die tatsächlichen Kenntnisse des Täters zugrunde zu legen sind, heißt indessen keineswegs, dass hierbei kein Maßstab erforderlich sei. Denn es ist ja zu bestimmen, welches Maß an Sorgfalt der Täter bei seinen Kenntnissen und Fähigkeiten hätte aufbieten müssen. In **Fall 14** hätte M als Mechaniker ohne Weiteres den Schaden am Bremsschlauch entdecken können, wenn er seinen Pkw vor Fahrtantritt gründlich untersucht hätte. Die Frage ist aber, ob von M solche Untersuchungen von Rechts wegen überhaupt zu erwarten sind. Da der Rückgriff auf die individuellen Fähigkeiten und Kenntnisse des M zur Beantwortung dieser Frage nichts beiträgt, bedarf es zur Bestimmung der Sorgfaltspflicht der Maßstabsfigur eines gewissenhaften und einsichtigen Teilnehmers des entsprechenden Verkehrskreises. Nur ist diese Maßstabsfigur nicht mit einem fingierten durchschnittlichen Wissen, sondern mit den Kenntnissen und Fähigkeiten des individuellen Täters in der konkreten Tatsituation auszustatten.

53

Die Sorgfaltsanforderungen richten sich also danach, wie sich ein gewissenhafter und einsichtiger Angehöriger des einschlägigen Lebensbereichs hätte verhalten müssen, wenn er in der Tatsituation über die Kenntnisse und Fähigkeiten des Täters verfügt hätte. Hatte M in **Fall 14** keine Anhaltspunkte für das nächtliche Wirken eines Marders, so wird man von ihm als sorgfältigem Verkehrsteilnehmer auch nicht erwarten können, dass er vor Fahrtantritt seine Bremsen untersucht; seine Unkenntnis ist daher nicht sorgfaltswidrig.

54

Zu beachten ist, dass mangelnde Kenntnisse den Täter bei der Fahrlässigkeit nicht stets entlasten. Zum einen kann geringes Wissen für einen gewissenhaften und einsichtigen Normadressaten Anlass sein, davon Abstand zu nehmen, überhaupt in einer ggf gefährlichen Weise zu handeln (zB ihm unbekannte Chemikalien an einem für Kinder zugänglichen Ort aufzubewahren). Zum anderen kann der Täter genug wissen, um bei Einhaltung der von ihm erwarteten Sorgfalt zu erkennen, dass er für ein bestimmtes Vorhaben nicht genug weiß und daher weitere Erkundigungen einziehen oder Vorbeugemaßnahmen ergreifen müsste, um es gefahrlos durchführen zu können (zB eine Maschine nur nach gründlicher Information über ihre Arbeitsweise in Betrieb zu nehmen).

55

c) Sonstige Fahrlässigkeitsmerkmale: Alle sonstigen Kriterien der Fahrlässigkeitshaftung, die im Rahmen des zweistufigen Modells aufgezeigt wurden, gelten entsprechend auch für das einstufige Modell. Dies betrifft insbesondere die kausale Adäquanz (Rn 22 f), das erlaubte Risiko (Rn 26 ff), den Vertrauensgrundsatz (Rn 30 ff) sowie den Pflichtwidrigkeitszusammenhang (Rn 34 ff).

56

---

63 Insoweit gilt auch der Vertrauensgrundsatz nicht, vgl Rn 30 ff.

57 **d) Vergleich:** Ein Vergleich des zweistufigen mit dem einstufigen Fahrlässigkeitsmodell zeigt, dass im entscheidenden Punkt kein praktisch bedeutsamer Unterschied besteht, falls ein eventuelles Sonderwissen des Täters bereits auf der Tatbestandsebene berücksichtigt wird. Denn dann kann der einzige sich auf die Strafbarkeit auswirkende Fall nicht eintreten, dass mangels Erkennbarkeit eines Risikos bei Durchschnittskenntnissen bereits der Tatbestand einer Fahrlässigkeitstat zu verneinen wäre, obgleich der Täter genügend Anhaltspunkte zur Erkennbarkeit des erfolgsverursachenden Risikos hatte. Der umgekehrte Fall, dass der konkrete Täter aufgrund seiner körperlichen und geistigen Fähigkeiten nicht in der Lage ist, die Sorgfaltsanforderungen an eine fingierte Maßstabsfigur zu erfüllen, wirkt sich ebenfalls nicht auf das Ergebnis aus: Das einstufige Modell verneint hier die Tatbestandsmäßigkeit, während das zweistufige Modell die Schuld verneint. Stets ist der Täter straflos.[64]

Hinsichtlich der sonstigen Deliktsmerkmale weisen beide Modelle keine Unterschiede auf. Die nachfolgenden Ausführungen gelten also für beide Modelle gleichermaßen.

V. Rechtswidrigkeit

▶ **FALL 15:** V will den Angreifer Z nur mit einem Schreckschuss vertreiben, trifft ihn jedoch in den Arm; diese Verteidigung war objektiv erforderlich, um den Angriff wirksam abzuwehren. ◀

58 Für die Rechtfertigung bei Fahrlässigkeitstaten gilt grds keine Besonderheit:

59 ■ Ist **objektiv eine Rechtfertigungslage gegeben,** so ist das vom Täter – wie in **Fall 15** von V – geschaffene Risiko nicht unerlaubt. Dementsprechend sind auch ungewollte Auswirkungen einer Verteidigungshandlung durch Notwehr gedeckt, wenn sie Folgen der zu Recht gewählten Verteidigungsart sind.[65]

60 ■ Bei Fahrlässigkeitstaten bedarf es **keines subjektiven Rechtfertigungselements:** Da hier die subjektive Tatseite keine Kenntnis, sondern nur die Erkennbarkeit der Tatbestandsverwirklichung erfordert, ist insoweit auch kein Handlungsunrecht durch Kenntnis rechtfertigender Umstände auszugleichen.[66] Sofern sich also der Verteidiger – wie V in **Fall 15** – objektiv im Rahmen seiner Notwehrbefugnis bewegt, handelt er rechtmäßig.[67]

61 Teils wird jedoch auch bei der Fahrlässigkeit eine Kenntnis der Rechtfertigungslage[68] oder zumindest ein allgemeiner Wille zu rechtmäßigem Handeln[69] verlangt. Demnach ist jedenfalls gerechtfertigt, wer in einer Notwehrlage – wie V in **Fall 15** – seinen Gegner schonen will, ihn jedoch versehentlich in einer Weise verletzt, die objektiv gerechtfertigt ist.[70]

---

[64] Auswirkungen können sich nur bei der Verhängung von Maßregeln der Besserung und Sicherung (hierzu § 1 Rn 22) ergeben, da diese keine Schuld und damit keine erst auf der Schuldebene angesiedelten Fahrlässigkeitselemente voraussetzen.
[65] Vgl BGHSt 25, 229; 27, 313 (314); BGH NStZ 1988, 408 f; 2001, 591 f m. Anm. *Otto*; *Seelmann* JR 2002, 249 ff.
[66] Vgl *Frisch* Lackner-FS 113 (130 f); *Kretschmer* Jura 2002, 114 (117); *Kühl* § 17/80; *Otto* § 10/29; *Schaffstein* Welzel-FS 557 (576 f); *Stratenwerth/Kuhlen* § 15/38 ff.
[67] Vgl BGHSt 25, 229 (231 f).
[68] *Roxin* I § 24/95, 98.
[69] *Geppert* ZStW 83 (1971), 947 (979); M-*Gössel/Zipf* § 44/6 ff; diff. nach Deliktsarten *Jescheck/Weigend* § 56 I 3.
[70] BGH NJW 2001, 3200; *Kretschmer* Jura 2002, 114.

Der Streit ist bedeutungslos, wenn man der Auffassung folgt, dass bei objektiv gegebener Rechtfertigungslage das Erfolgsunrecht entfällt, also überhaupt nur wegen Versuchs bestraft werden kann.[71] Denn es gibt keinen fahrlässigen Versuch, weil das Fahrlässigkeitsdelikt stets das objektive Unrecht einer Tatbestandsverwirklichung voraussetzt. Bei objektiv gegebener Rechtfertigungslage entfällt somit ein Strafbarkeitserfordernis des Fahrlässigkeitsdelikts, so dass die subjektive Tatseite irrelevant ist.[72] Anderes gilt jedoch, wenn für eine Rechtfertigung – beim Fahrlässigkeitsdelikt wie beim Vorsatzdelikt – das kumulative Vorliegen objektiver und subjektiver Rechtfertigungselemente verlangt wird.[73]

VI. Schuld

▶ **FALL 16:** Als Mutter M erfährt, dass ihr Kind auf der Straße verunglückt ist, läuft sie schnell zur Unfallstelle, ohne in ihrer Besorgnis zu bedenken, dass das Bügeleisen noch eingeschaltet ist; es kommt zum Brand der Wohnung. ◀

1. Zumutbarkeit

Dem Täter muss die Erfüllung der Anforderungen sorgfaltsgemäßen Verhaltens zumutbar sein. Hierbei handelt es sich um ein schuldrelevantes Kriterium, da die Zumutbarkeit die Fähigkeit normgemäßer Motivation und Steuerung betrifft. Demgemäß kann die Unzumutbarkeit sorgfaltsgemäßen Verhaltens den Schuldvorwurf beseitigen. Dies gilt auch, wenn wie in **Fall 16** die – in erster Linie auf vorsätzliche Begehungsdelikte zugeschnittenen – Voraussetzungen des § 35 Abs. 1 nicht vorliegen, aber die Motivierung zu sorgfaltsgemäßem Verhalten aus „verständlichen Gründen" blockiert ist.[74]

2. Allgemeine Schulderfordernisse

Ansonsten stimmt das Fahrlässigkeitsdelikt hinsichtlich der allgemeinen Schulderfordernisse[75] mit dem Vorsatzdelikt überein. Der Fahrlässigkeitstäter muss also schuldfähig[76] sein und mit (zumindest potenziellem) Unrechtsbewusstsein handeln; Entschuldigungsgründe dürfen nicht eingreifen.

3. Notwehrexzess

Die Regelung des entschuldigenden Notwehrexzesses nach § 33[77] kann auch bei fahrlässiger Deliktsverwirklichung Bedeutung erlangen: Ergreift der Täter unter den Voraussetzungen einer Notwehrlage eine Abwehrmaßnahme, die nach seiner irrigen Situationseinschätzung erforderlich ist – er bedient sich zB einer Schusswaffe, weil er verkennt, dass eine Verteidigung mit bloßen Fäusten nicht minder effektiv wäre –, so

---

71 Hierzu § 29 Rn 8 f; zutreffend daher *Kretschmer* Jura 2002, 114 (117): akademischer Streit.
72 *Ebert* 168; *Jakobs* 11/30; *Kindhäuser*, Gefährdung als Straftat, 1989, 115; S/S-*Lenckner/Sternberg-Lieben* Vor § 32 Rn 99; *Otto* Schlüchter-GS 77 (96); *Stratenwerth/Kuhlen* § 15/42.
73 Vgl § 29 Rn 10.
74 Beispielhaft ist der sog. Leinenfängerfall, RGSt 30, 25 ff; vgl auch *Ebert* 170; krit. HKGS-*Duttge* § 15 Rn 51; *Köhler* 340.
75 Vgl § 21 Rn 11 f.
76 Zur *actio libera in causa* beim Fahrlässigkeitsdelikt vgl § 23 Rn 29 ff.
77 Hierzu § 25.

befindet er sich in einem Erlaubnistatbestandsirrtum.⁷⁸ Bejaht man in diesem Fall einen Ausschluss des Vorsatzes (oder der Vorsatzschuld), so ist eine mögliche Fahrlässigkeitsstrafbarkeit hinsichtlich der Verletzung des Angreifers zu prüfen. Hier ist nun § 33 anzuwenden, sofern der Täter im asthenischen Affekt handelt: Denn derjenige, der im asthenischen Affekt irrig glaubt, der Schusswaffeneinsatz sei erforderlich, kann nicht schlechter gestellt werden als derjenige, der im Affekt bewusst über die Grenzen der Notwehr hinausgeht.⁷⁹

66 Daraus ergibt sich folgender Grundsatz: Bei Fahrlässigkeit greift § 33 stets ein, wenn der Täter auch bei entsprechendem vorsätzlichen Handeln im asthenischen Affekt entschuldigt wäre.

VII. Fahrlässigkeitsformen

▶ **FALL 17A:** Kraftfahrer K übersieht das Verkehrsschild, das auf eine gefährliche Kurve hinweist, weil er in ein intensives Gespräch mit seinem Beifahrer versunken ist, und reduziert deshalb nicht im erforderlichen Maße seine Geschwindigkeit. ◀

▶ **FALL 17B:** Kraftfahrer K sieht zwar das Verkehrsschild, das auf eine gefährliche Kurve hinweist, reduziert aber seine Geschwindigkeit nicht, weil er auf seine Fahrkünste und die Qualitäten seines Fahrzeugs vertraut. ◀

1. Bewusste und unbewusste Fahrlässigkeit

67 Die Fahrlässigkeitshaftung setzt – in Abgrenzung zum Vorsatz – negativ voraus, dass der Täter nicht mit der konkreten Möglichkeit (Gefahr) einer Tatbestandsverwirklichung als Folge seines gewollten Handelns rechnet.⁸⁰ Hinsichtlich der tatsächlichen Situationseinschätzung lassen sich zwei Fahrlässigkeitsformen unterscheiden:

68 ■ Verkennt der Täter, dass er sich überhaupt erfolgsrelevant verhält und Maßnahmen zur Erfolgsvermeidung ergreifen müsste, handelt er **unbewusst fahrlässig**.⁸¹ Bei der unbewussten Fahrlässigkeit („neglegentia") ist sich also der Täter – wie K in **Fall 17a** – nicht bewusst, dass er überhaupt einen Sorgfaltsverstoß begeht.

69 ■ Erkennt der Täter zwar, dass er die erforderliche Sorgfalt nicht (hinreichend) einhält, vertraut aber aufgrund unzutreffender Annahmen darauf, zur Erfolgsvermeidung in der Lage zu sein, so handelt er **bewusst fahrlässig**.⁸² Bei der bewussten Fahrlässigkeit („luxuria"), verkennt der Täter also – wie K in **Fall 17b** – trotz seines Wissens um die Sorgfaltswidrigkeit seines Handelns die sich hieraus ergebende konkrete Möglichkeit des Erfolgseintritts.

---

78 Hierzu § 29 Rn 11 ff.
79 Vgl BGH NStZ 2011, 630 m. Anm. *Hecker* JuS 2012, 465; W-*Beulke/Satzger* Rn 449; *Jescheck/Weigend* § 45 II 3; *Köhler* 425; *Roxin* I § 22/84.
80 Näher zur Abgrenzung § 14 Rn 11 ff.
81 *Baumann/Weber/Mitsch* § 22/63; *Bringewat* Rn 636; *Ebert* 163; *Kühl* § 17/42.
82 W-*Beulke/Satzger* Rn 661; *Ebert* 163; M-*Gössel/Zipf* § 43/170.

2. Leichtfertigkeit

Die Unterscheidung von bewusster und unbewusster Fahrlässigkeit[83] ist im Rahmen der Fahrlässigkeitszurechnung ohne Bedeutung, da stets unbewusste Fahrlässigkeit ausreicht, wenn das Gesetz Fahrlässigkeit vorsieht. Sie kann allenfalls bei der Strafzumessung Berücksichtigung finden. Einfache Fahrlässigkeit – sei es bewusste, sei es unbewusste – reicht dagegen nicht aus, wenn das Gesetz Leichtfertigkeit als Haftungsvoraussetzung verlangt.[84] Denn Leichtfertigkeit ist eine gesteigerte Form der (nicht notwendig bewussten) Fahrlässigkeit. 70

Leichtfertigkeit entspricht in etwa der groben Fahrlässigkeit des Zivilrechts[85] und wird als **schwerwiegende Verletzung der im Verkehr erforderlichen Sorgfalt** umschrieben.[86] Dies ist insbesondere anzunehmen, wenn dem Täter die Gefährlichkeit seines Verhaltens unschwer, also schon bei geringem Interesse an der Vermeidbarkeit des Erfolgs, erkennbar war, weil sich ihm die Möglichkeit eines solchen Verlaufs aufdrängte.[87] Zu berücksichtigen sind hierbei auch das Gewicht des betroffenen Gutes und die Höhe des Risikos. 71

VIII. Gutachten: Der Aufbau des Fahrlässigkeitsdelikts

Je nachdem, ob man dem **Gutachten** das zweistufige oder das einstufige Fahrlässigkeitsmodell zugrunde legt, ergeben sich Abweichungen hinsichtlich der Stelle, an der die spezifischen Fahrlässigkeitsmerkmale der sorgfaltsgemäßen Erkennbarkeit und Vermeidbarkeit zu prüfen sind. Im Folgenden werden die beiden Prüfungsschemata nochmals in Kurzfassung einander gegenübergestellt. Im Gutachten ist nur ein bestimmter Aufbau zu wählen, ohne dass dieser – wie stets bei Aufbaufragen – zu begründen wäre. 72

1. Das zweistufige Fahrlässigkeitsmodell

Nach dem zweistufigen Aufbau der Fahrlässigkeitstat sind die objektiven Anforderungen der Sorgfalt dem Tatbestand und die subjektiven Anforderungen der Schuld zuzuordnen.[88] Demnach ist die Fahrlässigkeitstat in folgenden Schritten zu prüfen: 73

I. Tatbestand 74
   1. Erfolg, Handlung, Kausalität
   2. Sorgfaltspflichtverletzung

---

[83] Vgl hierzu auch RGSt 56, 343 (349); 58, 130 (134); *Jescheck/Weigend* § 54 II 1; *Otto* § 10/6 f; LK-*Vogel* § 15 Rn 149 f.
[84] Vgl zB §§ 138 Abs. 3, 178, 251, 264 Abs. 4, 306c, 308 Abs. 3; krit. zum Begriff der Leichtfertigkeit *Radtke* Jung-FS 737 (741 ff), der auf die besonders veranlasste Erkennbarkeit des Erfolgseintritts abstellt.
[85] Vgl §§ 277, 680 BGB.
[86] BGHSt 14, 240 (255); 20, 315 (323 f); 33, 66 f; OLG Nürnberg NStZ 1986, 556; *Arzt* Schröder-GS 119 ff; *Maiwald* GA 1974, 257 ff; *Tenckhoff* ZStW 88 (1976), 897 ff; *Wegscheider* ZStW 98 (1986), 624 ff; krit. *Radtke* Jung-FS 737 (741 ff), der auf die besonders veranlasste Erkennbarkeit des Erfolgseintritts abstellt.
[87] Vgl BGHSt 33, 66 (67); *Jakobs* 9/24; *Otto* § 10/10; LK-*Vogel* § 16 Rn 297; entgegen der ganz hM will *Duttge*, Zur Bestimmtheit des Handlungsunwerts von Fahrlässigkeitsdelikten, 2001, 386 ff, Fahrlässigkeit auf diese Form mangelnder Sorgfalt begrenzen; zur Kritik *Herzberg* GA 2001, 568 ff.
[88] Vgl *Burgstaller*, Das Fahrlässigkeitsdelikt im Strafrecht, 1974, 16 ff; *Jescheck/Weigend* § 54 I; *Kaminski*, Der objektive Maßstab im Tatbestand des Fahrlässigkeitsdelikts, 1992, 135 ff; *Kaufmann* Welzel-FS 393 (404 ff); L-Kühl-*Kühl* § 15 Rn 35 ff; *Maiwald* JuS 1989, 186; *Schünemann* Schaffstein-FS 159 ff.

3. Sorgfaltsgemäße objektive Vorhersehbarkeit des erfolgsverursachenden Kausalverlaufs (kausale Adäquanz)
4. Sorgfaltsgemäße objektive Vermeidbarkeit der Erfolgsherbeiführung (Pflichtwidrigkeitszusammenhang)
5. Ggf sonstige Kriterien der objektiven Zurechnung (zB Handeln des Opfers auf eigene Gefahr)

II. Rechtswidrigkeit

III. Schuld
1. Individuelle Vorhersehbarkeit des erfolgsverursachenden Kausalverlaufs
2. Individuelle Fähigkeit zu sorgfaltsgemäßer Erfolgsvermeidung
3. Zumutbarkeit sorgfaltsgemäßen Verhaltens
4. Sonstige Schuldmerkmale (Schuldfähigkeit, Entschuldigungsgründe usw)

2. Das einstufige Fahrlässigkeitsmodell

75 Nach dem einstufigen Modell richtet sich die Bestimmung der sorgfaltsgemäßen Vorhersehbarkeit und Vermeidbarkeit des Erfolgs nach den Kenntnissen und Fähigkeiten des konkreten Täters. Demnach ist die Fahrlässigkeitstat in folgenden Schritten zu prüfen:

76 I. Tatbestand
1. Erfolg, Handlung, Kausalität
2. Sorgfaltspflichtverletzung
3. Sorgfaltsgemäße individuelle Vorhersehbarkeit des erfolgsverursachenden Kausalverlaufs (kausale Adäquanz)
4. Sorgfaltsgemäße individuelle Vermeidbarkeit der Erfolgsherbeiführung (Pflichtwidrigkeitszusammenhang)
5. Ggf sonstige Kriterien der objektiven Zurechnung (zB Handeln des Opfers auf eigene Gefahr)

II. Rechtswidrigkeit

III. Schuld
1. Zumutbarkeit sorgfaltsgemäßen Verhaltens
2. Sonstige Schuldmerkmale (Schuldfähigkeit, Entschuldigungsgründe usw)

77 **WIEDERHOLUNGS- UND VERTIEFUNGSFRAGEN**

> Auf welchem Prinzip beruht die Fahrlässigkeitshaftung? (Rn 2 ff)
> Welche objektiven Voraussetzungen hat nach hM die Fahrlässigkeit? (Rn 15 ff)
> Was ist unter einem erlaubten Risiko, was unter dem Vertrauensgrundsatz zu verstehen? (Rn 26 ff, 30 ff)
> Wie ist der Pflichtwidrigkeitszusammenhang bei erlaubt riskantem Alternativverhalten zu bestimmen? (Rn 34 ff)
> Welche Fahrlässigkeitsformen lassen sich unterscheiden? (Rn 67 ff)

§ 34 Vorsatz-Fahrlässigkeits-Kombinationen

I. Allgemeines

1. Systematik

Das StGB kennt neben reinen Vorsatz- und reinen Fahrlässigkeitsdelikten auch Mischtatbestände, die für die Tathandlung Vorsatz verlangen und hinsichtlich einer besonderen Tatfolge Fahrlässigkeit ausreichen lassen. Nach § 11 Abs. 2 sind solche Vorsatz-Fahrlässigkeits-Kombinationen als **Vorsatzdelikte** einzustufen. Aus dieser Zuordnung ergibt sich insbesondere eine Strafbarkeit von Versuch und Teilnahme.

Die Vorsatz-Fahrlässigkeits-Kombinationen lassen sich in die nicht-qualifizierenden Tatbestände und die erfolgsqualifizierten Delikte unterteilen:

- Bei den **nicht-qualifizierenden Vorsatz-Fahrlässigkeits-Kombinationen** ist der Vorsatzteil des Tatbestands für sich allein nicht selbstständig strafbar. Vielmehr ist hier die (zumindest) **fahrlässig** herbeigeführte **Tatfolge strafbegründend**. Beispielhaft sind die Vorschriften der §§ 308 Abs. 5, 315 Abs. 5, 315a Abs. 3 Nr. 1, 315b Abs. 4, 315c Abs. 3 Nr. 1. Einige dieser Tatbestände sind – wie zB § 315c Abs. 1 und Abs. 3 Nr. 2 – auch insgesamt als Vorsatz- oder Fahrlässigkeitsdelikte begehbar. Ferner gibt es Tatbestände, die – wie zB § 138 Abs. 3 – für die Tathandlung grundsätzlich Vorsatz verlangen, hinsichtlich einzelner Tatbestandsmerkmale aber auch Fahrlässigkeit genügen lassen.

- Bei den **erfolgsqualifizierten Delikten** verlangt das Gesetz die **vorsätzliche** Verwirklichung eines selbstständig mit Strafe bedrohten Grunddelikts und **qualifiziert** diese Tat, wenn durch sie „wenigstens fahrlässig" (§ 18) eine **besondere Folge** verursacht wird.[1] Beispielhaft für diese Deliktsgruppe sind die Vorschriften der §§ 221 Abs. 3, 226, 227, 239 Abs. 3, Abs. 4. Einige der erfolgsqualifizierten Delikte verlangen – wie zB die §§ 178, 251 – über § 18 hinausgehend, dass die schwere Folge (zumindest) leichtfertig[2] herbeigeführt wurde.

2. Konkrete Gefährdungen

Konkrete Gefährdungen kommen **nicht als Erfolgsqualifikationen** in Betracht.[3] Auf sie ist daher die allgemeine Regelung des § 18 nicht anwendbar. Gefährdungserfolge müssen vielmehr stets vom Vorsatz erfasst sein, wenn nicht das betreffende Gesetz selbst eine Fahrlässigkeitshaftung vorsieht.[4] Dieses einhellig vertretene Ergebnis ergibt sich aus der systematischen Überlegung, dass das Gesetz stets dort, wo – wie zB bei §§ 307 Abs. 2, 308 Abs. 5, 315a Abs. 3 Nr. 1, 315b Abs. 4, 315c Abs. 3 Nr. 1 – eine fahrlässige Verursachung des Gefahrerfolgs ausreicht, eine ausdrückliche Regelung trifft. Dies wäre bei Anwendbarkeit von § 18 überflüssig.[5]

---

1 Problemanalyse bei *Rengier* Geppert-FS 479 ff.
2 Hierzu § 33 Rn 70 f.
3 *Baumann/Weber/Mitsch* § 8/78; MK-*Hardtung* § 18 Rn 12.
4 BGHSt 26, 176 (180); 26, 244 (245); BGH StV 1991, 262; *Baumann/Weber/Mitsch* § 8/78; NK-*Paeffgen* § 18 Rn 7 ff mwN.
5 Vgl *Geilen* Jura 1979, 445 (446); MK-*Hardtung* § 18 Rn 12; *Küper* NJW 1976, 543 (546); *Rengier*, Erfolgsqualifizierte Delikte, 1986, 87 f, 281 f; LK-*Vogel* § 250 Rn 25.

II. Erfolgsqualifizierte Delikte

▶ **FALL 1:** A schlägt mit Verletzungsvorsatz dem B eine Eisenstange auf den Kopf, wobei der Schlag stärker ausfällt als geplant. B stirbt, was A nicht vorausgesehen hat, aber hätte voraussehen können, an einem Schädelbasisbruch. ◀

1. Problem

6 Die erfolgsqualifizierten Delikte werfen das besondere Problem auf, dass ihre **Strafandrohung** regelmäßig deutlich über derjenigen liegt, die für eine tateinheitliche Verwirklichung des vorsätzlichen Grunddelikts und der fahrlässigen Erfolgsherbeiführung gilt. So ordnet etwa § 227 eine Mindestfreiheitsstrafe von drei Jahren an, während §§ 222 und 223 jeweils nur eine Freiheitsstrafe bis zu fünf Jahren vorsehen.[6] Demnach muss dem erhöhten Strafmaß auch ein gesteigertes Unrecht der erfolgsqualifizierten Delikte entsprechen.

2. Restriktive Auslegung

7 Eine **Erhöhung des Unrechts** in diesem Sinne lässt sich dann annehmen, wenn bereits die Begehung des Grunddelikts mit einem gesteigerten Risiko, das sich in der schweren Folge adäquat realisiert, verbunden ist.[7] Demnach muss etwa bei § 227 schon mit der grunddeliktischen Körperverletzung nach § 223 über das Verletzungsrisiko hinaus eine Lebensgefahr geschaffen werden, die dann zum Todeserfolg führt. Es reicht also nicht aus, wenn der Täter nur das Grunddelikt vorsätzlich verwirklicht und hierbei fahrlässig auch die Ursache für den Eintritt der schweren Folge setzt. Vielmehr muss bereits in der Verwirklichung des Grunddelikts das Risiko des Eintritts der qualifizierenden Folge angelegt sein.[8] In diesem Sinne schafft A in **Fall 1** bereits durch die vorsätzliche Körperverletzungshandlung objektiv auch eine Lebensgefahr, die sich im Tod des Opfers realisiert.

8 Somit muss bei jedem erfolgsqualifizierten Delikt das **spezifische Risiko des Grunddelikts** durch Auslegung ermittelt werden.[9] Es müssen also zB bei § 227 die Körperverletzungshandlung, bei § 239 Abs. 4 die Freiheitsberaubung und bei § 251 die räuberische Nötigungshandlung jeweils als solche lebensgefährlich sein. Auch Handlungen des Opfers oder Dritter schließen den Risikozusammenhang dann nicht aus, wenn diese Reaktionen in die Risikozuständigkeit des Täters fallen. Exemplarisch: § 239 Abs. 4 ist erfüllt, wenn das eingeschlossene Opfer bei einem riskanten Befreiungsversuch ums Leben kommt, da Versuche, die Freiheit zu erlangen, zu den typischen Reaktionen auf eine Freiheitsberaubung gehören. Dagegen gehört es nicht zu den typischen Reaktionen auf eine (leichte) Körperverletzung, dass das Opfer in lebensgefährlicher Weise die Flucht ergreift. Wird die schwere Folge, wie im letztgenannten Fall, entscheidend durch ein Verhalten des Opfers oder das Eingreifen eines Dritten bedingt, ohne dass

---

6 Vgl hierzu NK-*Paeffgen* § 227 Rn 2, 7, § 18 Rn 22 ff mwN; ferner *Geilen* Welzel-FS 655 ff; *Küpper* Hirsch-FS 615 ff; *Lorenzen*, Zur Rechtsnatur der erfolgsqualifizierten Delikte, 1981, 107 ff, 143 ff; *Rengier*, Erfolgsqualifizierte Delikte, 1986, 130 ff; *Sowada* Jura 1994, 643 (644).
7 *Geilen* Welzel-FS 655 ff; *Jakobs* 9/33; *Kühl* Jura 2002, 810 (812 ff); *Laue* JuS 2003, 743 ff; *Otto* § 11/1; *Sowada* Jura 1994, 644; LK-*Vogel* § 18 Rn 24; abw. NK-*Paeffgen* § 18 Rn 44 ff, der zur Steigerung des Handlungsunrechts stets Leichtfertigkeit hinsichtlich der besonderen Tatfolge für erforderlich hält.
8 Näher hierzu für die praktisch wichtigen Fälle der §§ 226 und 227 *Kindhäuser* BT I § 10.
9 BGH NJW 1998, 3361 (3362).

dies durch das grunddeliktische Risiko veranlasst ist, so fehlt es am **unmittelbaren Zusammenhang** zwischen Tathandlung und besonderer Tatfolge.[10]

Das spezifische Risiko muss nach hM durch die Tathandlung geschaffen werden, die den gesamten Bereich vom Versuchs- bis zum Vollendungsstadium umfasst.[11] Namentlich bei § 227 wird jedoch von einer verbreiteten Mindermeinung, der sog. Letalitätstheorie, gefordert, dass sich der Todeserfolg gerade aus dem vorsätzlich herbeigeführten Erfolg des Grunddelikts ergeben müsse.[12] Da sich die spezifische Gefährlichkeit des Grunddelikts in dessen Erfolg niederschlage, müsse die qualifizierende schwere Folge ihrerseits durch den Erfolg des Grunddelikts bedingt sein. Auch nach dieser restriktiveren Lehre wäre in **Fall 1** § 227 verwirklicht, da hier der vorsätzlich herbeigeführte Verletzungserfolg (Kopfverletzung) zur Ursache des (nicht vorsätzlich herbeigeführten) späteren Todeserfolgs wird.

3. Beteiligung

Bei der Beteiligung mehrerer am Grunddelikt ist für jeden gesondert die Zurechenbarkeit der Erfolgsqualifikation zu prüfen. Dementsprechend kann ein Haupttäter nur wegen des Grunddelikts, ein Gehilfe aber auch wegen der Erfolgsqualifikation zu bestrafen sein.[13] Bei Mittäterschaft muss jedem der Beteiligten zumindest Fahrlässigkeit zur Last fallen;[14] anderenfalls macht sich der Beteiligte nur wegen des Grunddelikts strafbar.

III. Gutachtenaufbau

Im Gutachten empfiehlt es sich, beim erfolgsqualifizierten Delikt zunächst das vorsätzlich vollendete Grunddelikt komplett zu erörtern und sodann die fahrlässige Verursachung der schweren Folge zusammen mit der erforderlichen spezifischen Risikoverwirklichung zu prüfen, also:

I. Vorsatzteil (Tatbestand, Rechtswidrigkeit, Schuld des Grunddelikts)
II. Fahrlässigkeitsteil (ggf in Form von Leichtfertigkeit):
   1. Verursachung des qualifizierenden Erfolgs
   2. Risikozusammenhang
   3. Sorgfaltspflichtverletzung (in der Regel schon durch Begehen des Grunddelikts)[15]
   4. Sorgfaltsgemäße objektive Vorhersehbarkeit des erfolgsverursachenden Kausalverlaufs
   5. Sorgfaltsgemäße objektive Vermeidbarkeit der Erfolgsherbeiführung (Pflichtwidrigkeitszusammenhang zwischen Grunddelikt und Erfolg)
   6. Rechtswidrigkeit bzgl Erfolg

---

10 Vgl RGSt 44, 137 (139); BGHSt 14, 110 (112); 19, 382 (387); 24, 213; BGH NJW 1971, 152; MDR 1982, 1034.
11 BGHSt 31, 96 (98); 32, 25 (27f); BGH NJW 1986, 438; 1992, 1708; NStZ 1992, 333f; *Burgstaller* Jescheck-FS 357 ff; *Geilen* Welzel-FS 655 (681); *Gössel* Lange-FS 219 (232); *Graul* JR 1992, 344 (345); *Wolter* GA 1984, 443 ff.
12 *Maiwald* JuS 1984, 439 (443f); *Mitsch* Jura 1993, 18 (19f); *Roxin* I § 10/115; *Ulsenheimer* GA 1966, 257 (272); präzisierend *Puppe* NStZ 1983, 22 (24); vgl auch *Sowada* Jura 2003, 549 (554ff).
13 Vgl § 38 Rn 21.
14 Vgl BGH NStZ 1997, 82; MK-*Hardtung* § 18 Rn 57f.
15 Vgl BGHSt 24, 213 (215); BGH NStZ 1982, 27.

7. Schuld bzgl Erfolg (Individuelle Vorhersehbarkeit des erfolgsverursachenden Kausalverlaufs und Individuelle Fähigkeit zu sorgfaltsgemäßer Erfolgsvermeidung)

12 Wenn der Sachverhalt so gelagert ist, dass die Erfolgsqualifikation und ihr Zusammenhang mit dem Grunddelikt unschwer zu bejahen sind, können der Einfachheit halber Rechtswidrigkeit und Schuld für das Grunddelikt und die Erfolgsqualifikation zusammen geprüft werden, also:

I. Vorsatzteil (obj. und subj. Tatbestand des Grunddelikts)
II. Fahrlässigkeitsteil (fahrlässige Tatbestandsverwirklichung der Erfolgsqualifikation)
III. Rechtswidrigkeit und Schuld (bzgl I. und II.)

13 **WIEDERHOLUNGS- UND VERTIEFUNGSFRAGEN**

> Was ist unter nicht-qualifizierenden Vorsatz-Fahrlässigkeits-Kombinationen, was unter erfolgsqualifizierten Delikten zu verstehen? (Rn 3 f)
> Sind konkrete Gefahrerfolge als Erfolgsqualifikationen iSv § 18 anzusehen? (Rn 5)
> Welche besonderen Probleme werfen erfolgsqualifizierte Delikte auf? (Rn 6 ff)

E. Unterlassungsdelikte

§ 35 Grundlagen

I. Echte und unechte Unterlassungsdelikte

Unterlassungsdelikte sind Straftaten, bei denen der Täter eine rechtlich gebotene Handlung nicht vornimmt. Sofern die Voraussetzungen, unter denen das Unterlassen tatbestandsmäßig ist, bereits abschließend im jeweiligen Gesetz festgelegt sind, spricht man von einem **echten Unterlassungsdelikt**. Hier wird also der objektive Deliktstatbestand durch die Nichtvornahme der gesetzlich genannten Handlung verwirklicht.[1] So nennt etwa § 323c die Voraussetzungen des tatbestandsmäßigen Unterlassens von Hilfeleistungen.[2]

Von **unechten Unterlassungsdelikten** spricht man dagegen, wenn unter den Voraussetzungen des § 13 Abs. 1 die Verwirklichung eines (beliebigen) Deliktstatbestands durch Unterlassen dem Begehen gleichzustellen ist.[3] Während sich etwa die Strafbarkeit des Totschlags durch Begehen unmittelbar aus dem auf eine aktive Begehungsweise zugeschnittenen Tatbestand des § 212 ergibt, ist die Strafbarkeit des Totschlags durch Unterlassen § 212 iVm § 13 zu entnehmen. **Täter** eines unechten Unterlassungsdelikts kann *nur* derjenige sein, der iSv § 13 „rechtlich dafür einzustehen hat, dass der Erfolg nicht eintritt", der also eine sog. **Garantenstellung** innehat.

II. Zur Abgrenzung von Tun und Unterlassen

1. Verhältnis von Tun und Unterlassen

▶ **Fall 1:** Der stark alkoholisierte Kraftfahrer K gerät auf einsamer Landstraße ins Schleudern und verletzt den Fußgänger F lebensgefährlich; bewusst unterlässt K anschließend die ihm mögliche Rettung des F. ◀

▶ **Fall 2:** A deponiert eine Bombe mit Zeitzünder. ◀

▶ **Fall 3:** B schlägt den C mit Tötungsvorsatz nieder und entfernt sich sodann, ohne den alsbald verblutenden C zu retten. ◀

▶ **Fall 4:** D vergiftet den Cognac des E, um diesen zu töten. Als auch der Gast G von dem Cognac trinkt, unternimmt D nichts, um den Plan nicht auffliegen zu lassen. ◀

a) **Abgrenzung:** Tun und Unterlassen können nicht absolut, sondern nur relativ hinsichtlich eines bestimmten Erfolgs als Aktivität und Passivität voneinander abgegrenzt werden. Auch derjenige, der eine Handlung aktiv vornimmt, verhält sich passiv hinsichtlich möglicher Alternativen. Exemplarisch: Wer langsam geht, unterlässt es zu rennen, und umgekehrt. Strafrechtlich sind Tun und Unterlassen daher **relativ zur fraglichen Tatbestandsverwirklichung** voneinander abzugrenzen: Sie sind jeweils die aktive oder passive Alternative zu dem Verhalten, durch das der Täter die Tatbestandsver-

---

[1] Vgl BGHSt 14, 280 (281); OLG Frankfurt/M NStZ-RR 2001, 57 (58); *Jescheck/Weigend* § 58 III 2; L-Kühl-*Kühl* § 13 Rn 4.
[2] Weitere Beispiele sind § 123 Abs. 1 Alt. 2, § 138 sowie die Vernachlässigung einer Pflicht in § 225 Abs. 1.
[3] Vgl BGHSt 14, 280 (281); ausf. Aufbereitung der Thematik der unechten Unterlassungsdelikte bei *Ransiek* JuS 2010, 490 ff, 585 ff, 678 ff; zur Entsprechungsklausel vgl außerdem *Satzger* Jura 2011, 749 ff.

wirklichung aus der *ex-ante*-Perspektive vermeiden kann. Das Begehen ist also die Vornahme des zur Vermeidung der Tatbestandsverwirklichung zu unterlassenden Verhaltens, während das Unterlassen die Nichtvornahme des zur Abwendung der Tatbestandsverwirklichung auszuführenden Verhaltens ist.

4 **b) Kriterien:** Hinsichtlich einer **bestimmten Vorgehensweise** der Tatbestandsverwirklichung schließen Tun und Unterlassen einander aus.[4] Sofern die Tat vollendet ist, kann zur Unterscheidung auf den kausalen (bzw sozial-sinnhaften) Energieeinsatz abgestellt werden. Ein Begehen wäre dann bei kausaler Erfolgsherbeiführung durch ein aktives Verhalten anzunehmen.[5] Beim Versuch kommt es darauf an, wie der Erfolg nach der Tätervorstellung bedingt wird. Eine verbreitete Ansicht befürwortet demgegenüber eine normative Abgrenzung zwischen Tun und Unterlassen: Maßgeblich soll sein, ob der Schwerpunkt der Vorwerfbarkeit bzw der soziale Sinn des Täterverhaltens im Tun oder im Unterlassen liegt.[6] Indessen ist das aktive Begehen – wie der Strafmilderung des § 13 Abs. 2 zu entnehmen ist[7] – ohnehin die gewichtigere Vorgehensweise, und sonstige Gesichtspunkte lassen sich gewöhnlich nicht ohne unzulässigen Vorgriff auf weitere Deliktsmerkmale – wie zB Vorsatz oder Fahrlässigkeit – ausmachen. Insoweit handelt es sich bei diesem Ansatz um eine Vorwegnahme des Ergebnisses ohne hinreichende Grundlage.[8]

5 **c) Gutachtenaufbau:** Sofern sich **ein bestimmter Erfolg** auf **voneinander unabhängige Handlungen oder Unterlassungen** zurückführen lässt, ist jede auf diesen Erfolg bezogene Tatbestandsverwirklichung gesondert zu prüfen. Hier lassen sich grds nur im Bereich der Konkurrenzen, nicht aber schon auf Tatbestandsebene erfolgsbezogene Verhaltensweisen ausschließen. Daher ist im Gutachten zunächst zu fragen, ob jeweils alle Voraussetzungen für ein Begehungs- *und* ein Unterlassungsdelikt erfüllt sind. Ist dies der Fall,[9] so ist im Rahmen der Konkurrenzen zu prüfen, ob die Tatbestände tateinheitlich oder tatmehrheitlich verwirklicht sind oder ob ein Tatbestand im Wege der Gesetzeskonkurrenz verdrängt wird.[10]

6 So sind in **Fall 1** (neben den Verkehrsdelikten) eine fahrlässige Tötung (§ 222) und ein vorsätzlicher Totschlag durch Unterlassen (§§ 212, 13) gegeben. Hier geht es nicht um eine Abgrenzung von Tun und Unterlassen, sondern um **verschiedene Tatbestandsverwirklichungen**, deren Verhältnis zueinander erst auf der Konkurrenzebene zu klären

---

4 Zum Problem der Abschaltung lebenserhaltender Geräte in der Intensivmedizin vgl *Gropp* Schlüchter-GS 173 ff mwN.
5 Vgl *Brammsen* GA 2002, 193 (205 ff); *Engisch* Gallas-FS 163 (170 f); *Jescheck/Weigend* § 58 II 2; *Otto/Brammsen* Jura 1985, 530 (531); *Roxin* ZStW 74 (1962), 411 (413 ff, 415); *Samson* Welzel-FS 579 (595); *Stoffers* GA 1993, 262 ff; *Struensee* Stree/Wessels-FS 133 (143 ff); diff. *Kuhlen* Puppe-FS 669 ff.
6 Vgl BGHSt 6, 46 (59); 40, 257 (265 f); BGH NStZ 2003, 657; OLG Karlsruhe GA 1980, 429 (431 f); *W-Beulke/Satzger* Rn 700; *Geilen* JZ 1968, 145 (151); *Köhler* 215; *Krey-Esser* Rn 1107; *Schmidt* Engisch-FS 339 (348 ff); S/S-*Stree/Bosch* Vor § 13 Rn 158a; vgl auch BGH StV 2007, 76 m. Anm. *Ulsenheimer*.
7 Diese soll darauf beruhen, dass „die gebotene Handlung vom Unterlassungstäter mehr verlange als den normalen Einsatz rechtstreuen Willens"; vgl BGH JR 1982, 464 (465); StV 1987, 527 (528); *Freund* Herzberg-FS 225 (244 f); *Lermann* GA 2008, 78 ff; *Loos* Samson-FS 81 (90 f); krit. *Perdomo-Torres* Jakobs-FS 497 (511 ff), der eine Strafmilderung wegen Unterlassens für nicht vereinbar mit der Gleichartigkeit von Tun und Unterlassen hält.
8 MK-*Freund* § 13 Rn 5 ff; *Kühl* § 18/14; *Otto* § 9/2; *ders.* Jura 2003, 100 (101); *Stratenwerth/Kuhlen* § 13/2.
9 Sonst kommt ohnehin nur eine Bestrafung wegen des jeweils verwirklichten Delikts in Betracht.
10 Vgl auch *Baumann/Weber/Mitsch* § 15/27; *Walter* ZStW 116 (2004), 555 (567).

§ 35 Grundlagen

ist.[11] Ebenso wäre der Fall zu entscheiden, wenn dem K hinsichtlich des Unfalls wie auch hinsichtlich des anschließenden Weiterfahrens ohne Rettungsleistung nur Fahrlässigkeit zur Last fällt, weil er etwa irrig annimmt, Wild angefahren zu haben.

d) **Kein Unterlassen:** Keine Bedeutung kommt dem Unterlassen jedoch zu, wenn es sich in der bloßen Nichtverhinderung des auf einen bestimmten Erfolg hin initiierten Kausalverlaufs erschöpft. Zunächst gilt: Da auch beim Begehungsdelikt eine Tatbestandsverwirklichung nur zurechenbar ist, wenn der Täter ein unerlaubtes Risiko gesetzt hat, die Schaffung eines unerlaubten Risikos aber zugleich eine Garantenstellung aus Ingerenz begründet,[12] ist im Prinzip jedes Begehen mit einem auf die Erfolgsverhinderung bezogenen Unterlassen verbunden. So ist A in **Fall 2** bis zum Zeitpunkt der Explosion verpflichtet, die Bombe wieder zu entschärfen.

Jedoch scheidet ein Unterlassen zumeist schon **faktisch** aus, weil der Täter nicht mehr fähig ist, die aktiv gesetzte Gefahr wieder zu beseitigen. Exemplarisch: A schießt auf B. Da er die Kugel nicht wieder einfangen kann, kommt ein Unterlassen nicht in Betracht. Keiner Erwähnung bedarf das Unterlassen aber auch, wenn eine Zeitdifferenz besteht, die ein Eingreifen möglich machte. Denn auch dann ist das Unterlassen **evident subsidiär**,[13] da es sich darin erschöpft, den durch Begehen initiierten Kausalverlauf nicht zu revozieren. Daher wäre es in **Fall 3** (völlig) überflüssig, neben § 212 noch §§ 212, 13 anzusprechen.

e) **Verschiedene Erfolge:** Beziehen sich Begehen und Unterlassen auf verschiedene Erfolge, so sind stets alle tatbestandlichen Vorgehensweisen gesondert zu erörtern. Eine Abgrenzung von Tun und Unterlassen wäre hier von vornherein verfehlt, da es um die Verwirklichung voneinander unabhängigen Unrechts geht. In **Fall 4** hat D neben der vorsätzlichen Tötung des E durch Begehen auch den Tatbestand des Totschlags durch Unterlassen bezüglich G verwirklicht.

2. Einzelfragen

▶ **FALL 5:** Fabrikant F hatte infizierte Ziegenhaare, ohne sie zu reinigen, zur Herstellung von Pinseln ausgehändigt; hierdurch erkrankten Arbeiterinnen an Milzbrand. ◀

▶ **FALL 6:** A schlägt R nieder, der den ertrinkenden Nichtschwimmer N aus dem Wasser ziehen möchte. ◀

▶ **FALL 7A:** O droht zu ertrinken. B eilt zu einem in der Nähe befindlichen Rettungsring. Als er diesen dem O zuwerfen will, erkennt er in ihm einen persönlichen Feind. Daraufhin unterlässt er die Rettung des O, der nunmehr ertrinkt. ◀

▶ **FALL 7B:** O droht zu ertrinken. B eilt zu einem in der Nähe befindlichen Rettungsring und wirft ihn dem O zu. Jetzt erkennt B in O einen persönlichen Feind. Kurz bevor O den Ring ergreifen kann, zieht B ihn zurück. O ertrinkt.[14] ◀

---

11 Bei Totschlagsversuch durch Unterlassen (weil das Opfer objektiv nicht mehr zu retten ist) und fahrlässiger Tötung bejaht BGHSt 7, 287 (288 f) zur Klarstellung des Unrechts Tatmehrheit. Bei vollendetem Totschlag durch Unterlassen und fahrlässiger Tötung ist Subsidiarität des Fahrlässigkeitsdelikts sachgerecht; näher hierzu § 46 Rn 8 ff.
12 Hierzu § 36 Rn 64 ff.
13 Hierzu § 46 Rn 10.
14 *Otto* § 9/10.

§ 323 c

▶ **FALL 8:** Rettungsschwimmer S spricht so stark dem Alkohol zu, dass er später dem ertrinkenden P nicht zu helfen vermag. ◀

10 a) **Fehlende Sicherungsmaßnahmen:** Das **Fahrlässigkeitsdelikt** ist dadurch gekennzeichnet, dass der Täter einen Sorgfaltsverstoß begeht, der häufig wiederum in der Nichtvornahme von Sicherungsmaßnahmen liegt. Exemplarisch ist **Fall 5**, der Gegenstand der sog. „Ziegenhaar-Entscheidung" des RG[15] war. Dürfen in Gefahrenbereichen Handlungen nur vorgenommen werden, wenn bestimmte Sicherungsmaßnahmen ergriffen werden, so dient das Aufbringen der erforderlichen Sorgfalt lediglich der Einhaltung des erlaubten Risikos. Daher handelt ein Täter, der keine Sicherungsmaßnahmen ergreift, (aktiv) unerlaubt riskant.[16] In **Fall 5** liegt also im Aushändigen nicht desinfizierter Haare die (aktive) Schaffung eines unerlaubten Risikos.[17]

11 b) **Abbruch eines rettenden Kausalverlaufs:** Der Abbruch eines rettenden Kausalverlaufs[18] (**Fall 6**) ist als Begehen anzusehen, weil der Täter das fragliche Handeln um der Vermeidung der Tatbestandsverwirklichung willen zu unterlassen hat.[19]

12 c) **Eigene Rettungsbemühungen:** Wenn der Täter – wie B in **Fall 7a** – eigene Rettungsbemühungen, zu denen er verpflichtet ist, abbricht, bevor diese das gefährdete Objekt erreichen, ist insgesamt ein Unterlassen gegeben.[20]

13 Anders ist dagegen zu entscheiden, wenn der Täter – wie B in **Fall 7b** – dem Gefährdeten eine bereits realisierbare Rettungsmöglichkeit eröffnet hat, diese jedoch wieder beseitigt.[21] In diesem Fall verändert der Täter aktiv, also durch positives Tun, eine bereits für den Gefährdeten bestehende günstige Lage.[22]

14 d) **Omissio libera in causa:** Als „*omissio libera in causa*" wird der Fall angesehen, dass der Täter – wie S in **Fall 8** – die Möglichkeit beseitigt, seine Pflicht aus einer Gebotsnorm zu erfüllen. Hier ist ein Unterlassen anzunehmen, da der Täter die gebotene Handlung nicht vornimmt.[23] Dass der Täter zur Vornahme der gebotenen Handlung nicht in der Lage ist, wird als unmaßgeblich angesehen, wenn die Unfähigkeit vorsätzlich oder fahrlässig[24] herbeigeführt wurde.

---

15 RGSt 63, 211 ff; hierzu *Engisch* Gallas-FS 163 (184 ff); ferner MK-*Freund* § 13 Rn 11, 278 f.
16 Vgl auch BGH NStZ 2003, 657 (658) mwN.
17 Im Ergebnis hM, vgl nur RGSt 63, 392 f; *Baumann/Weber/Mitsch* § 15/27; W-*Beulke/Satzger* Rn 700; *Gropp* § 11/63; *Jescheck/Weigend* § 58 II 2.
18 Vgl § 10 Rn 37.
19 HM, vgl nur *Jescheck/Weigend* § 58 II 2; *Roxin* Engisch-FS 380 (387 ff); S/S-*Stree/Bosch* Vor § 13 Rn 159.
20 W-*Beulke/Satzger* Rn 702; *Kühl* § 18/21; *Otto* § 9/11; aA MK-*Freund* § 13 Rn 9.
21 Zur speziellen Problematik des Abschaltens medizinischer Geräte vgl BGHSt 40, 257; LG Ravensburg NStZ 1987, 229; *Engisch* Gallas-FS 177 ff; *Frister* Samson-FS 19 ff; *Jakobs* 7/64; *Küper* JuS 1971, 474 (476 f); *Otto*, Gutachten zum 56. Dt. Juristentag, 1986, D 1 (43 ff); *Roxin* NStZ 1987, 345 (348 ff), jew. mwN.
22 W-*Beulke/Satzger* Rn 702; *Gropp* § 11/67; *Roxin* Engisch-FS 380 (386 ff); S/S-*Stree/Bosch* Vor § 13 Rn 160.
23 OLG Frankfurt/M NStZ-RR 2001, 57 (59); *Hruschka* 304 ff, 341; *Kaufmann*, Die Dogmatik der Unterlassungsdelikte, 1959, 76 ff, 280 ff; L-Kühl-*Kühl* § 13 Rn 3; *Roxin* Engisch-FS 380 (383 f); *Struensee* Stree/Wessels-FS 133 (146 ff); zur omissio libera in causa bei echten Unterlassungsdelikten *Dehne-Niemann* GA 2009, 150 ff.
24 In diesem Fall ist eine Übernahmefahrlässigkeit gegeben, vgl § 33 Rn 19, 48.

§ 35 Grundlagen

WIEDERHOLUNGS- UND VERTIEFUNGSFRAGEN

> Was ist unter echten, was unter unechten Unterlassungsdelikten zu verstehen? (Rn 1 f)
> Wie ist zwischen Tun und Unterlassen hinsichtlich einer bestimmten tatbestandlichen Vorgehensweise zu unterscheiden? (Rn 3 f)
> Wie ist zwischen Tun und Unterlassen beim Abbruch eigener Rettungsbemühungen zu unterscheiden? (Rn 12 f)

§ 36 Unechte Unterlassungsdelikte

I. Allgemeines

1. Äquivalenz

1 Nach § 13 Abs. 1 ist das Unterlassen der Abwendung eines tatbestandsmäßigen Erfolgs nur strafbar, wenn der Unterlassende „rechtlich dafür einzustehen hat, dass der Erfolg nicht eintritt, und wenn das Unterlassen der Verwirklichung des gesetzlichen Tatbestandes durch ein Tun entspricht". Insoweit muss das Unterlassen dem Begehen in zweierlei Hinsicht gleichwertig sein, nämlich hinsichtlich

- der Zuständigkeit für die Tatbestandsverwirklichung (sog. Handlungsäquivalenz) und
- der Entsprechung von Tun und Unterlassen (sog. Modalitätenäquivalenz).

2 Die **Handlungsäquivalenz** ist gegeben, wenn der Täter als Garant zur Abwendung des Erfolgs rechtlich verpflichtet ist und diese Pflicht in objektiv zurechenbarer Weise verletzt. Notwendige Voraussetzung dafür, dass überhaupt ein Begehungsdelikt durch ein Unterlassen verwirklicht werden kann, ist also eine als Garantstellung bezeichnete Erfolgsabwendungspflicht des Unterlassenden.

3 Die **Modalitätenäquivalenz** ist gegeben, wenn das konkrete Unterlassen der Verwirklichung des gesetzlichen Tatbestands durch ein Tun entspricht. Bei reinen Erfolgsdelikten – wie zB §§ 212, 223 – ergibt sich diese Entsprechung bereits aus dem spezifischen Handlungsunrecht der pflichtwidrigen Nichtverhinderung des Erfolgseintritts; es bedarf hier keiner weiteren Begründung der Gleichwertigkeit. Dagegen kann die Entsprechungsklausel bei verhaltensgebundenen Delikten, bei denen – wie zB bei §§ 142, 180, 211 Abs. 2 Gruppe 2, 240, 263 – das Unrecht durch eine bestimmte Begehungsweise ausgedrückt wird, bedeutsam werden. Hier muss das Unterlassen einen dem aktiven Tun vergleichbaren Charakter besitzen.[1] Einzelheiten werden durch Auslegung der einschlägigen Delikte ermittelt und sind im Besonderen Teil zu behandeln.

2. Deliktsaufbau (Überblick)

4 Das Unterlassungsdelikt ist nach denselben Grundsätzen aufzubauen wie das Begehungsdelikt. Unterschiede ergeben sich nur daraus, dass der Täter nicht für die Erfolgsherbeiführung durch Schaffung eines tatbestandsmäßigen Risikos, sondern für die Erfolgsabwendung durch die Beseitigung eines bestehenden (oder entstehenden) Risikos zuständig ist. Vor allem zwei Modifikationen sind damit erforderlich: Zum einen ist zu begründen, warum der Täter für die Beseitigung des Risikos als Garant zuständig ist. Zum anderen ist nachzuweisen, dass der Täter in der Lage war, den Erfolg pflichtgemäß abzuwenden.

5 a) **Gutachtenaufbau:** Insoweit empfiehlt sich folgendes Prüfungsschema für das vollendete vorsätzliche (unechte) Unterlassungsdelikt:

A) Tatbestand

I. Objektiver Tatbestand:

---

[1] Vgl. *Jakobs* 29/7; *Roxin* JuS 1973, 197 (198 f); S/S-*Stree/Bosch* § 13 Rn 4; LK-*Weigend* § 13 Rn 77; NK-*Wohlers/Gaede* § 13 Rn 19; krit. *Krey/Esser* Rn 1129; vgl auch *Bung* ZStW 120 (2008), 527 ff.

1. Eintritt des tatbestandsmäßigen Erfolgs (Rn 8)
2. Unterlassen der
   a) zur (effektiven) Erfolgsabwendung objektiv geeigneten und
   b) dem Täter möglichen Handlung (Rn 9 ff)
3. Kausalität (Rn 12 ff)
4. Garantenstellung (Rn 23, 49 ff)
5. Objektive Zurechnung (Rn 27 ff)
6. Ggf Modalitätenäquivalenz beim verhaltensgebundenen Delikt (Rn 3)

II. Subjektiver Tatbestand: Vorsatz (Rn 30)

B) Rechtswidrigkeit

C) Schuld: Gebotsirrtum (vgl § 28), Zumutbarkeit (Rn 37 ff) usw

Die Prüfungsschritte sind nicht starr einzuhalten, sondern den Besonderheiten des jeweiligen Falles anzupassen. Fehlt es etwa evident an einer Garantenstellung, kann mit diesem Prüfungspunkt zur Vermeidung überflüssiger Ausführungen begonnen werden. 6

b) Modifikationen: Die für (unechte) Unterlassungsdelikte spezifische Erfolgsabwendungspflicht macht auch Modifikationen bei der Fahrlässigkeit (Rn 36), der Bestimmung des Versuchsbeginns (Rn 40 ff) und den Voraussetzungen des strafbefreienden Rücktritts (Rn 45 ff) erforderlich. 7

II. Deliktsmerkmale

1. Erfolgseintritt

Wie beim Begehungsdelikt setzt auch das Unterlassungsdelikt für die Vollendung die Verwirklichung aller objektiven Tatbestandsmerkmale voraus; beim Erfolgsdelikt muss der tatbestandsmäßige Erfolg eingetreten sein. 8

2. Unterlassen

▶ **FALL 1:** Kleinkind K ertrinkt im Meer, während Vater V untätig am menschenleeren Strand verharrt. ◀

▶ **FALL 2:** A wagt es nicht, sein Kind vor dem (sicheren) Flammentod zu retten, indem er es aus dem Fenster wirft, weil es auch dann aller Wahrscheinlichkeit nach den Tod fände. ◀

▶ **FALL 3:** In einer chemischen Fabrik kommt es zu einer Explosion mit Verletzungsfolgen. Die Explosion ist u.a. darauf zurückzuführen, dass der Ingenieur I den Zufluss eines Gases nicht gestoppt hat. Nach den einschlägigen Sicherheitsbestimmungen musste I das Gas jedoch nur um einen bestimmten Prozentsatz reduzieren. ◀

Während das Begehungsdelikt ein Tun erfordert, durch dessen Unterlassen der Erfolg hätte vermieden werden können, verlangt das Unterlassungsdelikt die Nichtvornahme einer Handlung, durch deren Ausführung der Erfolg hätte verhindert werden können. Vorzunehmen ist diejenige Handlung, mit der sich – aus der Perspektive *ex ante* – unter den gegebenen Umständen der Eintritt des tatbestandsmäßigen Erfolgs möglichst effektiv abwenden lässt. Stehen dem potenziellen Retter mehrere gleichermaßen effiziente Handlungsalternativen offen, hat er eine von ihnen nach eigener Wahl zu ergrei- 9 fen.² Ggf kann es erforderlich sein, die (wirksame) Hilfe Dritter, etwa eines Arztes, zu veranlassen. Rettungsmöglichkeiten, die der konkrete Täter nicht ausführen kann, sind irrelevant. Ist in **Fall 1** V ein Nichtschwimmer und sind ihm auch sonst keine Hilfsmaßnahmen möglich, so „unterlässt" er nicht die Abwendung des tatbestandsmäßigen Erfolgs, wenn er K nicht aus dem Wasser zieht.³

10 Im Gutachten empfiehlt es sich, die zur Erfolgsabwendung gebotene Handlung als Merkmal des objektiven Tatbestands in **zwei Schritten** näher zu bestimmen:

- Zunächst ist zu fragen, welche **Möglichkeiten zur effizienten Erfolgsabwendung objektiv** bestanden (**Fall 1**: „Möglichkeit, zu K zu schwimmen und es rechtzeitig aus dem Wasser zu ziehen?"),

- und sodann ist zu prüfen, ob dem **konkreten Täter die Vornahme** (einer) dieser Handlung(en) tatsächlich („physisch-real") **möglich** war (**Fall 1**: „Hätte V zu K schwimmen und es rechtzeitig aus dem Wasser ziehen können?").⁴

Ob der Täter um die mögliche Rettungshandlung wusste, ist eine Frage des Vorsatzes, der erst im subjektiven Tatbestand nachzugehen ist.⁵

11 Die gebotene Handlung muss nicht notwendig die Beseitigung eines Risikos zum Gegenstand haben. Möglich ist auch, dass der Täter nur verpflichtet ist, die Gefahr des Erfolgseintritts auf ein bestimmtes (erlaubtes) Maß zu reduzieren.

3. Kausalität

12 a) **Kausalzusammenhang:** Das Unterlassungsdelikt erfordert, wie das Begehungsdelikt, einen aus der Perspektive *ex post* und unter Berücksichtigung des gesamten verfügbaren Wissens festzustellenden Kausalzusammenhang zwischen dem Täterverhalten und dem Erfolg. Ein solcher Kausalzusammenhang besteht, wenn mit an Sicherheit grenzender Wahrscheinlichkeit vom Ausbleiben des Erfolgs bei Vornahme der unterlassenen Handlung ausgegangen werden kann.⁶

13 Eine Mindermeinung hält einen Kausalzusammenhang beim Unterlassungsdelikt nicht für erforderlich. Es genüge, wenn der potenzielle Retter die faktische Möglichkeit hatte, die Gefahr abzuwenden oder zu vermindern, falls sich in dem Erfolg jene Gefahr realisiert hat, zu deren Abwendung oder Verminderung er verpflichtet war. Nach dieser Ansicht muss also nur die realistische Chance einer Erfolgsverhinderung bei Vornahme der gebotenen Handlung bestehen.⁷ Diese Lehre ist jedoch mit der von § 13 verlangten Gleichwertigkeit von Tun und Unterlassen nicht zu vereinbaren. Wenn die tatbestandsmäßige Handlung beim Begehen ein sicheres Ausbleiben des Erfolgs im Falle ihres Unterlassens voraussetzt, ist umgekehrt auch für das – hiermit gleichwertige –

---

2 *Gropp* § 11/58; *Jakobs* 29/12.
3 Vgl auch *Hauf* 67; *Hruschka* 429 ff; *Kühl* § 18/30.
4 Vgl BGH NStZ 1997, 545.
5 HM, vgl nur *Ebert* 181; vgl *M-Gössel/Zipf* § 46/163; SK-*Rudolphi/Stein* Vor § 13 Rn 5; S/S-*Stree/Bosch* Vor § 13 Rn 141; aA *Kaufmann*, Die Dogmatik der Unterlassungsdelikte, 1959, 100 ff.
6 HM, vgl nur RGSt 75, 372 (374); BGHSt 7, 211 (214); BGH NStZ 1985, 26 (27); NStZ-RR 2002, 303; *Baumann/Weber/Mitsch* § 15/24; *Freund* § 6/103; *Kühl* § 18/36 ff; S/S-*Stree/Bosch* § 13 Rn 61; krit. *Roxin* GA 2009, 73 (75 ff): „Destabilisierung eines Gefahrenherds", die mit Sicherheit zu einem Erfolg führt; zum Versuch vgl BGHSt 14, 284; BGH StV 1985, 229.
7 Vgl OLG Köln NJW 1991, 764; *Brammsen* MDR 1989, 123 ff; *M-Gössel/Zipf* § 46/131 ff; *Hruschka* 430; *Otto* § 9/98 ff; *Stratenwerth* Gallas-FS 227 ff; diff. *Roxin* II § 31/54 ff.

tatbestandsmäßige Unterlassen ein sicheres Ausbleiben des Erfolgs bei Vornahme der gebotenen Handlung zu fordern.

b) **Kausalitätsnachweis:** Der Kausalitätsnachweis beim Unterlassen ist nach der Äquivalenztheorie erbracht, wenn die gebotene Handlung nicht hinzugedacht werden kann, ohne dass der Erfolg in seiner konkreten Gestalt mit an Sicherheit grenzender Wahrscheinlichkeit entfiele.[8] In **Fall 1** ist die Untätigkeit des Vaters V eine Ursache für den Tod des K, wenn K nicht ertrunken wäre, falls V es aus dem Meer gezogen hätte. Da hier die Handlung nur (als Hypothese) hinzugedacht wird, wird der Ursachenzusammenhang beim Unterlassen vielfach auch nur als Quasi-Kausalität oder hypothetische Kausalität bezeichnet.[9]

Auch beim Unterlassen setzt die Anwendbarkeit der *condicio-sine-qua-non*-Formel die Kenntnis der einschlägigen Kausalgesetze voraus. In **Fall 1** ist dies insoweit unproblematisch, als hier auf eine gesicherte Lebenserfahrung zurückgegriffen werden kann. Macht man aber zB einem Arzt den Vorwurf, er hätte durch die Vergabe eines Medikaments eine bestimmte Krankheitsentwicklung verhindern können, so setzt dies voraus, dass die kausale Relevanz des betreffenden Medikaments für den Krankheitsverlauf bekannt ist. Die *condicio-sine-qua-non*-Formel dient also auch beim Unterlassen nur zur Feststellung des Ergebnisses, nicht zur Durchführung des Kausalitätsnachweises. Daher ist die *condicio-sine-qua-non*-Formel auch in diesem Bereich nach Maßgabe der Lehre von der gesetzmäßigen Bedingung zu modifizieren.

Während beim Begehen ein tatsächliches Geschehen unter Berücksichtigung eines bestimmten Verhaltens erklärt wird, ist beim Unterlassen eine **Prognose** zu erstellen, die durch das einschlägige Erfahrungswissen, namentlich durch Naturgesetze, in einer vernünftige Zweifel ausschließenden Weise bestätigt werden kann.[10] Nach dieser Prognose muss sich die Sachlage bei Berücksichtigung der vorzunehmenden Handlung so darstellen, dass der Eintritt des Erfolgs auszuschließen wäre. Hieraus ergibt sich, dass die *condicio-sine-qua-non*-Formel beim Unterlassen folgender Modifikation bedarf:

Ein Unterlassen ist als (hypothetische) Ursache eines Erfolgs anzusehen, wenn die gebotene Handlung nicht hinzugedacht werden kann, ohne dass das Ausbleiben des Erfolgs in seiner konkreten Gestalt nach den einschlägigen Kausalgesetzen mit an Sicherheit grenzender Wahrscheinlichkeit zu prognostizieren wäre.

c) **Hypothetische Kausalverläufe:** Wie beim Begehungsdelikt bleiben auch beim Unterlassungsdelikt hypothetische Kausalverläufe iSv „Reservursachen" unberücksichtigt. Dies ist vor allem zu bedenken, wenn mehrere Garanten ihre Rettungspflicht nicht erfüllen. Wenn in **Fall 1** auch die Mutter M anwesend gewesen und untätig geblieben wäre, könnte sich V nicht darauf berufen, dass der Erfolg auch deshalb eingetreten sei, weil M nicht geholfen habe.

d) **Erfolg:** Dass auch für das Kausalurteil beim Unterlassungsdelikt auf den Erfolg in seiner **konkreten Gestalt** abzustellen ist,[11] wird teils bestritten; maßgeblich sei vielmehr der Erfolg in seiner abstrakten tatbestandlichen Beschreibung.[12] Stellt man in **Fall 2** auf den Erfolg in seiner konkreten Gestalt ab, wäre die Kausalität zu bejahen. Bei ab-

---

[8] Vgl RGSt 75, 372 (374); BGHSt 6, 1 (2); 37, 106 (126); BGH NStZ 1987, 505; NStZ-RR 2002, 303; *Gropp* § 11/71; *Jescheck/Weigend* § 59 III 4; *Krey/Esser* Rn 1123; *Kühl* § 18/36 ff; S/S-*Stree/Bosch* § 13 Rn 61.
[9] BGH NJW 2003, 522 (526); *Stratenwerth/Kuhlen* § 13/53 mwN.
[10] Vgl *Jescheck/Weigend* § 59 III 3; vgl auch *Puppe* ZStW 92 (1980), 863 (899 ff); *dies.* JR 1992, 30 f.
[11] So W-*Beulke/Satzger* Rn 712; *Bringewat* Rn 416 f; *Spendel* JZ 1973, 137 (140).
[12] *Gropp* § 11/75; *Schlüchter* JuS 1976, 793 (794); vgl auch BGH JZ 1973, 173.

strakter Erfolgsbestimmung wäre dagegen die Kausalität zu verneinen, wenn auch der Wurf aus dem Fenster mit Sicherheit zum Tode geführt hätte.

20 Indessen wird bei einer abstrakten Bestimmung des Erfolgs die Kausalität zwischen Verhalten und Erfolg mit der Pflicht zur Erfolgsabwendung vermengt. Für die Feststellung der Kausalität kann – sollen Reserveursachen ausgeschlossen werden – allein die konkrete Art und Weise des Erfolgseintritts maßgeblich sein. Dagegen bezieht sich die Pflicht iSv § 13 auf *jeden* tatbestandsmäßigen Erfolg. Demnach besteht in **Fall 2** zwar Kausalität zwischen dem konkreten Tod infolge des Brandes und dem Unterlassen, das Kind aus dem Fenster zu werfen. Jedoch ist der Wurf aus dem Fenster, wenn er kein erkennbar geringeres Erfolgsrisiko in sich birgt, keine rechtlich gebotene Handlung, so dass dem Täter der konkrete Tod mangels rechtlich gebotener Abwendungspflicht nicht zurechenbar ist.

21 **e) Reduzierung auf ein erlaubtes Risiko:** Sofern ein bestimmtes Risiko nicht völlig zu beseitigen, sondern lediglich auf ein erlaubtes Maß zu reduzieren ist, bezieht sich der Kausalnachweis auch nur auf das Ausbleiben des Erfolgs bei Einhaltung des reduzierten Risikos. Sofern sich in **Fall 3** nicht ausschließen lässt, dass die Explosion auch bei einer pflichtgemäß reduzierten Gasmenge eingetreten wäre, fehlt es am erforderlichen Pflichtwidrigkeitszusammenhang zwischen Unterlassen und Erfolg.

22 **f) Kollektiventscheidungen:** Auch im Bereich der Unterlassungsdelikte kann sich die Frage nach der Kausalität von Stimmabgaben bei Kollektiventscheidungen stellen,[13] und zwar namentlich dann, wenn es die Mitglieder des Gremiums unterlassen, einen Beschluss zu fassen, der das Verhindern eines schädlichen Kausalverlaufs – zB den Rückruf gesundheitsschädigender Produkte – zum Gegenstand hat. In einem solchen Fall lassen sich die Regeln der **alternativen Kausalität** entsprechend heranziehen:[14] Mehrere unterlassene Handlungen sind jeweils für sich als Ursache eines Erfolgs anzusehen, wenn sie unter den gegebenen Umständen zwar alternativ, aber nicht kumulativ hinzugedacht werden können, ohne dass der Eintritt dieses Erfolgs in seiner konkreten Gestalt nach Maßgabe der anerkannten Kausalgesetze entfiele.[15] Zwar führt eine einzelne Stimmabgabe nicht zur Änderung der Beschlusslage und kann insoweit nicht hinzugedacht werden, ohne dass der Erfolg entfiele. Dies wäre aber der Fall, wenn neben der Vornahme der gebotenen Handlung auch die befürwortenden Stimmabgaben der anderen Gremiumsmitglieder hinzugedacht werden. Da es um die Frage geht, ob durch die Vornahme der gebotenen Handlungen der Beschluss hätte gefasst werden können, spielt es im Rahmen der Kausalität keine Rolle, ob die einzelnen Gremiumsmitglieder auch tatsächlich ihrer Pflicht nachgekommen wären.[16]

---

13 Hierzu § 10 Rn 39 ff.
14 Vgl auch BGHSt 48, 77 (93 ff) m. Bspr *Dreher* JuS 2004, 17 f.
15 Vgl § 10 Rn 34, 41.
16 Vgl auch *Jakobs* Miyazawa-FS 419 (432 f); NK-*Puppe* Vor § 13 Rn 122.

4. Garantenstellung

▶ **FALL 4:** Als ein Kleinkind zu ertrinken droht, greifen weder der anwesende Vater V noch der Bademeister B ein. ◀

Täter eines (unechten) Unterlassungsdelikts kann nur sein, wer rechtlich dafür einzustehen hat, dass der Erfolg nicht eintritt (§ 13 Abs. 1). Diese Zuständigkeit wird Garantenstellung[17] genannt und kann zwei unterschiedliche Aufgaben zum Gegenstand haben:

- Zum einen kann sich die Zuständigkeit auf eine bestimmte Gefahr beziehen. Gegenstand der Garantenpflicht ist dann die Überwachung dieser Gefahr zu dem Zweck, deren Realisierung in einem Erfolg zu verhindern (sog. **Überwachergarantenstellung**).

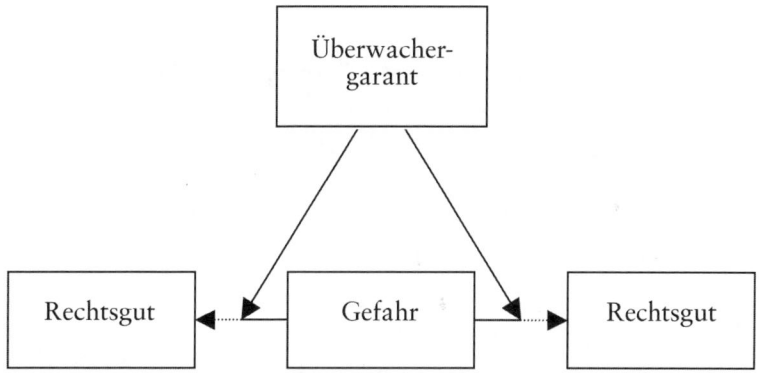

- Zum anderen kann sich die Zuständigkeit auf die Bewahrung eines bestimmten oder mehrerer bestimmter Güter vor jeder beliebigen Gefahr beziehen (sog. **Beschützergarantenstellung**).

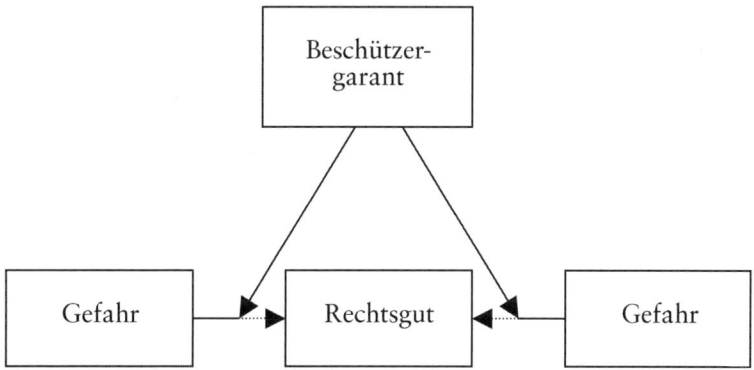

---

17 Zu Einzelheiten der Begründung von Garantenstellungen Rn 49 ff; Überblick bei *Kühl* JuS 2007, 497 ff.

26 In **Fall 4** ist B Überwachergarant bezüglich der Gefahren des Wassers, V dagegen Beschützergarant seines Kindes.

5. Objektive Zurechnung

▶ **FALL 5:** E hält seine Frau F nicht zurück, als diese trotz hinreichender Kenntnis der Gefahrenlage in einem stürmisch wogenden Meer schwimmen möchte; F ertrinkt. ◀

27 Beim unechten Unterlassungsdelikt sind die Regeln der objektiven Zurechnung entsprechend anzuwenden. Die Zurechenbarkeit des Erfolgs kann etwa entfallen, wenn – wie in **Fall 5** – das Eigenverantwortlichkeitsprinzip eingreift.[18]

28 Eine Garantenstellung ist also eine zwar notwendige, aber noch keine hinreichende Voraussetzung für die Zuständigkeit des Täters zur Abwendung eines Erfolgsrisikos. Daher sind zB Ehegatten (und sonstige Garanten) untereinander auch nicht verpflichtet, den jeweils anderen von der Begehung eines eigenverantwortlichen Suizids abzuhalten.[19]

29 Da sich der Kausalitätsnachweis bereits auf die gebotene Handlung bezieht, bedarf es beim Unterlassungsdelikt **keiner** besonderen **Prüfung eines Pflichtwidrigkeitszusammenhangs.**[20]

6. Vorsatz und Irrtum

▶ **FALL 6:** A erkennt nicht, dass die Ertrinkende, die er nicht rettet, seine Ehefrau E ist. ◀

▶ **FALL 7:** B rettet die ertrinkende C nicht, weil er sie mit seiner Ehefrau F verwechselt. ◀

▶ **FALL 8:** D rettet seine Ehefrau nicht vor dem Ertrinken, weil er davon ausgeht, aufgrund eines vorangegangenen Streites hierzu nicht verpflichtet zu sein. ◀

▶ **FALL 9:** X rettet den Y nicht, obgleich er davon ausgeht, als guter Freund zu dessen Rettung in besonderer Weise verpflichtet zu sein. ◀

30 a) **Vorsatz:** Vom Vorsatz müssen – wie beim Begehungsdelikt – alle tatbestandsrelevanten Umstände umfasst sein. Daneben muss der Täter auch um die tatsächlichen Voraussetzungen wissen, auf denen seine Garantenpflicht beruht, da diese zu den ungeschriebenen Tatbestandsmerkmalen der unechten Unterlassungsdelikte gehören.[21]

31 b) **Irrtum:** Hinsichtlich der Garantenstellung kann es vier **Irrtumskonstellationen**[22] geben:

32 ■ Verkennt der Täter – wie A in **Fall 6** – das tatsächliche Vorliegen von **Umständen, welche die Garantenstellung begründen,** befindet er sich in einem vorsatzausschließenden *Tatbestandsirrtum* (§ 16 Abs. 1 S. 1). Insoweit fehlt es in **Fall 6** bezüglich §§ 212, 13 am Vorsatz; in Betracht kommen jedoch §§ 222, 13; § 323c.

---

18 Vgl § 11 Rn 23 ff.
19 Vgl BGH NStZ 1983, 117; bei *Holtz* MDR 1987, 797; *Kühl* § 18/60; näher hierzu *Kindhäuser* BT I § 4/19 ff.
20 Vgl oben Rn 10 f, 21.
21 Vgl BGHSt 16, 155 (158); *Jakobs* 29/89 f mwN.
22 Ausf. Darstellung bei *Satzger* Jura 2011, 432 (433 ff).

- Nimmt der Täter – wie B in **Fall 7** – irrig Umstände an, die eine Garantenpflicht begründen, so ist ein **Versuch** gegeben. B ist somit nach §§ 212, 13, 22 f zu bestrafen.[23]   33

- Geht der Täter – wie D in **Fall 8** – trotz Kenntnis der seine Garantenstellung begründenden Umstände irrig davon aus, zur Erfolgsabwendung rechtlich nicht verpflichtet zu sein, befindet er sich in einem **Gebotsirrtum** (§ 17).[24]   34

- Schließt der Täter – wie X in **Fall 9** – aus Umständen, aus denen von Rechts wegen keine Garantenpflicht folgt, irrig auf das Bestehen einer Garantenstellung, der er nicht nachkommt, ist nur ein strafloses **Wahndelikt** anzunehmen. Dass X mit Blick auf §§ 212, 13 mangels Garantenstellung nicht strafbar ist, schließt allerdings seine Haftung aus der für jedermann geltenden Hilfspflicht nach § 323c nicht aus.   35

7. Fahrlässigkeit

Für das fahrlässige (unechte) Unterlassungsdelikt gelten die allgemeinen Grundsätze. Zu beachten ist nur, dass sich die erwartete Sorgfalt auch auf die Vornahme der gebotenen Handlung erstrecken kann. Wegen Fahrlässigkeit haftet daher der Garant, dem die Erfolgsabwendung misslingt, obwohl sie ihm bei sachgemäßem Vorgehen möglich gewesen wäre. Ferner müssen die Voraussetzungen einer Garantenstellung (objektiv und individuell) erkennbar sein.[25] Erforderlich ist also, dass der Garant bei sorgfaltsgemäßer Aufmerksamkeit hätte erkennen können und müssen, dass die tatsächlichen Umstände gegeben sind, unter denen er zur Erfolgsabwendung verpflichtet ist. Exemplarisch: Bei Aufbringung der erforderlichen Sorgfalt hätte A erkennen können, dass es sich bei dem Kind, das er nicht rettet, obgleich es zu ertrinken droht, um seinen Sohn S handelt.   36

8. Schuld

▶ **FALL 10:** Beim Brand eines Wohnhauses rettet R statt seines todkranken Vaters V seine Freundin F, die er liebt und heiraten möchte. ◀

▶ **FALL 11:** Autofahrer A verursacht wegen erheblicher Trunkenheit einen Verkehrsunfall, bei dem ein Fußgänger auf einer einsamen Straße lebensgefährlich verletzt wird. ◀

Die Strafbarkeit des unechten Unterlassungsdelikts steht **in sehr engen Grenzen** unter dem Vorbehalt der **Zumutbarkeit normgemäßen Verhaltens**. Da die Unzumutbarkeit die Motivationsfähigkeit betrifft, ist sie als Entschuldigungsgrund einzustufen.[26] Teils wird auch schon ein Tatbestandsausschluss befürwortet[27] oder ein Rechtfertigungsgrund angenommen.[28]   37

---

23 Der zugleich verwirklichte § 323c tritt subsidiär zurück.
24 Vgl BGHSt 16, 155 (158); *Hauf* 72; *Kühl* § 18/129.
25 LK-*Vogel* § 15 Rn 62.
26 HM, vgl nur BGHSt 6, 46 (57); BGH NStZ 1994, 29; *Baumann/Weber/Mitsch* § 15/19; *Kühl* § 18/140; LK-*Rönnau* Vor § 32 Rn 327, 334; diesen Entschuldigungsgrund ablehnend: SK-*Rudolphi/Stein* Vor § 13 Rn 51.
27 *Bringewat* Rn 452; *Haft* JA 1982, 473 (475); *Krey-Esser* Rn 1172 ff; *Stree* Lenckner-FS 393 (401); NK-*Wohlers/Gaede* § 13 Rn 17.
28 *Gropp* § 11/55; *Köhler* 297.

38 In **Fall 10** ist R zwar nicht gerechtfertigt, da bei Abwägung der Pflichten die Garantenpflicht gegenüber V der allgemeinen Hilfspflicht vorgeht.[29] Auch § 35 greift nicht ein, da F nicht zu dem dort genannten Personenkreis gehört. Jedoch kann hier von einer Bestrafung wegen Unzumutbarkeit abgesehen werden, da R zum einen ein Menschenleben gerettet hat und zum anderen billigenswerte Interessen verfolgt.[30]

39 Dagegen führt das **Risiko** (eigener) **strafrechtlicher Verfolgung** grds nicht zur Unzumutbarkeit der Verhinderung nennenswerter Schäden, da der Betreffende für diese Gefahr selbst zuständig ist und die gefährdeten Güter insoweit vorrangig zu schützen sind.[31] So ist in **Fall 11** dem A die Rettung zuzumuten, auch wenn er dadurch das Risiko eingeht, wegen der Straßenverkehrsgefährdung belangt zu werden.

III. Versuch und Rücktritt

1. Versuchsbeginn

▶ **FALL 12:** Mutter M beschließt, ihr zwei Monate altes Kind K verhungern zu lassen. ◀

40 Der Begriff des „unmittelbaren Ansetzens" in § 22 ist auf Begehungsdelikte zugeschnitten und muss für Unterlassungsdelikte entsprechend ausgelegt werden:

41 ■ Die (heute ganz) hM differenziert nach dem Grad der Gefahr aus der Täterperspektive:[32] Besteht bereits eine unmittelbare Gefahr des Erfolgseintritts, wird Versuch bejaht, sobald der Garant aufgrund seines Tatentschlusses die erste Möglichkeit der Erfolgsabwendung verstreichen lässt; ist die Gefahr noch entfernt, soll der Versuch in dem Zeitpunkt beginnen, in dem der Garant entweder untätig bleibt, obgleich die Gefahr akut wird, oder die Möglichkeit des rettenden Eingriffs aus der Hand gibt und dem Geschehen seinen Lauf lässt.

42 Nach dieser Ansicht wäre in **Fall 12** der Versuchsbeginn mit dem Zeitpunkt anzusetzen, in dem sich nach Einschätzung der M erste ernsthafte Mangelerscheinungen zeigen. Diese Lösung beruht auf dem sachgerechten Gedanken, dass der Garant nicht nur zur Erfolgsabwendung, sondern auch zur Verminderung des bestehenden Risikos verpflichtet ist.

43 ■ Überholt ist dagegen die (zur früheren Gesetzeslage vertretene) Ansicht, die den Versuchsbeginn erst mit dem Versäumen der letzten Rettungschance zusammenfallen ließ.[33] In **Fall 12** wäre also selbst dann noch *kein* Versuchsbeginn gegeben, wenn M glaubt, K noch kurz vor Todeseintritt durch das Veranlassen ärztlicher Intensivmaßnahmen retten zu können.

44 ■ Gleichermaßen überholt ist die Auffassung, die den Versuch schon mit dem Verstreichenlassen der ersten Möglichkeit zur gebotenen Erfolgsabwendung beginnen ließ.[34] Dies wäre in **Fall 12** das Auslassen der ersten Mahlzeit. In einem so frühen

---

29 Vgl § 18 Rn 7.
30 Vgl auch *Kühl* § 18/140.
31 *Kühl* § 18/141.
32 W-*Beulke/Satzger* Rn 741 f; S/S-*Eser/Bosch* § 22 Rn 50 f; *Exner* Jura 2010, 276 (278 f); MK-*Herzberg/Hoffmann-Holland* § 22 Rn 123 f; *Jescheck/Weigend* § 60 II 2; L-*Kühl*-*Kühl* § 22 Rn 17; *Roxin* Maurach-FS 213 ff; SK-*Rudolphi/Stein* Vor § 13 Rn 66 ff; *Vogel* MDR 1995, 337 (339 f); NK-*Zaczyk* § 22 Rn 64; vgl auch BGHSt 40, 257 (268 ff).
33 *Kaufmann*, Die Dogmatik der Unterlassungsdelikte, 1959, 210 ff; *Welzel* § 28 IV.
34 *Herzberg* MDR 1973, 89 ff; *Maihofer* GA 1958, 289 (297 f); *Schröder* JuS 1962, 81 ff.

Stadium braucht jedoch noch keine Entscheidung des Täters zur Untätigkeit gefallen zu sein, und zwar namentlich dann nicht, wenn sich die Rettungschancen bei einem Zuwarten noch nicht verschlechtern und daher keine Notwendigkeit zum Eingreifen aus der Täterperspektive besteht.

2. Rücktritt

a) **Kein Rücktritt bei Fehlschlag:** Vom Versuch des unechten Unterlassungsdelikts kann unter der Voraussetzung[35] strafbefreiend zurückgetreten werden, dass der Erfolg durch aktives Tun freiwillig abgewendet wird.[36] Die Rechtsprechung verlangt auch[37] in diesem Fall nur, dass der Täter für die Erfolgsabwendung kausal wird; optimale Rettungsbemühungen sollen nicht erforderlich sein.[38] Ein Fehlschlag ist anzunehmen, wenn der Täter nach Versuchsbeginn davon ausgeht, dass der Erfolg – etwa wegen des Eingreifens Dritter oder einer sonstigen Unterbrechung der Gefährdungslage – nicht mehr eintreten kann, also nicht mehr durch das Unterlassen der rettenden Handlung bedingt werden kann.[39]

b) **Beendeter und unbeendeter Versuch:** Weil der Rücktritt vom Versuch des unechten Unterlassungsdelikts stets ein aktives Tätigwerden verlangt, wird die Unterscheidung zwischen unbeendetem und beendetem Versuch von der hM hier als entbehrlich angesehen.[40] Vielmehr sind stets die Regeln über den Rücktritt vom beendeten Versuch anzuwenden.[41]

Eine verbreitete Mindermeinung hält dagegen die Unterscheidung mit Blick auf das Risiko der Erfolgsabwendung für sinnvoll: Während der Garant beim beendeten Versuch immer hafte, wenn der Erfolg eintrete, sei beim unbeendeten Versuch ein Rücktritt auch dann möglich, wenn der Erfolg trotz der Gegenaktivitäten eintrete.[42]

Als unbeendet wird der Versuch angesehen, wenn der Täter annimmt, den Erfolgseintritt durch schlichtes Nachholen der ursprünglich gebotenen Handlung noch verhindern zu können.[43] Dagegen soll der Versuch beendet sein, wenn der Täter davon ausgeht, den Eintritt des Erfolgs nur noch durch den Einsatz riskanterer Maßnahmen abwenden zu können.[44]

---

35 Näher zu den Rücktrittsvoraussetzungen § 32 Rn 9 ff.
36 BGH NJW 2003, 1057 (1058); S/S-*Eser/Bosch* § 24 Rn 30; *Jescheck/Weigend* § 60 II 3; *Kühl* § 18/152; LK-*Lilie/Albrecht* § 24 Rn 471; aA *Engländer* JZ 2012, 130 ff; MK-*Herzberg/Hoffmann-Holland* § 24 Rn 83: Rücktritt uU auch durch bloßes Untätigbleiben möglich.
37 Vgl zum Begehen § 32 Rn 27.
38 BGH NStZ 2003, 308 f m. abl. Anm. *Puppe*; abl. auch *Ahmed*, Rücktritt vom versuchten unechten Unterlassungsdelikt, 2007, 134 ff, 150 ff.
39 Vgl BGH NJW 2003, 1057 (1058) m. Anm. *Kudlich* JR 2003, 380 ff zum Fall eines mehraktigen Unterlassungsdelikts; ferner *Exner* Jura 2010, 276 (279 ff).
40 HM, vgl nur BGH StV 1998, 369; MK-*Freund* § 13 Rn 244; *Herzberg* MDR 1973, 89 (93); *Köhler* 482; *Roxin* II § 30/139; NK-*Zaczyk* § 24 Rn 47; aA SK-*Rudolphi/Stein* Vor § 13 Rn 66 f.
41 BGHSt 48, 147 (149 ff); BGH NJW 2000, 1730 (1732); NStZ 2003, 252 (253).
42 *Exner* Jura 2010, 276 (280 f); *Gropp* § 9/72; *Heinrich* Rn 815 ff; *Jescheck/Weigend* § 60 II 2; *Kühl* § 18/153 ff; *Stratenwerth/Kuhlen* § 14/6; abl. *Küper* ZStW 112 (2000), 1 (30 ff).
43 *Bringewat* Rn 599; *Ebert* 184; *Gropp* § 9/72; *Hauf* 163.
44 W-*Beulke/Satzger* Rn 744; *Kühl* § 18/154.

IV. Zur Begründung von Garantenstellungen

1. Verpflichtungsgründe

49 **a) Keine gesetzliche Regelung:** § 13 Abs. 1 verlangt zwar als Haftungsvoraussetzung („Handlungsäquivalenz"), dass der Täter „rechtlich dafür einzustehen hat, dass der Erfolg nicht eintritt",[45] sagt aber nicht, wann jemand als Garant in diesem Sinne anzusehen ist. Unstreitig vermögen die tatbestandsmäßigen Situationen echter Unterlassungsdelikte – wie zB §§ 138, 323c – keine Garantenpflichten zu begründen, da es sich hierbei nur um allgemeine Rechtspflichten und keine Sonderpflichten handelt.[46] Keine Erfolgsabwendungspflicht ergibt sich auch aus rein sittlichen Pflichten.[47]

50 **b) Formelle Rechtspflichtlehre:** Nach der formellen Rechtspflichtlehre können sich Garantenstellungen aus Gesetz, Vertrag, freiwilliger Übernahme, enger Lebensgemeinschaft und (unerlaubter) Gefahrschaffung ergeben.[48] Damit ist aber nur der Rahmen möglicher Rechtsquellen abgesteckt, nicht aber der Grund der Garantenstellung genannt, so dass sich mit diesem formalen Kriterium nicht entscheiden lässt, welche gesetzlichen Verpflichtungen etwa als Garantenpflichten anzusehen sind.

51 **c) Materielle Rechtspflichtlehre:** Insoweit ist es erforderlich, die Rechtspflicht materiell zu begründen und aus fundamentalen Haftungsprinzipien abzuleiten. Teils wird versucht, allen Garantenstellungen *ein* umfassendes Prinzip zugrunde zu legen, zB das „Vertrauensprinzip",[49] den „Grundsatz der Verantwortung aufgrund zugewiesener Schutzfunktion",[50] die „Herrschaft über den Erfolgsgrund"[51] oder das „Prinzip der Involvierung"[52] (durch Gefahrschaffung und Entzug von Abwehrbereitschaft).

52 **d) Funktionenlehre:** Solche Vereinheitlichungen lassen sich jedoch kaum mit der heute allgemein anerkannten Ansicht vereinbaren, dass Garantenpflichten zwei unterschiedliche Funktionen haben können:[53] Sie können zum einen die **Überwachung bestimmter Risiken (Gefahrenquellen)**, zum anderen den **Schutz bestimmter Güter** vor Gefahren aller Art zum Gegenstand haben. Beide Funktionen resultieren aus unterschiedlichen Gründen, die sich allenfalls durch ein ganz abstraktes und damit inhaltsleeres Prinzip verbinden lassen. Es ist deshalb vorzugswürdig, Garantenstellungen von vornherein dual und funktionenspezifisch zu begründen.

53 Eine Person kann aus zwei sachlich verschiedenen Gründen für die Abwendung eines Erfolgs zuständig sein: kraft Risikoherrschaft und kraft institutioneller Fürsorge.

54 Die Zuständigkeit **kraft Risikoherrschaft** beruht auf dem Prinzip, dass derjenige, der die Herrschaft über ein Geschehen beansprucht, die Verantwortung dafür trägt, dass niemand hierdurch zu Schaden kommt; **Herrschaft hat Verantwortung als Kehrseite**. Dies bedeutet, dass jeder seinen Handlungsspielraum so zu gestalten hat, dass hieraus

---

45 Eingehend zum Merkmal „rechtlich" *Kühl* Herzberg-FS 177 (184 ff); vgl auch *Böhm*, Garantenpflichten aus familiären Beziehungen, 2006, 170 ff; *von Coelln*, Das „rechtliche Einstehenmüssen" beim unechten Unterlassungsdelikt", 2008, 233 ff; *Schünemann* Amelung-FS 303 ff.
46 Vgl nur BGHSt 3, 65 (66 f).
47 Vgl RGSt 66, 71 (73 f); BGHSt 7, 268 (271); 30, 391 (395).
48 Vgl RGSt 63, 392 (394); BGHSt 2, 150 (153); 19, 167 (168); *Baumann/Weber/Mitsch* § 15/51 ff.
49 *Wolff*, Kausalität von Tun und Unterlassen, 1965, 36 ff; in einer soziologisch begründeten Variante als grundlegende Erwartungserwartung *Otto* § 9/42 ff.
50 *Rudolphi* NStZ 1984, 149 ff.
51 *Schünemann* ZStW 96 (1984), 287 (293 ff).
52 *Seelmann* GA 1989, 241 (251 ff).
53 Grundlegend *Kaufmann*, Die Dogmatik der Unterlassungsdelikte, 1959, 283 ff; vgl auch *Otto/Brammsen* Jura 1985, 530 (533, 537 ff); 592 ff; 646 ff; SK-*Rudolphi/Stein* § 13 Rn 23 f.

keine (rechtlich zu missbilligenden) Risiken für andere entstehen.⁵⁴ Ist ein solches Risiko geschaffen oder übernommen, so muss der Betreffende Sorge dafür tragen, dass sich dieses Risiko nicht realisiert. Insoweit begründet jede Risikoschaffung oder -übernahme eine Garantenpflicht,⁵⁵ deren Verletzung eine Unterlassungsstrafbarkeit zu begründen vermag. Wer ein Risiko schafft oder übernimmt, hat maW grds für dieses Risiko und die sich aus ihm (adäquat) ergebenden Folgen kraft Herrschaft einzustehen. Die Garantenpflichten kraft Risikoherrschaft entsprechen damit hinsichtlich des Haftungsgrunds den Begehungsdelikten.

Die Zuständigkeit **kraft institutioneller Fürsorge** ist in folgender Überlegung verankert: Voraussetzung dafür, dass der Einzelne die ihm rechtlich gewährte Freiheit überhaupt wahrnehmen kann, ist das dauerhafte Bestehen rechtlich anerkannter sozialer Beziehungen, Institutionen genannt.⁵⁶ Zu diesen Institutionen, die dem Einzelnen Freiheiten ermöglichen und sichern, gehören etwa das Eltern-Kind-Verhältnis, die Ehe und gleichgestellte Lebenspartnerschaften, staatliche Gewaltverhältnisse, die Gewährleistung von Sicherheit und Ordnung sowie eine gesetzesgebundene Justiz und Verwaltung. Bei der Zuständigkeit kraft Institution geht es um Fürsorge und Kooperation, die sich aus der institutionellen Verbundenheit der Betroffenen ergeben. Der Bestand von Institutionen ist der Disposition des Einzelnen entzogen; der Einzelne mag zwar nicht heiraten, aber er kann nicht die Institution der Ehe abschaffen. Institutionelle Fürsorgepflichten treffen nur denjenigen, der rechtlich in die Institution eingebunden ist, also verheiratet ist oder Kinder zu erziehen hat. Die Garantenpflichten kraft institutioneller Fürsorge beruhen damit auf besonderer Verantwortlichkeit zur Erbringung von Leistungen gegenüber dem geschützten Gut.

e) **Konsequenzen der Funktionenlehre:** Aus den beiden unterschiedlichen Begründungen von Garantenstellungen folgen jeweils unterschiedliche Pflichten:

- Der **Garant kraft Risikoherrschaft ist Überwachergarant**; er muss dafür sorgen, dass sich aus der von ihm zu verantwortenden Gefahrenquelle keine Schäden für andere ergeben.
- Der **Garant kraft institutioneller Fürsorge ist Beschützergarant**; er hat das Gut, für dessen Integrität er einzustehen hat, vor Schäden (von wem und durch was auch immer) zu bewahren.

Die Zuständigkeiten kraft Risikoherrschaft und kraft institutioneller Fürsorge schließen sich nicht wechselseitig aus, sondern **können zusammentreffen**. Im **Gutachten** ist grds jede in Betracht kommende Garantenstellung zu prüfen, da deren tatsächliche Voraussetzungen Gegenstand des Vorsatzes sind. Befindet sich der Täter hinsichtlich einer Garantenstellung im Irrtum, so kann er immer noch, wenn er um die andere weiß, aus diesem Grund wegen einer vorsätzlichen Tatbestandsverwirklichung durch Unterlassen strafbar sein. Ferner könnte sich im Prozess zB die Beweislage hinsichtlich einer Garantenstellung als zweifelhaft erweisen, wohl aber feststehen, dass die Voraussetzungen einer anderen erfüllt sind.

---

54 *Jakobs*, Die strafrechtliche Zurechnung von Tun und Unterlassen, 1996, 19 ff; *ders*. AT 29/57 ff nennt dies Zuständigkeit kraft Organisation.
55 Kraft Verkehrssicherungspflicht oder Ingerenz, näher hierzu Rn 59 ff, 64 ff.
56 Näher hierzu *Jakobs*, Die strafrechtliche Zurechnung von Tun und Unterlassen, 1996, 30 ff.

2. Überwachergarantenstellung kraft Risikoherrschaft

58 Zu den Garantenstellungen kraft Risikoherrschaft gehören vor allem die Pflichten
- aufgrund der **Beherrschung von Gefahrenquellen** (sog. Verkehrssicherungspflichten) und
- aufgrund **gefährlichen Vorverhaltens** (sog. Ingerenz).

59 a) **Verkehrssicherungspflichten:** Gefahrenquellen, die – wie zB der Betrieb von gefährlichen Anlagen und Kraftfahrzeugen oder das Halten gefährlicher Tiere – im eigenen Herrschaftsbereich liegen, sind so zu kontrollieren und zu sichern, dass sie keine schädlichen Außenwirkungen haben.[57]

60 Als Garant kommt neben dem Inhaber der Gefahrenquelle auch derjenige in Betracht, der freiwillig ihre **Kontrolle und Sicherung** tatsächlich übernommen hat.[58] Sofern der Inhaber der Gefahrenquelle erkennt, dass der Übernehmende seiner Pflicht zur Kontrolle und Sicherung nur unzureichend nachkommt, bleibt er selbst (weiterhin) verkehrssicherungspflichtig.

61 **Wohnungsinhaber** haben keine Garantenpflicht kraft Risikoherrschaft, da die Wohnung kaum als Gefahrenquelle angesehen werden kann.[59] Dagegen bejaht die Rechtsprechung eine Pflicht des **Gastwirts**, in Räumen, die seiner Verfügungsgewalt unterstehen, für Ordnung zu sorgen, insbesondere Gäste vor Ausschreitungen anderer Gäste zu schützen.[60] Eine solche Garantenstellung des Gastwirts ist von solchen Pflichten zu unterscheiden, die mit den Gefahren des Ausschanks von Alkohol verbunden sind.[61] Zu beachten ist im Übrigen, dass Wohnungsinhaber und Gastwirte durch die Aufnahme Hilfsbedürftiger zu Garanten aus der Übernahme von Schutzfunktionen[62] werden können.[63]

62 Gefahrenquelle können auch Personen sein, deren Verhalten der Aufsichtspflichtige zu kontrollieren hat. Insoweit tragen Eltern Verantwortung für Handlungen ihrer noch nicht mündigen Kinder.[64] Oder: Ein Arzt in einer psychiatrischen Anstalt hat dafür einzustehen, dass sich Patienten nicht untereinander verletzen.[65] Entsprechendes kann für **Lehrer** oder militärische Vorgesetzte (vgl § 41 WStG) gelten. Dagegen hat ein Vorarbeiter keine Garantenpflicht, Straftaten der ihm unterstellten Arbeiter gegenüber

---

[57] Vgl BGHSt 19, 286 (288 f); BGH NJW 1975, 108; vgl. *Fischer* § 13 Rn 9, 16; *Jescheck/Weigend* § 59 IV 4 b; *Kühl* § 18/106; NK-*Wohlers/Gaede* § 13 Rn 46 ff; zum Umgang mit gefährlichen Stoffen und der Begrenzung durch das Eigenverantwortlichkeitsprinzip BGH NStZ 2012, 319 f m. krit. Anm. *Murmann* 387 ff; *Brüning* ZJS 2012, 691 ff und *Puppe* ZIS 2013, 46 ff.

[58] Zum Streuen bei Eis und Schnee vgl OLG Celle NJW 1961, 1939 ff; zur Garantenstellung des Mitarbeiters einer Kfz-Werkstatt in Bezug auf Gefahren, die aus technischen Mängeln eines seiner Kontrolle unterliegenden Fahrzeugs erwachsen, BGHSt 52, 159 (163 ff) m. Bspr *Bosch* JA 2008, 737; zu den Verkehrssicherungspflichten eines „Prüfingenieurs" bzw anderer (am Bau eines Gebäudes) Beteiligter und deren strafrechtlicher Verantwortlichkeit im Falle des Gebäudeeinsturzes BGH NJW 2010, 1087 (Bad Reichenhaller Eissporthalle) m. Anm. *Kühl*; *Gless* Puppe-FS 467 ff; *Kahrs* NStZ 2011, 14 ff; *Puppe* JR 2010, 353 ff.

[59] HM, vgl nur BGHSt 30, 391 (396); BGH NJW 1993, 76; ferner BGH JA 2010, 306: keine Garantenpflicht des Wohnungsinhabers für Drogengeschäfte eines Mitbewohners; *Rengier* § 50/54 ff; zu besonderen Situationen vgl aber auch BGH GA 1967, 115; *Kühl* § 18/112; *Roxin* II § 32/115.

[60] BGH NJW 1966, 1763; vgl auch RGSt 58, 299 f.

[61] Zur entsprechenden Ingerenzhaftung unten Rn 64 ff.

[62] Unten Rn 79 ff.

[63] Vgl BGHSt 27, 10 (12 f); *Otto/Brammsen* Jura 1985, 646 ff; krit. S/S-*Stree/Bosch* § 13 Rn 54.

[64] BGH FamRZ 1958, 211 (212).

[65] W-*Beulke/Satzger* Rn 724.

dem Arbeitgeber zu verhindern.[66] Ebenso wenig hat der bauleitende Architekt eine Garantenstellung gegenüber den Arbeitern hinsichtlich der Einhaltung von Unfallverhütungsvorschriften.[67]

Umstritten ist, ob die **Verantwortlichen eines Unternehmens** eine Garantenpflicht zur Verhinderung von Straftaten der Mitarbeiter haben (sog. **Geschäftsherrenhaftung**).[68] Dies wird teils mit dem Argument, das Arbeitsverhältnis begründe nur ein Weisungsrecht, nicht aber eine Herrschaft über Personen, abgelehnt.[69] Teils wird dies mit der Begründung bejaht, dass die Verantwortlichen die Möglichkeit hätten, derartige Taten zu verhindern.[70] Der BGH nimmt eine Garantenpflicht des Betriebsinhabers oder Vorgesetzten nur für betriebsbezogene (nicht nur bei Gelegenheit der betrieblichen Tätigkeit begangene) Straftaten von Mitarbeitern an.[71] Dem ist mit der Maßgabe zuzustimmen, dass – unter Berücksichtigung des Gedankens der Verkehrssicherungspflicht – eine Garantenstellung des Unternehmers jedenfalls für die von ihm veranlassten oder sonst zurechenbaren gefährlichen Verhaltensweisen, auch bei rechtsgeschäftlichen Erklärungen, von Mitarbeitern und Vertretern anzunehmen ist.

63

Hinsichtlich der Verantwortung von Mitgliedern der Geschäftsführung eines Unternehmens sind die **Grenzen** für die Garantenpflicht eines jeden einzelnen von ihnen nach Maßgabe der gesellschaftsrechtlichen Regelungen zu ziehen.[72]

In neuerer Zeit hat sich zudem vermehrt die Frage gestellt, wie sog. **Compliance-Beauftragte** in Unternehmen einzuordnen sind. Ein Compliance-Beauftragter ist typischerweise dazu berufen, die Einhaltung gesetzlicher oder unternehmensinterner Vorgaben zu überwachen und ggf die Unternehmensleitung zu informieren, um Schäden vom Unternehmen abzuwenden.[73] Dieser hat daher regelmäßig jedenfalls eine interne Garantenstellung hinsichtlich der Abwendung von Schäden vom eigenen Unternehmen. Weitergehend wird außerdem diskutiert, ob und inwieweit den Compliance-Beauftragten auch im Außenverhältnis eine Garantenpflicht zur Verhinderung von Straftaten der Mitarbeiter zulasten Dritter trifft.[74]

b) **Ingerenz:** Die Garantenstellung aus **gefährlichem Vorverhalten** folgt aus der Zuständigkeit für eine vom Täter selbst geschaffene Gefahr.[75] Sofern ein Risiko von mehreren

64

---

66 OLG Karlsruhe GA 1971, 281 (282 f).
67 OLG Stuttgart NJW 1984, 2897 f.
68 Näher hierzu *Roxin* II § 32/134 ff; *Schall* Rudolphi-FS 267 ff.
69 Vgl *Heine*, Die strafrechtliche Verantwortlichkeit von Unternehmen, 1995, 116 ff; *Hsü*, Garantenstellung des Betriebsinhabers zur Verhinderung strafbarer Handlungen seiner Angestellten?, 1986, 241 ff; diff. *Ransiek*, Unternehmensstrafrecht, 1996, 33 f, 36, 38, 40 f; *Schlüchter* Salger-FS 139 (158 ff).
70 Vgl *Göhler* Dreher-FS 611 (620 f); *Rogall* ZStW 98 (1986), 573 (617 ff); *Schünemann* wistra 1982, 41 (43 ff).
71 BGHSt 57, 42 m. Bspr *Bülte* NZWiSt 2012, 176 ff; *Jäger* JA 2012, 392 ff; *Roxin* JR 2012, 305 ff; krit. *Kuhn* wistra 2012, 297 und *Schramm* JZ 2012, 969.
72 Hierzu *Böse* wistra 2005, 41 (44) mwN.
73 Grundsätzlich zum Bereich Compliance *Krause* StraFo 2011, 437 ff; *Kretschmer* StraFo 2012, 259; *Mommsen* Puppe-FS 751 ff; *Rotsch* Samson-FS 141 ff; zur Garantenstellung eines Betriebsbeauftragten *Böse* NStZ 2003, 636 ff; zur Garantenstellung des Leiters der Innenrevision einer öffentlich-rechtlichen Anstalt BGHSt 54, 44 ff m. krit. Anm. *Kretschmer* JR 2009, 474 ff.
74 Bejahend – im Rahmen eines obiter dictums – BGHSt 54, 44 ff m. zust. Anm. *Dannecker/Dannecker* JZ 2010, 981 ff; *Kraft* wistra 2010, 81; krit. *Beulke* Geppert-FS 23 ff; *Schwarz* wistra 2012,13 ff; *Spring* GA 2010, 222 ff; *Warneke* NStZ 2010, 312 ff.
75 HM, vgl nur BGHSt 38, 356 (358); BGH NStZ 1998, 83 (84); *Arzt* JA 1980, 712 (713 ff); *Stree* Klug-FS 395 ff; zur Rechtsprechung *Jakobs* BGH-FS IV 29 f; abl. *Langer*, Das Sonderverbrechen, 1972, 504 f; *Schünemann* GA 1974, 231 ff; zur Frage, ob aus einer *vorsätzlichen* Begehungstat eine Garantenpflicht zur Verhinderung des betreffenden Erfolgseintritts erwachsen kann, vgl (verneinend) BGH NStZ-RR 1996, 131; *Hillenkamp* Otto-FS 287 ff mwN.

Mittätern gemeinsam geschaffen wird, hat jeder Einzelne von ihnen aus Ingerenz für die Erfolgsabwendung einzustehen.[76] Beispielsfälle:

▶ **FALL 13:** A greift B mit einem Messer an, um dessen Wertgegenstände an sich zu nehmen. B gelingt es, den A mit einem Stein niederzuschlagen. Anschließend entfernt er sich, ohne sich um den verblutenden A zu kümmern. A stirbt, hätte aber gerettet werden können, wenn B einen Notarzt verständigt hätte. ◀

▶ **FALL 14:** Kraftfahrer K kollidiert auf einer Landstraße mit dem Radfahrer R, der mit erheblichen Verletzungen an den Fahrbahnrand geschleudert wird; K war zwar mit überhöhter Geschwindigkeit gefahren, hätte den Unfall aber auch bei Einhaltung der zulässigen Geschwindigkeit nicht vermeiden können. R stirbt, hätte aber gerettet werden können, wenn K nicht das Verständigen eines Notarztes unterlassen hätte. ◀

65 aa) Die Gefahr, auf die sich die Garantenpflicht aus Ingerenz bezieht, richtet sich nach den Kriterien, nach denen auch das Schaffen eines Risikos im Rahmen der objektiven Zurechnung zu bestimmen ist.[77] Umstritten ist allerdings, ob das die Garantenstellung begründende Risiko auch rechtlich missbilligt (unerlaubt) sein muss. Bedeutsam ist diese Streitfrage vor allem dann, wenn die Gefahrschaffung – wie in **Fall 13** – in Notwehr erfolgte:

66 ■ Nach hM vermag **nur die Schaffung eines unerlaubten Risikos** eine Garantenpflicht aus Ingerenz zu begründen.[78] Nur bei Pflichtwidrigkeit des Vorverhaltens werde eine Haftung für die Gefahr begründet.[79] B macht sich daher in **Fall 13** mangels Garantenstellung nicht nach §§ 212, 13, sondern nur nach dem für jedermann geltenden § 323c strafbar. Weiteres Beispiel: Ein Gastwirt haftet nicht für die Folgen des Ausschanks von Alkohol, soweit er nicht einen ersichtlich Betrunkenen (§ 20 Nr. 2 GastG) bedient.[80]

67 ■ Eine Mindermeinung will grds auch ein erlaubt riskantes Verhalten genügen lassen.[81] Es entspreche dem allgemeinen Verantwortungsgefühl, für die schädlichen Auswirkungen eigenen Verhaltens unabhängig von dessen Rechtswidrigkeit einzustehen. B wäre dann in **Fall 13** nach §§ 212, 13 zu bestrafen.

68 ■ Sachgerecht ist es jedoch, wie folgt zu **differenzieren:**[82] Auch aus der rechtmäßigen Eröffnung einer Gefahrenquelle, durch die **beliebige Dritte** in besonderer Weise belastet werden, können Sicherungspflichten entstehen. Beispielhaft ist der (erlaubte) Betrieb einer gefährlichen Anlage. Dagegen haftet der Täter nicht, wenn er dem **konkreten Opfer** gegenüber ein Eingriffsrecht (namentlich: Notwehr) ausübt. Ansonsten wäre derjenige, der sich in Notwehr verteidigt, stärker belastet als ein belie-

---

76 Vgl BGH NStZ 1985, 24; 2009, 381 f; zust. *Otto* § 9/83 f.
77 Näher § 11 Rn 4 ff; vgl auch *Otto* § 9/78; *Sowada* Jura 2003, 236 ff; LK-*Weigend* § 13 Rn 42 f, 47; zum Inverkehrbringen gesundheitsgefährdender Produkte vgl BGHSt 37, 106 (Lederspray); *Brammsen* GA 1993, 97 ff; *Dencker* Stree/Wessels-FS 159 (164 f); *Hilgendorf* NStZ 1994, 561 ff; *Kuhlen* JZ 1994, 1142 ff; *Puppe* JZ 1994, 1147 ff; verneinend bei Verletzung aufenthaltsrechtlicher Bestimmungen BGH StV 2008, 182 ff.
78 BGHSt 23, 327 f; 43, 381 (396 f); BGH NStZ 2000, 414 f; *Baumann/Weber/Mitsch* § 15/66 ff; *Ebert* 179 f; *Gropp* § 11/37; *Roxin* II § 32/160 ff; *Rudolphi* JR 1987, 162 ff; S/S-*Stree/Bosch* § 13 Rn 34 ff.
79 Vgl BGHSt 34, 82 (84).
80 Vgl BGHSt 19, 152 (154 ff); 26, 35 (37 f).
81 *Freund* JuS 1990, 213 (216); M-*Gössel/Zipf* § 46/98 ff; *Herzberg* JZ 1986, 986 ff; *Seelmann* GA 1989, 241 (255).
82 Vgl W-*Beulke/Satzger* Rn 726 f; *Hoffmann-Holland* Rn 767 f; *Jakobs* 29/39 ff; L-*Kühl-Kühl* § 13 Rn 11; *Maiwald* JuS 1981, 473 (482 f); *Otto* NJW 1974, 528 ff.

biger Dritter, der nur nach § 323c haftet. B macht sich daher in **Fall 13** mangels Garantenstellung nicht nach §§ 212, 13, sondern nur nach § 323c strafbar.

Sofern die Berechtigung zur Gefahrschaffung aus einer Rechtfertigungslage (Notstand) erwächst, entsteht nach allgemeiner Ansicht bei Entfallen dieser Situation die Pflicht, eventuell noch bestehende Risiken zu beseitigen.[83]

bb) Der BGH verneint – vor allem im Straßenverkehr – eine Haftung aus Ingerenz, wenn sich der Täter in jeder Hinsicht pflichtgemäß und verkehrsgerecht verhalten hat.[84] Anderes soll jedoch gelten, wenn der Täter – wie K in **Fall 14** – verkehrswidrig gehandelt hat, und zwar *auch* dann, wenn die Gefahr nicht auf dem verkehrswidrigen Verhalten beruht.

Mit Blick auf **Fall 14** gilt zunächst: Eine Strafbarkeit des K (durch Begehen) nach § 222 scheidet mangels Pflichtwidrigkeitszusammenhangs aus; der Unfall hätte sich auch bei pflichtgemäßem Alternativverhalten ereignet. In jedem Fall ist dagegen § 323c (und ggf § 142 Abs. 1 Nr. 1) verwirklicht, da sich K nicht um den verletzten R kümmert.

Der BGH bejaht zudem eine für die Annahme eines Totschlags durch Unterlassen (§§ 212, 13) erforderliche Garantenstellung, die sich aus dem (generell) gefährlichen Vorverhalten des Überschreitens der zulässigen Höchstgeschwindigkeit ergeben soll.[85] Dem steht jedoch entgegen, dass die Gefahr gerade nicht aus der Überschreitung des erlaubten Risikos resultiert. Im Übrigen ist es wenig einsichtig, dass dieselbe Gefahr kein Haftungsgrund für das Begehen, wohl aber für das auf denselben Erfolg bezogene Unterlassen sein soll.

cc) Die Rechtsprechung bejaht eine Garantenpflicht aus Ingerenz, wenn **sich das Opfer infolge des Täterverhaltens nicht** (angemessen) **gegen rechtswidrige Angriffe Dritter wehren kann**.[86] Eine Garantenpflicht aus Ingerenz soll nach der Rspr aber etwa dann zu verneinen sein, wenn sich bei einer mittäterschaftlich begangenen Tat einer der Täter über die zuvor explizit getroffene Absprache hinwegsetzt. Dann soll die durch die Tat in ihrer ursprünglich geplanten (und ausgeführten) Art und Weise begründete Gefahr nicht zu einer Garantenstellung hinsichtlich des vorher ausdrücklich ausgeschlossenen Exzesses führen.[87]

3. Beschützergarantenstellung kraft institutioneller Fürsorge

Zu den Garantenpflichten kraft institutioneller Zuständigkeit gehören vor allem die Pflichten

- aus familiärer Verbundenheit[88] und enger Gemeinschaftsbeziehung,[89]

---

83 Vgl BGH NStZ 1987, 171 (172); *Kühl* § 18/97; *Seelmann* GA 1989, 241 (255).
84 BGHSt 25, 218 (221 f).
85 BGHSt 34, 82 (84).
86 Vgl BGHSt 38, 356 (358); BGH StV 1986, 59; NStZ 1992, 31; *Herzberg*, Die Unterlassung im Strafrecht und das Garantenprinzip, 1972, 361 f; *Seelmann* GA 1989, 241 (253); *Stree* Klug-FS 395 (403 f); zur Garantenpflicht bei versuchtem Mord durch einen Mittäter BGH NStZ 2009, 381 f; eingehend zum Ganzen *Otto* Geppert-FS 441 ff.
87 BGH JA 2010, 151 m. Anm. *Kudlich*.
88 Näher *Böhm*, Garantenpflichten aus familiären Beziehungen, 2006, 193 ff.
89 Näher *Otto* Herzberg-FS 255 ff.

- kraft Übernahme von Schutzfunktionen (durch Inanspruchnahme besonderen Vertrauens) und
- aus (bestimmten) öffentlichen Ämtern.

75 a) **Familiäre Verbundenheit:** Rechtsgrund für Pflichten aus familiärer (bzw natürlicher) Verbundenheit[90] ist zunächst das Verhältnis der Eltern zu den in der Hausgemeinschaft lebenden Kindern.[91] So ist eine (gebärende) Mutter etwa zu Maßnahmen verpflichtet, die das Leben des Neugeborenen erhalten, wozu auch die Sicherheit der Geburtssituation selbst zählt.[92] Umgekehrt soll auch eine Garantenpflicht der erwachsenen Kinder gegenüber den Eltern bestehen.[93] Letzteres wird in der Literatur teils auf Fälle beschränkt, in denen die Eltern in einem Abhängigkeitsverhältnis zum Kind stehen.[94] Auch wird eine Beschränkung der Schutzpflichten erwachsener Kinder den Eltern gegenüber sowie der Eltern den erwachsenen Kindern gegenüber auf die Abwehr akuter Personengefahren, dh Gefahren für Leib, Leben und Freiheit, befürwortet.[95] In Betracht kommen ferner Garantenpflichten zwischen Großeltern und Enkeln[96] sowie unter Geschwistern.[97] Dass die Rechtsprechung die Garantenhaftung auch auf Schwägerschaft[98] und Verlöbnis[99] erstreckt, stößt in der Literatur teilweise auf Ablehnung.[100] Nach ganz überwiegender Ansicht sind jedenfalls bloße Freundschafts-, Liebes- oder Nachbarschaftsbeziehungen nicht einschlägig.[101]

76 Als **enge Gemeinschaftsbeziehung** gilt vor allem die Ehe.[102] Ob die Ehe intakt ist, spielt grds keine Rolle.[103] Jedoch ist die Ehe dann nicht mehr als Grundlage einer Garantenstellung anzusehen, wenn die Eheleute sie – auch schon vor der formalen Scheidung – als gescheitert ansehen und keinen Anlass mehr haben, darauf zu vertrauen, dass der andere ihm noch zum Schutz seiner Rechtsgüter beisteht.[104] Gleiches gilt für eingetragene Lebenspartnerschaften iSv § 11 Abs. 1 Nr. 1a.[105] Garant ist ferner der Vormund im Verhältnis zum Mündel.[106] Überwiegend werden auch eheähnliche Lebensgemeinschaften als einschlägig angesehen.[107] Für solche Verhältnisse kommen aber auch Pflichten kraft Übernahme von Schutzfunktionen in Betracht.[108]

---

90 Vgl zB §§ 1626, 1627, 1631 BGB.
91 RGSt 66, 71 (74); BGHSt 7, 268 (272 f); *Kühl* § 18/48; *Rengier* § 50/13; *Roxin* II § 32/33.
92 Siegener Kindstötungsfall – BGH JuS 2010, 453.
93 BGHSt 19, 167 ff; *Kühl* § 18/54 f; *Otto* § 9/50; *Rudolphi* NStZ 1984, 149 (152 f).
94 *Jescheck/Weigend* § 59 IV 3 a; SK-*Rudolphi/Stein* § 13 Rn 49 mwN.
95 *Kretschmer* Jura 2006, 898 (900).
96 RGSt 39, 397 (398).
97 *Freund* § 6/91; *Jescheck/Weigend* § 59 IV 3 a; aA LG Kiel NStZ 2004, 157 (159); *Jakobs* 29/62.
98 BGHSt 13, 162 (166).
99 BGH JR 1955, 104 (105).
100 S/S-*Stree/Bosch* § 13 Rn 18 mwN; aA *Lilie* JZ 1991, 541 (545 f): alle von §§ 35, 241 erfassten Personen.
101 *Roxin* II § 32/60; S/S-*Stree/Bosch* § 13 Rn 17; aA LK-*Weigend* § 13 Rn 38.
102 Vgl § 1353 BGB; ferner RGSt 71, 187 (189); BGHSt 2, 150 (153 f); *Krey/Esser* Rn 1131.
103 *Lilie* JZ 1991, 541 (543); *Roxin* II § 32/50.
104 BGH NJW 2003, 3212 (3214) m. Anm. *Rönnau* JR 2004, 158 und Bspr *Ingelfinger* NStZ 2004, 409; S/S-*Stree/Bosch* § 13 Rn 19/20; zum Meinungsstand vgl ferner *Kretschmer* Jura 2006, 898 (901).
105 *Kindhäuser* LPK § 11 Rn 6.
106 Vgl §§ 1793, 1800 BGB; *Frister* 22/40.
107 W-*Beulke/Satzger* Rn 719; *Jescheck/Weigend* § 59 IV 3 b; SK-*Rudolphi/Stein* § 13 Rn 51; mit diff. Begründung *Kretschmer* JR 2008, 51 (52); aA *Jakobs* 29/66; vgl auch AG Duisburg MDR 1971, 1027 m. abl. Anm. *Doering* MDR 1972, 664 f zur Garantenstellung von Homosexuellen aus langjähriger Lebensgemeinschaft.
108 Unten Rn 79 ff.

Zu beachten ist, dass nach vordringender Ansicht eine bloß formal bestehende normative Gemeinschaftsbeziehung nicht als ausreichend angesehen wird, sondern zudem noch das tatsächliche Bestehen eines Obhutsverhältnisses verlangt wird.[109]

Nach einhelliger Ansicht gehört die Abwendung von Gefahren für Leib und Leben und Wertgegenstände zum Anwendungsbereich der Pflichten aus familiärer Verbundenheit und enger Gemeinschaftsbeziehung. Es gibt aber keinen Grund, nicht auch die Abwendung von Bedrohungen für geringwertige Güter zu erfassen.[110] 77

Die Garantenpflichten betreffen nur das Innenverhältnis der Beziehung, so dass aus der institutionellen Fürsorge allein noch keine Garantenpflicht erwächst, Straftaten des anderen Ehegatten oder Verwandter **gegenüber Dritten** zu verhindern.[111] 78

b) **Übernahme von Schutzfunktionen:** Garantenpflichten können entstehen, wenn Schutzfunktionen (durch Inanspruchnahme besonderen Vertrauens) **freiwillig übernommen** werden, und zwar gegenüber dem Gefährdeten selbst (zB einem Drogensüchtigen) oder gegenüber einem Dritten zugunsten des (oder der) Gefährdeten.[112] Ob eine solche Vereinbarung rechtlich gültig ist, spielt keine Rolle.[113] Das bloße Zusammenleben mit einer gefährdeten Person in einer Hausgemeinschaft ist noch nicht ausreichend.[114] Erforderlich ist vielmehr die tatsächliche – besonderes Vertrauen begründende[115] – Übernahme von Schutzfunktionen. Daher kann die Garantenpflicht ggf den Vertrag überdauern oder schon vor dem formellen Vertragsanfang beginnen.[116] Allerdings muss der Umfang der Pflichten vertraglich bestimmt werden. 79

Zu den **beispielhaften Personengruppen** gehören der Badewärter, die Hebamme[117] sowie der behandelnde Arzt gegenüber seinem Patienten.[118] Einschlägig sind ferner rechtlich anerkannte **Gefahrengemeinschaften**, also Gemeinschaften, die ihrem Wesen nach auf gegenseitige Hilfe und Beistand angelegt sind,[119] zB bei Bergtouren. Durch den Beitritt zu solchen Gemeinschaften wird zumindest konkludent der Wille zur gemeinsamen Gefahrenabwehr bekundet.[120] Nicht einschlägig sind Zufallsgemeinschaften von Drogenkonsumenten[121] oder Zechern.[122] 80

Wer einem Verunglückten zusagt, Hilfe zu holen, ist mangels Zuständigkeit für die Notlage grds auch kein Garant zur Abwendung hieraus drohender Schäden. Unterlas- 81

---

109 Näher *Bülte*, GA 2013, 389 ff; *Kretschmer* Jura 2006, 898 (901) mwN.
110 M-*Gössel/Zipf* § 46 Rn 77; auf existentielle Vermögenswerte beschränkend: *Otto* § 9/55; näher zur Problematik *Nikolaus* JA 2005, 605 ff; LK-*Weigend* § 13 Rn 28.
111 OLG Stuttgart NJW 1986, 1767 (1768 f); *Roxin* II § 32/49; SK-*Rudolphi/Stein* § 13 Rn 36b; aA BGHSt 6, 322 (323 f).
112 BGHSt 47, 224 (229, 232) m. Anm. *Freund* NStZ 2002, 424 f und *Kudlich* JR 2002, 468 ff: Wuppertaler Schwebebahn; zur Inanspruchnahme besonderen Vertrauens und einer möglichen Garantenstellung aus Treu und Glauben beim Betrug vgl *Kindhäuser* BT II § 27/29 mwN; zweifelnd bzgl der Möglichkeit, eine durch Ingerenz begründete Schutzfunktion zu übernehmen, BGH NStZ 2003, 259 (260) m. Bspr *Jasch* NStZ 2005, 8 ff.
113 Vgl *Maiwald* JuS 1981, 473 (481); S/S-*Stree/Bosch* § 13 Rn 28.
114 Vgl BGH NStZ 1984, 163; NJW 1987, 850; M-*Gössel/Zipf* § 46 Rn 79 ; *Jescheck/Weigend* § 59 IV 3 b.
115 *Jakobs* 29/67 ff.
116 Vgl *Otto/Brammsen* Jura 1985, 592 (594 ff); LK-*Weigend* § 13 Rn 35 (frühestens mit Zusage).
117 OLG Düsseldorf NStZ 1991, 531.
118 BGH NJW 1979, 1258 f; NK-*Wohlers/Gaede* § 13 Rn 39; zu Bereitschaftsärzten BGHSt 7, 211 (212); *Kühl* § 18/74; einschr. SK-*Rudolphi/Stein* § 13 Rn 61.
119 *Jakobs* 29/71; *Kühl* § 18/67; *Maiwald* JuS 1981, 473 (481); NK-*Wohlers/Gaede* § 13 Rn 40.
120 Zur Garantenstellung von Beteiligten an sog. „Notinsel"-Projekten s. *Hertel* HRRS 2009, 555 ff.
121 OLG Stuttgart NJW 1981, 182 f; *Kühl* § 18/66; *Roxin* II § 32/60; S/S-*Stree/Bosch* § 13 Rn 41.
122 BGH NJW 1954, 1047 f; *Kühl* § 18/66.

sen aber der Verunglückte selbst oder Dritte im Vertrauen auf die angebotene Hilfe eigene Rettungsmaßnahmen, so haftet der Versprechende für die sich aus dieser neuen Gefahr ergebenden Verschlechterungen.[123]

82 c) **Amtspflichten:** Inwieweit sich aus Amtspflichten eine Garantenstellung ergeben kann, ist eine noch weithin ungeklärte Frage. Als entscheidend wird hierbei insbesondere der Aufgabenbereich des Amtsträgers angesehen. Zumindest muss die jeweilige Pflicht gerade den Schutz des betreffenden Rechtsguts vor Schädigungen zum Gegenstand haben. Exemplarisch: Ein Strafvollzugsbeamter macht sich nicht wegen Strafvereitelung im Amt (§§ 258a, 13) strafbar, wenn er das strafbare Fehlverhalten anderer Bediensteter nicht den Strafvollzugsorganen anzeigt, da ihm keine entsprechenden Überwachungspflichten obliegen.[124] Anderes kann jedoch gelten, wenn Gefangene von Mitgefangenen misshandelt werden.[125]

Obwohl den im Strafverfahren zur Aussage verpflichteten Zeugen keine „Amtspflicht" im eigentlichen Sinne trifft, wird auch er von der Rspr mit Blick auf seine besondere prozessuale Pflichtenstellung teilweise als „Garant für die Strafrechtspflege" angesehen,[126] mit der Folge, dass bei unberechtigter Aussageverweigerung eine Strafbarkeit wegen Strafvereitelung durch Unterlassen in Betracht kommt.[127]

83 **Beamte der Schutzpolizei** sind im Rahmen ihrer örtlichen und sachlichen Zuständigkeit Garanten zum Schutz der Rechtsgüter des einzelnen oder der Allgemeinheit sowie zur Verhinderung von Straftaten.[128] Nach der Rechtsprechung soll ferner der Leiter eines Ordnungsamtes aufgrund der sich aus dem GaststättenG ergebenden Überwachungspflichten Garant bzgl der sich aus dem Betrieb eines Bordells ergebenden Gefahren für Prostituierte sein.[129] Weitgehend anerkannt (und praktisch bedeutsam) ist schließlich die Garantenstellung von Amtsträgern im Umweltstrafrecht.[130]

84 **WIEDERHOLUNGS- UND VERTIEFUNGSFRAGEN**

> Was ist unter Handlungsäquivalenz zu verstehen und wie wird sie begründet? (Rn 1 f)
> Wie wird die Kausalität beim Unterlassungsdelikt festgestellt? (Rn 12 ff)
> Welche Irrtumsmöglichkeiten über die Garantenstellung kommen in Betracht? (Rn 31 ff)
> Wie ist der Versuchsbeginn beim Unterlassungsdelikt zu bestimmen? (Rn 40 ff)

---

123 Vgl BGHSt 26, 35 (39); BGH NStZ 1994, 84 (85); *Mitsch* JuS 1994, 555 f; *Stree* Mayer-FS 155 ff; teils aA *Baumann/Weber/Mitsch* § 15/60 f.
124 Vgl BGHSt 43, 82 (84 ff) m. Anm. *Rudolphi* NStZ 1997, 599 ff; *Klesczewski* JZ 1998, 313 ff; *Seebode* JR 1998, 338 ff.
125 Hierzu HansOLG Hamburg NStZ 1996, 102 f; vgl auch RGSt 53, 292 f; *Klesczewski* NStZ 1996, 103 f.
126 Vgl OLG Köln v. 11.12.2009–2 Ws 588/09; m. abl. Bspr *Reichling/Döring* StraFo 2011, 82 (83 ff) mwN; LG Ravensburg NStZ-RR 2008, 177 (179).
127 Vgl auch *Kindhäuser* BT I § 51/11.
128 BVerfG NJW 2003, 1030 (1031) m. Anm. *Seebode* JZ 2004, 305; BGHSt 38, 388 (389 ff) m. Anm. *Laubenthal* JuS 1993, 907 ff; *Mitsch* NStZ 1993, 384 f und *Rudolphi* JR 1995, 167 f.
129 BGH NJW 1987, 199 m. (teils abl.) Anm. *Winkelbauer* JZ 1986, 1119 f; *Ranft* JZ 1987, 908 (914 f); *Rudolphi* JR 1987, 336 ff.
130 Hierzu *Kindhäuser* BT I § 74/13 ff; ferner OLG Frankfurt/M JR 1988, 168 ff; *Freund*, Erfolgsdelikt und Unterlassen, 1992, 305 ff; *Otto/Brammsen* Jura 1985, 592 (597); *Sangenstedt*, Garantenstellung und Garantenpflicht von Amtsträgern, 1989, 669 ff; *Wernicke/Meinberg* NStZ 1986, 224 f.

> Welche Garantenstellungen kraft Risikoherrschaft sind praktisch besonders wichtig? (Rn 58 ff, 64 ff)
> Welche Beziehungen können u.a. eine Garantenstellung kraft institutioneller Fürsorge begründen? (Rn 74 ff)

§ 37 Echte Unterlassungsdelikte

I. Allgemeines

▶ **FALL 1:** Vater V unterlässt die ihm mögliche Rettung seines ertrinkenden Kindes. ◀

1 Bei den sog. echten Unterlassungsdelikten sind die Voraussetzungen, unter denen das Unterlassen tatbestandsmäßig ist, bereits abschließend im jeweiligen Gesetz normiert. § 13 ist hier nicht anwendbar, da das Unrecht bereits tatbestandlich hinreichend umschrieben ist; es fehlt das entsprechende Begehungsdelikt.[1] Es bedarf also bei diesen Delikten weder einer Prüfung der Handlungsäquivalenz (Garantenstellung) noch der Modalitätenäquivalenz.

2 In der Regel weisen die echten Unterlassungsdelikte eine geringere Strafandrohung auf als die begehungsgleichen unechten Unterlassungsdelikte und sind im Verhältnis zu diesen daher **subsidiär**,[2] wenn die Taten **auf dasselbe Objekt gerichtet** sind.[3] Daher tritt § 323c in **Fall 1** wegen des nur geringeren Unrechts hinter §§ 212, 13 zurück. Das Unrecht von § 323c ist insoweit geringer, als es nur die Verletzung allgemeiner Mindestsolidarität, die von jedermann verlangt wird, unter Strafe stellt, während § 13 die Tat einem Begehungsdelikt wegen der besonderen Fürsorgepflicht des Vaters grds gleichstellt.

3 Bei echten Unterlassungsdelikten ist der **Versuch** nur ausnahmsweise – zB in § 283 Abs. 3 iVm Abs. 1 Nr. 5 Alt. 1 und Nr. 7b – mit Strafe bedroht.

II. Deliktsmerkmale

1. Objektiver Tatbestand

4 Beim echten Unterlassungsdelikt gehört zum objektiven Tatbestand die Nichtvornahme einer

- objektiv gebotenen Handlung,
- deren Ausführung dem Täter faktisch möglich und
- zumutbar ist.

▶ **FALL 2:** A zieht den schwerverletzten B aus dem Unfallwagen, legt ihn ins Gras und rennt dann zur nächsten Notrufsäule; während dieser Zeit erstickt B, weil ihn A nicht auf die Seite gelegt hat. ◀

5 **a) Gebotenheit:** Objektiv geboten ist ein solches Handeln, durch das die Tatbestandsverwirklichung nach dem ex-ante-Urteil eines objektiven Beobachters effektiv (rasch und sicher) verhindert werden kann.

6 Maßgeblich sind der Zweck des jeweiligen Delikts und die Umstände der konkreten Situation. Bei mehreren gleichwertigen Eingriffsmöglichkeiten steht die Auswahl dem Verpflichteten zu. Verlangt wird bei den meisten Delikten nur, dass die Handlung eine **Gebotserfüllungstendenz** aufweist; sie **braucht nicht erfolgreich** zu sein. Da A in **Fall 2** eine Handlung mit Gebotserfüllungstendenz ausgeführt hat, ist der Tatbestand des § 323c objektiv nicht verwirklicht.

---

1 *Roxin* II § 31/16, 19.
2 Näher zur Subsidiarität § 46 Rn 8 ff.
3 Vgl BGHSt 3, 65 (67 f); 14, 282 (285).

b) Möglichkeit: Dem Täter ist die Ausführung der Handlung faktisch möglich, wenn er sie aufgrund seines aktuellen individuellen Leistungsvermögens vollziehen könnte, sofern er dies wollte.

Ist der Täter zur Ausführung der gebotenen Handlung unter den gegebenen Umständen nicht in der Lage, so ist ihm ihr Unterlassen nicht zurechenbar. Unmöglich ist die Ausführung der Handlung etwa auch dann, wenn der Täter nicht über die erforderliche Geschicklichkeit, Sehfähigkeit, körperliche Fitness usw verfügt.

c) Zumutbarkeit: Nach hM ist die Zumutbarkeit des Vollzugs der gebotenen Handlung bei den echten Unterlassungsdelikten bereits **Tatbestandsmerkmal**.[4] Durch das Kriterium der Zumutbarkeit soll der Umfang der Beistandspflicht auf das dem Erfordernis der gebotenen Mindestsolidarität entsprechende Maß reduziert werden, so dass etwa bei § 323c nur sozialethisch unerträgliche Unterlassungen erfasst werden.[5] Dies verlangt bereits eine Güterabwägung auf Tatbestandsebene.

Die Zumutbarkeit lässt sich bisweilen auch **aus dem Gesetz erschließen:** Da § 139 Abs. 3 etwa Angehörige in bestimmtem Umfang straffrei stellt, ist davon auszugehen, dass (nur) „guten Freunden" des Täters die Anzeige zuzumuten ist. Oder: Aus § 323c ergibt sich, dass ein Handeln bei eigener (erheblicher) Gefährdung oder bei Vernachlässigung wichtiger anderer Pflichten (zB Garantenpflichten) zur Unzumutbarkeit führen kann.[6]

2. Sonstige Deliktsmerkmale

Hinsichtlich der sonstigen Deliktsmerkmale – Rechtswidrigkeit, Schuld usw – weisen die echten Unterlassungsdelikte keine Besonderheiten auf.

WIEDERHOLUNGS- UND VERTIEFUNGSFRAGEN

> Wie ist der gegenüber den unechten Unterlassungsdelikten regelmäßig geringere Strafrahmen der echten Unterlassungsdelikte zu erklären? (Rn 2)
> Wie ist beim echten Unterlassungsdelikt die gebotene Handlung zu bestimmen? (Rn 5 f)
> Wie ist die Zumutbarkeit beim echten Unterlassungsdelikt deliktssystematisch einzuordnen? (Rn 9 f)

---

[4] Vgl nur *Baumann/Weber/Mitsch* § 23/60; *W-Beulke/Satzger* Rn 746; *L-Kühl-Kühl* § 323c Rn 7; *Otto* § 9/103; *Pawlik* GA 1995, 360 (372); NK-*Wohlers/Gaede* § 323c Rn 11; aA *Gropp* § 11/96 (Rechtswidrigkeit); *Stratenwerth/Kuhlen* § 13/82 (Schuldfrage).
[5] Vgl NK-*Wohlers/Gaede* § 323c Rn 11 mwN.
[6] Vgl *Kindhäuser* BT I § 72/17 ff mwN.

F. Beteiligung

§ 38 Grundlagen

I. Allgemeines

1. Begriffe

1 a) **Aufbau:** Täterschaft und Teilnahme werden unter dem Oberbegriff der **Beteiligung** zusammengefasst.[1]

2 Schematischer Überblick:

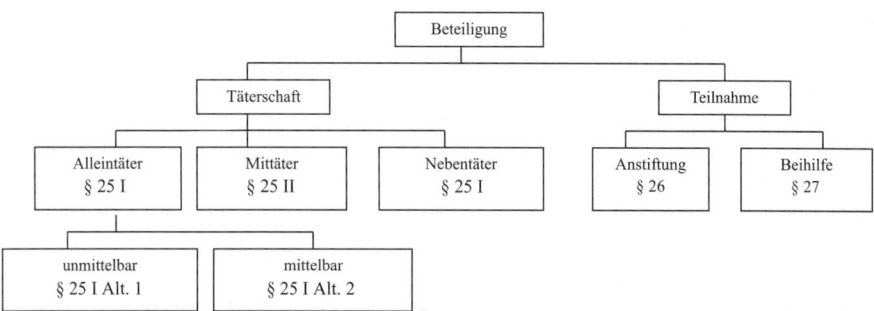

3 b) **Differenzierungen:** Das StGB differenziert **nur bei Vorsatzdelikten** zwischen Täterschaft und Teilnahme, um die Intensität der einzelnen Tatbeiträge auch formal im Schuldspruch zu gewichten, und sieht entsprechende Unterschiede im Strafrahmen vor.[2] **Fahrlässigkeitsdelikte** und das Ordnungswidrigkeitenrecht[3] kennen dagegen (der Form nach) nur den **Einheitstäter.** Der Begriff des Einheitstäters besagt, dass jeder, der für die Tatbestandsverwirklichung in zurechenbarer Weise (mit-)ursächlich wird, als Täter eingestuft wird. Die Intensität des Tatbeitrags wird nur im Bereich der Sanktionsbemessung berücksichtigt.[4]

4 c) **Teilnahmeformen:** Diese sind die Anstiftung (§ 26) und die Beihilfe (§ 27). Eine Strafbarkeit nach §§ 26 f setzt voraus, dass die Haupttat zumindest in das Versuchsstadium gelangt ist. Der Vorsatz des Teilnehmers muss jedoch zum Zeitpunkt seines Beitrags auf die Vollendung der Haupttat gerichtet sein.[5]

5 d) **Kettenbeteiligung:** Die Teilnahme kann sich nicht nur unmittelbar auf die Haupttat, sondern auch auf eine Teilnahmehandlung beziehen. Eine solche Kettenbeteiligung ist in jeder Form möglich, zB als Anstiftung zur Beihilfe oder als Beihilfe zur Anstiftung.[6]

---

1 Vgl zB §§ 28 Abs. 2, 29, 30, 31.
2 Vgl §§ 27 II 2, 28, 29.
3 § 14 OWiG, vgl hierzu auch OLG Braunschweig NStZ 1998, 44; *Mitsch* JA 2008, 241 (243 f); *Schumann,* Zum Einheitstätersystem des § 14 OWiG, 1979.
4 Vgl LK-*Schünemann* Vor § 25 Rn 5 ff; allgemein zum Einheitstäter *Rotsch,* „Einheitstäterschaft" statt Tatherrschaft, 2009.
5 *Bringewat* Rn 703, 759; *Köhler* 527; *Kühl* § 20/201, 241.
6 Vgl BGH NStZ 1996, 562 f; OLG Bamberg NJW 2006, 2935 (2937) m. Bspr *Hecker* ZJS 2012, 485 ff; speziell zur Kettenanstiftung *Krell* Jura 2011, 499 ff.

Zuzurechnen ist dem Beteiligten jedoch nur das vom Unrecht her **deliktisch schwächste Glied in der Kette**, also ist

- die Anstiftung zur Anstiftung: Anstiftung zur Haupttat,
- die Anstiftung zur Beihilfe: Beihilfe zur Haupttat,
- die Beihilfe zur Anstiftung: Beihilfe zur Haupttat,
- die Beihilfe zur Beihilfe: Beihilfe zur Haupttat.

e) **Notwendige Teilnahme:** Hiervon spricht man, wenn zur Verwirklichung eines Tatbestands die Beteiligung von mehr als einer Person erforderlich ist. Zu unterscheiden sind

- **Konvergenzdelikte**, bei denen der Tatbestand mit vereinten Kräften angestrebt wird,[7] und
- **Begegnungsdelikte**, bei denen verschiedene Personen in unterschiedlicher Weise, namentlich als Täter und Opfer, beteiligt sind.[8]

Die notwendige Teilnahme ist bei den **Begegnungsdelikten nicht strafbar**, sofern nicht der notwendig Beteiligte in „Rollen überschreitender Weise" die Tat des strafbaren Beteiligten unterstützt. Exemplarisch: Ein Gefangener, der sich befreien lässt, ist nicht nach § 120 strafbar. Nach der Rechtsprechung überschreitet der Gefangene aber seine Rolle, wenn er den Täter (erfolgreich) zur Befreiung veranlasst hat, und ist wegen Anstiftung strafbar (§ 26).[9] Allerdings ist der notwendig Beteiligte auch bei Rollenüberschreitung nicht strafbar, wenn die Vorschrift gerade seinem Schutz dient.[10] Exemplarisch: Eine Schülerin bleibt daher auch straflos, wenn sie ihren Lehrer zu sexuellen Handlungen iSv § 174 Abs. 1 Nr. 1 angestiftet hat.[11]

2. Strafgrund der Teilnahme

a) **Täterbegriffe:** Für die Bestimmung des Strafgrunds der Teilnahme ist es entscheidend, welcher Täterbegriff der Beteiligungslehre zugrunde gelegt wird:[12]

- Nach dem sog. **restriktiven Täterbegriff** ist nur derjenige Täter, der die Tatbestandsmerkmale selbst erfüllt. Demnach sind Anstiftung und Beihilfe **Strafausdehnungsgründe**.

- Nach dem sog. **extensiven Täterbegriff** ist dem Grunde nach jeder Täter, der zur Tatbestandsverwirklichung (mit-)ursächlich beiträgt. Demnach sind §§ 26 und 27, die bestimmte Formen der Beteiligung nicht als Täterschaft, sondern als Formen der Teilnahme behandeln, **Strafeinschränkungsgründe**.

Dem extensiven Täterbegriff steht jedoch entgegen, dass Täter eines echten Sonderdelikts nur sein kann, wer die entsprechenden Tätermerkmale aufweist. Fehlen einem Beteiligten diese Merkmale, lässt sich dessen Strafbarkeit als Teilnehmer nur als Strafausdehnung verstehen.

---

7 ZB §§ 121, 124, 173 und 244 Abs. 1 Nr. 2; vgl M-*Gössel/Zipf* § 50/93; *Roxin* II § 26/41.
8 ZB §§ 120, 174 ff, 181a, 235 f, 258, 291, 331; M-*Gössel/Zipf* § 50/93; *Roxin* II § 26/42.
9 BGHSt 17, 369 (373 ff); anders die hL, vgl *Kindhäuser* BT I § 37/17 mwN.
10 Vgl BGHSt 10, 386 (387); *Heinrich* Rn 1375 ff; *Jescheck/Weigend* § 64 V 2; *Wolter* JuS 1982, 343 ff.
11 Vgl LK-*Schünemann* Vor § 26 Rn 26.
12 Vgl hierzu *Bloy*, Die Beteiligungsformen als Zurechnungstypus im Strafrecht, 1985, 115 ff; LK-*Schünemann* Vor § 25 Rn 11 ff.

12 **b) Verursachungstheorie:** Nach der auf dem extensiven Täterbegriff basierenden (reinen) Verursachungstheorie liegt das (strafwürdige) Unrecht der Teilnahme in der Verursachung des Erfolgs durch den Teilnehmer.[13] Das Unrecht der Teilnahme wird **rein erfolgsbezogen** interpretiert. Dem Teilnehmer wird also nicht das vom Täter verwirklichte Unrecht zugerechnet, sondern die (mittelbare) Erfolgsverursachung durch den Teilnehmer selbst. Erfüllt der Teilnehmer – namentlich bei Sonderdelikten – besondere Tätermerkmale nicht, so setzt seine Bestrafung die Annahme eines vom Unrecht der täterschaftlichen Tatbestandsverwirklichung losgelösten eigenen „Teilnahmedelikts" voraus.

13 Gegen die Verursachungstheorie ist jedoch einzuwenden, dass sie das gesetzliche Erfordernis der Haupttat nicht erklären kann: Die Haupttat ist nach diesem Ansatz nur ein Verhalten, das den Beitrag des Teilnehmers wirksam vermittelt.[14]

14 **c) Schuld- bzw Unrechtsverstrickungstheorie:** Die auf dem restriktiven Täterbegriff beruhende Schuld- bzw Unrechtsverstrickungstheorie sieht das (strafwürdige) Unrecht der Teilnahme in der Verstrickung des Täters in Schuld bzw Unrecht; der Teilnehmer korrumpiere den Täter. Nach diesem Verständnis ist das Unrecht der Teilnahme **täterbezogen**.[15]

15 Gegen diese Theorie spricht, dass sie weit über die Voraussetzungen hinausgeht, welche die §§ 26, 27, 29 als Tatbeitrag des Teilnehmers verlangen. Außerdem ist sie mit dem Prinzip der Eigenverantwortlichkeit[16] kaum zu vereinbaren.

16 **d) Unrechtsteilnahmetheorie:** Für die vorherrschende – ebenfalls auf dem restriktiven Täterbegriff aufbauende – Unrechtsteilnahmetheorie besteht das (strafwürdige) Unrecht der Teilnahme in der Mitverursachung bzw Förderung der Haupttat durch gemeinsame Sache des Teilnehmers mit dem Haupttäter, wodurch auch die Haupttat zum Werk des Teilnehmers wird.[17] Insoweit ist Gegenstand des Unrechts der Teilnahme der durch den Täter vermittelte Angriff auf das geschützte Rechtsgut. Der Teilnehmer haftet also, weil er sich durch das Bewirken bzw Fördern der Haupttat an der Pflichtverletzung des Täters beteiligt.[18]

II. Akzessorietät

1. Schuldunabhängigkeit der Beteiligung

17 Nach § 29 ist jeder Beteiligte (Mittäter, Anstifter, Gehilfe) „ohne Rücksicht auf die Schuld des anderen nach seiner Schuld" zu bestrafen. Die Vorschrift normiert damit hinsichtlich der allgemeinen Entschuldigungs-, Schuldausschließungs- und Schuldminderungsgründe den **Grundsatz der Schuldunabhängigkeit**: Einem Beteiligten ist nur die

---

13 *Koriath* Maiwald-FS 417 (425 ff); *Kühl* § 20/132; *Langer*, Das Sonderverbrechen, 1972, 462 ff; *Lüderssen*, Zum Strafgrund der Teilnahme, 1967, 119 ff.
14 SK-*Hoyer* Vor § 26 Rn 13 f.
15 Teilnahme als „Delikt gegen den Täter", vgl *Frister* 25/27; näher zu dieser Lehre *Mayer* Rittler-FS 243 ff; *Trechsel*, Der Strafgrund der Teilnahme, 1967, 54 f.
16 Vgl § 11 Rn 23 ff.
17 Vgl (mit Abweichungen im Detail) BGHSt 37, 214 (217); *Baumann/Weber/Mitsch* § 30/3 ff; *Heghmanns* GA 2000, 473 ff; S/S-*Heine/Weißer* Vor § 25 Rn 17 f; *Gropp* § 10/102; *Jescheck/Weigend* § 64 I 2; *Roxin* Stree/Wessels-FS 365 (369 ff); *Rudolphi* GA 1970, 353 (365); *Stratenwerth/Kuhlen* § 12/121.
18 Ob das Unrecht der Teilnahme ein gegenüber der Täterschaft quantitativ reduziertes Minus oder ein aliud darstellt, ist damit noch offen. Vor allem mit Blick auf die Sonderdelikte dürfte es sachgerecht sein, von einem aliud auszugehen, da hier nur den Täter, nicht aber auch den Teilnehmer die Sonderpflicht treffen muss, vgl Rn 50; näher *Kindhäuser* Hollerbach-FS 647 ff, 650 ff mwN.

vorsätzliche und rechtswidrige Tat eines anderen Beteiligten zurechenbar. Die Zurechnung einer solchen Tat zur individuellen Schuld erfolgt dagegen unabhängig von der Schuld des anderen Beteiligten.

Dies bedeutet etwa, dass einem Beteiligten eine Straftat auch dann zur Schuld zugerechnet werden kann, wenn – bei der Teilnahme – der Haupttäter oder – bei Mittäterschaft – der Mittäter schuldunfähig (§ 20) ist oder sich in einem unvermeidbaren Verbotsirrtum (§ 17) befindet.[19] Umgekehrt wirken Gründe, welche die Schuld entfallen lassen, nur bei dem Beteiligten, bei dem die entsprechenden Voraussetzungen erfüllt sind. Gleiches gilt für Schuldminderungsgründe (zB § 21) sowie für persönliche Strafausschließungsgründe (zB § 24). Der Grundsatz der Schuldunabhängigkeit gilt – über den Wortlaut des § 29 hinaus – auch für Anschlussdelikte sowie für teilnehmerähnliche Beziehungen, bei denen das Gesetz – wie zB bei §§ 111, 138, 257, 259, 357 – an die rechtswidrige Tat eines anderen anknüpft.[20]

2. Akzessorietät der Teilnahme

a) **Limitierte Akzessorietät:** Die Teilnahme gem. §§ 26, 27 setzt eine (zumindest versuchte) vorsätzliche und rechtswidrige Tatbestandsverwirklichung **durch einen anderen als Täter** voraus. Die Teilnahme ist daher abhängig (**akzessorisch**) von der Begehung einer sog. Haupttat. Da für die Teilnahme aber der Grundsatz der Schuldunabhängigkeit der Beteiligung (§ 29) gilt, braucht die Haupttat nicht schuldhaft begangen zu ein. Insoweit ist die Akzessorietät der Teilnahme begrenzt (**limitiert**).[21]

b) **Keine Teilnahme:** An tatbestandslosen (zB Suizid) oder gerechtfertigten Handlungen ist keine Teilnahme möglich. Wer sich an einer Tat in der irrigen Vorstellung beteiligt, der Handelnde habe Vorsatz, macht sich allenfalls im Rahmen von § 30 strafbar. Dagegen ist eine Teilnahme an entschuldigten Taten möglich, und zwar auch dann, wenn für den Haupttäter § 35 eingreift.[22]

c) **Erfolgsqualifizierte Delikte:** Da nach § 11 Abs. 2 eine Tat auch dann als vorsätzlich verwirklicht gilt, wenn sie nur hinsichtlich der Handlung Vorsatz erfordert und hinsichtlich einer besonderen Folge Fahrlässigkeit ausreichen lässt (§ 18), sind erfolgsqualifizierte Delikte wie auch sonstige Delikte mit Vorsatz-Fahrlässigkeits-Kombinationen[23] teilnahmefähig.[24] Für **jeden Beteiligten** ist hierbei **gesondert** festzustellen, ob ihm hinsichtlich der schweren Folge Fahrlässigkeit anzulasten ist.[25]

3. Akzessorietätslockerung

a) **§ 28:** Die Regelung des § 28 durchbricht teilweise den Grundsatz der (limitierten) Akzessorietät der Teilnahme; man spricht von einer „Akzessorietätslockerung":[26]

---

19 BGH NStZ-RR 2004, 342; *Fischer* § 29 Rn 2 f; S/S-*Heine* Vor § 25 Rn 32; LK-*Schünemann* § 29 Rn 2, 7; abw. *Jakobs* GA 1996, 253 (268).
20 *Fischer* § 29 Rn 5; L-Kühl-*Kühl* § 29 Rn 2; LK-*Schünemann* § 29 Rn 8.
21 Ganz hM, vgl nur W-*Beulke/Satzger* Rn 553; *Otto* § 22/1; LK-*Schünemann* Vor § 26 Rn 19.
22 S/S-*Heine* Vor § 25 Rn 36; LK-*Schünemann* § 29 Rn 3; abw. *Rudolphi* ZStW 78 (1966), 67 (98 f).
23 Hierzu § 34 Rn 1 ff.
24 Vgl BGH NJW 1987, 77 f; LK-*Schünemann* § 26 Rn 92 f.
25 BGHSt 19, 339 (341 f); BGH NStZ 1994, 339; *Jescheck/Weigend* § 54 III 2, § 64 III 4; *Kudlich* JA 2000, 511 (514 ff); NK-*Paeffgen* § 18 Rn 132; SK-*Rudolphi/Stein* § 18 Rn 32; S/S-*Sternberg-Lieben/Schuster* § 18 Rn 7.
26 *Ebert* 207; *Haft* 211; *Krey/Esser* Rn 1011 ff.

23 ■ Nach Abs. 1 wird die Strafe des Teilnehmers gem. § 49 Abs. 1 gemildert, wenn bei ihm besondere persönliche Merkmale fehlen, welche die **Strafbarkeit des Täters begründen**. Die Durchbrechung der Akzessorität erfolgt hier also im Wege einer **Strafrahmenverschiebung**. Exemplarisch: Der Privatmann, der einen Richter zur Rechtsbeugung anstiftet, ist zwar nach §§ 339, 26 zu bestrafen, der Strafrahmen wird jedoch über die Vorschrift des § 49 Abs. 1 herabgesenkt.

24 ■ Nach Abs. 2 gilt **die Schärfung, Milderung oder der Ausschluss von Strafe** aufgrund besonderer persönlicher Merkmale nur für den Beteiligten (Täter oder Teilnehmer), auf den sie zutreffen. Im Hinblick auf strafschärfende oder -mildernde Merkmale wird diese Anordnung von der hM dahin gehend interpretiert, dass sich die Durchbrechung der Akzessorität hier bereits auf Tatbestandsebene, nämlich durch eine **Tatbestandsverschiebung**, auswirkt.[27] Exemplarisch: Stiftet ein Privatmann einen Polizeibeamten zu einer Körperverletzung im Amt an, ist er nicht wegen Anstiftung zu § 340, sondern lediglich wegen Anstiftung zum Grunddelikt (§ 223 Abs. 1) zu bestrafen, während der Polizeibeamte ohne Abstriche dem Qualifikationstatbestand des § 340 unterfällt.

25 **b) Besondere persönliche Merkmale:** § 28 verweist hinsichtlich der besonderen persönlichen Merkmale auf § 14. Diese Vorschrift definiert die Merkmale jedoch nicht näher, sondern umschreibt sie nur als „besondere persönliche Eigenschaften, Verhältnisse oder Umstände". Einschlägig sind nach einhelliger Ansicht **Sonderpflichtmerkmale** (zB Amtsträgereigenschaft). Welche Merkmale ferner in Betracht kommen, ist dagegen umstritten.

26 **aa)** Die (sachgerechte) vorherrschende Auffassung sieht in den „besonderen persönlichen Merkmalen" (höchstpersönliche) **täterbezogene Eigenschaften**, die sie von den tatbezogenen abgrenzt:

27 ■ **Tatbezogen** sind Merkmale, die nur das objektiv realisierte bzw zu realisierende Unrecht **subjektiv widerspiegeln**,[28] zB Vorsatz, erfolgsbezogene Absichten wie Zueignungs- oder Bereicherungsabsicht[29] oder die Heimtücke beim Mord.

28 ■ **Täterbezogen** sind Merkmale, die sich **nicht auf das objektive Unrecht der Tat beziehen**, also vor allem Sonderpflichtmerkmale, aber auch Motive, die (wie zB die Habgier beim Mord) nicht auf die Verletzung des tatbestandlich geschützten Rechtsguts gerichtet sind.[30]

29 **bb)** Demgegenüber hat nach einer in der Literatur verbreiteten Auffassung § 28 die Funktion, möglichen unterschiedlichen Pflichten der Beteiligten Rechnung zu tragen. Demnach sollen die „besonderen persönlichen Merkmale" mit den Sonderpflichtmerkmalen identisch sein, während sonstige spezielle Schuldmerkmale den einzelnen Beteiligten im Rahmen von § 29 zugewiesen werden.[31] Gegen diese Ansicht ist einzuwen-

---

27 BGHSt 55, 229 ff; S/S-*Heine/Weißer* § 28 Rn 27; MK-*Joecks* § 28 Rn 10; abw. *Cortes Rosa* ZStW 90 (1978), 413 ff; SK-*Hoyer* § 28 Rn 45.
28 Vgl BGHSt 23, 103 (105); *Otto* § 22/15.
29 ZB in §§ 242, 253, 263.
30 Vgl BGHSt 17, 215 (217 f); 39, 326 ff; 41, 1 ff; *Baumann/Weber/Mitsch* § 32/9 ff; *Geppert* ZStW 82 (1970), 40 (50); S/S-*Heine/Weißer* § 28 Rn 15 ff; *Jescheck/Weigend* § 61 VII 4; *Kühl* § 20/154; *Otto* § 22/15; zur Kritik: LK-*Schünemann* § 28 Rn 33.
31 *Brammsen*, Die Entstehungsvoraussetzungen der Garantenpflichten, 1986, 103 ff; *Langer* JR 1993, 133 (137); *Otto* Jura 2004, 469 (472 f).

den, dass das geltende StGB keine die Strafe mildernden oder ausschließenden Sonderpflichten kennt, so dass insoweit die Regelung in Abs. 2 leer liefe.

cc) Schließlich werden als „besondere persönliche Merkmale" solche angesehen, die nicht im Wege der mittelbaren Täterschaft verwirklicht werden können.[32]

c) **Kein Unterschied:** Zu beachten ist, dass es zwischen den Merkmalen nach § 28 Abs. 1 und Abs. 2 keinen sachlichen Unterschied gibt. So wirkt zB die Amtsträgereigenschaft bei den echten Sonderdelikten (zB § 339) strafbegründend und bei den unechten Sonderdelikten (zB §§ 258a, 340) strafschärfend. Die Anwendbarkeit von § 28 Abs. 1 oder Abs. 2 hängt also nicht von der Eigenart des jeweiligen Merkmals, sondern von seiner Funktion im jeweiligen Deliktstatbestand ab.[33]

d) **Aufbau:** Schematisch lassen sich die täterbezogenen (besonderen persönlichen) Merkmale wie folgt in die Deliktsmerkmale einordnen:

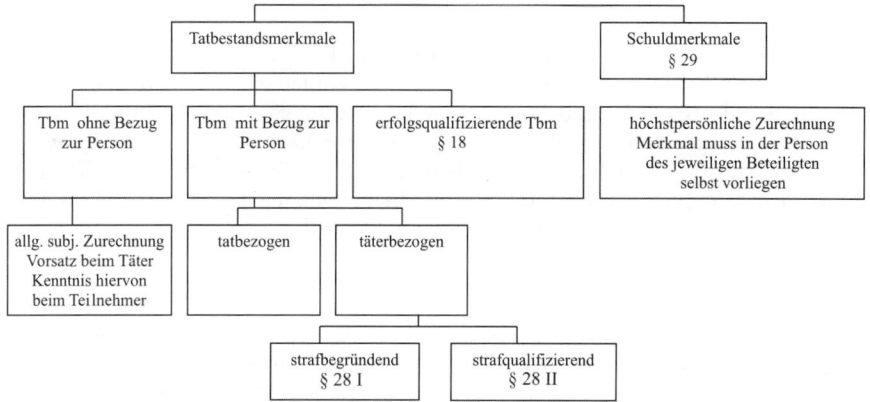

e) **Fallbearbeitung:** Im Gutachten sind Anwendbarkeit und Auswirkungen des § 28 Abs. 1 in einem gesonderten Prüfungspunkt nach Feststellung der Schuld zu behandeln, da die Vorschrift allein den anzuwendenden Strafrahmen, nicht hingegen den Schuldspruch betrifft. Anderes gilt für die Anwendung des § 28 Abs. 2, der nach hM zu einer Tatbestandsverschiebung führt. Die Norm kann entweder im Rahmen des objektiven bzw subjektiven Tatbestands geprüft werden (je nachdem, ob das besondere persönliche Merkmal objektiven oder subjektiven Charakter hat) oder ist – als gesonderter „Zurechnungsfilter" – unter einem eigenständigen Gliederungspunkt hinter dem subjektiven Tatbestand anzusprechen.[34]

III. Zur Abgrenzung von Täterschaft und Teilnahme

1. Überblick

a) **Begriffliche Unterscheidung:** Begrifflich unterscheiden sich Täterschaft und Teilnahme insoweit, als derjenige Täter ist, dem die Straftat als eigene zuzurechnen ist, während sich der Teilnehmer an der vorsätzlichen und rechtswidrigen Tat (Haupttat) eines anderen beteiligt. Als eigene ist grds demjenigen eine Tat zuzurechnen, der einen Tat-

---

32 LK-*Schünemann* § 28 Rn 10 ff, 45; *ders.* Küper-FS 561 ff.
33 Abw. *Puppe* ZStW 120 (2008), 504 (525).
34 Vgl hierfür etwa *Rengier* § 45/12.

bestand unmittelbar selbst verwirklicht (§ 25 Abs. 1 Alt. 1), also alle objektiven und subjektiven Tatbestandsmerkmale erfüllt.[35]

35 Bei mehreren Beteiligten kann es jedoch für die Annahme von Täterschaft ausreichen, dass der Betreffende nur einzelne Teilakte vollzieht. Ob der Vollzug einzelner Teilakte bereits ausreicht, um Täterschaft zu begründen, oder ob diese Akte nur als Unterstützungshandlungen iSe Beihilfe anzusehen sind, ist eine der schwierigen Abgrenzungsfragen zwischen Täterschaft und Teilnahme. Probleme kann ferner die Abgrenzung zwischen mittelbarer Täterschaft und Anstiftung aufwerfen.

36 **b) Abgrenzungskriterien:** Zur Abgrenzung von Täterschaft und Teilnahme wird eine Vielzahl von Theorien vertreten, die sich im Wesentlichen in **zwei Hauptrichtungen** unterteilen lassen:[36]

37 ▪ Die **subjektive Theorie** knüpft an die Willensrichtung und an die innere Einstellung der Beteiligten zur Tat an.

38 ▪ Die **objektiven Theorien** sehen das entscheidende Kriterium in der Beherrschung des Tatgeschehens: Hierbei stellt die heute vorherrschende **materiell-objektive Theorie oder Tatherrschaftslehre** auf die Entscheidungs- und Gestaltungsherrschaft über die Tatbestandsverwirklichung ab. Demgegenüber hielt die ältere **formal-objektive Theorie** die unmittelbare Verwirklichung der Tatbestandsmerkmale für entscheidend; mit der gesetzlichen Fixierung der mittelbaren Täterschaft in § 25 Abs. 1 Alt. 2 ist dieser Ansatz jedoch nicht zu vereinbaren.[37]

2. Subjektive Theorie

39 **a) Subjektive Lehre der Rechtsprechung:** Die (vornehmlich von der Rechtsprechung vertretene) subjektive Lehre stellt zum einen auf die beherrschende Willensposition (*dolus*-Theorie) und zum anderen auf das Interesse am Taterfolg (Interessentheorie) ab:[38]

▪ Täter ist, wer mit Täterwillen (*animus auctoris*) einen objektiven Beitrag zur Tatbestandsverwirklichung leistet und die Tat (aus Interesse am Erfolg) als eigene will.

▪ Dagegen ist Teilnehmer, wer mit Teilnehmerwillen (*animus socii*) handelt und die Tat als fremde veranlassen oder fördern will.

40 Die subjektive Lehre versteht sich als Konsequenz aus der Äquivalenztheorie der Kausalität:[39] Wenn alle zu einem Erfolg führenden Bedingungen objektiv gleichwertig sind, dann kann die Unterscheidung zwischen Täterschaft und Teilnahme nur im subjektiven Bereich getroffen werden.[40] Nach heutigem Verständnis ist jedoch die Kausalität nur ein Element des objektiven Unrechts, das durch die Kriterien der objektiven Zurechnung, namentlich durch die Risikozuständigkeit, und die vielfältigen tatbezogenen Merkmale der einzelnen Delikte wesentlich mitbestimmt wird. Eine sachgerechte Abgrenzung von Täterschaft und Teilnahme muss deshalb auch den objektiven deliktischen Sinngehalt der jeweiligen Tatbeiträge – zB die Risikobeherrschung – entschei-

---

35 BGHSt 38, 315 ff; LK-*Schünemann* § 25 Rn 53.
36 Zu einer beide Ansätze verbindenden Ganzheitstheorie vgl *Schmidhäuser* Stree/Wessels-FS 343 ff; vgl auch *Geerds* Jura 1990, 173 ff.
37 Vgl aber *Freund* § 10/35 ff.
38 Näher *Otto* Jura 1987, 246 (247 ff); LK-*Schünemann* § 25 Rn 3 f.
39 Vgl hierzu § 10 Rn 8 ff.
40 RGSt 74, 84 (85).

dend berücksichtigen. Jedenfalls ist die subjektive Theorie mit § 25 Abs. 1 Alt. 1 nur zu vereinbaren, wenn sie als notwendiges Kriterium für Täterschaft auch die Einflussnahme auf die konkrete Tatbestandsverwirklichung verlangt.[41] Im Übrigen versagt die subjektive Lehre von vornherein bei allen Delikten, bei denen – wie zB bei den §§ 216, 242, 246, 263 – (auch) ein fremdnütziges Handeln unter Strafe gestellt ist; in diesen Fällen fehlt dem Täter bereits nach den tatbestandlichen Voraussetzungen ein eigenes Interesse am Taterfolg.

b) **Neuere Rechtsprechung:** Die Rechtsprechung vertritt keineswegs eine einheitliche Linie.[42] In einigen – wegen der besonderen Tatumstände kaum verallgemeinerbaren – Entscheidungen wird teils eine extrem subjektive Position unter Verzicht auf jedes Tatherrschaftsmoment bezogen,[43] teils nur die objektive Seite der Tatbeherrschung betont.[44] Es wird aber auch versucht, das subjektive Kriterium auf eine objektive Grundlage zu stellen: „Wesentlicher Anhaltspunkt" für Täterschaft sei es, wieweit der Beteiligte „den Geschehensablauf mitbeherrscht, so dass Durchführung und Ausgang der Tat maßgeblich auch von seinem Willen abhängen".[45]   41

Diese letztgenannte Linie verfolgt insbesondere die neuere Rechtsprechung (sog. **beschränkt-subjektive Theorie**), indem sie im Rahmen einer wertenden Gesamtbetrachtung neben dem Eigeninteresse am Erfolg auch den Umfang der Tatbeteiligung und die Tatherrschaft oder jedenfalls den Willen zur Tatherrschaft berücksichtigt.[46]   42

3. Materiell-objektive Theorie

Für die materiell-objektive Theorie ist das maßgebliche Kriterium für Täterschaft das Innehaben der Tatherrschaft iSe **In-den-Händen-Haltens des tatbestandsmäßigen Geschehensablaufs**. Diese Theorie wird daher auch als **Tatherrschaftslehre** bezeichnet. Nach dem Leitprinzip der Tatherrschaft ist derjenige Täter, der als „Zentralgestalt" oder „Schlüsselfigur" das Geschehen durch seine Entscheidung lenkt und nach seinem Willen mitgestaltet, namentlich die Tatausführung hemmen oder ablaufen lassen kann. Kennzeichnend für die Tatherrschaft sind damit die **Herrschaft über das Ob der Tat (Entscheidungsherrschaft)** und die **Herrschaft über das Wie der Tat (Gestaltungsherrschaft)**.[47]   43

---

41 Vgl auch BGHSt 38, 315 ff; *Bringewat* Rn 671; *Freund* § 10/40; *Gropp* § 10/32; *Kühl* § 20/23.
42 Näher *Roxin* BGH-FS IV 177 ff.
43 Vor allem RGSt 74, 84 ff: Badewannen-Fall; BGHSt 18, 87 (89 ff): Staschynskij-Fall; BGH NJW 1954, 1374 f.
44 Vgl BGHSt 19, 135 (138 ff).
45 BGHSt 8, 393 (396); vgl ferner RGSt 15, 295 (303); 71, 364 f; BGHSt 2, 150 (156); 51, 219 ff; BGH JR 1955, 304 (305); NStZ-RR 2010, 236; wistra 2012, 303.
46 Vgl nur BGHSt 35, 347 (353 f); 38, 315 ff; 51, 219 ff m. Anm. *Puppe* JR 2007, 299; BGH NStZ 2006, 94; NStZ-RR 2010, 236; wistra 2012, 433 m. Anm. *Hecker* JuS 2013, 177 f; vgl auch *Baumann/Weber/Mitsch* § 29/59 ff; *Geerds* Jura 1990, 173 ff.
47 Grundlegend zur materiellen Tatherrschaftslehre *Roxin* TuT 25 f, 105 ff; vgl weiterhin – mit Abweichungen im Detail – *Bottke*, Täterschaft und Gestaltungsherrschaft, 1992, 35 ff; *Gallas*, Beiträge zur Verbrechenslehre, 1968, 78 ff; *Herzberg*, Täterschaft und Teilnahme, 1977, 7 f; *Jakobs* 21/35 f; *Jescheck/Weigend* § 61 V 1; *Murmann*, Die Nebentäterschaft im Strafrecht, 1993, 180 ff; *Otto* § 21/23 f; *Schild*, Täterschaft als Tatherrschaft, 1994, 6 ff; LK-*Schünemann* § 25 Rn 36 ff; mit subjektiver Akzentuierung: *Kindhäuser* Hollerbach-FS 627 (650 ff); *Welzel* § 15 I 1; Kritik bei *Haas*, Die Theorie der Tatherrschaft und ihre Grundlagen, 2008, 21 ff; hierzu wiederum *Schünemann* Roxin-FS II 799 (807 ff).

44 Dies bedeutet insbesondere:
- Bei der **mittelbaren Täterschaft** beruht die Tatherrschaft auf der Möglichkeit der **Lenkung des Vordermanns** (Werkzeugs) kraft überlegenen Willens oder Wissens.[48]
- Bei der **Mittäterschaft** liegt die Tatherrschaft in der **arbeitsteiligen Vorgehensweise**, bei welcher der Beitrag eines jeden für das Gelingen der Tat mitbestimmend ist.

45 Demgegenüber ist **Teilnehmer**, wer die Tatbestandsverwirklichung veranlasst oder fördert und hierbei hinsichtlich der Einflussnahme auf das Geschehen nur als „Randfigur" anzusehen ist.

4. Anwesenheit am Tatort

▶ **FALL 1:** C ist Chef einer Diebesbande und erarbeitet einen detaillierten Plan zu einem Einbruch in die Villa des O, den sein „Mitarbeiter" M ausführt; C besucht, um den Verdacht von sich abzulenken, zum Tatzeitpunkt mit Bekannten die Oper. ◀

46 Umstritten ist die Beantwortung der Frage, ob es für die Annahme von Mittäterschaft ausreicht, wenn der Bandenchef – wie C in **Fall 1** – bei der Ausführung der von ihm geplanten und organisierten Tat nicht selbst am Tatort mitwirkt:

47 - Nach der subjektiven wie auch beschränkt-subjektiven Theorie ist eine Anwesenheit des Bandenchefs am Tatort nicht erforderlich, sofern – wie in **Fall 1** – die sonstigen Kriterien für Täterschaft (zB Interesse am Taterfolg, *animus auctoris*, maßgebliche Beeinflussung der Tatgestaltung) erfüllt sind.[49]

48 - Auch innerhalb der materiell-objektiven Theorie wird es für die Annahme von Mittäterschaft weitgehend als ausreichend angesehen, wenn die Tat in der vom Bandenchef im Vorbereitungsstadium geplanten und organisierten Weise abläuft, sie also von einem arbeitsteiligen Ineinandergreifen der einzelnen Beiträge geprägt ist (sog. **funktionelle Tatherrschaftslehre**). Ein Minus an Entscheidungsherrschaft kann demnach durch ein Plus an Gestaltungsherrschaft ausgeglichen werden.[50] Demnach wäre C in **Fall 1** als Mittäter anzusehen.

49 - Eine engere Variante der Tatherrschaftslehre verlangt dagegen für Täterschaft eine Einflussnahme auf die unmittelbare Tatbestandsverwirklichung, und zwar durch Mitwirkung bei der Tatausführung an Ort und Stelle[51] oder zumindest durch das Bestehen eines – zB telefonischen – Kontakts.[52] Nach dieser Lehre wäre C in **Fall 1** nicht als Mittäter, sondern nur als Anstifter anzusehen.

---

48 Vgl auch BGHSt 32, 38 (41 ff); 35, 347 (351 ff).
49 Vgl BGHSt 32, 165 (178 ff); 37, 289 (291 ff); BGH StV 2007, 187 (188) m. krit. Anm. *Schuhr*; OLG Celle NJW 1994, 142.
50 *Beulke* JR 1980, 423 (424); *Gropp* § 10/85; S/S-Heine/Weißer Vor § 25 Rn 80; *Heinrich* Rn 1228; *Jakobs* 21/47 f, 52; *Jescheck/Weigend* § 63 III 1; *Kühl* § 20/111; *Küpper* GA 1986, 437 (444 ff); *Seher* JuS 2009, 304 (308); zu Beiträgen im Vorbereitungsstadium vgl auch *Gössel* Jura 2004, 696 (697 f).
51 So *Rudolphi* Bockelmann-FS 369 ff.
52 LK-*Schünemann* § 25 Rn 182 ff; vgl auch *Bloy* GA 1996, 424 (432 ff); *Köhler* 518 f; *Puppe* Spinellis-FS 915 (931 ff); *Roxin* JA 1979, 519 (522 f); *Zieschang* ZStW 107 (1995), 361 ff.

5. Sonderdelikte und eigenhändige Delikte

▶ **FALL 2:** Nach einem längeren Trinkgelage unternehmen A und B (mit einer Blutalkoholkonzentration von jeweils über 1,8 ‰) eine Spritztour; das Auto wird während der gesamten Fahrt von A gesteuert. ◀

Die Abgrenzungskriterien der subjektiven oder materiell-objektiven Theorie **gelten nicht** für Sonderdelikte und eigenhändige Delikte:

Täter eines **Sonderdelikts**[53] kann nur derjenige sein, dem die entsprechende Subjektsqualität zukommt.[54] Exemplarisch: Eine Rechtsbeugung kann nur ein Richter oder eine sonst in § 339 tatbestandlich genannte Person begehen. Ein Außenstehender kommt auch dann nicht als Täter in Betracht, wenn die fragliche Entscheidung bis in alle Einzelheiten von ihm stammt. Hier wird das Tatherrschaftskriterium von der Sonderpflicht verdrängt.[55]

Täter eines **eigenhändigen Delikts**[56] kann nur sein, wer den Tatbestand unmittelbar selbst verwirklicht.[57] Eigenhändige Delikte können also weder in Mittäterschaft noch in mittelbarer Täterschaft und auch nicht durch einen „lenkenden Kopf" im Hintergrund verwirklicht werden.

Dritte (Außenstehende) können in beiden Deliktsgruppen nur Teilnehmer sein. Daher ist in **Fall 2** nur A Täter des eigenhändigen Delikts der Trunkenheit im Verkehr (§ 316), während B als Beifahrer bloß Gehilfe sein kann, und zwar auch dann, wenn er den A permanent zu riskantem Fahren ermuntert.

6. Beweisfragen

Das Unrecht der einzelnen Beteiligungsformen ist unterschiedlich zu gewichten, wobei die Beihilfe auf der unteren, die Anstiftung auf der mittleren und die Täterschaft auf der oberen Stufe anzusiedeln ist. Wegen dieses Stufenverhältnisses ist eine Wahlfeststellung[58] zwischen den Beteiligungsformen nicht möglich. Vielmehr ist unter Anwendung des Grundsatzes *in dubio pro reo* davon auszugehen, dass unter den in Betracht kommenden Beteiligungsformen diejenige mit dem geringsten Unrecht vorliegt.[59]

IV. Beteiligung bei Fahrlässigkeit

1. Fahrlässige Beteiligung an vorsätzlicher Tat

Teilnahme setzt die *vorsätzliche* Mitwirkung an der Tat eines anderen voraus, wie sich unmittelbar aus den Normen der §§ 26 f ergibt. Dementsprechend kommt bei fahrlässiger Beteiligung an der vorsätzlichen Tat eines anderen nur eine täterschaftliche Deliktsbegehung in Betracht. So kann etwa denjenigen, der als undolos handelndes Werkzeug eines das Geschehen steuernden Hintermanns[60] einen anderen Menschen irrtüm-

---

53 ZB §§ 266, 283, 339 ff. Zu beachten ist ggf § 14, vgl § 7.
54 Unstr., vgl nur *Roxin* TuT 352 ff; *Herzberg*, Täterschaft und Teilnahme, 1977, 32 ff; *Stratenwerth/Kuhlen* § 12/22.
55 Vgl S/S-*Heine/Weißer* Vor § 25 Rn 82 f; LK-*Schünemann* § 25 Rn 42 ff, 162; krit. *Otto* § 21/37.
56 ZB §§ 153 f, 316.
57 Vgl LK-*Schünemann* § 25 Rn 45 ff.
58 Hierzu § 48 Rn 7 ff.
59 Vgl BGHSt 31, 136; *Jescheck/Weigend* § 16 II 2.
60 Vgl § 39 Rn 13.

lich verletzt, dennoch der Vorwurf einer fahrlässigen Körperverletzung treffen (§ 16 Abs. 1 S. 2). Sofern allerdings nicht der fahrlässig Handelnde, sondern der vorsätzlich Beteiligte als letztes Ursachenglied den tatbestandlichen Erfolg herbeiführt, kommen Einschränkungen der Strafbarkeit zugunsten des Fahrlässigkeitstäters unter dem Gesichtspunkt der objektiven Zurechnung in Betracht.[61]

2. Vorsätzliche Beteiligung an fahrlässiger Tat

56 Auch die vorsätzliche Teilnahme an einer fahrlässigen Tat ist nicht möglich, da in den §§ 26 f jeweils eine vorsätzlich begangene Haupttat gefordert wird.[62] Eine vorsätzliche Mitwirkung an fahrlässigen Delikten kommt danach nur in Form von **Nebentäterschaft** oder unter den Voraussetzungen **mittelbarer Täterschaft** in Betracht.

3. Fahrlässige Beteiligung an fahrlässiger Tat

57 Wie die Teilnahmeregeln setzen nach hM auch die Sonderformen der Täterschaft, wie sie in § 25 Abs. 1 Alt. 2 (mittelbare Täterschaft) bzw § 25 Abs. 2 (Mittäterschaft) normiert sind, ein vorsätzliches Vorgehen voraus. Demgemäß ist die fahrlässige Mitwirkung an einer fahrlässigen Tat nach der überkommenen Auffassung lediglich in Form der unmittelbaren (Neben-)Täterschaft (§ 25 Abs. 1 Alt. 1) möglich.

58 Für die Konstruktion einer **fahrlässigen mittelbaren Täterschaft**, die von Teilen der Literatur durchaus erwogen wird,[63] ergibt sich grds auch kein Bedürfnis. Denn die in Betracht kommenden Konstellationen können idR als Fälle einer (unmittelbaren) Alleintäterschaft erfasst werden,[64] in denen dem Vordermann lediglich die Funktion eines Kausalfaktors zukommt.

59 Demgegenüber hat die Konstruktion einer **fahrlässigen Mittäterschaft** durchaus ihren praktischen Reiz, da hiermit die Möglichkeit besteht, auch fahrlässig erbrachte Tatbeiträge wechselseitig zuzurechnen, ohne die Kausalität der einzelnen Handlung nachweisen zu müssen.[65] Exemplarisch: Rollen zwei Täter nach gemeinsamer Absprache jeweils einzeln Steine einen Abhang herunter und töten dabei unbeabsichtigt eine Person am Fuß des Abhangs, ohne dass der konkrete Urheber festgestellt werden kann, wäre bei wechselseitiger Zurechenbarkeit der Tathandlungen gemäß § 25 Abs. 2 dennoch eine Erfolgszurechnung zulasten beider Handelnder möglich.[66] Für die Möglichkeit einer fahrlässigen Mittäterschaft wird dabei häufig das Argument angeführt, dass das Gesetz in § 25 Abs. 2 zwar ein gemeinschaftliches Begehen fordere, wozu ein gemeinsames Wissen und Wollen konstitutiv sei. Dieses müsse nun aber nicht unbedingt auf die Verwirklichung des deliktischen Erfolgs bezogen werden, vielmehr komme bei Fahrlässigkeitstaten ein Ersatz durch eine gemeinsam vorgenommene, pflichtwidrige Gefahrschaffung („gemeinsames Handlungsprojekt") in Betracht.[67]

---

61 Näher § 11 Rn 36 ff.
62 Krit. *Frister* 25/26.
63 Vgl SK-*Hoyer* § 25 Rn 153; LK-*Schünemann* § 25 Rn 218.
64 Zutr. S/S-*Heine/Weißer* Vor § 25 Rn 109.
65 S/S/W-*Murmann* § 25 Rn 33; *Pfeiffer* Jura 2004, 519 (522).
66 Sog. „Rolling-Stones"-Fall des Schweizerischen Bundesgerichts, dargestellt bei *Otto* Jura 1990, 47; zu alternativen Lösungsmöglichkeiten *Geppert* Jura 2011, 30 (33).
67 Vgl etwa *Pfeiffer* Jura 2004, 519 (522 f); *Renzikowski*, Restriktiver Täterbegriff und fahrlässige Beteiligung, 1997, 288 f; abl hingegen *Puppe* GA 2004, 124 ff; hierzu wiederum *Hoyer* Puppe-FS 515 ff; Falllösung bei *Böß* JA 2012, 348 (350 f).

V. Beteiligung beim Unterlassungsdelikt

1. Aktive Teilnahme am Unterlassungsdelikt

▶ **FALL 3:** V hält sich mit seiner Freundin F und seinem vierjährigen Sohn S an einem einsamen Strand auf. Als S zu ertrinken droht, rät ihm F (mit Erfolg) von einer Rettung ab, um den lästigen S loszuwerden und den Unterhalt zu sparen. ◀

Eine aktive Teilnahme an einem Unterlassungsdelikt ist nach den allgemeinen Beteiligungsregeln möglich.[68] Die (früher vertretene) Gegenauffassung, der zufolge Beihilfe zum Unterlassen nicht möglich und der „Anstifter" zum Unterlassen stets Täter sein soll,[69] lässt sich mit §§ 8, 9 Abs. 2 nicht vereinbaren. Der aktive Teilnehmer braucht **keine Garantenstellung** innezuhaben.[70] Insoweit ist F in **Fall 3** wegen Anstiftung zum Unterlassungsdelikt des V strafbar. 60

Sofern ein Nichtgarant – wie F in **Fall 3** – aktiv am Unterlassungsdelikt teilnimmt, stellt sich die Frage, ob die **Garantenstellung des Täters** als ein **besonderes persönliches Merkmal** iSv § 28 anzusehen ist: 61

- Die vorherrschende Meinung behandelt die Garantenpflicht als strafbarkeitsbegründendes besonderes persönliches Merkmal iSv § 28 Abs. 1.[71] 62

- Nach einer verbreiteten Mindermeinung ist die Garantenstellung kein besonderes persönliches Merkmal.[72] Die Garantenstellung habe nur die Funktion, den Täterkreis zu bestimmen und das geringere Unterlassungsunrecht dem Begehungsunrecht anzugleichen. 63

- Sachgerecht ist jedoch eine differenzierte Betrachtung:[73] Bei den Überwachergarantenstellungen kraft Risikoherrschaft ist die Erfolgsabwendungspflicht nur die Kehrseite der begehungsgleichen Risikoschaffung bzw -übernahme. Solche Garantenstellungen sind rein tatbezogen und damit keine besonderen persönlichen Merkmale. Anders verhält es sich mit den Beschützergarantenstellungen kraft institutioneller Fürsorge. Solche Garantenstellungen sind auf den konkreten Täter zugeschnitten und damit als besondere persönliche Merkmale einzustufen. Demnach wäre, da V Beschützergarant ist, die Strafe der F in **Fall 3** nach § 28 Abs. 1 zu mildern. 64

2. Beteiligung durch Unterlassen

▶ **FALL 4:** A fügt B durch Schläge mit einer Stange tödliche Verletzungen zu; dessen Ehefrau E greift nicht ein, obgleich sie über eine Pistole verfügt und A von der Tat abhalten könnte. ◀

---

68 HM, vgl nur BGHSt 14, 280 ff; BGH NStZ 1998, 83 f; S/S-*Heine/Weißer* Vor § 25 Rn 87.
69 *Kaufmann,* Die Dogmatik der Unterlassungsdelikte, 1959, 190 ff, 317; *Welzel* § 27 A V 2.
70 Die Beihilfe ist hier regelmäßig psychischer Art, kann aber auch physisch sein, vgl BayObLG NJW 1990, 1861.
71 *Baumann/Weber/Mitsch* § 32/18; W-*Beulke/Satzger* Rn 558, 733; *Hake* JR 1996, 162 (164 f); SK-*Hoyer* § 28 Rn 35; *Otto* § 22/22; *Vogler* Lange-FS 265 ff.
72 *Geppert* ZStW 82 (1970), 40 ff; *Herzberg* ZStW 88 (1976), 68 (108 f); *Jescheck/Weigend* § 61 VII 4 a; L-Kühl-*Kühl* § 28 Rn 6; *Ranft* JZ 1995, 1186 f; *Schlüchter* Salger-FS 139 (143).
73 Vgl auch *Jakobs* 23/24 f; S/S-*Heine/Weißer* § 28 Rn 19 mwN.

F. Beteiligung

▶ **Fall 5:** Polizist P lässt seine Dienstpistole arglos herumliegen. Als er bemerkt, dass sie X ergreifen will, um damit Y zu erschießen, greift er, obgleich er dies noch könnte, nicht ein. ◀

▶ **Fall 6:** Aus Wut über seine Entlassung will Chemiearbeiter C eine Explosion auf dem Werksgelände auslösen und installiert eine Zündung an der Austrittsstelle eines hochexplosiven Gases. Der für die Bedienung des Gasventils zuständige I, dem ebenfalls gekündigt wurde, beobachtet dies, schließt aber das Ventil nicht, weil er in der Explosion eine willkommene Schädigung des Unternehmens sieht. ◀

65 a) **Mehrere Garanten:** Ein Unterlassungsdelikt kann durch **mehrere Garanten als Mittäter**[74] oder **Nebentäter**[75] verwirklicht werden.

66 b) **Nichtverhinderung eines vorsätzlichen Begehungsdelikts:** Wenn ein Garant eine Handlung unterlässt, durch welche – wie in den **Fällen 4 bis 6** – die Tat eines vorsätzlichen Begehungstäters verhindert worden wäre, kann das Unterlassen als Beihilfe zur vorsätzlichen Begehungstat oder als selbstständige Unterlassungstat in (Neben-)Täterschaft angesehen werden. Welche Beteiligungsform in Betracht kommt, ist umstritten. Im Wesentlichen werden folgende Meinungen vertreten:

67 aa) Die Rechtsprechung stellt auch bei den Unterlassungsdelikten zur Abgrenzung von Täterschaft und Teilnahme grds auf die **innere Einstellung** des Beteiligten zum Gesamtgeschehen ab. Maßgebliche Kriterien sind der Beteiligungswille (*animus auctoris* bzw *animus socii*) und das Interesse am Taterfolg.[76] Insoweit wäre wohl in den **Fällen 4 und 6** Täterschaft, in **Fall 5** Beihilfe anzunehmen.

68 bb) Im Schrifttum wird teils auch für die Bestimmung der Art der Beteiligung durch Unterlassen auf das Kriterium der **Tatherrschaft** abgestellt.[77] Dies erscheint allerdings insofern zweifelhaft, als das Kriterium der „Tatherrschaft", wie schon dessen konkretisierende Formulierung des „In-den-Händen-Haltens" zeigt, maßgeblich auf Begehungsdelikte zugeschnitten ist. Daher ergeben sich beim Unterlassen, welches durch ein bloßes „Geschehenlassen" der Erfolgsverwirklichung charakterisiert wird, keine rechten Anknüpfungspunkte zum Ausfüllen dieses Kriteriums. Dem entspricht es, dass unter denjenigen Stimmen, die eine Entscheidung nach dem Maßstab der Tatherrschaft fordern, unterschiedliche Folgerungen bei Mitwirkung eines aktiven Begehungstäters gezogen werden: So wird dem Unterlassenden bei gegebener Möglichkeit zum Eingreifen teilweise regelmäßig Tatherrschaft zuerkannt.[78] Die überwiegende Gegenposition nimmt demgegenüber an, dass zumindest bei Beherrschung des Geschehens durch einen vorsätzlich handelnden Begehungstäter – wie dies auch in den **Fällen 4 bis 6** der Fall ist – der Unterlassende grds nur Randfigur und damit Gehilfe sein könne.[79]

69 cc) Nach einer weiteren Ansicht soll nur Täterschaft des Unterlassenden in Betracht kommen, da der Garant gegenüber dem Opfer eine besondere **Schutzpflicht** habe. Eine Ausnahme sei lediglich bei eigenhändigen Delikten, beim Fehlen spezifischer Tatbestandsmerkmale oder in den Fällen zu machen, in denen sich die Garantenpflicht auf

---

[74] Vgl BGHSt 37, 106 (129); BGH NJW 1966, 1763.
[75] BGH NJW 2003, 522 (526 f).
[76] Vgl BGHSt 38, 356 (360 f); BGH NJW 1966, 1763; StV 1986, 59 f m. Anm. *Arzt* StV 1986, 337 f; BGH NStZ 1992, 31 f; vgl ferner *Baumann/Weber/Mitsch* § 29/71.
[77] *W-Beulke/Satzger* Rn 734; *M-Gössel/Zipf* § 49/87; MK-*Joecks* § 25 Rn 269 f.
[78] *Heinrich* Rn 1214.
[79] *Jescheck/Weigend* § 64 III 5; *Kühl* § 20/230; vgl auch *Ranft* ZStW 94, 815 (828 ff, 845 f); SK-*Rudolphi/Stein* Vor § 13 Rn 61.

das Verhindern der Beihilfe eines Dritten bezieht.[80] In den **Fällen 4 bis 6** wären die Unterlassenden somit jeweils als Täter anzusehen. Gegen diese Auffassung kann allerdings eingewandt werden, dass die Annahme einer regelmäßigen Täterschaft des Unterlassenden gegen die Gleichstellung von Begehen und Unterlassen verstößt, wie sie in § 13 vorgesehen ist. Denn dann wäre – im Gegensatz zum Begehungsdelikt – eine Ahndung des durch den Garanten verwirklichten Geschehens als bloßes Teilnahmeunrecht in der Regel nicht möglich. Der Garant würde also gegenüber einem aktiv handelnden Beteiligten schlechter gestellt.

dd) Neuerdings wird vorgeschlagen, die Beteiligungsform des Garanten als Täter oder Teilnehmer von der Natur des abzuwendenden Geschehens abhängig zu machen.[81] § 13 Abs. 1 wird dabei als **Zurechnungsnorm** verstanden, durch die das Nichthindern des abzuwendenden Erfolgs wie ein aktives Herbeiführen durch den Garanten selbst behandelt wird. Sofern sich eine Überwachergarantenstellung – wie in den **Fällen 5 und 6** – auf die Beaufsichtigung eines gefährlichen Gegenstandes bezieht, kommt danach, wenn ein Dritter auf diesen zugreift, allenfalls Beihilfe des Unterlassenden in Betracht, da sich der Tatbeitrag lediglich in der Nichthinderung der Benutzung des Gegenstandes durch den aktiv Handelnden erschöpft. Bezieht sich die Überwachungspflicht hingegen auf die Person des aktiven Täters selbst oder geht es um eine Beschützergarantenstellung, so sei entsprechend der Rolle des Begehenden (Täterschaft, Anstiftung oder Beihilfe) auch die Beteiligungsform des Garanten zu bestimmen. Daher wäre im **Fall 4**, in dem die E eine Beschützergarantenstellung im Hinblick auf den getöteten B trifft, (auch) eine eigene Täterschaft der Garantin anzunehmen. 70

ee) Da die beim Begehungsdelikt gewonnenen Kriterien für das Unterlassungsdelikt nicht eindeutig passen, erscheint es sachgerecht, hier zwischen Täterschaft und Teilnahme **nach Art der Garantenstellung** abzugrenzen:[82] 71

- Der **Beschützergarant** aufgrund institutioneller Fürsorge ist wegen seiner besonderen Nähe zum geschützten Gut und wegen seiner vom Begehen unabhängigen Zuständigkeit grds als **Täter** anzusehen. Demnach sind in **Fall 4** A und E jeweils Nebentäter eines Totschlags gem. § 212 (A) bzw §§ 212, 13 (E). Der Beschützergarant kommt nur dann nicht als Täter in Betracht, wenn bei ihm ein spezifisches Tatbestandsmerkmal – zB eine bestimmte Absicht – fehlt oder wenn das betreffende Delikt nur eigenhändig begehbar ist. 72

- Beim **Überwachergaranten** kraft Risikoherrschaft ist dagegen zwischen Täterschaft und Teilnahme wie bei den Begehungsdelikten abzugrenzen. Und zwar ist zu fragen, ob der Anteil am Geschehen, den der Garant nicht zurücknimmt, im Falle seiner aktiven Bewirkung als täterschaftlicher Beitrag oder nur als Unterstützung anzusehen wäre. 73

  In der Regel ist hier Teilnahme gegeben, wenn der Unterlassende durch die mangelnde Überwachung des Risikos nur ein vom Begehungstäter gestaltetes und beherrschtes Geschehen ermöglicht oder fördert. So wäre in **Fall 5** das Unterlassen des

---

80 *Bloy*, Die Beteiligungsformen als Zurechnungstypus im Strafrecht, 1985, 216 ff; *Frister* 26/40; *Mitsch* Jura 1989, 193 (197); LK-*Schünemann* § 25 Rn 210, § 27 Rn 43.
81 *Haas* ZIS 2011, 392 (396 f).
82 S/S-*Heine/Weißer* Vor § 25 Rn 95 ff; *Herzberg*, Täterschaft und Teilnahme, 1977, 82 ff; *Kindhäuser* Hollerbach-FS 627 (651); ähnlich *Hoffmann-Holland* ZStW 118 (2006), 620 (636 f); *Jakobs* 29/101 f; vgl zu einer Differenzierung auch – allerdings mit genau umgekehrtem Ergebnis – *Krüger* ZIS 2011, 1 (5 ff).

P als Beihilfe zum Totschlag anzusehen (§§ 212, 13, 27), da es auch eine bloße Unterstützungshandlung wäre, wenn P dem X die Pistole reichte, damit dieser den Y erschießen könnte.

Dagegen ist (ausnahmsweise) Täterschaft anzunehmen, wenn der Garant im Falle einer Vornahme der unterlassenen Handlung die Erfolgsherbeiführung maßgeblich selbst gestaltet und beherrscht hätte. So ist I in **Fall 6** – neben C – als Täter anzusehen (§§ 308 Abs. 1, 13), da er selbst den Erfolg unmittelbar bewirkt hätte, wenn er das Ventil aktiv geöffnet hätte.

74 c) **Abgrenzung von Beihilfe und Mittäterschaft:** Nach den Kriterien, die für die Abgrenzung von Beihilfe und Nebentäterschaft gelten, ist auch die Abgrenzung von Beihilfe und Mittäterschaft vorzunehmen. Für den Fall allerdings, dass eine mittäterschaftliche Vorgehensweise[83] bejaht wird, sind dem Garanten auch die Tatbeiträge des Begehungstäters als eigene zuzurechnen, so dass sich die Tat insgesamt als Begehungsdelikt darstellt. Verabreden I und C in **Fall 6** eine gemeinsame Vorgehensweise, bei der C die Zündung betätigt und I das Gas nicht abdreht, so scheidet die Möglichkeit einer Strafmilderung nach § 13 aus. Dem I ist vielmehr das aktive Verhalten des C als eigenes zuzurechnen, so dass er nach §§ 308 Abs. 1, 25 Abs. 2 zu bestrafen ist.

75 **WIEDERHOLUNGS- UND VERTIEFUNGSFRAGEN**

> Was ist unter Kettenbeteiligung, was unter notwendiger Teilnahme zu verstehen? (Rn 5, 6 f)
> Was ist unter dem restriktiven, was unter dem extensiven Täterbegriff zu verstehen? (Rn 8 ff)
> Was ist unter der limitierten Akzessorietät der Teilnahme zu verstehen? (Rn 19)
> Was ist unter besonderen persönlichen Merkmalen iSv § 28 zu verstehen? (Rn 25 ff)
> Welche Lehren werden generell zur Abgrenzung von Täterschaft und Teilnahme vertreten? (Rn 34 ff)
> Welche Besonderheit gilt bei eigenhändigen Delikten und Sonderdelikten? (Rn 50 ff)
> Wie ist zu entscheiden, wenn ein Garant eine Handlung unterlässt, durch welche die Tat eines vorsätzlichen Begehungstäters verhindert worden wäre? (Rn 66 ff)

---

83 Näher hierzu § 40.

§ 39 Alleintäterschaft

I. Begriffe

1. Unmittelbarer Täter

Unmittelbarer Täter ist derjenige, der die Straftat „selbst begeht" (§ 25 Abs. 1 Alt. 1), also alle objektiven und subjektiven Tatbestandsmerkmale erfüllt und damit den Tatbestand eigenhändig verwirklicht.[1]

2. Mittelbarer Täter

Mittelbarer Täter ist, wer die Straftat „durch einen anderen begeht" (§ 25 Abs. 1 Alt. 2). Der mittelbare Täter bedient sich zur Verwirklichung eines Tatbestands einer anderen Person. Er gilt wie der unmittelbare Täter als Alleintäter.

3. Nebentäter

▶ **FALL 1:** A weiß, dass B dem C in der kommenden Nacht auf dessen Heimweg auflauern will, um ihn zu erschießen. Er bewegt seinen Feind F dazu, zum fraglichen Zeitpunkt am betreffenden Ort zu sein; F wird von B, der diesen in der Dunkelheit für den C hält, erschossen. ◀

Nicht ausdrücklich ist im StGB der Fall geregelt, dass mehrere die Straftat begehen, ohne hierbei gemeinschaftlich zu handeln. Man spricht dann von Nebentäterschaft. Nebentäter ist demnach, wer einen Tatbestand unabhängig von einem anderen verwirklicht oder bei der Tatbegehung auf der Mitwirkung eines anderen ohne gemeinsamen Tatentschluss aufbaut. Der Nebentäter wird als Alleintäter behandelt.[2] Exemplarisch: A und B schießen unabhängig voneinander auf C, der aufgrund der durch beide Kugeln erlittenen Verletzungen stirbt.[3]

Nebentäter ist nach vorherrschender Meinung auch, wer einen fremden Tatentschluss zu eigenen Zwecken ausnutzt.[4] Beispielhaft hierfür ist **Fall 1**, bei dem sowohl B, der sich in einem unbeachtlichen *error in persona* befindet, als auch A, welcher nach dieser Ansicht das Geschehen durch seine Einflussnahme ebenfalls mitbeherrscht, wegen vorsätzlicher Tötung des F verantwortlich wären.

Teils wird in dieser Konstellation allerdings auch eine mittelbare Täterschaft des Hintermanns angenommen, da dem A zwar keine tatverändernde Steigerung von Unrecht oder Schuld, wohl aber die Tötung des konkreten Individuums anzulasten sei.[5]

Schließlich finden sich auch Stimmen, die aufgrund der vollen strafrechtlichen Verantwortlichkeit des unmittelbar Ausführenden *lediglich* eine Teilnahme des Hintermanns annehmen. In **Fall 1** wäre A danach entweder als bloßer Gehilfe[6] oder – sofern man

---

1 BGHSt 38, 315; LK-*Schünemann* § 25 Rn 45.
2 Ganz hM, vgl nur BGHSt 4, 20 (21); BGH NStZ 1996, 227 (228); *Gropp* § 10/5, 45; *Jescheck/Weigend* § 63 II 3; *Murmann*, Die Nebentäterschaft im Strafrecht, 1993, 183 ff; *Otto* § 21/54.
3 Zu der hier gegebenen kumulativen Kausalität vgl § 10 Rn 29 f.
4 W-*Beulke/Satzger* Rn 525; *Heinrich* Rn 1188; *Herzberg* JuS 1974, 574 (576 f); *Jescheck/Weigend* § 62 II 2; *Spendel* Lange-FS 147 (167 ff); *Welzel* § 15 V.
5 Sog. Irrtum über den konkreten Handlungssinn; vgl LK-*Schünemann* § 28 Rn 104 f; *Roxin* II § 25/102 f; näher Rn 12 ff.
6 Vgl *Bloy*, Die Beteiligungsform als Zurechnungstypus im Strafrecht, 1985, 362 ff.

allein durch den Opfertausch bereits ein hinreichendes Bestimmen zu einer anderen Tat begründet sieht – als Anstifter zu qualifizieren.[7]

II. Mittelbare Täterschaft

1. Zurechnungsprinzip

Bei der mittelbaren Täterschaft wird einer Person – **Hintermann** genannt – die Tatbestandsverwirklichung durch eine andere Person – **Vordermann** genannt – als **eigenes** täterschaftliches Verhalten zugerechnet, weil der Vordermann aufgrund eines Umstands nicht volldeliktisch handelt, für den der sich seiner zur Tatbegehung bedienende Hintermann rechtlich einzustehen hat. Der Vordermann wird auch als **Tatmittler** oder **Werkzeug** bezeichnet.

Das Bild von der Beherrschung des Vordermanns durch den Hintermann ist **normativ** zu deuten: Es geht um die rechtliche Verantwortlichkeit des Hintermanns für ein rechtlich relevantes Verantwortungsdefizit des Vordermanns, und nicht etwa um psychische (gruppendynamische) oder sonstige (zB finanzielle) Abhängigkeiten.[8]

Mittelbarer Täter kann nur sein, wer **alle Tätermerkmale** und subjektiven Voraussetzungen des Delikts auch **selbst erfüllt**. Bei eigenhändigen Delikten ist daher mittelbare Täterschaft nicht möglich.[9]

Die Haftung des Hintermanns kann durch jedes deliktskonstitutive Defizit in der Verantwortlichkeit des Vordermanns begründet werden. Der Vordermann kann also Tatmittler sein, wenn er – jeweils im subjektiven oder objektiven Bereich – tatbestandslos, gerechtfertigt oder schuldlos handelt.

2. Exzess des Tatmittlers

Wenn der Tatmittler weitere, vom Vorsatz des Hintermanns nicht gedeckte Straftaten begeht, ist ein Exzess des Tatmittlers gegeben, der dem Hintermann nicht zum Vorsatz zugerechnet werden kann.[10] Es kann jedoch eine Haftung wegen Fahrlässigkeit in Betracht kommen.

3. Gutachten

Im Gutachten ist mit dem Vordermann als dem Tatnächsten zu beginnen. Wird hinsichtlich seiner Strafbarkeit ein Defizit konstatiert, ist die Strafbarkeit des Hintermanns unter der Fragestellung zu prüfen, ob er für das betreffende Defizit einzustehen hat und die sonstigen Deliktsvoraussetzungen erfüllt sind.

III. Wichtige Fallgruppen mittelbarer Täterschaft

1. Defizite auf Tatbestandsebene

▶ **FALL 2:** A gibt B eine angeblich mit Platzpatronen geladene Pistole, damit dieser den C erschrecke. C wird mit der in Wirklichkeit scharf geladenen Waffe tödlich getroffen. ◀

---

7 Vgl *Otto* AT § 21/91; näher zu dieser Problematik § 41 Rn 6 ff, 12.
8 Näher zu den Gründen für die Zuständigkeit des Hintermanns *Jakobs* GA 1997, 553 ff; abw. Konzeption mit stark subjektiver Ausrichtung bei *Haas* ZStW 119 (2007), 519 (537 ff).
9 Unstr., vgl nur *Haft* JA 1979, 651 ff; *Herzberg* ZStW 82 (1970), 896 ff; *Stratenwerth/Kuhlen* § 12/24, 73.
10 M-*Gössel/Zipf* § 48/115 (mangels Tatherrschaft); *Roxin* II § 25/168 (mangels Tatherrschaft und Vorsatz).

§ 39 Alleintäterschaft

▶ **FALL 3:** D veranlasst E, eine angeblich ebenso wertlose wie kitschige Vase des F zu zerstören. In Wirklichkeit handelt es sich bei dem Tatobjekt um äußerst wertvolles chinesisches Porzellan. ◀

▶ **FALL 4:** Der zuständige Beamte T veranlasst den Nichtbeamten N zu einer (bewussten = dolosen) Falscheintragung ins Grundbuch (§ 348). ◀

▶ **FALL 5:** X veranlasst Y, ein in einem Park stehendes „Gerüst" umzuwerfen; Y weiß (anders als X) nicht, dass es sich hierbei um eine zur Verschönerung aufgestellte Plastik des Künstlers K handelt (§ 304). ◀

a) **Tatbestandsirrtum des Werkzeugs:** Gewissermaßen der „Grundfall" mittelbarer Täterschaft ist gegeben, wenn der Vordermann – wie B in **Fall 2** – aufgrund eines vom Hintermann (A) zu verantwortenden Tatbestandsirrtums vorsatzlos (§ 16 Abs. 1 S. 1) einen Deliktstatbestand verwirklicht.

b) **Streitstand bei Motivirrtum:** Umstritten ist, ob dieser Konstellation ein Handeln in einem Motivirrtum – wie in **Fall 3** – gleichzustellen ist:

- Teils wird ein Motivirrtum zur Begründung von mittelbarer Täterschaft für ausreichend erachtet, wenn sich der Irrtum auf den „konkreten Handlungssinn", insbesondere auf Art und Ausmaß des bewirkten Schadens, bezieht.[11] Angesichts der erheblichen Abweichung des vorgestellten vom tatsächlichen Schaden wäre in **Fall 3** eine mittelbare Täterschaft des D zu bejahen.

- Der Annahme mittelbarer Täterschaft steht hier jedoch entgegen, dass der sich in einem bloßen Motivirrtum befindliche Vordermann in vollem Umfang strafrechtlich verantwortlich handelt.[12] Es fehlt daher ein deliktskonstitutives Defizit, für das der Hintermann zuständig wäre, so dass dieser für das Geschehen in vollem Umfang einzustehen hätte.

c) **Streitstand bei qualifikationslos dolosem Werkzeug:** Umstritten ist ferner, ob bei einem Sonderdelikt mittelbare Täterschaft auch vorliegen kann, wenn – wie T in **Fall 4** – ein qualifizierter Hintermann einen Außenstehenden (N) als qualifikationslos doloses Werkzeug zur Ausführung der tatbestandlichen Handlung veranlasst:

- Nach einer Ansicht vermag allein die Innehabung einer Sonderpflicht noch keine Tatherrschaft über einen zwar qualifikationslos, aber ansonsten voll verantwortlich Handelnden zu begründen.[13]

- Nach der Gegenauffassung reicht es zur Begründung mittelbarer Täterschaft aus, wenn der Sonderpflichtige (T) seine einschlägige Pflicht verletzt.[14] Hierfür spricht, dass der Sonderpflichtige den Tatbestand (in Alleintäterschaft) durch Unterlassen verwirklicht, wenn er gegen das Handeln eines Außenstehenden nicht einschreitet.

---

[11] *Frister* 27/14 f; *S/S-Heine/Weißer* § 25 Rn 22 f; *Kühl* § 20/75; *Roxin* Lange-FS 173 (184 ff); LK-*Schünemann* § 25 Rn 97 ff.

[12] *Bloy*, Die Beteiligungsform als Zurechnungstypus im Strafrecht, 1985, 358 ff; *Bottke*, Täterschaft und Gestaltungsherrschaft, 1992, 71; *Herzberg*, Täterschaft und Teilnahme, 1977, 23 ff; *Jakobs* 21/101; *Jescheck/Weigend* § 62 II 2; *Stratenwerth/Kuhlen* § 12/59 ff.

[13] M-*Gössel/Zipf* § 48/82; *Jakobs* 21/104; *Köhler* 511; *Otto* § 21/94; *Schroeder*, Der Täter hinter dem Täter, 1965, 164 ff; *Stratenwerth/Kuhlen* § 12/40.

[14] Vgl – mit unterschiedlicher Begründung – *Cramer* Bockelmann-FS 389 (399); *Herzberg*, Täterschaft und Teilnahme, 1977, 31 ff; *Hünerfeld* ZStW 99 (1987), 228 (240); *Jescheck/Weigend* § 62 II 7; L-*Kühl-Kühl* § 25 Rn 4; LK-*Schünemann* § 25 Rn 133 ff; *Welzel* § 15 II 3.

Dann muss er aber erst recht als Täter anzusehen sein, wenn er sich eines Außenstehenden zur aktiven Verwirklichung des Tatbestands bedient.[15]

20 **d) Streitstand bei absichtslos dolosem Werkzeug:** Des Weiteren ist umstritten, ob mittelbare Täterschaft durch ein absichtslos doloses Werkzeug möglich ist. „Absichtslos dolos" ist ein Handelnder, der alle objektiven Tatbestandsmerkmale eines Delikts bewusst verwirklicht, dem jedoch die für das Delikt spezifische Absicht – wie zB bei §§ 242, 253, 263 – fehlt:

21 ■ Teils wird es für möglich gehalten, dass ein Hintermann, der mit der betreffenden Absicht einen absichtslos Handelnden zur Tatbestandsverwirklichung veranlasst, mittelbarer Täter ist:[16] Auch derjenige habe eine beherrschende Stellung im Tatgeschehen, der die Absicht mitbringe, von deren Vorliegen die Begehung einer Absichtsstraftat abhänge („normative Tatherrschaft").

22 ■ Dem steht jedoch entgegen, dass eine bloße Absicht – anders als eine Sonderpflicht (Rn 19) – grds noch keine Zuständigkeit für die Erfolgsvermeidung zu begründen vermag. Eine Absicht allein führt auch zu keiner Tatherrschaft über einen absichtslos, aber ansonsten voll verantwortlich Handelnden.[17] Die Tatherrschaft geht hier nicht über die eines Anstifters hinaus.[18]

23 Zu beachten ist, dass sich das Problem praktisch nicht mehr stellt, da heute bei allen einschlägigen Vermögens- und Eigentumsdelikten eine Drittzueignungs- bzw Drittbereicherungsabsicht ausreicht.[19] Daher ist im **Gutachten** immer zunächst zu prüfen, ob der Vordermann mit einer solchen Absicht handelt. Ist dies der Fall, so ist er Täter; der ihn zu der Tat veranlassende Hintermann ist dann – je nach Konstellation – Anstifter oder Mittäter.

24 **e) Streitstand bei Irrtum über Qualifikationstatbestand:** Umstritten ist schließlich, ob mittelbare Täterschaft in Betracht kommt, wenn sich der Vordermann – wie Y in **Fall 5** – über die Verwirklichung eines Qualifikationstatbestands irrt:

25 ■ Teils wird mittelbare Täterschaft bejaht, weil sich der Vordermann über ein erhebliches Unrechtsquantum irrt und der Hintermann insoweit überlegenes Tatwissen hat.[20] Dies wäre in **Fall 5** zu bejahen.

26 ■ Hiergegen ist jedoch einzuwenden, dass der Vordermann jedenfalls für das Unrecht des im Qualifikationstatbestand enthaltenen Grunddelikts in vollem Umfang verantwortlich handelt.[21] Sofern durch die Verwirklichung des qualifizierenden Tatumstands kein gesondert strafbares Unrecht begangen wird, weist der Vordermann kein deliktskonstitutives Defizit auf, das der Hintermann zur Begründung mittelbarer Täterschaft ausfüllen könnte.

---

15 Insofern wird teilweise auch anstatt einer mittelbaren eine unmittelbare Begehungstäterschaft angenommen; vgl *Lotz*, Das „absichtslos/qualifikationslos-dolose Werkzeug", 2009, 597 f; wohl auch *Sánchez-Vera*, Pflichtdelikt und Beteiligung, 1999, 163.
16 *Baumann/Weber/Mitsch* § 29/129; *W-Beulke/Satzger* Rn 537; *S/S-Heine/Weißer* § 25 Rn 14 ff; *Jescheck/Weigend* § 62 II 7; *Welzel* § 15 II 3.
17 *M-Gössel/Zipf* § 48/28; *Krey/Esser* Rn 920 f; *Otto* § 21/97.
18 *Jakobs* 21/104; *LK-Schünemann* § 25 Rn 138; *Stratenwerth/Kuhlen* § 12/37.
19 Näher hierzu *Kindhäuser* BT II § 2/65 f, 109 ff, § 27/76 f mwN; zum Fall fehlender *Absicht* beim Vordermann *Krey/Esser* Rn 920; vgl zur Problematik auch *Fahl* JA 2004, 287 ff; *Krämer* Jura 2005, 833 ff.
20 *S/S-Heine/Weißer* § 25 Rn 23; *LK-Schünemann* § 25 Rn 101 f.
21 *Jescheck/Weigend* § 62 II 2.

§ 39 Alleintäterschaft

2. Defizite auf Rechtfertigungsebene

▶ **FALL 6:** A veranlasst durch eine unwahre Anzeige, dass B von den Strafverfolgungsbehörden ordnungsgemäß in Untersuchungshaft genommen wird (§§ 164, 239, 25 Abs. 1 Alt. 2, 52). ◀

▶ **FALL 7:** C ruft in D den Irrtum hervor, er werde von E angegriffen; D schlägt daraufhin E nieder.[22] ◀

■ Mittelbare Täterschaft ist anzunehmen, wenn der Hintermann – wie A in **Fall 6** – für die Situation zuständig ist, in welcher der Tatmittler gerechtfertigt handelt.[23] Umstritten ist allerdings, ob der Tatmittler, der sich in einem vom Hintermann zu vertretenden Nötigungsnotstand befindet, nach § 34 gerechtfertigt oder nur nach § 35 entschuldigt ist.[24]   27

■ Mittelbare Täterschaft ist ferner möglich, wenn der Hintermann – wie C in **Fall 7** – dafür einzustehen hat, dass der Vordermann (D) bei der Tatbestandsverwirklichung irrig davon ausgeht, die tatsächlichen Voraussetzungen eines Rechtfertigungsgrunds seien gegeben, sich also in einem Erlaubnistatbestandsirrtum befindet. Nach der eingeschränkten Schuldtheorie ist dies ein Fall des vorsatzlos handelnden Werkzeugs, während eine mittelbare Täterschaft wegen eines Verbotsirrtums des Tatmittlers in Betracht kommt, wenn man der strengen Schuldtheorie folgt.[25]   28

3. Defizite auf Schuldebene

▶ **FALL 8:** A wird von B durch ein Schimpfwort beleidigt. C rät dem A, sich dies nicht gefallen zu lassen und B kräftig zu verprügeln, denn dies sei eine Notwehrsituation; C weiß, dass sein Rechtsrat falsch ist. Ohne weiter nachzudenken, hält sich A daraufhin für notwehrbefugt und schlägt auf B ein. ◀

▶ **FALL 9:** X droht, eine Sache des Y zu zerstören, wenn dieser nicht eine (in etwa gleichwertige) Sache des Z beschädigt. ◀

Auch bei einem schuldlos handelnden Vordermann ist mittelbare Täterschaft grds möglich.[26] Sofern der Vordermann vorsätzlich und rechtswidrig handelt, kommt nach den Regeln der limitierten Akzessorietät[27] auch eine **Anstiftung** in Betracht, die jedoch (als minder schwere Beteiligungsform) hinter die Täterschaft zurücktritt. Bedeutsam sind vor allem folgende Konstellationen einer mittelbaren Täterschaft: 29

a) **Mangelnde Einsichts- und Steuerungsfähigkeit:** Der Hintermann nutzt bei einem Jugendlichen oder einem Geisteskranken die mangelnde Einsichts- oder Steuerungsfähig-   30

---

22 Vgl LK-*Schünemann* § 25 Rn 85.
23 BGHSt 3, 4 ff; 10, 306 (307).
24 Näher hierzu § 17 Rn 34 ff.
25 Näher zum Erlaubnistatbestandsirrtum § 29 Rn 11 ff.
26 Vgl *Herzberg*, Täterschaft und Teilnahme, 1977, 13 ff; *Jescheck/Weigend* § 62 II 4 ff; LK-*Schünemann* § 25 Rn 69, 71, 89, 94, 113; *Stratenwerth/Kuhlen* § 12/46 ff.
27 Vgl § 38 Rn 19.

keit zur Tatbegehung aus.[28] Gleiches gilt, wenn sich der Hintermann eines strafunmündigen Kindes bedient.[29]

31 **b) Schuldlosigkeit:** Der Hintermann hat den die Schuldlosigkeit des Vordermanns bedingenden Defekt – zB durch heimliches Verabreichen eines Rauschmittels – zu vertreten.

32 **c) Unvermeidbarer Verbotsirrtum und Entschuldigung:** Der Vordermann befindet sich in einem vom Hintermann zu vertretenden unvermeidbaren Verbotsirrtum (§ 17) oder entschuldigenden Notstand gem. § 35, soweit hier nicht die Ausnahmeregelungen nach Abs. 1 S. 2 eingreifen. Gleiches gilt, wenn der Vordermann aufgrund eines vom Hintermann zu vertretenden unvermeidbaren Irrtums annimmt, die tatsächlichen Voraussetzungen eines Entschuldigungsgrunds seien gegeben (§ 35 Abs. 2 S. 1).

33 **d) Vermeidbarer Verbotsirrtum:** Umstritten ist, ob eine mittelbare Täterschaft gegeben ist, wenn sich der Vordermann – wie A in **Fall 8** – in einem vom Hintermann zu vertretenden vermeidbaren Verbotsirrtum oder einem vermeidbaren Irrtum über die tatsächlichen Voraussetzungen eines Entschuldigungsgrunds (§ 35 Abs. 2) befindet:

34 ■ Teils wird mittelbare Täterschaft mit der Begründung verneint, der Vordermann (A) sei aufgrund der Vermeidbarkeit des Irrtums für sein Handeln voll verantwortlich.[30] Folgt man dieser Auffassung, so ist in **Fall 8** eine Strafbarkeit des C wegen Anstiftung zur Körperverletzung zu bedenken.

35 ■ Sachgerecht ist es jedoch, in **Fall 8** eine mittelbare Täterschaft des C zu bejahen. Denn die Vermeidbarkeit ändert nichts daran, dass sich der Vordermann in einem die Bewertung seiner Tat betreffenden erheblichen Irrtum befindet und aktuell ohne Unrechtsbewusstsein handelt.[31] Die Situation entspricht derjenigen eines Vordermanns, der einem vorsatzausschließenden Tatbestandsirrtum erliegt, hierfür aber wegen Fahrlässigkeit haftet. Auch in diesem Fall befindet sich der Vordermann zum Tatzeitpunkt in einem Irrtum, der zwar bei Aufbietung der erforderlichen Sorgfalt vermeidbar gewesen wäre und ihn daher nicht völlig entlastet, der ihn aber für den Hintermann zu einem gutgläubigen Werkzeug macht.[32]

36 **e) Psychische Zwangslage:** Teils werden auch Fälle, in denen sich der Vordermann – wie Y in **Fall 9** – zwar noch nicht in einer entschuldigenden Notstandslage,[33] wohl aber in einem hieran psychisch angrenzenden Bereich befindet, wegen dessen Lenkbarkeit als Konstellationen mittelbarer Täterschaft angesehen.[34] Gegen eine mittelbare Täterschaft spricht aber, dass der Vordermann in einer solchen Situation rechtlich

---

28 Bei Einsichts- und Steuerungsfähigkeit des Vordermanns kommt dagegen nur Mittäterschaft oder Teilnahme in Betracht, vgl S/S-*Heine/Weißer* § 25 Rn 45 f; *Kühl* § 20/68; LK-*Schünemann* § 25 Rn 117 f; *Stratenwerth/Kuhlen* § 12/50 ff.
29 *Bottke*, Täterschaft und Gestaltungsherrschaft, 1992, 64 f; *Exner* Jura 2013, 103 (107 f); *Herzberg*, Täterschaft und Teilnahme, 1977, 30; *Jescheck/Weigend* § 62 II 4; *Otto* § 21/73.
30 *Bloy*, Die Beteiligungsform als Zurechnungstypus im Strafrecht, 1985, 347 ff; *Jakobs* 21/94; *ders.* GA 1997, 553 (570 f); *Jescheck/Weigend* § 62 II 5; *Maiwald* ZStW 93 (1981), 864 (892 f); *Stratenwerth/Kuhlen* § 12/54 f.
31 BGHSt 35, 347 ff; 40, 257 (265 ff); *Baumann/Weber/Mitsch* § 29/139 f; W-*Beulke/Satzger* Rn 542; S/S-*Heine/Weißer* § 25 Rn 43; *Heinrich* Rn 1260; *Herzberg* Jura 1990, 16 (22 ff); L-*Kühl*-*Kühl* § 25 Rn 4; *Küper* JZ 1989, 935 ff; *Otto* § 21/83 f; *Schaffstein* NStZ 1989, 153 ff; *Schumann* NStZ 1990, 32 ff; LK-*Schünemann* § 25 Rn 89 ff.
32 Näher hierzu *Kindhäuser* Bemmann-FS 339 (341 ff).
33 Eine Sache ist kein notstandsfähiges Gut iSv § 35.
34 *Kühl* § 20/51; *Schroeder*, Der Täter hinter dem Täter, 1965, 123 ff.

§ 39 Alleintäterschaft

vollumfänglich haftet und daher nicht die erforderliche „Werkzeugqualität" aufweist.[35]

4. Organisatorische Machtapparate

Inwieweit eine mittelbare Täterschaft durch Benutzung organisatorischer Machtapparate, etwa mit Blick auf die Judenvernichtung in der NS-Zeit, das Grenzregime der DDR oder ein Handeln im Rahmen mafiaähnlicher Organisationsstrukturen möglich ist, ist heftig umstritten, wird aber von einem beachtlichen Teil der Literatur bejaht.[36] Voraussetzung hierfür soll neben der Anordnungsgewalt des Hintermanns innerhalb des hierarchischen Machtapparates und dem Handeln desselben außerhalb der Rechtsordnung insbesondere die **Austauschbarkeit** („**Fungibilität**") **des Vordermanns** sein, welche die Tatausführung selbst bei Weigerung einer einzelnen, zur Ausführung bestimmten Person als sicher erscheinen lässt.[37] Die Bedeutung des Vordermanns tritt damit in den Hintergrund, entscheidend erscheint allein die Anweisungsgewalt der obersten Hierarchieebene als eigentlichem „Beherrscher" der Tat. Nach einem anderen, alternativen Ansatz ist das entscheidende Merkmal nicht in der Fungibilität, sondern in der bereits bestehenden (generellen) **Tatentschlossenheit des Gehilfen** zu sehen, welche der Weisungsgeber zur Deliktsbegehung nur noch ausnutzen muss.[38]

Die Rechtsprechung stützt sich in ihren Entscheidungen auf beide Ansätze, indem sie neben der Austauschbarkeit auch die unbedingte Bereitschaft des unmittelbar Handelnden, den Tatbestand zu erfüllen, betont.[39] Sofern die an der Spitze einer ununterbrochenen Verantwortungskette stehenden Machthaber gegen ein Verhalten der Untergebenen (Mauerschützen) nicht einschreiten, soll außerdem eine mittelbare Täterschaft durch Unterlassen in Betracht kommen.[40]

Schließlich weitet die Rspr die Figur der organisatorischen Machtapparate auch auf Fälle **regelhafter Abläufe in Wirtschaftsunternehmen** aus.[41] So wird in einer neueren Entscheidung die täterschaftliche Haftung des Geschäftsführers einer Firmengruppe für bestimmte Betrugsdelikte ausdrücklich unter Bezugnahme auf eine Organisationsherrschaft in Erwägung gezogen, allerdings im konkreten Fall wegen fehlenden hierarchischen Abstands zum unmittelbar die Täuschungen verursachenden Vordermann abgelehnt.[42] Von Teilen der Literatur wird die Ausweitung dieser Form mittelbarer Täterschaft unter Hinweis auf die grds Rechtsgebundenheit von Wirtschaftsunternehmen als verfehlt betrachtet; insbesondere könne unter solchen Umständen nicht von einer

---

35 *Bloy*, Die Beteiligungsform als Zurechnungstypus im Strafrecht, 1985, 345 ff; *Herzberg* JuS 1974, 237 (241); *Jakobs* 21/94 ff; *Köhler* 510; *Meyer*, Ausschluss der Autonomie durch Irrtum, 1984, 155 ff; *Otto* § 21/72; *Roxin* II § 25/48.
36 *W-Beulke/Satzger* Rn 541; *Heinrich* Rn 1257; *LK-Schünemann* § 25 Rn 122 ff; *Stratenwerth/Kuhlen* § 12/65 ff; vgl auch *Ambos* GA 1998, 226 ff; *Renzikowski* in: Kaufmann/Renzikowski [Hrsg.], Zurechnung als Operationalisierung von Verantwortung, 2004, 147 ff; *Schroeder*, Der Täter hinter dem Täter, 1965, 166 ff; ders. JR 1995, 177 ff; zur Kritik *MK-Joecks* § 25 Rn 143 ff; vgl auch *Radtke* GA 2006, 350 (354 ff); *Schlösser* JR 2006, 102 (104 ff).
37 Vgl *Koch* JuS 2008, 496 (497); *Roxin* II § 25/105, 107; abw. Konzeptionen bei *Radtke* GA 2006, 350 (354 ff); *Schlösser* JR 2006, 102 (104 ff).
38 Ausf. *Schroeder*, Der Täter hinter dem Täter, 1965, 143 ff, 168; *ders.* ZIS 2009, 569 ff; vgl jetzt auch *Roxin* Krey-FS 449 (462 f).
39 BGHSt 40, 218 (236); 45, 270 (296); krit. hierzu *Rotsch* ZStW 112 (2000), 518 (540).
40 BGHSt 48, 77 (89 ff); zust. *S/S/W-Murmann* § 25 Rn 28; zur Schwierigkeit der Abgrenzung von Tun und Unterlassen im Bereich von Organisationsherrschaft *Schlösser* GA 2007, 161 ff.
41 Vgl nur BGHSt 40, 218 (236 ff); 45, 270 (296 ff); BGH JR 2004, 245 (246); JZ 2004, 737 (740).
42 Vgl BGH NStZ 2008, 89 (90).

(beliebigen) Austauschbarkeit des das Delikt unmittelbar verwirklichenden Tatmittlers ausgegangen werden.⁴³

40 Die (zutreffende) Gegenauffassung lehnt eine mittelbare Täterschaft kraft organisatorischer Machtapparate generell ab und verweist dazu auf die volle rechtliche Verantwortlichkeit des Ausführenden. Die Tätigkeit des Hintermanns wird dann ersatzweise als Mittäterschaft⁴⁴ oder – insbesondere, soweit eine Tatherrschaft im Vorbereitungsstadium der Tat abgelehnt wird⁴⁵ – als Anstiftung⁴⁶ gedeutet.⁴⁷

5. Unterlassen

▶ **FALL 10:** A veranlasst den B gutgläubig durch eine vermeintlich zutreffende, in Wirklichkeit aber irreführende Information zu einer schädigenden Vermögensverfügung zugunsten des C. C war gegenüber A zur Aufklärung des Sachverhalts verpflichtet, hat dies aber unterlassen, um sich durch die Verfügung des B rechtswidrig zu bereichern. ◀

41 **a) Herrschende Meinung:** Die Möglichkeit mittelbarer Täterschaft aufgrund pflichtwidrigen Unterlassens in Garantenstellung ist mit der Rechtsprechung⁴⁸ und einem Teil der Literatur⁴⁹ jedenfalls dann anzunehmen, wenn der Tatmittler nicht volldeliktisch handelt und der Hintermann als Garant für die Beseitigung des Defizits einzustehen hat. So hat in **Fall 10** C in mittelbarer Täterschaft durch pflichtwidriges Unterlassen einen Betrug zum Nachteil des B mit dem gutgläubigen A als Werkzeug begangen (§§ 263, 25 Abs. 1 Alt. 2, 13).

42 Die im Schrifttum vorherrschende Auffassung lehnt demgegenüber die Möglichkeit mittelbarer Täterschaft aufgrund garantenpflichtwidrigen Unterlassens mangels Tatherrschaft über den Vordermann ab.⁵⁰ Indessen lässt sich hinsichtlich der Tatherrschaftsfrage kein Unterschied ausmachen, ob der Hintermann den vorsatzausschließenden Irrtum beim Vordermann aktiv hervorruft oder pflichtwidrig nicht behebt, zumal beim Betrug beide Täuschungsformen als gleichwertig angesehen werden.⁵¹

43 **b) Neuere BGH-Rechtsprechung:** In seiner jüngsten Entscheidung zur Verantwortlichkeit von Mitgliedern des Politbüros für das Grenzregime der DDR kombiniert der BGH die Figur der mittelbaren Täterschaft durch Unterlassen⁵² mit der Begründung von Tatherrschaft durch die Benutzung organisatorischer Machtapparate:⁵³ Die Politbüromitglieder hätten ihrer Pflicht zuwidergehandelt, gegen die Todesschüsse der ihnen im Wege einer ununterbrochenen Verantwortungskette Untergebenen einzuschrei-

---

43 Vgl *Rengier* § 43/69; *Rissing-van Saan* Tiedemann-FS 391 (401 ff); *Rotsch* NStZ 2005, 13 ff; *Roxin* II § 25/129 ff; zust. hingegen *Hefendehl* GA 2004, 575 ff; *Nack* GA 2006, 342 (343).
44 *Baumann/Weber/Mitsch* § 29/147; *Jescheck/Weigend* § 62 II 8; *Krey/Nuys* Amelung-FS 203 (218, 220 ff); *Otto* § 21/92.
45 Vgl dazu § 38 Rn 49.
46 *Jakobs* 21/103; *ders.* NStZ 1995, 26 f; *Köhler* 509 ff; *Krey* II Rn 160; *Zaczyk* GA 2006, 411 (414).
47 Antikritik hierzu bei *Roxin* GA 2012, 395 (399 ff).
48 Vgl BGHSt 40, 257 (265 ff); 48, 77 (89 ff).
49 *Baumann/Weber/Mitsch* § 29/118 f; *Brammsen* NStZ 2000, 337 ff; *M-Gössel/Zipf* § 48/117; *Jakobs* 29/103; *Ranft* Otto-FS 403 (410); *Schroeder*, Der Täter hinter dem Täter, 1965, 105 ff.
50 *Bottke*, Täterschaft und Gestaltungsherrschaft, 1992, 132 f; *Gropp* § 10/68 f; *S/S-Heine/Weißer* § 25 Rn 57; *Jescheck/Weigend* § 60 III 1; *Knauer* NJW 2003, 3101 (3102); *Otto* § 21/108; *Roxin* TuT 471 f.
51 Vgl nur *Kindhäuser* BT II § 27/11 ff mwN.
52 Es ging um Angeklagte, die erst nach der Anordnung des „Schießbefehls" (hierzu BGHSt 45, 270 ff) ins Politbüro kamen und den bereits bestehenden Zustand nicht zu ändern versuchten.
53 BGHSt 48, 77 (89 ff) m. krit. Anm. *Ranft* JZ 2003, 582 ff.

ten. Doch dieser Lösungsweg ist nicht nur wegen der (dogmatisch unklaren) Konstruktion einer Tatherrschaft kraft organisatorischer Machtapparate über volldeliktisch handelnde Vorderleute fragwürdig. Er greift auch zu kurz, wenn er nur auf das Verhalten innerhalb des Gremiums abstellt. Denn die Politbüromitglieder waren (zumindest auch) Beschützergaranten[54] für das Leben der fliehenden DDR-Bürger und hatten somit dafür einzustehen, dass sie nicht durch rechtswidriges Verhalten getötet oder verletzt wurden.[55] Insoweit stellt sich die Frage, ob sie nicht auch aufgrund ihres pflichtwidrigen Unterlassens sonstiger Maßnahmen (unmittelbare) Nebentäter neben den aktiv handelnden Mauerschützen waren.[56]

6. Selbstverletzungen

▶ **FALL 11:** A verzehrt giftige Pilze im Vertrauen auf die (bewusst falsche) Auskunft des B über deren Unschädlichkeit. ◀

▶ **FALL 12:** Tierarzt T wird von seinem Nachbarn N um Rat wegen der Magerkeit seines Hundes gebeten. T gibt dem N ein angebliches Aufbaupräparat, das jedoch tödlich wirkt, weil er eine Möglichkeit sieht, so dem permanenten Gebell ein Ende zu setzen. ◀

a) **Einordnung:** Mittelbare Täterschaft wird von der hM grds auch dann für möglich gehalten, wenn der Vordermann – wie A in **Fall 11** – ein eigenes Gut beschädigt oder zerstört.[57] Hier handelt zwar der Vordermann tatbestandslos, da die §§ 223 ff gegen eine andere Person als Tatobjekt gerichtet sein müssen; für den Hintermann (B) ist aber das sich selbst verletzende Werkzeug ein anderer.[58]

Nach abweichender Auffassung ist in einer solchen Konstellation keine mittelbare, sondern eine unmittelbarer Täterschaft anzunehmen, da eine Strafbarkeit beim Vordermann nicht erst aufgrund des dem Hintermann zurechenbaren Defekts – Verursachung eines Irrtums über die Handlungsfolgen – ausscheidet, sondern vielmehr bereits mangels eines relevanten tatbestandlichen Erfolgs (iSe Fremdverletzung) nicht in Betracht kommt. Für den letzteren Defekt ist der Hintermann aber gerade nicht verantwortlich. Der Vordermann stellt nach dieser Ansicht lediglich einen Kausalfaktor auf dem Weg der Deliktsverwirklichung durch den unmittelbar handelnden Hintermann dar.[59]

b) **Behandlung als mittelbare Täterschaft:** Geht man in vorgenannter Konstellation von einem Fall mittelbarer Täterschaft aus, so ist zum einen zu klären, unter welchen Voraussetzungen der sich selbst verletzende Vordermann nicht mehr als verantwortlich anzusehen ist. Zum anderen ist zu bestimmen, unter welchen Voraussetzungen die Verantwortlichkeit auf den Hintermann übergeht, so dass sich die Tat für ihn als Fremdverletzung darstellt.

aa) **Kriterien fehlender Verantwortlichkeit:** Hinsichtlich der Kriterien für die fehlende Verantwortlichkeit des Vordermanns ist zunächst zu bedenken, dass das Strafgesetz nur die Haftung für Fremdverletzungen vorsieht und daher keine expliziten Regeln für die (fehlende) Verantwortlichkeit bei Selbstverletzungen kennt. Die Grundsätze für die

---

54 Zur Begründung BGHSt 48, 77 (91 f).
55 Vgl auch *Knauer* NJW 2003, 3101 (3102 f).
56 Vgl § 38 Rn 67 (für den Standpunkt der Rechtsprechung) und Rn 71 ff (für den hier vertretenen Ansatz).
57 Zum Sonderfall des Suizids in „mittelbarer Täterschaft" vgl *Kindhäuser* LPK Vor §§ 211–222 Rn 35 ff.
58 BGHSt 32, 38 ff; *Ebert* 194; *Jakobs* 21/77 ff; *Jescheck/Weigend* § 62 II 1.
59 Ausf. *Schumann* Puppe-FS 971 (975 ff); vgl auch HKGS-*Ingelfinger* § 25 Rn 33; *Otto* § 21/101 ff.

(fehlende) Eigenverantwortlichkeit sind daher im Wege der Analogie zu gewinnen. Hierfür bieten sich zwei Möglichkeiten an:⁶⁰

48 ■ Die Verantwortlichkeit für Selbstverletzungen lässt sich in Analogie zur Verantwortlichkeit für Fremdverletzungen konstruieren. Demnach wäre eine Selbstverletzung eigenverantwortlich, wenn der Vordermann für den Fall, dass er statt eines eigenen Gutes ein fremdes verletzte, diese Tat vorsätzlich und schuldhaft begangen hätte. Dies wiederum bedeutet, dass die Selbstverletzung nicht als eigenverantwortlich anzusehen wäre, wenn der Vordermann – im Falle einer Fremdschädigung – unvorsätzlich oder unter den Voraussetzungen der gesetzlichen Exkulpationsregeln (§§ 19, 20, 35 StGB; § 3 JGG) gehandelt hätte (sog. **Exkulpationslösung**).⁶¹ In Fällen also, in denen das Gesetz von mangelnder Verantwortlichkeit einer Person für Fremdschädigungen ausgeht, soll auch eine Verantwortlichkeit für Selbstschädigungen ausgeschlossen sein.

49 ■ Die Eigenverantwortlichkeit kann aber auch in Analogie zu den Regeln für die Wirksamkeit einer Einwilligung definiert werden (sog. **Einwilligungslösung**).⁶² Eine Selbstverletzung wäre dann eigenverantwortlich, wenn der Vordermann für den Fall, dass nicht er selbst, sondern ein anderer die Schädigungshandlung vornimmt, die subjektiven Voraussetzungen einer wirksamen Einwilligung erfüllte.⁶³ Nicht als eigenverantwortlich einzustufen wäre dagegen die Selbstverletzung, wenn der Vordermann – im Falle seiner Schädigung durch fremde Hand – unter Voraussetzungen einwilligen würde, unter denen seine Erklärung als unwirksam anzusehen wäre. Demnach handelt der Vordermann insbesondere nicht eigenverantwortlich bei mangelnder Einsichtsfähigkeit, nicht ausreichendem Urteils- und Hemmungsvermögen, fehlender Ernstlichkeit der Entscheidung und irrtumsbefangener Willensbildung. Im Ergebnis zieht die Einwilligungslösung die Grenzen der Eigenverantwortlichkeit also erheblich enger als die Exkulpationslösung, mit der Folge, dass nach der Einwilligungslösung mittelbare Täterschaft in größerem Umfang möglich ist.

50 Die Einwilligungslösung ist vorzugswürdig, da sie dem Umstand Rechnung trägt, dass der Vordermann im Falle einer straflosen Selbstschädigung vor einer qualitativ anderen Entscheidung steht als im Falle einer strafbaren Fremdschädigung.⁶⁴ Während der Handelnde in der letztgenannten Konstellation strafbares Unrecht verwirklicht und daher nur in beschränktem Umfang von seiner Verantwortung entlastet sein kann, handelt er im Falle einer Selbstverletzung nicht gegen das Recht, trifft also keine Entscheidung, von der ihn das Recht abhalten will. Der Hintermann hat also, rechtlich gesehen, eine erheblich niedrigere Entscheidungssperre zu überwinden, wenn er den Vordermann (nur) zu einer Selbst- statt zu einer Fremdschädigung veranlasst. Dies spricht im Umkehrschluss dafür, den Hintermann auch bei einer Selbstverletzung in stärkerem Umfang haften zu lassen als bei einer Fremdverletzung.

---

60 Vgl auch *Achenbach* Jura 2002, 542 (543 f); *Otto* Jura 2003, 100 (101 f).
61 Vgl mit Blick auf die Selbsttötung *Bottke*, Suizid und Strafrecht, 1982, 250; *Zaczyk*, Strafrechtliches Unrecht und die Selbstverantwortung des Verletzten, 1993, 36 (43).
62 HL, vgl nur (mit Blick auf die Selbsttötung) *S/S-Eser/Sternberg-Lieben* Vor § 211 Rn 36; *M-Gössel/Zipf* § 48/102; LK-*Jähnke* Vor § 211 Rn 25 f; *Krey/Esser* Rn 563; *Laber*, Der Schutz des Lebens im Strafrecht, 1997, 254 ff; *Mitsch* JuS 1995, 888 (891 f); *Neumann* JuS 1985, 677 (680); *Otto* § 21/103.
63 Näher hierzu § 12 Rn 9 ff.
64 Näher hierzu *Herzberg* JA 1985, 336 ff; L-Kühl-*Kühl* Vor § 211 Rn 13a; *Neumann* JA 1987, 244 (251 ff).

bb) Übergang der Verantwortlichkeit: Mittelbare Täterschaft erfordert weiterhin, dass der Hintermann das die Eigenverantwortlichkeit ausschließende Defizit zur Veranlassung der Selbstschädigung herbeigeführt oder ausgenutzt hat. Folgt man der Einwilligungslösung, so sind die Kriterien der Unwirksamkeit einer Einwilligung bei Täuschung oder Nötigung entsprechend heranzuziehen.[65] Mit Blick auf den einschlägigen **Fall 12** bedeutet dies: N handelt tatbestandslos, weil er keine fremde Sache iSv § 303 zerstört. Seine Einwilligung in die entsprechende Handlung durch T wäre unwirksam, weil sie auf einem irrtumsbedingten Willensmangel über die schädlichen Folgen beruht. T ist mittelbarer Täter, da er für den Willensmangel aufgrund seiner Täuschung zuständig ist.

51

c) Behandlung als unmittelbare Täterschaft: Sofern man im Fall des selbstverletzenden Opfers keine mittelbare Täterschaft, sondern einen Fall der unmittelbaren Tatbegehung durch den Hintermann annimmt, ist die Erörterung der beiden vorstehend aufgeworfenen Fragen nicht etwa entbehrlich. Vielmehr werden diese auf der Ebene der objektiven Zurechnung relevant, und zwar für das Problem eines Ausschlusses der Erfolgszurechnung zum Täter kraft eigenverantwortlichen Handelns des Opfers.[66]

52

IV. Versuchsbeginn bei mittelbarer Täterschaft

1. Grundsatz

▶ **FALL 13:** A gibt B eine angeblich mit Platzpatronen geladene Pistole, damit dieser am nächsten Tag den C erschrecke; in Wirklichkeit ist die Waffe scharf geladen. B zielt jedoch ungenau und verfehlt den C. ◀

▶ **FALL 14:** X übergibt dem gutgläubigen Y einen Sprengsatz in einer Tasche, die er bei Z deponieren soll. Unterwegs kommen dem Y Bedenken, er untersucht die Tasche und vereitelt den Plan. ◀

Zur Festsetzung des Versuchsbeginns bei der mittelbaren Täterschaft bieten sich vor allem zwei[67] Möglichkeiten an:

53

a) Gesamtlösung: Man kann Hinter- und Vordermann als Einheit ansehen und den Versuch in dem Zeitpunkt beginnen lassen, in dem der Vordermann unmittelbar zur Tatbestandsverwirklichung ansetzt (sog. Gesamtlösung).[68] In **Fall 13** wäre dies der Zeitpunkt, in dem B mit der Waffe auf C zielt und abdrückt. Diese Lösung wird u.a. mit dem Argument begründet, dass die Einschaltung eines Tatmittlers nicht mit der Benutzung sonstiger Tatmittel gleichgesetzt werden könne. Vielmehr werde dem Hintermann das Verhalten eines anderen normativ zugerechnet, so dass auch dessen Verhalten für den Beginn der Tatbestandsverwirklichung entscheidend sei.

54

---

65 Hierzu § 12 Rn 21 ff; folgt man der Exkulpationslösung, so sind die Regeln mittelbarer Täterschaft bei der Fremdschädigung entsprechend anzuwenden (Rn 7 ff).
66 Vgl dazu näher § 11 Rn 23 ff, insbesondere auch Fn 43.
67 Zu einer Variante, die Kriterien der Gefährdungstheorie (§ 31 Rn 17) auf die mittelbare Täterschaft zu übertragen und den Versuch einzelfallabhängig dann beginnen zu lassen, wenn das Rechtsgut nach der Vorstellung des Hintermanns unmittelbar gefährdet ist, vgl S/S-Eser/Bosch § 22 Rn 54a; Otto § 21/127; näher zur Problematik Roxin II 29/226 ff.
68 M-Gössel/Zipf § 48/131 ff; Kadel GA 1983, 299 ff; Kühl § 20/91; ders. JuS 1983, 180 ff; Küper JZ 1983, 361 ff; Küpper GA 1986, 437 (447); Stratenwerth/Kuhlen § 12/105.

55 **b) Einzellösung:** Man kann aber auch den Vordermann als bloßes Werkzeug des Hintermanns ansehen und für den Versuchsbeginn nur auf dessen Verhalten abstellen (sog. Einzellösung).

56 ■ Nach der **modifizierten Einzellösung** der hM beginnt der Versuch des Hintermanns, sobald er das Geschehen nach seiner Einwirkung auf den (gut- oder bösgläubigen) Tatmittler dergestalt aus der Hand gegeben hat, dass es nach seiner Vorstellung anschließend zur Tatbestandsverwirklichung kommen soll.[69] Diese Konstruktion ist sachgerecht, da der Tatablauf bei der mittelbaren Täterschaft durch den Hintermann gesteuert wird und deshalb auch dessen Verhalten – wie auch sonst beim Einsatz von Tatwerkzeugen – maßgeblich sein muss. Erst wenn der Hintermann seine Einwirkung auf den Tatmittler abgeschlossen hat, setzt die Tatbestandsverwirklichung für ihn keine weiteren wesentlichen Zwischenschritte mehr voraus.[70] Außerdem trifft der Täter in dem Augenblick die für ihn verbindliche Entscheidung zugunsten der Tatbestandsverwirklichung, in dem er das Geschehen aus der Hand gibt. Demnach beginnt der Versuch in **Fall 13** in dem Zeitpunkt, in dem B den A nach dem Gespräch mit der Pistole verlässt.

57 ■ Die **strenge Einzellösung** (Einwirkungstheorie) will den Versuch bereits mit der Einflussnahme auf den Tatmittler beginnen lassen.[71] Somit hätte der Versuch in **Fall 13** schon in dem Zeitpunkt begonnen, in dem A dazu ansetzt, den B unter falschen Voraussetzungen zu dem Schuss auf C zu überreden. Diese Vorverlagerung geht jedoch zu weit: Zu diesem Zeitpunkt befindet sich die Tat nach Maßgabe der allgemeinen Regeln noch im Vorbereitungsstadium, da nach der Vorstellung des Hintermanns noch wesentliche Schritte erforderlich sind und das betroffene Rechtsgut nach der Vorstellung des Täters auch noch nicht gefährdet ist.

58 **c) Vermittelnde Auffassung:** Eine (ältere) vermittelnde Auffassung differenziert: Ist das Werkzeug – wie B in **Fall 13** – gutgläubig, soll der Versuch beginnen, sobald der Täter auf es einwirkt. Bei einem bösgläubigen Tatmittler soll dagegen der Zeitpunkt entscheidend sein, in dem dieser unmittelbar zur Tatbestandsverwirklichung ansetzt.[72]

59 **d) Folgerungen:** Zu beachten ist, dass sich die Streitfrage nicht mehr auf das Ergebnis (Strafbarkeit des Hintermanns) auswirkt, wenn der Vordermann – wie in **Fall 13** – bereits mit der Tatbestandsverwirklichung begonnen hat. Der Streit hat aber bei Fremdschädigungen vor allem dann Konsequenzen für die Strafbarkeit des Hintermanns, wenn der Vordermann – wie in **Fall 14** – nach der (abgeschlossenen) Einwirkung durch den Hintermann von der Tatausführung absieht. Nach der Gesamtlösung befindet sich die Tat in **Fall 14** noch im Vorbereitungsstadium. Für die strenge Einzellösung hat dagegen der Versuch schon in dem Augenblick begonnen, in dem X den Y zum Transport der Tasche veranlassen will. Nach der modifizierten Einzellösung schließlich hat X zur Tatbestandsverwirklichung iSv § 22 angesetzt, als er den Y mit der Tasche losziehen ließ.

---

69 Vgl – mit teils unterschiedlicher Begründung – BGHSt 30, 363 (365); 40, 257 (268); BGH NStZ 1986, 547; OLG München wistra 2006, 436 (437); W-*Beulke/Satzger* Rn 613; *Frister* 29/5; *Jescheck/Weigend* § 62 IV 1; SK-*Rudolphi* § 22 Rn 20a.
70 Vgl § 31 Rn 18.
71 *Baumann/Weber/Mitsch* § 29/155; *Herzberg* MDR 1973, 89 (94f); *Schilling*, Der Verbrechensversuch des Mittäters und des mittelbaren Täters, 1975, 100 ff; vgl auch *Puppe* JuS 1989, 361 (363 f).
72 *Welzel* § 24 III 5.

2. Stellen von Fallen

▶ **FALL 15:** T bringt an dem Pkw des O eine Sprengladung an, die mit dem Einschalten der Zündung explodieren soll.[73] ◀

▶ **FALL 16:** Der Apotheker A, der bereits Opfer eines Einbruchsdiebstahls geworden war, stellt in seinem Haus eine Flasche mit vergiftetem Schnaps auf, wobei er davon ausgeht, dass die Täter zurückkehren und wie bereits zuvor Getränke zu sich nehmen würden.[74] ◀

Eine Besonderheit ergibt sich, wenn der Täter dem Opfer eine Falle stellt, damit sich dieses (als unwissendes Werkzeug) selbst schädigt, wobei ein mehr oder weniger großer Zeitraum zwischen dem Handeln des Täters und der geplanten Verletzung liegen kann.[75]

Die **Rechtsprechung** kombiniert hier die Einzellösung mit einer objektivierten Gefährdungstheorie:[76] Der Versuch soll beginnen, wenn der Täter alles für das Gelingen des Tatplans Erforderliche getan hat und die (spätere) unbewusste Mitwirkung des Opfers bei der Erfolgsherbeiführung gewiss ist. Eine solche Situation ist etwa in **Fall 15** gegeben, da sicher anzunehmen ist, dass O mit seinem Fahrzeug demnächst fahren will. Dagegen wird bei ungewissen Situationen ein Versuchsbeginn erst bejaht, wenn sich das Opfer in den Wirkungskreis des Tatmittels (bzw der Falle) begeben hat. Demnach hat der Versuch in **Fall 16** nach den Kriterien der Rechtsprechung noch nicht begonnen: Der Täter hält die Mitwirkung des Opfers noch für ungewiss und geht daher noch nicht davon aus, dass die Schädigung des Opfers unmittelbar bevorsteht.[77]

Die Gesamtlösung kann dagegen in allen Fällen erst einen Versuch bejahen, wenn sich das Opfer in die unmittelbare Nähe der Falle begibt.

Das Ergebnis der strengen Einzellösung hängt von der Antwort auf die Vorfrage ab, worin hier die Einwirkung bestehen soll. Sieht man die Einwirkung im Arrangieren der Falle, ist in den Beispielsfällen stets Versuchsbeginn zu bejahen; soll das Einwirken dagegen darin bestehen, dass das Opfer in die Nähe der Falle gelangt,[78] decken sich die Resultate mit denen der Gesamtlösung.

Folgt man der modifizierten Einzellösung, muss man darauf abstellen, ob der Täter den weiteren Geschehensablauf aus der Hand gegeben hat, wobei es keine Rolle spielt, ob der vorgesehene Erfolgseintritt unmittelbar bevorsteht oder noch in weiter Ferne liegt. Dies wäre – insoweit im Ergebnis mit der Rechtsprechung übereinstimmend – beim Anbringen einer Sprengladung an den Pkw in **Fall 15**, nicht aber beim (jederzeit revozierbaren) Hinstellen des vergifteten Schnapses in **Fall 16** zu bejahen.

---

73 Vgl BGH NStZ 1998, 294 (295); 2001, 475 (476).
74 Vgl BGHSt 43, 177 f.
75 Zur Problematik *Dornis* Jura 2001, 664 (665 f); *Engländer* JuS 2003, 330 ff.
76 Hierzu § 31 Rn 11, 17.
77 BGHSt 40, 257 (268 f); 43, 177 (180 f) m. Anm. *Gössel* JR 1998, 293; *Kudlich* JuS 1998, 596; *Otto* NStZ 1998, 243; *Roxin* JZ 1998, 211; *Wolters* NJW 1998, 578 ff.
78 So *Wolters* NJW 1998, 578.

V. Irrtumsprobleme

1. Irrtum über die Tatherrschaft

▶ **FALL 17:** Stationsarzt A übergibt der vermeintlich arglosen Krankenschwester K eine Spritze mit einer Überdosis eines Medikaments, um so den in das Krankenhaus eingelieferten Freund F seiner Ehefrau zu töten; K durchschaut das Ansinnen, lässt sich aber nichts anmerken und verabreicht F die tödlich wirkende Injektion. ◀

▶ **FALL 18:** U fordert den V auf, einen tödlichen Schuss auf W abzugeben. V schießt zwar, glaubt aber, es handele sich bei der Aufforderung um einen Scherz, da er den W im Halbdunkel für eine Vogelscheuche hält. ◀

▶ **FALL 19:** X bestimmt den unerkennbar geisteskranken Y zur Tötung des Z. ◀

65 a) **Rechtsprechung:** Da nach der subjektiven Theorie für die Annahme von Täterschaft allein subjektive Kriterien (*animus auctoris*, Interesse am Taterfolg, Wille zur Tatherrschaft) maßgeblich sind,[79] spielen für diese Lehre Irrtümer des Hintermanns über die tatsächlichen Voraussetzungen mittelbarer Täterschaft keine Rolle. Es kommt stets nur darauf an, wie der Hintermann selbst die Lage einschätzt. Geht also der Hintermann – wie A in **Fall 17** – irrig davon aus, dass er den Vordermann (K) lenkt, weil dieser vermeintlich den Tatbestand unvorsätzlich verwirklicht, so ändert dies nichts daran, dass er selbst mit Tatherrschaftswillen handelt und damit als mittelbarer Täter anzusehen ist. Umgekehrt ist der Hintermann auch dann kein mittelbarer Täter, wenn er – wie U in **Fall 18** – den in Wirklichkeit vorsatzlos handelnden Vordermann (V) für bösgläubig hält. Vielmehr ist der Hintermann (U) in diesem Fall – je nach Einstellung zur Tat – entweder wegen versuchter mittäterschaftlicher Tatbestandsverwirklichung oder wegen versuchter Anstiftung (§ 30 Abs. 1) strafbar.[80]

66 b) **Herrschende Lehre:** Irrtumsprobleme stellen sich dagegen, wenn man mit der ganz hL für die Annahme von Täterschaft verlangt, dass der Täter auch objektiv die **Tatherrschaft innehat**.[81] In diesem Fall muss die Tatherrschaft als objektives Tatbestandsmerkmal zum Vorsatz zurechenbar sein, mit der Folge, dass die objektive und die subjektive Tatseite voneinander abweichen können.

67 Für die mittelbare Täterschaft, bei der die Tatherrschaft des Hintermanns durch dessen Zuständigkeit für das Fehlen eines deliktskonstitutiven Merkmals beim Vordermann begründet wird, kommen zwei Möglichkeiten des Irrtums über die Tatherrschaft in Betracht:[82]

- Der Hintermann kann irrig annehmen, dass er den Vordermann wegen dessen Gutgläubigkeit oder Schuldlosigkeit lenkt, also irrig von einer in Wirklichkeit fehlenden Tatherrschaft ausgehen (**Fall 17**).
- Er kann aber auch irrig annehmen, dass der Vordermann die Tatbestandsverwirklichung bösgläubig und schuldhaft begeht, also seine in Wirklichkeit gegebene Tatherrschaft verkennen (**Fall 18**).

68 aa) Nimmt der Hintermann irrig an, er lenke – wie A in **Fall 17** – den Vordermann wegen dessen **Gutgläubigkeit oder Schuldlosigkeit**, so geht er davon aus, den Vorder-

---

[79] Vgl § 38 Rn 39 ff.
[80] Näher hierzu § 43 Rn 1 ff.
[81] Vgl § 38 Rn 43 ff.
[82] Näher hierzu *Kretschmer* Jura 2003, 535 ff.

mann im Sinne mittelbarer Täterschaft zu beherrschen, während in Wirklichkeit nur die objektiven Voraussetzungen einer Anstiftung[83] erfüllt sind.

Die Lösung für diese Konstellationen ist umstritten und hängt davon ab, ob man hinsichtlich der Tatherrschaft zwischen Täterschaft und Teilnahme nur eine quantitative Differenz in der Intensität der Beteiligung oder einen qualitativen Unterschied sieht: 69

- Sofern man mit der vorherrschenden Auffassung nur eine quantitative Differenz bejaht, ist vollendete Anstiftung gegeben: Der Vorsatz des mittelbaren Täters ist dann ein Plus gegenüber dem Anstiftervorsatz und umfasst diesen.[84] Dieser Ansatz ist auf der Basis der Unrechtsteilnahmetheorie[85] konsequent, wonach der Strafgrund der Teilnahme in der quantitativ reduzierten Beteiligung am Unrecht der Haupttat liegt. Demnach ist das Unrechtsquantum, das der Hintermann tatsächlich verwirklicht, geringer als das Quantum, das er sich vorstellt und somit in diesem enthalten. Folglich wäre A in **Fall 17** wegen **Anstiftung zum vollendeten Tötungsdelikt** der K zu bestrafen. 70

- Nach der Gegenauffassung, der zufolge sich Täterschaft und Teilnahme qualitativ unterscheiden, wäre A in **Fall 17** wegen eines **versuchten Tötungsdelikts in mittelbarer Täterschaft** zu bestrafen. Denn die mittelbare Täterschaft steht nach diesem Ansatz in einem aliud-Verhältnis zur Anstiftung, so dass der Vorsatz der mittelbaren Täterschaft einen anderen Gegenstand hat als derjenige der Anstiftung.[86] 71

- Vereinzelt wird in **Fall 17** vollendete Anstiftung und versuchte mittelbare Täterschaft in Tateinheit bejaht.[87] 72

- Schließlich findet sich auch eine Ansicht, die sowohl eine Versuchsstrafbarkeit als auch eine Strafbarkeit wegen vollendeter Anstiftung ablehnt und lediglich eine **fahrlässige Haftung** des Hintermanns befürwortet.[88] 73

bb) Der Hintermann kann aber auch – wie U in **Fall 18** – **irrig** annehmen, dass der Vordermann (V) **vorsätzlich** handelt und das Tatgeschehen beherrscht. Da hier der Hintermann glaubt, der Vordermann verwirkliche den Tatbestand vorsätzlich, geht er von einer Anstiftung aus. Objektiv sind jedoch die Voraussetzungen mittelbarer Tatherrschaft erfüllt. 74

Mittelbare Täterschaft ist hier gleichwohl zu verneinen, da dem Hintermann iSv § 16 Abs. 1 S. 1 der Vorsatz über täterschaftsbegründende Umstände fehlt.[89] Vollendete Anstiftung scheidet wiederum mangels vorsätzlicher rechtswidriger Haupttat aus. Daher kommt in **Fall 18** allenfalls eine **versuchte Anstiftung** des U unter den Voraussetzungen des § 30 Abs. 1 in Betracht.[90] 75

cc) Schließlich kann der Hintermann – wie X in **Fall 19** – **irrig** annehmen, der vorsätzlich handelnde Vordermann (Y) begehe die Tatbestandsverwirklichung **schuldhaft**. 76

---

[83] Näher hierzu § 41 Rn 1 ff; Fallbeispiel bei *Kudlich* JuS 2003, 755 ff.
[84] W-Beulke/Satzger Rn 549; S/S-Heine/Weißer Vor § 25 Rn 76; Jescheck/Weigend § 62 III 1; Kühl § 20/87.
[85] Vgl § 38 Rn 16.
[86] M-Gössel/Zipf § 48/112 ; Gropp § 10/77; *Herzberg*, Täterschaft und Teilnahme, 1977, 45; *Kretschmer* Jura 2003, 535 (536 ff); *Kudlich* JuS 2003, 755 (758) mit Übungsfall.
[87] LK-*Schünemann* § 25 Rn 146 f.
[88] *Küper* Roxin-FS II 895 (914 f).
[89] HL, vgl nur LK-*Schünemann* § 25 Rn 143.
[90] *Heinrich* Rn 1266; *Kretschmer* Jura 2003, 535 (536); LK-*Schünemann* § 25 Rn 144.

77 ■ In diesem Fall ist nach hM eine **vollendete Anstiftung** (§ 26) des X gegeben. Denn nach den Regeln der limitierten Akzessorietät[91] setzt die Teilnahme nur eine vorsätzliche rechtswidrige Haupttat voraus, so dass der Irrtum über die Schuld belanglos ist.[92]

78 ■ Sieht man dagegen in der Anstiftung ein *aliud* [etwas anderes] gegenüber der mittelbaren Täterschaft und ist der Hintermann für die fehlende Schuld des Vordermanns in einer mittelbare Täterschaft begründenden Weise zuständig, so kommt – parallel zur Lösung von **Fall 18** – nur eine **versuchte Anstiftung** nach Maßgabe von § 30 Abs. 1 in Betracht.[93] Denn der Vorsatz des mittelbaren Täters hat dann einen anderen Gegenstand als der des Anstifters.

2. Objektverwechslung beim Vordermann

▶ **FALL 20:** Stationsarzt A will den in das Krankenhaus eingelieferten Freund F seiner Ehefrau töten. Er übergibt der arglosen Krankenschwester K eine Spritze mit einer Überdosis eines Medikaments und weist K an, die Injektion bei dem neuen Patienten F in Zimmer Nr. 5 vorzunehmen. In demselben Zimmer liegt jedoch der ebenfalls neu eingelieferte Patient P. K hält P für F und gibt jenem die Spritze; P stirbt. ◀

79 Umstritten ist, wie sich eine Objektverwechslung des Vordermanns iSe *error in persona vel objecto*[94] für den Hintermann auswirkt. Beispielhaft hierfür ist **Fall 20**:

80 ■ Ein Teil der Lehre behandelt die Objektverwechslung durch den Vordermann (K) als Fall der *aberratio ictus*[95] für den Hintermann (A): Es könne keinen Unterschied machen, ob sich der Hintermann bei der Verfehlung seines Ziels einer mechanischen Waffe oder eines menschlichen Werkzeugs bediene. Demnach wäre A in **Fall 20** wegen Versuchs hinsichtlich des anvisierten Objekts (F) und ggf – bei entsprechender Vorhersehbarkeit – tateinheitlich hiermit wegen Fahrlässigkeit hinsichtlich des verletzten Objekts (P) zu bestrafen.

81 ■ Die Gegenmeinung wendet (zutreffend) die allgemeinen Irrtumsregeln nach § 16 Abs. 1 auf diese Konstellation an und differenziert danach, ob beim Hintermann ein unbeachtlicher Motivirrtum (*error in persona vel objecto*) oder ein beachtlicher Kausalirrtum (*aberratio ictus*), der den Vorsatz entfallen lässt, vorliegt. Zu diesem Zweck stellt sie darauf ab, ob sich der Vordermann bei der Auswahl des Tatobjekts an die (mehr oder weniger genauen) Zielvorgaben des Hintermanns hält und hierbei irrt oder ob er das Tatobjekt nach Kriterien bestimmt, die von den Direktiven des Hintermanns abweichen.[96] In der ersten Variante hafte der Hintermann (Täter) für Vollendung, da sich der Vordermann im Rahmen des Tatplans des Täters bewege. In der zweiten Variante seien die Regeln der *aberratio ictus* anwendbar, da sich das Geschehen als Exzess darstelle und damit nicht mehr vom Vorsatz des Täters

---

91 Vgl § 38 Rn 19.
92 M-*Gössel/Zipf* § 48/110; S/S-*Heine/Weißer* Vor § 25 Rn 76; *Jescheck/Weigend* § 62 III 1; *Kühl* § 20/85; LK-*Schünemann* § 25 Rn 145.
93 *Ebert* 199; so noch M-*Gössel/Zipf* 7§ 48/28.
94 Näher hierzu § 27 Rn 40 ff.
95 *Baumann/Weber/Mitsch* § 21/15; *Heinrich* Rn 1267; *Jescheck/Weigend* § 62 III 2; LK-*Schünemann* § 25 Rn 149.
96 W-*Beulke/Satzger* Rn 550; S/S-*Heine/Weißer* § 25 Rn 53 ff; *Jakobs* 21/106; *Lubig* Jura 2006, 655 (658); *Stratenwerth* Baumann-FS 57 (65); *Stratenwerth/Kuhlen* § 8/99; *Toepel* JA 1997, 248 (251 ff); ohne diese Differenzierung und stets für *error in persona* des Hintermanns *Gropp* § 10/79.

§ 39 Alleintäterschaft

umfasst sei. In **Fall 20** befände sich A dementsprechend in einem beachtlichen Kausalirrtum *(aberratio ictus)*, weil sich K nicht an seine Anweisung, dem F die Spritze zu geben, hält. Dies ist auch sachgerecht, da das Irrtumsrisiko über die Verwechslung des Tatobjekts hier von K ausgeht und sich das Verhalten der K für A als vorsatzausschließender Exzess darstellt.

WIEDERHOLUNGS- UND VERTIEFUNGSFRAGEN

> Auf welchem Zurechnungsprinzip beruht die mittelbare Täterschaft? (Rn 7 ff)
> Kann ein Handeln des Vordermanns im bloßen Motivirrtum mittelbare Täterschaft begründen? (Rn 14 ff)
> Kann ein Handeln des Vordermanns im vermeidbaren Verbotsirrtum mittelbare Täterschaft begründen? (Rn 33 ff)
> Wann beginnt der Versuch bei der mittelbaren Täterschaft? (Rn 53 ff)
> Welche Fallgruppen des Irrtums über die Tatherrschaft beim Hintermann lassen sich unterscheiden und welche Lösungswege kommen jeweils in Betracht? (Rn 65 ff)

§ 40 Mittäterschaft

I. Allgemeines

1. Begriff

1 „Begehen mehrere die Straftat gemeinschaftlich, so wird" nach § 25 Abs. 2 „jeder als Täter bestraft"; die Beteiligten sind dann Mittäter.

2. Zurechnungsprinzip

2 Die Mittäterschaft beruht auf dem Zurechnungsprinzip gleichwertiger Verantwortung aufgrund **arbeitsteiligen Handelns** bei der Tatbestandsverwirklichung: Die einzelnen Tatbeiträge werden zu einem einheitlichen Ganzen – einer gemeinschaftlichen Straftat – zusammengefasst und jedem Mittäter **in vollem Umfang als jeweils eigenes Handeln** zugerechnet.[1] Jeder Mittäter wird so behandelt, als habe er alle zur Tatbestandsverwirklichung führenden Akte selbst vollzogen.[2] Dies setzt voraus, dass jeder der Beteiligten durch sein Verhalten zugleich für sich und für den bzw die anderen handelt. Die Beteiligten **repräsentieren sich wechselseitig**: Jeder von ihnen besorgt gewissermaßen zugleich ein eigenes und fremdes „Geschäft", indem er für sich eigenhändig und als Stellvertreter des bzw der anderen fremdhändig handelt. Insoweit entfaltet jedes Verhalten im Rahmen der Mittäterschaft eine **zuständigkeitsbegründende Doppelwirkung**.[3]

II. Voraussetzungen

3 Mittäterschaft setzt objektiv eine gemeinschaftliche Tatbegehung und subjektiv einen gemeinsamen Tatentschluss voraus.

1. Gemeinschaftliche Tatbegehung

4 Mittäter kann nur sein, wer die Tatbestandsverwirklichung (Gesamttat) maßgeblich beeinflusst. In Abkehr von der formal-objektiven Täterschaftstheorie[4] ist hierfür die (Mit-)Verwirklichung gerade einer durch das Delikt umschriebenen Handlung nicht erforderlich. Vielmehr genügen auch Verhaltensweisen, die auf andere Weise zum Gelingen der Tat beitragen (Fahren des Fluchtautos beim Bankraub, „Räuberleiter" beim tatbestandsmäßigen Einsteigen in eine Räumlichkeit), sofern hiermit die konkrete Deliktsverwirklichung in wertender Betrachtung „steht und fällt". Darüber hinaus kann nach hM auch eine **Mitwirkung** (allein) **im Vorbereitungsstadium** zur Begründung von Mittäterschaft ausreichend sein, wenn diese für den späteren Ablauf und das Gelingen der Tat von entscheidender Bedeutung ist.[5] Nur nach der engen Tatherrschaftslehre ist demgegenüber eine unmittelbare Mitwirkung bei der Tatbestandsverwirklichung vonnöten.[6]

---

1 Vgl aber zu den erfolgsqualifizierten Delikten § 34 Rn 10.
2 BGHSt 24, 286 (288); 37, 289 (291); BGH NJW 1998, 2149 (2150); *Kühl* § 20/100.
3 Zu einzelnen Begründungsansätzen *Frister* Dencker-FS 119 (123 ff); *Kindhäuser* Hollerbach-FS 627 (643 ff) mwN; vgl auch *Jakobs* Lampe-FS 561 (566 ff); krit. *Stein*, Die strafrechtliche Beteiligungsformenlehre, 1988, 69 ff.
4 Dazu § 38 Rn 38.
5 Vgl § 38 Rn 46 ff; allerdings darf die später ausgeführte von der ursprünglich geplanten Tat nicht wesentlich abweichen, BGH NStZ 2009, 25 (26) m. Bspr *Roxin* NStZ 2009, 7 ff.
6 Vgl § 38 Rn 49.

Nicht notwendig ist weiterhin ein Ineinandergreifen der einzelnen Tatbeiträge zu einer "Gesamtverwirklichung". Anerkannt ist von der hM vielmehr auch eine **alternative Mittäterschaft**, bei der von vornherein nur einer von mehreren Tatbeiträgen zum Erfolg führen kann, sofern jeder einzelne jedenfalls aus der *ex-ante*-Perspektive als wesentlich einzustufen ist.[7] Exemplarisch hierfür wäre etwa ein Attentat, bei dem mehrere Täter an verschiedenen Hausausgängen auf das Opfer lauern. Mit gleicher Begründung wird auch die Möglichkeit einer **additiven Mittäterschaft** bejaht, bei der der Erfolg durch eine Gesamtheit gleichgerichteter Tathandlungen überdeterminiert ist. Danach sind bei einem Killerkommando, bei dem sämtliche Beteiligte verabredungsgemäß gleichzeitig auf das Opfer schießen, alle als Mittäter einzustufen, da jeder mit seinem eigenen Schuss den Erfolgseintritt wenigstens wahrscheinlicher macht.[8]

2. Gemeinsamer Tatentschluss

▶ **FALL 1:** A verhindert (maßgeblich), dass B bei einem Diebstahl von C gestört wird; B weiß hiervon nichts. ◀

Ein gemeinsamer Tatentschluss erfordert das zumindest konkludente Einverständnis jedes Beteiligten mit dem gemeinsamen vorsätzlichen Vorgehen.[9] Jeder der Beteiligten muss also seinen Tatbeitrag aufgrund des gemeinsamen Entschlusses – im Sinne wechselseitiger Repräsentation – zugleich für sich und die anderen erbringen wollen.[10] Eine ins Detail gehende Kenntnis der Handlungen der Beteiligten wird für den gemeinsamen Tatentschluss nicht vorausgesetzt.[11] Regelmäßig werden daher auch Handlungen eines Mittäters, mit denen nach den Umständen des Falles gerechnet werden musste, vom Willen eines anderen Mittäters umfasst sein, auch wenn dieser sie sich nicht besonders vorgestellt hat.[12] Allerdings reicht die bloße Billigung oder Ausnutzung der durch einen anderen geschaffenen Situation nicht aus.[13] Zu weitgehend ist es auch, wenn die Rspr eine Zurechnung gelegentlich bereits dann vornimmt, wenn einem Mittäter die Handlungsweise seines Kumpans „zumindest gleichgültig" gewesen sei[14] – im Gegensatz zur Bestimmung des Vorsatzes für die Folgen *eigener*, bewusst vorgenommener Handlungen, bei der teilweise auch eine Gleichgültigkeit gegenüber dem angegriffenen Rechtsgut für vorsatztauglich erachtet wird,[15] geht es hier um den davon zu unterscheidenden Fall der Zurechnung *fremden* Verhaltens, für das demgemäß strengere Voraussetzungen zu gelten haben.

---

7 SK-*Hoyer* § 25 Rn 110; *Seelmann* JuS 1980, 571 (574); abw. *Rudolphi* Bockelmann-FS 369 (379 f).
8 So SK-*Hoyer* § 25 Rn 111; *Roxin* II § 25/229 f; iE gleich, aber mit anderer Begründung *Herzberg*, Täterschaft und Teilnahme, 1977, 56 ff; krit. *Becker*, Das gemeinschaftliche Begehen und die sogenannte additive Mittäterschaft, 2009, 67 f; *Kelker* GA 2009, 86 (91 ff).
9 BGH NStZ 2003, 85; *Freund* § 10/158; *Kühl* § 20/104.
10 Daher gilt: Wer vor der eigentlichen Tatausführung gegenüber seinen Komplizen von der Tat (zumindest konkludent) Abstand nimmt, ist kein Mittäter mehr, da die Komplizen den Tatbestand nicht mehr auch für ihn verwirklichen; aufgrund seines Tatbeitrags im Vorbereitungsstadium kann er jedoch wegen Teilnahme strafbar sein; klärend hierzu *Graul* Meurer-GS 89 ff.
11 Vgl BGH NJW 2009, 1360 (1362) m. Anm. *Jahn* JuS 2009, 466; OLG Düsseldorf NJW 1987, 268 (269); *Kühl* § 20/117 f.
12 BGH NStZ 2012, 563; zur ähnlich gelagerten Rechtsfigur der „unwesentlichen Abweichung vom Kausalverlauf" vgl außerdem oben, § 27 Rn 43 ff.
13 BGH NStZ 1985, 70 f; 1996, 227 f; *Herzberg* ZStW 99 (1987), 49 (57); *Otto* § 21/58; LK-*Schünemann* § 25 Rn 173 ff.
14 Vgl BGH NStZ 2012, 563 mwN.
15 § 14 Rn 26.

7 Nach einer Mindermeinung soll es für die Begründung von Mittäterschaft genügen, wenn sich ein Mitwirkender durch einen Einpassungsentschluss an der Tat beteiligt. Wissen die anderen um die so begründete Mitwirkung nichts, so soll ihnen das Verhalten des Mittäters auch nicht als eigenes Verhalten zugerechnet werden.[16]

8 Nach hM ist A in **Fall 1** mangels gemeinsamen Tatentschlusses nur Gehilfe, nach der Mindermeinung dagegen „einseitiger" Mittäter. Wendet A Gewalt an, so wäre A nach der Mindermeinung wegen Raubes (§ 249), B nur wegen Diebstahls (§ 242) strafbar.

3. Sondermerkmale

9 Mittäter kann nur sein, wer **alle Tätermerkmale und subjektiven Voraussetzungen** eines Delikts auch **selbst** erfüllt.[17] Allerdings soll nach Stimmen im Schrifttum die Zurechnung von Tatbeiträgen einer Person, bei der dies nicht gegeben ist, an einen *anderen* täterschaftlich Beteiligten über § 25 Abs. 2 dennoch möglich sein.[18] Argumentiert wird, dass sich der zurechnungsbegründende gemeinschaftliche Tatentschluss der Mittäter ohnehin allein auf die objektiven Merkmale (Tatbeiträge) beziehe, so dass sich das Fehlen persönlicher Voraussetzungen bei einem der Mitwirkenden nicht zurechnungshemmend zugunsten eines anderen Tatbeteiligten auswirken könne, der diese tatsächlich erfüllt.[19]

4. Sukzessive Mittäterschaft

10 Für den gemeinsamen Tatentschluss genügt eine – ggf durch konkludentes Handeln – bekundete Willensübereinstimmung aller erst **während der Tatausführung**[20], vorausgesetzt, dass sich jeder Beteiligte des nunmehr gemeinsamen vorsätzlichen Vorgehens bewusst ist.[21] Über die **zeitlichen Grenzen** der Zurechnung besteht allerdings Streit:

11 ■ Nach zutreffender hL ist die Begründung von Mittäterschaft grds nur bis zur formellen **Deliktsvollendung möglich**.[22] Denn die tatbestandlich umschriebene Tat kann überhaupt nur bis zu diesem Zeitpunkt begangen werden. Nur bei **Dauerdelikten**, bei denen die Vollendungsphase einen gewissen Zeitraum in Anspruch nehmen kann, ist eine Beteiligung nach Vollendungsbeginn noch denkbar. So kommt etwa bei der Freiheitsberaubung (§ 239), bei der die Vollendungsphase von der Einschließung bis zur Freilassung reicht, eine Beteiligung durch Aufrechterhaltung des Freiheitsentzugs in Betracht.[23] Zu beachten ist weiterhin, dass nach hL auch bei sukzessivem Hinzutreten eines Mittäters *vor* der Deliktsvollendung die rückwirkende Zurechnung solcher Erschwerungsgründe ausgeschlossen ist, die bereits vor dessen Eintritt verwirklicht waren.[24] Exemplarisch: Hat der zunächst allein handelnde Täter bei einem Wohnungseinbruchsdiebstahl (§§ 242, 244) das Türschloss bereits

---

16 *Derksen* GA 1993, 163 ff; *Jakobs* 21/43; *Lesch* ZStW 105 (1993), 271 ff; *Stein*, Die strafrechtliche Beteiligungsformenlehre, 1988, 326 f; zur Kritik *Kindhäuser* Hollerbach-FS 627 (630 f).
17 Vgl BGH StraFo 2011, 408.
18 *Frister* 25/23; *Rengier* Puppe-FS 849 ff; iE auch BGH StV 1991, 349.
19 Näher *Rengier* Puppe-FS 849 (850 f, 858) mwN; aA *Dehne-Niemann* JuS 2008, 589 (590 f).
20 *Bringewat* Rn 686; *Ebert* 202; MK-*Joecks* § 25 Rn 230; *Kühl* § 20/104.
21 Vgl BGH NStZ 1985, 70 f.
22 *Freund* § 10/160; S/S-*Heine/Weißer* § 25 Rn 96; *Jakobs* 21/60; MK-*Joecks* § 25 Rn 208; *Köhler* 520; *Kühl* Roxin-FS I 665 (681 f); *Otto* Jura 1987, 246 (253).
23 *Kühl* Roxin-FS I 665 (681).
24 S/S-*Heine/Weißer* § 25 Rn 96; *Jakobs* 21/60; *Köhler* 520; *Seher* JuS 2009, 304 (306); *Walter* NStZ 2008, 548 (552 f, 554); AnwK-*Waßmer* § 25 Rn 68.

beseitigt, haftet sein sich später einzig an der Wegnahme beteiligender Kumpan nur noch gem. §§ 242, 25 Abs. 2.

- Die Rechtsprechung und ein Teil der Literatur lassen demgegenüber den Beitritt eines Mittäters **noch bis zur Tatbeendigung** zu und lasten dem Hinzukommenden auch die vor seiner Mitwirkung verwirklichten Erschwerungsgründe bei entsprechender „Kenntnis und Billigung" an.[25] Allerdings muss auch in diesem Fall der Hinzutretende die bereits begonnene Tat selbstverständlich noch in irgendeiner Weise fördern.[26] Die Zurechnung vollständig abgeschlossener Taten soll hingegen nicht mehr möglich sein.[27]

12

III. Versuchsbeginn

1. Grundsatz

Zur Festlegung des Versuchsbeginns bei der Mittäterschaft bieten sich zwei Möglichkeiten an:

13

- Nach der von einer Mindermeinung vertretenen **Einzellösung** ist für jeden Mittäter gesondert zu prüfen, ob er schon mit seinem Beitrag unmittelbar angesetzt hat.[28] Dies ergebe sich aus der Tatherrschaftslehre, der zufolge auch der Mittäter eines Versuchs diesen mit beherrschen müsse. Dies sei wiederum nur für denjenigen möglich, der selbst im Versuchsstadium mitwirke. Eine solche Einzellösung ist jedoch mit dem mittäterschaftlichen Prinzip wechselseitiger Zurechnung der Tatbeiträge kaum zu vereinbaren. Denn wenn jeder Tatbeitrag eines Mittäters dem bzw den anderen als eigenes Handeln zuzurechnen ist, macht es keinen Sinn, den Versuchsbeginn für jeden Mittäter gesondert zu bestimmen.

14

- Sachgerecht ist daher die von der hM vertretene **Gesamtlösung**, der zufolge der Versuch für alle Beteiligten in dem Zeitpunkt beginnt, in dem der erste Mittäter im Rahmen des gemeinsamen Tatentschlusses zur Tatbestandsverwirklichung unmittelbar ansetzt.[29] Demnach kann ein Mittäter – soweit Mittäterschaft durch Beteiligung im Vorbereitungsstadium anerkannt wird[30] – bereits seinen gesamten Tatbeitrag vor Versuchsbeginn erbracht haben, wie umgekehrt der Versuch auch für denjenigen schon begonnen haben kann, der nach dem Tatplan erst im letzten Stadium der Deliktsverwirklichung eingreifen soll.[31] Der Tatherrschaftsgedanke wird – entgegen den Einwänden der Einzellösung – auch bei dieser Lehre insoweit beachtet, als jedenfalls die im Tatentschluss des jeweiligen Beteiligten zu prüfende Vorstellung über seine Mitwirkung eine Mitbeherrschung der Tat begründen muss. Dass diese

15

---

25 BGH NStZ 1996, 227 f; *Küpper* GA 1986, 437 (447 f); *Welzel* § 15 IV 1
26 Vgl BGH NStZ 2012, 379 (380): kein mittäterschaftlich-sukzessiver Mord bei bloßer Passivität des später Anwesenden.
27 Vgl BGH NStZ 2010, 146 (147); NStZ-RR 2014, 73.
28 *Puppe* ZIS 2007, 234 (241 f); *Rudolphi* Bockelmann-FS 369 (383 ff); *Schilling*, Der Verbrechensversuch des Mittäters und des mittelbaren Täters, 1975, 104; LK-*Schünemann* § 25 Rn 203 ff.
29 BGHSt 36, 249 (250); 39, 236 (237 f); BGH NStZ 1981, 99; 2001, 143 (144); HK-*Ambos* § 22 Rn 34; *Baumann/Weber/Mitsch* § 29/104; W-*Beulke/Satzger* Rn 611; *Buser*, Zurechnungsfragen beim mittäterschaftlichen Versuch, 1998, 83; *Gropp* § 10/91; *Jescheck/Weigend* § 63 IV 1; MK-*Joecks* § 25 Rn 260 f; *Küper*, Versuchsbeginn und Mittäterschaft, 1978, 11 ff, 69 ff; *Otto* JA 1980, 641 (646); *Stratenwerth/Kuhlen* § 12/107.
30 Hierzu § 38 Rn 46 ff.
31 *Jakobs* 21/61; vgl auch BGH NStZ 1999, 609 f.

ggf nicht in einer zumindest begonnenen Deliktsverwirklichung realisiert wird, ist lediglich Konsequenz der mit § 25 Abs. 2 zugelassenen Arbeitsteilung.

2. Schein-Mittäterschaft

▶ **FALL 2:** A spiegelte B vor, der Münzhändler M wolle sich zum Schein überfallen lassen und anschließend seine Versicherung betrügen; B führte den Überfall aus. Tatsächlich war M über das Geschehen nicht informiert und meldete den Schadensfall seiner Versicherung.³² ◀

16 Eine sog. Schein-Mittäterschaft (oder vermeintliche Mittäterschaft) ist gegeben, wenn ein Beteiligter irrig davon ausgeht, es bestehe (noch) ein gemeinsamer Tatplan zur Deliktsverwirklichung. Unter diesen Voraussetzungen liegt unproblematisch ein Versuch (in Alleintäterschaft) vor, wenn der Irrende selbst mit der Tatbestandsverwirklichung beginnt.³³ Umstritten ist dagegen eine Situation wie in **Fall 2**, bei welcher der Irrende (B) nur im (vermeintlichen) Vorbereitungsstadium beteiligt war und nun irrtümlich davon ausgeht, der andere (M) setze zur Tatbestandsverwirklichung an.

17 ■ Teils wird hier ein mittäterschaftlicher Betrugsversuch (§§ 263, 22, 25 Abs. 2) des B, der durch die Schadensmeldung des M vollzogen worden sei, bejaht.³⁴ Dass M tatsächlich kein Beteiligter gewesen sei, ändere nichts daran, dass sein Verhalten dem B als untauglicher Versuch zuzurechnen sei. Auch in diesem Falle liege nach der subjektiven Vorstellung des B im Verhalten des M ein unmittelbares Ansetzen zur Tatbestandsverwirklichung vor.

18 ■ Hiergegen spricht, dass es zwischen B und dem unbeteiligten M weder einen gemeinsamen Tatplan gab noch das Verhalten des M überhaupt als Betrugsversuch angesehen werden kann. Daher kann das Verhalten des M schwerlich dem B als eigenes Ansetzen zur Deliktsverwirklichung zugerechnet werden. Auch der untaugliche Versuch verlangt nach hM ein Ansetzen zur Tatbestandsverwirklichung, woran es fehlt, wenn der Schein-Mittäter nur in der Vorstellung des bzw der anderen mit der Tat beginnt.³⁵

IV. Exzess und Irrtum

▶ **FALL 3:** V und W begehen verabredungsgemäß einen Diebstahl. V führt, was W nicht weiß, eine Pistole bei sich. ◀

▶ **FALL 4:** X und Y fliehen nach einem misslungenen nächtlichen Villeneinbruch. In der Dunkelheit hält X den hinter ihm laufenden Y für einen Verfolger und schießt auf ihn mit Tötungsabsicht, ohne allerdings zu treffen. Das Freischießen des Fluchtwegs hatten X und Y vereinbart. ◀

---

32 Vgl auch den Sachverhalt in BGHSt 39, 236 (237); instruktives Fallbeispiel ferner bei *Kudlich* JuS 2002, 27 ff.
33 *Joerden* JZ 1995, 735 (736).
34 BGHSt 40, 299 (300 ff); *Hauf* NStZ 1994, 263 ff.
35 BGHSt 39, 236 (238); *Ahrens* JA 1996, 664 ff; *Erb* NStZ 1995, 424 ff; *S/S-Eser/Bosch* § 22 Rn 55a; *Ingelfinger* JZ 1995, 704 ff; *Kudlich* JuS 2002, 27 (29); *Kühl* § 20/123a; *Kühne* NJW 1995, 934; *Küpper/Mosbacher* JuS 1995, 488 (490 ff); *Otto* § 21/126; *Riemenschneider* JuS 1997, 627 (631); *Roxin* Odersky-FS 489 (496); *Streng* ZStW 109 (1997), 862 (891 ff); *Zopfs* Jura 1996, 19 (23 f); diff. *Graul* JR 1995, 427 ff; *Mitsch* ZIS 2013, 369 ff.

§ 40 Mittäterschaft

1. Exzess eines Mittäters

Einem Beteiligten sind nur solche Tatbeiträge der anderen Mittäter zuzurechnen, die sich im (ggf nur grob umrissenen) Rahmen des gemeinsamen Tatentschlusses bewegen. Begeht ein Beteiligter hiervon abweichend Qualifikationsmerkmale oder weitere Straftaten, sind diese den anderen nicht über § 25 Abs. 2 zuzurechnen.[36] Man spricht insoweit von dem Exzess eines Mittäters. In **Fall 3** ist daher W nur wegen §§ 242, 25 Abs. 2 strafbar. § 244 Abs. 1 Nr. 1a hat V dagegen allein (im Exzess) verwirklicht. Insoweit begründet und begrenzt der gemeinsame Tatentschluss zugleich die gemeinsame strafrechtliche Verantwortung.[37]

Kein Exzess, sondern Mittäterschaft liegt vor, wenn die Beteiligten bei der Tatausführung ihren Tatplan **einvernehmlich ändern**. Exemplarisch:[38] B, M und W führen eine Erpressung durch. B hat – was M und W anfänglich nicht wissen – ein Messer dabei; als B das Messer einsetzt, machen sich die anderen beiden dies zunutze, indem sie B mit der Begleitung und Sicherstellung des erfolgreichen Abschlusses der Straftat beauftragen.

2. Objektverwechslung

Eine für einen Täter unbeachtliche Objektverwechslung (*error in objecto vel persona*)[39] ist nach hM auch für den/die Mittäter **unbeachtlich**. Eine Haftung ist nur beim Exzess des Mittäters ausgeschlossen.

3. Irrtum über Verfolger

Nach hM ist kein Exzess gegeben, wenn ein Mittäter – wie X in **Fall 4** – bei der Flucht auf einen Komplizen schießt, den er irrig für einen Verfolger hält, sofern das Freischießen des Fluchtwegs zuvor vereinbart worden ist.[40] Vielmehr ist der getroffene Komplize wegen eines Tötungsversuchs zu bestrafen. Die Gegenmeinung, die hier einen Exzess bejaht, weil nur das Schießen auf tatsächliche Verfolger vereinbart worden sei,[41] lässt sich kaum begründen. Solange sich ein Beteiligter subjektiv im Rahmen des gemeinsamen Tatplans bewegt und eine Objektverwechslung in diesem Rahmen für ihn unbeachtlich ist, handelt er stellvertretend auch für alle anderen Mittäter, die sich sein Verhalten als eigenes zurechnen lassen müssen.

V. Anwendung

▶ **FALL 5:** B, M und W räumen gemeinsam ein Warenlager aus. ◀

▶ **FALL 6:** Juwelier J bereitet eine gefälschte Expertise über den Wert von Schmuckstücken vor, die A seiner Versicherung als gestohlen melden soll. Der Erlös soll hinterher geteilt werden. ◀

---

36 Vgl RGSt 67, 367 ff; BGH NStZ-RR 2005, 71; 2005, 93; 2006, 37.
37 *Kühl* § 20/117; *Otto* § 21/59; *Stratenwerth/Kuhlen* § 12/80.
38 Vgl BGH NStZ-RR 2006, 12 (13); weiteres Beispiel bei BGH NStZ 2008, 280 (281).
39 Näher hierzu § 27 Rn 40 ff.
40 BGHSt 11, 268 ff; W-*Beulke/Satzger* Rn 533; *Freund* § 10/176; M-*Gössel/Zipf* § 49/64; *Gropp* § 10/88 f; *Jakobs* 21/45; *Jescheck/Weigend* § 63 I 2; MK-*Joecks* § 25 Rn 242; *Kühl* § 20/121 f; *Küper*, Versuchsbeginn und Mittäterschaft, 1978, 37 ff.
41 *Herzberg*, Täterschaft und Teilnahme, 1977, 63 f; *Rudolphi* Bockelmann-FS 369 (380 f); LK-*Schünemann* § 25 Rn 177; *Seelmann* JuS 1980, 571 (572); vgl auch *Scheffler* JuS 1992, 920 ff.

▶ **Fall 7:** G und H wollen O mit Gewalt die Brieftasche wegnehmen. Während G den O festhält, entwendet ihm H die Brieftasche. ◀

▶ **Fall 8:** X plant aus Habgier mit Y die Tötung des Z, die allerdings Y allein ausführen soll. ◀

23 Im **Gutachten** empfiehlt es sich, bei Prüfung des einzelnen Mittäters die gemeinschaftliche Tatbegehung im objektiven, den gemeinschaftlichen Tatentschluss im subjektiven Tatbestand anzusprechen.[42] Die Reihenfolge der Prüfung verschiedener Beteiligter richtet sich nach der Ausgestaltung des Sachverhalts, wobei insbesondere **vier Grundkonstellationen** einschlägig sind:

24 (1) Mehrere Beteiligte wirken – wie in **Fall 5** – bei einer Tat so zusammen, dass sich ihre Beiträge **nicht voneinander abgrenzen lassen**. Hier kann die Strafbarkeit der Beteiligten so geprüft werden, als habe **nur eine Person gehandelt**.

25 (2) Ist von zwei (oder mehreren) Beteiligten **einer** – wie J in **Fall 6** – nur im Vorbereitungsstadium tätig, so ist **vorab** die Strafbarkeit des **unmittelbar Handelnden** (A) als des Tatnächsten ohne Berücksichtigung des anderen Mitwirkenden zu untersuchen. Anschließend ist gesondert die Frage aufzuwerfen, in welcher Form der andere objektiv und subjektiv an dieser Tat beteiligt war, ob er insbesondere einen Tatbeitrag geliefert hat, der die Zurechnung der Tatbestandsverwirklichung qua Mittäterschaft zu begründen vermag, und ob sich die konkrete Tatbestandsverwirklichung im Rahmen des gemeinsamen Entschlusses bewegt hat.

26 (3) Verwirklicht – wie in **Fall 7** – keiner von mehreren Beteiligten alle **Tatbestandsmerkmale selbst**, so ist die Strafbarkeit derjenigen Beteiligten gemeinsam zu prüfen, die durch ihr Zusammenwirken zur Tatbestandsverwirklichung beitragen. Hier ist für G und H gemeinsam § 249 zu prüfen, wobei hinsichtlich der Gewaltanwendung das Verhalten des G und hinsichtlich der Wegnahme das Verhalten des H unter die Vorschrift zu subsumieren sind und im subjektiven Tatbestand der gemeinsame Tatentschluss festzustellen ist.

27 (4) Erfüllt – wie X in **Fall 8** – nur ein Beteiligter unmittelbar das Merkmal eines **Qualifikationstatbestands**, so ist zunächst mit der Prüfung der Strafbarkeit desjenigen zu beginnen, der den Grundtatbestand eigenhändig verwirklicht hat (Y). Erst wenn sodann in einem zweiten Schritt festgestellt ist, dass auch dem nicht unmittelbar Beteiligten (X) eine mittäterschaftliche Verwirklichung des Grundtatbestands zuzurechnen ist, kann in einem dritten Schritt die (ggf gemeinsame) Verwirklichung des Qualifikationstatbestands untersucht werden. Bevor also in **Fall 8** hier eine Mittäterschaft des X aufgrund des bei ihm vorhandenen Mordmerkmals nach §§ 211, 25 Abs. 2 geprüft werden kann, muss feststehen, dass ihm auch die Verwirklichung des Grundtatbestands gem. § 212 als Mittäter zurechenbar ist.[43]

28 **Wiederholungs- und Vertiefungsfragen**

> Auf welchem Zurechnungsprinzip beruht die Mittäterschaft? (Rn 2)
> Welche Voraussetzungen hat die Mittäterschaft? (Rn 3 ff)
> Bis zu welchem Zeitpunkt ist eine sukzessive Mittäterschaft möglich? (Rn 10 ff)

---

[42] Ausf. zu abw. Konzeptionen *Seher* JuS 2009, 1 ff.
[43] Vgl BGHSt 36, 231 ff m. Anm. *Beulke* NStZ 1990, 278 f; *Küpper* JuS 1991, 639 ff.

§ 40 Mittäterschaft

> Wann beginnt der Versuch bei der Mittäterschaft? (Rn 13 ff)
> Wie wirkt sich ein error in persona vel objecto eines Mittäters auf andere Mittäter aus? (Rn 21)

§ 41 Anstiftung

I. Voraussetzungen

1 „Als Anstifter wird" nach § 26 „gleich einem Täter bestraft, wer vorsätzlich einen anderen zu dessen vorsätzlich begangener rechtswidriger Tat bestimmt hat". Demnach hat die Anstiftung folgende Voraussetzungen:
- eine (zumindest versuchte) vorsätzliche und rechtswidrige Tat eines anderen (Haupttat),
- das Bestimmen des Haupttäters zu dieser Tat (Tathandlung des Anstifters) und
- den Anstiftervorsatz.

2 Die Anstiftung kann auch gemeinschaftlich oder mittelbar durch Einschalten eines (gutgläubigen) Dritten erfolgen.[1]

II. Haupttat

3 Die Strafbarkeit der Anstiftung erfordert, dass objektiv eine vorsätzliche und rechtswidrige Straftat begangen wurde. Diese sog. Haupttat muss zumindest in das Versuchsstadium gelangt sein.

4 Begeht der Haupttäter nur eine **Fahrlässigkeitstat**, so kommt, wenn der Veranlasser von einem vorsätzlichen Handeln ausgeht, lediglich eine versuchte Anstiftung nach § 30 Abs. 1 in Betracht.[2] Mittelbare Täterschaft scheidet in diesem Fall aus, da der Veranlasser das seine Tatherrschaft begründende Defizit des Vordermanns verkennt.[3] Handelt der Haupttäter in einem **Erlaubnistatbestandsirrtum**, wirkt sich der Streit um die Rechtsfolge dieses Irrtums[4] im Hinblick auf die Teilnahmefähigkeit der begangenen Haupttat aus.

III. Bestimmen

1. Definition

5 „Bestimmen" iSv § 26 ist das Hervorrufen des Entschlusses zu einer konkreten rechtswidrigen Tat. Es muss zumindest mitursächlich für die Tatausführung werden.

6 Umstritten ist, welche Art und Intensität der Täterbeeinflussung das Bestimmen erfordert:

7 - Die wohl herrschende Auffassung verlangt einen **geistigen Kontakt** zwischen Veranlasser und zu Beeinflussendem bzw einen **Kommunikationsakt**, der sich etwa in Bitten, Anregen, Auffordern, Inaussichtstellen einer Belohnung usw ausdrücken kann.[5] Das bloße Schaffen von situativen Tatanreizen ist demnach nicht ausreichend. Argumente: Das Prinzip der Eigenverantwortlichkeit verbiete eine so weitgehende Ver-

---

[1] Vgl BGHSt 8, 137 ff; BGH NStZ 1995, 126.
[2] KG NJW 1977, 817 (819); *Bockelmann* Gallas-FS 261 ff; *Fischer* Vor § 25 Rn 9; *Jescheck/Weigend* § 61 VII 3; LK-*Schünemann* § 25 Rn 144; aA *Baumann/Weber/Mitsch* § 30/27 f.
[3] Vgl § 39 Rn 66.
[4] Dazu § 29 Rn 13 ff.
[5] Vgl *Amelung* Schroeder-FS 147 (176 f); S/S-*Heine/Weißer* § 26 Rn 3 f; *Jescheck/Weigend* § 64 II 2 a; *Roxin* Stree/Wessels-FS 365 (376 ff); *Schmidhäuser* AT 14/104; *Welzel* § 16 II 1; zur Anstiftungsqualität einer bloßen Frage *Riklin* GA 2006, 361.

lagerung der Verantwortung;[6] der Strafrahmen des § 26 Abs. 1, wonach der Anstifter „gleich einem Täter" bestraft wird, verlange nach einer restriktiven Auslegung des Bestimmungsbegriffes.[7]

- Gerade weil das Gesetz durch den identischen Strafrahmen von einer Vergleichbarkeit des Unrechtsgehalts von Anstiftung und Täterschaft auszugehen scheint, finden sich im Schrifttum auch noch **restriktivere Auffassungen**, die eine Planherrschaft des Anstifters,[8] einen Unrechtspakt zwischen Anstifter und Täter[9] oder zumindest eine Beeinflussung in der Weise verlangen, dass der Täter seinen Entschluss in Abhängigkeit vom Willen des Anstifters fasst.[10] Dementsprechend genügt es für Anstiftung nicht, einem anderen nur das zur Ausführung einer konkreten Tat nötige Wissen zu vermitteln, auch wenn die Erlangung solcher Kenntnisse zum Fassen des Tatentschlusses führt.[11] Von der überwiegenden Literatur wird diese Interpretation demgegenüber als zu eng verworfen.[12]

8

- Eine letzte Ansicht, die vom Wortsinn des „Bestimmens" durchaus noch umfasst erscheint, lässt schließlich für das Hervorrufen des Tatentschlusses **jede beliebige intellektuelle Beeinflussung** ausreichen.[13] Es soll noch nicht einmal erforderlich sein, dass dies von dem zu Beeinflussenden überhaupt erkannt wird. In Betracht kommt daher auch eine Beeinflussung durch Schaffen provozierender Umstände wie das Bereitlegen eines Tatwerkzeugs.

9

- Diese letztgenannte Auffassung ist vorzugswürdig, da der Anstifter nur eine fremde (selbstständige) Tat veranlasst. Die Anstiftung muss zwar eine Handlung sein, die ihrem Sinn nach auf die Veranlassung einer Deliktsbegehung gerichtet ist und damit den Grund liefert, den Anstifter als Beteiligten dieser Tat haften zu lassen. Es ist aber nicht einsichtig, warum das Bestimmen gerade auf kommunikative Akte oder eine noch engere Einbindung des Anstifters in die Haupttat beschränkt sein sollte.

10

2. Anstiftung bei bereits gefasstem Tatentschluss

▶ FALL 1: Berufsdieb A schwankt noch, ob er das Risiko eines Einbruchs in die Villa des O wagen soll. Seine Ehefrau E überzeugt ihn jedoch davon, dass er sich die zu erwartende Beute nicht entgehen lassen darf. ◀

▶ FALL 2: V bringt den bereits zur Begehung eines Raubes entschlossenen W dazu, bei der Tat ein gefährliches Werkzeug einzusetzen. ◀

▶ FALL 3: X will sich an Y rächen und diesem mit einem Messer Schnittverletzungen beibringen (§ 224 Abs. 1 Nr. 2); Z überredet den X, sich mit einigen Ohrfeigen zu begnügen (§ 223 Abs. 1). ◀

---

6 *Kretschmer* Jura 2008, 265 (266).
7 So zB *Kühl* § 20/171 f.
8 *Schulz* JuS 1986, 933 (937 ff).
9 *Puppe* GA 1984, 101 ff; *dies.* NStZ 2006, 424 ff mwN.
10 *Jakobs* 22/21 f; vgl auch *Köhler* 525 ff; *Timpe* GA 2013, 145 (158).
11 Insoweit wäre allerdings psychische Beihilfe gegeben, vgl hierzu § 42 Rn 5 ff.
12 Vgl nur LK-*Schünemann* § 26 Rn 10 mwN; unter Bezugnahme auf systematische Argumente aus § 30 auch *Krüger* JA 2008, 492 (497 f).
13 BGH NJW 1985, 924; *Heghmanns* GA 2000, 473 (487); *Herzberg* JuS 1976, 40 (41); *Hillenkamp* JR 1987, 254 (256); L-*Kühl*-*Kühl* § 26 Rn 2; *Widmaier* JuS 1970, 241 (242 f).

11 **a) Omnimodo facturus:** Für das Bestimmen reicht es aus, wenn – wie A in **Fall 1** – ein bisher **lediglich zur Tat Geneigter** oder ein noch Schwankender zum festen Entschluss gebracht wird.[14] Wer dagegen zur Ausführung einer konkreten Tat **bereits fest entschlossen** ist (sog. *omnimodo facturus*), kann nicht mehr angestiftet werden.[15] In einem solchen Fall sind versuchte Anstiftung nach § 30 I[16] oder psychische Beihilfe nach § 27 I[17] zu bedenken.

12 **b) Umstiftung:** Eine Anstiftung kann auch im Umstimmen eines bereits fest zur Tat Entschlossenen liegen, wenn dieses zur Ausführung einer anderen als der geplanten Tat oder zur Begehung einer weiteren Tatbestandsverwirklichung führt (sog. „Umstiftung").[18] Gerade bei der Frage, ob zu einer „anderen Tat" angestiftet wurde, kann die Abgrenzung zur bloß beratenden Beihilfe allerdings schwierig sein.[19] Eine Anstiftung liegt jedenfalls nicht bereits bei Veränderung von Tatmodalitäten wie Ort und Zeit der Deliktsverwirklichung vor, da dies lediglich als Modifikation der ursprünglichen, nicht aber Bestimmung zu einer neuen Tat erscheint. Demgegenüber ist eine tatbestandsmäßige Anstiftung regelmäßig dann anzunehmen, wenn sie sich gegen ein anderes Rechtsgut oder jedenfalls einen anderen Rechtsgutsträger richtet.[20]

13 **c) Aufstiftung:** Die hM sieht ferner das Bestimmen eines bereits zur Begehung des Grunddelikts fest Entschlossenen zur Verwirklichung eines Qualifikationstatbestands als Anstiftung zu dieser Qualifikation an (sog. „Aufstiftung"). Hierfür spreche der höhere Unrechtsgehalt (und die mangelnde Teilbarkeit) der nunmehr verwirklichten Tat.[21]

14 Sachgerecht dürfte es hingegen sein, mit einer verbreiteten Mindermeinung nur eine psychische Beihilfe anzunehmen.[22] Denn die bloße Veranlassung der Begehung gesteigerten Unrechts ändert nichts daran, dass der Täter zur eigentlichen Tat bereits fest entschlossen war und hierzu nicht mehr bestimmt werden kann. Eine Anstiftung kommt jedoch dann in Betracht, wenn das qualifizierende Plus selbstständig erfasst ist und der Täter insoweit eine weitere Tat begeht.[23] Nach hM stiftet demnach V den W in **Fall 2** zum schweren Raub (§ 250 II Nr. 1) an. Nach der Mindermeinung liegt dagegen (nur) Anstiftung zu § 224 Abs. 1 Nr. 2 (ggf in Tateinheit mit psychischer Beihilfe zu §§ 249, 250 II Nr. 1) vor.

15 **d) Abstiftung:** Das Umstimmen des zur qualifizierten Tat Entschlossenen zur Begehung nur des Grunddelikts (sog. „Abstiftung") – wie in **Fall 3** – ist keine Anstiftung.[24] Denn hinsichtlich des Grunddelikts ist der Täter ohnehin *omnimodo facturus*. Zu denken wäre allenfalls an eine Strafbarkeit des Einwirkenden wegen psychischer Beihilfe, wel-

---

14 Vgl BGH bei *Dallinger* MDR 1972, 569.
15 Krit. hierzu *Puppe* § 25/12 ff; *Scheinfeld* GA 2007, 695 (702 f).
16 Hierzu § 43 Rn 1 ff.
17 Hierzu § 42 Rn 5 ff.
18 BGH StV 1996, 2; *Bemmann* Gallas-FS 273 (277); *Heinrich* Rn 1296; *Kühl* § 20/180; *Küpper* JuS 1996, 23; *Otto* JuS 1982, 557 (561); anders für den Fall, dass sich das Ausmaß der Rechtsgutsverletzung nicht ändert LK-*Schünemann* § 26 Rn 26 f.
19 Vgl ausf. *Schulz* JuS 1986, 933 (934 ff).
20 *Hoffmann-Holland* Rn 570; *Rengier* § 45/42.
21 BGHSt 19, 339 ff; *Baumann/Weber/Mitsch* § 30/34 f; *Fischer* § 26 Rn 5; *Frister* 28/19; *Hoffmann-Holland* Rn 568; *Krey/Esser* Rn 1044 ff; *Otto* JuS 1982, 557 (561); LK-*Schünemann* § 26 Rn 34 ff.
22 Näher hierzu § 42 Rn 5 ff.
23 *Bemmann* Gallas-FS 273 ff.; *Freund* § 10/119; *Grünwald* JuS 1965, 311 (313); S/S-*Heine/Weißer* § 26 Rn 9; *Jescheck/Weigend* § 64 II 2 c; *Küpper* JuS 1996, 23 (24); abw. *Hardtung* Herzberg-FS 411 (432).
24 *Heinrich* Rn 1297; *Kudlich* JuS 2005, 592 ff.

che allerdings von der hL unter Hinweis auf die Grundsätze der objektiven Risikoverringerung[25] regelmäßig ausgeschlossen wird.[26]

3. Zeitpunkt der Anstiftung

Hinsichtlich des **Zeitpunkts** der Anstiftungshandlung bestehen – im Gegensatz zum diesbezüglichen Problem bei der Beihilfe[27] – kaum Schwierigkeiten, da die Anstiftung wegen des erforderlichen (Mit-)Hervorrufens des Tatentschlusses regelmäßig *vor* Tatbeginn erfolgen muss.

Unter dem Stichwort einer **sukzessiven Anstiftung** werden allerdings Fälle diskutiert, in denen eine Um- oder Aufstiftung nach Tatbeginn nicht gleichzeitig zu einer Zäsur führt, so dass die sich anschließende, weitere Tatausführung mit dem bereits begonnen Delikt in einer tatbestandlichen Handlungseinheit steht.[28]

4. Anstiftung durch Unterlassen

▶ **FALL 4:** A hat in einem Brief an B spaßeshalber eine Belohnung für das Begehen einer bestimmten Straftat in Aussicht gestellt; als A bemerkt, dass B die Aufforderung ernst nimmt und zur Tat schreiten will, klärt er ihn nicht auf. ◀

Eine Anstiftung durch Unterlassen kommt in **zwei Fallgruppen** in Betracht:

- Der für die Überwachung einer Person zuständige Garant lässt es zu, dass diese einen Dritten zu einer Tat anstiftet.[29]

- Jemand hat – wie A in **Fall 4** – durch sein Verhalten das Risiko des Bestimmtwerdens geschaffen, unterlässt es aber – trotz einer entsprechenden Verpflichtung aus Ingerenz – dieses Risiko wieder zu beseitigen.[30]

Eine verbreitete Ansicht in der Literatur lehnt demgegenüber eine Anstiftung durch Unterlassen gänzlich ab. In einem Unterlassen könne keine Vermittlung eines für das Bestimmen relevanten Sinngehalts liegen.[31] Diese Ansicht ist jedoch, wie vor allem **Fall 4** zeigt, dann wenig überzeugend, wenn sich die Handlungspflicht darauf bezieht, ein mögliches Bestimmen durch eine bereits bestehende Erklärung zu unterbinden.

5. Adressat

Die Anstiftung muss sich nicht an eine konkrete Person richten. Jedoch muss der Anzustiftende aus einem individuell bestimmten Personenkreis stammen.[32] Aufrufe zu Straftaten an einen unbestimmten Adressatenkreis werden dagegen von § 111 erfasst.[33]

---

25 Hierzu und zur Kritik an dieser Rechtsfigur § 11 Rn 14 ff.
26 *Koch/Wirth* JuS 2010, 203 (207 f); aA S/S/W-*Murmann* § 26 Rn 6.
27 Dazu § 42 Rn 25 ff.
28 Näher *Börner* Jura 2006, 415 ff; *Grabow* Jura 2009, 408 ff.
29 *Bachmann/Eichinger* JA 2011, 509 (510); *Bock* JA 2007, 599 (601); LK-*Schünemann* § 26 Rn 56.
30 *Jakobs* 29/104; vgl auch M-*Gössel/Zipf* § 51/ 48; *Herzberg*, Die Unterlassung im Strafrecht und das Garantenprinzip, 1972, 119 ff.
31 *Amelung* Schroeder-FS 147 (175); *Baumann/Weber/Mitsch* § 30/67; W-*Beulke/Satzger* Rn 568; *Heinrich* Rn 1293; *Jescheck/Weigend* § 64 II 6; *Kaufmann*, Die Dogmatik der Unterlassungsdelikte, 1955, 292; *Otto* § 22/39; S/S-*Heine/Weißer* § 26 Rn 4; *Gropp* § 10/138.
32 Vgl BGHSt 6, 359 ff.
33 Vgl BGHSt 32, 310 ff.

IV. Anstiftervorsatz

▶ **FALL 5:** B verlangt von M und W, ein beliebiges Mitglied der rivalisierenden B-Bande zusammenzuschlagen. ◀

▶ **FALL 6:** A überredet den Berufsdieb D, dem bisher noch keine Tat nachgewiesen werden konnte, zu einem Einbruch in die Villa des O. Um ihn überführen zu können, benachrichtigt A sodann die Polizei, die den D beim Einschlagen einer Fensterscheibe festnimmt. ◀

22 Der Anstiftervorsatz, für den *dolus eventualis* genügt, muss

(1) die Vollendung einer bestimmten vorsätzlichen und rechtswidrigen Haupttat und

(2) das Hervorrufen des Tatentschlusses beim Haupttäter (sog. **doppelter Anstiftervorsatz**) umfassen.

23 Der Vorsatz des Anstifters muss sich auf eine zwar nicht in allen Einzelheiten, wohl aber **in ihren Grundzügen und wesentlichen Merkmalen konkretisierte Tat** beziehen.[34] Insbesondere können Zeit, Ort und konkrete Ausführungsmodalität dem Täter überlassen bleiben. Auch die Person des Opfers braucht noch nicht identifiziert zu sein, wenn es dem Anstifter – wie dem B in **Fall 5** – hierauf nicht ankommt. Nicht ausreichend sind dagegen Anregungen zu unbestimmten und nur abstrakt umrissenen Taten, wie etwa die „künftige Begehung von Diebstählen".[35]

24 Weicht die Ausführung der Haupttat erheblich vom Vorsatz des Anstifters ab, so ist ein sog. **Exzess** des Haupttäters gegeben, der dem Anstifter nicht mehr zugerechnet werden kann.[36] Zurechenbar bleiben jedoch die vom Vorsatz des Anstifters umfassten Taten. Exemplarisch: Der Haupttäter begeht statt des vorgesehenen Diebstahls einen Raub; der Anstifter haftet (nur) wegen §§ 242, 26.

25 Der Anstiftervorsatz muss sich auf alle Voraussetzungen des Unrechts der Haupttat und damit auch auf deren **Vollendung** beziehen.

26 Daher macht sich der Lockspitzel (sog. *agent provocateur*) nicht strafbar, der – wie A in **Fall 6** – einen anderen nur zum Zwecke seiner Festnahme zur Begehung einer Tat, die dann im Stadium des Versuchs stecken bleibt, veranlasst.[37] Dies gilt auch bei Unternehmensdelikten, bei denen nach § 11 Abs. 1 Nr. 6 der „materielle" Versuch der Vollendung gleichsteht.[38]

27 Problematischer ist es demgegenüber, eine Strafbarkeit des Anstifters auch dann zu verneinen, wenn er zwar mit der (formellen) Vollendung, nicht aber der **Beendigung der Tat rechnet**.[39] Hier wird eine Straflosigkeit des Teilnehmers oftmals dann angenommen, wenn er es nicht zum Eintritt einer „tatsächlichen Rechtsgutsverletzung" kommen lassen will.[40] Ob der Beendigungszeitpunkt hinsichtlich dieser materiellen Betrachtungsweise einen Unterschied macht, hängt dabei von der Eigenart des jeweiligen

---

34 RGSt 34, 327 f; BGHSt 15, 276 (277); 34, 63 ff m. Anm. *Herzberg* JuS 1987, 617 ff und *Roxin* JZ 1986, 908 f; *Kühl* § 20/188 ff, 200; *Otto* § 22/41; *Stratenwerth/Kuhlen* § 12/149; abw. *Kretschmer* Jura 2008, 265 (266 f), der die Konkretisierung der Tat als Problem der objektiven Zurechnung sieht; grds abl. *Warneke*, Die Bestimmtheit des Beteiligungsvorsatzes, 2007, 141, 173 f.
35 Vgl BGH JR 1999, 248 f m. Anm. *Graul*.
36 Vgl auch BGHSt 2, 223 ff; BGH NStZ 1998, 511 (512 f).
37 *Baumann/Weber/Mitsch* § 30/44 f; *Deiters* JuS 2006, 302 (304); *Keller*, Rechtliche Grenzen der Provokation von Straftaten, 1989, 276; *Kühl* § 20/205a; *Küper* GA 1974, 321 ff; *Mitsch*, Straflose Provokation strafbarer Taten, 1986, 102 ff; vgl auch *Freund* § 10/123 f: bereits obj. nicht tatbestandsmäßig.
38 *Mitsch* Jura 2012, 526 (529); näher zu den Unternehmensdelikten § 8 Rn 26 ff.
39 Vgl ausf. *Hillenkamp* AT 179 ff.
40 Vgl *Fischer* § 26 Rn 12; *Janssen* NStZ 1992, 237 (238); *Krey/Esser* Rn 1059 ff; *Kühl* § 20/205; *Rengier* § 45/71.

Delikts ab. Zu denken ist etwa an den Fall, dass einem Dieb bei fehlendem Gewahrsam des Anstifters zwar die Wegnahme der Sache, nicht aber die (den Eigentümer erst endgültig schädigende) Sicherung der Beute zugestanden wird, um ihn überführen zu können. Bedeutung erlangt die Freistellung wegen fehlender Beendigung auch im Rahmen der praktisch wichtigen BtMG-Tatbestände, da die Rspr deren Vollendung bereits sehr früh ansetzt.[41]

Handelt ein *agent provocateur* dagegen mit *dolus eventualis* sowohl hinsichtlich Vollendung als auch Beendigung der Tat, ist stets eine tatbestandsmäßige Anstiftung gegeben. Ggf ist jedoch noch zu prüfen, ob diese nicht nach **Notstandsregeln gerechtfertigt** ist, namentlich im Hinblick auf die Ermöglichung einer späteren Überführung des Haupttäters. Hier wird allerdings spätestens im Rahmen der dann notwendigen Güterabwägung[42] regelmäßig kein wesentliches Überwiegen des Interesses an der Überführung des Täters gegenüber der Verletzung des konkret betroffenen Rechtsguts festzustellen sein.[43]

28

Auch wenn die Rechtmäßigkeit des Einsatzes von Lockspitzeln weitgehend anerkannt ist,[44] wird doch in Fällen einer provozierten Tat ein Konflikt mit dem Rechtsstaatsprinzip gesehen. Nach der Rechtsprechung soll dies bei der Strafzumessung zu berücksichtigen sein.[45] Teils wird in der Provokation auch ein Verfahrenshindernis[46] oder ein Beweisverbot[47] gesehen.

29

V. Irrtumsprobleme

1. Anstiftung zur Verletzung eigener Güter

▶ **FALL 7:** A bringt den B dazu, ein an der Straße stehendes Fahrrad zu stehlen. Dabei verkennt er aufgrund Dunkelheit, dass es sich um sein eigenes Gefährt handelt. ◀

Verleitet der Anstifter den Haupttäter irrig zu einer Tat, die ein **ihm zustehendes Tatobjekt** betrifft, ist bzgl des Haupttäters unproblematisch eine vorsätzliche und rechtswidrige Deliktsbegehung zu bejahen. Umstritten ist allerdings, wie es sich auswirkt, dass das durch die Haupttat betroffene Tatobjekt gegenüber dem Anstifter objektiv keinen Schutz genießt, sofern man mit der hM den Strafgrund der Anstiftung in der Förderung der Haupttat sieht.[48]

30

a) Die hM geht hier von einer **vollendeten Anstiftung zur versuchten Haupttat** aus. Argumentiert wird, dass sich die fehlende Fremdheit des Tatobjektes gegenüber dem Anstifter allein auf das Erfolgsunrecht der Haupttat auswirke, die Anstiftungstat im Übrigen jedoch unberührt lasse.[49] Demgemäß hätte sich A in **Fall 7** wegen Anstiftung zum versuchten Diebstahl strafbar gemacht, da das Fahrrad in seinem Eigentum stand, so dass es sich (aus seiner Perspektive) nicht um eine „fremde Sache" handelte.

31

---

41 BGHSt 50, 252 ff; krit. *Roxin* StV 1992, 517 (518).
42 § 17 Rn 27 ff.
43 Näher *Deiters* JuS 2006, 302 (304).
44 Vgl BVerfGE 57, 250 (284); BVerfG NStZ 1987, 276; BGHSt 32, 115 (121 f); 32, 345 (346); 33, 356 ff; vgl ferner BGH StV 2000, 57 zu EGMR StV 1999, 127 f m. Anm. *Kempf*.
45 Klärend BGHSt 45, 321 (324 ff); vgl auch BGHSt 32, 345 (355); 47, 44 (49 ff); *Rieß* JR 1985, 45 ff; *Seelmann* ZStW 95 (1983), 797 (831).
46 Vgl *Meyer* ZStW 95 (1983), 834 (853); *Sinner/Kreutzer* StV 2000, 114 (117); *Taschke* StV 1984, 178 ff.
47 Vgl EGMR NJW 2012, 3502 (3503); *Berz* JuS 1982, 416 ff; *Lüderssen* Peters-FS 349 (363); *ders.* Jura 1985, 113 ff.
48 Dazu § 38 Rn 16.
49 Vgl *Mitsch* JuS 1999, 372 (374); *Nowak* JuS 2004, 197 (198 f) mwN.

32 **b)** Die Gegenauffassung nimmt demgegenüber lediglich eine **versuchte Anstiftung** an, da das Verhalten des Anstifters in seiner Gesamtheit keinen Angriff auf ein Rechtsgut, das vor ihm geschützt sei, darstelle.[50] Diese Meinung führt regelmäßig zur Straflosigkeit des Irrenden, da die versuchte Anstiftung nur bei Verbrechen strafbar ist (§ 30 Abs. 1). So liegt es auch in **Fall 7**, da der Diebstahl, der keine Mindestfreiheitsstrafe vorsieht, als bloßes Vergehen einzuordnen ist.

2. Objektverwechslung des Haupttäters

▶ **FALL 8:** Rose wird von Rosahl angestiftet, gegen reichliche Belohnung den Zimmermann Schliebe zu töten; aus dem Hinterhalt erschießt er jedoch einen gewissen Harnisch, den er in der Dämmerung mit dem ihm ansonsten bekannten Schliebe verwechselt. ◀

33 Wie sich eine Objektverwechslung (*error in persona vel objecto*) des Vordermanns für den Anstifter auswirkt, ist umstritten. Berühmt ist insoweit der Sachverhalt in **Fall 8**, der einer Entscheidung des preußischen Obertribunals nachgebildet ist.[51]

34 **a)** Die (bislang) vorherrschende Meinung sieht eine unbeachtliche Objektverwechslung durch den Täter (Rose) auch als unbeachtlichen *error in persona vel objecto* für den Anstifter (Rosahl) an:[52] Der Anstifter hafte hinsichtlich der Haupttat akzessorisch. Dieser Ansicht wird das sog. Blutbadargument[53] entgegengehalten: Für den Fall, dass der Täter nach dem Erkennen der Verwechslung ein weiteres Mal zuschlägt und nun (den Richtigen oder wieder einen Falschen) trifft, müsste der Hintermann wegen der Anstiftung zu zwei Taten zu bestrafen sein. Indessen dürfte die zweite Tat als Exzess anzusehen sein.[54]

35 Von dieser Lösung will der BGH[55] für den (höchst seltenen!) Fall eine Ausnahme zulassen, dass der Irrtum des Täters für den Anstifter außerhalb der Grenzen des nach allgemeiner Lebenserfahrung Voraussehbaren liegt. Dann sei ein vorsatzausschließender Irrtum – iSe wesentlichen Abweichung vom Kausalverlauf[56] – gegeben. Hierbei ist zu beachten, dass eine Verwechslung des Opfers durch den Täter durchaus im Rahmen der Lebenserfahrung liegen kann und sich daher für den Hintermann regelmäßig als unbeachtlicher Irrtum darstellt.[57]

36 **b)** Nach einer verbreiteten Ansicht im Schrifttum weicht die Tat erheblich von der vom Vorsatz umfassten Tat des Anstifters ab, wenn der Täter (bei höchstpersönlichen Gütern) ein anderes als das ausersehene Tatobjekt verletzt. Aus der Perspektive des Anstifters führe die Objektverwechslung beim Täter daher zu einem Fehlgehen der Tat, so dass die Regeln der *aberratio ictus*[58] anzuwenden seien.[59] Demnach wäre der Rosahl in **Fall 8** nur wegen versuchter Anstiftung (§ 30), ggf in Tateinheit mit fahrlässiger

---

50 Vgl *Hake*, Beteiligungsstrafbarkeit und „besondere persönliche Merkmale", 1994, 71.
51 GA 7 (1859), 322.
52 Preußisches Obertribunal GA 7 (1859), 322 (337); *Fischer* § 26 Rn 14; *Gropp* § 10/134; *Krey/Esser* Rn 434; *Mitsch* Jura 1991, 373 (375); NK-*Puppe* § 16 Rn 107 ff, 113.
53 *Binding*, Normen, Bd. 3, 1918, 213 f.
54 *Geppert* Jura 1992, 163 (167 f); *Streng* JuS 1991, 910 (915).
55 BGHSt 37, 214 ff m. Anm. *Puppe* NStZ 1991, 124 (125); BGH NStZ 1998, 294 f.
56 Vgl hierzu § 27 Rn 43 ff.
57 BGHSt 37, 214 (218); vgl auch *Baumann/Weber/Mitsch* § 30/89.
58 Vgl hierzu § 27 Rn 53 ff.
59 *Bemmann* Stree/Wessels-FS 397 ff; *Heinrich* Rn 1311; *Hillenkamp*, Die Bedeutung von Vorsatzkonkretisierungen bei abweichendem Tatverlauf, 1971, 63 ff; *Jescheck/Weigend* § 64 II 4; *Köhler* 528 f; *Otto* § 22/46; *Roxin* JZ 1991, 680 f; *Schlehofer* GA 1992, 307 ff; *Stoffers* JuS 1993, 837 (839).

Tat, zu bestrafen.[60] Teils wird auch eine Anstiftung zur versuchten Tat angenommen, weil im Angriff auf das falsche Opfer zugleich ein Angriffsversuch auf die (abwesende) richtige Person liege.[61]

c) Eine vermittelnde (und vorzugswürdige)[62] Ansicht will auch in diesem Fall nach Maßgabe der allgemeinen Regeln des § 16 Abs. 1 S. 1 zwischen einem unbeachtlichen Motivirrtum (*error in persona vel objecto*) und einem beachtlichen, den Vorsatz ausschließenden Kausalirrtum (*aberratio ictus*) abgrenzen. Zu diesem Zweck unterscheidet sie danach, ob sich der Täter an die individualisierenden Vorgaben des Anstifters hält oder von ihnen abweicht.[63] Dies besagt:

- Sofern sich der Täter an die **Vorgaben des Anstifters hält** und hierbei ein anderes als das vorgesehene Tatobjekt verletzt, ist die konkrete Tat dem Anstifter zum Vorsatz zurechenbar. Eine Objektverwechslung des Täters ist dann auch für den Anstifter als unbeachtlicher Motivirrtum (*error in persona vel objecto*) anzusehen. In diesem Fall liegt das Irrtumsrisiko schon in den Vorgaben des Anstifters. Insoweit macht es keinen Unterschied, ob der Anstifter dem Täter das Tatobjekt nach bestimmten Merkmalen sehr genau oder nur vage beschrieben oder dem Täter die Individualisierung (völlig) überlassen hat. Denn in all diesen Varianten entspricht die konkrete Tat den Direktiven, mit denen der Anstifter den Täter vorsätzlich zur konkreten Tat bestimmt hat.

- **Weicht** der Täter dagegen **von den Vorgaben ab** und individualisiert er das Opfer in einer Weise, die nicht mehr den Kriterien des Anstifters entspricht, so stellt sich die konkrete Tat für den Anstifter als Exzess dar. Die Tat entspricht nicht mehr dem Tatplan des Anstifters und kann ihm daher auch nicht zum Vorsatz zugerechnet werden. Vielmehr erweist sich die Objektverwechslung des Täters als *aberratio ictus* für den Anstifter. Sofern die konkrete Tat für den Anstifter vorhersehbar war, kommt eine Fahrlässigkeitshaftung in Betracht. Hinsichtlich des verfehlten Objekts hat der Täter nicht zum Versuch angesetzt, so dass dem Anstifter (bei Verbrechen) nur eine versuchte Anstiftung zur Last gelegt werden kann.[64]

Dementsprechend wären in **Fall 8** auf den Anstifter (Rosahl) die Regeln der *aberratio ictus* anzuwenden. Denn Rosahl ging davon aus, dass Rose den Harnisch kenne; eine genauere Beschreibung als die Nennung einer dem Täter bereits bekannten Person dürfte kaum möglich sein. Insoweit lag das Irrtumsrisiko nicht in einer falschen bzw. zu vagen Beschreibung des Anstifters, sondern in der fehlerhaften Identifizierung des Opfers durch den Täter.

---

60 *Bemmann* MDR 1958, 821; *Letzgus*, Vorstufen der Beteiligung, 1972, 54 ff.
61 *Freund* § 10/132; SK-*Hoyer* Vor § 26 Rn 53.
62 Vgl auch § 39 Rn 72.
63 Vgl – mit Differenzierungen im Detail – W-*Beulke/Satzger* Rn 579; S/S-*Heine/Weißer* § 26 Rn 26; *Jakobs* 21/45, 22/29; *Kühl* § 20/209; *Lubig* Jura 2006, 655 (659); *Roxin* II 26/127 ff; *Stratenwerth/Kuhlen* § 8/98; *Toepel* JA 1997, 248 ff.
64 *Roxin* II § 26/122; *Toepel* JA 1997, 344 (348 ff); aA *Stratenwerth/Kuhlen* § 8/98 mwN.

F. Beteiligung

41 **Wiederholungs- und Vertiefungsfragen**

> - Was ist unter einem Bestimmen iSv § 26 zu verstehen? (Rn 5 ff)
> - Was ist Gegenstand des Anstiftervorsatzes? (Rn 22 ff)
> - Welche Konstellationen lassen sich bzgl der Strafbarkeit eines *agent provocateur* unterscheiden? (Rn 26 ff)
> - Wie wirkt es sich aus, wenn der Anstifter den Haupttäter irrtümlich zur Beeinträchtigung eines ihm zustehenden Tatobjekts anstiftet? (Rn 30 ff)
> - Wie wirkt sich eine Objektverwechslung des Vordermanns für den Anstifter aus? (Rn 33 ff)

§ 42 Beihilfe

I. Voraussetzungen

„Als Gehilfe wird" nach § 27 „bestraft, wer vorsätzlich einem anderen zu dessen vorsätzlich begangener rechtswidriger Tat Hilfe geleistet hat". Demnach hat die Beihilfe folgende Voraussetzungen:

- eine (zumindest versuchte) vorsätzliche und rechtswidrige Haupttat,[1]
- das Hilfeleisten bei dieser Tat (Tathandlung des Gehilfen) und
- den Gehilfenvorsatz.

Die Beihilfe kann auch gemeinschaftlich oder mittelbar durch Einschalten eines (gutgläubigen) Dritten erfolgen. Gegenüber der Mittäterschaft ist die Beihilfe die schwächere Beteiligungsform.[2]

II. Hilfeleistung

1. Formen der Beihilfe

▶ **FALL 1:** A erklärt B, wie er mit einem neuartigen Schweißgerät einen Stahlschrank öffnen kann; B setzt die Anweisungen mit Erfolg in die Tat um. ◀

▶ **FALL 2:** C verrät D seinen Plan, in der Villa des O einzubrechen, zeigt sich aber ängstlich hinsichtlich der Möglichkeit, erneut „geschnappt" und zu einer hohen Strafe verurteilt zu werden. D versichert ihm, dass die zu erwartende Beute allemal das Risiko einer Entdeckung aufwiege. ◀

Beihilfe kann durch **Rat und Tat geleistet** werden:[3]

a) **Physische Beihilfe:** Tätige Beihilfe wird als physische Beihilfe bezeichnet und kann in jeder Gewährung von Sachmitteln (zB Waffen, Werkzeug), aber auch (untergeordneten) körperlichen Tätigkeiten während der Tat bestehen.[4] Der Haupttäter braucht – anders als bei der Mittäterschaft[5] – von der ihm gewährten Hilfe nichts zu wissen.[6]

b) **Psychische Beihilfe:** Hinsichtlich beratender Beihilfe, sog. psychische Beihilfe, ist zu differenzieren: Diese ist unstreitig einschlägig, wenn sie sich – wie in **Fall 1** – auf technische Hinweise zur Durchführung der Tat bezieht oder auf Hilfestellungen, die schon im Vorfeld der Tat gegeben werden (sog. **kognitive Beihilfe**).[7]

Umstritten ist jedoch, ob psychische Beihilfe auch – wie in **Fall 2** – durch bloße Bestärkung des Tatentschlusses geleistet werden kann (sog. **voluntative Beihilfe**):

- Die hM bejaht dies, wenn dadurch – wie in **Fall 2** – bei einem ansonsten fest zur Tat Entschlossenen bestimmte Hemmungen beseitigt oder Bedenken hinsichtlich der Tatausführung zerstreut werden.[8] Bloßes Billigen der Tat oder schlichte Anwe-

---

1 Näher hierzu § 41 Rn 3 f.
2 Vgl § 38 Rn 35 ff, § 46 Rn 10.
3 Vgl auch § 49 Abs. 1 aF.
4 *Krey/Esser* Rn 1071; *Kühl* § 20/224.
5 Vgl § 40 Rn 6 ff.
6 *Jakobs* 22/42; LK-*Schünemann* § 27 Rn 10.
7 Vgl nur LK-*Schünemann* § 27 Rn 12.
8 BGH NStZ 2002, 139; OLG Düsseldorf NStZ-RR 2005, 336; MK-*Joecks* § 27 Rn 12; *Otto* § 22/56; *Stratenwerth/Kuhlen* § 12/159.

senheit am Tatort sollen nicht ausreichen.[9] Hieran ändert sich nichts, wenn der Betreffende außerdem einen Teil der Beute beansprucht.[10] In derartigen Konstellationen besteht auch die Gefahr, dass der Sache nach auf ein bloßes Unterlassen (nicht weggehen, nicht einschreiten) abgestellt wird, was aber stets eine Garantenstellung voraussetzt.[11]

8 ▪ Im Schrifttum wird eine solche Form der Unterstützung teils abgelehnt, da sich die Beihilfe im Unterschied zur Anstiftung nicht auf die Beeinflussung des Täters, sondern auf die Gestaltung der Tat beziehen müsse.[12] Hiergegen wird wiederum eingewandt, dass eine strikte Trennung von Täter- und Tateinwirkung kaum möglich sei, da jede Tätereinwirkung mittelbar auch die Tat beeinflusse.[13]

2. Kausalität

▶ **FALL 3:** X besorgt dem Y für dessen geplanten Banküberfall einen Pkw als Fluchtfahrzeug. Y benutzt jedoch trotz des höheren Risikos seinen eigenen Pkw. ◀

9 Ob die (physische) Hilfeleistung für den Erfolg der Haupttat kausal werden muss, ist umstritten. Sofern man den Strafgrund der Teilnahme mit der sog. Verursachungstheorie in der Erfolgsverursachung durch den Teilnehmer selbst sieht,[14] versteht sich das – in **Fall 3** fehlende – Kausalitätserfordernis von selbst. Folgt man der Unrechtsteilnahmetheorie[15] und hält die Teilnahme für eine gegenüber der Täterschaft quantitativ reduzierte Beteiligung, so ergibt sich eine gewisse Bandbreite hinsichtlich der Anforderungen an das Fördern des Unrechts der Haupttat durch den Gehilfen:

10 ▪ Nach hL soll ein zum Gelingen der Tat kausaler Beitrag erforderlich sein (sog. Erfolgsförderungstheorie). Ausreichend hierfür sei jedoch, dass der Erfolg in seiner konkreten Gestalt modifiziert werde, so dass eine taugliche Beihilfehandlung bereits dann vorliege, wenn der Gehilfenbeitrag die Tatbestandsverwirklichung erleichtert, intensiviert oder abgesichert hat.[16] Demnach wäre in **Fall 3** eine (physische) Beihilfe zu verneinen, da Y das zur Verfügung gestellte Werkzeug bei der Tat nicht verwendet hat. Dagegen stände es der Annahme einer Beihilfe zB nicht entgegen, wenn sich ein Schmierestehen hinterher als überflüssig herausstellt, solange es die konkrete Tat (durch die Absicherung) modifiziert hat.[17] Dieser Ansatz erscheint insoweit sachgerecht, als durch einen tatsächlich die Chance des konkreten Erfolgseintritts steigernden Tatbeitrag hinreichend verdeutlicht wird, dass der Gehilfe mit dem Täter nach Maßgabe der Unrechtsteilnahmetheorie „gemeinsame Sache" bei der Tatbestandsverwirklichung macht.

---

9 Vgl BGH StV 1995, 363 f; NStZ 2002, 139; 2006, 695; *Kühl* § 20/228; anders BGH StV 1982, 517 m. Anm. *Rudolphi* StV 1982, 518 ff und Bspr *Sieber* JZ 1983, 431 ff.
10 BGH StV 1993, 468.
11 Unten Rn 24; s. auch *Fischer* § 27 Rn 13 f; *Frister* 28/43.
12 *Hruschka* JR 1983, 177 f.
13 LK-*Schünemann* § 25 Rn 14.
14 Vgl § 38 Rn 12 ff.
15 Vgl § 38 Rn 16.
16 *Baumann/Weber/Mitsch* § 31/16 f; diff. S/S-*Heine/Weißer* § 27 Rn 7; *Fischer* § 27 Rn 14 ff; *Geppert* Jura 2007, 589 (599); *Heinrich* Rn 1326; *Jescheck/Weigend* § 64 III 2 c; *Letzgus* Vogler-GS 49 (53 f).
17 Vgl auch LK-*Schünemann* § 27 Rn 9; krit. *Frister* 28/34.

- Teils wird die hL auf der Basis der Risikoerhöhungslehre[18] auch dahin gehend präzisiert, dass der Gehilfe durch seine Leistung zur Erhöhung des Risikos beigetragen haben muss, das sich in der Tatbestandsverwirklichung bzw Erfolgsherbeiführung realisiert hat.[19] Soweit mit dieser Formel allerdings Beiträge, welche der Täter selbst vornehmen konnte und wollte, mangels Erhöhung des bereits bestehenden Risikos als bedeutungslos ausgeschlossen werden, ist dem die Irrelevanz hypothetischer Kausalverläufe entgegen zu halten.[20] In **Fall 3** wäre eine Risikosteigerung wohl zu verneinen, da Y auf den Gebrauch des von X besorgten Fahrzeugs verzichtet.

- Vereinzelt wird es als ausreichend angesehen, wenn der Gehilfe durch seinen Beitrag iSe **abstrakten Gefährdung** das Risiko einer Rechtsgutsverletzung erhöht hat.[21] In **Fall 3** wäre eine solche Gefährdung anzunehmen. Dieser Ansatz begegnet jedoch insoweit Bedenken, als hiermit die Gefahr einer Einbeziehung auch solcher Beihilfehandlungen besteht, die sich – da bloß abstrakte Betrachtung – iE überhaupt nicht auf die Haupttat ausgewirkt haben, was zu einer Umgehung der Straflosigkeit einer bloß versuchten Beihilfe führen würde. Zudem erscheint der Begriff des „Hilfeleistens" bei bloß abstrakter Bestimmung zu konturlos, um gesicherte Ergebnisse zu ermöglichen.[22]

- Nach der sog. **Handlungsförderungstheorie** der Rspr soll es genügen, wenn die Beihilfehandlung für die Ausführung der Tat **zu irgendeinem Zeitpunkt förderlich** war, mag sich der Beitrag im Ergebnis auch nicht ausgewirkt haben; eine Kausalität des Gehilfenbeitrags wird ausdrücklich nicht verlangt.[23] Da sich aber die „Förderung" einer Tat typischerweise in einer (zumindest) tatererleichternden Hilfe ausdrückt, ergeben sich zum Ansatz der hL im Ergebnis kaum Unterschiede; tatsächlich ist die Ablehnung des Verursachungserfordernisses wohl eher einem engeren Verständnis des Kausalitätsbegriffs geschuldet.[24] Allerdings kommt die Rspr mithilfe dieser Formel teilweise auch dann zu einer Beihilfe zur vollendeten Tat, wenn der Täter sein Werk nach vergeblichem Ansetzen mit dem bereitgestellten Werkzeug unabhängig davon auf anderen Wegen vollendet,[25] obwohl in diesem Fall richtigerweise nur eine Teilnahme am versuchten Delikt vorliegt.[26] Ebenfalls häufig anzutreffen ist der Vorwurf, die Förderungstheorie der Rspr führe zur Gefahr der Einbeziehung bloß versuchter Beihilfehandlungen.[27] Danach könnte eine Beihilfe auch dann bejaht werden, wenn der Täter – wie Y in **Fall 3** – das zur Verfügung gestellte Werkzeug bei der Tat nicht verwendet.[28]

Zu beachten ist, dass bei Verneinung einer physischen Beihilfe mangels tatsächlich effizienter Förderung der Erfolgsherbeiführung stets zu bedenken ist, ob durch die Unter-

---

18 Vgl § 33 Rn 37.
19 *Murmann* JuS 1999, 548 (549 ff); *Otto* § 22/53; *ders.* JuS 1982, 557 (562 ff); *Schaffstein* Honig-FS 169 ff; *Stratenwerth/Kuhlen* § 12/158; vgl auch *Krey/Esser* Rn 1078 ff.
20 *Roxin* Miyazawa-FS 501 (510).
21 *Herzberg* GA 1971, 1 (4 ff).
22 Vgl *Jakobs* 22/35; *Samson* Peters-FS 121 (126).
23 BGHSt 2, 279 (282); BGH NStZ 2004, 499 f; 2012, 264; W-*Beulke/Satzger* Rn 582; *Bringewat* Rn 705; vgl auch *Zieschang* Küper-FS 733 (743 ff).
24 SK-*Hoyer* § 27 Rn 8.
25 Vgl RGSt 6, 169 ff; Beispiel bei *Timpe* JA 2012, 430 f.
26 Anders *Jakobs* Rüping-FS 17 (24 ff).
27 Vgl etwa *Roxin* II § 26/189.
28 RGSt 58, 113 ff.

stützungshandlung nicht iSe psychischen Beihilfe der Tatentschluss stabilisierend bestärkt oder Hemmungen beseitigt wurden.

3. Alltägliche Handlungen

▶ **Fall 4:** Vor einem Eisenwarenladen kommt es zu einer Schlägerei; einer der Beteiligten kommt ins Geschäft und verlangt eilends einen Spaten. ◀

▶ **Fall 5:** A bittet seinen Nachbarn N um die kurzfristige Überlassung eines Beils, weil er damit seinen Gegner in einer tätlichen Auseinandersetzung erschlagen will. ◀

▶ **Fall 6:** Der Bankangestellte B überweist Geld auf Wunsch des Kunden K im Wege eines anonymen Kapitaltransfers ins Ausland, wobei K – für B erkennbar – auf diese Weise Steuern hinterziehen will. ◀

▶ **Fall 7:** Händler H liefert dem Unternehmer U Materialien zur industriellen Verarbeitung; H weiß, dass U bei der Produktion gegen Umweltvorschriften verstößt. ◀

▶ **Fall 8:** P leiht dem Q seinen Pkw aus, damit dieser an einen entlegenen Ort zu einem Grillfest fahren kann, wobei er davon ausgeht, dass Q, der dem Alkohol zuneigt, bei der Rückfahrt (wahrscheinlich) § 316 verwirklicht. ◀

▶ **Fall 9:** V begleicht gegenüber W eine fällige Darlehensschuld, wobei er annimmt, dass W das Geld zum illegalen Ankauf einer Waffe benutzen will. ◀

15 a) **Meinungsstand:** Da Delikte auch durch alltägliche Verhaltensweisen – etwa den regulären Verkauf eines Brotmessers oder eine Taxifahrt zum Tatort – ermöglicht oder gefördert werden können, stellt sich die Frage einer Begrenzung strafrechtlich relevanter Unterstützungshandlungen.[29]

16 ■ Die herkömmliche Ansicht schließt alltägliche Handlungen grds nicht aus dem Kreis potenzieller Hilfeleistungen aus, sondern stellt auf das Wissen und Wollen des Unterstützers ab.[30] Hierbei differenziert die neuere Rechtsprechung wie folgt: Weiß der Hilfeleistende – wie in den **Fällen 4, 5 und 6** –, dass der Haupttäter eine Straftat begehen will, so verliert die Unterstützung stets ihren Alltagscharakter.[31] Hält der Hilfeleistende dagegen eine Verwendung des eigenen Beitrags zur Begehung einer Straftat für möglich, ohne das „Wie" zu kennen, so ist dies nur dann als strafbare Beihilfe anzusehen, wenn das von ihm erkannte Risiko einer Straftat des Unterstützten derart hoch ist, dass die Hilfe als Förderung eines erkennbar tatgeneigten Täters erscheint.[32] Wenn der von dem Hilfeleistenden Unterstützte – wie in den **Fällen 7 und 8** – neben strafbaren auch legale Ziele verfolgt, ist Beihilfe möglich, sofern sich der Hilfeleistende mit dem strafbaren Tun des Unterstützten solidarisiert, indem er

---

[29] Umf. Darstellung der Problematik bei NK-*Paeffgen* Vor § 32 Rn 37 ff; ferner *Hartmann* ZStW 116 (2004), 585 ff; *Heinrich* Rn 1330 ff; *Kudlich* JuS 2002, 751 (753 ff); *Rotsch* Jura 2004, 14 ff; *Schneider* NStZ 2004, 312 ff; zur Übertragung auf die Anstiftung *Kudlich* Tiedemann-FS 221 (230 ff).

[30] BGH NJW 2003, 2996 (2999); wistra 2014, 176 (178); *Arzt* NStZ 1990, 1 (3 f); *Beckemper* Jura 2001, 163 ff; *Gaede* JA 2007, 757 (760); *Niedermair* ZStW 107 (1995), 507 (543 f); *Otto* wistra 1995, 323 (327); im Grundsatz auch *Krey/Esser* Rn 1082 ff.

[31] BGH NStZ 2001, 364 (365).

[32] BGHSt 46, 107 (112); zur Kritik *Schall* Meurer-GS 103 (108 ff); vgl auch *Amelung* Grünwald-FS 9 (23 f); *Otto* Lenckner-FS 193 ff; zu einer objektivierenden Risikobestimmung *Rabe von Kühlewein* JZ 2002, 1139 (1143 ff).

sich gerade die Förderung der strafbaren Handlungen angelegen sein lässt.[33] **Fall 9 lässt sich nach diesen Kriterien jedenfalls nicht klar entscheiden.**

- Die Gegenansicht versucht, **allein nach objektiven Kriterien** neutrale und berufstypische („professionell adäquate") Handlungen aus dem Bereich strafbarer Hilfeleistungen auszuschließen.[34] Eine Unterstützungshandlung soll namentlich dann keine strafbare Beihilfe sein, wenn sie auch ohne das anschließende Täterverhalten noch sinnvoll bleibe. Vor allem übliche Austauschgeschäfte des täglichen Lebens sollen so straflos gestellt werden, sofern sie – wie in den **Fällen 4 und 5** – nicht unmittelbar im Zusammenhang mit einem Delikt stehen.   17

- Ein vermittelnder, aber im Wesentlichen auf der Linie der Rechtsprechung liegender Lösungsvorschlag verlangt einen **deliktischen Sinnbezug** der Unterstützungshandlung,[35] der objektive und subjektive Momente verbindet. Ein deliktischer Sinnbezug sei stets gegeben, wenn durch die betreffende Handlung – wie in den **Fällen 4 und 5** – unmittelbar eine Straftat bewusst gefördert werde.[36] Ferner sei ein deliktischer Sinnbezug gegeben, wenn – wie in **Fall 6** – die unmittelbar geförderte Handlung des Täters zwar an sich legal ist, aber – für den Unterstützer erkennbar – allein den Zweck hat, eine Straftat zu ermöglichen.[37] Ein deliktischer Sinnbezug soll dagegen fehlen, wenn sich die Unterstützung – wie in den **Fällen 7, 8 und 9** – auf eine legale Handlung bezieht, die schon als solche dem Täter nutzt und deren Ergebnis der Täter erst durch einen weiteren selbstständigen Entschluss zur Begehung einer Straftat verwendet.[38] So ist in Fall 7 das hergestellte Produkt, für das die Materialien bestimmt sind, als solches rechtmäßig und steht mit dem umweltschädlichen Herstellungsverfahren in keinem inneren Zusammenhang.   18

b) Kritik: Der Meinungsstand ist wenig befriedigend.[39] Wollte man einerseits jede Handlung, die dem Täter für sein Vorhaben irgendwie nützt, bereits als Hilfeleistung ansehen, so beginge auch derjenige (zumindest objektiv) eine Beihilfe, der dem Täter Lebensmittel oder Kleidung verkauft. Andererseits ist der rein objektive, von der Zwecksetzung der Leistung abstrahierende und die Unterstützung weitgehend isoliert betrachtetende Ansatz wenig überzeugend, weil er nicht zu begründen vermag, warum berufstypisches Verhalten zu Unterstützungshandlungen berechtigen soll. Wer einen Bankräuber zum Tatort fährt, hilft dem Täter unabhängig davon, ob er dies als Privatmann oder Taxifahrer macht. Wenn die soziale Rolle ein taugliches Kriterium der Abgrenzung von erlaubten zu unerlaubten Risiken liefern soll, dann müsste sie, was ersichtlich nicht der Fall ist, Rechtsgrund einer entsprechenden Erlaubnis sein.[40] Die vermittelnde Lösung wie auch die Formel der neueren Rechtsprechung schließlich   19

---

33 BGH JR 2002, 511 (512 f) m. Anm. *Cramer/Hund*: Beihilfe zur Steuerhinterziehung durch Scheinvertrag.
34 *Hassemer* wistra 1995, 41 ff, 81 ff; *Jakobs* ZStW 97 (1985), 751 ff; vgl auch *Schumann*, Strafrechtliches Handlungsunrecht und das Prinzip der Selbstverantwortung der Anderen, 1986, 54 ff; zu berufstypischen Verhaltensweisen vgl *Lesch* JA 2001, 986 ff; *Löwe-Krahl* wistra 1995, 201 ff; *Wolff-Reske*, Berufsbedingtes Verhalten als Problem mittelbarer Erfolgsverursachung, 1995.
35 *Kudlich* JA 2011, 472 (473 f); *Ransiek* wistra 1997, 41 (45 f); *Roxin* II § 26/221 f; ähnlich *Rackow*, Neutrale Handlungen als Problem des Strafrechts, 2007, 526 ff.
36 *Roxin* II § 26/222.
37 *Roxin* II § 26/223.
38 *Roxin* II § 26/224.
39 Näher hierzu *Kindhäuser* Otto-FS 355 (360 ff).
40 Vgl auch § 11 Rn 39 f. Insoweit hilft die von *Schall* (Meurer-GS 103 [113 ff]) vorgeschlagene Interessenabwägung nicht weiter, da sich aus der Berufs- und Handlungsfreiheit keine Berechtigung zur Unterstützung von Straftaten ergibt.

vermengen objektive und subjektive Deliktselemente und sind im **Gutachten** kaum darstellbar. Ob etwas objektiv eine Beihilfe ist, kann nicht vom Wollen und Wissen des Handelnden abhängen.

20 Will man nach objektiven Kriterien zwischen strafbaren und straflosen alltäglichen Handlungen unterscheiden, so darf man nicht isoliert auf die Unterstützungshandlung abstellen. Denn diese kann – als „alltägliche" Handlung – regelmäßig so beschrieben werden, dass sie – für sich gesehen – sinnvoll (und harmlos) ist. Das Ausleihen eines Beiles etwa kann als solches als nachbarschaftliche Hilfeleistung begriffen werden. Sofern jedoch – wie in **Fall 5** – die Zusatzinformation gegeben wird, dass das Beil im Rahmen einer tätlichen Auseinandersetzung begehrt wird, kann jede alltägliche Handlung den Charakter einer Hilfeleistung erhalten. Gleiches gilt für die **Fälle 4 und 6**. Folglich muss für die Abgrenzung entscheidend sein, *wie* die alltägliche Handlung die Straftat fördert, ermöglicht oder absichert. Die Unterscheidung muss also danach getroffen werden, ob die betreffende Leistung nur „irgendwie" die Haupttat kausal beeinflusst oder ob sie – bei objektiver Betrachtung – als ein für den Täter hilfreiches, insbesondere von ihm benötigtes Mittel zu Erreichung des deliktischen Zwecks der Haupttat zu verstehen ist.[41]

21 Unterstützungshandlungen, die **unmittelbar vor oder während der Ausführung** geleistet werden und die Chance, dass dem Täter unter den konkreten Umständen die Tatbestandsverwirklichung gelingt, nicht unerheblich erhöhen, sind stets als Beihilfe iSv § 27 anzusehen. Ob sie äußerlich „neutral" sind oder nicht, ist ohne Belang. Keine Rolle spielt es in diesem Fall auch, ob der Handelnde selbst die zweckdienliche Förderung der Haupttat durch seine Leistung erkennt.[42] So ist in **Fall 5** das Beil Tatwaffe und seine Ausleihe unabhängig davon objektiv Beihilfe, ob N mit entsprechendem Gehilfenvorsatz handelt oder nicht. Gleiches gilt in den **Fällen 4 und 6**.

22 Leistungen im zeitlich vorgelagerten **Vorbereitungsstadium** sind dagegen grds dann keine Beihilfe, wenn sie dem Täter auf legale Weise ohne Weiteres zur Verfügung stehen. Dies betrifft namentlich die Leistung von Gegenständen und Informationen im Rahmen alltäglicher Geschäfte. Dies gilt auch, wenn nicht die Leistung als solche, sondern nur die Art und Weise, wie sie erbracht wird – zB nach Ladenschluss –, rechtlich missbilligt ist. Der Verkauf eines Gegenstands, den jedermann erwerben kann, ist keine Leistung, welche die Befähigung des Täters zur Begehung einer Straftat in einer unerlaubt riskanten Weise steigert. Erst recht trifft dies auf alle Gegenstände und Informationen zu, die der Täter bereits **von Rechts wegen** (als Gläubiger) **beanspruchen** kann. Insoweit ist es keine strafbare Hilfeleistung, wenn zugunsten des Täters – wie in **Fall 9** – Schulden beglichen werden, mag auch die Annahme gerechtfertigt sein, das Geld diene als finanzielle Basis für spätere kriminelle Machenschaften. Anders verhält es sich dagegen mit Gegenständen und Informationen, die unabhängig vom Zeitpunkt ihrer Verwendung den Charakter **tatspezifischer Hilfsmittel** haben; exemplarisch hierfür sind ein falsches Gutachten über den Wert von Juwelen, ein Nachschlüsselset oder Druckstöcke zum Anfertigen von Falschgeld.

23 Keine Beihilfe ist schließlich ein Verhalten, das den Täter – wie in den **Fällen 7 und 8** – bei der Erreichung eines primär legalen Zwecks unterstützt. In einem solchen Fall verstößt der Täter nur durch die Art und Weise seines Vorgehens gegen Normen, ohne

---

41 Vgl auch *Puppe* § 26/8 ff; *Weigend* Nishihara-FS 197 (205 ff).
42 Bei Unkenntnis kann eine fahrlässige (nebentäterschaftliche) Tatbegehung in Betracht kommen.

gerade hierfür eine tatspezifische Hilfe zu erhalten. Gleiches gilt, wenn das fragliche Verhalten zunächst einen nützlichen Effekt auslöst, den der Täter in der Folge wieder vereitelt. Exemplarisch hierfür ist der Abschluss eines Geschäfts, durch das ein staatlicher Besteuerungstatbestand entsteht. Hier wird durch das fragliche Verhalten überhaupt erst der staatlich zu schützende Steueranspruch (als das zu schützende Rechtsgut) begründet. Anders ist freilich zu entscheiden, wenn das Geschäft bereits in einer auf eine Steuerhinterziehung angelegten Weise abgewickelt wird, zB durch das Ausstellen unzutreffender Papiere usw. Die Beihilfe liegt dann nicht in der Schaffung des Besteuerungstatbestands, sondern in der Unterstützung beim Verheimlichen der entstandenen Steuerschuld.[43]

4. Beihilfe durch und zu Unterlassungen

▶ **Fall 10:** Die ledige Mutter M nimmt es untätig hin, dass ihr dreijähriges Kind von ihrem Freund F misshandelt wird. ◀

▶ **Fall 11:** A hilft dem B, der Geschäftsführer einer GmbH ist, durch fingierte Lieferbescheinigungen die Unterschreitung des Stammkapitals gegenüber den Gesellschaftern zu verschleiern.[44] ◀

Beihilfe durch Unterlassen ist grds möglich, wenn es der Garant – wie in **Fall 10** – trotz Eingriffsmöglichkeit unterlässt, die Ausführung der Tat zu verhindern, zu erschweren, abzuschwächen oder für den Täter riskanter zu machen.[45] Zu bedenken ist jedoch stets, ob der Unterlassende nicht kraft der ihn treffenden Sonderpflicht selbst als Täter anzusehen ist.[46]

Zu einem Unterlassungsdelikt kann Beihilfe in allen in Betracht kommenden Formen geleistet werden.[47] Der Gehilfe braucht, sofern er – wie in **Fall 11** – aktiv tätig wird, selbst kein Garant zu sein.

5. Sukzessive Beihilfe

▶ **Fall 12:** H bekommt zufällig mit, wie sein Bekannter R aus einem fremden Haus, nachdem er den Hausinhaber bereits bewusstlos geschlagen hat, verschiedene Wertsachen abtransportieren möchte. Da R vollauf mit dem Transportieren der Beute beschäftigt sein wird, bietet sich H an, aufzupassen, ob jemand kommt. R nimmt dieses Angebot freudig an. ◀

Während es unstreitig ist, dass Hilfeleistungen schon im Vorbereitungsstadium erbracht werden können, ist es – wie bei der Mittäterschaft[48] – umstritten, bis zu welchem Stadium der Haupttat Beihilfe noch möglich ist.

---

43 Vgl hierzu BGH wistra 1988, 261; *Amelung* Grünwald-FS 9 (22); *Mayer-Arndt* wistra 1989, 281 (285 f); *Niedermair* ZStW 107 (1995), 507 (527); *Otto* Lenckner-FS 193 (223 f).
44 Vgl § 84 Abs. 1 GmbHG.
45 BGHSt 14, 229 ff; 30, 391 (393 f); BGH NStZ 1985, 24; *Baumann/Weber/Mitsch* § 31/22; *S/S-Heine/Weißer* § 27 Rn 19; *Heinrich* Rn 1321; *Jakobs* 29/102; *Kühl* § 20/229 ff.
46 Näher hierzu § 38 Rn 63 ff.
47 BGHSt 14, 280 (282); BayObLG NJW 1990, 1861; *Baumann/Weber/Mitsch* § 31/22 f; *Jescheck/Weigend* § 60 III 1; *Roxin* TuT 525 f; aA *Welzel* § 27 V 3.
48 Vgl § 40 Rn 10 ff.

27 **a)** Dies betrifft zum einen (allgemein) die Frage der **rückwirkenden Zurechnung von Tatteilen**. Exemplarisch hierfür ist **Fall 12**, bei dem der helfende H zu einem Raub (§ 249) erst hinzutritt, nachdem der Haupttäter R das Opfer schon niedergeschlagen hat und damit der erste Teilakt des Tatbestandes bereits verwirklicht ist. Nach einer Ansicht ist hier eine Zurechnung der bereits verwirklichten Nötigungshandlung zu H zu verneinen, da dieser insofern lediglich einen *dolus subsequens* aufweise und auch keine Förderung des bereits realisierten Tatteils mehr möglich sei.[49] Folge wäre, dass H allenfalls wegen seiner Hilfe beim abschließenden Abtransport der Beute, also wegen Beihilfe zum Diebstahl nach §§ 27, 242, zu bestrafen ist. Demgegenüber verweist die vorzugswürdige Gegenauffassung darauf, dass Beihilfe (im Gegensatz zum identischen Problemkreis bei der Mittäterschaft[50]) die Förderung einer fremden Tat darstellt, wobei es ausreichend ist, wenn der Helfende die von ihm zutreffend erfasste Gesamttat in einzelnen Aspekten unterstützt.[51] In **Fall 12** wäre damit trotz der späten Hilfestellung noch eine Beihilfe zum Gesamttatbestand des Raubes möglich.

28 **b)** Anders wird allerdings teilweise die Frage entschieden, ob eine Beihilfe auch noch in der **Beendigungsphase der Haupttat** möglich ist. Dies wird von der Rspr und einem Teil der Lehre ebenfalls bejaht.[52] Demgegenüber nimmt eine abweichende Ansicht im Schrifttum an, dass Beihilfe (mit Ausnahme von Dauerdelikten) nur bis zur formellen Deliktsvollendung in Betracht komme; anschließend sei die Hilfeleistung über § 257 zu erfassen.[53] Verwiesen wird für diese Position insbesondere auf die bedenkliche Strafausweitung, die sich durch die Unsicherheiten bei der Bestimmung des Beendigungszeitpunkts eines Delikts ergebe sowie die Sperrwirkung der §§ 257, 258, deren Strafrahmen nicht durch die (zusätzliche) Möglichkeit einer Beihilfe am bereits vollendeten Delikt umgangen werden dürfe.[54]

III. Gehilfenvorsatz

▶ **FALL 13:** Sohn S weiht Vater V in seinen Plan ein, am nächsten Abend im Warenlager des W einzubrechen, und bittet ihn um passende Nachschlüssel. Nachdem V den S nicht von seinem Vorhaben abbringen kann, übergibt er ihm unbrauchbare Schlüssel, um so die Tat zu vereiteln. ◀

29 Der Gehilfenvorsatz, für den *dolus eventualis* genügt, muss

- die Ausführung und Vollendung einer bestimmten vorsätzlichen und rechtswidrigen Haupttat und
- die eigene Hilfeleistung umfassen (sog. **doppelter Gehilfenvorsatz**).

30 Der Vorsatz des Gehilfen muss sich auf die Grundzüge und die **wesentlichen Merkmale des Unrechts der Haupttat** beziehen.[55] Gegenüber dem Anstiftervorsatz[56] werden regelmäßig geringere Anforderungen gestellt, da der Helfende im Gegensatz zum Anstifter nicht eine zu konkretisierende Tat vorgeben muss, sondern eine bereits konkreti-

---

49 *Klescewski* Rn 746, 641; AnwK-*Waßmer* § 27 Rn 28.
50 Vgl § 40 Rn 10 ff.
51 Näher *Grabow/Pohl* Jura 2009, 656 (660); *Murmann* ZJS 2008, 456 (460) mwN.
52 Vgl BGHSt 19, 323 (325); BGH wistra 2010, 219 (220); *Baumann/Weber/Mitsch* § 31/25; *Frister* 28/50.
53 *Geppert* Jura 1999, 266 (272); *Heinrich* Rn 1324; *Kühl* § 20/236.
54 Näher *Roxin* II § 26/259 ff.
55 *Baumann/Weber/Mitsch* § 31/28; W-*Beulke/Satzger* Rn 584; MK-*Joecks* § 27 Rn 90.
56 Vgl § 41 Rn 22 ff.

sierte Tat begleitet.[57] Eine fehlerhafte Einordnung der Haupttat durch den Gehilfen ist unschädlich, sofern das tatsächlich verwirklichte Delikt in seinem Unrechtsgehalt von dem vorgestellten Tatbestand nicht gänzlich abweicht; andererseits reicht die Vorstellung, der Haupttäter verwirkliche „irgendein" Vermögensdelikt, nicht aus.[58] Bei seinem Beitrag muss der Gehilfe davon ausgehen, dass die Haupttat zur Vollendung gelangen kann.[59] Demnach kommt bewusste Beihilfe zum untauglichen Versuch nicht in Betracht.[60] V macht sich in **Fall 12** nicht wegen Beihilfe strafbar.

IV. Verhältnis zur Anstiftung

Ein Teilnehmer kann zu einer bestimmten Haupttat zunächst anstiften und später Beihilfe leisten. In einem solchen Fall geht die Anstiftung als intensivere Form der Teilnahme vor und verdrängt die Beihilfe.[61]   31

WIEDERHOLUNGS- UND VERTIEFUNGSFRAGEN   32

> Was ist unter physischer, was unter psychischer Beihilfe zu verstehen? (Rn 3 ff)
> Welche Probleme wirft die Beihilfe durch alltägliche Handlungen auf? (Rn 15 ff)
> Unter welchen Voraussetzungen ist Beihilfe durch Unterlassen sowie zu einem Unterlassen möglich? (Rn 24 f)
> Was ist Gegenstand des Gehilfenvorsatzes? (Rn 29 f)

---

57 Vgl BGHSt 42, 135 (138); näher *Satzger* Jura 2008, 514 (520).
58 BGH wistra 2012, 302.
59 Vgl § 41 Rn 25 ff; vgl auch BGH bei *Holtz* MDR 1981, 808; *Baumann/Weber/Mitsch* § 31/28; *W-Beulke/Satzger* Rn 584; MK-*Joecks* § 27 Rn 99; *Stratenwerth/Kuhlen* § 12/162.
60 MK-*Joecks* § 27 Rn 99; *Otto* § 22/65; *Stratenwerth/Kuhlen* § 12/162.
61 Vgl zur materiellen Subsidiarität § 46 Rn 10; vgl ferner RGSt 62, 74 (75); BGH NStZ 1994, 29 (30); *Baumann/Weber/Mitsch* § 31/34.

§ 43 Versuchte Beteiligung

I. Allgemeines

1 Die Vorschrift des § 30 pönalisiert mit der Erfassung typischer Vorstufen der Beteiligung Vorbereitungshandlungen, bei denen es nicht zur (auch nicht versuchsweisen) Ausführung der angestrebten Haupttat kommt, wobei sich diese einschränkend als Verbrechen (§ 12 Abs. 1) darstellen muss. Abs. 1 der Norm bezieht sich auf die **versuchte Anstiftung**, während Abs. 2 **sonstige strafbare Vorbereitungshandlungen** erfasst.

2 Im Unterschied zum Versuch des Einzeltäters, bei dem durch das Erfordernis des „unmittelbaren Ansetzens" zur Deliktsverwirklichung bereits ein hinreichender Bezug zu dem durch den jeweiligen Tatbestand geschützten Rechtsgut hergestellt wird, begegnet die Strafbarkeit der versuchten Beteiligung insoweit Bedenken, als es in den durch die Norm erfassten Fällen lediglich um die Beeinflussung sonstiger potenziell Tatbeteiligter geht. Eine unmittelbare Rechtsgutsgefährdung oder gar -beeinträchtigung liegt also noch nicht vor. Die weitgehende Vorverlagerung der Strafbarkeit in ein Stadium, das eigentlich der Deliktsvorbereitung zuzuordnen ist, wird zum einen damit begründet, dass mit dem Anstoß des Kausalverlaufs durch den einzelnen Beteiligten dieser das Geschehen aus der Hand gebe, da es – im Gegensatz zum Einzeltäter – eben nicht mehr allein in seinem Belieben stehe, ob die Tat ausgeführt wird oder nicht.[1] Zum anderen wird gerade im Hinblick auf Abs. 2 auf die erhöhte Gefährlichkeit konspirativer Bindungen hingewiesen, die es jedem Beteiligten schwerer mache, von der vereinbarten Tatbegehung abzurücken.[2]

II. Versuchte Anstiftung (§ 30 Abs. 1)

3 „Wer einen anderen zu bestimmen versucht, ein Verbrechen zu begehen oder zu ihm anzustiften",[3] wird nach § 30 Abs. 1 S. 1 „nach den Vorschriften über den Versuch des Verbrechens bestraft".[4] Die Anstiftung kann erfolglos bleiben, weil der Anzustiftende keinen Tatentschluss fasst, diesen nicht ausführt oder schon vorher zur Tat entschlossen war.[5] Die Regeln über die Straflosigkeit des grob unverständigen Versuchs gem. § 23 Abs. 3 sind nach § 30 Abs. 1 S. 3 entsprechend anwendbar. Im Umkehrschluss ergibt sich aus § 30 Abs. 1, dass die versuchte Anstiftung zur Beihilfe zu einem Verbrechen straflos ist.[6]

4 Wenn die in Aussicht genommene Tat ins Versuchsstadium gelangt, ist eine strafbare Teilnahme am versuchten Delikt gegeben. Die versuchte Anstiftung ist insoweit subsidiär[7] und bedarf im Gutachten regelmäßig keiner Erörterung.[8]

---

1 BGHSt 1, 305 (309); Bloy JR 1992, 493 (495); SK-*Hoyer* § 30 Rn 11; AnwK-*Waßmer* § 30 Rn 4.
2 BGHSt 44, 91 (95); W-*Beulke/Satzger* Rn 564; insgesamt krit. zur Norm *Becker*, Der Strafgrund der Verbrechensverabredung gem. § 30 Abs. 2, Alt. 3 StGB, 2012, 182 ff, 218 ff; NK-*Zaczyk* § 30 Rn 4 f mwN.
3 Sog. versuchte Kettenanstiftung; näher hierzu wie auch zum Rücktritt der an ihr Beteiligten *Kroß* Jura 2003, 250 ff.
4 Mit obligatorischer Strafmilderung nach § 49 Abs. 1.
5 LK-*Schünemann* § 30 Rn 13 mwN; aA bzgl der ersten Var. HKGS-*Letzgus* § 30 Rn 8, 19.
6 *Freund* § 10/144; *Krey/Esser* Rn 1334.
7 BGHR StGB § 30 Abs. 1 S. 1, Konkurrenzen 2; zur Subsidiarität vgl § 46 Rn 8 ff.
8 Die Tat nach § 30 Abs. 1 tritt auch hinter eine Verbrechensverabredung iSv § 30 Abs. 2 zurück, vgl BGH NStZ 1994, 383.

§ 43 Versuchte Beteiligung

1. Der Versuch

▶ **FALL 1:** A verspricht dem B schriftlich eine hohe Belohnung, falls er zu einem bestimmten Zeitpunkt einen Raub begeht. Der Brief wird im Postweg fehlgeleitet. ◀

a) **Konkrete Tat:** Die Tat, zu der angestiftet werden soll, muss – wie auch sonst bei der Anstiftung[9] – hinreichend konkretisiert sein: Sie muss zwar nicht in allen Einzelheiten, wohl aber in ihren Grundzügen und wesentlichen Merkmalen so konkretisiert sein, dass der Anzustiftende, wenn er dies wollte, die Tat ausführen könnte.[10] Maßgeblich ist dabei stets die geplante Tat: Kommt es für diese nicht auf ein bestimmtes Opfer an – soll zB ein beliebiger Spaziergänger im Park überfallen werden –, so spielt auch dessen Individualisierung für die Tatkonkretisierung keine Rolle. Nicht ausreichend ist allerdings die Aufforderung zur Wahrnehmung einer nur gattungsmäßig beschriebenen Mehrzahl von Tatmöglichkeiten, wie etwa das Ansinnen, eine (beliebige) Bank zu überfallen.[11]

b) **Abgrenzung zur Vorbereitung:** Der Versuch der Anstiftung ist von seiner Vorbereitung nach den allgemeinen Grundsätzen abzugrenzen: Der Auffordernde muss nach seiner Vorstellung unmittelbar auf die Bildung des Tatentschlusses beim Anzustiftenden hinwirken.[12] Umstritten ist jedoch, ob die Erklärung der Anstiftung dem Anzustiftenden zugegangen sein muss.

■ Nach der hM genügt es, wenn sich der Auffordernde in einer Weise seiner Erklärung entäußert hat, die als unmittelbares Ansetzen zur Einwirkung auf den Anzustiftenden anzusehen ist.[13] Beispielhaft hierfür wäre das Versenden eines Schriftstücks wie in **Fall 1**. Für diese frühen Ansatz der Versuchsphase spricht etwa die Existenz des § 31 Abs. 1 Nr. 1, der den Rücktritt von einem *unbeendeten* Anstiftungsversuch kennt, bei dem also nicht bereits alles zur Beeinflussung des Täters geschehen ist.[14]

■ Eine verbreitete Ansicht in der Literatur verlangt dagegen, dass die Anstiftungserklärung dem Anzustiftenden zugegangen ist.[15] Nur in diesem Fall sei das Minimum an Strafwürdigkeit erreicht bzw die mangelnde fortbestehende Beeinflussbarkeit des Geschehens, die die Strafbarkeit nach § 30 Abs. 1 im Wesentlichen rechtfertigt,[16] hinreichend begründet. In **Fall 1** ist kein Zugang erfolgt. Aber auch wenn mit dem Erfordernis des Zugangs sichergestellt wird, dass die Anstiftungshandlung auch objektiv ein gewisses Maß an Gefährlichkeit erlangt hat, lässt es sich doch schwerlich aus dem unmittelbaren Ansetzen, das allein auf das *Täter*verhalten abstellt, herleiten.

---

9 Vgl § 41 Rn 22 f.
10 BGHSt 34, 63 (66); *Ingelfinger*, Anstiftungsvorsatz und Tatbestimmtheit, 1992, 42 ff; L-Kühl-*Kühl* § 30 Rn 3; *Otto* § 22/81; weitergehend OLG Hamm JR 1992, 521 (522); zu den Anforderungen an die Konkretisierung vgl auch BGH NStZ 2005, 206 m. abl. Anm. *Kühl* NStZ 2006, 94 f; *Graul* JR 1999, 249 ff; *Kretschmer* NStZ 1998, 401 ff; *Mosenheuer* ZIS 2006, 100 ff.
11 Vgl BGHSt 15, 276 (277); *Fischer* § 30 Rn 7; LK-*Roxin*, 11. Aufl., § 30 Rn 26.
12 Näher § 31 Rn 1 ff.
13 BGHSt 8, 261 (262); *Fischer* § 30 Rn 9a; M-*Gössel/Zipf* § 53/106 ff; S/S-*Heine/Weißer* § 30 Rn 18; MK-*Joecks* § 30 Rn 36; *Roxin* JA 1979, 169 (171).
14 Vgl *Hinderer* JuS 2011, 1072 (1074); SK-*Hoyer* § 30 Rn 31; MK-*Joecks* § 30 Rn 35.
15 *Jescheck/Weigend* § 65 II 1; *Schröder* JuS 1967, 289 (290); noch enger *Jakobs* 27/4: Verstehen der Mitteilung durch den Adressaten erforderlich.
16 Oben Rn 1 f.

2. Verbrechenscharakter der Haupttat

▶ **Fall 2:** Privatmann P versucht vergeblich, den in einem laufenden Ermittlungsverfahren ermittelnden Kriminalbeamten K dazu anzustiften, den Beschuldigten mit Gewalt zu einer Aussage zu veranlassen. ◀

9 Die angesonnene Haupttat muss ein Verbrechen iSv § 12 Abs. 1 sein. Sofern die in Aussicht genommene Tat ein **Qualifikationstatbestand** ist, dessen Verbrechenscharakter durch besondere persönliche Merkmale iSv § 28 begründet wird, stellt sich die Frage, ob es für die Anwendbarkeit von § 30 Abs. 1 auf die Person des Auffordernden oder des Anzustiftenden ankommt. Die Antwort auf diese Frage ist umstritten, ohne dass der Streit eine nennenswerte praktische Bedeutung hätte, da es kaum Verbrechensqualifikationen aufgrund besonderer persönlicher Merkmale gibt. Beispielhaft ist etwa **Fall 2**: Hier wäre für K die angesonnene Tat eine Aussageerpressung (§ 343), während sie für P nur eine Nötigung (§ 240) und damit kein Verbrechen wäre.[17]

10 ■ Nach der Rechtsprechung und einem Teil der Literatur kommt es auf die Person des in Aussicht genommenen **Täters** an.[18] Maßgeblich sei, ob der Anzustiftende ein Verbrechen beginge, wenn er die ihm angesonnene Tat ausführte. Hierfür kann der Wortlaut des § 30 Abs. 1 angeführt werden, der darauf abstellt, dass der andere, also der anvisierte Täter, ein Verbrechen „begeht".[19] In der Rechtsfolge sei jedoch die Bestrafung des Auffordernden aus dem Strafrahmen des Grund- an Stelle desjenigen des Qualifikationstatbestandes zu vollziehen.[20] In **Fall 2** wäre P nach §§ 30 Abs. 1, 343 strafbar, wobei die Strafe dem Strafrahmen des § 240 zu entnehmen wäre (§ 28 Abs. 2[21]).

11 ■ Die überwiegende Lehre stellt auf die Person des **Anstifters** ab.[22] Nach der Regelung des § 28 Abs. 2 dürfe das nur beim Täter erhöhte Unrecht den Teilnehmer nicht belasten. Nach dieser Lösung wäre P in **Fall 2** nicht strafbar.

12 ■ Nach der sog. „kumulativen Theorie" sollen die besonderen persönlichen Merkmale, welche die Tat zu einem Verbrechen machen, für das Eingreifen des § 30 Abs. 1 **sowohl beim Täter als auch Teilnehmer** vorliegen müssen:[23] Allein dieser Lösungsweg führe zu einer sachgerechten Einschränkung der Vorschrift, dem auch der Wortlaut des § 30 nicht entgegenstehe. Nach dieser Meinung würde P in **Fall 2** straflos bleiben.

13 ■ Eine weitere Ansicht unterscheidet schließlich danach, ob das besondere persönliche Merkmal, das die Tat zu einem Verbrechen macht, dem Unrecht oder der Schuld zuzuordnen ist:[24] Bei **Unrechtsmerkmalen** soll es stets auf die Person des Anzustif-

---

17 Vorausgesetzt ist hierbei, dass § 343 entgegen der hM als unechtes Amtsdelikt eingestuft wird, vgl zu der entsprechenden Streitfrage *Kindhäuser* LPK § 343 Rn 3 mwN.
18 BGHSt 6, 308 (309); 53, 174 (177); BGH bei *Holtz* MDR 1986, 793 (794); StV 1987, 386; *Niese* JZ 1955, 320 (324); *Welzel* § 16 II 7; vgl auch MK-*Joecks* § 30 Rn 20: Merkmale müssen bei Täter und Anstifter vorliegen.
19 *Putzke* JuS 2009, 1083 (1087).
20 BGHSt 53, 174 (177) m. krit. Anm. *Mitsch* JR 2010, 359 ff.
21 Der BGH interpretiert § 28 Abs. 2 in diesem Fall faktisch als Strafrahmenverschiebung, vgl krit. Besp *Dehne-Niemann* Jura 2009, 695 (697).
22 W-*Beulke/Satzger* Rn 562; *Geppert* Jura 1997, 546 (549); S/S-*Heine/Weißer* § 30 Rn 14; *Kühl* § 20/247; *Otto* § 22/80; vgl auch BGHSt 3, 228 f; 14, 353 (355 ff).
23 *Baumann/Weber/Mitsch* § 32/50; LK-*Schünemann* § 30 Rn 43; NK-*Zaczyk* § 30 Rn 29.
24 *Jescheck/Weigend* § 65 I 4; LK-*Roxin*, 11. Aufl., § 30 Rn 39 ff; *Stratenwerth/Kuhlen* § 12/173.

tenden ankommen. Bei **Schuldmerkmalen** sei zu differenzieren: Begründen sie die Verbrechensqualifikation beim Täter, soll eine Strafbarkeit der versuchten Anstiftung ausscheiden; mildern sie dagegen die Schuld des Täters und nehmen der Tat den ansonsten gegebenen Verbrechenscharakter, soll die versuchte Anstiftung strafbar sein. Für diese Lösung spricht, dass die versuchte Anstiftung nur bei Verbrechen strafbar ist, so dass grds nicht das Unrecht der Anstiftung, sondern die **Schwere der angesonnenen Rechtsgutverletzung** – also die Gefährlichkeit der Tat und nicht die Gefährlichkeit der handelnden Person – entscheidend sein kann. In **Fall 2** wäre P, da die Amtsträgereigenschaft ein unrechtserhöhendes Merkmal ist, in Übereinstimmung mit dem Ergebnis der Rechtsprechung nach §§ 30 Abs. 1, 343 strafbar; der Strafrahmen wäre § 240 zu entnehmen.

3. Vorsatz

Die subjektiven Voraussetzungen der versuchten Anstiftung entsprechen denjenigen der Anstiftung:[25] Der Auffordernde muss mit „doppeltem Anstiftervorsatz" handeln. In Bezug auf die Bestimmungshandlung genügt es dabei, wenn der Auffordernde es für möglich hält und es billigend in Kauf nimmt, dass der Anzustiftende die Aufforderung ernst nehmen und durch sie zur Tat bestimmt werden könnte.[26] Bei der versuchten Kettenanstiftung ist eine Kenntnis des endgültigen Täters nicht erforderlich.[27]

III. Strafbare Vorbereitungen (§ 30 Abs. 2)

1. Überblick

Nach § 30 Abs. 2 sind folgende Vorbereitungshandlungen strafbar:

- das Sich-Bereiterklären zu einem Verbrechen (Var. 1),
- die Annahme des Erbietens zu einem Verbrechen (Var. 2),
- die Verabredung zu einem Verbrechen (Var. 3).

Wie die Verweisung auf § 23 Abs. 3 in § 30 Abs. 1 zeigt, kommt es bei den Vorbereitungshandlungen auf die **Tauglichkeit** der ins Auge gefassten Tatmittel und -objekte nicht an.[28]

2. Sich-Bereiterklären

▶ **FALL 3:** Killer K sagt dem Bandenchef B zu, den O, wie B es will, zu töten. ◀

▶ **FALL 4:** Killer M erklärt sich dem Bandenchef C gegenüber bereit, den Q zu töten, falls C es wünsche. ◀

Das Sich-Bereiterklären zu einem Verbrechen umfasst zum einen – wie in **Fall 3** – die Annahme einer Anstiftung (Initiative eines Dritten). Zum anderen unterfällt dem Sich-Bereiterklären das Sich-Erbieten (Initiative des Erklärenden), also die Konstellation, dass – wie in **Fall 4** – ein zur Tat Geneigter, aber noch nicht Entschlossener einem anderen, den er für interessiert hält, die Begehung eines Verbrechens zusagt, sofern dieser

---

25 Hierzu § 41 Rn 22 ff.
26 BGH NJW 2013, 1106.
27 *Otto* § 22/86; aA MK-*Joecks* § 30 Rn 41.
28 BGHSt 4, 254; BGH NStZ 1998, 347 (348); einschr. *Mitsch* Maiwald-FS 539 ff.

es will.²⁹ Die Frage, für welchen der Beteiligten sich die Tat als Verbrechen darstellen muss, stellt sich hier in gleicher Weise wie bei Abs. 1.³⁰

18 Nach Ansicht des BGH und eines Teils der Literatur braucht das Angebot beim Sich-Bereiterklären dem Empfänger nicht zugegangen zu sein.³¹ Die verbreitete Gegenansicht verlangt einen Zugang,³² um die Bereiterklärung vom nur straflosen Versuch der Bereiterklärung deutlich abgrenzen zu können. Auch nach dieser Ansicht ist eine tatsächliche Kenntnisnahme des Angebots jedoch nicht erforderlich.

3. Annahme des Erbietens

▶ **FALL 5:** Nachdem Killer K dem Bandenchef B zugesagt hat, den O zu töten, falls B dies wünsche, erteilt ihm B den entsprechenden Auftrag. ◀

19 Die Annahme des Erbietens eines anderen ist die ernst gemeinte Erklärung, mit dem Angebot eines anderen, ein Verbrechen zu begehen oder einen Dritten zu einem Verbrechen anzustiften, einverstanden zu sein.³³ Die Annahme des Erbietens ist damit, wie **Fall 5** verdeutlicht, das Gegenstück des Sich-Bereiterklärens bei Initiative des Erklärenden.³⁴

4. Verabredung

▶ **FALL 6:** Die Mafiabosse V und W vereinbaren, den Killer B gegen eine bestimmte Geldsumme zu beauftragen, den Konkurrenten K zu töten. ◀

20 Als Verabredung ist die (ausdrückliche oder konkludente) ernst gemeinte Übereinkunft wenigstens zweier Personen anzusehen, ein Verbrechen als Mittäter zu begehen oder – wie in **Fall 6** – einen Dritten gemeinsam zu einem Verbrechen anzustiften. Die Verabredung ist damit eine Vorstufe zur Mittäterschaft oder zur gemeinsamen Anstiftung. Die Zusage, als Gehilfe zur Tat beizutragen, genügt nicht.³⁵

21 Hinsichtlich des **Vorsatzes** der Beteiligten ist ausreichend, dass die in Aussicht genommene Tat in ihren wesentlichen Grundzügen konkretisiert ist; Zeit, Ort und Modalitäten der geplanten Ausführung können demgegenüber im Einzelnen noch offen sein.³⁶ Erforderlich ist jedoch stets, dass bereits ein unbedingter Tatentschluss und nicht eine bloße Tatgeneigtheit besteht.³⁷ Besondere Probleme ergeben sich regelmäßig dann, wenn die Kommunikation der potenziell Beteiligten nur über das **Internet** erfolgt: Hier ist die Konkretisierung der anvisierten Tat und der erforderliche Bindungswille der Beteiligten jeweils besonders kritisch zu prüfen.³⁸ Entsprechend hat der BGH in einem Fall, in dem sich zwei Personen nur über das Internet und unter Verwendung von

---

29 BGHSt 6, 346 f; 10, 388 (391); *Roxin* JA 1979, 169 (172).
30 Oben Rn 9 ff; vgl auch BGHSt 53, 174 (176 ff) m. krit. Anm. *Mitsch* JR 2010, 359.
31 S/S-*Heine/Weißer* § 30 Rn 23; zur Bestimmung des Empfängers *Kroß* Jura 2004, 250 (252); aA M-*Gössel/Zipf* § 53/138.
32 OLG Celle MDR 1991, 174; SK-*Hoyer* § 30 Rn 40; *Jescheck/Weigend* § 65 III 3; MK-*Joecks* § 30 Rn 48; *Otto* § 22/88.
33 BGHSt 10, 388 ff.
34 Das Zugangsproblem stellt sich wie bei Rn 18.
35 BGH NStZ 1982, 244; 1988, 406; *Dessecker* JA 2005, 549 (551); *Kühl* § 20/252; vgl auch BGH StV 2002, 421 (422).
36 BGH NStZ 2007, 697 m. Anm. *Kudlich* JA 2008, 146.
37 BGH NStZ 2009, 497 (498).
38 Dazu *Heinrich* Heinz-FS 728 (732 ff).

Pseudonymen zur Straftat des sexuellen Missbrauchs eines Kindes verabredeten, die Ernstlichkeit des Tatentschlusses verneint.[39]

IV. Verhältnis zum vollendeten Delikt

Wenn die in Aussicht genommene Tat ins Versuchsstadium gelangt, ist eine strafbare (vollendete) Beteiligung am versuchten Delikt gegeben. Die versuchte Beteiligung nach § 30 Abs. 1, Abs. 2 ist insoweit **subsidiär**[40] und bedarf im **Gutachten** regelmäßig keiner Erörterung. Sofern im Fall des § 30 Abs. 1 der Anstifter selbst die Tat später ausführt, tritt die versuchte Anstiftung als **mitbestrafte Vortat** zurück.[41]

V. Rücktritt vom Versuch der Beteiligung (§ 31)

1. Überblick

§ 31 regelt den freiwilligen Rücktritt von einem nach § 30 strafbaren Versuch der Beteiligung.[42] Die Vorschrift sieht vor, dass nach § 30 nicht bestraft wird, „wer freiwillig

(1) den Versuch aufgibt, einen anderen zu einem Verbrechen zu bestimmen, und eine etwa bestehende Gefahr, dass der andere die Tat begeht, abwendet,

(2) nachdem er sich zu einem Verbrechen bereit erklärt hatte, sein Vorhaben aufgibt oder,

(3) nachdem er ein Verbrechen verabredet oder das Erbieten eines anderen zu einem Verbrechen angenommen hatte, die Tat verhindert".

„Unterbleibt die Tat ohne Zutun des Zurücktretenden oder wird sie unabhängig von seinem früheren Verhalten begangen, so genügt" nach § 31 Abs. 2 „zu seiner Straflosigkeit sein freiwilliges und ernsthaftes Bemühen, die Tat zu verhindern".

Die einzelnen Tatbestandsmerkmale sind im Wesentlichen wie bei § 24 auszulegen.[43]

Für ein **Verhindern** der Tat iSv § 31 Abs. 1 Nr. 3, Abs. 2 genügt ein passives Verhalten, wenn der Beteiligte einen Tatbeitrag nicht erbringt, der nach seiner Vorstellung für das Gelingen der Tat in der geplanten Gestalt unerlässlich ist.[44]

Der Rücktritt nach § 31 ist wie derjenige nach § 24 ein **persönlicher Strafaufhebungsgrund** und wirkt nur zugunsten des zurücktretenden Beteiligten.[45]

---

[39] BGH NStZ 2011, 570 (571 f) m. zust. Anm. *Rotsch* ZJS 2012, 680 ff: anonyme Planung in einem „Chat-Room"; ausf. dazu *Rackow/Bock/Harrendorf* StV 2012, 687 ff.
[40] Vgl BGHR StGB § 30 Abs. 1 S. 1, Konkurrenzen 2; zur Subsidiarität noch § 46 Rn 8 ff.
[41] BGH bei *Kudlich* JA 2010, 664; zur mitbestraften Vortat § 46 Rn 15.
[42] Zu den einzelnen Fallgruppen vgl *Kroß* Jura 2004, 250 (252 ff).
[43] Näher hierzu § 32 Rn 5 ff; zum Fehlschlag vgl BGH NStZ-RR 2003, 137 (138); Abweichungen können sich jedoch in Bezug auf die Endgültigkeit der Aufgabe ergeben, vgl BGHSt, 50, 142 ff m. abl. Anm. *Kühl* NStZ 2006, 94, *Kütterer-Lang* JuS 2006, 206 und *Puppe* JR 2006, 75 f; NK-*Zaczyk* § 31 Rn 14.
[44] BGHSt 32, 133 (134 f); BGH NJW 1984, 2169 m. Anm. *Kühl* JZ 1984, 292 ff und *Küper* JR 1984, 265 (266); BGH NStZ 1987, 118 (119); NStZ-RR 1997, 289; *Bottke*, Rücktritt vom Versuch der Beteiligung nach § 31 StGB, 1980; *Vogler* ZStW 98 (1986), 331 (352 ff).
[45] Vgl BGH NStZ 1992, 537 f; aA NK-*Zaczyk* § 31 Rn 1: Unrechtsaufhebungsgrund.

2. Verhältnis zu § 24

28 § 31 greift nur ein, wenn die **Haupttat noch nicht ins Versuchsstadium** eingetreten ist; ansonsten gelten die Anforderungen des § 24.[46] Ist die Haupttat ins Versuchsstadium gelangt, so führt der Rücktritt vom Versuch des Verbrechens nach § 24 auch zur Straflosigkeit der Handlungen im Vorbereitungsstadium nach § 30. § 30 lebt also in diesem Fall nicht wieder auf.[47]

29 **WIEDERHOLUNGS- UND VERTIEFUNGSFRAGEN**

> In welchem Maße muss die Tat, zu der unter den Voraussetzungen von § 30 Abs. 1 angestiftet werden soll, konkretisiert sein? (Rn 5)
> Welche Tatvarianten der Verbrechensvorbereitung werden durch § 30 Abs. 2 unter Strafe gestellt? (Rn 15 ff)
> Unter welchen Voraussetzungen ist ein strafbefreiender Rücktritt vom Versuch der Beteiligung nach § 31 möglich? (Rn 23 ff)

---

[46] Zu denkbaren Ausnahmen *Mitsch* Herzberg-FS 443 ff; insbesondere bei der Abstandnahme im Vorbereitungsstadium von einer dennoch vollendeten Tat kann sich die Abgrenzung schwierig gestalten, vgl NK-*Zaczyk* § 24 Rn 122, § 31 Rn 10.
[47] M-*Gössel/Zipf* § 53/142; SK-*Hoyer* § 30 Rn 62; MK-*Joecks* § 30 Rn 76; umstritten ist allerdings, ob dies auch gilt, wenn die vorbereitete Tat schwerer wiegt als die versuchte, vgl M-*Gössel/Zipf* § 53/142; MK-*Joecks* § 30 Rn 70 mwN.

G. Konkurrenzen

§ 44 Grundlagen

I. Gutachten

1. Problemstellung

Ist im Gutachten festgestellt, dass der Täter[1] mehrere Deliktstatbestände oder denselben Deliktstatbestand mehrmals verwirklicht hat, so sind anschließend im Rahmen der Konkurrenzen die Fragen zu beantworten, welche dieser Gesetzesverletzungen bei der Festsetzung der Strafe zu berücksichtigen sind und wie der Strafrahmen aus den anzuwendenden Gesetzen zu bestimmen ist. Im Rahmen der Konkurrenzen ist also zu klären, ob und ggf wie ein Gesetz neben anderen Gesetzen anzuwenden ist. Die Antwort kann sich auf den Schuldspruch, die Strafe und die prozessualen Rechtsmittel auswirken.

Die Lehre von den Konkurrenzen ist in den Details wie auch in der Terminologie wenig geklärt; auch die Rechtsprechung ist bisweilen uneinheitlich. Gleichwohl gehören die einschlägigen Rechtsfiguren zum Grundlagenwissen und sollten beherrscht werden, zumal die Konkurrenzen in Übungsarbeiten regelmäßig darzustellen sind.

2. Prüfungsreihenfolge

Für die Prüfung der Konkurrenzen empfiehlt sich folgende logische Vorgehensweise:

(1) **Vorfrage:** Hat der Täter **mehrere tatbestandliche Handlungen** ausgeführt – zB mehrmals auf das Opfer eingeschlagen oder mehrmals Gegenstände aus dem Tresor genommen –, so ist schon **bei der jeweiligen Deliktsprüfung** zu klären, ob der betreffende **Tatbestand einmal oder mehrmals verwirklicht** wurde, also eine oder mehrere Gesetzesverletzungen vorliegen. Zur Entscheidung sind die Regeln der Bildung von **tatbestandsverwirklichenden Handlungseinheiten** – nämlich natürliche und tatbestandliche Handlungseinheit – heranzuziehen.[2]

(2) In die eigentliche Prüfung der Konkurrenzen ist einzutreten, wenn festgestellt ist, dass der Täter **gegen mehrere Gesetze oder dasselbe Gesetz mehrmals verstoßen** hat. Zunächst ist dann zu fragen, ob diese einzelnen Gesetzesverletzungen zu einer einheitlichen Tat zu verbinden sind oder nicht. Zur Entscheidung sind die **Regeln der Bildung von Tateinheiten** – nämlich Identität, Teilidentität, Klammerwirkung und natürliche Handlungseinheit – heranzuziehen.[3]

(3) Sind mehrere Gesetze oder dasselbe Gesetz mehrmals **durch eine einheitliche Tat** verletzt, so ist zu prüfen, ob die jeweiligen Gesetze nebeneinander anwendbar sind. Zur Entscheidung sind die **Regeln der Gesetzeskonkurrenz** bei tateinheitlicher Begehung – nämlich Spezialität, Subsidiarität, Konsumtion – heranzuziehen:

---

[1] Bei mehreren Beteiligten sind die Konkurrenzen für jeden gesondert zu prüfen, vgl BGH StV 2002, 73 f.
[2] Hierzu § 45 Rn 6 ff.
[3] Hierzu § 47 Rn 8 ff.

7   (a) Gesetzesverletzungen, die nicht neben anderen zu ahnden sind, werden ausgeschieden und bleiben beim Schuldspruch unberücksichtigt (sog. **unechte Tateinheit**).[4]

8   (b) Für Gesetzesverletzungen, die nebeneinander ahndbar sind, wird nach Maßgabe von § 52 eine Strafe festgesetzt (sog. **echte Tateinheit** oder **Idealkonkurrenz**).[5]

9   (4) Sind mehrere Gesetze oder dasselbe Gesetz mehrmals **durch verschiedene Taten** (oder Tateinheiten), die untereinander nicht tateinheitlich verbunden sind, verletzt, so stehen diese Gesetzesverletzungen im Verhältnis der **Tatmehrheit** zueinander und es ist zu fragen, ob die jeweiligen Gesetze nebeneinander anwendbar sind. Zur Entscheidung sind die Regeln der Gesetzeskonkurrenz bei tatmehrheitlicher Begehung – nämlich Konsumtion – heranzuziehen:[6]

10 (a) Gesetzesverletzungen, die nicht neben anderen zu ahnden sind, werden ausgeschieden und bleiben beim Schuldspruch unberücksichtigt (sog. **unechte Tatmehrheit**).

11 (b) Für Gesetzesverletzungen, die nebeneinander ahndbar sind, wird nach Maßgabe von §§ 53 f eine Gesamtstrafe festgesetzt (sog. **echte Tatmehrheit** oder **Realkonkurrenz**).[7]

3. Überblick

12 Schematisch lassen sich die logischen Schritte zur Prüfung der Konkurrenzen wie folgt darstellen:

13 (1) Vorfrage auf Tatbestandsebene:

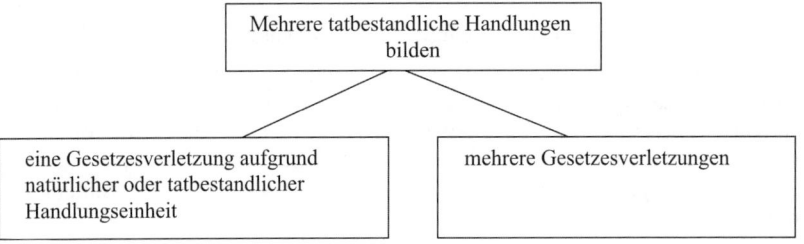

---

4 Hierzu § 46 Rn 3, 5 ff.
5 Hierzu § 47 Rn 1 ff.
6 Hierzu § 46 Rn 14 ff.
7 Hierzu § 47 Rn 34 ff.

(2–4) Konkurrenzen (Festsetzung der Strafe bei mehreren Gesetzesverletzungen): 14

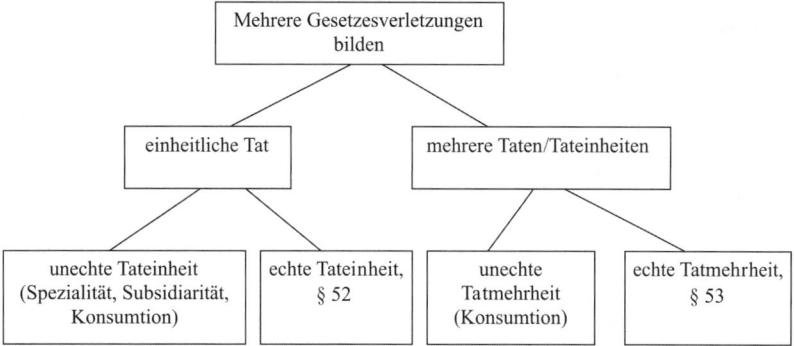

II. Begriffe

Die Begriffe „Handlungseinheit", „Tateinheit" und „Tat im prozessualen Sinne" haben jeweils eine eigene Bedeutung (Funktion) und sind nicht miteinander zu verwechseln: 15

- Der Begriff der **Handlungseinheit** gehört zu den Kriterien, nach denen sich die Zusammenfassung mehrerer Teilakte zu einer einheitlichen Handlung bestimmt. 16

- Der Begriff der **Tateinheit** hat die Zusammenfassung mehrerer Gesetzesverletzungen zu einer Tat, für die eine bestimmte Strafe festgesetzt wird, zum Gegenstand (§ 52). 17

- Mit dem Begriff der **prozessualen Tat** – iSv §§ 155, 264 StPO, Art. 103 Abs. 3 GG – wird der Lebensvorgang zu einer Einheit verbunden, auf den sich im Falle der Verurteilung der Strafklageverbrauch bezieht, für den also der Täter nicht ein weiteres Mal strafrechtlich zur Verantwortung gezogen werden darf.[8] 18

WIEDERHOLUNGS- UND VERTIEFUNGSFRAGEN 19

> In welchen logischen Schritten sind die Konkurrenzen im Gutachten zu prüfen? (Rn 3 ff)
> Was ist unter den Begriffen „Handlungseinheit", „Tateinheit" und „prozessuale Tat" zu verstehen? (Rn 15 ff)

---

8 Vgl BGHSt 35, 60 (61); BGH NStZ-RR 2003, 82 f; näher *Kindhäuser* StPR § 25/1 ff.

§ 45 Kriterien der Handlungseinheit

I. Überblick

▶ **FALL 1:** A schlägt mit vier Stockhieben auf B ein. ◀

1 Nimmt der Täter mehrere **auf denselben Deliktstatbestand bezogene Akte** vor, so stellt sich die Frage, ob alle oder mehrere dieser Akte **zu einer Tatbestandsverwirklichung** zusammenzufassen sind. Die Kriterien der Handlungseinheit dienen hier der Entscheidung, ob eine oder mehrere Verletzungen desselben Gesetzes gegeben sind. Diese Frage ist schon bei der Prüfung des jeweiligen Delikts auf Tatbestandsebene aufzuwerfen und zu beantworten. So ist etwa in **Fall 1** zu klären, ob A eine oder vier selbstständige Körperverletzungen iSv § 223 begangen hat.

2 Die Kriterien zur Abgrenzung einer einheitlichen Handlung von einer Mehrheit von Handlungen sind:
- die Handlung im natürlichen Sinne,
- die natürliche Handlungseinheit,
- die tatbestandliche Handlungseinheit und
- die fortgesetzte Handlung.

3 Lässt sich mithilfe dieser Kriterien keine tatbestandsverwirklichende Handlungseinheit bilden, sind mehrere (selbstständige) Gesetzesverletzungen gegeben.

II. Handlung im „natürlichen" Sinne

▶ **FALL 2:** C gibt D eine Ohrfeige. ◀

4 Von einer Handlung im natürlichen Sinne spricht man, wenn – wie in **Fall 2** – der Tatbestand eines Delikts durch eine bestimmte Körperbewegung oder deren Unterlassung erfüllt wird.[1] Die Rede von einer „natürlichen" Handlung ist insoweit schief, als es auch in einem solchen Fall um ein sozial relevantes Verhalten geht. Gemeint ist vielmehr, dass sich ein Verhalten unter einer bestimmten Beschreibung („Körperverletzung") als einheitlicher Vorgang darstellt. Der Bewegungsablauf erfüllt also alle Voraussetzungen, um von einem Beobachter (numerisch) als *eine* Körperverletzung bezeichnet zu werden.

5 Wird ein Tatbestand durch eine „natürliche" Handlung in diesem Sinne verwirklicht, so stellt sich kein Konkurrenzproblem. Es liegt nur eine Gesetzesverletzung – in **Fall 2**: § 223 – vor, derentwegen der Täter verurteilt wird. Im **Gutachten** ist lediglich festzuhalten, durch welche Handlung oder Unterlassung der Tatbestand verwirklicht wurde; eine nähere Erläuterung ist überflüssig, so dass auch der Begriff der Handlung im natürlichen Sinne grds keiner Erwähnung bedarf.

III. Natürliche Handlungseinheit

1. Voraussetzungen

▶ **FALL 3:** A entwendet aus einem Tresor Wertgegenstände, die teils dem B, teils dem C gehören. ◀

---

[1] Vgl BGHSt 1, 20; 6, 81.

▶ **FALL 4:** V beleidigt W, indem er diesen fortlaufend mit Schimpfworten belegt. ◀
▶ **FALL 5:** T beleidigt durch ein Schimpfwort zugleich O und P. ◀

Mehrere (natürliche) Handlungen, die bei isolierter Betrachtung jeweils für sich gesehen schon den Tatbestand verwirklichen, können **zu einer Tatbestandsverwirklichung** (Gesetzesverletzung) nach dem Kriterium der natürlichen Handlungseinheit zusammengefasst werden, wenn sie

- in einem **unmittelbaren räumlichen und zeitlichen Zusammenhang** stehen,
- auf einer **einheitlichen Motivationslage** beruhen,
- sich für einen Beobachter bei „natürlicher" Betrachtung **als einheitliches Geschehen** (mit einem bestimmten Ziel) darstellen und
- zu einer **quantitativen Steigerung des tatbestandlichen Schadens** führen.[2]

a) **Einheitliche Motivationslage:** Als einheitliche Motivationslage, die mehrere Tatbestandsverwirklichungen zu einer natürlichen Handlungseinheit verbindet, kommen nach hM

- ein **einheitlicher Willensentschluss**,[3]
- ein für alle Taten **gleichartiger Handlungswille**[4] oder
- die Verfolgung eines **einheitlichen Zieles**[5] in Betracht.

Dagegen fehlt eine einheitliche Motivationslage etwa bei einem Vorsatzwechsel von einer Körperverletzung zu einem Totschlag.[6]

b) **Quantitative Steigerung des Schadens:** Die Möglichkeit einer quantitativen Steigerung des tatbestandlichen Schadens ist stets unproblematisch gegeben, wenn es sich um die Beeinträchtigung eines übertragbaren Rechtsguts handelt.[7] So kann in **Fall 3** der Wert der einzelnen Sachen addiert werden. Sofern höchstpersönliche Rechtsgüter betroffen sind, ist dagegen zu differenzieren:

- Der Annahme einer natürlichen Handlungseinheit steht es nicht entgegen, wenn sich die Tat – wie in **Fall 4** – gegen ein höchstpersönliches Rechtsgut desselben Trägers richtet.[8]
- Tatbestandsverwirklichungen, die sich gegen höchstpersönliche Rechtsgüter verschiedener Träger richten, können nicht zu einer Tatbestandsverwirklichung (Gesetzesverletzung) verbunden werden, da sich der Schaden nicht addieren lässt.[9] T begeht also in **Fall 5** zwei Beleidigungen und nicht nur eine. Weiteres Beispiel: G erschießt kurz hintereinander zuerst H und dann J.[10]

---

[2] Vgl RGSt 70, 26 (29); BGHSt 1, 168 (170); 4, 219 (220); 43, 312 (315); 46, 6 (12); BGH NStZ 1995, 46; NJW 1996, 936 (937); *Jescheck/Weigend* § 66 III 1; *Kühl* § 21/10 ff; *Otto* § 23/8; *Roxin* II § 33/31; *Sowada* Jura 1995, 245 (252 f).
[3] Vgl BGHSt 1, 168 (170 f); 22, 67 (76); BGH NJW 1977, 2321.
[4] BGH NJW 1967, 60 f.
[5] BGHSt 4, 219 (221); 10, 129; BGH NJW 1967, 60 f.
[6] BGH StV 1986, 293; vgl auch BGH NStZ-RR 2002, 207 f.
[7] *Roxin* II § 33/36.
[8] *Baumann/Weber/Mitsch* § 36/16.
[9] Diese Beleidigungen stehen dann allerdings im Verhältnis der Tateinheit zueinander, vgl § 47 Rn 24 f.
[10] *Jakobs* 32/36.

2. Iterative und sukzessive natürliche Handlungseinheit

▶ **FALL 6:** A nimmt nacheinander mehrere Schmuckstücke aus dem Safe des B und steckt sie in Zueignungsabsicht in eine mitgeführte Tasche. ◀

12 a) **Iterative natürliche Handlungseinheit:** Verwirklicht der Täter – wie A in **Fall 6** – in unmittelbarer Aufeinanderfolge denselben Tatbestand mehrmals, so ist, falls auch die sonstigen Voraussetzungen erfüllt sind, eine sog. iterative (wiederholte) natürliche Handlungseinheit gegeben. Hier bilden die einzelnen tatbestandsverwirklichenden Akte einen tatbestandlichen Diebstahl (§ 242).[11]

13 b) **Sukzessive natürliche Handlungseinheit:** Eine sukzessive natürliche Handlungseinheit liegt vor, wenn der Täter entweder schrittweise durch mehrere jeweils weiterführende Akte einen tatbestandlichen Erfolg bedingt[12] oder durch mehrfaches Ansetzen zur Tatbestandsverwirklichung (vergeblich) sein Ziel zu erreichen sucht.[13] Im letzteren Fall ist eine Unterbrechung des einheitlichen Handlungsvorgangs erst dann zu bejahen, wenn auch im Hinblick auf einen Rücktritt des Täters von einem **fehlgeschlagenen Versuch** auszugehen wäre.[14]

IV. Tatbestandliche Handlungseinheit

14 Als tatbestandliche Handlungseinheit ist es anzusehen, wenn mehrere Einzelakte durch die tatbestandliche Unrechtsvertypung zu einer Handlung verbunden sind.[15] Eine solche Handlungseinheit liegt vor bei

- Dauerdelikten (zB §§ 123, 239, 316),
- zusammengesetzten Delikten (zB §§ 177, 249) und
- mehraktigen Delikten (zB § 277).

15 Exemplarisch: § 316 zieht als Dauerdelikt alle Akte, mit denen der Täter sein Fahrzeug im Zustand alkoholbedingter Fahruntauglichkeit steuert, zu einer tatbestandlichen Handlung zusammen. Gleiches gilt zB für alle Akte, mit deren Hilfe der Täter eine Freiheitsberaubung (§ 239) aufrechterhält.

16 Ferner gibt es eine Reihe von Delikten, die ihrem Wortlaut nach eine Vielzahl einzelner Akte zu einer Einheit zusammenfassen, beispielsweise: geheimdienstliche Agententätigkeit nach § 99 Abs. 1 Nr. 1,[16] Verletzung der Buchführungspflicht nach § 283 Abs. 1 Nr. 5, 6, 7, 283b[17] oder Handeltreiben mit Betäubungsmitteln.[18]

---

11 Im Falle einer wiederholten Zuwiderhandlung gegen ein Betätigungsverbot gem. § 20 Abs. 1 Nr. 4 VereinsG nimmt der BGH eine „Bewertungseinheit" auch bei zeitlichen Intervallen von mehreren Monaten an, vgl BGHSt 46, 6 (13 f).
12 Vgl BGH NStZ 1990, 490; 2000, 532 (533); *Kühl* § 21/25; *Wolter* StV 1986, 315 (319 f); zur Änderung der Motivationslage BGH NStZ-RR 1999, 101.
13 Vgl BGHSt 41, 368 m. krit. Anm. *Puppe* JR 1996, 513 (514); zust. *Beulke/Satzger* NStZ 1996, 432; BGHSt 43, 381 (386 f); BGH NStZ 1998, 621; StraFo 2008, 216; StV 2014, 284; W-*Beulke/Satzger* Rn 763; *Kühl* § 21/25a.
14 Vgl BGH StV 2012, 283 (284); *Steinberg/Bergmann* Jura 2009, 905 (907); zu den Kriterien des fehlgeschlagenen Versuchs, insbesondere der herrschenden Gesamtbetrachtungslehre der Rspr s. § 32 Rn 13.
15 Vgl *Freund* § 11/6; *Gropp* § 14/35; SK-*Jäger* Vor § 52 Rn 11 ff; *Kühl* § 21/23 f.
16 Vgl BGHSt 42, 215.
17 Vgl BGH NStZ 1998, 192.
18 Vgl BGHSt 43, 252; BGH NStZ 1998, 360.

V. Fortgesetzte Handlung

Aus Gründen der Strafzumessung und der Prozessökonomie wurde von der Rechtsprechung die Figur der fortgesetzten Handlung (bzw rechtlichen Handlungseinheit oder Fortsetzungstat) geschaffen und lange Zeit anerkannt. Die Annahme einer fortgesetzten Tat hat zur Folge, dass nur eine Tatbestandsverwirklichung (Gesetzesverletzung) und nicht etwa Tateinheit nach § 52 gegeben ist. Diese Form der Handlungseinheit hat folgende Voraussetzungen:

- Mehrere Einzelakte müssen sich gegen dasselbe Rechtsgut richten,
- in der Begehungsweise im Wesentlichen gleichartig sein,
- in einem räumlichen und zeitlichen Zusammenhang stehen und
- auf einem einheitlichen Vorsatz (Gesamtvorsatz bzw Fortsetzungsvorsatz) beruhen.

Mit der Entscheidung des Großen Senats von 1994[19] wurde die Rechtsfigur der fortgesetzten Handlung weitgehend aufgegeben. Sie bedarf daher im Gutachten grds keiner Erörterung mehr.[20]

WIEDERHOLUNGS- UND VERTIEFUNGSFRAGEN

> Nach welchen Kriterien kann eine einheitliche Handlung von einer Mehrheit von Handlungen abgegrenzt werden? (Rn 2)
> Welche Voraussetzungen hat die sog. natürliche Handlungseinheit? (Rn 6 ff)
> Was ist unter einer tatbestandlichen Handlungseinheit zu verstehen? (Rn 14 ff)

---

19 BGHSt 40, 138 m. Anm. *Arzt* JZ 1994, 1000 ff; *Geppert* NStZ 1996, 57 ff, 118 ff; *Zschockelt* NStZ 1994, 361 ff.
20 Näher hierzu und zu den Folgeproblemen *Baumann/Weber/Mitsch* § 36/21 ff; *W-Beulke/Satzger* Rn 774; *Dittmann/Dreier* NStZ 1995, 105 ff; NK-*Puppe* § 52 Rn 15; *Rissing-van Saan* BGH-FS II 475 ff; *Zieschang* GA 1997, 457; *Zschockelt* NStZ 1995, 109 f; zu prozessualen Folgen und zum Nebenstrafrecht *Altvater* BGH-FS II 495 ff; *Kindhäuser* JZ 1997, 101.

§ 46 Gesetzeskonkurrenz

I. Allgemeines

1. Begriff und Formen

1 Ein Strafgesetz wird im Wege der Gesetzeskonkurrenz „verdrängt", wenn es zwar verwirklicht ist, aber nicht angewandt wird. Dies ist der Fall, wenn das Unrecht der zurücktretenden Gesetzesverletzung bereits von einem anderen Gesetz erfasst ist, dessen Verletzung dem Täter ebenfalls vorgeworfen wird.[1]

2 So ist zB der Raub ein aus Nötigung und Diebstahl zusammengesetztes Delikt, mit der Folge, dass der Täter mit dem Tatbestand des § 249 stets zugleich auch die Tatbestände der §§ 240, 242 verwirklicht. Da jedoch § 249 das in §§ 240, 242 formulierte Unrecht in vollem Umfang enthält, kann der Täter nicht ohne Verstoß gegen das Verbot der Doppelbestrafung neben dem Raub auch wegen Nötigung und Diebstahl bestraft werden. §§ 240 und 242 werden vielmehr als nur **scheinbar** mit § 249 konkurrierende Delikte aus dem Schuldvorwurf gegen den Täter ausgeschieden. In Wirklichkeit bilden die erfüllten Tatbestände der §§ 249, 240, 242 ein einheitliches Unrecht, das mit den Merkmalen des Raubs umfassend charakterisiert ist.

3 Daher spricht man statt von Gesetzeskonkurrenz auch von **unechter Konkurrenz** oder **Gesetzeseinheit**.[2] Die Gesetzeskonkurrenz ist nicht ausdrücklich geregelt, da sie aus der Logik der Gesetzesanwendung folgt und keiner gesonderten gesetzlichen Festlegung bedarf. Es werden drei Arten der Gesetzeskonkurrenz unterschieden:

- Spezialität,
- Subsidiarität und
- Konsumtion.

2. Relevanz des zurücktretenden Gesetzes

4 Das zurücktretende Gesetz darf **bei der Strafzumessung berücksichtigt** werden, sofern nicht die straferschwerenden Umstände – wie etwa bei der Spezialität – bereits in vollem Umfang von dem vorrangigen Delikt erfasst sind. Ferner darf die **Mindeststrafe** des verdrängten Gesetzes nicht unterschritten werden,[3] es sei denn, dass das vorrangige Gesetz ein Privilegierungstatbestand ist.[4] Auch sind die **Nebenstrafen und Nebenfolgen** des zurücktretenden Gesetzes, soweit sie nicht auch vom anzuwendenden Gesetz vorgesehen sind, zu verhängen.[5]

II. Spezialität

5 Spezialität ist gegeben, wenn durch eine Handlung (bzw Handlungseinheit) zwei Gesetze verletzt werden, von denen eines alle Merkmale des anderen und zudem noch wenigstens ein weiteres Merkmal aufweist.[6] In diesem Fall geht das merkmalsreichere

---

1 BGHSt 25, 373; 31, 380; 41, 113 (115); 42, 27; 42, 51 (53); *Fahl* JA 1995, 654 ff; *Geppert* Jura 1982, 418 (421 ff); *Puppe*, Idealkonkurrenz und Einzelverbrechen, 1979, 322 ff; *Seier* Jura 1983, 225 ff; *Vogler* Bockelmann-FS 715.
2 Vgl BGHSt 11, 15 (17); 25, 373; W-*Beulke/Satzger* Rn 787; LK-*Rissing-van Saan* Vor § 52 Rn 2.
3 BGHSt 1, 152 f; 10, 312 f; 15, 345; 20, 235 (238); 30, 166 (167); abl. *Mitsch* JuS 1993, 471 (475).
4 *Fischer* Vor § 52 Rn 45.
5 BGHSt 19, 188 (189).
6 *Gropp* § 14/12; *Kühl* § 21/52; *Roxin* II § 33/177.

und damit „speziellere" Gesetz dem allgemeineren nach dem Grundsatz *lex specialis derogat legi generali* vor.

Speziellere Gesetze sind insbesondere Qualifikations- und Privilegierungstatbestände gegenüber dem jeweiligen Grundtatbestand. Exemplarisch: § 224 Abs. 1 Nr. 1 verdrängt als spezielleres Gesetz § 223, da er neben allen Merkmalen der Körperverletzung nach § 223 noch das zusätzliche Merkmal der Beibringung von Gift oder anderen gesundheitsschädlichen Stoffen enthält.

Das qualifizierende Gesetz geht nicht vor, wenn es nur versucht, das Grunddelikt aber vollendet wird. In diesem Fall ist der Klarstellung halber Tateinheit zwischen dem Versuch der Qualifikation und dem vollendeten Grunddelikt anzunehmen.[7]

III. Subsidiarität

Subsidiarität ist gegeben, wenn durch eine Handlung (bzw Handlungseinheit) zwei Gesetze verletzt werden, von denen eines jedoch nur unter der Voraussetzung anwendbar ist, dass das andere nicht eingreift. In diesem Fall tritt das subsidiäre Gesetz hinter das andere Gesetz zurück.

Die Subsidiarität ist **formell**, wenn sie ausdrücklich im Gesetz angeordnet ist, zB in §§ 145 Abs. 2, 145d Abs. 1, 246 Abs. 1, 265a Abs. 1, 316 Abs. 1.

Von **materieller** Subsidiarität spricht man, wenn dem Täter das Unrecht einer Tat in unterschiedlichen Formen zugerechnet werden kann. Hier wird das weniger gravierende Unrecht vom schwereren verdrängt.[8] Diese Subsidiarität gilt insbesondere für:

- Beihilfe gegenüber Anstiftung,
- Teilnahme gegenüber Täterschaft,
- Versuch gegenüber Vollendung,
- Fahrlässigkeit gegenüber Vorsatz,
- Unterlassen gegenüber Begehen,
- echte Unterlassungsdelikte gegenüber (dasselbe Unrecht betreffenden) unechten Unterlassungsdelikten,[9]
- das abstrakte gegenüber dem konkreten Gefährdungsdelikt und das konkrete Gefährdungsdelikt gegenüber dem Verletzungsdelikt, sofern jeweils der Schutzzweck (völlig) identisch ist,
- Vorbereitungstatbestände (zB § 30) gegenüber der versuchten oder vollendeten Haupttat.

IV. Konsumtion

1. Abgrenzung

Die Konsumtion betrifft den Fall der Gesetzeskonkurrenz, bei dem das Unrecht eines Delikts **im Regelfall** von demjenigen eines anderen Delikts miterfasst wird. Hier hat das Unrecht des betreffenden Delikts kein eigenes Gewicht und wird von dem anderen Delikt „konsumiert".[10] Von der Spezialität unterscheidet sich die Konsumtion inso-

---

[7] BGHSt 10, 230 (232 f); *Roxin* II § 33/183.
[8] Vgl RGSt 68, 407 ff; BGHSt 1, 131 ff; 8, 54; 14, 378 f; BGH NStZ 1986, 565 f; *Roxin* II § 33/199.
[9] ZB § 323c im Verhältnis zu §§ 223, 212, 13.
[10] HM, vgl nur KG JR 1979, 249 f; LK-*Rissing-van Saan* Vor § 52 Rn 144.

weit, als das zurücktretende Gesetz nicht bereits begrifflich in dem vorrangigen enthalten ist, sondern nur gewöhnlich – dh im „kriminologischen Grundfall" – ebenfalls verletzt wird. Von der Subsidiarität unterscheidet sich die Konsumtion insoweit, als das zurücktretende Gesetz nicht auf dasselbe Unrecht wie das vorrangige Gesetz bezogen ist, sondern als **Begleitunrecht** mit der Bestrafung des schwereren Unrechts als mit abgegolten angesehen wird.

12 Im Schrifttum werden die Fälle der Konsumtion teils nicht als selbstständige Formen der Gesetzeskonkurrenz anerkannt, sondern – ohne nennenswerte Abweichungen im Ergebnis – der Spezialität oder Subsidiarität zugeschlagen.[11]

2. Bei unechter Tateinheit

13 Im Rahmen der unechten Tateinheit[12] werden typische Begleittaten konsumiert. Hierzu zählen zB der Hausfriedensbruch (§ 123) und die Sachbeschädigung (§ 303) beim Einbruchsdiebstahl (§§ 242, 243 Abs. 1 S. 2 Nr. 1, 244 Abs. 1 Nr. 3)[13] oder der Benzinverbrauch (§ 242) beim unbefugten Gebrauch eines Fahrzeugs (§ 248b).[14]

3. Bei unechter Tatmehrheit

14 Im Rahmen der unechten Tatmehrheit[15] können typische Vorbereitungs- und Verwertungshandlungen als sog. mitbestrafte Vor- und Nachtaten konsumiert werden.

15 Als **mitbestrafte Vortat** wird eine Deliktsverwirklichung angesehen, die straflos bleibt, weil das Schwergewicht des Unrechts im Gesamtkomplex der Straftaten maßgeblich bei der Nachtat liegt, zB die Unterschlagung eines Fahrzeugschlüssels zum Zweck des späteren Diebstahls des Pkw.[16]

16 Als **mitbestrafte Nachtat** wird eine Deliktsverwirklichung angesehen, die straflos bleibt, weil das Schwergewicht des Unrechts im Gesamtkomplex der Straftaten maßgeblich bei der Vortat liegt. Einschlägig sind namentlich Verwertungs- oder Sicherungshandlungen, die sich im Rahmen der bereits eingetretenen Rechtsgutsverletzung halten.[17] Exemplarisch: Der Täter isst die von ihm gestohlene Wurst. Hier ist die Sachbeschädigung nur eine Verwertungshandlung, die sich im Rahmen der durch den Diebstahl angemaßten Eigentümerstellung bewegt. Bei der Verletzung unterschiedlicher Rechtsträger kommt eine mitbestrafte Nachtat nie in Betracht.[18]

4. Straflosigkeit der Begleittat

17 Ist die Haupttat – zB wegen Schuldunfähigkeit, fehlenden Strafantrags, Verjährung – nicht strafbar, so entfällt auch der Grund für die Straflosigkeit der Begleittat.[19]

---

11 Vgl *Jakobs* 31/12; *S/S-Sternberg-Lieben/Bosch* Vor § 52 Rn 141.
12 Vgl § 44 Rn 7.
13 Dieser „klassische" Fall der Konsumtion wurde in der Entscheidung BGH NStZ 2001, 642 (643 ff) m. Bspr *Rengier* JuS 2002, 850 ff und Anm. *Kargl/Rüdiger* NStZ 2002, 202, in Frage gestellt; es liegt nahe, dass die Rechtsprechung hier (durchaus sachgemäß) künftig Tateinheit bejahen wird.
14 Vgl BGHSt 14, 386 (388); *Kindhäuser* BT II § 9/11 mwN.
15 Vgl § 44 Rn 10.
16 LK-*Rissing-van Saan* Vor § 52 Rn 134; *S/S-Sternberg-Lieben/Bosch* Vor § 52 Rn 127 f.
17 Vgl BGHSt 6, 67; 38, 366; BGH NStZ 1987, 23.
18 BGH wistra 2008, 423 (424) m. Anm. v. *Heintschel-Heinegg* JA 2008, 899.
19 HM, vgl nur BGHSt 38, 366 (369) m. Anm. *Stree* JZ 1993, 476 f; BGHSt 39, 233 (235); BGH NJW 1968, 2115; *Fischer* Vor § 52 Rn 66; *Otto* Jura 1994, 276 f; aA bei Verwertungs- und Sicherungshandlungen *Geppert* Jura 1982, 418 (429); *Jescheck/Weigend* § 69 II 3a.

V. Gutachten

- Im Gutachten sind Deliktsprüfungen sachgemäß zu gewichten. Daher können in schriftlichen Aufsichtsarbeiten aus Zeitgründen Delikte, die im Wege der Gesetzeskonkurrenz offensichtlich verdrängt werden, grds knapper behandelt werden als die vorrangigen Delikte.[20]

- Die Regeln der Gesetzeskonkurrenz betreffen immer nur die Anwendung der durch einen bestimmten Täter verwirklichten Tatbestände. Daher sind an **verdrängten Tatbeständen Beteiligungen Dritter möglich**, sofern diese nicht ebenfalls die vorrangigen Delikte verwirklicht haben. Vor allem bei mitbestraften Vor- und Nachtaten kommt eine selbstständige Beteiligung Dritter häufig in Betracht.

- Schließlich ist zu bedenken, dass beim **Rücktritt** vom sog. „qualifizierten Versuch" das verdrängte Delikt wieder aufleben kann.[21]

WIEDERHOLUNGS- UND VERTIEFUNGSFRAGEN

> Welche drei Arten der Gesetzeskonkurrenz werden unterschieden? (Rn 3)
> Inwieweit kann das zurücktretende Gesetz noch Wirkungen entfalten? (Rn 4)
> Wann spricht man von formeller, wann von materieller Subsidiarität? (Rn 9 f)

---

20 Vgl auch *Arzt*, Die Strafrechtsklausur, 7. Aufl. 2006, 223; *v. Heintschel-Heinegg* Rn 736 ff.
21 Vgl § 32 Rn 34.

§ 47 Tateinheit und Tatmehrheit

I. Grundlagen der Tateinheit

1. Begriff

1 Nach § 52 Abs. 1 ist nur auf eine Strafe zu erkennen, wenn „dieselbe Handlung mehrere Strafgesetze oder dasselbe Strafgesetz mehrmals" verletzt. Sofern dasselbe Strafgesetz durch eine Handlung mehrmals verletzt wird, spricht man von **gleichartiger Tateinheit** oder gleichartiger Idealkonkurrenz. Die Verletzung mehrerer Strafgesetze durch eine Handlung wird dagegen **ungleichartige Tateinheit** oder ungleichartige Idealkonkurrenz genannt.

2 Als **dieselbe Handlung** kann eine Handlung im natürlichen Sinne, aber auch eine zu einer tatbestandlichen oder natürlichen Handlungseinheit zusammengefasste Vielzahl von Akten angesehen werden.[1]

2. Festsetzung des Strafrahmens

3 Bei Tateinheit richtet sich die Festsetzung des Strafrahmens nach folgenden Prinzipien:

4 ■ Die einheitliche Strafe ist bei ungleichartiger Tateinheit nach dem Gesetz zu bestimmen, das die schwerste Strafe androht (§ 52 Abs. 2 S. 1). Hiervon wird die Strafe aus den ebenfalls verwirklichten Delikten aufgezehrt (**Absorptionsprinzip**). Jedoch darf nach § 52 Abs. 2 S. 2 die Strafe die in den anderen Gesetzen vorgesehene Mindeststrafe nicht unterschreiten (**Kombinationsprinzip**). Falls in den anderen Gesetzen Nebenstrafen, Nebenfolgen oder Maßnahmen iSv § 11 Abs. 1 Nr. 8 zugelassen oder vorgeschrieben sind, kann oder muss auch auf diese Sanktionen erkannt werden (§ 52 Abs. 4).

5 ■ Bei gleichartiger Tateinheit gilt der Strafrahmen des mehrmals verletzten Gesetzes.

6 ■ Stets kann eine Geldstrafe unter den Voraussetzungen des § 41 neben Freiheitsstrafe gesondert verhängt werden (§ 52 Abs. 3).

3. Funktion

7 Die Regelung der Tateinheit in § 52 hat vor allem eine **Klarstellungsfunktion**: Das gesamte Unrecht einer Tat soll zum Ausdruck gebracht werden. Daher sind im Anklagesatz wie auch in der Urteilsformel bei einer Verurteilung alle tateinheitlich verletzten Strafgesetze anzugeben. Zugleich führt die Anwendung des Absorptionsprinzips zu einer Besserstellung des Täters, die auf dem Gedanken beruht, dass die Erfüllung mehrerer Tatbestände durch eine Handlung einen geringeren Unrechts- und Schuldgehalt aufweist als die Verwirklichung dieser Tatbestände durch voneinander unabhängige Handlungen.

---

1 Hierzu § 45 Rn 4 ff.

II. Voraussetzungen der Tateinheit

1. Überblick

Eine tateinheitliche Verletzung mehrerer Strafgesetze oder eine tateinheitliche mehrmalige Verletzung desselben Strafgesetzes ist anzunehmen,[2] wenn:

- die Tatbestände zugleich durch eine bestimmte Handlung verwirklicht werden;
- mehrere Tatbestände teilweise durch dieselbe Handlung (bzw Handlungseinheit) verwirklicht werden (Tateinheit durch Teilidentität der Ausführungshandlungen);
- mehrere Tatbestände zwar unabhängig voneinander, aber jeweils teilidentisch mit der Verwirklichung eines weiteren Tatbestands erfüllt werden (Tateinheit durch Klammerwirkung);
- die einzelnen Delikte durch eine Mehrheit von Handlungen begangen werden, die bei natürlicher Betrachtung eine Einheit bilden. Eine solche von der Rechtsprechung befürwortete Tateinheit aufgrund natürlicher Handlungseinheit ist jedoch umstritten.[3]

2. Tateinheit durch identische und teilidentische Handlungen

▶ **FALL 1:** A sticht auf B ein und beschädigt hierbei zugleich dessen Kleidung. ◀

▶ **FALL 2:** C schlägt D nieder und nimmt dessen Brieftasche in Zueignungsabsicht an sich. ◀

▶ **FALL 3A:** E schlägt F nieder, um ungestört in dessen Wohnung zu gelangen und dort stehlenswerte Dinge zu entwenden. ◀

▶ **FALL 3B:** G betritt widerrechtlich einen Raum, um dort ein Gespräch abhören zu können. ◀

▶ **FALL 3C:** H sperrt J über mehrere Tage hin ein und äußert sich während dieser Zeit einmal in beleidigender Weise über K. ◀

a) **Identität:** Tateinheit ist zunächst stets dann gegeben, wenn – wie in **Fall 1** – mehrere Tatbestände durch eine bestimmte Handlung (bzw Handlungseinheit) verwirklicht werden. A ist hier wegen Totschlags und Sachbeschädigung in Tateinheit zu bestrafen (§§ 212, 303, 52).

b) **Teilidentität:** Tateinheit durch teilidentische Ausführungshandlungen ist gegeben, wenn – wie in **Fall 2** – mehrere Tatbestände teilweise durch dieselbe Handlung (bzw Handlungseinheit) verwirklicht werden.[4] Hier hat C einen Raub tateinheitlich mit einer Körperverletzung begangen (§§ 249, 223, 52). Die Körperverletzung deckt sich mit dem Teilakt der Gewaltanwendung beim Raub. Tatidentität bei teilweiser Kongruenz der Ausführungshandlungen soll nach hM auch im Stadium zwischen Vollendung und Beendigung der jeweiligen Delikte möglich sein.[5]

---

2 Nach der von *Puppe* (Idealkonkurrenz und Einzelverbrechen, 1979, 302 ff; *dies*. GA 1982, 143 ff) entwickelten und von der hM völlig abweichenden Lehre ist Tateinheit (unter Zugrundelegung eines „tatbestandsabhängigen Handlungsbegriffs") nur bei „unrechtsverwandten" – dh zumindest in einem Unrechtsmerkmal übereinstimmenden – Tatbeständen möglich.
3 Unten Rn 21 ff.
4 BGHSt 18, 29; 26, 24; 43, 317 (319); BGH NStZ-RR 1998, 103 (104).
5 BGHSt 26, 24 (27); BGH NStZ 1984, 262; 1993, 77; 1995, 588 f; W-*Beulke/Satzger* Rn 777; *Gropp* § 14/38.

11 c) **Dauerdelikt:** Tateinheit durch Teilidentität der Ausführungshandlungen kann grds auch begründet werden, wenn eines der Delikte ein Dauerdelikt ist:[6]

12 ■ Dies ist zunächst der Fall, wenn sich die Ausführungshandlungen (teilweise) decken.[7] So wird in **Fall 3a** durch den Raubteilakt der Gewaltanwendung zugleich der Hausfriedensbruch ermöglicht (§§ 249, 123, 52). Weiteres Beispiel: X schlägt Y nieder, um ihn fesseln zu können. Hier wird die Freiheitsberaubung durch die Körperverletzung ermöglicht (§§ 239, 223, 52).

13 ■ Tateinheit ist ferner anzunehmen, wenn – wie in **Fall 3b** – das Dauerdelikt (notwendig) der Verwirklichung der anderen Straftat dient.[8] Hier hat G tateinheitlich einen Hausfriedensbruch und eine Verletzung der Vertraulichkeit des Wortes verwirklicht (§§ 123, 201 Abs. 2 Nr. 1, 52). Von der vorherrschenden Meinung wird in diesem Fall jedoch Tateinheit – zugunsten von Tatmehrheit – mit dem Argument verneint, mehrere Tatbestandsverwirklichungen könnten nicht aufgrund bloßer Gleichzeitigkeit zu einer Einheit verbunden werden.[9]

14 ■ Tateinheit scheidet dagegen aus, wenn – wie in **Fall 3c** – zwischen der konkreten Verwirklichung des Dauerdelikts und der anderen Gesetzesverletzung kein innerer Zusammenhang besteht, sondern das andere Delikt nur bei Gelegenheit der Dauerstraftat begangen wird.[10] H hat daher die Freiheitsberaubung und die Beleidigung tatmehrheitlich begangen (§§ 239, 185, 53).

15 d) **Zäsur des Dauerdelikts:** Nach hM kann der Entschluss, eine neue Straftat zu begehen, zur materiellrechtlichen Zäsur eines Dauerdelikts führen.[11] So soll insbesondere eine Trunkenheitsfahrt unterbrochen sein, wenn sich der Täter nach einem Unfall zum unerlaubten Entfernen vom Unfallort durch Weiterfahren entschließt. In dieser Konstellation unterfällt die Trunkenheitsfahrt in zwei tatmehrheitlich begangene Delikte nach § 316 vor und nach dem Unfall, wobei § 316 bis zum Unfall subsidiär hinter § 315c zurücktritt und nach dem Unfall tateinheitlich mit § 142 verwirklicht wird (§§ 315c; 142, 316, 52; 53).

3. Tateinheit durch Klammerwirkung

▶ **FALL 4:** A schlägt B in dessen Geschäft nieder, um ungestört die Kasse aufbrechen und aus ihr Bargeld entwenden zu können. ◀

▶ **FALL 5:** Hochstapler H begeht am 27.5. einen Betrug (§ 263) und am 6.6. eine Urkundenfälschung (§ 267), wobei er sich jeweils unberechtigt als Doktor der Rechte bezeichnet. ◀

16 a) **Grundsatz:** Unabhängig voneinander begangene Gesetzesverletzungen können grds unter der Voraussetzung zur Tateinheit verbunden werden, dass sie jeweils teilidentisch mit der Verwirklichung eines weiteren Tatbestands erfüllt werden.[12] In **Fall 4**

---

6 Zum praktisch wichtigen Fall des Hausfriedensbruchs vgl auch *Kindhäuser* BT I § 33/39 ff.
7 Vgl RGSt 32, 137; 54, 288; BGHSt 18, 29 (33 f); BGH NStZ 1999, 83; *Freund* § 11/54.
8 W-*Beulke/Satzger* Rn 779; *Kindhäuser* JuS 1985, 100 (104 f); S/S-*Sternberg-Lieben* § 123 Rn 36; S/S-*Sternberg-Lieben/Bosch* Vor § 52 Rn 88 ff.
9 BGHSt 18, 29 (32 f); SK-*Rudolphi/Stein* § 123 Rn 43.
10 Vgl nur OLG Koblenz NJW 1978, 716; S/S-*Sternberg-Lieben* § 123 Rn 36 mwN.
11 Vgl nur BGHSt 21, 203; BGH NStZ-RR 1999, 8.
12 *Fischer* Vor § 52 Rn 30 ff; *Geppert* Jura 1982, 358 (370 f); *Gropp* § 14/43; *Jescheck/Weigend* § 67 II 3; *Roxin* II § 33/101 ff; S/S- *Sternberg-Lieben/Bosch* § 52 Rn 14 ff; *Stratenwerth/Kuhlen* § 18/34.

sind Körperverletzung und Sachbeschädigung als solche unabhängig voneinander begangene Delikte. Hinzu kommt jedoch der Raub, dessen Teilakt der Gewaltanwendung sich mit der Körperverletzung tateinheitlich deckt und dessen Teilakt der Wegnahme tateinheitlich durch die Sachbeschädigung ermöglicht wird. Daher werden auch die Körperverletzung und die Sachbeschädigung durch den Raub zur Tateinheit verklammert (§§ 249, 223, 303, 52).

Von einer Mindermeinung im Schrifttum wird die Begründung von Tateinheit durch Klammerwirkung wegen des Fehlens einer gemeinsamen Handlung teils gänzlich abgelehnt,[13] teils nur zurückhaltend befürwortet.[14]

b) **Einschränkungen:** Auf Bedenken stößt die Begründung von Tateinheit durch Klammerwirkung jedenfalls dann, wenn das vermittelnde Delikt einen geringeren Unrechtsgehalt hat als die jeweils verklammerten Delikte. So haben in **Fall 5** der Betrug (§ 263) und die unabhängig davon begangene Urkundenfälschung (§ 267) jeweils das unberechtigte Führen eines Titels (§ 132a Abs. 1 Nr. 1) gemeinsam. Die – freilich schon in der Regelung des § 52 angelegte – Konsequenz ist hier, dass sich der Täter besser stellt, wenn er nicht nur zwei Delikte ausführt, sondern noch eine dritte Straftat begeht, die sich mit den anderen teilweise überschneidet.

Die Rechtsprechung lässt in diesen Fällen eine Verklammerung zu,[15] wenn *nur eine* (nicht aber beide) der verklammerten Taten erheblich schwerer wiegt als das verbindende Delikt.[16] Hierbei soll die abstrakte Einstufung der Taten als Vergehen oder Verbrechen für die Gewichtung keine Rolle spielen. Vielmehr soll das Unrecht der konkreten Taten maßgeblich sein, so dass zwei Verbrechen auch durch ein Vergehen zur Tateinheit verbunden werden können.[17] Die Klammerwirkung soll auch nicht entfallen, wenn das betreffende Delikt aufgrund einer Beschränkung nach §§ 151, 154a StPO aus dem Verfahren ausgeschieden ist.[18] Da in **Fall 5** anzunehmen ist, dass das Unrecht des Betrugs wie auch das der Urkundenfälschung jeweils schwerer wiegen als das des unberechtigten Führens eines Titels, wäre hier nach den Kriterien der Rechtsprechung eine Klammerwirkung zu verneinen.

Zu beachten ist, dass die Verurteilung wegen eines verklammernden Delikts zum **Strafklageverbrauch** aller nicht geahndeten verklammerten Delikte führt, wenn bei Tateinheit stets eine Tat im prozessualen Sinne[19] angenommen wird.[20]

4. Tateinheit aufgrund natürlicher Handlungseinheit

▶ **FALL 6:** Vater V verprügelt seine beiden Kinder, indem er abwechselnd auf sie einschlägt. ◀

---

13 SK-*Jäger* Vor § 52 Rn 66; *Jakobs* 33/11 f; *Peters* JR 1993, 265 ff; *Puppe*, Idealkonkurrenz und Einzelverbrechen, 1979, 199 ff, 203; *dies.* GA 1982, 143 (152); *Roxin* II § 33/108.
14 W-*Beulke/Satzger* Rn 780; *Otto* § 23/28.
15 BGHSt 2, 246 ff; 18, 26.
16 BGHSt 31, 29; BGH NStZ 1989, 20; 2013, 158; NJW 2014, 871 f; *Baumann/Weber/Mitsch* § 36/30; *Ebert* 228; anders noch BGHSt 3, 165 ff.
17 BGHSt 33, 4; vgl auch BGH NStZ 1993, 133 (134).
18 BGH StV 1989, 247.
19 Vgl § 44 Rn 16.
20 Vgl hierzu OLG Hamm MDR 1986, 253 m. Anm. *Grünwald* StV 1986, 243 ff und *Puppe* JR 1986, 205 ff; OLG Zweibrücken MDR 1986, 692 m. Anm. *Mitsch* NStZ 1987, 457 f; *Krauth* Kleinknecht-FS 215 ff; *Mitsch* MDR 1988, 1005 ff; zu Ausnahmen bei §§ 129, 129a vgl BVerfGE 56, 22 ff; BGHSt 29, 288; bei Verstößen gegen das WaffenG BGHSt 36, 151 ff; BGH NStZ-RR 2013, 321.

21 **a) Bei verschiedenen Tatbeständen:** Während die Möglichkeit der Verbindung mehrerer Verwirklichungen desselben Deliktstatbestands zu einer Gesetzesverletzung nach den Kriterien der natürlichen Handlungseinheit weitgehend anerkannt wird,[21] ist umstritten, ob in entsprechender Anwendung dieser Kriterien auch die Verwirklichungen verschiedener Tatbestände zur Tateinheit zusammengefasst werden können:

22 ▪ Die Rechtsprechung und ein Teil der Literatur bejahen diese Möglichkeit insbesondere in Fällen, in denen der Täter innerhalb eines engeren raum-zeitlichen Zusammenhangs unter einer bestimmten Zielsetzung – zB auf der Flucht vor der Polizei nach einem Fehlverhalten im Straßenverkehr – unterschiedliche Straftaten begeht.[22]

23 ▪ Nach einer verbreiteten Auffassung in der Literatur wird die Möglichkeit von Idealkonkurrenz bei voneinander unabhängigen Gesetzesverletzungen ohne gemeinsame Ausführungshandlung abgelehnt.[23] Dies ist sachgerecht, da die subjektive Zielsetzung des Täters – zB Flucht vor der Polizei – schwerlich ein rechtlich relevantes Kriterium sein kann, um zwar nacheinander, aber gleichwohl unabhängig voneinander begangene Tatbestandsverwirklichungen zur Tateinheit zusammenzufassen.

24 **b) Bei verschiedenen Rechtsgutsträgern:** Innerhalb der hM ist ungeklärt, ob auch mehrere Tatbestandsverwirklichungen, die sich gegen höchstpersönliche Güter verschiedener Rechtsgutsträger richten, mithilfe des Kriteriums der natürlichen Handlungseinheit zur Tateinheit verbunden werden können.[24] Die Rechtsprechung bejaht dies (ausnahmsweise), wenn die Angriffe auf mehrere Opfer – wie in **Fall 6** – zeitgleich und wechselweise erfolgen.[25]

25 Zu beachten ist, dass die Argumente, die gegen eine Verbindung mehrerer Verletzungen höchstpersönlicher Güter zu einer Tatbestandsverwirklichung sprechen,[26] auf Konkurrenzebene nicht mehr greifen. Exemplarisch: Wenn A „in einem Atemzug" zunächst B und dann C beschimpft, begeht er zwar nicht eine, sondern *zwei* Beleidigungen nach § 185. Allein hierdurch wird jedoch nicht die Möglichkeit ausgeschlossen, diese zwei Gesetzesverletzungen, weil sie bei natürlicher Betrachtung als ein Geschehen anzusehen sind,[27] zu *einer* Tat iSv § 52 zu verbinden und A wegen zweier tateinheitlich begangener Beleidigungen zu bestrafen. In Rechtsprechung und Literatur wird häufig nicht exakt zwischen den beiden möglichen Funktionen der natürlichen Handlungseinheit, nämlich der Zusammenfassung mehrerer Akte zu einer Tatbestandsverwirklichung einerseits und der Verbindung mehrerer Gesetzesverletzungen zu einer Tateinheit andererseits, differenziert.[28] Eine exakte Differenzierung erlangt im Gutachten insbesondere bei der Rücktrittsprüfung von versuchten Straftatbeständen erhebliche

---

[21] Hierzu § 45 Rn 6 ff.
[22] BGHSt 22, 67 (76); BGH VRS 57, 277; 66, 20; NStZ 1984, 214 (215); bei *Holtz* MDR 1986, 622; *Fischer* Vor § 52 Rn 2 ff; *Geerds*, Zur Lehre von der Konkurrenz im Strafrecht, 1961, 289 f; *Geppert* Jura 1982, 358 (362); *Otto* § 23/11; *Schroeder* Jura 1980, 240 (241 f); einschr. BGH VRS 47, 340 (342).
[23] *Gropp* § 14/44 f; *Jakobs* 32/35; *Jescheck/Weigend* § 66 III 3; *Keller*, Zur tatbestandlichen Handlungseinheit, 2004, 23 ff; *Kindhäuser* JuS 1985, 100 (104); S/S-*Sternberg-Lieben/Bosch* Vor § 52 Rn 22 ff.
[24] Bejahend BGH NJW 1985, 1565 m. Anm. *Maiwald* JR 1985, 513 ff; BGH NStZ 1985, 217; *Fischer* Vor § 52 Rn 7; *Geppert* Jura 1982, 358 (362); *Sowada* Jura 1995, 245 (252 f); einschr. BGH StV 1998, 72; NStZ-RR 1998, 233; W-*Beulke/Satzger* Rn 766; verneinend und damit hier Tatmehrheit annehmend BGHSt 2, 246 (247); 16, 397 (398); BGH NStZ 1984, 311; 1996, 129; *Jakobs* 32/35, 37; *Kindhäuser* JuS 1985, 100 (105); *Kühl* § 21/19 f; *Maiwald*, Natürliche Handlungseinheit, 1964, 80 f; *ders.* NJW 1978, 300 (301 f); *Wolter* StV 1986, 315.
[25] BGH StV 1990, 544; NStZ 2003, 366 (367); NStZ-RR 2010, 140; NStZ 2012, 525.
[26] Hierzu § 45 Rn 10.
[27] Vgl *Otto* § 23/11, 13.
[28] Näher *Kühl* § 21/10 ff.

Relevanz. Die Verbindung mehrerer versuchter Gesetzesverletzungen zu einer Tateinheit hat bei Anwendung allgemeiner Grundsätze nämlich auch eine separate Rücktrittsprüfung der einzelnen (tateinheitlich) versuchten Straftatbestände zur Folge.[29]

5. Tateinheit beim Unterlassen

a) Ein Erfolg: Verhindert der Verpflichtete[30] einen bestimmten Erfolg nicht, so ist ungeachtet der Anzahl der in Betracht kommenden Rettungsmöglichkeiten nur wegen *einer* Unterlassung zu bestrafen.

b) Mehrere Erfolge: Anders ist dagegen zu entscheiden, wenn der Verpflichtete die Abwendung mehrerer Erfolge unterlassen hat:

- Tateinheit ist anzunehmen, wenn er alle Erfolge durch eine bestimmte Handlung – zB eine bestimmte Rettungsmaßnahme – hätte verhindern müssen.[31]

- Tatmehrheit ist gegeben, wenn zur Rettung jeweils selbstständige Handlungen unabhängig voneinander hätten vollzogen werden müssen.

6. Tateinheit und Beteiligung

Ob eine oder mehrere Handlungen gegeben sind, richtet sich bei der **Teilnahme** grds nach dem Verhalten des Teilnehmers, nicht des Täters. Leistet der Gehilfe also durch jeweils selbstständige Unterstützungshandlungen zu mehreren Taten Hilfe, ist regelmäßig Tatmehrheit gegeben.[32] Liegt hingegen nur eine Anstiftungshandlung (§ 26) oder Hilfeleistung (§ 27) vor, so ist er auch nur wegen einer Teilnahmehandlung zu bestrafen, und zwar unabhängig davon, ob der oder die Täter eine oder mehrere selbstständige Haupttaten begehen.[33] Liegen umgekehrt mehrere Teilnahmehandlungen, aber nur eine Haupttat vor, besteht wegen der Akzessorietät der Teilnahme allerdings ebenfalls Tateinheit.[34]

Auch bei der **mittelbaren Täterschaft** werden mehrere Tatausführungen durch den Tatmittler für den Hintermann grds zur Tateinheit verbunden, sofern sie auf einem „Auftrag" beruhen.[35]

Begehen **Mittäter** eine Deliktsserie, ist für die Frage, ob die Straftaten tateinheitlich oder tatmehrheitlich zusammentreffen, wiederum auf die konkreten Verhaltensweisen der einzelnen Mittäter abzustellen. Danach liegt Tatmehrheit vor, wenn der einzelne Mittäter mehrere Delikte individuell begleitet hat, wohingegen Tateinheit bzgl solcher Taten zu bejahen ist, die durch einen einzigen Tatbeitrag gefördert wurden.[36]

Bei der **Verabredung mehrerer Verbrechen** gem. § 30 Abs. 2 richtet sich die Beurteilung der Konkurrenz nach den bereits verwirklichten Tathandlungen und nicht etwa

---

29 Beispielhaft BGH NStZ 2012, 562.
30 Dies gilt gleichermaßen für einen Garanten wie für den Verpflichteten eines echten Unterlassungsdelikts, vgl BGH NJW 1985, 1719 f; *Jescheck/Weigend* § 66 IV 3; LK-*Rissing-van Saan* Vor § 52 Rn 85 f.
31 Vgl BGHSt 37, 106 (134 f); *Baumann/Weber/Mitsch* § 36/31.
32 Vgl BGH NJW 2009, 690 (692); anders für den Fall einer „fortlaufenden" Förderung mehrerer Taten BGH wistra 2007, 262 (267).
33 Vgl BGHSt 40, 374 (377); BGH NStZ 1993, 584; für Unterlassen: BGH NStZ 2009, 443 f.
34 BGHSt 46, 107 (116); BGH NStZ 2014, 465; aA *Heghmanns* Roxin-FS II 867 (872 ff).
35 BGHSt 40, 218 (238 f); BGH wistra 2002, 421 f; NStZ-RR 2004, 9.
36 BGH StV 2011, 726 f; wistra 2013, 307 f; NStZ 2013, 641.

den erst noch zu begehenden Delikten,[37] da erstere und nicht die lediglich geplanten Taten den äußeren Anknüpfungspunkt für die Strafbarkeit nach vorgenannter Vorschrift bilden.

III. Tatmehrheit

1. Voraussetzungen

34 Tatmehrheit ist stets gegeben, wenn der Täter mehrere selbstständig strafbare Gesetzesverletzungen begangen hat, die nicht im Verhältnis der Tateinheit zueinander stehen. Tatmehrheit ist also eine **Konsequenz der Verneinung von Tateinheit**. Insoweit liegt die Abgrenzungsfunktion allein bei der Tateinheit.

2. Prinzipien der Gesamtstrafenbildung

35 a) **Grundsatz:** „Hat jemand mehrere Straftaten begangen, die gleichzeitig abgeurteilt werden, und dadurch mehrere Freiheitsstrafen oder mehrere Geldstrafen verwirkt, so wird" nach § 53 Abs. 1 „auf eine Gesamtstrafe erkannt". Dies bedeutet: Bei der Verletzung mehrerer Strafgesetze durch mehrere Handlungen ist zunächst für jede der Gesetzesverletzungen eine Einzelstrafe festzusetzen. Sodann ist aus diesen Einzelstrafen eine Gesamtstrafe zu bilden.

36 b) **Asperationsprinzip:** Die Gesamtstrafe wird nach dem sog. Asperationsprinzip durch Erhöhung der verwirkten höchsten Einzelstrafe gebildet, wobei die Gesamtstrafe die Summe der Einzelstrafen nicht erreichen darf (§ 54 Abs. 1 S. 2, Abs. 2). Die Einzelstrafen dürfen also nicht einfach addiert werden, damit nicht im Einzelfall eine unangemessen hohe Strafe festgesetzt wird. Vielmehr sind bei der Gesamtstrafenbildung die Person des Täters und die einzelnen Straftaten zusammenfassend zu würdigen; die Einzelstrafe ist sodann unter Berücksichtigung dieser Würdigung angemessen zu erhöhen.[38] Bei einem (der Tateinheit angenäherten) engen zeitlichen, sachlichen und situativen Zusammenhang kann die Erhöhung der Einzelstrafe niedriger ausfallen.

37 Ist eine der Einzelstrafen eine lebenslange Freiheitsstrafe, so ist als Gesamtstrafe auf lebenslange Freiheitsstrafe zu erkennen (§ 54 Abs. 1 S. 1).

38 c) **Nachträgliche Gesamtstrafenbildung:** Nach § 55 ist eine Gesamtstrafe nachträglich zu bilden, wenn die Aburteilung einer Tat ansteht, die der Täter vor der früheren Verurteilung wegen einer anderen Tat begangen hat. Wäre die jetzt in Rede stehende, aber früher begangene Tat bereits bei der früheren Entscheidung mit abgeurteilt worden, so hätte der damalige Richter nach den Regeln der §§ 53, 54 vorgehen, dem Täter also bei gemeinsamer Aburteilung beider Taten in einem Verfahren einen „Strafrabatt" einräumen müssen. Diese „Vergünstigung" will § 55 dem Täter auch nachträglich zugutekommen lassen.[39]

39 d) **Gutachtenaufbau:** Im universitären Gutachten ist nicht auf die Bildung einer Gesamtstrafe einzugehen. Es ist im Rahmen der Konkurrenzen nur zu prüfen, ob die Voraussetzungen von § 52 oder § 53 erfüllt sind.

---

37 Vgl BGHSt 56, 170 (172 f) m. zust. Anm. *Duttge* NStZ 2012, 438 f; BGH NStZ 2013, 33 (34); anders noch BGH NJW 2010, 623 (624).
38 BGH NStZ 2001, 365 f; 2011, 32; näher HKGS-*Steinmetz* § 54 Rn 7.
39 BGHSt 33, 131 (132); 35, 208 (211).

§ 47 Tateinheit und Tatmehrheit

WIEDERHOLUNGS- UND VERTIEFUNGSFRAGEN

40

> Nach welchen Prinzipien ist der Strafrahmen bei Tateinheit und nach welchen Prinzipien ist die Gesamtstrafe bei Tatmehrheit festzusetzen? (Rn 3 ff, 35 ff)
> Nach welchen Kriterien können Delikte zur Tateinheit verbunden werden? (Rn 8)
> Kann ein Delikt zwei im konkreten Unrecht schwerere Delikte zur Tateinheit verklammern? (Rn 18 f)

§ 48 In dubio pro reo, Wahl- und Postpendenzfeststellung

I. Der Grundsatz „in dubio pro reo"

1. Begriff und Anwendungsbereich

1 a) **Begriff:** Der Grundsatz *in dubio pro reo* („im Zweifel für den Angeklagten") ist eine **Entscheidungsregel der Rechtsanwendung** und besagt, dass eine Verurteilung nur auf solche Tatsachen gestützt werden darf, die zur Überzeugung des Gerichts als im Verfahren erwiesen anzusehen sind.[1] Der Grundsatz ergibt sich unmittelbar aus Art. 6 Abs. 2 EMRK und wird zudem als Annex des in Art. 103 Abs. 2 GG verankerten Gesetzlichkeitsprinzips[2] verstanden.

2 b) **Anwendungsbereich:** Der Grundsatz *in dubio pro reo* ist in zwei Situationen heranzuziehen:

- bei Entscheidungen über Bestrafung oder Freispruch und
- bei Entscheidungen zwischen Taten, die in einem Stufenverhältnis stehen.

3 Demnach gilt der Grundsatz *in dubio pro reo* zum einen, wenn der Täter wegen eines bestimmten Delikts angeklagt ist, dessen tatsächliche Voraussetzungen nach der Beweisaufnahme nicht zweifelsfrei als gegeben anzusehen sind. Und der Grundsatz gilt zum anderen, wenn zB ein Qualifikationstatbestand angeklagt ist, nach der Beweisaufnahme aber nur die Verwirklichung des Grunddelikts zweifelsfrei feststeht. In diesem Fall ist der Angeklagte nur wegen des Grunddelikts zu bestrafen.[3]

4 c) **Stufenverhältnis:** Ein Stufenverhältnis ist unstreitig in solchen Fällen gegeben, in denen sich die Tatbestände nur hinsichtlich des Mehr oder Weniger der relevanten Merkmale unterscheiden (sog. **logisches Stufenverhältnis**), wie im Verhältnis von Grunddelikt und Qualifikation, Privilegierung und Grunddelikt, Versuch und Vollendung.[4]

5 Weitgehend anerkannt ist ein solches Stufenverhältnis auch, wenn sich die Tatbestände nur hinsichtlich der Intensität ihres Unrechtsgehalts unterscheiden (sog. **wertethisches oder normatives Stufenverhältnis**).[5] Die Rechtsprechung zieht hier den Grundsatz *in dubio pro reo* bisweilen nur „analog" heran,[6] während die Literatur ihn für direkt anwendbar hält.[7] In einem normativen Stufenverhältnis stehen etwa

- Fahrlässigkeit und Vorsatz,[8]
- Teilnahme und Täterschaft,[9]
- Beihilfe und Anstiftung[10] oder
- Tateinheit und Tatmehrheit.[11]

---

1 Näher *Wolter* JuS 1983, 363 ff.
2 Hierzu § 3 Rn 1 f.
3 *Baumann/Weber/Mitsch* § 10/5; *Otto* § 24/2.
4 Vgl *S/S-Eser/Hecker* § 1 Rn 88 mwN.
5 Näher *S/S-Eser/Hecker* § 1 Rn 85 ff; *Mylonopoulos* ZStW 99 (1987), 685 (691 ff); *Otto* Peters-FS 373 (375 ff); *Wolter*, Wahlfeststellung und in dubio pro reo, 1987, 57 ff.
6 Vgl BGHSt 31, 136 (138).
7 Vgl *Jescheck/Weigend* § 16 II 2 mwN.
8 BGHSt 32, 48 (57); *Jakobs* GA 1971, 257 (260 f).
9 BGHSt 23, 203 (206 ff); *S/S-Eser/Hecker* § 1 Rn 87.
10 BGHSt 31, 136 (138) m. Anm. *Baumann* JZ 1983, 116 f; *Hruschka* JR 1983, 177 ff.
11 BGHR StGB § 52 Abs. 1 in dubio pro reo 2; BGH NStZ-RR 2002, 75.

2. Gutachten

Da der Grundsatz *in dubio pro reo* eine Entscheidungs- und keine Beweisregel ist, darf im Gutachten nicht etwa von vornherein die für den potenziellen Täter günstigste Sachverhaltsvariante unterstellt werden. Vielmehr ist in einem ersten Schritt das Geschehen für jede mögliche Konstellation vollständig durchzuprüfen. Erst im Anschluss hieran ist in einem zweiten Schritt hinsichtlich jeder möglichen Sachverhaltsvariante für jeden Tatbestand gesondert die für den Täter günstigste Rechtslage zu bestimmen. Exemplarisch: A hat bei Dunkelheit den B erschossen. Es kann jedoch nicht ermittelt werden, ob er tatsächlich den B treffen wollte oder diesen sorgfaltswidrig für eine Statue hielt.

- Bei der Prüfung des vorsätzlichen Tötungsdelikts ist *in dubio pro reo* von einer Fehlvorstellung des A über die Sachqualität seines Ziels auszugehen, so dass hier – wegen des normativen Stufenverhältnisses[12] – eine Strafbarkeit (nur) wegen fahrlässiger Tötung besteht.

- Im Hinblick auf eine möglicherweise gleichzeitig verwirklichte versuchte Sachbeschädigung ist demgegenüber umgekehrt anzunehmen, dass der A sein Ziel zutreffend als Mensch identifiziert hat, so dass eine zusätzliche Versuchsstrafbarkeit nach §§ 303 Abs. 1, Abs. 3, 22, 23 ausscheidet.[13]

II. Wahlfeststellung

1. Entscheidungssituation

Während es bei Anwendung des „*in dubio pro reo*"-Grundsatzes um die ungewisse Alternative von strafbarem oder straflosem Verhalten bzw die ungewisse Verwirklichung ungleichartiger Tatbestände geht, bezieht sich die Situation der sog. Wahlfeststellung auf die alternative Verwirklichung von Tatbeständen, die durch eine – im Detail umstrittene[14] – Ähnlichkeit zueinander gekennzeichnet sind. Das heißt: Es müssen mehrere strafrechtlich relevante Sachverhalte möglich sein, die jeweils eine gewisse Vergleichbarkeit aufweisen. Zugleich muss ausgeschlossen sein, dass keiner dieser Sachverhalte vorgelegen hat. Zu unterscheiden sind die gleichartige und die ungleichartige Wahlfeststellung.

2. Gleichartige Wahlfeststellung

Bei der sog. gleichartigen Wahlfeststellung (oder Sachverhaltsalternativität) steht fest, dass der Täter **denselben Tatbestand** notwendigerweise durch eine von zwei möglichen Handlungen verwirklicht hat. Da hier sicher ist, dass der Täter den Tatbestand verwirklicht hat, steht die Unklarheit über die zutreffende Sachverhaltsalternative der Verurteilung nicht entgegen.[15] Exemplarisch: Der Zeuge Z hat im Berufungsverfahren eine Aussage gemacht, die derjenigen aus der ersten Instanz widerspricht; Z ist nach § 153 zu bestrafen. Der Grundsatz *in dubio pro reo* lässt sich hier nicht heranziehen,

---

12 Vgl Rn 5.
13 Weitere lehrreiche Beispiele bei v. Heintschel-Heinegg Rn 71 f.
14 Vgl Rn 12 ff.
15 Zu beachten ist allerdings, dass bei zeitlich weit auseinander liegenden Sachverhalten die Identität der Tat im prozessualen Sinne gem. § 264 StPO (vgl § 44 Rn 16) zweifelhaft sein kann; näher hierzu BGHSt 36, 262 (269); BGH MDR 1980, 948 (949); OLG Düsseldorf JR 1980, 470; NStZ-RR 1999, 304 f; v. Heintschel-Heinegg Rn 77.

weil die in Betracht kommenden Sachverhalte denselben Tatbestand erfüllen und daher in keinem Stufenverhältnis zueinander stehen.

9 Im **Gutachten** ist jede Sachverhaltsmöglichkeit getrennt zu prüfen und sodann festzustellen, dass der Täter bei jeder der in Betracht kommenden Konstellationen denselben Tatbestand erfüllt hat, der Grundsatz *in dubio pro reo* mangels Stufenverhältnisses nicht eingreift und daher ein Fall der gleichartigen Wahlfeststellung gegeben ist.

3. Ungleichartige Wahlfeststellung

▶ **FALL 1:** A wird beim Transport von Diebesgut festgenommen; nicht geklärt werden kann, ob A die Gegenstände selbst entwendet (§ 242) oder sich von einem Dritten bösgläubig verschafft hat (§ 259). ◀

10 Bei der sog. ungleichartigen Wahlfeststellung (oder „echten" Wahlfeststellung) steht – wie in **Fall 1** – fest, dass durch die in Betracht kommenden Sachverhaltsmöglichkeiten jeweils ein anderes, selbstständiges Delikt begangen wurde, wobei die möglichen Taten **in keinem Stufenverhältnis** zueinander stehen.

11 a) **Allgemeines:** Anders als bei der gleichartigen Wahlfeststellung, bei welcher der Täter wegen eines Delikts verurteilt wird, das er auch tatsächlich begangen hat, impliziert eine wahlweise Verurteilung wegen eines der in Betracht kommenden Delikte auch den Vorwurf, möglicher Täter **einer nicht begangenen Straftat** zu sein. Eine rigorose Anwendung des Grundsatzes *in dubio pro reo* würde zu einem Freispruch führen, obgleich ein strafbares Verhalten mit Sicherheit vorliegt. Um den Täter gleichwohl nicht mit einem Makel zu belasten, den er nicht verdient hat, wird eine Verurteilung auf mehrdeutiger Tatsachengrundlage von der hM nur in engen Grenzen für zulässig gehalten.

Die grundsätzliche Zulässigkeit der ungleichartigen Wahlfeststellung wurde in der Vergangenheit nur vereinzelt angezweifelt.[16] Uneinigkeit bestand vielmehr darüber, nach welchen Kriterien eine wahlweise Verurteilung möglich ist. Innerhalb des BGH besteht jedoch neuerdings Unstimmigkeit über deren verfassungsrechtliche Zulässigkeit. Nach Auffassung des 2. Strafsenats verstößt die ungleichartige Wahlfeststellung gegen das Gesetzlichkeitsprinzip aus Art. 103 Abs. 2 GG und ist somit verfassungswidrig.[17] Der 2. Strafsenat hat den Fortbestand dieser richterrechtlich entwickelten Rechtsfigur daher in Frage gestellt.[18]

12 b) **Voraussetzungen:** Die Voraussetzungen für eine Verurteilung im Wege einer ungleichartigen Wahlfeststellung sind umstritten:

---

16 Vgl *Endruweit*, Die Wahlfeststellung und die Problematik der Überzeugungsbildung, 1973, 105 ff; NK-*Frister* Nach § 2 Rn 76 ff, 90; für eine unbeschränkte Wahlfeststellung dagegen *Dreher* MDR 1970, 369 ff; v. *Hippel* NJW 1963, 1533 ff.
17 BGH NStZ 2014, 392; zusf. *Jahn* JuS 2014, 753 ff; dem 2. Strafsenat zust. *Heintschel-Heinegg* JA 2014, 710 ff; *Wagner* ZJS 2014, 436; a.A. 5. Strafsenat, Beschluss vom 16. Juli 2014, Az 5 Ars 39/14; *Ceffinato* Jura 2014, 655 (664 f); *Stuckenberg* ZIS 2014, 461 (469 f).
18 Dies mit entsprechendem Anfragebeschluss gerichtet an die weiteren Senate, vgl BGH NStZ 2014, 392. Der 5. Strafsenat hat mit Beschluss vom 16. Juli 2014, Az 5 ARs 39/14, jedoch bereits erklärt, dass er an seiner bisherigen Rechtsprechung – somit an der Rechtsfigur der ungleichartigen Wahlfeststellung - festhalte. Die Entscheidung ist nun dem Großen Senat für Strafsachen vorbehalten, vgl hierzu *Wagner* ZJS 2014, 436 (437 f).

aa) Die hM verlangt eine **rechtsethische und psychologische Vergleichbarkeit** der Tatvorwürfe:[19]

- Eine solche Vergleichbarkeit wird bejaht zwischen verschiedenen Begehungsformen desselben Delikts,[20] Meineid und falscher Verdächtigung[21] sowie zwischen verschiedenen Vermögensdelikten wie Betrug und Computerbetrug,[22] Betrug und Hehlerei[23] oder – wie in **Fall 1** – zwischen Eigentumsdelikten und Hehlerei.[24]

- Eine solche Vergleichbarkeit wird zB verneint zwischen Beteiligung an der Vortat und Strafvereitelung,[25] Totschlag und Körperverletzung mit Todesfolge,[26] Diebstahl und Erpressung[27] oder Diebstahl und Betrug.[28]

Zu beachten ist, dass bei zusammengesetzten Delikten nicht vergleichbare Teile abzutrennen sind und das vergleichbare Restdelikt, soweit es selbstständig strafbar ist, in die Wahlfeststellung einzubeziehen ist. Exemplarisch: Kommen Raub (§ 249) und Hehlerei (§ 259) als alternative Straftaten in Betracht, so ist zunächst der Raub in Diebstahl und Nötigung zu unterteilen und letztere mangels Vergleichbarkeit mit der Hehlerei auszuscheiden. Zu verurteilen ist dann wahlweise wegen Diebstahls oder Hehlerei.[29]

bb) Nach einer verbreiteten und vorzugswürdigen Mindermeinung ist eine **Identität des Unrechtskerns** der in Betracht kommen Delikte erforderlich.[30] Eine solche Identität ist gegeben, wenn sich der Angriff gegen ein zur selben Gattung gehörendes Rechtsgut richtet und der Handlungsunwert der verschiedenen Delikte in etwa gleichgewichtig ist. Insoweit kommt etwa eine Wahlfeststellung zwischen Sachbetrug (§ 263) und Diebstahl (§ 242) in Betracht.[31]

c) Gutachtenaufbau: Im Gutachten ist zunächst jede Sachverhaltsmöglichkeit getrennt zu prüfen und sodann festzustellen, dass der Täter bei jeder der in Betracht kommenden Konstellationen einen Deliktstatbestand erfüllt hat, der Grundsatz *in dubio pro reo* mangels Stufenverhältnisses nicht eingreift, die Delikte aber „rechtsethisch und psychologisch vergleichbar" bzw im „Unrechtskern identisch" sind und daher ein Fall der ungleichartigen Wahlfeststellung gegeben ist: Der Täter ist wahlweise wegen eines der in Betracht kommenden Delikte zu bestrafen, wobei der Strafrahmen des mildesten Gesetzes heranzuziehen ist.

---

19 Vgl BGHSt 9, 390 (393 f); 25, 182 (183 f); 30, 77 (78).
20 BGHSt 22, 12 (13 f).
21 BayObLG MDR 1977, 860.
22 BGH NJW 2008, 1394; NStZ 2014, 42.
23 BGH NJW 1974, 804 f.
24 BGHSt 1, 302 (304); 16, 184 (186 f); OLG Düsseldorf NStZ-RR 1999, 304 (305).
25 BGHSt 30, 77 (78).
26 BGH NJW 1990, 130 f.
27 BGH DRiZ 1972, 30 (31).
28 BGH NStZ 1985, 123.
29 Vgl BGH StV 1985, 92 f.
30 *Jakobs* GA 1971, 257 (270); *Jescheck/Weigend* § 16 III 3; *Montenbruck* GA 1988, 531 (538); *Otto* § 24/9; vgl auch BayObLG MDR 1977, 860; SK-*Wolter* Anh. zu § 55 Rn 38 ff.
31 Näher zur Deliktsstruktur beider Delikte NK-*Kindhäuser* § 263 Rn 42 ff.

III. Postpendenz und Praependenz

▶ **FALL 2:** Nach Überzeugung des Gerichts steht fest, dass sich A bösgläubig Diebesgut zur Weiterverwertung verschafft hat. Ob er auch Mittäter des Diebstahls war, lässt sich nicht mit Sicherheit klären. ◀

1. Postpendenz

19 Während bei der Wahlfeststellung die Verwirklichung beider in Frage stehender Delikte jeweils unsicher ist, steht bei der Situation der sog. Postpendenz – wie in **Fall 2** – fest, dass von zwei strafrechtlich relevanten Sachverhalten der **spätere gewiss vorliegt**, während (nur) die Verwirklichung des früheren zweifelhaft erscheint.[32] Hier erfolgt eine eindeutige Verurteilung wegen des Delikts, das durch das sicher gegebene spätere Verhalten verwirklicht wurde (sog. Postpendenzfeststellung), wobei allerdings – hiervon unabhängig – der Strafrahmen stets demjenigen Gesetz zu entnehmen ist, das die mildeste Sanktion zulässt.[33] Daher ist A in **Fall 2** nur wegen § 259 zu verurteilen.

20 Im **Gutachten** sind in Fällen der Postpendenz die möglichen Sachverhalte getrennt zu prüfen. Sodann ist festzustellen, dass wegen des sicher feststehenden späteren Sachverhalts, nicht jedoch wegen der zweifelhaften früheren Tat zu verurteilen ist.

2. Praependenz

21 Bei der Praependenzfeststellung ist von zwei strafrechtlich relevanten Sachverhalten der **frühere zweifelsfrei**, der spätere jedoch nur möglicherweise gegeben. Die Entscheidungsregel entspricht spiegelbildlich derjenigen der Postpendenz: Zu verurteilen ist wegen des früheren Delikts.

22 **WIEDERHOLUNGS- UND VERTIEFUNGSFRAGEN**

> Wann ist der Grundsatz in dubio pro reo anzuwenden? (Rn 2 f)
> Was ist unter einer ungleichartigen Wahlfeststellung zu verstehen und in welchen Situationen ist sie zu treffen? (Rn 10 ff)
> Wann ist eine Postpendenzfeststellung zu treffen? (Rn 19 f)

---

32 BGHSt 35, 86 ff m. Bspr *Joerden* JZ 1988, 847 ff und *Wolter* NStZ 1988, 456 ff; BGH NStZ 1989, 266; 1989, 574; grundlegend *Hruschka* JZ 1970, 637 ff; *ders.* NJW 1971, 1392 ff.
33 BGH NStZ 2011, 510.

Definitionen

▶ §§ 3–7 ◀

Begriff	Definition
Inland	ist das Gebiet, in dem das deutsche Strafrecht aufgrund hoheitlicher Staatsgewalt seine Ordnungsfunktion geltend macht. Dieser sog. funktionelle Inlandsbegriff deckt sich mit dem staatsrechtlichen Begriff und umfasst die in der Präambel des GG genannten Länder. *§ 4 Rn 11*
Deutscher	ist, wer nach Art. 116 GG die deutsche Staatsangehörigkeit besitzt. *§ 4 Rn 11*
Ausland	ist das Gebiet, das nicht Inland ist, eingeschlossen das offene Meer und Gebiete ohne Staatshoheit. *§ 4 Rn 11*
Ausländer	ist, wer nicht Deutscher iSd Art. 116 Abs. 1 GG ist, also auch ein Staatenloser (§ 2 Abs. 1 AufenthG). *§ 4 Rn 11*

▶ § 12

(1) **Verbrechen** sind rechtswidrige Taten, die im Mindestmaß mit Freiheitsstrafe von einem Jahr oder darüber bedroht sind.

(2) **Vergehen** sind rechtswidrige Taten, die im Mindestmaß mit einer geringeren Freiheitsstrafe oder die mit Geldstrafe bedroht sind.

(3) Schärfungen oder Milderungen, die nach den Vorschriften des Allgemeinen Teils oder für besonders schwere oder minder schwere Fälle vorgesehen sind, bleiben für die Einteilung außer Betracht. ◀

Begriff	Definition
Erfolg	ist die nachteilige Veränderung des durch die Norm geschützten Rechtsguts(objekts). *§ 10 Rn 3*
Handlung	Strafrechtlich relevant ist jedes Verhalten, das vorgenommen oder unterlassen werden kann, um eine Tatbestandsverwirklichung gezielt (intentional) zu vermeiden (str.). *§ 5 Rn 13 f*
Kausalität	Ein Verhalten ist die Ursache eines Erfolgs, wenn es unter den gegebenen Umständen nicht hinweg gedacht werden kann, ohne dass der Eintritt dieses Erfolgs in seiner konkreten Gestalt nach Maßgabe der anerkannten Kausalgesetze entfiele. *§ 10 Rn 15*
Objektiv zurechenbar	ist ein Erfolg dann, wenn sich in ihm ein vom Täter (allein oder mit anderen) geschaffenes (generell) unerlaubtes Risiko realisiert. *§ 11 Rn 5*
Einverständnis	ist die Zustimmung des Opfers zu einem Verhalten des Täters und führt zum Ausschluss eines Tatbestandsmerkmals (zB „eindringen", „wegnehmen"), das einen entgegenstehenden Willen des Opfers verlangt. *§ 12 Rn 33 ff*
Einwilligung	ist das Einverstandensein des Opfers mit der Herbeiführung des tatbestandlichen Erfolgs, das bei Delikten, die Individualrechtsgüter schützen, (auf der Ebene der Rechtswidrigkeit oder bereits des Tatbestands) zum Ausschluss des Unrechts führt. *§ 12 Rn 1 ff*

Definitionen

Begriff	Definition
Unrecht	ist der Inbegriff aller Voraussetzungen, die das Urteil begründen, der Täter habe sich in strafrechtlich erheblicher Weise rechtswidrig (= „widerrechtlich", „verboten", „pflichtwidrig" oder „normwidrig") verhalten. § 6 Rn 1
Schuld	ist der Inbegriff aller Voraussetzungen, die das Urteil begründen, der Täter habe für das von ihm begangene Unrecht in strafbarer Weise einzustehen, so dass ihm das Unrecht mit der Folge seiner Strafbarkeit zum Vorwurf gemacht werden kann. § 6 Rn 1
Objektiver Tatbestand	Zum objektiven Tatbestand gehören jeweils die äußeren Tatumstände, die von den Deliktstatbeständen oder Rechtfertigungsgründen formuliert werden. Exemplarisch: das den Tod eines Menschen verursachende Täterverhalten beim Totschlag (§ 212 Abs. 1) oder die objektiv gebotene und erforderliche Abwehr eines rechtswidrigen Angriffs bei der Notwehr (§ 32). § 6 Rn 5
Subjektiver Tatbestand	Zum subjektiven Tatbestand gehören jeweils die tatspezifischen intellektuellen und voluntativen Tatelemente, zB der Vorsatz beim Vorsatzdelikt, Habgier bei § 211 Abs. 2, die Kenntnis der Notwehrlage bei § 32. § 6 Rn 5
Subjektive Tatbestandsmerkmale	Die subjektiven Tatbestandsmerkmale beziehen sich auf solche Umstände aus dem psychisch-seelischen Bereich und der Vorstellungswelt des Täters, welche die subjektive Tatseite des jeweiligen Delikts charakterisieren. § 9 Rn 5
Deskriptive Tatbestandsmerkmale	beziehen sich auf natürliche Eigenschaften von Personen und Objekten, deren Vorhandensein empirisch oder durch Berechnung festgestellt werden kann. § 9 Rn 10
Normative Tatbestandsmerkmale	beziehen sich auf Eigenschaften, die auf einer sozialen bzw rechtlichen Regel beruhen. § 9 Rn 11
Blankettmerkmale	sind Tatbestandsmerkmale, deren Inhalt von einer anderen rechtlichen Regelung (Gesetz, Rechtsverordnung oder Verwaltungsakt), auf die sie verweisen, bestimmt wird. § 9 Rn 14
Handlungsunrecht	ist das Verhalten, das der Täter (objektiv und subjektiv) vornehmen oder unterlassen könnte und müsste, um die Verwirklichung eines Deliktstatbestands zu vermeiden. § 9 Rn 7
Erfolgsunrecht	ist demgegenüber das durch das betreffende Verhalten realisierte tatbestandsmäßige Geschehen. § 9 Rn 7
Objektive Strafbarkeitsbedingungen	werden solche Merkmale eines Strafgesetzes genannt, deren Verwirklichung zwar Voraussetzung der Strafbarkeit eines Verhaltens ist, die aber nicht Gegenstand der subjektiven Zurechnung sind. § 6 Rn 13
Persönliche Strafausschließungs- und Strafaufhebungsgründe	sind Umstände, deren Vorliegen – insbesondere aus kriminalpolitischen Erwägungen – die Verfolgung eines an sich rechtswidrigen und schuldhaften Verhaltens hindern. § 6 Rn 14
Persönliche Strafeinschränkungsgründe	Von persönlichen Strafeinschränkungsgründen spricht man, wenn eine Vorschrift die Strafe nicht obligatorisch ausschließt, sondern es in das pflichtgemäße Ermessen des Gerichts stellt, ob dieses unter bestimmten Voraussetzungen von Strafe absehen oder die Strafe mildern will. § 6 Rn 17
Prozessvoraussetzungen	Die gesetzlichen Bedingungen der Zulässigkeit eines Strafverfahrens werden Prozessvoraussetzungen genannt. § 6 Rn 18

Definitionen

Begriff	Definition
Grundtatbestände	Grundtatbestände umschreiben die Grundform eines bestimmten Deliktstyps und weisen alle Merkmale auf, die einer Straftat ihr typisches Gepräge geben. § 8 Rn 6
Qualifikationen und Privilegierungen	sind zwar nur Abwandlungen des Grundtatbestands, da sie dessen Unrecht (iSe Stufenverhältnisses) steigern oder reduzieren. Es handelt sich bei ihnen aber insoweit um abschließende gesetzliche Regelungen, als sich die Strafe zwingend nach dem vorgesehenen Strafmaß richten muss, wenn die jeweiligen Voraussetzungen erfüllt sind. Zugleich verdrängen privilegierende und qualifizierende Tatbestände im Wege der Gesetzeskonkurrenz den Grundtatbestand. § 8 Rn 7
Regelbeispiele	für besonders schwere Fälle sind Strafschärfungsgründe, die nicht abschließend sind, sondern nur im Regelfall eingreifen. § 8 Rn 8
Begehungsdelikte	sind Straftaten, bei denen der Täter einen Tatbestand durch ein Tun (aktives Verhalten) zurechenbar verwirklicht. § 8 Rn 12
Unterlassungsdelikte	sind Straftaten, bei denen der Täter die ihm mögliche Verhinderung einer Tatbestandsverwirklichung zurechenbar unterlässt (§ 13 Abs. 1). Die Unterlassungsdelikte werden ihrerseits in echte und unechte Unterlassungsdelikte unterteilt. § 8 Rn 12
Echte Unterlassungsdelikte	sind Straftaten, bei denen (bereits) das vom Deliktstatbestand umschriebene Verhalten ein bestimmtes Unterlassen ist. § 8 Rn 13
Unechte Unterlassungsdelikte	sind Straftaten, bei denen der Täter die Verwirklichung eines Tatbestands nicht verhindert, obgleich er iSv § 13 Abs. 1 eine entsprechende Sonderpflicht hat. § 8 Rn 14
Antragsdelikte	sind Straftaten, deren strafrechtliche Verfolgung als Prozessvoraussetzung (ausnahmsweise!) einen Strafantrag verlangt. § 8 Rn 29
Verbrechen	ist ein Delikt mit einer gesetzlich vorgesehenen Mindestfreiheitsstrafe von einem Jahr (§ 12 Abs. 1). § 8 Rn 30
Vergehen	ist ein Delikt, das im Mindestmaß mit einer Freiheitsstrafe von weniger als einem Jahr oder mit Geldstrafe bedroht ist (§ 12 Abs. 2). § 8 Rn 30
Vollendung	Eine Straftat ist vollendet, wenn alle Merkmale des objektiven und subjektiven Deliktstatbestands verwirklicht sind. § 9 Rn 15
Beendigung	Eine Straftat ist beendet, wenn das strafbare Unrecht seinen Abschluss gefunden hat. § 9 Rn 16

▶ § 13

(1) Wer es unterläßt, einen Erfolg abzuwenden, der zum Tatbestand eines Strafgesetzes gehört, ist nach diesem Gesetz nur dann strafbar, wenn er rechtlich dafür einzustehen hat, daß der Erfolg nicht eintritt, und wenn das Unterlassen der Verwirklichung des gesetzlichen Tatbestandes durch ein Tun entspricht.

(2) Die Strafe kann nach § 49 Abs. 1 gemildert werden. ◀

Definitionen

Begriff	Definition
Garantenstellung	Rechtliche Pflicht zur Überwachung einer Gefahr (Überwachergarantenstellung) oder zur Bewahrung eines bestimmten Gutes vor beliebigen Gefahren (Beschützergarantenstellung). § 36 Rn 23 ff
Geboten	ist ein Handeln dann, wenn es nach dem ex-ante-Urteil eines objektiven Beobachters die Tatbestandsverwirklichung effektiv (rasch und sicher) verhindern kann. § 37 Rn 5

▶ **§ 15**

Strafbar ist nur **vorsätzliches** Handeln, wenn nicht das Gesetz **fahrlässiges** Handeln ausdrücklich mit Strafe bedroht. ◀

Begriff	Definition
Vorsatz	Gegenstand des Vorsatzes ist die Annahme des Täters, durch sein gewolltes Verhalten das Risiko einer Tatbestandsverwirklichung zu schaffen (die nähere Bestimmung der in dieser Definition enthaltenen intellektuellen und voluntativen Elemente ist sehr str.). § 13 Rn 1 ff
Absicht	Der Täter handelt mit Absicht hinsichtlich eines tatbestandlichen Umstands, wenn er dessen Verwirklichung anstrebt und annimmt, ihn durch sein Verhalten herbeiführen zu können. § 14 Rn 3
Direkter Vorsatz (dolus directus)	Der Täter handelt mit direktem Vorsatz hinsichtlich eines tatbestandlichen Umstands, wenn er dessen Verwirklichung für eine sichere Folge seines gewollten Verhaltens hält. § 14 Rn 8
Bedingter Vorsatz (dolus eventualis)	Der Täter handelt mit bedingtem Vorsatz hinsichtlich eines tatbestandlichen Umstands, wenn er dessen Verwirklichung im Sinne eines konkreten Risikos für eine mögliche Folge seines gewollten Verhaltens hält. § 14 Rn 31
Dolus cumulativus	Der Täter geht davon aus, dass er durch sein Handeln mehrere Tatbestände nebeneinander verwirklicht. § 14 Rn 32
Dolus alternativus	Der Täter geht davon aus, dass er durch sein Handeln einen von mehreren sich gegenseitig ausschließenden Tatbeständen verwirklicht. § 14 Rn 33
Fahrlässigkeit	Fahrlässig verhält sich, wer solche tatbestandsverwirklichenden Folgen seines Verhaltens nicht erkennt und vermeidet, die er bei Aufbietung der erforderlichen Sorgfalt hätte vorhersehen und vermeiden können und müssen. § 33 Rn 6, 12
Leichtfertigkeit	Schwerwiegende Verletzung der im Verkehr erforderlichen Sorgfalt (entspricht in etwa der „groben Fahrlässigkeit" des Zivilrechts). § 33 Rn 71

▶ **§ 16**

(1) Wer bei Begehung der Tat einen **Umstand** nicht kennt, der zum gesetzlichen Tatbestand gehört, handelt nicht vorsätzlich. Die Strafbarkeit wegen fahrlässiger Begehung bleibt unberührt.

(2) Wer bei Begehung der Tat irrig Umstände annimmt, welche den Tatbestand eines milderen Gesetzes verwirklichen würden, kann wegen vorsätzlicher Begehung nur nach dem milderen Gesetz bestraft werden. ◀

Definitionen

Begriff	Definition
Irrtum	Unkenntnis oder Fehlvorstellung des Täters in Bezug auf einen strafrechtlich relevanten Umstand. § 26 Rn 3
Tatumstand	ist eine tatsächliche Voraussetzung eines Deliktstatbestands (oder Rechtfertigungstatbestands, str.). § 27 Rn 7
Error in persona vel objecto	Der Täter irrt über die Identität des Tatobjekts, ordnet dieses aber zutreffend der tatbestandlich beschriebenen Gattung zu. § 27 Rn 40
Erlaubnistatbestandsirrtum	Der Täter stellt sich irrig einen rechtfertigenden Sachverhalt vor. § 29 Rn 11
Aberratio ictus	Der Vorsatz des Täters richtet sich auf ein bestimmtes Tatobjekt (Angriffsobjekt); aufgrund eines vom Täter nicht vorhergesehenen Kausalverlaufs wird jedoch ein anderes Objekt (Verletzungsobjekt) getroffen. § 27 Rn 53

▶ **§ 17**

Fehlt dem Täter bei Begehung der Tat die Einsicht, Unrecht zu tun, so handelt er ohne Schuld, wenn er diesen Irrtum nicht **vermeiden** konnte. Konnte der Täter den Irrtum vermeiden, so kann die Strafe nach § 49 Abs. 1 gemildert werden. ◀

Begriff	Definition
Vermeidbarkeit (des Verbotsirrtums)	Ein Verbotsirrtum ist vermeidbar, wenn das Unrecht für den Täter erkennbar war, ihm also sein Verhalten unter Berücksichtigung seiner Fähigkeiten und Kenntnisse hätte Anlass geben müssen, über dessen mögliche Rechtswidrigkeit nachzudenken oder Erkundigungen einzuziehen, und er auf diesem Wege zur Unrechtseinsicht gekommen wäre. § 28 Rn 14

▶ **§ 20**

Ohne Schuld handelt, wer bei Begehung der Tat wegen einer **krankhaften seelischen Störung**, wegen einer **tiefgreifenden Bewußtseinsstörung** oder wegen **Schwachsinns** oder einer **schweren anderen seelischen Abartigkeit** unfähig ist, das Unrecht der Tat einzusehen oder nach dieser Einsicht zu handeln.

§ 21

Ist die Fähigkeit des Täters, das Unrecht der Tat einzusehen oder nach dieser Einsicht zu handeln, aus einem der in § 20 bezeichneten Gründe bei Begehung der Tat erheblich vermindert, so kann die Strafe nach § 49 Abs. 1 gemildert werden. ◀

Begriff	Definition
Krankhafte seelische Störungen	sind Geisteskrankheiten, deren somatische Ursachen nachgewiesen sind oder postuliert werden. § 22 Rn 6
Tiefgreifende Bewusstseinsstörung	sind schwere nichtkrankhafte Bewusstseinstrübungen oder -einengungen, die zu einem Verlust der raum-zeitlichen Orientierung führen. § 22 Rn 6
Schwachsinn	ist die angeborene oder auf seelischer Fehlentwicklung beruhende erhebliche Intelligenzschwäche ohne nachweisbare organische Ursachen. § 22 Rn 6

Definitionen

Begriff	Definition
Schwere seelische Abartigkeit	sind gravierende Psychopathien, Neurosen und Triebstörungen. *§ 22 Rn 6*
Fehlende Einsichtsfähigkeit	ist die Unfähigkeit, Unrechtsbewusstsein hinsichtlich der Tat zu erlangen. *§ 22 Rn 7*
Fehlende Steuerungsfähigkeit	ist die Unfähigkeit zu einsichtsgemäßem Verhalten hinsichtlich der konkreten Tat. *§ 22 Rn 7*
Actio libera in causa	Unter den Voraussetzungen einer a.l.i.c. ist eine Tatbestandsverwirklichung auch dann zur Schuld zurechenbar, wenn der Täter zwar im Zeitpunkt der unmittelbaren Tatbestandsverwirklichung schuldunfähig ist, aber seine Schuldunfähigkeit – namentlich aufgrund vorhergehenden Genusses von Alkohol oder anderen Rauschmitteln – zu vertreten hat. Die Verfassungsmäßigkeit der a.l.i.c. ist umstritten. *§ 23 Rn 1 ff*

▶ **§ 22**

Eine Straftat versucht, wer nach seiner Vorstellung von der Tat zur Verwirklichung des Tatbestandes unmittelbar ansetzt.

§ 23

(1) Der Versuch eines Verbrechens ist stets strafbar, der Versuch eines Vergehens nur dann, wenn das Gesetz es ausdrücklich bestimmt.

(2) Der Versuch kann milder bestraft werden als die vollendete Tat (§ 49 Abs. 1).

(3) Hat der Täter aus grobem Unverstand verkannt, daß der Versuch nach der Art des Gegenstandes, an dem, oder des Mittels, mit dem die Tat begangen werden sollte, überhaupt nicht zur Vollendung führen konnte, so kann das Gericht von Strafe absehen oder die Strafe nach seinem Ermessen mildern (§ 49 Abs. 2). ◀

Begriff	Definition
Tauglichkeit des Versuchs	Wenn die Handlung des Täters aus der Perspektive eines mit den Umständen vertrauten Beobachters als zur Tatbestandsverwirklichung geeignet erscheint. *§ 30 Rn 12*
Untauglichkeit	Wenn die Handlung des Täters aus der Perspektive eines mit den Umständen vertrauten Beobachters als zur Tatbestandsverwirklichung ungeeignet erscheint. *§ 30 Rn 13*
Versuch der Erfolgsqualifikation	Der Täter versucht oder vollendet das vorsätzliche Grunddelikt und handelt auch hinsichtlich der besonderen Folge vorsätzlich, ohne dass diese Folge eintritt. *§ 30 Rn 18*
Erfolgsqualifizierter Versuch	Der Täter führt schon beim Versuch des vorsätzlichen Grunddelikts die besondere Folge fahrlässig herbei. *§ 30 Rn 19*
Wahndelikt	Der Täter geht bei seinem Handeln von der Existenz eines tatsächlich nicht bestehenden Verbots aus. *§ 30 Rn 25*
Planung	ist die gedankliche Vorwegnahme eines Geschehens, das nach der Vorstellung des Täters einen Deliktstatbestand verwirklicht. *§ 31 Rn 1*
Vorbereitung	meint die Ergreifung der zur Tatausführung erforderlichen Maßnahmen. *§ 31 Rn 1*

Definitionen

Begriff	Definition
Versuch	Der Täter setzt nach seiner Vorstellung von der Tat aufgrund eines unbedingten Tatentschlusses unmittelbar zur Tatbestandsverwirklichung an, ohne dass es zur Vollendung kommt. § 31 Rn 1
Tatentschluss	Der auf die Tatbestandsverwirklichung bezogene Vorsatz einschließlich sonstiger subjektiver Tatbestandsmerkmale. § 31 Rn 4

▶ **§ 24**

(1) Wegen **Versuchs** wird nicht bestraft, wer freiwillig die weitere Ausführung der Tat **aufgibt** oder deren Vollendung verhindert. Wird die Tat ohne Zutun des Zurücktretenden nicht vollendet, so wird er straflos, wenn er sich freiwillig und **ernsthaft bemüht**, die Vollendung zu verhindern.

(2) Sind an der **Tat** mehrere beteiligt, so wird wegen Versuchs nicht bestraft, wer **freiwillig** die Vollendung verhindert. Jedoch genügt zu seiner Straflosigkeit sein freiwilliges und **ernsthaftes Bemühen**, die Vollendung der Tat zu verhindern, wenn sie ohne sein Zutun nicht vollendet oder unabhängig von seinem früheren Tatbeitrag begangen wird. ◀

Begriff	Definition
Fehlgeschlagener Versuch	Die Tatbestandsverwirklichung ist nach der Vorstellung des Täters nicht mehr möglich oder das Tatobjekt entspricht nicht demjenigen des Tatplans. § 32 Rn 6
Unbeendeter Versuch	Der Täter geht davon aus, noch nicht alles zur Tatbestandsverwirklichung Erforderliche getan zu haben. § 32 Rn 8
Beendeter Versuch	Der Täter geht davon aus, bereits alles zur möglichen Tatbestandsverwirklichung Erforderliche getan zu haben. § 32 Rn 8
Aufgeben	ist das Absehen von weiteren Maßnahmen zur (noch für realisierbar gehaltenen) Tatbestandsverwirklichung. § 32 Rn 19
Tat	bedeutet die vorsätzliche und rechtswidrige Verwirklichung eines bestimmten materiellrechtlichen Straftatbestands. § 32 Rn 20
Ernsthaftes Bemühen	Der Täter ist davon überzeugt, durch sein Handeln (in einer für Dritte nachvollziehbaren Weise) den Erfolgseintritt zu verhindern. § 32 Rn 30
Freiwilligkeit	Freiwillig ist ein Rücktritt, der aus autonomen Motiven erfolgt, während er unfreiwillig ist, wenn er auf heteronomen Motiven beruht (hL). § 32 Rn 22

▶ **§ 25**

(1) Als Täter wird bestraft, wer die Straftat **selbst** oder **durch einen anderen begeht**.

(2) Begehen mehrere die Straftat gemeinschaftlich, so wird jeder als Täter bestraft (**Mittäter**). ◀

Definitionen

Begriff	Definition
Selbst	**Unmittelbarer Täter** ist derjenige, der die Straftat selbst begeht, also alle objektiven und subjektiven Tatbestandsmerkmale erfüllt und damit den Tatbestand eigenhändig verwirklicht. *§ 39 Rn 1*
Durch einen anderen	**Mittelbarer Täter** ist, wer sich zur Verwirklichung des Tatbestandes einer anderen Person als Werkzeug bedient. Die Eigenschaft als Werkzeug ergibt sich aus der rechtlichen Verantwortlichkeit des mittelbaren Täters (als Hintermann) für ein rechtlich relevantes Verantwortungsdefizit des unmittelbar Handelnden (Vordermann). Die Verantwortlichkeit des Hintermanns wiederum kann sich qua überlegenen Wissens oder Willens ergeben. *§ 38 Rn 44, § 39 Rn 2, 7*
Begeht (strittig)	Begehen setzt nach hL eine materiell-objektive Tatherrschaft voraus. Kennzeichnend hierfür ist die Herrschaft über das Ob der Tat („Entscheidungsherrschaft") und die Herrschaft über das Wie der Tat („Gestaltungsherrschaft").
	Demgegenüber stellt die Rspr (auch) subjektiv darauf ab, ob der jeweilige Beteiligte mit Täterwillen (animus auctoris) im Gegensatz zum Teilnehmerwillen (animus socii) handelt, also die Tat als eigene will und nicht bloß als fremde veranlassen oder fördern möchte. *§ 38 Rn 39 ff, 43 ff*
Mittäter	Mittäterschaft setzt objektiv eine gemeinschaftliche Tatbegehung und subjektiv einen gemeinsamen Tatentschluss voraus. *§ 40 Rn 3*

▶ **§ 26**

Als Anstifter wird gleich einem Täter bestraft, wer **vorsätzlich** einen anderen zu dessen vorsätzlich begangener rechtswidriger Tat **bestimmt** hat. ◀

Begriff	Definition
Vorsätzlich	Der Anstiftervorsatz, für den *dolus eventualis* genügt, muss die Vollendung einer bestimmten vorsätzlichen und rechtswidrigen Haupttat und das Hervorrufen des Tatentschlusses beim Haupttäter umfassen (sog. doppelter Anstiftervorsatz).
	Bzgl der Haupttat muss sich der Vorsatz des Haupttäters auf deren Grundzüge und wesentlichen Merkmale konkretisiert haben. *§ 41 Rn 22 f*
Bestimmen	ist das Hervorrufen des Entschlusses zu einer konkreten rechtswidrigen Tat. Hierfür wird von der hL ein geistiger Kontakt iSe Kommunikationsaktes gefordert mit dem Ziel, den Adressaten zum Tatentschluss zu bewegen. Das bloße Schaffen situativer Tatanreize ist demnach nicht ausreichend. (str.) *§ 41 Rn 5 ff*

▶ **§ 27**

(1) Als Gehilfe wird bestraft, wer **vorsätzlich** einem anderen zu dessen vorsätzlich begangener rechtswidriger Tat **Hilfe geleistet hat**.

(2) Die Strafe für den Gehilfen richtet sich nach der Strafdrohung für den Täter. Sie ist nach § 49 Abs. 1 zu mildern. ◀

Definitionen

Begriff	Definition
Vorsätzlich	Der Gehilfenvorsatz, für den *dolus eventualis* genügt, muss die Ausführung und Vollendung einer bestimmten vorsätzlichen und rechtswidrigen Haupttat und die eigene Hilfeleistung umfassen (sog. doppelter Gehilfenvorsatz). Im Hinblick auf die Haupttat werden gegenüber dem Anstiftervorsatz regelmäßig geringere Anforderungen gestellt, da der Helfende im Gegensatz zum Anstifter nicht eine zu konkretisierende Tat vorgeben muss, sondern eine bereits konkretisierte Tat begleitet. *§ 42 Rn 29 f*
Hilfe	Beihilfe kann durch Rat und Tat, also als psychische und physische Beihilfe geleistet werden: ■ **Physische Beihilfe** kann sowohl in der Gewährung von Sachmitteln (zB Waffen, Werkzeugen) als auch körperlichen Tätigkeiten während der Tat bestehen. ■ **Psychische Beihilfe** ist iSe beratenden Tätigkeit (kognitive Beihilfe) aber auch – nach hM – als bloße Bestärkung des Tatentschlusses (voluntative Beihilfe) denkbar. (str.) *§ 42 Rn 3 ff*
Geleistet hat	Im Hinblick auf die Kausalität der Beihilfe fordert die sog. Erfolgsförderungstheorie der hL, dass der Gehilfenbeitrag die Tatbestandsverwirklichung ermöglicht, erleichtert, intensiviert oder abgesichert hat. Ausreichend ist – wie auch sonst – dass die Tat durch den Beitrag in ihrer konkreten Gestalt modifiziert wird. (str.) *§ 42 Rn 9 ff*

▶ **§ 28**

(1) Fehlen **besondere persönliche Merkmale** (§ 14 Abs. 1), welche die Strafbarkeit des Täters begründen, beim Teilnehmer (Anstifter oder Gehilfe), so ist dessen Strafe nach § 49 Abs. 1 zu mildern.

(2) Bestimmt das Gesetz, daß besondere persönliche Merkmale die Strafe schärfen, mildern oder ausschließen, so gilt das nur für den Beteiligten (Täter oder Teilnehmer), bei dem sie vorliegen. ◀

Begriff	Definition
Besondere Persönliche Merkmale	Besondere persönliche Merkmale sind persönliche Merkmale, die als (besondere) *täterbezogene* persönliche Merkmale von den *tatbezogenen* persönlichen Merkmalen abzugrenzen sind. (str.) ■ Tatbezogen sind dabei Merkmale, die nur das objektiv realisierte bzw zu realisierende Unrecht subjektiv widerspiegeln, insbesondere Vorsatz, Zueignungs- und Bereicherungsabsichten. ■ Täterbezogen sind demgegenüber Merkmale, die sich nicht auf das objektive Unrecht der Tat beziehen, also vor allem Motive, die nicht auf die Verletzung des tatbestandlich geschützten Rechtsguts gerichtet sind (zB Habgier beim Mord), sowie Sonderpflichtmerkmale (zB die Amtsträgereigenschaft). *§ 38 Rn 25 ff*

▶ **§ 30**

(1) Wer **einen anderen zu bestimmen versucht,** ein **Verbrechen** zu begehen oder zu ihm anzustiften, wird nach den Vorschriften über den Versuch des Verbrechens bestraft. Jedoch ist die Strafe nach § 49 Abs. 1 zu mildern. § 23 Abs. 3 gilt entsprechend.

Definitionen

(2) Ebenso wird bestraft, wer **sich bereit erklärt**, wer das **Erbieten eines anderen annimmt** oder wer mit einem anderen **verabredet**, ein Verbrechen zu begehen oder zu ihm anzustiften. ◄

Begriff	Definition
Einen anderen zu bestimmen versucht	Die Anstiftung bzw Kettenanstiftung darf nach § 30 Abs. 1 nur versucht sein, dh sie muss erfolglos bleiben. Die Erfolglosigkeit kann daher rühren, dass der Anzustiftende keinen Tatentschluss fasst, diesen nicht ausführt oder schon vorher zur Tat entschlossen war. (str.) Für den Versuchsbeginn reicht es nach hM aus, dass sich der Auffordernde seiner Erklärung entäußert hat; ein Zugang beim Adressaten ist nicht erforderlich. (str.) *§ 43 Rn 2, 5 ff*
Verbrechen	Verbrechen ist gem. § 12 Abs. 1 StGB eine rechtswidrige Tat, die im Mindestmaß mit Freiheitsstrafe von einem Jahr oder darüber bedroht ist. Hinsichtlich des Verbrechenscharakters der Haupttat kommt es nach überwiegender Lehre darauf an, ob die anvisierte Tat *in der Person des Anstifters* ein Verbrechen darstellt. (str.) Bedeutsam ist dies bei Verbrechensqualifikationen aufgrund besonderer persönlicher Merkmale iSd § 28, da hier gem. Abs. 2 die Strafschärfung nur für denjenigen wirkt, der das Merkmal in eigener Person verwirklicht. *§ 43 Rn 8 ff*
Sich-Bereiterklären	Das Sich-Bereiterklären zu einem Verbrechen umfasst zum einen die Annahme einer Anstiftung, zum anderen auch die Konstellation, dass ein zur Tat Geneigter, aber noch nicht Entschlossener einem anderen, den er für interessiert hält, die Begehung eines Verbrechens zusagt, sofern dieser es will. Das Angebot muss nach hM nicht zugegangen sein. (str.) *§ 43 Rn 16 f*
Annahme des Erbietens	ist die ernst gemeinte Erklärung, mit dem Angebot eines anderen, ein Verbrechen zu begehen oder einen Dritten zu einem Verbrechen anzustiften, einverstanden zu sein. *§ 43 Rn 18*
Verabredung	Als Verabredung ist die (ausdrückliche oder konkludente) ernst gemeinte Übereinkunft wenigstens zweier Personen anzusehen, ein Verbrechen als Mittäter zu begehen oder einen Dritten gemeinsam zu einem Verbrechen anzustiften. Die Verabredung ist damit die Vorstufe zur Mittäterschaft oder zur gemeinsamen Anstiftung. *§ 43 Rn 19*

► **§ 31**

(1) Nach § 30 wird nicht bestraft, wer **freiwillig**

1. den Versuch **aufgibt**, einen anderen zu einem Verbrechen zu bestimmen, und eine etwa bestehende Gefahr, daß der andere die Tat begeht, **abwendet**,
2. nachdem er sich zu einem Verbrechen bereit erklärt hatte, sein Vorhaben aufgibt oder,
3. nachdem er ein Verbrechen verabredet oder das Erbieten eines anderen zu einem Verbrechen angenommen hatte, die Tat **verhindert**.

(2) Unterbleibt die Tat ohne Zutun des Zurücktretenden oder wird sie unabhängig von seinem früheren Verhalten begangen, so genügt zu seiner Straflosigkeit sein freiwilliges und **ernsthaftes Bemühen**, die Tat zu verhindern. ◄

Definitionen

Begriff	Definition
Freiwilligkeit	Die Freiwilligkeit bestimmt sich – wie bei § 24 – nach hM danach, ob der Rücktritt aus autonomen Motiven erfolgt, während er unfreiwillig ist, wenn er auf heteronomen Beweggründen beruht. *§ 32 Rn 22*
Aufgabe	Für die Aufgabe des Versuchs ist (entsprechend § 24) nach hM zu fordern, dass der Täter von weiteren Maßnahmen absieht, die hinsichtlich der Tatbestandsverwirklichung einen einheitlichen Lebensvorgang bilden würden. Ein endgültiges Abstandnehmen vom Tatplan ist nicht erforderlich. (str.) *§ 32 Rn 19*
Abwenden	setzt voraus, dass der Anstifter für das Unterbleiben der Tat kausal wird bzw ihm selbiges nach den Beteiligungsregeln zugerechnet werden kann. *§ 32 Rn 27f*
Verhindern der Tat	Für ein Verhindern der Tat iSv § 31 Abs. 1 Nr. 3, Abs. 2 genügt ein passives Verhalten, wenn der Beteiligte seinen Tatbeitrag nicht erbringt, der nach seiner Vorstellung für das Gelingen der Tat in der geplanten Gestalt unerlässlich ist. *§ 43 Rn 24*
Ernsthaftes Bemühen	ist wie bei § 24 dann anzunehmen, wenn der Täter (in einer für einen Dritten nachvollziehbaren Weise) davon überzeugt ist, durch sein Handeln den Erfolgseintritt zu verhindern. *§ 32 Rn 30*

▶ Vor § 32 ◀

Begriff	Definition
Erlaubnistatbestandsirrtum	Ein sog. Erlaubnistatbestandsirrtum liegt vor, wenn der Täter die tatsächlichen oder normativen (str.) Voraussetzungen eines Rechtfertigungsgrundes für gegeben hält, ohne dass diese objektiv vorliegen. *§ 29 Rn 11 ff, 28 ff*
Erlaubnisirrtum	Ein sog. Erlaubnisirrtum liegt vor, wenn der Täter trotz zutreffender Erfassung des Sachverhalts entweder irrig einen rechtlich nicht anerkannten Rechtfertigungsgrund annimmt (Bestandsirrtum) oder aber die Grenzen eines rechtlich anerkannten Rechtfertigungsgrundes zu seinen Gunsten überdehnt (Grenzirrtum). *§ 29 Rn 6*
Mutmaßliche Einwilligung	Die mutmaßliche Einwilligung ist ein Rechtfertigungsgrund, bei dem bis auf das Fehlen der Erklärung des Rechtsgutsinhabers alle Voraussetzungen einer wirksamen Einwilligung vorliegen müssen. Der Eingriff in die fremde Rechtssphäre ist hier zulässig, weil eine tatsächliche Einwilligung wegen unüberwindbarer Hindernisse nicht mehr rechtzeitig eingeholt werden kann und das tatbestandsmäßige Verhalten entweder den Interessen des Berechtigten dient (Prinzip der Interessenwahrnehmung) oder diese ersichtlich nicht berührt (Prinzip des mangelnden Interesses). *§ 19 Rn 1, 3 ff*
Hypothetische Einwilligung	Die hypothetische Einwilligung ist eine von der Rspr genutzte Einwilligungsfiktion. Sie grenzt sich von der mutmaßlichen Einwilligung dadurch ab, dass hier eine tatsächliche Erklärung des Betroffenen hätte eingeholt werden können, ohne dass dies geschehen ist. *§ 19 Rn 15*
Rechtfertigende Pflichtenkollision	Als rechtfertigende Pflichtenkollision wird eine Situation bezeichnet, in der eine Person Adressat wenigstens zweier gleichrangiger Pflichten ist, von denen sie aber nur eine auf Kosten der anderen erfüllen kann. *§ 18 Rn 1*

Definitionen

▶ § 127 StPO

(1) Wird jemand auf **frischer Tat** betroffen oder verfolgt, so ist, wenn er der Flucht verdächtig ist oder seine Identität nicht sofort festgestellt werden kann, jedermann befugt, ihn auch ohne richterliche Anordnung vorläufig **festzunehmen**. Die Feststellung der Identität einer Person durch die Staatsanwaltschaft oder die Beamten des Polizeidienstes bestimmt sich nach § 163b Abs. 1 StPO.

(2) Die Staatsanwaltschaft und die Beamten des Polizeidienstes sind bei Gefahr im Verzug auch dann zur vorläufigen Festnahme befugt, wenn die Voraussetzungen eines Haftbefehls oder eines Unterbringungsbefehls vorliegen.

(3) Ist eine Straftat nur auf Antrag verfolgbar, so ist die vorläufige Festnahme auch dann zulässig, wenn ein Antrag noch nicht gestellt ist. Dies gilt entsprechend, wenn eine Straftat nur mit Ermächtigung oder auf Strafverlangen verfolgbar ist. ◀

Begriff	Definition
Tat	Als Tat kommt nur eine rechtswidrige Tat gemäß § 11 Abs. 1 Nr. 5 in Betracht. Das Verhalten muss also den Tatbestand eines Strafgesetzes verwirklichen, ohne gerechtfertigt zu sein. Eine vom Festnehmenden nur angenommene Tat ist daher nicht ausreichend. (str.) *§ 20 Rn 2 ff*
Frisch	Die Tat ist frisch, solange aus den gesamten Umständen, in denen sich der Betroffene befindet, noch auf ihre Begehung geschlossen werden kann. Die Festnahme muss also in einem unmittelbaren zeitlichen und räumlichen Zusammenhang mit der Tat erfolgen. *§ 20 Rn 7*
Festnahme	Die Festnahme darf mit allen Mitteln erfolgen, die zum Festnahmezweck in einem angemessenen Verhältnis stehen. Erfasst sind auch Eingriffe, die milder als eine Freiheitsberaubung sind und denselben Zweck erfüllen können. *§ 20 Rn 8 f*

▶ § 32

(1) Wer eine Tat begeht, die durch **Notwehr geboten** ist, handelt nicht rechtswidrig.

(2) Notwehr ist die Verteidigung, die erforderlich ist, um einen **gegenwärtigen** rechtswidrigen **Angriff** von sich oder einem anderen abzuwenden. ◀

Definitionen

Begriff	Definition
Notwehr	Die Notwehr ist ein Rechtfertigungsgrund, der eine Notwehrlage (das „Ob" der Notwehr), eine Notwehrhandlung (das „Wie" der Notwehr) sowie einen Verteidigungswillen (die subjektive Seite der Notwehr) fordert: ■ Die *Notwehrlage* wird durch einen gegenwärtigen, rechtswidrigen Angriff begründet. ■ Die *Notwehrhandlung* ist die erforderliche und gebotene Verteidigung gegenüber dem Angreifer. ■ Für den *Verteidigungswillen* verlangt die hM neben Kenntnis der Notwehrlage auch ein Handeln in Verteidigungsabsicht. (str.) § 16 Rn 3, 5, 25, 37 f
Angriff	ist jede durch menschliches Verhalten drohende Verletzung eines rechtlich geschützten Gutes. Das menschliche Verhalten muss dabei Handlungsqualität aufweisen, aber keine Verletzung bezwecken, sondern nur seiner objektiven Tendenz nach unmittelbar darauf gerichtet sein. § 16 Rn 6 ff
Gegenwärtig	Der Angriff ist gegenwärtig, wenn die Gutsverletzung unmittelbar bevorsteht, bereits begonnen hat oder noch fortdauert. § 16 Rn 17
Verteidigung	Verteidigung iSd Notwehr ist ein Verhalten, welches sich (allein) gegen den Angreifer richtet, da nur dessen Verhalten die Berechtigung zur Notwehr begründet. § 16 Rn 26
Erforderlichkeit	Erforderlich ist diejenige Verteidigung, die aufgrund eines objektiven *ex-ante*-Urteils geeignet erscheint, den Angriff endgültig zu beenden, und dabei unter den gleichermaßen geeigneten Mitteln dasjenige darstellt, das den geringsten Verlust beim Angreifer bedingt. Bezugspunkt ist dabei die Verteidigungs*handlung*, nicht der Verteidigungs*erfolg*. § 16 Rn 27 f
Geboten	Die Verteidigung ist geboten, wenn sie sich im Rahmen des normativ Angemessenen bewegt, also keinen „sozialethischen" Einschränkungen unterliegt. Anders als das Merkmal der Erforderlichkeit, welches sich auf die *faktische* Abwehrmöglichkeit des Angriffs bezieht, betrifft die Gebotenheit damit die *normative* Angemessenheit der Reaktion. § 16 Rn 35 f, 39 ff
Nothilfe	Die Verteidigung zugunsten eines anderen wird Notwehrhilfe oder Nothilfe genannt und ist grds unter den gleichen Voraussetzungen wie die Notwehr möglich und gerechtfertigt, wobei allerdings bei Disponibilität des gefährdeten Rechtsguts die Hilfe gesperrt ist, sofern der Angegriffene erkennbar den Verlust seines Gutes dulden will. § 16 Rn 2

▶ § 33

Überschreitet der Täter die Grenzen der Notwehr aus **Verwirrung, Furcht oder Schrecken,** so wird er nicht bestraft. ◀

Definitionen

Begriff	Definition
Überschreiten der Grenzen der Notwehr	Das Überschreiten der Grenzen der Notwehr bezieht sich unstr. jedenfalls auf das Maß der erforderlichen Verteidigung (sog. *intensiver Notwehrexzess*). Dagegen wendet die hM die Vorschrift auf die Überschreitung der Notwehr in zeitlicher Hinsicht (sog. *extensiver Notwehrexzess*) nicht an. (str.) Gleiches gilt für den Fall des sog. *Putativnotwehrexzesses*, wenn eine Notwehrlage also überhaupt nie bestanden hat. (str.) *§ 25 Rn 2, 8 ff, 15 ff*
Aus Verwirrung, Furcht oder Schrecken	Einschlägig sind nur die aufgeführten, sog. asthenischen Affekte als Schwächeaffekte, nicht hingegen sthenische Affekte wie Wut, Empörung oder Hass. Treffen asthenische Affekte mit weiteren Motiven zusammen, müssen sie zumindest mitbestimmend gewesen sein. *§ 25 Rn 7*

▶ **§ 34**

Wer in einer **gegenwärtigen, nicht anders abwendbaren Gefahr** für Leben, Leib, Freiheit, Ehre, Eigentum oder ein anderes **Rechtsgut** eine Tat begeht, um die Gefahr von sich oder einem anderen abzuwenden, handelt nicht rechtswidrig, wenn bei **Abwägung der widerstreitenden Interessen**, namentlich der betroffenen Rechtsgüter und des Grades der ihnen drohenden Gefahren, das geschützte Interesse das beeinträchtigte wesentlich überwiegt. Dies gilt jedoch nur, soweit die Tat ein **angemessenes Mittel** ist, die Gefahr abzuwenden. ◀

Begriff	Definition
Rechtfertigender Notstand	Der rechtfertigende Notstand ist ein Rechtfertigungsgrund, der zur Voraussetzung eine Notstandslage, eine Notstandshandlung sowie ein Handeln mit Rettungswillen hat: ■ Die *Notstandslage* besteht in einer gegenwärtigen Gefahr für ein Rechtsgut. ■ Die *Notstandshandlung* ist durch die Merkmale der Erforderlichkeit, der Interessenabwägung und einer Angemessenheit nach S. 2 gekennzeichnet. ■ Im Hinblick auf den *Rettungswillen* fordert die hM neben der Kenntnis der Rechtfertigungslage auch ein Handeln zum Zwecke der Gefahrenabwehr. *§ 17 Rn 13 f, 21, 41*
Gefahr	Ein Rechtsgut ist iSd § 34 S. 1 gefährdet, wenn seine Schädigung aufgrund der gegebenen Umstände als sehr wahrscheinlich erscheint, wobei das Gefahrurteil im Wege der *ex-ante*-Prognose eines neutralen Beobachters zu fällen ist. Sofern bereits eine Verletzung eingetreten ist, kann die Gefährdung auch in der Wahrscheinlichkeit einer Intensivierung des Schadens liegen. *§ 17 Rn 15 f*
Gegenwärtigkeit	Die Gefahr ist gegenwärtig, wenn Maßnahmen zu ihrer Abwendung alsbald zu treffen sind. Es kommt also entscheidend auf die Notwendigkeit sofortigen Handelns zur Abwendung des drohenden Schadens an und weniger auf den Zeitpunkt der erwarteten Gefahrrealisierung. *§ 17 Rn 18 ff*
Rechtsgut	Notstandsfähig sind alle Rechtsgüter, dh neben den namentlich aufgeführten Individualrechtsgütern wie Leib, Leben, Freiheit, Ehre und Eigentum auch überindividuelle (kollektive) Rechtsgüter. *§ 17 Rn 17*

Definitionen

Begriff	Definition
Nicht anders abwendbar	Die Notstandshandlung muss zur Abwendung der Gefahr erforderlich sein. § 17 Rn 21
Abwägung der widerstreitenden Interessen	Die Abwägung der widerstreitenden Interessen umfasst bereits nach dem Gesetzeswortlaut die Berücksichtigung (des abstrakten Wertes) der betroffenen Rechtsgüter sowie den Grad der ihnen drohenden Gefahren. Daneben sind insbesondere auch das Ausmaß der drohenden Schäden, besondere Pflichtenstellungen des Gefährdeten und ggf dessen schuldhafte Verursachung der Gefahr zu berücksichtigen. § 17 Rn 24 ff, 39 f
Angemessenes Mittel	Die Notstandshandlung ist iSv § 34 S. 2 als angemessenes Mittel anzusehen, wenn zur Gefahrabwendung keine rechtlich geordneten Verfahren zur Verfügung stehen. § 17 Rn 37

▶ **§ 228 BGB**

Wer eine fremde Sache beschädigt oder zerstört, um eine durch sie drohende Gefahr von sich oder einem anderen abzuwenden, handelt nicht widerrechtlich, wenn die Beschädigung oder die Zerstörung zur Abwendung der Gefahr erforderlich ist und der Schaden **nicht außer Verhältnis** zu der Gefahr steht. Hat der Handelnde die Gefahr verschuldet, so ist er zum Schadensersatz verpflichtet. ◀

Begriff	Definition
Nicht außer Verhältnis	Dass der (angerichtete) Schaden bei § 228 BGB nicht außer Verhältnis zur abzuwendenden Gefahr stehen darf, führt beim defensiven Notstand dazu, dass – im Gegensatz zum aggressiven Notstand nach § 34 S. 1 (§ 904 BGB) – auch Beschädigungen gerechtfertigt sein können, die *gravierender* als der drohende Schaden sind. § 17 Rn 46

▶ **§ 35**

(1) Wer in einer **gegenwärtigen, nicht anders abwendbaren Gefahr** für Leben, Leib oder **Freiheit** eine rechtswidrige Tat begeht, um die Gefahr von sich, einem **Angehörigen** oder einer anderen ihm **nahestehenden Person** abzuwenden, handelt ohne Schuld. Dies gilt nicht, soweit dem Täter nach den Umständen, namentlich weil er die **Gefahr selbst verursacht** hat oder weil er in einem **besonderen Rechtsverhältnis** stand, zugemutet werden konnte, die Gefahr hinzunehmen; jedoch kann die Strafe nach § 49 Abs. 1 gemildert werden, wenn der Täter nicht mit Rücksicht auf ein besonderes Rechtsverhältnis die Gefahr hinzunehmen hatte.

(2) Nimmt der Täter bei Begehung der Tat irrig Umstände an, welche ihn nach Absatz 1 entschuldigen würden, so wird er nur dann bestraft, wenn er den Irrtum vermeiden konnte. Die Strafe ist nach § 49 Abs. 1 zu mildern. ◀

Definitionen

Begriff	Definition
Entschuldigender Notstand	Der entschuldigende Notstand ist ein Entschuldigungsgrund, der eine Notstandslage, eine Notstandshandlung, einen Rettungswillen sowie eine fehlende Zumutbarkeit der Gefahrduldung fordert: ■ Die *Notstandslage* setzt eine gegenwärtige Gefahr für eines der ausdrücklich genannten Güter voraus. ■ Für die *Notstandshandlung* darf die den Notstand begründende Gefahr durch keine andere Maßnahme als das Verhalten des Täters abwendbar sein. ■ Der *Rettungswille* setzt neben der Kenntnis der Gefahrenlage ein Handeln zum Zwecke der Gefahrabwendung voraus. § 24 Rn 3, 4, 8, 11
Gefahr	Die Gefahr ist bei § 35 Abs. 1 S. 1 identisch zum rechtfertigenden Notstand als wahrscheinliche Gefährdung zu beschreiben, die sich allerdings zwingend auf die ausdrücklich genannten Rechtsgüter beziehen muss. § 24 Rn 5 f, § 17 Rn 15 f
Gegenwärtigkeit	Die Gefahr ist – identisch zu § 34 S. 1 – gegenwärtig, wenn Maßnahmen zu ihrer Abwendung alsbald zu treffen sind. § 17 Rn 18 ff
Freiheit	Unter Freiheit ist allein die Fortbewegungsfreiheit (und nicht die allgemeine Handlungsfreiheit) zu verstehen. § 24 Rn 6
Angehörige	Angehörige sind die in § 11 Abs. 1 Nr. 1 genannten Personen. § 24 Rn 7
Nahestehende Person	Als nahestehend können Personen angesehen werden, mit denen der Täter in Hausgemeinschaft lebt oder die ihm wie Angehörige persönlich verbunden sind. § 24 Rn 7
Nicht anders abwendbar	Die Gefahr ist nur dann nicht anders abwendbar, wenn die Notstandshandlung als ultima ratio zur Behebung der Gefahr objektiv erforderlich ist: Die Notstandshandlung muss also geeignet und das relativ mildeste der zur Verfügung stehenden Mittel sein. Zudem muss eine gewisse Proportionalität zwischen dem zu schützenden und dem verletzten Rechtsgut bestehen. § 24 Rn 8 ff
Gefahr selbst verursacht	Gefahrverursachung meint hier nicht allein das Setzen einer kausalen Bedingung. Vielmehr ist dem Täter die Entschuldigung erst zu versagen, wenn er sich zumindest objektiv ohne zureichenden Grund in eine Situation begeben hat, aus der die Gefahrenlage vorhersehbar erwachsen ist. § 24 Rn 13
Besonderes Rechtsverhältnis	Besonderes Rechtsverhältnis iSd § 35 Abs. 1 S. 2 meint ein Rechtsverhältnis, aus dem sich erhöhte Gefahrtragungs- und Schutzpflichten ergeben. Die Schutzpflicht muss sich dabei auf die *Allgemeinheit* beziehen, wie dies bei Polizeibeamten oder Angehörigen der Feuerwehr der Fall ist. § 24 Rn 14

Definitionen

▶ Vor § 52 ◀

Begriff	Definition
Handlungseinheit	Der Begriff der Handlungseinheit bezeichnet die rechtliche Bewertung eines äußeren Verhaltens als einheitliche Handlung. Anwendungsfälle hierfür sind: ■ die Handlung im natürlichen Sinne, ■ die natürliche Handlungseinheit, ■ die tatbestandliche Handlungseinheit und die fortgesetzte Handlung. *§ 44 Rn 14, § 45 Rn 1 ff*
Handlung im natürlichen Sinne	Von einer Handlung im natürlichen Sinne spricht man, wenn der Tatbestand eines Delikts durch eine bestimmte Körperbewegung oder deren Unterlassen erfüllt wird. *§ 45 Rn 4 f*
Natürliche Handlungseinheit	Mehrere natürliche Handlungen bilden eine natürliche Handlungseinheit, wenn sie ■ in einem unmittelbaren räumlichen und zeitlichen Zusammenhang stehen, ■ auf einer einheitlichen Motivationslage beruhen, ■ sich für einen Beobachter bei „natürlicher" Betrachtung als einheitliches Geschehen darstellen und ■ zu einer quantitativen Steigerung des tatbestandlichen Schadens führen. *§ 45 Rn 6 ff*
Tatbestandliche Handlungseinheit	Als tatbestandliche Handlungseinheit ist es anzusehen, wenn mehrere Einzelakte durch die tatbestandliche Unrechtsvertypung zu einer Handlung verbunden sind, wie dies bei Dauerdelikten, zusammengesetzten Delikten und mehraktigen Delikten der Fall ist. *§ 45 Rn 13 ff*
Fortgesetzte Handlung	Von einer fortgesetzten Handlung spricht man, wenn ■ mehrere Einzelakte sich gegen dasselbe Rechtsgut richten, ■ in der Begehungsweise im Wesentlichen gleichartig sind, ■ in einem räumlichen und zeitlichen Zusammenhang stehen und ■ auf einem einheitlichen Vorsatz (Gesamtvorsatz) beruhen. Die Figur der fortgesetzten Handlung ist durch die Entscheidung BGHSt 40, 138 ff weitgehend aufgegeben worden. *§ 45 Rn 16 f*
Gesetzeskonkurrenz	Gesetzeskonkurrenz (auch unechte Konkurrenz oder Gesetzeseinheit genannt) bezeichnet die „Verdrängung" eines Strafgesetzes, das zwar verwirklicht ist, aber nicht angewandt wird, weil dessen Unrecht bereits von einem anderen Gesetz erfasst ist, dessen Verletzung dem Täter ebenfalls vorgeworfen wird. Es werden drei Arten der Gesetzeskonkurrenz unterschieden: ■ Spezialität, ■ Subsidiarität und ■ Konsumtion. *§ 46 Rn 1 ff*

Definitionen

Begriff	Definition
Spezialität	Von Spezialität spricht man, wenn durch eine Handlung (bzw Handlungseinheit) zwei Gesetze verletzt werden, von denen eines alle Merkmale des anderen und zudem noch wenigstens ein weiteres Merkmal aufweist. § 46 Rn 5 ff
Subsidiarität	Subsidiarität ist gegeben, wenn durch eine Handlung (bzw Handlungseinheit) zwei Gesetze verletzt werden, von denen eines jedoch nur unter der Voraussetzung anwendbar ist, dass das andere nicht eingreift. Dies kann qua ausdrücklicher gesetzlicher Anordnung der Fall sein (sog. **formelle Subsidiarität**) oder auch deshalb, weil dem Täter das Unrecht in unterschiedlichen Formen zugerechnet werden kann (sog. **materielle Subsidiarität**). § 46 Rn 8 ff
Konsumtion	Die Konsumtion betrifft sowohl Fälle der Handlungseinheit als auch -mehrheit, bei denen das Unrecht eines Delikts *im Regelfall* von demjenigen eines anderen Delikts miterfasst wird, ersteres also kein eigenes Gewicht erlangt. § 46 Rn 11 ff
In dubio pro reo	Der Grundsatz in dubio pro reo ist eine Entscheidungsregel der Rechtsanwendung und besagt, dass eine Verurteilung nur auf solche Tatsachen gestützt werden darf, die zur Überzeugung des Gerichts als im Verfahren erwiesen anzusehen sind. Er greift dabei nicht nur bei Entscheidungen über Bestrafung oder Freispruch ein, sondern auch bei der Entscheidung zwischen Taten, die in einem logischen oder normativen Stufenverhältnis stehen. § 48 Rn 1 ff
Gleichartige Wahlfeststellung	Bei der gleichartigen Wahlfeststellung (oder Sachverhaltsalternativität) steht fest, dass der Täter denselben Tatbestand notwendigerweise durch eine von mehreren möglichen Handlungen verwirklicht hat, ohne dass die konkrete Begehungsweise mit Sicherheit festgestellt werden kann. Der Täter ist dann dennoch wegen des in Frage kommenden Tatbestands zu bestrafen. § 48 Rn 8 f
Ungleichartige Wahlfeststellung	Bei der ungleichartigen (oder „echten") Wahlfeststellung steht fest, dass durch die in Betracht kommenden Sachverhaltsmöglichkeiten notwendigerweise eines von mehreren selbstständigen Delikten begangen wurde, wobei die in Betracht kommenden Delikte rechtsethisch und psychologisch vergleichbar sein müssen. (str.) Es erfolgt dann eine *wahlweise* Verurteilung. (str.) § 48 Rn 10 ff
Postpendenz	In der Situation der sog. Postpendenz steht fest, dass von zwei strafrechtlich relevanten Sachverhalten der spätere gewiss, der frühere dagegen nur möglicherweise vorlag. Hier erfolgt eine eindeutige Verurteilung wegen des späteren Delikts. § 48 Rn 19 f
Praependenz	Bei der Praependenz ist von zwei strafrechtlich relevanten Sachverhalten der frühere zweifelsfrei, der spätere jedoch nur möglicherweise gegeben. Zu verurteilen ist dann wegen des früheren Delikts. § 48 Rn 21

▶ § 52

(1) **Verletzt dieselbe Handlung mehrere Strafgesetze** oder **dasselbe Strafgesetz mehrmals**, so wird nur auf eine Strafe erkannt.

(2) Sind mehrere Strafgesetze verletzt, so wird die Strafe nach dem Gesetz bestimmt, das die schwerste Strafe androht. Sie darf nicht milder sein, als die anderen anwendbaren Gesetze es zulassen.

Definitionen

(3) Geldstrafe kann das Gericht unter den Voraussetzungen des § 41 neben Freiheitsstrafe gesondert verhängen.

(4) Läßt eines der anwendbaren Gesetze die Vermögensstrafe zu, so kann das Gericht auf sie neben einer lebenslangen oder einer zeitigen Freiheitsstrafe von mehr als zwei Jahren gesondert erkennen. Im übrigen muß oder kann auf Nebenstrafen, Nebenfolgen und Maßnahmen (§ 11 Abs. 1 Nr. 8) erkannt werden, wenn eines der anwendbaren Gesetze sie vorschreibt oder zuläßt. ◄

Begriff	Definition
Tateinheit	Eine tateinheitliche Verletzung mehrerer Strafgesetze oder eine tateinheitliche mehrmalige Verletzung desselben Strafgesetzes ist anzunehmen wenn ■ mehrere Tatbestände zugleich durch dieselbe Handlung verwirklicht werden, ■ mehrere Tatbestände *teilweise* durch dieselbe Handlung (bzw Handlungseinheit) verwirklicht werden (Tateinheit durch Teilidentität der Ausführungshandlungen), ■ mehrere Tatbestände zwar unabhängig voneinander, aber jeweils teilidentisch mit der Verwirklichung eines weiteren Tatbestands erfüllt werden (Tateinheit durch Klammerwirkung), ■ die einzelnen Delikte durch eine Mehrheit von Handlungen begangen werden, die jedoch bei natürlicher Betrachtung eine Einheit bilden (Tateinheit durch natürliche Handlungseinheit). (str.) § 47 Rn 8 ff
Verletzt dieselbe Handlung mehrere Strafgesetze	Der Fall, dass eine Handlung (Handlungseinheit) mehrere Strafgesetze verletzt, wird als ungleichartige Tateinheit oder **ungleichartige Idealkonkurrenz** bezeichnet. § 47 Rn 1 f
Verletzt dieselbe Handlung dasselbe Strafgesetz mehrmals	Der Fall, dass eine Handlung (Handlungseinheit) dasselbe Strafgesetz mehrmals verletzt, wird als gleichartige Tateinheit bzw **gleichartige Idealkonkurrenz** bezeichnet. § 47 Rn 1 f

► § 53

(1) **Hat jemand mehrere Straftaten begangen**, die gleichzeitig abgeurteilt werden, und dadurch mehrere Freiheitsstrafen oder mehrere Geldstrafen verwirkt, so wird auf eine Gesamtstrafe erkannt.

(2) Trifft Freiheitsstrafe mit Geldstrafe zusammen, so wird auf eine Gesamtstrafe erkannt. Jedoch kann das Gericht auf Geldstrafe auch gesondert erkennen; soll in diesen Fällen wegen mehrerer Straftaten Geldstrafe verhängt werden, so wird insoweit auf eine Gesamtgeldstrafe erkannt.

(3) Hat der Täter nach dem Gesetz, nach welchem § 43a Anwendung findet, oder im Fall des § 52 Abs. 4 als Einzelstrafe eine lebenslange oder eine zeitige Freiheitsstrafe von mehr als zwei Jahren verwirkt, so kann das Gericht neben der nach Absatz 1 oder 2 zu bildenden Gesamtstrafe gesondert eine Vermögensstrafe verhängen; soll in diesen Fällen wegen mehrerer Straftaten Vermögensstrafe verhängt werden, so wird insoweit auf eine Gesamtvermögensstrafe erkannt. § 43a Abs. 3 gilt entsprechend.

Definitionen

(4) § 52 Abs. 3 und 4 Satz 2 gilt sinngemäß. ◄

Begriff	Definition
Hat jemand mehrere Straftaten begangen	Der Fall, dass eine Person mehrere selbstständig strafbare Gesetzesverletzungen begangen hat, wird Tatmehrheit genannt und liegt dann vor, wenn keine der Kriterien zur Bildung einer Tateinheit eingreifen. *§ 47 Rn 31 ff*

Stichwortverzeichnis

Die Angaben verweisen auf die Paragrafen des Buches (**fette Zahlen**) sowie die Randnummern innerhalb der einzelnen Paragrafen (magere Zahlen).
Beispiel: § 9 Rn 10 = **9** 10

Abartigkeiten, schwere seelische **22** 6
aberratio ictus **27** 53 ff
Absicht **14** 1, 3 ff
Absichtslos doloses Werkzeug **39** 20 ff
Absorptionsprinzip **47** 4, 7
Abstiftung **41** 15
actio illicita in causa **16** 51, 56
actio libera in causa **23** 1 ff
- Ausnahmemodell **23** 5 ff
- beim Fahrlässigkeitsdelikt **23** 29 ff
- Irrtum bei **27** 61 ff
- Tatbestandsmodell **23** 5, 11 ff
- und Koinzidenzprinzip **23** 4 f
- Verfassungswidrigkeit **23** 10, 20 ff
- Versuchsbeginn **31** 19 ff
- Vorverlagerungstheorie **23** 15
actio praecedens **23** 7
Adäquanz
- kausale **33** 22 f
- soziale **11** 10 f, **33** 26
Adäquanztheorie **10** 6 f, **33** 22 f
Affekt
- asthenischer **25** 7
- sthenischer **25** 7
agent provocateur **41** 26 ff
Aggressiver Notstand **17** 5
Akzessorietät der Teilnahme **38** 19 ff
- limitierte **38** 19
- Lockerung **38** 22 ff
Alleintäterschaft **39** 1 ff
Allgemeindelikt **8** 15
Alternativverhalten, erlaubt riskantes **33** 34 ff
Analogieverbot **3** 2, 6
Angehörige **24** 7
Angriff, notwehrfähiger **16** 6 ff
- auf staatliche Güter **16** 13 ff
- durch Unterlassen **16** 9
- Gegenstand des -s **16** 11 ff
- Gegenwärtigkeit **16** 17 ff
- notwehrähnliche Lage **16** 20
- Rechtswidrigkeit **16** 21 ff
animus auctoris **38** 39

animus socii **38** 39
Ansetzen s. unmittelbares Ansetzen
Anstiftung **38** 4, **41** 1 ff
- Abstiftung **41** 15
- agent provocateur **41** 26 ff
- Anstiftervorsatz, doppelter **41** 1, 22 ff
- Aufstiftung **41** 13 f
- Bestimmen **41** 1, 5 ff
- durch Unterlassen **41** 17 ff
- Exzess des Haupttäters **41** 24
- Haupttat **41** 1, 3 f
- Hervorrufen des Tatentschlusses **41** 5 ff
- Irrtümer **41** 30 ff
- Umstiftung **41** 12
- Verhältnis zur Beihilfe **41** 11 f, 14 f
- versuchte **41** 4, 11, **43** 3 ff
Antragsdelikt **6** 19, **8** 29
- absolutes **6** 19
- relatives **6** 19
Äquivalenztheorie **10** 8 ff
- beim Unterlassungsdelikt **36** 14 ff s. auch Kausalität
- Erfolg in seiner konkreten Gestalt **10** 4, 17
- modifizierte condicio-sine-qua-non-Formel **10** 15 f, 34
Asperationsprinzip **47** 36
Aufgeben der Tat **32** 19 ff
Aufstiftung **41** 13 f
Ausführungshorizont **32** 13
Ausland **4** 11
Ausländer **4** 11
Auslegung **3** 7
Autonome Motive **32** 22

Bedingter Vorsatz **14** 1, 11 ff, 31
- Abgrenzung zur Fahrlässigkeit **14** 14 ff
- Billigungstheorie **14** 22 ff
- Einwilligungstheorie **14** 22 ff
- Ernstnahmetheorie **14** 22, 25
- Gleichgültigkeitstheorie **14** 22, 26
- Möglichkeitstheorie **14** 15 ff, 27 ff
- Risikotheorie **14** 15, 18 ff
- Vermeidungstheorie **14** 15, 21
- voluntatives Element **14** 12 ff, 22 ff

Stichwortverzeichnis

- Wahrscheinlichkeitstheorie 14 15, 17, 28
Bedingungstheorie s. Äquivalenztheorie
Beendeter Versuch 32 1, 8, 13
- Abgrenzung zum unbeendeten Versuch 32 11 ff
- Rücktritt 32 25 ff
Beendigung der Straftat 9 16 f, 31 1
Begegnungsdelikte 38 6 f
Begehungsdelikt 8 12
Begehungsort 4 5 ff
Beihilfe 38 4, 42 1 ff
- durch alltägliche Handlungen 42 15 ff
- durch Unterlassen 42 24
- Formen 42 3 ff
- Gehilfenvorsatz 42 1, 29 f
- Haupttat 42 1
- Hilfeleistung 42 1, 3 ff
- Kausalität der Hilfeleistung 42 9 ff
- physische 42 4
- psychische 41 11, 14, 42 5 ff
- sukzessive 42 26 ff
- Verhältnis zur Anstiftung 42 31
- zu Unterlassungsdelikten 42 25
Bemühen, ernsthaftes 32 30
Beschneidung von Jungen 20 18 f
Beschützergarant 36 25, 56, 74 ff
- aus enger Gemeinschaftsbeziehung 36 74, 76 ff
- aus familiärer Verbundenheit 36 74 f, 77 f
- aus öffentlichen Ämtern 36 74, 82 f
- Übernahme von Schutzfunktionen 36 74, 79 ff
Besondere persönliche Merkmale 38 22 ff
- Garantenpflichten als 38 61 ff
- strafbegründende 38 23, 32
- strafqualifizierende 38 24, 32
Bestandsirrtum 29 6
Bestimmen 41 1, 5 ff
Bestimmtheitsgebot 3 2, 5
Beteiligung 38 1 ff
- Akzessorietät 38 17 ff
- Anstiftung s. Anstiftung
- bei Fahrlässigkeitsdelikten 38 55
- Beihilfe s. Beihilfe
- bei Unterlassungsdelikten 38 60 ff
- durch Unterlassen 38 65 ff
- Ketten- 38 5
- Rücktritt vom Versuch der 43 23 ff
- Schuldunabhängigkeit 38 17 ff

- Täterschaft s. Täterschaft
- Teilnahme s. Teilnahme
- versuchte 43 1 ff
Bewusstseinsstörungen, tiefgreifende 22 6
Billigungstheorie 14 22 ff
Blankettmerkmal 9 14, 27 32 f
Blutalkoholkonzentration 22 8

condicio-sine-qua-non-Formel 10 9 ff
- modifizierte 10 15 f, 34
corpus delicti, Lehre vom 8 2

Dauerdelikt 8 24
Defensiver Notstand 17 45 ff
Defizite, kognitive 26 2
delictum sui generis 8 10
Delikt
- eigener Art s. delictum sui generis
- eigenhändiges 8 23, 38 52
- erfolgsqualifiziertes s. erfolgsqualifiziertes Delikt
- Typen 8 11 ff
Deliktsaufbau 6 1 ff
- dreistufiger 6 8 f, 11
- zweistufiger 6 8 f, 10
Deliktstatbestand
- Begriff und Formen 8 1 ff
- Inhalt 9 1 ff
- objektiver s. objektiver Tatbestand
- subjektiver s. subjektiver Tatbestand
Deskriptive Tatbestandsmerkmale 9 10, 12, 27 23
Deutscher 4 11
Direkter Vorsatz 14 1, 8 ff
dolus alternativus 14 33 ff
dolus antecedens 13 8
dolus cumulativus 14 32 f
dolus directus
- 1. Grades s. Absicht
- 2. Grades s. direkter Vorsatz
dolus eventualis s. bedingter Vorsatz
dolus generalis 14 37, 27 50 ff
dolus malus 13 4, 28 4
dolus subsequens 13 8
dolus-Theorie 38 39
Doppelter Anstiftervorsatz 41 22 ff
Duales System der Rechtsfolgen 1 16

Stichwortverzeichnis

Echtes Unterlassungsdelikt 8 13, 35 1, 37 1 ff
Eigenhändiges Delikt 8 23
Eigenverantwortliche Selbstgefährdung 11 23 ff
- Abgrenzung zur Fremdgefährdung 12 63 ff
- Mitwirkung an Drogenkonsum 11 35
Eigenverantwortlichkeitsprinzip 11 23
Eindruckstheorie 30 9 f
Eingeschränkte Schuldtheorie 29 19, 24, 26
Einheitstäter 38 3
Einheitstheorie 4 5
Einsichtsfähigkeit, fehlende 12 11, 18, 22 7
Einverständliche Fremdgefährdung 12 61 ff
- Abgrenzung zur Selbstgefährdung 12 63 ff
Einverständnis 12 33 ff
- bedingtes 12 60
- Einsichtsfähigkeit 12 40 ff
- Erklärungsbedürftigkeit 12 55 ff
- relevante Tatbestandsmerkmale 12 33 ff
- Stellvertretung 12 60
- Widerruf 12 60
- Willensmängel 12 49 ff
- Wirksamkeitsvoraussetzungen 12 46 ff
Einwilligung 12 1 ff
- bedingte 12 15
- hypothetische 19 15 ff
- mutmaßliche 19 1 ff
- Stellvertretung 12 16 ff
- Widerruf 12 20
- Willensmängel 12 21 ff
- Wirksamkeitsvoraussetzungen 12 9 ff
Einwilligungslösung 39 49
Einwilligungstheorie 14 22 ff
Einwirkungstheorie 39 57
Einzelaktstheorie 32 14
Einzellösung 39 55 ff, 61, 63 f, 40 14
- modifizierte 39 56
- strenge 39 57
Endogene Psychosen 22 6
Entscheidungsherrschaft 38 43
Entschuldigender Notstand 17 7, 9, 24 1 ff
- Abgrenzung zum rechtfertigenden Notstand 17 7 ff
- notstandsfähige Rechtsgüter 24 6
- Notstandshandlung 24 3, 8 ff
- Notstandslage 24 3 ff

- Rettungswille 24 3, 11
- Unzumutbarkeit der Gefahrhinnahme 24 3, 12 ff
Entschuldigungsgründe 21 12 ff
- Irrtum über 28 17 ff
Entschuldigungstatbestand 8 5
Erfolgsdelikt 8 18 f
Erfolgsförderungstheorie 42 10
Erfolgsort 4 6
Erfolgsqualifiziertes Delikt 8 19, 34 2, 4, 6 ff
- Rücktritt vom Versuch 32 35 ff
- Teilnahmefähigkeit 38 21
- Versuch 30 17 ff
Erfolgsunrecht 6 6, 9 7
Erfolgsunwert s. Erfolgsunrecht
Erforderlichkeit der Verteidigung 16 27 ff
Erlaubnisirrtum 28 12, 29 6
- umgekehrter 30 24
Erlaubnisnorm 15 1
Erlaubnistatbestand 8 5, 15 7 ff
- objektiver 15 8
- subjektiver 15 9
Erlaubnistatbestandsirrtum 29 11 ff
- eingeschränkte Schuldtheorie 29 19, 24, 26
- Lehre vom Gesamtunrechtstatbestand 29 20 f, 24 f
- Lehre von den negativen Tatbestandsmerkmalen 29 20 f, 24 f
- modifizierte Vorsatztheorie 29 15
- rechtsfolgenverweisende Schuldtheorie 29 22 f
- strenge Schuldtheorie 29 16 ff
- über normative Merkmale 29 28 ff
- Vorsatztheorie 29 14
Ermittlungsverfahren 1 12
Ernstnahmetheorie 14 22, 25
error s. Fehlvorstellung
error in persona vel objecto 27 40 ff
- bei mittelbarer Täterschaft 39 79 ff
- des Angestifteten 41 33 ff
- des Mittäters 40 21 f
Ersatztäter 11 13
Ersatzursache s. Kausalverlauf, hypothetischer
Erstverursacher s. Regressverbot
Erziehungsrecht 20 18 f
ex ante-Betrachtung 10 5

Exkulpationslösung 39 48
exogene Psychosen 22 6
ex post-Betrachtung 10 5 f
Fahrlässigkeit 33 1 ff, 6 ff
- Abgrenzung zum dolus eventualis 14 14 ff
- actio libera in causa 23 29 ff
- Alternativverhalten, erlaubt riskantes 33 34 ff
- Begriff s. Fahrlässigkeitsbegriff
- Beteiligung 38 55
- bewusste 33 69
- Einheitstäter 38 3
- erlaubtes Risiko 33 26 ff
- Formen 33 67 ff
- Funktion der Haftung für 33 2 ff
- individuelle Vermeidbarkeit 33 51 ff
- kausale Adäquanz 33 22 f
- Leichtfertigkeit 33 70 f
- objektive Vermeidbarkeit 33 18, 24 f
- objektive Vorhersehbarkeit 33 18, 20 ff
- objektive Zurechnung 33 10
- Pflichtwidrigkeitszusammenhang 33 34 ff
- Rechtfertigung 33 58 ff
- Schuld 33 63 ff
- Sonderwissen 33 21, 52
- Sorgfalt s. Sorgfalt
- Sorgfaltspflicht s. Sorgfaltspflicht
- Sorgfaltspflichtverletzung 33 16 ff, 20 ff, 24 ff, 51 ff
- soziale Adäquanz 33 26
- subjektive Tatseite 33 45 ff, 51 ff
- Übernahme- 33 19, 48
- unbewusste 33 67 f
- Vertrauensgrundsatz 33 30 ff
- zweistufiges Modell 33 45

Fahrlässigkeitsbegriff
- einstufiges Modell 33 49 ff
- Prüfungsaufbau 33 15 ff

Fehlgehen s. aberratio ictus
Fehlvorstellung 26 3, 5 f, 9 ff, 18
Festnahme, vorläufige 20 1 ff
Feuerprobe der kritischen Situation 31 15
Finale Handlungslehre 5 10 f
Fortsetzungstat 45 2, 16 ff
Fragmentarischer Charakter des Strafrechts 2 6
Frank´sche Formel 32 22
Freiheitsstrafe 1 19
Freistellungsnorm 15 1

Garantenpflicht 8 14, 36 2 s. auch Garantenstellung
Garantenstellung 35 2, 36 23 ff, 37 1
- als besonderes persönliches Merkmal 38 61 ff
- aus Amtspflicht 36 82 f
- Begründung 36 49 ff
- Beschützer- s. Beschützergarant
- Ingerenz 36 58, 64 ff
- Irrtümer über 36 31 ff
- kraft institutioneller Fürsorge 36 53, 55 ff
- kraft Risikoherrschaft 36 53 f, 56 ff
- Überwacher- s. Überwachergarant
- Verkehrssicherungspflichten 36 58 ff

Garantiefunktion des Strafrechts 3 2 ff
Gebotenheit der Verteidigung 16 35 f
Gebotsirrtum 36 34
Gefahr
- gegenwärtige 17 14 ff, 24 5
- rechtlich missbilligte 11 5
Gefährdungsdelikt 8 20 ff
- abstraktes 8 22
- konkretes 8 21
Gefährdungstheorie 31 17
Gefährliches Vorverhalten s. Ingerenz
Gehilfe s. Beihilfe
Geldstrafe 1 20
Geltungsbereich des StGB 4 1 ff
Generalprävention
- negative 2 13
- positive 2 14 f
Gesamtbetrachtungslehre 32 13
Gesamtlösung 39 54, 62, 40 15
Gesamtstrafe 44 11, 47 35 ff
Gesamttatbewertendes Merkmal 8 3
Gesamtunrechtstatbestand 8 5
- Lehre vom 6 8, 29 20 f, 24 f
Gesetz, spezielleres 46 5 ff
Gesetzeseinheit 46 3 s. auch Gesetzeskonkurrenz
Gesetzeskonkurrenz 44 6 ff, 46 1 ff
- Konsumtion 46 3 f, 11 ff
- Spezialität 46 3 ff
- Subsidiarität 46 3 f, 8 ff
Gesetzlichkeitsprinzip 3 1 ff
Gesetzmäßige Bedingung 10 12 ff
Gestaltungsherrschaft 38 43

Stichwortverzeichnis

Gewohnheitsrecht, Verbot des -s 3 2 f
Gleichgültigkeitstheorie 14 22, 26
Gnadentheorie 32 3
Goldenen Brücke, Theorie von der 32 3
Grenzirrtum 29 6
Grundtatbestand 8 6 f
Gutachtenstil 1 15

Haftungsbegrenzung, tatbestandliche s. objektive Zurechnung
Handeln für einen anderen 7 1 ff
Handlung 5 10 ff
– dieselbe 47 1 f
– fortgesetzte 45 2, 17 f
– im natürlichen Sinn 45 2, 4 f s. auch Handlungstheorien
Handlungsäquivalenz 36 1 f, 49, 37 1
Handlungseinheit 44 15 f
– iterative natürliche 45 12
– Kriterien 45 1 ff
– natürliche 45 2, 6 ff, 47 8, 21 ff
– rechtliche 45 17 f
– sukzessive natürliche 45 13
– tatbestandliche 45 2, 14
Handlungsfähigkeit 5 5 ff, 8
Handlungsförderungstheorie 42 13
Handlungsobjekt 2 7
Handlungstheorien 5 10 ff
Handlungsunrecht 6 6, 9 7
Handlungsunwert s. Handlungsunrecht
Hauptstrafen 1 18 ff
Haupttat 38 19, 41 1, 3 f, 42 1
– bei versuchter Anstiftung 43 9 ff
Hauptverfahren 1 13
Heranwachsende 22 2 f
Heteronome Motive 32 22
Hintermann s. mittelbare Täterschaft
Idealkonkurrenz 44 8
– gleichartige 47 1
– ungleichartige 47 1 s. auch Tateinheit
ignorantia s. Unkenntnis
in dubio pro reo 48 1 ff
Ingerenz 36 58, 64 ff
Inland 4 11
Interessentheorie 38 39
Internetstraftaten
– Tatort 4 9

– Verabredung zu einem Verbrechen 43 21
Irrtum 26 1 ff
– Begriff 26 3 ff
– bei actio libera in causa 27 61 ff
– bei Anstiftung 41 30 ff
– bei mittelbarer Täterschaft 39 65 ff
– Bestands- 29 6
– Doppel- 29 6
– Erlaubnis- 28 12, 29 6
– Erlaubnistatbestands- s. Erlaubnistatbestandsirrtum
– Fehlvorstellung 26 3, 5 f, 9 ff, 18
– Formen 26 3 ff, 18
– Gebots- 36 34
– Gegenstand des -s 26 7 f, 18
– Grenz- 29 6
– Rechtsfolgen 26 9 ff, 18
– Subsumtions- 27 15 ff
– Tatbestands- s. Tatbestandsirrtum
– über Entschuldigungsgründe 28 17 ff
– über Garantenstellung 36 31 ff
– über Identität des Tatobjekts s. error in persona vel objecto
– über Kausalverlauf 27 43 ff
– über normative Tatbestandsmerkmale 30 26 ff
– über Rechtfertigungsvoraussetzungen 29 1 ff
– über Sonderdeliktsmerkmale 30 31 ff
– über Tatbestandsalternativen 27 34
– über Vollendungszeitpunkt 27 47 ff
– umgekehrter Tatbestands- 30 2
– Unkenntnis 26 3 f, 6, 9, 11 f, 18
– Verbots- s. Verbotsirrtum
– Wahndelikt 26 10, 29 5
Irrtumslehre 26 1 ff

„Jedermann-Delikt" s. Allgemeindelikt

Kausalbegriff, funktionaler 10 1
Kausale Adäquanz 33 22 f
Kausale Handlungslehre 5 15 f
Kausales Regressverbot 10 27
Kausalität 10 1 ff
– alternative 10 31 ff
– bei Gremienentscheidungen 10 39 ff, 36 22
– beim Unterlassungsdelikt 36 12 ff
– der Beihilfehandlung 42 9 ff
– Doppel- 10 31 ff
– Funktion 10 1 ff
– kumulative 10 29 f
– Nachweis 10 8 ff

443

Stichwortverzeichnis

Kausalverlauf
- Abbruch eines rettenden -s 10 37 f, 35 11
- abgebrochener 10 24 ff
- atypischer 10 22 f
- hypothetischer 10 18 ff, 11 12 f
- Irrtum über 27 43 ff
- überholender 10 24 ff

Kettenbeteiligung 38 5

Klammerwirkung 47 8, 16 ff

Koinzidenzprinzip 6 3
- und actio libera in causa 23 4 f

Kombinationsprinzip 47 4

Konkurrenzen 44 1 ff
- Gesetzeskonkurrenz s. Gesetzeskonkurrenz
- Idealkonkurrenz s. Idealkonkurrenz
- Realkonkurrenz s. Realkonkurrenz
- unechte Konkurrenz s. Gesetzeskonkurrenz

Konsumtion 46 3 f, 11 ff

Konvergenzdelikte 38 6

Krankhafte seelische Störungen 22 6, 8

Kriminologie 1 9

Legalitätsprinzip 1 12

Leichtfertigkeit 33 70 f

Letalitätstheorie 34 9

lex specialis 46 5 ff

Limitierte Akzessorietät 38 19

Lockspitzel s. agent provocateur

luxuria 33 69

Maßnahmen 1 23

Maßregeln der Besserung und Sicherung 1 22 f

Merkmale, besondere persönliche s. besondere persönliche Merkmale

Mitbestrafte Nachtat 46 14, 16

Mitbestrafte Vortat 46 14 f

Mittäterschaft 40 1 ff
- additive 40 5
- alternative 40 5
- Erfordernis der Anwesenheit am Tatort 38 46 ff, 40 4
- Exzess des Mittäters 40 19 f
- fahrlässige 38 57, 59
- gemeinsamer Tatentschluss 40 3, 6 ff
- gemeinschaftliche Tatbegehung 40 3, 4
- Objektsverwechslung 40 21 f
- Schein- 40 16 ff

- sukzessive 40 10 ff
- vermeintliche 40 16 ff
- Versuchsbeginn 40 13 ff

Mittelbare Täterschaft 39 2, 7 ff
- absichtslos doloses Werkzeug 39 20 ff
- Defizite auf Rechtfertigungsebene 39 27 f
- Defizite auf Schuldebene 39 29 ff
- Defizite auf Tatbestandsebene 39 13 ff
- durch Unterlassen 39 41 ff
- eigenhändige Delikte 39 9
- Exzess des Tatmittlers 39 11
- fahrlässige 38 57 f
- Fallgruppen 39 13 ff
- Hintermann 39 7
- Irrtum über Qualifikation 39 24 ff
- Irrtum über Tatherrschaft 39 65 ff
- Motivirrtum 39 14 ff
- Objektsverwechslung beim Vordermann 39 79 ff
- organisatorische Machtapparate 39 37 ff
- qualifikationslos doloses Werkzeug 39 17 ff
- schuldlos handelndes Werkzeug 39 29 ff
- Selbstverletzungen des Vordermanns 39 44 ff, 60 ff
- Sonderdelikt 39 17 ff
- Tatmittler 39 7
- Versuchsbeginn 39 53 ff
- Vordermann 39 7
- Werkzeug 39 7
- Zurechnungsprinzip 39 7 ff

Modalitätenäquivalenz 36 1, 3, 37 1

Modifizierte Vorsatztheorie 29 15

Möglichkeitstheorie 14 15 ff, 27 ff

Motivationsfähigkeit 5 8

Motivirrtum 27 41
- bei mittelbarer Täterschaft 39 14 ff

Mutmaßliche Einwilligung 19 1 ff

Nebenfolge 1 18

Nebenstrafe 1 18

Nebenstrafrecht 1 2

Nebentäter 39 3 ff

ne bis in idem 4 15, 6 18

Negative Tatbestandsmerkmale 29 20 f, 24 f

neglegentia 33 68

Normative Tatbestandsmerkmale 9 11 ff, 27 24 ff

Normen 2 1 ff

Stichwortverzeichnis

Normgerechte Motivation s. normgerechtes Verhalten
Normgerechtes Verhalten 21 12 ff, 24 1, 36 37 ff, 37 9 f
Normwiderspruch 5 3 ff
Nothilfe 16 2
Nötigungsnotstand 17 34 ff
Notstand 17 1 ff
- aggressiver 17 5
- defensiver 17 4
- entschuldigender 17 7, 9, 24 1 ff
- rechtfertigender s. rechtfertigender Notstand
- -situation 17 2 ff
- übergesetzlicher 17 10, 21 14
- zivilrechtlicher s. zivilrechtlicher Notstand
Notstandshilfe 17 14
Notstandslage 17 14 ff
Notwehr 16 1 ff
- Angriffe Schuldloser 16 46
- Angriffe von Garanten 16 47
- antizipierte 16 32
- Bagatellangriffe 16 41
- Einschränkungen der -befugnis 16 39 ff
- -fähige Güter 16 11 ff
- -handlung s. Notwehrhandlung
- krasses Missverhältnis 16 42 ff
- -lage s. Notwehrlage
- Präventiv- 16 20
- -provokation s. Notwehrprovokation
- subjektive Voraussetzungen s. Verteidigungswille
- Überschreiten der Grenzen s. Notwehrexzess
Notwehrähnliche Lage 16 20
Notwehrexzess 25 1 ff
- extensiver 25 9 ff, 21, 23
- intensiver 25 2 ff, 21 f
- Putativ- 25 17
- subjektive Tatseite 25 15
Notwehrhandlung 16 3, 25 ff
- Erforderlichkeit 16 27 ff
- Gebotenheit 16 35 f
- Selbstschutzanlagen 16 32 ff
Notwehrlage 16 3, 5 ff
- provozierte 16 48 ff s. auch Angriff
Notwehrprovokation 16 48 ff
nulla poena, nullum crimen sine lege 3 2 ff
Objektiver Tatbestand 6 5, 9 1 ff

Objektive Strafbarkeitsbedingungen 6 13
- Irrtum über Voraussetzungen 26 15
Objektive Zurechnung 11 1 ff, 33 10
- Ausschluss durch Einwilligung 12 4 ff
- beim Unterlassungsdelikt 36 27 ff
- Eingreifen Dritter 11 36 ff
- Folgerisiken 11 36, 47 ff
- Funktion 11 1 ff
- hypothetischer Kausalverlauf 11 12 f
- Regressverbot 11 36 ff
- „Retterfälle" 11 36, 56 ff
- Risikoverringerung 11 14 ff
- Risikozuständigkeit 11 22 ff
- Selbstgefährdung s. eigenverantwortliche Selbstgefährdung
- übliches Sozialverhalten 11 10 f s. auch Risiko
omissio libera in causa 35 14
omnimodo facturus 31 8, 41 11
Parallelwertung in der Laiensphäre 27 28 ff
Personale Handlungslehre 5 12
Personalitätsprinzip 4 12 f
Pflichtenkollision 18 1 ff
Pflichtwidrigkeitszusammenhang 33 34 ff
Planungshorizont 32 12
Pluralistische Theorie 15 4
Postpendenzfeststellung 48 19 f
Praependenzfeststellung 48 21
Prämientheorie 32 3
Präventivnotwehr 16 20
Privilegierung 8 6 f
Prozessvoraussetzungen 6 18
- Irrtum über 26 14 s. auch Strafantrag
Psychosen 22 6
Putativnotwehrexzess 25 17
Qualifikation 8 6 f
Qualifikationsloses doloses Werkzeug 39 17 ff
Rausch 22 8
Realkonkurrenz 44 11
Rechtfertigende Pflichtenkollision s. Pflichtenkollision
Rechtfertigender aggressiver Notstand 17 5, 10 ff
- Angemessenheit 17 21, 37 f
- Einschränkung der Notstandsbefugnis 17 39 f
- Erforderlichkeit 17 21 ff

Stichwortverzeichnis

- gegenwärtige Gefahr **17** 14 ff
- Interessenabwägung **17** 21, 24 ff
- Nötigungsnotstand **17** 34 ff
- notstandsfähige Rechtsgüter **17** 17
- Notstandshandlung **17** 13, 21 ff
- Notstandslage **17** 13 ff
- Rettungswille **17** 13, 41
- subjektive Voraussetzungen **17** 41

Rechtfertigender Notstand **17** 7 f, 10 ff
- aggressiver s. rechtfertigender aggressiver Notstand
- bei hoheitlichem Handeln **17** 11
- defensiver **17** 4, 48

Rechtfertigungsgründe **15** 1 ff, **20** 1 ff
- Einwilligung als Rechtfertigungsgrund **12** 2 f
- gesetzlich normierte **15** 11, 13
- Irrtum über Voraussetzungen **29** 1 ff
- monistische Theorien **15** 3
- pluralistische Theorien **15** 4
- ungeschriebene **15** 12

Rechtfertigungslage, Verkennung einer – **29** 8 ff

Rechtfertigungstatbestand s. Erlaubnistatbestand
- objektiver **33** 59
- subjektiver **33** 60 f

Rechtsfolgen **1** 18 ff

Rechtsfolgenverweisende Schuldtheorie **29** 22 f

Rechtsgüter **2** 6 f
- Individual- **2** 6
- Kollektiv- **2** 6

Rechtsgüterschutz **2** 6 f, **10** 2

Rechtsmittelverfahren **1** 13

Rechtsschuld **21** 10

Rechtswidrigkeit **6** 4, **15** 1 ff
- „indizierte" **8** 4

Regelbeispiele **8** 8 f

Regressverbot **11** 36 ff

Rettungswille **17** 13, 41

Risiko
- Begriff **11** 6 ff
- erlaubtes **33** 26 ff
- und übliches Sozialverhalten **11** 10 f
- Verringerung **11** 14 ff

Risikoerhöhungslehre **33** 37

Risikofaktor **11** 7 ff

Risikozuständigkeit **11** 22 ff
- Eingreifen Dritter **11** 36 ff

- Folgerisiken **11** 36, 47 ff
- hypothetischer Kausalverlauf **11** 12 f
- Regressverbot **11** 36 ff
- Retterfälle **11** 36, 56 ff
- Risikoverringerung **11** 14 ff
- Selbstgefährdung s. eigenverantwortliche Selbstgefährdung

Rücktritt **32** 1 ff
- Aufgeben der Tat **32** 19
- außertatbestandliche Zielerreichung **32** 18
- autonome Motive **32** 22
- bei mehreren Beteiligten **32** 31 f
- bei objektiv nicht zurechenbarem Erfolg **32** 33
- ernsthaftes Bemühen **32** 30
- fehlgeschlagener Versuch **32** 5 ff
- Frank'sche Formel **32** 22
- Freiwilligkeit **32** 22
- Grund für Strafausschluss **32** 3
- heteronome Motive **32** 22
- tätige Reue **32** 4
- Teil- **32** 21
- vom beendeten Versuch **32** 25 ff
- vom erfolgsqualifizierten Delikt **32** 35
- vom qualifizierten Versuch **32** 34
- vom unbeendeten Versuch **32** 10 ff
- vom Unterlassungsdelikt **36** 45 ff
- vom Unternehmensdelikt **32** 36
- vom Versuch der Beteiligung **43** 23 ff s. auch Versuch

Rücktrittshorizont **32** 11
- Korrektur des -s **32** 13

Rückwirkungsverbot **3** 2, 4, **4** 1

Sachgedankliches Mitbewusstsein **13** 2

Sachverhaltsalternativität **48** 8 f

Sanktionsnormen **2** 4
- Legitimation **2** 8 ff

Schein-Mittäterschaft **40** 16 ff

Schuld **5** 9, **6** 1 f, **21** 1 ff
- Begriff s. Schuldbegriff
- beim Fahrlässigkeitsdelikt **33** 63 ff
- Feststellung der **6** 7
- im formellen Sinn **21** 5
- im materiellen Sinn **21** 6 ff
- Unzumutbarkeit normgerechten Verhaltens **21** 13 ff, **24** 1, **36** 37 ff, **37** 9 f

Schuldbegriff **21** 5 ff
- diskursiver **21** 9
- funktionaler **21** 8
- normativer **21** 7

446

Stichwortverzeichnis

- psychologischer 21 7
- Schuldfähigkeit 21 11, 22 1 ff
  - bedingte 22 2
  - fehlende s. Schuldunfähigkeit
  - verminderte 22 4, 8
- Schuldprinzip 21 1 ff
- Schuldtatbestand 21 11 f
- Schuldtheorie 28 2 f
  - eingeschränkte 29 19, 24, 26
  - rechtsfolgenverweisende 29 22 f
  - strenge 29 16 ff
- Schuldunabhängigkeit, Grundsatz der 38 17 ff
- Schuldunfähigkeit 21 12, 22 2, 5 ff
  - Affekt 22 9
  - biologische Kriterien 22 5 f
  - Blutalkoholkonzentration 22 8
  - psychologische Kriterien 22 5, 7
  - Rausch 22 8
  - zu vertretende s. actio libera in causa
- Schuldverstrickungstheorie 38 14 f
- Schutzprinzip 4 12 f
- Schutzwehr 16 29
- Schutzzweck der Norm 11 20 f
- Schwachsinn 22 6
- Selbstgefährdung s. eigenverantwortliche Selbstgefährdung
- Selbsthilfe 20 11 ff
- Sonderdelikt 8 15 ff
  - echtes 8 16
  - mittelbare Täterschaft 39 17 ff
  - Täterschaft 38 51, 53
  - unechtes 8 17
- Sondernormen 2 2
- Sonderpflichtmerkmale 38 25, 29
- Sorgfalt
  - äußere 33 18, 24 f
  - im Verkehr erforderliche s. Sorgfaltspflicht
  - innere 33 18, 20 ff
  - Sonderwissen 33 21
- Sorgfaltspflicht 33 2 ff, 10 ff, 16 ff
  - Schutzzweck 33 4 f
  - typische -en 33 19
- Sorgfaltspflichtverletzung 33 16 ff
- Soziale Adäquanz 11 10 f, 33 26
- Soziale Handlungslehre 5 12
- Spezialität 46 3 ff
- Spezialprävention 2 12

- Sphärentheorie 31 14
- Staatsnotwehr 16 16
- Steuerungsfähigkeit, fehlende 22 7
- Sthenischer Affekt 25 7
- Strafantrag 6 18
- Strafaufhebungsgrund 6 14, 16
  - Irrtum über Voraussetzungen 26 16
  - Rücktritt als 32 2 f
- Strafausschließungsgrund 6 14 f
  - Irrtum über Voraussetzungen 26 16
- Strafbarkeitsbedingungen s. objektive Strafbarkeitsbedingungen
- Strafbarkeitsirrtum, umgekehrter 30 24
- Strafe 1 18 ff, 2 8 ff
- Strafeinschränkungsgrund 6 17, 38 10
- Strafrecht 1 1 ff
  - formelles 1 4
  - fragmentarischer Charakter 2 6
  - Gesetzlichkeit des -s 3 1 ff
  - interlokales 4 10
  - internationales 4 10 ff
  - materielles 1 2 f
  - räumliche und personelle Geltung 4 11 ff
- Strafrechtsdogmatik 1 11
- Strafrechtspflege, Prinzip der stellvertretenden 4 12 f
- Straftat
  - als Normwiderspruch 5 1 ff
  - Beendigung 9 16 f
  - Versuch s. Versuch
  - Vollendung 9 15
- Straftheorien 2 8 ff
- Strafverfahren 1 12 f
- Strafzumessung 1 21
- Strafzumessungsregeln 8 9
- Strafzwecktheorie 32 3
- Strenge Schuldtheorie 29 16 ff
- Stufenverhältnis
  - logisches 48 4
  - normatives 48 5
  - wertethisches 48 5
- Subjektiver Tatbestand 6 5, 9 5 f, 13 1 ff
- Subsidiarität 46 3 f, 8 ff
  - formelle 46 9
  - materielle 46 10
- Subsumtionsirrtum 27 9 ff
  - umgekehrter 30 24

- Tagessatz 1 20

447

Stichwortverzeichnis

Tat 6 1 ff
- Aufgeben der 32 19
- fortgesetzte s. Fortsetzungstat
- frische 20 7
- im prozessualen Sinn 44 18
- im prozessualen Sinne 44 15
- rechtswidrige und schuldhafte 6 1 ff

Tatbestand s. Deliktstatbestand

Tatbestandsabwandlungen 8 6 ff

Tatbestandsirrtum 27 1 ff
- aberratio ictus 27 53 ff
- Abgrenzung zum Subsumtionsirrtum 27 9 ff
- bei der actio libera in causa 27 61 ff
- Blankettmerkmale 27 32 f
- deskriptive Tatbestandsmerkmale 27 23
- error in persona vel objecto 27 40 ff
- Gegenstand des -s 27 7 ff
- Irrtum über Kausalverlauf 27 43 ff
- Irrtum über Tatbestandsalternativen 27 34
- Irrtum über Vollendungszeitpunkt 27 47 ff
- normative Tatbestandsmerkmale 27 24 ff
- Parallelwertung in der Laiensphäre 27 28 ff
- privilegierende Merkmale 27 3 ff
- qualifizierende Merkmale 27 3
- umgekehrter 30 2

Tatbestandslehre 8 2

Tatbestandsmäßiges Risiko s. Risiko

Tatbestandsmäßigkeit 6 4

Tatbestandsmerkmale
- Blankettmerkmale 9 14
- deskriptive 9 10, 12, 27 23
- normative 9 11 ff, 27 24 ff
- objektive 9 2 ff
- subjektive 9 5 f
- Typen 9 8 ff

Tatbezogene Merkmale 38 27, 32

Tateinheit 44 5 ff, 15, 17, 47 1 ff
- bei Mittäterschaft 47 32
- bei mittelbarer Täterschaft 47 31
- beim Unterlassen 47 26 ff
- bei Teilnahme 47 30
- bei versuchter Beteiligung 47 33
- echte 44 8
- Festsetzung des Strafrahmens 47 3 ff
- gleichartige 47 1, 5
- Klammerwirkung 47 8, 16 ff
- natürliche Handlungseinheit 47 8, 21 ff

- Teilidentität 47 8, 10 ff
- unechte 44 7, 46 13
- ungleichartige 47 1, 4

Tatentschluss 30 1, 31 1, 3 ff
- bei Mittäterschaft 40 3, 6 ff
- Hervorrufen des -es 41 5 ff
- omnimodo facturus 31 8
- Rücktrittsvorbehalt 31 7
- Unbedingtheit 31 6 ff

Täter s. Täterschaft

Täterbegriff 38 8 ff
- extensiver 38 10 ff
- restriktiver 38 9

Täterbezogene Merkmale 38 26, 28, 32
s. auch besondere persönliche Merkmale

Täterschaft 38 1 ff
- Abgrenzung zur Teilnahme 38 34 ff
- Allein- 39 1 ff
- Mit- s. Mittäterschaft
- mittelbare s. mittelbare Täterschaft
- Neben- 39 3 ff
- unmittelbare 39 1

Tatherrschaftslehre 38 38, 43
- funktionelle 38 48

Tätige Reue 32 4

Tätigkeitsdelikt 8 18

Tätigkeitsort 4 6

Tatmehrheit 44 9 ff, 47 34 ff
- echte 44 11
- unechte 44 10, 46 14 ff

Tatmittler s. mittelbare Täterschaft

Tatobjekt 2 7

Tatort 4 5 ff

Tatplantheorie 32 12

Tatsachen
- institutionelle 9 13
- natürliche 9 13

Tatumstand 13 1 f, 27 7
- normativer 27 23 ff

Tatumstandsirrtum s. Tatbestandsirrtum

Tatzeit 4 4

Teilnahme 38 1 ff
- Abgrenzung zur Täterschaft 38 34 ff
- Akzessorietät 38 17 ff
- Akzessorietätslockerung 38 22 ff
- Anstiftung s. Anstiftung
- Beihilfe s. Beihilfe
- Formen 38 4
- notwendige 38 6 f

448

Stichwortverzeichnis

- Strafgrund 38 8 ff
- Tatort der 4 7
- Teilrücktritt 32 21
- Territorialitätsprinzip 4 12 f
- Trutzwehr 16 29
- Tun
  - Abgrenzung zum Unterlassen 35 3 ff
- Übernahmefahrlässigkeit 33 19, 48
- Überwachergarant 36 24, 56, 58 ff
  - Ingerenz 36 58, 64 ff
  - Verkehrssicherungspflichten 36 58 ff
- Ubiquitätstheorie 4 5
- Umstiftung 41 12
- Unbeendeter Versuch 32 1, 8, 11 ff
  - Abgrenzung zum beendeten Versuch 32 8 ff
  - Rücktritt 32 10 ff
  - zeitliche Grenzen 32 11 ff
- Unbeendet-tauglicher Versuch 32 15
- Unechtes Unterlassungsdelikt 8 14, 35 2, 36 1 ff
  - Äquivalenz 36 1 ff
  - Deliktsmerkmale 36 8 ff
  - fahrlässiges 36 36
  - Garantenpflicht 8 14, 36 2
  - Garantenstellung s. Garantenstellung
  - Kausalität 36 12 ff
  - objektive Zurechnung 36 27 ff
  - Schuld 36 37 ff
  - Versuch 36 40
- Universalitätsprinzip 4 12 f
- Unkenntnis 26 3 f, 6, 9, 11 f, 18
- Unmittelbares Ansetzen 30 1, 31 3, 5, 10 ff
  - bei actio libera in causa 31 19 ff
  - bei Mittäterschaft 40 13 ff
  - bei mittelbarer Täterschaft 39 53 ff
  - beim Unterlassungsdelikt 36 40 ff
  - Gefährdungstheorie 31 17
  - nach äußerem Verhaltenssinn 31 16
  - Sphärentheorie 31 14
  - Theorie von der Feuerprobe der kritischen Situation 31 15
  - Zwischenaktstheorie 31 18
- Unrecht 5 9, 6 1 f, 12 1 f, 13 1
  - Ausschließungsgründe 15 1
  - Feststellung 6 4 ff, 8 3
- Unrechtsbewusstsein 21 11, 28 7 ff
  - aktuelles 28 10
  - fehlendes 21 12
  - potenzielles 28 11

- Unrechtseinsicht s. Unrechtsbewusstsein
- Unrechtsmerkmale, besondere subjektive 13 6
- Unrechtsteilnahmetheorie 38 16
- Unrechtsverstrickungstheorie 38 14 f
- Unterlassungsdelikt 8 12 ff, 35 1 ff
  - Abbruch eigener Rettungsbemühungen 35 12 f
  - Abbruch rettender Kausalverläufe 35 11
  - Abgrenzung von Tun und Unterlassen 35 3 ff
  - Beihilfe 42 24 f
  - Beteiligung 38 60 ff
  - echtes 8 13, 35 1, 37 1 ff
  - Garantenpflicht 8 14, 36 2
  - Garantenstellung s. Garantenstellung
  - mittelbare Täterschaft 39 41 ff
  - omissio libera in causa 35 14
  - Tatort des 4 6
  - unechtes s. unechtes Unterlassungsdelikt
- Unternehmensdelikt 8 26 ff
  - echtes 8 27
  - unechtes 8 28
- Unwissen 26 3 ff
- Ursachenzusammenhang s. Kausalität
- Urteilsstil 1 14

- Verbotsirrtum 27 35 ff, 28 1 ff
  - direkter 28 12
  - indirekter 28 12, 29 6
  - Schuldtheorie 28 2 f
  - umgekehrter 30 24
  - Unrechtsbewusstsein 28 7 ff
  - Vermeidbarkeit 28 14 ff
  - Vorsatztheorie 28 4 ff
- Verbrechen 8 30 f
  - Annahme des Erbietens zu einem 43 19
  - Sich-Bereiterklären zu einem 43 17 f
  - Verabredung zu einem 43 20 f
- Vereinigungstheorie 2 16 f
- Vergehen 8 30 f
- Vergeltungstheorie 2 9 f
- Verhaltensnormen 2 2 ff, 5
  - Legitimation 2 6 f
- Verletzungsdelikt 8 20
- Vermeidbarkeit
  - individuelle 33 51 ff
  - sorgfaltsgemäße 33 18, 24 f
- Vermeidungstheorie 14 15, 21

Stichwortverzeichnis

Versuch 9 15, 30 1 ff
- abergläubischer 30 16
- Abgrenzung zum Wahndelikt 30 21 ff
- beendeter s. beendeter Versuch
- Beginn des -s s. unmittelbares Ansetzen
- bei actio libera in causa 31 19 ff
- bei Mittäterschaft 40 13 ff
- bei mittelbarer Täterschaft 39 53 ff
- beim Unterlassungsdelikt 36 40 ff, 37 3
- der Anstiftung 43 3 ff
- der Beteiligung 43 1 ff
- der Erfolgsqualifikation 30 18
- Eindruckstheorie 30 9 f
- erfolgsqualifizierter 30 19
- fahrlässiger 30 20
- fehlgeschlagener 32 5 ff, 11 ff
- Formen des -s 30 11 ff
- grob unverständiger 30 14 f
- Planung 31 1
- Rücktritt s. Rücktritt
- Strafbarkeit des -s 30 1, 5 ff
- Strafwürdigkeit des -s 30 5 ff
- Tatentschluss s. Tatentschluss
- tauglicher 30 12, 14
- unbeendeter s. unbeendeter Versuch
- unbeendet-tauglicher 32 15
- unmittelbares Ansetzen s. unmittelbares Ansetzen
- Untauglicher 30 13 f, 32 7
- Vollendung 31 1 ff
- Vorbereitung s. Vorbereitung

Versuchte Anstiftung 43 3 ff
Versuchte Beteiligung 43 1 ff
- Rücktritt 43 23 ff
Verteidigung s. Notwehrhandlung
Verteidigungswille 16 3, 37 f
Vertrauensgrundsatz 33 30 ff
Vertreter, Haftung des -s 7 1 ff
Verursachungstheorie 38 12 f
Verwarnung mit Strafvorbehalt 1 20
Verwerflichkeit 8 3
Vollendung der Straftat 9 15, 31 1 ff
Vollstreckungsverfahren 1 13
Voluntative Vorsatzkomponente 13 3, 14 9, 12 ff
Vorbereitung 31 1 f, 43 6
- strafbare 43 15 ff
- und Versuch 31 1 ff, 10 ff
Vordermann s. mittelbare Täterschaft

Vorhersehbarkeit
- individuelle 33 51 ff
- sorgfaltsgemäße 33 18, 20 ff
Vorläufige Festnahme 20 1 ff
Vorsatz 13 1 ff
- Absicht s. Absicht
- alternativer s. dolus alternativus
- Arten 14 1 ff
- bedingter s. bedingter Vorsatz
- beim Unterlassungsdelikt 36 30 ff
- direkter s. direkter Vorsatz
- dolus generalis 14 37
- Doppelfunktion 13 5
- Gegenstand 13 10 ff
- Hauptfolgen 14 5 f
- intellektuelles Element 13 2, 14 9, 11
- kumulativer s. dolus cumulativus
- maßgeblicher Zeitpunkt 13 8 f
- natürlicher 13 4
- Nebenfolgen 14 5 f, 11
- sachgedankliches Mitbewusstsein 13 2
- voluntatives Element 13 3, 14 12 ff s. auch Tatbestandsirrtum
Vorsatz-Fahrlässigkeits-Kombinationen 34 1 ff
- erfolgsqualifizierte Delikte 34 2, 4, 6 ff
- nicht-qualifizierende 34 2 f
- Teilnahmefähigkeit 38 21
Vorsatztheorie 28 4 ff, 29 14
- modifizierte 28 5 f, 29 15
Vorverlagerungstheorie 23 15, 19

Wahlfeststellung 48 7 ff
- echte 48 10 ff
- gleichartige 48 8 f
- ungleichartige 48 10 ff
Wahndelikt 26 10, 29 5
- Abgrenzung zum Versuch 30 21 ff
Wahrscheinlichkeitstheorie 14 15, 17, 28
Weltrechtsprinzip 4 12 f
Werkzeug s. mittelbare Täterschaft

Zeitgesetz 4 3
Zeitliche Geltung des StGB 4 1 ff
Zeitpunkt der Tat s. Tatzeitpunkt
Zivilrechtlicher Notstand
- aggressiver 17 43 f
- defensiver 17 45 ff
Zivilrechtliche Selbsthilfe 20 11 ff
Züchtigungsrecht 20 18 f

Stichwortverzeichnis

Zurechnung, objektive s. objektive Zurechnung
Zusendung unbestellter Leistungen 20 14 ff
Zuständigkeit für den Erfolgseintritt s. objektive Zurechnung

Zustandsdelikt 8 25
Zweispurigkeit der Rechtsfolgen 1 16 f
Zweitverursacher 11 37 s. auch Regressverbot
Zwischenaktstheorie 31 18

Hier geht das Strafrecht weiter

Strafrecht Besonderer Teil I
Straftaten gegen Persönlichkeitsrechte,
Staat und Gesellschaft
Von Prof. Dr. Dres. h.c. Urs Kindhäuser
6. völlig neu überarbeitete Auflage 2014,
487 S., brosch., 24,– €
ISBN 978-3-8487-0290-9
www.nomos-shop.de/20676

Das Lehrbuch bietet eine für Anfänger und Examenskandidaten gleichermaßen geeignete Darstellung der ausbildungsrelevanten Delikte gegen die Person und die Allgemeinheit. Es ist so konzipiert, dass sich mit seiner Hilfe die sichere Anwendung der einzelnen Vorschriften in Klausur und Hausarbeit erarbeiten lässt.

Für die 6. Auflage wurde das Lehrbuch durchgehend aktualisiert und überarbeitet.

»Kann jedem Studenten ohne Einschränkung empfohlen werden.«
Prof. Peter Frohn, Rechtspfleger/Studienhefte 2/04,
zur Vorauflage

Bestellen Sie jetzt telefonisch unter 07221/2104-37.
Portofreie Buch-Bestellungen unter www.nomos-shop.de
Alle Preise inkl. Mehrwertsteuer

Das Lehrbuch zum Besonderen Teil II

Strafrecht Besonderer Teil II
Straftaten gegen Vermögensrechte
Von Prof. Dr. Dres. h.c. Urs Kindhäuser
8. völlig neu überarbeitete Auflage 2014,
402 S., brosch., 24,– €
ISBN 978-3-8487-0607-5
www.nomos-shop.de/21268

Ziel des Buches ist die Vermittlung gründlicher Kenntnisse auf dem Gebiet des Vermögensstrafrechts. Der Schwerpunkt liegt in der Gesetzesauslegung. Historische und kriminologische Bezüge kommen nur zur Sprache, wenn dies für das Verständnis einer Norm oder eines Lehrsatzes unumgänglich erscheint. Die dogmatischen Teile sind knapp gehalten, wenn sich hinter einem Lehrsatz keine Streitfrage mit nennenswerten Konsequenzen für die Normanwendung verbirgt.

Dagegen sind diejenigen Teile umfangreich erläutert, in denen mehr oder minder umstrittene Lehrsätze mit praktischen Auswirkungen dargestellt werden. Neben dem Pflichtstoff sind auch solche Delikte, die – wie z.B. die Insolvenzstraftaten – für den universitären Schwerpunktbereich im Strafrecht bedeutsam sein können, relativ ausführlich behandelt.

Für die 8. Auflage wurde das Lehrbuch durchgehend aktualisiert und überarbeitet.

Bestellen Sie jetzt telefonisch unter 07221/2104-37.
Portofreie Buch-Bestellungen unter www.nomos-shop.de
Alle Preise inkl. Mehrwertsteuer